# El mensaje de Hechos

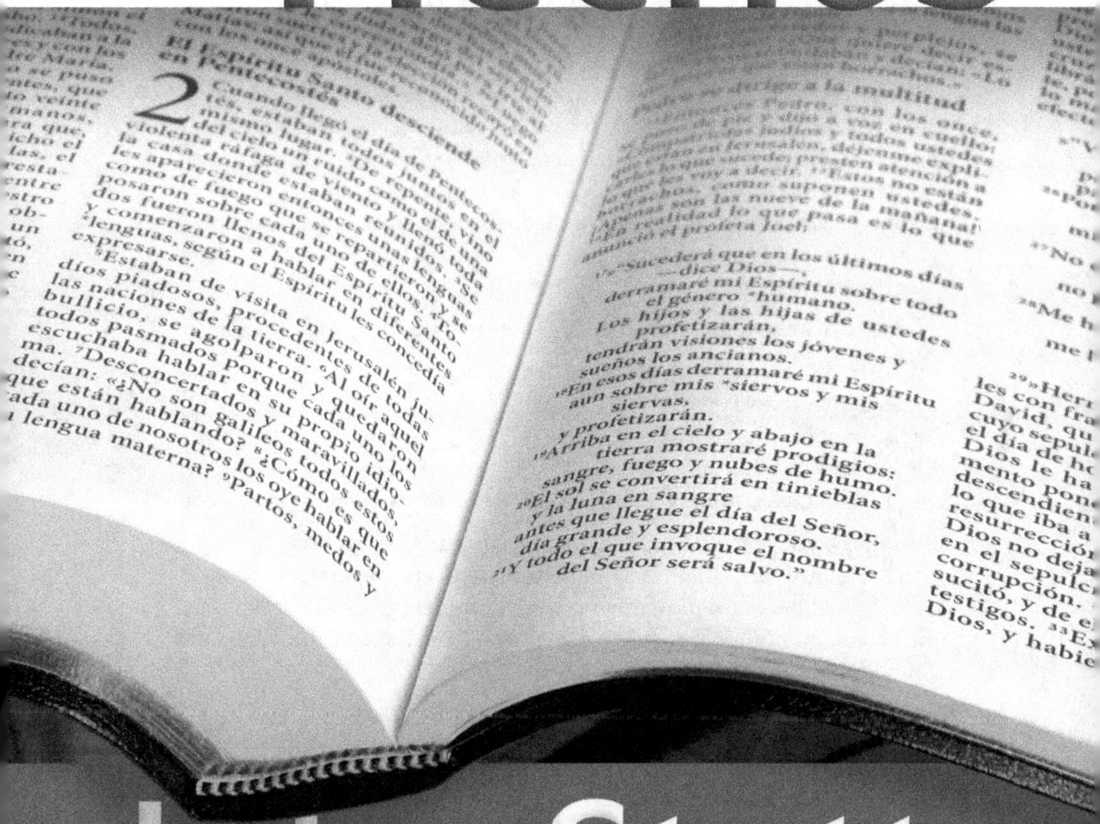

# John Stott

Ediciones Certeza Unida
Barcelona, Buenos Aires, La Paz
2010

Stott, John

El mensaje de Hechos. – 1a. ed. – Buenos Aires : Certeza Unida, 2010.
560 páginas ; 23x16 cm.

ISBN 978-950-683-160-8

1. Nuevo Testamento. 2. Comentarios Bíblicos. I. Título
CDD 225


Título del original en inglés: *The Message of Acts*



Salvo que se mencione otra versión, las citas bíblicas corresponden a la
Nueva Versión Internacional.

Traducción: David Powell
Revisión bíblica: Jorge Olivares
Edición literaria: Adriana Powell
Diseño y diagramación: Ayelen Horwitz y Adrián Romano

Ediciones Certeza Unida es la casa editorial de la Comunidad
Internacional de Estudiantes Evangélicos (CIEE) en los países de habla
hispana. La CIEE es un movimiento compuesto por grupos estudiantiles
que buscan cumplir y capacitar a otros para la misión en la universidad y
el mundo. Más información en:

Certeza Argentina, Bernardo de Irigoyen 654,
    (C1072AAN) Ciudad Autónoma de Buenos Aires, Argentina.
    certeza@certezaargentina.com.ar
Ediciones Puma, Av. Arnaldo Márquez 855, Jesús María,
    Lima, Perú. Teléfono / Fax 4232772. puma@cenip.org,
    puma@infonegocio.net.pe
Editorial Lámpara, Calle Almirante Grau Nº 464, San Pedro,
    Casilla 8924, La Paz, Bolivia. coorlamp@entelnet.bo
Publicaciones Andamio, Alts Forns 68, Sótano 1, 08038, Barcelona,
    España. editorial@publicacionesandamio.com
    www.publicacionesandamio.com

# Índice

# Presentación

Este libro forma parte de la serie de exposiciones publicadas en inglés por InterVarsity Press bajo el título *The Bible Speaks Today* [La Biblia habla hoy]. Igual que todas las exposiciones de aquella serie, *El Mensaje de Hechos* se caracteriza por el ideal de exponer el texto bíblico con fidelidad y relacionarlo con la vida contemporánea.

El comentario toma como base el texto bíblico de la *Nueva Versión Internacional,* e incluye la referencia a otras versiones de la Biblia. El propósito del autor es hacer comprensible el mensaje bíblico, a fin de aplicarlo a la realidad contemporánea tanto personal como de la comunidad.

Tenemos la certeza de que Dios aún habla hoy a través de lo que ya ha hablado. Nada es más necesario para la vida, el crecimiento y la salud de las iglesias o de los cristianos que escuchar y prestar atención a lo que el Espíritu les dice a través de su antigua, pero siempre apropiada Palabra.

# Prefacio del autor

¡Gracias a Dios por *Hechos*! Sin este libro el Nuevo Testamento habría carecido de una parte sumamente importante de su mensaje. Tenemos cuatro relatos sobre Jesús, pero solamente uno sobre la iglesia primitiva. De modo que Hechos ocupa un lugar indispensable en la Biblia.

## El valor de Hechos

Es importante, en primer lugar, por el registro histórico que ofrece. Lucas comienza su relato con el derramamiento del Espíritu el día de pentecostés y con el período de la 'luna de miel' de aquella comunidad llena del Espíritu, etapa que terminó en forma abrupta debido a la oposición de las autoridades judías. El autor sigue con la descripción del período de transición durante el cual se pusieron los fundamentos para la misión a los gentiles con el martirio de Esteban y la actividad evangelística de Felipe, la conversión de Saulo y Cornelio, y la fundación de la primera iglesia griega en Antioquía. Desde esta ciudad e iglesia cosmopolitas comenzó la misión cristiana mundial. Pablo y Bernabé evangelizaron Chipre y Galacia, y el Concilio de Jerusalén reconoció la legitimidad de la conversión de los gentiles; Europa fue alcanzada durante el segundo viaje misionero (incluidas las ciudades de Atenas y Corinto), y Éfeso durante el tercer viaje. Luego Pablo fue arrestado en Jerusalén, y a esto siguió una serie de juicios ante las autoridades, su apelación a César, y finalmente el largo viaje por mar a Roma, la ciudad de sus sueños. Allí lo deja Lucas, restringido a vivir en su propia casa alquilada, pero sin restricciones para predicar el evangelio. Sin Hechos no hubiéramos podido reconstruir el curso de la intrépida carrera misionera de Pablo, como tampoco hubiésemos podido saber cómo llegó el evangelio a las ciudades estratégicas del mundo romano.

El libro de Hechos también es importante por la inspiración que ofrece al mundo contemporáneo. Calvino lo llamó 'una especie de vasto tesoro'.[1] Martín Lloyd-Jones se refirió al mismo como 'el más lírico de los libros', y agregó: 'Los exhorto a vivir en ese libro; es un tónico, el tónico más grande del que tengo conocimiento en la esfera del Espíritu'.[2] Ha sido un saludable ejercicio para la iglesia cristiana de todos los siglos compararse con la iglesia del primer siglo y procurar recuperar algo de su confianza, de su entusiasmo, su visión y su poder. Al mismo tiempo, es preciso que seamos realistas. Existe el peligro de pensar en la iglesia primitiva en forma romántica, como si no hubiera tenido fallas. En ese caso dejaríamos de ver las rivalidades, las hipocresías, las inmoralidades y las herejías que perturbaron a la iglesia de ese entonces, tanto como a la de hoy. No obstante, sobre algo no cabe duda: La iglesia de Cristo fue inundada por el Espíritu Santo, quien la impulsó a salir a dar testimonio.

## La literatura sobre Hechos

Debido a su singular importancia, Hechos ha dado lugar a una enorme cantidad de literatura, por lo cual resulta casi imposible que alguien pueda leer todo lo que se ha escrito sobre él. Yo he disfrutado de algunos de los comentaristas más antiguos, que con frecuencia son ignorados hoy en día. Pienso en las 55 homilías de Juan Crisóstomo sobre Hechos predicadas en Constantinopla en el año 400 d.C., y en los dos tomos de Juan Calvino escritos en la Ginebra del siglo XVI. He podido apreciar los medulosos comentarios de Juan Albrecht Bengel del siglo XVIII, la piadosa y a la vez inteligente percepción de J. A. Alexander, el brillante lingüista de Princeton del siglo XIX, y la capacidad y mesura de William Ramsay para la arqueología, quien escribió diez libros entre 1893 y 1915 sobre Lucas y/o Pablo, de los que el más conocido es *St. Paul the Traveller and the Roman Citizen* [San Pablo, el viajero y el ciudadano romano] (1895). También me he esforzado por entender los comentarios críticos de obras liberales, tales como los cinco tomos publicados por F. J. Foakes-Jackson y Kirsopp Lake con el título *The Beginnings of Christianity* [Los comienzos del cristianismo] (1920–1932) y las 700 páginas del erudito estudio de Ernst Haenchen, de 1956.

Entre los autores contemporáneos conservadores he obtenido más ayuda de los comentarios de F. F. Bruce (griego, 1951; inglés, 1954), Howard Marshall (1980) y Richard Longenecker (1981). Lamento particularmente que la *magnum opus* del fallecido doctor Colin Hemer titulada *The Book of Acts in the Setting of Hellenistic History* [El libro de Hechos en el contexto de la historia helenista] (1989), en la prolija edición de Conrad Gempf, se publicó cuando ya no disponía del tiempo necesario para estudiarlo exhaustivamente; sólo he podido, mientras se estaba preparando este manuscrito para la imprenta, dedicar una mañana a recorrer sus páginas. Esto me ha permitido remitir al lector a una cantidad de los análisis que hace el doctor Hemer. El cúmulo de descubrimientos arqueológicos recientes (especialmente en papiros, inscripciones y monedas), que Hemer reunió y analizó esmeradamente, harán de su obra un libro de consulta clásico por muchos años de aquí en adelante. Enciclopédico en cuanto a conocimiento, escrupuloso en la investigación, y cauteloso en sus juicios, Colin Hemer ha hecho que todos los que estudian el libro de Hechos le sean deudores.

Resulta fácil hacerse eco del sentimiento expresado por William Ramsay cuando escribió: 'Es imposible encontrar algo para decir sobre Hechos que alguien no haya dicho antes.'[3] ¿Cómo, entonces, puede justificarse el agregado de otro tomo a la extensa bibliografía existente sobre Hechos? Si puede afirmarse algo distintivo acerca de este libro es el hecho de que, mientras que todos los comentarios procuran descubrir el significado original del texto, los libros de la serie en la que está incluida esta obra tienen por objeto, además, ofrecer una aplicación para nuestros días. He procurado, por consiguiente, ocuparme con integridad de algunas de las principales cuestiones que plantea el libro de Hechos para los cristianos de la actualidad. Asuntos tales como el bautismo del Espíritu y los dones carismáticos, señales y maravillas; en lo económico la práctica de la primera comunidad cristiana de Jerusalén de compartir los bienes; la disciplina en la iglesia, la diversidad de los ministerios, la conversión cristiana, los prejuicios raciales, los principios misioneros, el costo de la unidad cristiana, los motivos y los métodos empleados en la evangelización, el llamado a sufrir por Cristo, la iglesia y el estado, y la providencia divina.

## La interpretación de Hechos

Pero ¿es posible saltar el abismo de diecinueve siglos entre los apóstoles y nosotros, y aplicar el texto de Hechos a nuestra situación sin manipularlo con el deseo de adaptarlo a nuestras propias opiniones preconcebidas? Claro que sí; es correcto sostener que la Palabra de Dios es siempre pertinente. Pero esto no quiere decir que podamos sencillamente leer el texto 'a la ligera' como si hubiera sido originalmente dirigido a nosotros en nuestro propio contexto. Es preciso que reconozcamos las particularidades históricas de la Escritura, especialmente las de la 'historia de la salvación' que ellas registran. En un sentido, por ejemplo, el día de pentecostés fue algo único y es irrepetible, porque el derramamiento del Espíritu ese día fue el acto final de Jesús a continuación de aquellos otros acontecimientos únicos e irrepetibles: su muerte, resurrección y ascensión. Igualmente singular en algunos sentidos fue el ministerio de los apóstoles, a quienes Jesús designó como maestros pioneros, como también la fundación de la iglesia.[4] No tenemos ningún derecho de copiar todo lo que hacían ellos.

Es en relación con esto que tengo que decir algo acerca de la diferencia entre las partes didácticas y las partes narrativas de las Escrituras, así como acerca de la importancia de dejar que lo didáctico regule nuestra interpretación de las partes narrativas. Lo que escribí sobre esto en *Baptism and Fullness* [Bautismo y plenitud] ha sido interpretado mal por algunos lectores, y procuraré aclararlo.[5] Destaco enfáticamente que no estoy diciendo que el relato bíblico no tenga nada que enseñarnos, por cuanto 'toda la Escritura es inspirada por Dios y útil'.[6] Más todavía, lo que les ocurrió a otros en épocas anteriores ha sido conservado para nuestra instrucción.[7] Sin embargo, la pregunta que debemos hacernos es, ¿*cómo* hemos de interpretar estos pasajes narrativos? Porque algunos no se pueden interpretar por sí solos, aisladamente, y no contienen en sí mismos claves claras de lo que se supone que debemos aprender de ellos. ¿Son necesariamente normativos? ¿Hemos de dar por sentado que el comportamiento o la experiencia deben necesariamente imitarse o, por el contrario, evitarse?

No me refiero solamente a cuestiones carismáticas como la recepción del don del Espíritu por los samaritanos (Hechos 8). El mismo interrogante surge en relación con otros pasajes descriptivos. Por ejemplo, ¿hemos de adoptar decisiones en la iglesia local echando suertes porque esto fue lo que hicieron cuando se eligió un apóstol en remplazo de Judas (1.23–26)? ¿Hemos de tener nuestras posesiones en común, vender nuestros bienes y compartir el producto con los necesitados, como hicieron los miembros de la iglesia primitiva en Jerusalén (2.44–45; 4.32ss)? Otro ejemplo: ¿Hemos de esperar que al convertirnos veamos una luz brillante y oigamos una voz audible, como le ocurrió a Saulo de Tarso (9.3ss)? Estos ejemplos deberían dejar en claro que no todo lo que relata Hechos sobre lo que hicieron o experimentaron algunas personas ha de repetirse en nuestra propia vida. ¿Cómo, entonces, podemos decidir? Es aquí donde el aspecto didáctico debe servirnos de guía para evaluar e interpretar lo que tiene carácter descriptivo. Es preciso que busquemos enseñanzas sobre el tema, primeramente en el contexto inmediato (dentro del relato mismo), luego en lo que el autor escribe en otras partes, y finalmente en el contexto más amplio de las Escrituras en su conjunto. Tomemos un caso: la aclaración lisa y llana del apóstol Pedro a Ananías de que su propiedad le pertenecía al matrimonio y estaba a su disposición, tanto antes como después de su venta (5.4), evitará que consideremos que todas las posesiones de los cristianos deban necesariamente tenerse en común.

El texto bíblico que se emplea en todo este libro es el de la *Nueva Versión Internacional*. A veces aparece en un bloque antes de la exposición. Pero cuando el texto completo se incorpora dentro de la exposición no se ha considerado necesario presentarlo en párrafos independientes también.

Agradezco a muchas personas por haberme ayudado a preparar este libro para su lanzamiento. Agradezco a quienes a lo largo de una cantidad de años han escuchado con paciencia mis toscos intentos de exponer el contenido de Hechos, y de este modo han servido como una valiosa caja de resonancia. Menciono a los estudiantes de la Escuela de Verano en el Regent College [instituto de nivel universitario], Vancouver, en julio de 1979, y en particular a aquellos miembros de la Evangelical Fellowship [la Comunión Evangélica] de la Iglesia en Gales que en forma estoica se sometieron a períodos anuales de estudio que se prolongaron por trece años. Luego, aprecio mucho la ayuda de los tres lectores oficiales de manuscritos pertenecientes a la editorial IVP: John Marx, Colin Duriez y, especialmente, Conrad Gempf, él mismo una persona de gran erudición en lo tocante a Hechos, quien revisó mi manuscrito con meticulosa prolijidad e hizo un buen número de sugerencias, muchas de las cuales he adoptado. Otro lector al que me siento grandemente agradecido es Todd Shy, mi asistente estudiantil en este momento. Con toda diligencia preparó el manuscrito más de una vez, hizo comentarios atinados, verificó el texto bíblico y las notas al pie de página, y preparó la lista de abreviaturas y la bibliografía. Finalmente, aunque no menos importante, quiero expresar mi invariable agradecimiento a la capaz e incansable secretaria que me ha secundado durante 33 años, Frances Whitehead, cuya tarea de escribir y corregir ha resultado menos tediosa y más agradable gracias a las computadoras.

John Stott
Pascua de 1989

# Abreviaturas

| | |
|---|---|
| **AV** | *Versión autorizada (o del rey Jaime) de la Biblia*, 1611. |
| **BA** | *La Biblia de las Américas*, Fundación Bíblica Lockman, 1986. |
| **BAGD** | *Walter Bauer, A Greek-English Lexicon of the New Testament and Other Early Christian Literature*, traducido al inglés y adaptado por William F. Arndt y F. Wilbur Gingrich, 2ª edición, revisada y aumentada por F. Wilbur Gingrich y Frederick W. Danker de la quinta edición de Bauer, 1958; University of Chicago Press, 1979. |
| **BC** | *Sagrada Biblia*, versión de José María Bover y Francisco Cantera Burgos, BAC, 1961. |
| **BJ** | *Biblia de Jerusalén*, Desclée de Brouwer, 1975. |
| **BLA** | *La Biblia Latinoamericana*, Paulinas, 1995. |
| **BP** | *Biblia del Peregrino*, trad. de Luis Alonso Schökel, Ega-Mensajero, 1993. |
| **CI** | *Sagrada Biblia*, versión de Francisco Cantera Burgos y Manuel Iglesias González, BAC, 1975. |
| **DHH** | *Dios habla hoy*, Sociedades Bíblicas Unidas, 1994. |
| **FS** | *Sagrada Biblia*, versión de Pedro Franquesa y José M. Solé, Regina, S.A., 5ª edición, 1980. |
| **GT** | *A Greek-English Lexicon of the New Testament por C. L. W. Grimm y J. H. Thayer*, T. & T. Clark, 1901. |
| **JB** | *La Biblia de Jerusalén (versión inglesa)*, 1966. |

**JBP**    *The New Testament in Modern English* por
J. B. Phillips,Collins, 1958.

**LPD**    *El libro del pueblo de Dios,* Paulinas, 1980.

**LXX**    *El Antiguo Testamento en griego según la
Septuaginta,* siglo III a.C.

**NBE**    *Nueva Biblia Española,* Cristiandad, 1977.

**NEB**    *The New English Bible,* NT 1961, 2ª edición
1970; AT 1970.

**NIV**    *The New International Version of the Bible* (Nueva
Versión Internacional en inglés), 1973, 1978, 1984.

**NVI**    *Nueva Versión Internacional,* Sociedad Bíblica
Internacional, 1999.

**RSV**    *The Revised Standard Version of the Bible,* NT 1946,
2º edición 1971; AT 1952.

**RVR09**    *Santa Biblia Reina-Valera,* revisada hasta 1909,
Sociedades Bíblicas Unidas.

**RVA**    *Biblia de estudio siglo XXI,* Mundo Hispano,
1982/1999.

**RVR95**    *Santa Biblia Reina-Valera 1995,* Sociedades Bíblicas
Unidas.

**TDNT**    *Theological Dictionary of the New Testament,* ed.
G. Kittel y G. Friedrich, traducido al inglés por
G. W. Bromiley, 10 tt., Eerdmans, 1964-76.

**TLA**    *Biblia para todos,* Traducción en Lenguaje Actual,
Sociedades Bíblicas Unidas, 2002.

# Tabla cronológica*

| Narración en Hechos | | Imperio romano | |
|---|---|---|---|
| **d. C.** | | **d. C.** | |
| | | **14–17** | Tiberio, emperador |
| **30** | La crucifixión, resurrección y ascensión de Jesús (1.1–11) Pentecostés (2.1–41) | **26–36** | Poncio Pilato, procurador de Judea |
| **32, 33** | Esteban es apedreado (7.54–60); Saulo se convierte (9.1–19) | | |
| **35 ó 36** | Primera visita de Pablo a Jerusalén (9.26–28; Gálatas 1.18–20) | | |
| | | **37–41** | Calígula, emperador |
| **43 ó 44** | Es ejecutado Jacobo, el apóstol (12.1–2) | **41–44** | Herodes Agripa I, rey de Judea |
| **46 ó 47** | Segunda visita de Pablo a Jerusalén (11.27–30) | **41–54** | Claudio, emperador |
| | | **45–47** | Hambruna en Judea |
| **47, 48** | El primer viaje misionero (13–14) | | |
| **49** | El Concilio de Jerusalén (15.1–30) Comienza el segundo viaje (15.36ss) | **49** | Claudio expulsa a los judíos de Roma |
| | | **50–c. 93** | Herodes Agripa II, tetrarca del territorio septentrional |
| **50–52** | Pablo en Corinto | **51–52** | Galión, procónsul de Acaya |

* Basada en el trabajo de Colin Hemer, pp.159-175 y 251-270. Usado con permiso.

| **Narración en Hechos**<br>d. C. | **Imperio romano**<br>d. C |
|---|---|
| **52** Pablo regresa a Antioquía de Siria vía Éfeso y Cesarea (18.18b–22) Comienza el tercer viaje misionero (18.23ss) | |
| **52-55** Pablo en Éfeso (19.1—20.1a) | **52-59** Félix, procurador de Judea |
| **55-56** Pablo en Macedonia (20.1b—2a) | **54-68** Nerón, emperador |
| **56-57** Pablo pasa el invierno en Corinto (20.2b–3a) | |
| **57** El viaje a Jerusalén vía Macedonia, Troas y Mileto (20.3b—21.17) Pablo es arrestado en Jerusalén (21.27–36) y llevado ante Félix (24.1–22) | |
| **57-59** El encarcelamiento de Pablo en Cesarea (23.23—24.27) | |
| **59** Pablo es llevado ante Festo y Agripa (25.6—26.32) | **59-61** Festo, procurador de Judea |
| **59-60** El viaje a Roma (27.1—28.16) | |
| **60-62** Encarcelamiento de Pablo en Roma (28.16ss) | |
| **64** El probable martirio de Pedro y Pablo en Roma | **64** Nerón comienza la persecución de los cristianos |
| | **70** La caída de Jerusalén |

# Introducción

## 1. Introducción a Lucas | Lucas 1.1–4

Antes de leer cualquier libro es conveniente saber cuál fue el propósito del autor al escribirlo. Los libros de la Biblia no constituyen excepción a esta regla. ¿Por qué, entonces, escribió Lucas?

Por lo pronto, escribió dos libros. El primero es su Evangelio, libro que la tradición antigua y no cuestionada atribuye a su paternidad literaria, y que casi seguramente es el 'primer escrito', al que se alude al comienzo de Hechos. De modo que Hechos es su segundo escrito o tratado. Ambos conforman un conjunto. Los dos fueron dedicados a Teófilo y ambos fueron escritos en el mismo estilo griego literario. Más aun, como lo señaló Henry J. Cadbury, Lucas no consideraba que Hechos fuera 'un apéndice o un agregado posterior', sino parte de 'una sola obra', la continuación de su Evangelio. Cadbury pasó a sugerir que "con el fin de enfatizar la unidad histórica de los dos tomos … tal vez se justifique la expresión 'Lucas-Hechos'".[1]

Volviendo a la cuestión de por qué Lucas escribió su obra en dos tomos sobre los orígenes del cristianismo, pueden ofrecerse por lo menos tres respuestas. Escribía como historiador cristiano, como diplomático y como teólogo-evangelista.

### a. Lucas el historiador

Cierto es que los críticos más mordaces del pasado poco o nada confiaban en la veracidad histórica de Lucas. F. C. Baur, por ejemplo, líder de la 'Escuela de Tubinga' a mediados del siglo XIX, escribió que ciertas afirmaciones en Hechos 'solo pueden verse como desviaciones intencionales de la verdad histórica a favor de la tendencia especial que denotan'.[2] Por otra parte, el nada ortodoxo Adolf Harnack (1851—1930), que pudo describir Hechos como 'esta gran obra histórica',[3] también escribió en el mismo libro que Lucas 'contiene crasos ejemplos de descuido, y con frecuencia total confusión en el relato'.[4]

Hay varias razones, no obstante, por las que debemos dudar de este escepticismo. Por una parte, Lucas sostiene en su prefacio al Evangelio que estaba escribiendo historia real, y se acepta generalmente que su intención era que dicha afirmación debía abarcar ambos tomos. Porque 'era costumbre en la antigüedad', toda vez que una obra se dividía en más de un tomo, 'anteponer al primero un prefacio para el todo'. En consecuencia, Lucas 1.1–4 'es el verdadero prefacio de Hechos, como también del Evangelio'.[5] He aquí el pasaje:

> [1]Muchos han intentado hacer un relato de las cosas que se han cumplido entre nosotros, [2]tal y como nos las transmitieron los que desde el principio fueron testigos presenciales y servidores de la palabra. [3]Por lo tanto, yo también, excelentísimo Teófilo, habiendo investigado todo esto con esmero desde su origen, he decidido escribírtelo ordenadamente,[4] para que llegues a tener plena seguridad de lo que te enseñaron.

En esta importante afirmación Lucas establece etapas sucesivas:

Primero se sucedieron los hechos históricos. Lucas los denomina 'cosas que se han cumplido entre nosotros' (1). Y si 'cumplido' es la traducción acertada, parecería indicar que estos acontecimientos no fueron ni casuales ni inesperados, sino que tuvieron lugar como cumplimiento de profecías del Antiguo Testamento.

Luego Lucas menciona a los testigos oculares contemporáneos, por cuanto las 'cosas que … han sido cumplidas' posteriormente nos 'las transmitieron los que desde el principio fueron testigos presenciales y servidores de la palabra' (2). Aquí Lucas se excluye a sí mismo, porque, si bien fue testigo ocular de muchas de las cosas que anotará en la segunda parte de Hechos, él no perteneció al grupo de los testigos oculares 'desde su origen'. Estos fueron los apóstoles, que fueron testigos del Jesús histórico y que luego transmitieron (este es el sentido del vocablo 'tradición') a otros lo que ellos mismos habían visto y oído.

La tercera etapa está formada por las investigaciones del propio Lucas. Aunque pertenecía a la segunda generación que recibió la 'tradición' acerca de Jesús de labios de los testigos apostólicos, no la aceptó en forma incondicional. Por el contrario, había 'investigado todo esto con esmero desde su origen' (3).

En cuarto lugar, después de los hechos, es decir de la tradición de los testigos oculares y la correspondiente investigación, vino la tarea de escribir. 'Muchos han intentado hacer un relato de las cosas que se han cumplido entre nosotros' (1), dice, y ahora 'he decidido escribírtelo ordenadamente' (3). Los 'muchos' autores incluían, indudablemente, a Marcos.

Quinto, lo que escribió había de tener lectores, entre ellos Teófilo, a quien se dirige Lucas en particular, 'para que llegues a tener plena seguridad de lo que te enseñaron' (4). De manera que los hechos que se habían cumplido, que habían sido vistos y oídos, que se habían transmitido, investigado y anotado, debían ser (y siguen siendo) el fundamento de la fe y la certidumbre cristianas.

Más aun, el Lucas que sostenía que estaba escribiendo historia reunía las condiciones necesarias para hacerlo, porque era un médico[6] culto, compañero de viajes de Pablo, y porque había residido en Palestina por los menos durante dos años.

Aun en esos tiempos lejanos los médicos recibían una formación bastante rigurosa, y el estilo elegante del griego en el que escribía Lucas es el estilo de una persona culta. También hay indicios en Lucas-Hechos de un vocabulario y un poder de observación que naturalmente se esperaría encontrar en un miembro de la profesión médica. En 1882 el erudito irlandés W. K. Hobart escribió su libro *The Medical Language of St Luke* [El lenguaje médico de san Lucas], cuyo objetivo consistía en mostrar que Lucas estaba 'bien compenetrado del lenguaje de las escuelas de medicina griegas'[7] y que 'el matiz que prevalece en [su] dicción médica' revela a un autor con conocimientos médicos, tanto en el Evangelio como en Hechos.[8] Adolf Harnack apoyaba esta teoría.[9] Críticos más recientes la han rechazado, sin embargo. H. J. Cadbury, después de analizar la lista de Hobart de palabras supuestamente médicas usadas por Lucas, señaló que correspondían no tanto al vocabulario técnico de la medicina como al repertorio de cualquier griego culto. Es probable que la verdad no se encuentre en ninguno de estos extremos. Aun cuando el trasfondo médico de Lucas no pueda probarse por su vocabulario, no cabe duda de que en sus escritos podría discernirse algún interés en la medicina y su terminología. 'Instintivamente Lucas usa palabras de la medicina', escribió William Barclay,[10] y a continuación mencionó ejemplos tanto en el Evangelio[11] como en Hechos.[12]

Otra razón para creer la afirmación de Lucas de que estaba escribiendo historia es el hecho de que acompañaba a Pablo en sus viajes.

Es bien sabido que varias veces en el relato de Hechos Lucas cambia de la tercera persona del plural (por ejemplo, en Hechos 13.10) a la primera persona del plural (por ejemplo, 'nos preparamos para partir'), y que por estas secciones en la primera persona del plural llama la atención, como al pasar, a su presencia, en cada caso en compañía de Pablo. En la primera oportunidad fueron de Troas a Filipos, donde el evangelio fue sembrado en suelo europeo (16.10–17); en la segunda fueron de Filipos a Jerusalén después de la conclusión del último viaje misionero (20.5–15 y 21.1–18); y en la tercera de Jerusalén a Roma por mar (27.1—28.16). Durante estos períodos Lucas seguramente tuvo amplias oportunidades de oír y hacer suya la enseñanza de Pablo, y de escribir un relato personal de sus experiencias, a las que más tarde podría echar mano.

Además de ser médico y amigo de Pablo, Lucas poseía una tercera condición para escribir historia, a saber, su período de residencia en Palestina. Ocurrió de la siguiente manera. Lucas llegó a Jerusalén con Pablo (21.17) y partió con él en su viaje a Roma (27.1). Entre un hecho y el otro hubo un período de más de dos años, durante los cuales Pablo estuvo encarcelado en Cesarea (24.27), mientras que Lucas quedó libre. ¿En qué empleó su tiempo? Sería razonable suponer que viajó a lo largo y ancho de Palestina, reuniendo material para su Evangelio y para los primeros capítulos de Hechos basados en Jerusalén. Siendo gentil, tuvo que haberse familiarizado con la historia judía, sus costumbres y sus fiestas, y seguramente habrá visitado los lugares que se hicieron sagrados por el ministerio de Jesús y el nacimiento de la comunidad cristiana. A Harnack le impresionó el conocimiento personal que tenía Lucas de Nazaret (su monte y su sinagoga), de Capernaúm (y del centurión que edificó su sinagoga), de Jerusalén (con su cercano monte de los Olivos y aldeas, y su sinagoga de los Libertos), del templo (sus patios, puertas y pórticos), de Emaús (a sesenta estadios de distancia), de Lida, Jope, Cesarea y otras ciudades.[13]

Dado que, para lo que Lucas quería entender en cuanto a la historia de los primeros años del cristianismo, la gente revestía más importancia que los lugares, con seguridad que habrá entrevistado a muchos testigos. Algunos de ellos seguramente conocieron a Jesús, como también a la ya anciana virgen María, dado que la narración que hace Lucas del nacimiento y la infancia de Jesús, incluidas las escenas más íntimas en cuanto a la anunciación, se relataron desde el punto de vista de ella y deben en última instancia remontarse hasta ella. Otros pudieron haber estado vinculados con los comienzos de la iglesia de Jerusalén, como Juan Marcos y su madre, Felipe, los apóstoles Pedro y Juan, y Jacobo el hermano del Señor; habrán podido proporcionarle a Lucas información de primera mano acerca de la ascensión, del día de pentecostés, la predicación inicial del evangelio, la oposición del sanedrín, el martirio de Esteban, la conversión de Cornelio, la ejecución del apóstol Jacobo, y el encarcelamiento y la posterior liberación de Pedro. De modo que no ha de sorprendernos que la primera mitad de Hechos tenga un 'colorido semítico muy marcado'.[14]

Tenemos buenas razones, entonces, para confiar en la aseveración de Lucas de que escribía historia; además, historiadores y arqueólogos profesionales se encuentran entre los más decididos defensores de su confiabilidad. Sir William Ramsay, por ejemplo, quien al comienzo fue un entusiasta discípulo del estudioso crítico F. C. Baur, posteriormente llegó, por medio de sus propias investigaciones, a un cambio de parecer. Nos dice en su *St Paul the Traveller and the Roman Citizen* [San Pablo, el viajero y el ciudadano romano] (1895) que comenzó su investigación 'sin prejuicio alguno a favor de la conclusión' a la que llegó más tarde, sino 'por el contrario … con una actitud mental desfavorable a ella'.[15] No obstante lo cual, ofrece razones 'para colocar al autor de Hechos entre los historiadores de primer rango'.[16]

Casi setenta años más tarde A. N. Sherwin-White, que era profesor de historia antigua en la Universidad de Oxford y que se describía a sí mismo como 'historiador grecorromano profesional',[17] sostuvo decididamente la exactitud del conocimiento general de Lucas. Escribió sobre el libro de Hechos:

> El fondo histórico es exacto. Desde el punto de vista del tiempo y el lugar, los detalles son precisos y correctos. Uno camina con el autor de Hechos por las calles y los mercados, los teatros y las asambleas de la Éfeso del primer siglo, o los de Tesalónica, Corinto o Filipos. Los grandes hombres de las ciudades, los magistrados, la multitud y el líder de la multitud están todos allí. … Es semejante en el caso del relato de las experiencias judiciales de Pablo ante los tribunales de Galión, Félix y Festo. Como documentos, estos relatos pertenecen

a la misma serie histórica que los registros de juicios provinciales e imperiales en las fuentes epigráficas y literarias del siglo primero y de la primera parte del segundo d.C.[18]

Veamos su conclusión: 'Para Hechos la confirmación de historicidad es abrumadora. … Cualquier intento de rechazar en adelante su historicidad básica aun en asuntos de detalle ha de parecer absurdo. Los historiadores romanos la han dado por sentado hace mucho tiempo.'[19]

## b. Lucas el diplomático

Escribir historia no pudo haber sido el único propósito de Lucas, porque la historia que nos ofrece es selectiva e incompleta. Nos cuenta acerca de Pedro, Juan, Jacobo el hermano del Señor, y Pablo, pero no dice nada acerca de los otros apóstoles, excepto que Jacobo el hijo de Zebedeo fue decapitado. Describe la difusión del evangelio hacia el norte y el oeste de Jerusalén, pero no escribe nada sobre su progreso hacia el este y el sur, excepto lo relativo a la conversión del etíope. Describe la iglesia palestina y el período inicial posterior a pentecostés; pero luego sigue la expansión de la misión gentil bajo el liderazgo de Pablo. De modo que Lucas es más que un historiador. De hecho, es un 'diplomático' cristiano en relación tanto con la iglesia como con el estado.

Primero, Lucas desarrolla una apologética política, porque le preocupa profundamente la actitud de las autoridades romanas hacia el cristianismo. Por consiguiente, se esfuerza por defender al cristianismo ante las críticas. Las autoridades, sostiene, no tienen nada que temer de los cristianos, porque no son ni sediciosos ni subversivos, sino por el contrario legalmente inocentes y moralmente inofensivos. Y en un sentido más positivo, ejercen sana influencia sobre la sociedad.

Quizás esta sea la razón por la cual los libros de Lucas están dirigidos a Teófilo. Si bien el adjetivo *theophiles*, que significa ya sea 'amado por Dios' o 'Dios amante' (BAGD), podía ser descriptivo de todo lector cristiano, es más probable que sea el nombre de una persona específica. Y aun cuando el adjetivo *kratistos* ('excelentísimo', Lucas 1.3) podría ser simplemente 'una forma respetuosa de dirigirse a alguien sin connotación oficial alguna', o bien la 'forma honorable de dirigirse hacia personas que ocupan una posición oficial o social superior a la del que habla' (BAGD), esto último parecería más probable porque el mismo término aparece posteriormente en relación con los procuradores Félix (23.26; 24.3) y Festo (26.25). Un equivalente moderno podría ser 'su excelencia' (NEB). Algunos entendidos han ido más lejos, sugiriendo que Teófilo era un oficial romano concreto que había oído calumnias anticristianas, en tanto que B. H. Streeter pensaba que la palabra en cuestión era 'un seudónimo prudente', más aun (sugirió) 'el nombre secreto por el cual se conocía a Flavio Clemente en la iglesia romana'.[20]

En todo caso, Lucas menciona en forma reiterada tres puntos de apologética política. Primero, los oficiales romanos invariablemente reaccionaban en forma amistosa hacia el cristianismo, y algunos de ellos, incluso, se habían hecho cristianos, como el centurión ante la cruz, el centurión Cornelio, y Sergio Paulo, procónsul de Chipre. En segundo lugar, las autoridades no podían encontrar nada malo ni en Jesús ni en sus apóstoles. Jesús había sido acusado de sedición, pero ni Herodes ni Pilato pudieron descubrir base alguna en la acusación. En cuanto a Pablo, en Filipos los magistrados le pidieron disculpas, en Corinto el procónsul Galión se negó a juzgarlo, y en Éfeso el escribano declaró inocentes a Pablo y sus amigos. Luego Félix, Festo y Agripa tampoco pudieron condenarlo por ofensa alguna: tres absoluciones que corresponden a las tres veces que Lucas dice que Pilato declaró inocente a Jesús.[21]

En tercer lugar, las autoridades romanas admitieron que el cristianismo era una *religio licita* (una religión legal o autorizada) porque no era una religión nueva (que habría tenido que ser aprobada por el estado) sino más bien la forma más pura de judaísmo (que había disfrutado de libertad religiosa bajo los romanos desde el siglo II a.C.). La venida de Cristo representaba el cumplimiento de las profecías del Antiguo Testamento, y a la comunidad cristiana le correspondía una continuidad directa con el pueblo de Dios del Antiguo Testamento.

Esta era, por lo tanto, la apologética política de Lucas. Dio pruebas para demostrar que el cristianismo era inofensivo (porque algunos funcionarios romanos la habían abrazado ellos mismos), inocente (porque los jueces romanos no podían encontrar base alguna para perseguirlo) y legítima (porque era el verdadero cumplimiento del judaísmo). Los cristianos siempre tendrían que poder reclamar, sobre bases similares, la protección del estado. Tengo presente una declaración presentada en 1972 por los creyentes bautistas de Piryatin al señor N. V. Podgorny, presidente del Presidium del Soviet Supremo de la URSS, y al señor L. I. Brezhnev, secretario general del Partido Comunista. Citando artículos de la Constitución de la URSS y de la Declaración Universal de los Derechos Humanos, juntamente con leyes concretas e interpretaciones jurídicas, los cristianos evangélicos bautistas de Piryatin reclamaron el derecho a la libertad de conciencia y de confesión, y declararon que no quebrantaban ninguna ley 'porque no hay nada peligroso, nada opuesto al gobierno, nada de carácter fanático en nuestra actividad, sino sólo aquello que es espiritualmente útil y sano, justo, honesto, pacífico, de conformidad con la enseñanza de Jesucristo'.[22]

El segundo ejemplo de la 'diplomacia' de Lucas es que él era un pacificador en la iglesia. Quería demostrar mediante su narración que la iglesia primitiva era una iglesia unida, que el peligro de la división entre cristianos judíos y samaritanos, y entre cristianos judíos y gentiles, se evitó providencialmente, y que los apóstoles Pedro, Jacobo y Pablo estaban fundamentalmente de acuerdo acerca del evangelio.

Fue Matthias Schneckenburger en su *Über den Zweck der Apostelgeschichte* (1841) quien hizo 'la primera investigación prolija en torno al propósito de Hechos'.[23] Creía que Lucas defendía a Pablo ante la crítica judeo-cristiana por su misión a los gentiles, resaltando sus prácticas judaicas y sus buenas relaciones con la iglesia de Jerusalén. También se esforzó por demostrar el paralelismo entre sus 'milagros, visiones, sufrimientos y discursos',[24] con el fin de 'equiparar a Pablo con Pedro'.[25]

F. C. Baur fue mucho más lejos. Entendía que Hechos tenía un definido propósito 'tendencioso'. Tomando como fundamento más bien débil las facciones en Corinto ('Yo sigo a Pablo' ... 'Yo, a Cefas', 1 Corintios 1.12) armó una compleja teoría de que la iglesia primitiva se estaba desgarrando por conflictos entre el cristianismo judío original representado por Pedro y el cristianismo gentil posterior representado por Pablo. Consideraba que Hechos era un intento iniciado en el segundo siglo por un 'paulista' (un seguidor y defensor de Pablo) para minimizar, e incluso negar, la supuesta hostilidad entre los dos principales apóstoles, y de esta manera reconciliar a los cristianos judíos y gentiles entre sí. Mostraba a Pablo como un fiel judío, que guardaba la ley y creía en los profetas, y a Pedro como el evangelista mediante el cual se convirtió el primer gentil. Los dos apóstoles aparecen en armonía, y no en desacuerdo entre sí. De hecho, Lucas intentó reconciliar a los 'dos partidos que se oponían entre sí, haciendo que Pablo apareciese tan petrino como fuese posible, y, de la misma manera, a Pedro tan paulino como fuese posible...'[26]

En general los entendidos concuerdan en que F. C. Baur y sus sucesores en la Escuela de Tubinga llevaron su teoría demasiado lejos. En realidad no hay pruebas de que en la iglesia primitiva hubiese dos cristianismos (judío y gentil) encabezados por dos apóstoles (Pedro y Pablo) irreconciliablemente opuestos entre sí. Es probable que Baur haya sido influido por el entendimiento dialéctico que tenía Hegel de la historia en cuanto a un conflicto recurrente entre tesis y antítesis. Por cierto que había tensión entre los cristianos judíos y los gentiles, y debido a la actividad de los judaizantes parecía factible que se produjera una seria división, hasta que la cuestión fue resuelta por el Concilio de Jerusalén. Lucas no oculta esto. También es cierto que en Antioquía Pablo se opuso públicamente a Pedro, cara a cara,[27] por haberse retraído de la comunión con los creyentes gentiles. Pero este enfrentamiento fue excepcional y transitorio; Pablo escribió sobre el incidente a los gálatas usando el tiempo verbal pasado. Pedro se recuperó de este desliz momentáneo. La reconciliación entre los dos líderes apostólicos fue real, no ficticia, y lo que destacan Hechos, los capítulos 1 y 2 de Gálatas y 1 Corintios 15.11, es la coincidencia entre los apóstoles en cuanto al evangelio.

Lucas no inventó esta armonía apostólica, como sugirió Baur: más bien la observó y la registró. Es evidente que en su relato le da prominencia a Pedro (capítulos 1—12) y a Pablo (capítulos 13—28). Parecería probable, además, que de manera deliberada los presenta como ejerciendo ministerios paralelos, más que divergentes. Las semejanzas son notables. Así, tanto Pedro como Pablo estaban llenos del Espíritu Santo (4.8 y 9.17; 13.9); ambos predicaban la Palabra de Dios con denuedo (4.13, 31 y 9.27, 29); ambos daban testimonio ante auditorios judíos sobre Jesús crucificado, resucitado y reinante, en cumplimiento de las Escrituras, como el camino a la salvación (por ej. 2.22ss y 13.16ss); ambos predicaban tanto a gentiles como también a judíos (10.34ss y 13.46ss); ambos recibieron visiones que proporcionaron orientación fundamental a la misión de la iglesia en desarrollo (10.9ss; 16.9); ambos fueron encarcelados por su testimonio con respecto a Jesús, y luego fueron liberados milagrosamente (12.7ss y 16.25ss); ambos sanaron a un paralítico de nacimiento: Pedro en Jerusalén y Pablo en Listra (3.2ss y 14.8ss); ambos curaron a otras personas enfermas (9.41 y 28.8); ambos exorcizaron espíritus impuros (5.16 y 16.18); ambos poseían tales poderes extraordinarios que había gente que era sanada por la sombra de Pedro y por los pañuelos y delantales de Pablo (5.15 y 19.12); ambos levantaron muertos, Tabita en Jope en el caso de Pedro, y Eutico en Troas en el caso de Pablo (9.36ss y 20.7ss); ambos invocaron el juicio de Dios, sobre un hechicero y un falso maestro, Pedro en el caso de Simón el mago en Samaria y Pablo en el caso de Elimas en Pafos (8.20ss y 13.6ss); y ambos rechazaron la adoración de otros hombres: Pedro en el caso de Cornelio y Pablo en el caso de los de Listra (10.25–26 y 14.11ss).

Cierto es que estos paralelos se encuentran esparcidos en Hechos y que no aparecen asociados entre sí. No obstante, allí están. Difícilmente sea un hecho accidental. Con seguridad que Lucas los incluye en su narración con el fin de mostrar, por su caracterización de Pedro y Pablo, que ambos eran apóstoles de Cristo, que tenían el mismo encargo, el mismo evangelio y la misma autenticación. Es así como puede llamársele un 'pacificador', alguien que quería demostrar la unidad de la iglesia primitiva.

## c. Lucas el teólogo-evangelista

El valor de la 'crítica de la redacción' está en que presenta a los autores de los Evangelios y de Hechos, no como editores de 'tijeras y engrudo' sin imaginación, sino como teólogos por derecho propio, como personas que seleccionaban y organizaban concienzudamente su material y lo presentaban con el fin de destacar su propósito pastoral particular. La crítica de la redacción comenzó a aplicarse a Hechos en la década de 1950, primero por Martin Dibelius (1951), luego por Hans Conzelmann (1954)[28] y más tarde por Ernst Haenchen (1956) en su comentario. Lamentablemente, estos estudiosos alemanes creían que Lucas se ocupaba de sus preocupaciones teológicas a expensas de su confiabilidad histórica. El profesor Howard Marshall, sin embargo, quien se ha basado en la obra de ellos (mientras al mismo tiempo la sometía a una crítica rigurosa), especialmente en su excelente estudio *Luke: Historian and Theologian* [Lucas: Historiador y teólogo] (1970), sostiene que no debemos contraponer a Lucas el historiador y Lucas el teólogo, porque era ambas cosas, y cada uno de estos énfasis exige el otro:

> Lucas es *tanto* historiador *como* teólogo, y … el término más apropiado para describirlo es 'evangelista', término que, en nuestra opinión, incluye a los otros dos. … Como teólogo interesaba a Lucas que su mensaje acerca de Jesús y la iglesia primitiva tuviera como base historia confiable. … Ponía su historia al servicio de su teología.[29]

> Además, Lucas era 'tanto un historiador confiable como un buen teólogo. … Creemos que la validez de su teología se sostiene o cae con la confiabilidad de la historia en la que está basada. … La preocupación de Lucas está vinculada a la significación salvífica de la historia antes que con la historia misma como meros hechos.'[30]

En particular, entonces, Lucas fue un teólogo de la salvación. La salvación, escribió Howard Marshall, 'es el tema central de la teología de Lucas',[31] tanto en el Evangelio (en el que la vemos lograda) y como Hechos (en el que la vemos proclamada). Michael Green había llamado la atención a esto en su *The Meaning of Salvation* [El significado de la salvación]: 'Es difícil sobreestimar la importancia de la salvación en los escritos de Lucas …', escribió. 'Es sorprendente … que en vista de la frecuencia con la que Lucas usa terminología salvífica, no se le haya prestado más atención.'[32]

La teología de la salvación que encontramos en Lucas ya se anticipa en el 'Cántico de Simeón' o *Nunc Dimittis* que recoge en su Evangelio.[33] Se destacan tres verdades fundamentales.

En primer lugar, *la salvación ha sido preparada por Dios*. Al hablar con Dios, Simeón se refiere a 'tu salvación, que has preparado a la vista de todos los pueblos' (Lucas 2.30–31). Lejos de ser una ocurrencia tardía, había sido planeada y prometida durante siglos. El mismo énfasis reaparece en el libro de Hechos. En los sermones de Pedro y de Pablo, para no mencionar la defensa de Esteban, la muerte, la resurrección y el reinado de Jesús, como también el don del Espíritu, aparecen todos como la culminación de siglos de promesas proféticas.

Segundo, *la salvación es concedida por Cristo*. Cuando Simeón le habló a Dios sobre 'tu salvación', que él había visto con sus propios ojos, se refería al niño Jesús a quien había sostenido en sus brazos y que había 'nacido … un Salvador' (Lucas 2.11). Posteriormente Jesús mismo hizo la afirmación inequívoca de que había venido 'a buscar y a salvar lo que se había perdido' (Lucas 19.10), y lo ilustró mediante sus tres famosas parábolas de la condición perdida del hombre (Lucas 15.1–32). Luego, después de su muerte y resurrección, sus apóstoles declararon que el perdón de los pecados estaba disponible a todos los que se arrepienten y creen en Jesús (Hechos 2.38–39; 13.38–39). De hecho, la salvación no había de encontrarse en ningún otro (Hechos 4.12). Porque Dios había exaltado a Jesús a su diestra 'como Príncipe y Salvador, para que diera … arrepentimiento y perdón de pecados' (Hechos 5.31).

En tercer lugar, *la salvación se ofrece a todos los pueblos*. Como lo expresó Simeón, ha sido preparada 'en la presencia de todos los pueblos' (literalmente), para ser tanto una luz para las naciones como la gloria de Israel (Lucas 2.31–32). Sin duda alguna es esta la verdad sobre la que Lucas pone el mayor énfasis. En Lucas 3.6, con referencia a Juan el Bautista, continúa con su cita de Isaías 40, más allá de donde se detienen Mateo y Marcos, con el propósito de incluir la declaración de que 'todo mortal verá la salvación de Dios'. En Hechos 2.17 anota la cita que hace Pedro de la promesa de Dios dada a través de Joel: 'Derramaré mi Espíritu sobre todo el género humano.' Las dos palabras, *pasa sarx*, 'todo mortal' o 'todo el género humano', aparecen con una señal cerca del comienzo de cada uno de los dos tomos de Lucas, en ambos casos insertas en la profecía del Antiguo Testamento, para destacar el mensaje principal del autor. Jesús es el Salvador del mundo; nadie está más allá del alcance de su amor. En su Evangelio, Lucas muestra la compasión de Jesús por aquellos sectores de la comunidad a los que otros despreciaban, a saber las mujeres y los niños, los pobres, los enfermos, los pecadores y los desterrados, los samaritanos y los gentiles. En Hechos, Lucas explica cómo fue que Pablo se volvió hacia los gentiles, y describe el triunfal progreso del evangelio desde Jerusalén, la capital de los judíos, hasta Roma, la capital del mundo.

La prominencia que se le da al ofrecimiento universal del evangelio proviene con particular acierto de la pluma de Lucas. Porque él es el único gentil que escribe en el Nuevo Testamento.[34] Culto y gran viajero, es el único escritor de los Evangelios que llama 'lago' al mar de

Galilea, porque tiene la posibilidad de compararlo con el Mar Grande, el Mediterráneo. Conoce los amplios horizontes del mundo greco-romano, tanto su historia como su geografía. De modo que ubica su relato sobre Jesús y la iglesia primitiva contra el fondo del conjunto de los acontecimientos contemporáneos. Además, se vale del vocablo *oikoumenē*, 'la tierra deshabitada', con más frecuencia que todos los demás escritores del Nuevo Testamento juntos (ocho veces).

Pero Lucas, el teólogo de la salvación, es esencialmente el evangelista. Porque proclama el evangelio de la salvación de parte de Dios en Cristo para todos los pueblos. De allí su inclusión en Hechos de tantos sermones y discursos, dados especialmente por Pedro y por Pablo. No sólo los muestra predicando a sus oyentes originales, sino que también les da la posibilidad de predicar para quienes los escuchamos siglos más tarde. Porque, como lo dijo Pedro el día de pentecostés, la promesa de salvación es para nosotros también, y para todas las generaciones; más todavía, 'para todos aquellos a quienes el Señor nuestro Dios quiera llamar' (Hechos 2.39).

## 2. Introducción a Hechos | Hechos 1.1–5

A continuación de nuestra introducción general a Lucas, y de lo que se propuso al escribir, pasamos ahora más particularmente a Hechos y a su prefacio. Es preciso que notemos cuidadosamente la forma en que Lucas entendía tanto la relación entre sus dos tomos como el papel fundacional que cumplían los apóstoles.

### a. Los dos tomos de Lucas

> **1.1 Estimado Teófilo, en mi primer libro me referí a todo lo que Jesús comenzó a hacer y enseñar 2 hasta el día en que fue llevado al cielo, luego de darles instrucciones por medio del Espíritu Santo a los apóstoles que había escogido.**

Aquí Lucas nos cuenta cómo entiende su obra en dos tomos relacionados con los orígenes del cristianismo, la que equivale aproximadamente a una cuarta parte del Nuevo Testamento. No considera que su primer tomo sea la narración de *Jesucristo* desde su nacimiento, a través de sus sufrimientos y muerte, hasta su triunfal resurrección y ascensión, y el tomo dos como el relato de *la iglesia de Jesucristo* desde su nacimiento en Jerusalén, pasando por sus sufrimientos por la persecución, hasta su triunfal conquista de Roma unos treinta años más tarde. Porque el paralelo que traza como contraste entre sus dos tomos no es entre Cristo y su iglesia, sino entre dos etapas del ministerio de Cristo. En su **primer libro** ha relatado **todo lo que Jesús comenzó a hacer y enseñar hasta el día en que fue llevado al cielo,** por cuanto era 'poderoso en obras y en palabras delante de Dios y de todo el pueblo';[35] y da a entender que en su segundo libro escribirá acerca de lo que Jesús siguió haciendo y enseñando después de su ascensión, especialmente por medio de los apóstoles. Lucas se propone registrar fielmente los sermones y las 'señales y maravillas' que acreditaban a Jesucristo. Así el ministerio de Jesús en la tierra, realizado en forma personal y pública, fue seguido por su ministerio desde el cielo, llevado a cabo por medio de su Espíritu Santo y sus apóstoles. Más aun, la línea divisoria entre los dos fue la ascensión. No sólo sirvió para finalizar el primer libro[36] de Lucas y dar comienzo al segundo (Hechos 1.9), sino que dio término al ministerio terrenal de Jesús, a la vez que inauguró su ministerio celestial.

¿Cuál es, entonces, el título acertado para el segundo tomo de Lucas? Su nombre popular, es 'El Libro de los Hechos', y este título se justifica por el Códice Sinaítico del siglo IV, donde simplemente tiene como encabezamiento *Praxeis*, 'Hechos'. Pero no nos dice de quién o de quiénes son los actos que describe Lucas, como tampoco nos ayuda a distinguir su libro de obras apócrifas posteriores como *Hechos de Juan*, *Hechos de Pablo* y *Hechos de Pedro*, todas del siglo II, y *Hechos de Andrés* y *Hechos de Tomás*, del siglo III. Todas estos eran historias piadosas destinadas a enaltecer la reputación del apóstol del que se trataba, especialmente mediante milagros legendarios, y generalmente con el objeto de promover bajo su autoridad alguna tendencia no ortodoxa.[37]

El título tradicional desde el segundo siglo ha sido 'Los Hechos de los Apóstoles'. Y por cierto que son apóstoles los que ocupan el centro del escenario de Lucas: primero Pedro y Juan (capítulos 1—8), luego Pedro por su cuenta (capítulos 10—12), Jacobo como presidente del Concilio de Jerusalén (capítulo 15), y Pablo (capítulos 9 y 13—28). Sin embargo, este título está demasiado centrado en los hombres;

deja de lado el poder divino por obra del cual hablaron y actuaron los apóstoles.

Otros han propuesto el título 'Los Hechos del Espíritu Santo'; por ejemplo, Johann Albrecht en el siglo XVIII. Escribió que el segundo tomo de Lucas 'describe, no tanto los hechos de los apóstoles, como los hechos del Espíritu Santo, así como el tratado anterior contiene los hechos de Jesucristo'.[38] Este concepto fue popularizado por Arthur T. Pierson, cuyo comentario (1895) se publicó con ese título:

> A este libro podríamos, tal vez, aventurarnos a llamarlo los *Hechos del Espíritu Santo*, porque de comienzo a fin es el registro de su advenimiento y actividad. Aquí se lo ve llegar y trabajar. … Pero (a saber, solo) se reconoce a un Actor y Agente verdadero, ya que todos los demás así llamados actores u obreros son meros instrumentos suyos; el agente es el que actúa, quien a su vez se vale de un instrumento.[39]

Pierson termina su libro con un tremendo desafío:

> ¡Iglesia de Cristo! Los registros de estos hechos del Espíritu Santo jamás se han completado. Este es el único libro que no tiene una conclusión concreta, porque espera que se le agreguen nuevos capítulos tan pronto como el pueblo de Dios vuelva a instalar al bendito Espíritu en su santo sitial de control.[40]

Por cierto que se trata de una saludable alternativa. A lo largo del relato de Lucas aparecen referencias a la promesa, al don, al derramamiento, al bautismo, a la plenitud, al poder, al testimonio y a la guía del Espíritu Santo. Sería imposible explicar el progreso del evangelio aparte de la obra del Espíritu. No obstante, si el título 'Los Hechos de los Apóstoles' destaca excesivamente el elemento humano, 'Los Hechos del Espíritu Santo' destaca excesivamente el divino, por cuanto pasa por alto a los apóstoles como los principales personajes por medio de los cuales obra el Espíritu. También resulta contradictorio frente al primer versículo de Lucas, que da a entender que las acciones y las palabras que registra son las del Cristo ascendido que obra por medio del Espíritu Santo, quien, como sabe Lucas, es 'el Espíritu de Jesús' (Hechos 16.7). Por lo tanto, el título más acertado (si bien demasiado largo y pesado) para hacer justicia a las propias palabras de Lucas en los versículos 1–2, sería algo así: 'La continuidad de las palabras y los hechos de Jesús por su Espíritu a través de sus apóstoles'.

Los dos primeros versículos de Lucas son, por lo tanto, extremadamente significativos. No es exagerado decir que separan al cristianismo de todas las demás religiones. Estas consideran que su fundador completó su ministerio durante su vida; Lucas dice que Jesús solamente comenzó el suyo. Desde luego que completó la obra de la expiación, aunque ese final fue también un comienzo. Porque después de su resurrección, ascensión y envío del Espíritu continuó su obra; primero y principalmente por medio del ministerio fundacional y único de los apóstoles que escogió, y posteriormente por medio de la iglesia de todos los períodos y lugares. Este, en consecuencia, es el tipo de Jesucristo en el cual creemos: es tanto el Jesús histórico que vivió y el Jesús contemporáneo que vive. El Jesús de la historia comenzó su ministerio en la tierra; el Cristo de gloria ha mantenido su actividad desde entonces por medio de su Espíritu, de conformidad con su promesa de estar con su pueblo 'siempre, hasta el fin del mundo'.[41]

## b. El ministerio fundacional de los apóstoles

**[1.2] … fue llevado al cielo, luego de darles instrucciones por medio del Espíritu Santo a los apóstoles que había escogido. [3]Después de padecer la muerte, se les presentó dándoles muchas pruebas convincentes de que estaba vivo. Durante cuarenta días se les apareció y les habló acerca del reino de Dios. [4]Una vez, mientras comía con ellos, les ordenó: '—No se alejen de Jerusalén, sino esperen la promesa del Padre, de la cual les he hablado: [5]Juan bautizó con agua, pero dentro de pocos días ustedes serán bautizados con el Espíritu Santo'.**

Ya hemos dicho que la ascensión fue la línea divisoria entre dos fases del ministerio de Jesucristo, la terrena y la celestial. Ahora tenemos que tomar nota de que no **fue llevado al cielo**, sino **luego** de que hubo dado **instrucciones por medio del Espíritu Santo a los apóstoles que había escogido**. Esto se destaca claramente en su forma griega, que dice literalmente: 'Hasta el día en que, habiendo instruido a sus apóstoles escogidos por medio del Espíritu Santo, fue levantado.' Así, antes de terminar su ministerio personal en la tierra, deliberadamente

Jesús hizo provisión para su continuidad, todavía en la tierra (por medio de los apóstoles) pero desde el cielo (por medio del Espíritu Santo). Dado que los apóstoles ocupaban una posición única, también recibieron una preparación única. Lucas menciona cuatro etapas.

## (i) Jesús los eligió

Se trataba de **los apóstoles que había escogido** (2). Lucas usa el mismo verbo *eklegomai* en su relato del llamado y la elección de los Doce por Jesús, 'a los que nombró apóstoles',[42] y volverá a usarlo cuando se proponga a dos hombres para llenar el vacío dejado por Judas; los creyentes oran diciendo, 'Señor, … muéstranos a cuál de estos dos has elegido' (1.24). Es interesante que el mismo verbo se usa también posteriormente en relación con Pablo. El Señor resucitado se lo describe a Ananías como 'instrumento escogido para dar a conocer … a las naciones …' (9.15), y Ananías transmite este mensaje a Pablo: 'El Dios de nuestros antepasados te ha escogido … tú le serás testigo …' (22.14–15). De esta manera se recalca que ninguno de los apóstoles se designó a sí mismo, ni fue designado por ningún ser humano, ni comisión, sínodo o iglesia, sino que todos (los Doce, Matías y Pablo) fueron directa y personalmente escogidos y designados por Jesucristo mismo.

## (ii) Jesús se presentó ante ellos

Los otros evangelistas han indicado que Jesús designó a los Doce 'para que lo acompañaran' y que de este modo estuvieran especialmente preparados para dar testimonio de él.[43] Los testigos fundacionales tenían que ser testigos oculares.[44] El sucesor de Judas, dijo Pedro, tenía que ser alguien que hubiera estado con los Doce 'todo el tiempo que el Señor Jesús vivió entre nosotros, desde que Juan bautizaba hasta el día en que Jesús fue llevado de entre nosotros' (1.21–22). En particular debía ser 'testigo de la resurrección' (1.22; ver 10.41). Así que, **después de padecer la muerte,** el Señor resucitado **se … presentó … vivo** ante estos hombres (3). Lucas destaca este hecho. Jesús les dio **muchas pruebas convincentes** (*tekmērion* es una 'prueba convincente, decisiva', BAGD) de que estaba **vivo … se les apareció** (haciéndose visible) … **y les habló acerca del reino de Dios** (de manera que oyeron, además de verlo). Por otra parte, **comía con ellos** (por lo menos **una vez**) lo cual indica que no se trataba de un fantasma, sino que se lo podía tocar (10.41).[45] De modo que se presentó ante sus sentidos: sus ojos, oídos y manos. Semejante experiencia objetiva del Señor resucitado era una condición indispensable para un apóstol, lo cual explica por qué Pablo podía ser uno de ellos,[46] además de Jacobo,[47] y por qué no ha habido ningún apóstol comparable a ellos desde entonces, y por qué no puede haberlos hoy.

## (iii) Jesús les ordenó o los comisionó

Además de hablarles sobre el reino de Dios (3) y el Espíritu Santo (4–5), aspectos que volveremos a considerar en el próximo capítulo, les dio ciertas **instrucciones por medio del Espíritu Santo** (quien inspiraba toda su enseñanza[48]). ¿Cuáles fueron estos mandamientos? Es interesante descubrir que el Texto Occidental[49] o de Beza contesta esta pregunta cuando agrega 'los apóstoles que había escogido y a los que había mandado a predicar el evangelio'. Si esto es correcto, luego las instrucciones del Señor resucitado no eran otra cosa que su gran comisión, que Lucas ya había registrado al final de su Evangelio en cuanto a la predicación del arrepentimiento y el perdón en su nombre a todas las naciones,[50] y que Jesús habrá de repetir pronto en lo concerniente a ser testigos hasta lo último de la tierra (1.8). Por consiguiente, esto agrega un rasgo adicional al retrato de un apóstol. *Apostolos* designaba a un enviado, delegado o embajador, mandado con un mensaje y con la autoridad de quien lo enviaba. Así Jesús eligió a sus apóstoles, y se les apareció después de la resurrección, como actos preliminares relacionados con su envío a predicar y enseñar en su nombre.

## (iv) Jesús les prometió el Espíritu Santo

En el aposento alto, según Juan, Jesús ya había prometido a los apóstoles que el Espíritu de la verdad les recordaría lo que él les había enseñado[51] y que lo complementaría con lo que no había llegado a enseñarles.[52] Ahora Jesús les manda esperar en Jerusalén hasta que hubieran recibido el don prometido (4). Era la promesa de su Padre (4a, presumiblemente mediante profecías tales como Joel 2.28ss., Isaías 32.15 y Ezequiel 36.27), la suya propia (ya que Jesús mismo las había repetido durante su ministerio, 4b), y la de Juan el Bautista, quien había llamado 'bautismo' a dicho 'don' o 'promesa' (5). Ahora Jesús hace eco a las palabras de Juan y agrega que la promesa tres veces repetida ('el Espíritu Santo prometido', 2.33) se ha de cumplir **dentro de pocos días**. De manera que tienen que esperar. Mientras Dios no hubiera cumplido su promesa y ellos no hubieran sido 'revestidos del poder de lo alto', no podían cumplir su comisión.[53]

Aquí tenemos, entonces, la cuádruple preparación de los apóstoles de Cristo. Desde luego que en un sentido secundario todos los discípulos de Jesús podemos afirmar que él nos ha elegido, que se nos ha revelado y nos ha comisionado como testigos, y que no sólo nos ha prometido sino que nos ha dado su Espíritu. No obstante, no es a estos principios generales a los que se refiere Lucas aquí, sino a la dotación especial de un apóstol; a una designación personal como apóstol de Jesús; a una experiencia como testigo ocular del Jesús histórico; a una autorización y encargo por parte de Jesús para hablar en su nombre, y al habilitador Espíritu de Jesús para inspirar su enseñanza. Fueron fundamentalmente estos hombres así preparados mediante los cuales Jesús continuó su ministerio de **hacer y enseñar**, y a quienes Lucas se propone presentarnos en Hechos.

# I

# En Jerusalén
## Hechos 1.6—6.7

# 1

# A la espera de Pentecostés
## Hechos 1.6–26

El acontecimiento principal en los primeros capítulos de Hechos tuvo lugar el día de Pentecostés, cuando el Señor Jesús, ya exaltado, llevó a cabo la última obra de su carrera salvífica (hasta su nueva venida) y 'derramó' el Espíritu Santo sobre su pueblo expectante. Su vida, su muerte, resurrección y ascensión culminaron todos con este gran don, que los profetas habían profetizado y que había de ser reconocido como la principal prueba de que se inauguraba el reino de Dios. Porque la conclusión de la obra de Cristo en la tierra era, al mismo tiempo, un nuevo comienzo. Así como el Espíritu descendió sobre Jesús a fin de dotarlo para su ministerio público,[1] así también ahora el Espíritu había descendido sobre su pueblo con el fin de dotarlo para el suyo. El Espíritu Santo no solamente les concedería la salvación que Jesús había logrado mediante su muerte y resurrección, sino que habría de impulsarlos a proclamar en todo el mundo las buenas noticias de dicha salvación. La salvación fue provista para ser compartida.

Sin embargo, antes del día de Pentecostés debía darse un período de espera de cuarenta días entre la resurrección y la ascensión de Jesús (1.3), y de diez más entre la ascensión y Pentecostés. Las instrucciones de Jesús fueron perfectamente claras, y Lucas las repite para realzarlas, primero al final de su Evangelio y luego al comienzo de Hechos. 'Quédense en la ciudad hasta que sean revestidos del poder de lo alto.'[2] 'No se alejen de Jerusalén, sino esperen la promesa del Padre, de la cual les he hablado' (1.4). Aun así, durante el período de espera de cincuenta días no estuvieron inactivos. En primer lugar, recibieron el encargo (1.6–8). Segundo, vieron a Cristo subir al cielo (1.9–12). Tercero, perseveraron juntos en oración, presumiblemente pidiendo que llegara el Espíritu (1.13–14). Y en cuarto lugar, remplazaron a Judas por Matías, como el duodécimo apóstol (1.21–26).

No es que debamos pensar que estas actividades fueran puramente humanas. Porque fue Cristo quien los comisionó, subió al cielo, les prometió el Espíritu por el cual oraban, y eligió al nuevo apóstol. El doctor Richard Longenecker va más allá y considera a estos cuatro factores como 'los elementos constitutivos de la misión cristiana', a saber: el mandato a testificar, el Señor ascendido que dirige la misión desde el cielo, la centralidad de los apóstoles en esta tarea, y la venida del Espíritu para darles poder.[3] Solo cuando estos cuatro elementos estuviesen en su lugar podía comenzar la misión.

# 1. Los apóstoles recibieron la comisión | 1.6–8

> [1.6]Entonces los que estaban reunidos con él le preguntaron:
> —Señor, ¿es ahora cuando vas a restablecer el reino
> a Israel?
> [7]—No les toca a ustedes conocer la hora ni el
> momento determinados por la autoridad misma del
> Padre —les contestó Jesús—. [8]Pero cuando venga el
> Espíritu Santo sobre ustedes, recibirán poder y serán
> mis testigos tanto en Jerusalén como en toda Judea y
> Samaria, y hasta los confines de la tierra.

Lucas nos dice lo que Jesús les enseñó durante los cuarenta días en los cuales el Señor resucitado 'se presentó … vivo' ante los apóstoles, y les dio 'muchas pruebas convincentes' (3). Primero, les 'habló acerca del reino de Dios' (3), tema que lo había ocupado prioritariamente durante su ministerio público y que, por cierto (a juzgar por el uso del participio presente *legōn*, 'hablando'), siguió ocupándolo después de su resurrección. En segundo lugar, les mandó que esperaran el don o bautismo del Espíritu, que les había sido prometido, tanto por el Padre como por Juan el Bautista, y que estaban a punto de recibir, 'dentro de pocos días' (4–5).

Parecería, entonces, que los dos temas principales de la conversación de Jesús entre el momento de su resurrección y su ascensión fueron el reino de Dios y el Espíritu de Dios. Incluso, es probable que los haya relacionado entre sí, ya que es indudable que con frecuencia los habían asociado los profetas. Cuando Dios establezca el reino del Mesías, decían, derramará de su Espíritu; esta efusión generosa y el disfrute universal del Espíritu será una de las principales señales y bendiciones de su reinado; y por cierto que el Espíritu de Dios hará del gobierno de Dios una realidad presente y activa para su pueblo.[4]

De modo, entonces, que la pregunta que hicieron a Jesús los apóstoles cuando se reunieron (**Señor, ¿es ahora cuando vas a restablecer el reino a Israel?**, 6) no era tan improcedente como parecería serlo. Porque si estaba a punto de llegar el Espíritu, como había dicho él, ¿acaso no significaba que el reino también estaba a punto de llegar? El error que cometieron fue no entender ni la naturaleza del reino ni la relación entre el reino y el Espíritu. La pregunta habrá desilusionado profundamente a Jesús. ¿Seguían siendo tan incapaces para percibir el mensaje? Como lo comentó Calvino, 'hay tantos errores en esta pregunta como palabras tiene'.[5] El verbo, el sustantivo y el adverbio de la pregunta delatan, todos, una confusión doctrinal acerca del reino. Porque el verbo **restablecer** pone de manifiesto que esperaban un reino político y territorial; el sustantivo **Israel**, que esperaban un reino nacional; y el adverbio **ahora** que esperaban su inmediata instauración. En su respuesta (7–8) Jesús corrigió esas nociones erróneas en cuanto a la naturaleza, la extensión y la venida del reino.[6]

## a. El reino de Dios es espiritual en su carácter

En el lenguaje corriente, por supuesto, un 'reino' es generalmente una esfera territorial que puede ubicarse en un mapa, como el reino hachemita de Jordania, el reino hindú de Nepal, el reino budista de Tailandia, o el Reino Unido de la Gran Bretaña. Pero el reino de Dios no es un concepto territorial. No figura en ningún mapa, y tampoco puede. Sin embargo, esto es lo que los apóstoles todavía concebían cuando confundían el reino de Dios con el reino de Israel. Eran como los miembros del remanente justo de Israel a quienes menciona Lucas en su Evangelio como el que 'esperaba el reino de Dios' o 'la redención de Israel',[7] y como los que se dirigían a Emaús, que '[abrigaban] la esperanza de que era él [Jesús] quien redimiría a Israel', [8] pero que se habían desilusionado debido a la cruz. Sin duda la esperanza de los apóstoles había cobrado nuevos bríos, por la resurrección. Todavía soñaban con el dominio político, con el restablecimiento de la monarquía, con la liberación de Israel del yugo colonialista de Roma.

En su respuesta Jesús volvió al tema del Espíritu Santo. Habló sobre el descenso del Espíritu sobre ellos, y sobre el poder que les impartiría para ser sus testigos (8). En las notables palabras de Charles Williams, Jesús se separó de ellos 'repartiendo promesas de poder'.[9] Es importante recordar que su promesa de que recibirían poder formaba parte de su contestación a la pregunta acerca del reino. Porque el ejercicio del poder es inherente al concepto de reino. Pero el poder en el reino de Dios es diferente al poder en los reinos humanos. La referencia al Espíritu Santo define su naturaleza. El reino de Dios es su gobierno instaurado en la vida de su pueblo por el Espíritu Santo. Se extiende por medio de testigos, no por medio de soldados; mediante un evangelio de paz, no mediante una declaración de guerra por obra del Espíritu, no por la fuerza de las armas, la intriga política o la violencia revolucionaria. Al mismo tiempo, al rechazar la politización del reino, debemos tener cuidado de no ir al extremo opuesto y espiritualizarlo en exceso, como si el gobierno de Dios operara sólo en el cielo y no en la tierra. El hecho es que, si bien no ha de identificárselo con ninguna ideología o programa político, tiene fuertes connotaciones políticas y sociales. Los valores del reino de Dios entran en colisión con los valores de este mundo. Además, los ciudadanos del reino niegan en forma terminante al César la lealtad suprema por la que este se desvive, y que ellos insisten en conceder solamente a Jesús.

## b. El reino de Dios es internacional en su composición

Los apóstoles mantenían aspiraciones estrechas, nacionalistas. Preguntaron a Jesús si estaba a punto de restaurar a Israel su independencia nacional, independencia que los macabeos habían reconquistado en el segundo siglo a.C. por un breve pero efervescente período, y luego habían vuelto a perder.

En su respuesta Jesús amplió sus horizontes. Prometió que el Espíritu Santo les daría poder para ser sus testigos. Desde luego que comenzarían en Jerusalén, la capital nacional en la que había sido condenado y crucificado, y de donde no debían irse antes de que llegara el Espíritu. Proseguirían en el entorno inmediato de Judea. Pero luego la misión cristiana se ampliaría a partir de dicho centro, de conformidad con la antigua profecía de que 'de Sión saldrá la enseñanza, de Jerusalén la palabra del Señor',[10] en primer término a la despreciada Samaria, y luego mucho más allá de Palestina a las naciones gentiles, **hasta los confines de la tierra.** La tesis de Johannes Blauw en su libro *The Missionary Nature of the Church* [El carácter misionero de la iglesia] propone que la perspectiva del Antiguo Testamento incluía la preocupación por las naciones (Dios las hizo y vendrán y se inclinarán ante él), pero no por la misión a las naciones (para ir a ganarlas). Incluso la visión de los últimos días es la de un 'peregrinaje de las naciones' al monte Sión: 'Hacia él confluirán todas las naciones'.[11] Sólo en el Nuevo Testamento, agrega Blauw, se remplaza una 'conciencia misionera centrípeta' por una 'actividad misionera centrífuga', y 'el momento crítico es el de la resurrección, después de lo cual Jesús recibe autoridad universal y entrega a su pueblo una comisión universal para salir a discipular a las naciones'.[12]

El mandato del Señor resucitado para llevar a cabo la misión empieza a cumplirse en Hechos. A decir verdad, como lo han señalado muchos comentaristas, Hechos 1.8 es una especie de 'Índice' de todo el libro. Los capítulos 1—7 describen los acontecimientos en Jerusalén, el capítulo 8 menciona la dispersión de los discípulos 'por las regiones de Judea y Samaria' (8.1), prosigue a registrar la evangelización de una ciudad samaritana por Felipe (8.5–24), y enseguida la de 'muchas poblaciones de los samaritanos' por parte de los apóstoles Pedro y Juan (8.25), mientras que la conversión de Saulo en el capítulo 9 conduce, en el resto del libro, a sus expediciones misioneras y, finalmente, a su viaje a Roma. Porque el reino de Cristo, si bien no es incompatible con el patriotismo, no tolera ningún nacionalismo estrecho. Cristo gobierna sobre una comunidad internacional en la que la raza, la nación, el rango y el sexo no constituyen barreras para la confraternización. Y cuando al final su reino se haya consumado, se verá que la incontable compañía de los redimidos provendrá 'de todas las naciones, tribus, pueblos y lenguas'.[13]

## c. El reino de Dios es gradual en su expansión

La pregunta de los apóstoles incluía una referencia específica al momento: —**Señor, ¿es *ahora* cuando vas a restablecer el reino a Israel?** (1.6). O, '¿es ahora cuando vas a restaurar la soberanía de Israel?' (BP). Esta había sido la esperanza de muchos durante el ministerio público de Jesús, como Lucas deja claro en su Evangelio. Lucas incorpora una parábola que, explica él, Jesús contó 'porque estaba cerca de Jerusalén y la gente pensaba que el reino de Dios iba a manifestarse en cualquier momento'.[14] De modo que los apóstoles preguntaron si Jesús haría ahora, después de su resurrección, lo que ellos habían esperado que hiciera durante su vida; además, ¿lo haría en forma inmediata?

La respuesta del Señor fue doble. Primero, **No les toca a ustedes conocer la hora ni el momento determinados por la autoridad misma del Padre** (7). 'Horas' (*chronoi*) y 'momentos' (*kairoi*) conforman conjuntamente el plan de Dios, 'las *horas* o momentos críticos de su historia y los *momentos* o las épocas de su desarrollo ordenado'.[15] La pregunta de los apóstoles delataba ya sea su curiosidad o su impaciencia, o ambas cosas. Porque el Padre mismo había fijado los tiempos con su propia autoridad, y el Hijo había confesado que él no sabía ni el día ni la hora de su regreso (*parousia*).[16] De modo que tienen que frenar su deseo de saber, y estar dispuestos a quedar en la ignorancia. No es sólo en relación con el cumplimiento de las profecías, sino también en relación con muchas otras verdades no reveladas, que Jesús sigue diciéndonos, 'no les toca a ustedes conocer'. Lo 'secreto' pertenece a Dios, y no deberíamos tratar de averiguarlo; lo 'revelado' es lo que nos pertenece a nosotros, y con ello deberíamos conformarnos.[17]

Segundo, aunque no habían de conocer la hora ni el momento, lo que sí debían saber era que habían de recibir poder, de manera que, entre la venida del Espíritu y la segunda venida del Hijo, habrían de ser sus testigos en círculos cada vez más amplios. De hecho, todo el período intermedio entre Pentecostés y la parusía (por largo o corto que fuese) se ha de llenar con la misión global de la iglesia en el poder del Espíritu. Los seguidores de Cristo tenían que anunciar lo que él había obtenido con su primera venida, e invitar a la gente a arrepentirse y creer, como preparación para su segunda venida. Debían ser testigos **hasta los confines de la tierra** (1.8) y 'hasta el fin del mundo'[18] Este constituyó un tema de importancia para el obispo Lesslie Newbigin en su libro *The Household of God* [La familia de Dios]:

> La Iglesia es el pueblo peregrino de Dios. Está en marcha, apresurándose a llegar hasta lo último de la tierra con el fin de exhortar a todos los hombres a reconciliarse con Dios, y apresurándose a llegar hasta lo último de la tierra con el fin de encontrarse con su Señor, quien ha de reunir a todos

en un único cuerpo. … No puede entenderse este tema adecuadamente si no es en una perspectiva que sea a la vez misionera y escatológica.[19]

No tenemos libertad para detenernos hasta que ambos extremos hayan sido alcanzados. Por cierto que los dos extremos, enseñó Jesús, habrían de coincidir, ya que solamente cuando el evangelio del reino haya sido predicado en todo el mundo como testimonio a las naciones, entonces 'vendrá el fin'.[20]

De modo que esta constituyó la sustancia de la enseñanza del Señor (como también la de los Evangelios) durante los cuarenta días entre la resurrección y la ascensión: cuando el Espíritu vino con poder, el largamente prometido reino de Dios, que Jesús había inaugurado y proclamado, comenzaría a extenderse. Sería espiritual en carácter (transformaría la vida y los valores de sus ciudadanos), sería internacional en su composición (incluiría tanto a gentiles como a judíos) y gradual en su expansión (comenzaría de inmediato en Jerusalén, y luego iría creciendo hasta llegar al fin del siglo y alcanzar lo último del espacio terrenal). Esta visión y esta comisión sin duda orientaron las oraciones de los discípulos durante sus diez días de espera antes de Pentecostés. Pero antes de que pudiera venir el Espíritu, el Hijo debía partir. Este es el siguiente tema de Lucas.

## 2. Vieron a Jesús subir al cielo | 1.9–12

[1.9]Habiendo dicho esto, mientras ellos lo miraban, fue llevado a las alturas hasta que una nube lo ocultó de su vista. [10]Ellos se quedaron mirando fijamente al cielo mientras él se alejaba. De repente, se les acercaron dos hombres vestidos de blanco, que les dijeron:

[11] —Galileos, ¿qué hacen aquí mirando al cielo? Este mismo Jesús, que ha sido llevado de entre ustedes al cielo, vendrá otra vez de la misma manera que lo han visto irse.

[12]Entonces regresaron a Jerusalén desde el monte llamado de los Olivos, situado aproximadamente a un kilómetro de la ciudad.

Por lo menos tres interrogantes surgen en nuestra mente al leer este relato de la 'ascensión' de Jesús: literario, histórico y teológico. Primero, ¿acaso no se contradicen mutuamente los dos relatos de Lucas sobre la ascensión?[21] Segundo, ¿fue literal la ascensión de Jesús? Tercero, en caso afirmativo, ¿tiene alguna significación de carácter permanente?

## a. ¿Se contradijo Lucas?

Por cierto que es apropiado, como ya hemos visto, que Lucas haya concluido su primer tomo y comenzado el segundo con el mismo acontecimiento, la ascensión de Jesús, dado que era el final de su ministerio terrenal y el preludio a su ministerio permanente desde el cielo a través del Espíritu. En cambio, dados los antecedentes, es improbable que, al relatar el mismo hecho, el autor se contradijese. Sin embargo, esto es lo que algunos estudiosos modernos sostienen. Ernst Haenchen, por ejemplo, escribe: 'Dos ascensiones: uno el día de Pascua (Lucas 24.51), el otro, cuarenta días después (Hechos 1.9); sobra uno.'[22] Pero en realidad no hay ninguna discrepancia sustancial, y una armonización de ambos relatos es posible sin forzar las evidencias.

Es cierto que en su Evangelio Lucas no menciona en absoluto los cuarenta días. Pero no se justifica sugerir que los había olvidado, o que pensara que la resurrección y la ascensión ocurrieron el mismo día. En el Evangelio se limita a relatar en forma condensada las apariciones posteriores a la resurrección, sin que sintiera que debía aclarar los diferentes momentos y circunstancias. No cabe duda que se refiere a una sola ascensión y no a dos.

También es cierto que cada relato incluye detalles que el otro omite, siendo la versión de Hechos más completa que la del Evangelio. Por ejemplo, al final del Evangelio el Cristo que ascendía levantó las manos para bendecir a los discípulos, y ellos lo adoraron.[23] Lucas omite estas acciones al comienzo de su segundo tomo, pero agrega allí la nube que lo ocultó de la vista de ellos, y la aparición y el mensaje de los **dos hombres vestidos de blanco**, presumiblemente ángeles. Sin embargo, estos rasgos sirven para complementar los relatos en lugar de contraponerlos.

En tercer lugar, es cierto que el relato de Hechos pareciera suponer que Jesús ascendió desde el monte de los Olivos (1.12), monte que correctamente se dice que se encuentra a una distancia de 'camino de un sábado' (RVR95), es decir (según la Misná) 2.000 codos o alrededor de **un kilómetro**, mientras que el relato del Evangelio dice que Jesús 'los llevó … hasta Betania',[24] la aldea en la ladera oriental del monte, que se encuentra dos o tres kilómetros más allá de Jerusalén. Conzelmann declara que esto último 'contradice categóricamente la referencia geográfica en Hechos 1.12',[25] y Haenchen da por sentado que Lucas 'no poseía una noción exacta de la topografía de Jerusalén'.[26] Pero la afirmación en el Evangelio de Lucas bien puede ser intencionalmente imprecisa. No dice que Jesús haya ascendido desde Betania, sino solamente que llevó a los apóstoles en esa dirección; por ello es correcta la traducción de *heōs pros* como 'las proximidades de Betania', como hace LPD.

Habiendo considerado las tres principales supuestas discrepancias (relacionadas con la fecha, los detalles y el lugar), ahora podemos tomar nota de cinco puntos que ambos relatos tienen en común. (i) Ambos dicen que la ascensión de Jesús se produjo a continuación del momento en que encargó a los discípulos que fuesen sus testigos. (ii) Ambos dicen que tuvo lugar fuera y al oriente de Jerusalén, en algún punto del monte de los Olivos. (iii) Ambos dicen que Jesús **fue llevado a las alturas**, donde la voz pasiva indica que la ascensión, como también la resurrección, fue una acción del Padre, el que primero lo levantó de los muertos y luego lo exaltó llevándolo al cielo. Como lo expresó Crisóstomo, 'la carroza real (fue) enviada a buscarlo'.[27] (iv) Ambos dicen que después los apóstoles **regresaron a Jerusalén**, y el Evangelio agrega 'con gran alegría'. (v) Y ambos dicen que a continuación esperaron que llegara el Espíritu, de conformidad con el claro mandamiento y la clara promesa del Señor. Así, las evidentes coincidencias son mayores que las aparentes discrepancias. Estas últimas se explican bien si suponemos que Lucas usó de su libertad editorial al elegir los diversos detalles del relato, o los relatos, que había escuchado, no queriendo repetirlos textualmente.

## b. ¿Realmente ocurrió la ascensión?

Hoy en día muchas personas, incluso dentro de la iglesia, niegan la historicidad de la ascensión. La creencia en una ascensión literal habría sido aceptable en los días de Lucas, dicen, cuando la gente imaginaba que el cielo estaba 'ahí arriba', de modo tal que Jesús tenía que ser 'llevado a las alturas' con el fin de llegar allí. Pero esa era una época precientífica; nosotros tenemos una cosmología totalmente distinta. ¿Acaso no debemos 'desmitologizar' la ascensión? De esa manera podemos retener la verdad de que Jesús 'fue al Padre', y al mismo tiempo la despojamos de su 'primitivo ropaje mitológico', que la presenta como una especie de 'elevación', seguida por un ascenso al cielo. Además, Lucas es el único escritor entre los evangelistas que incluye la historia de la ascensión. Los otros la omiten. De hecho, en general los autores del Nuevo Testamento apenas si distinguen entre la resurrección y la ascensión; parecerían considerarlas como el mismo acontecimiento, o tal vez como dos aspectos de un mismo acontecimiento. Por ello Harnack podía escribir que 'el relato de la ascensión resulta enteramente innecesario al historiador'.[28] Hasta William Neil, que generalmente es muy conservador en sus conclusiones, dice a sus lectores (sin argumentación) que Lucas, sabiendo que 'la verdad teológica con frecuencia se transmite mediante figuras gráficas', no ha de ser interpretado literalmente. 'Sería una grave falta de comprensión de la mente y el propósito de Lucas no considerar su relato de la ascensión de Cristo sino como simbólico y poético'.[29]

Sin embargo, podemos dar una serie de sólidas razones para rechazar este intento de desacreditar la ascensión como un acontecimiento literal e histórico.

Primero, los milagros no necesitan hechos para darles validez. El argumento clásico de los deístas del siglo XVIII era que se podía aceptar la existencia de sucesos extraños fuera de nuestra experiencia solo si se puede reproducir algo análogo a ellos dentro de nuestra experiencia. Este 'principio de la analogía', si fuera acertado, sería suficiente en sí mismo para refutar muchos de los milagros bíblicos, porque (por ejemplo) no tenemos conocimiento de que alguien haya caminado sobre el agua, haya multiplicado panes y pescados, se haya levantado de los muertos o ascendido al cielo. Una ascensión, en particular, iría en contra de la ley de la gravedad, algo que en nuestra experiencia opera siempre y en todas partes. Sin embargo, este principio de la analogía no viene al caso cuando nos ocupamos de la resurrección y la ascensión de Jesús, dado que ambos hechos fueron *sui generis*. No estamos sosteniendo que con frecuencia (ni ocasionalmente) haya personas que se levantan de los muertos y suben al cielo, sino que ambos hechos ocurrieron una sola vez. El hecho de que no podamos producir analogías antes o después confirma su verdad, antes que socavarla.

Segundo, la ascensión se da por sentado en todas partes en el Nuevo Testamento. Si bien Lucas es el único evangelista que la describe (Marcos 16.19 no es parte del texto original del Evangelio de Marcos, sino un agregado posterior), es incorrecto decir que aparte de él no se la menciona. Juan relata que el Jesús resucitado le dice a María Magdalena que deje de aferrarse a él porque todavía no ha subido al Padre.[30] Pedro, en su sermón de Pentecostés, dice de Jesús que fue 'exaltado a la diestra de Dios' (BA), lo cual considera como algo diferente y posterior a la resurrección (Hechos 2.31ss), y lo confirma en su primera carta.[31] Pablo frecuentemente escribe acerca de la exaltación de Jesús al supremo lugar de honor y poder, y distingue este hecho de la resurrección.[32] Tampoco en la Epístola a los Hebreos se confunden la resurrección y el reinado de Jesús.[33]

Tercero, Lucas describe la historia de la ascensión con simplicidad y sobriedad. Todas las extravagancias que encontramos en los Evangelios apócrifos están ausentes. No hay elementos ficticios como los que aparecen en las leyendas. No hay indicios de poesía ni de simbolismo. Hasta Haenchen admite esto: 'El relato carece de sentimentalismo, es casi pavorosamente austero.'[34] Se lee como verdadera historia, y como si Lucas esperara que lo aceptáramos como historia.

Cuarto, Lucas enfatiza la presencia de testigos oculares, y se refiere repetidamente a lo que ellos vieron con sus propios ojos: **Mientras ellos lo miraban, fue llevado a las alturas hasta que una nube lo ocultó de su vista. Ellos se quedaron mirando fijamente al cielo mientras él se alejaba.** Los dos ángeles les dijeron: **¿qué hacen aquí mirando al cielo? Este mismo Jesús … vendrá otra vez de la misma manera que lo han visto irse.** Cinco veces en este extremadamente breve relato se recalca que la ascensión se llevó a cabo en forma visible. Lucas no amontona estas frases sin propósito. Tiene mucho que decir en su obra en dos tomos acerca de la importancia de la verificación del evangelio por los testigos oculares apostólicos. Además, aquí incluye la ascensión de Jesús dentro de la esfera de las verdades históricas de las que los testigos oculares podían dar crédito (y lo hicieron). En efecto, después que Judas fue remplazado, Pedro definió el bautismo de Juan y la ascensión de Jesús como el comienzo y fin del ministerio público del que los apóstoles debían dar testimonio (1.22).

En quinto lugar, no hay ninguna explicación alternativa disponible sobre el cese de las apariciones después de la resurrección ni de la final desaparición de Jesús de la tierra. ¿Qué ocurrió, entonces, y por qué terminaron las apariciones? ¿Cuál fue el origen de la tradición de que duraron precisamente cuarenta días? A falta de otra respuesta a estos interrogantes, preferimos la explicación para la que hay pruebas, a saber, que el período de cuarenta días comenzó con su resurrección y terminó con su ascensión.

Sexto, la ascensión visible e histórica tenía un propósito fácilmente comprensible. Jesús no tenía ninguna necesidad de emprender un viaje por el espacio, y es absurdo que algunos críticos ridiculicen su ascensión presentándolo como el primer cosmonauta. En la transición entre su estado terrenal y el celestial Jesús podía haberse esfumado perfectamente, como lo hizo en otras ocasiones, y haberse 'ido al Padre' en forma secreta e invisible. No cabe duda de que la explicación de una ascensión pública y visible se debió a su intención de que supieran que se había ido del todo. Durante los cuarenta días había seguido apareciendo, desapareciendo y volviendo a aparecer. Pero ahora ese período intermedio se había acabado. Esta vez su partida era definitiva. De manera que no debían quedarse a la espera de una nueva aparición. En realidad, debían esperar la llegada de otra persona, el Espíritu Santo (1.4). Porque el Espíritu había de venir sólo después de que Jesús se hubiera ido, y a partir de entonces debían proceder a llevar a cabo su misión con el poder que él les daría.

De cualquier manera, el modo de su partida (una ascensión visible) tuvo el efecto deseado. Los apóstoles regresaron a Jerusalén y esperaron la llegada del Espíritu.

## c. ¿Cuál es el valor permanente del relato de la ascensión?

Hemos visto lo que hizo la ascensión visible en el caso de los apóstoles; ¿qué puede hacer para nosotros? Si fuéramos a ofrecer una respuesta exhaustiva a esta pregunta, tendríamos que reunir varios hilos de enseñanza de todos los autores del Nuevo Testamento, incluido el sacrificio perfecto y la continua intercesión de nuestro gran Sumo Sacerdote tal como se describe en Hebreos, la glorificación del Hijo del hombre según la enseña Juan, el señorío cósmico al que da realce Pablo, y el triunfo final cuando sus enemigos serán puestos como estrado de sus pies, como lo profetizó el Salmo 110.1, corroborado a su vez por quienes lo citan. Pero Lucas no se ocupa de estos asuntos. Con el fin de comprender cuál es su interés principal cuando hace el relato de la ascensión, es preciso que prestemos atención a los **dos hombres vestidos de blanco** (10) que **se les acercaron** (a los apóstoles) y les hablaron. Lucas los describe como hombres porque así parecían, pero sus vestiduras blancas o resplandecientes y su tono de autoridad indican que eran ángeles. En su Evangelio, Lucas ya había registrado el ministerio de los ángeles en varios momentos cruciales de su relato. Ellos anunciaron y se ocuparon del nacimiento de Jesús.[35] Según algunos manuscritos un ángel apareció en el huerto de Getsemaní para fortalecerlo.[36] Y 'dos hombres con ropas resplandecientes', después identificados como ángeles, proclamaron su resurrección a las mujeres.[37] De modo que fue enteramente apropiado que aparecieran ángeles en este otro momento para interpretar su ascensión. Ellos hicieron una pregunta perspicaz a los apóstoles: **Galileos, ¿qué hacen aquí mirando al cielo?** (11a). La expresión 'al cielo' aparece cuatro veces en los versículos 10–11; la repetición, especialmente en el implícito reproche por parte de los ángeles, enfatiza el hecho de que los apóstoles no debían convertirse en exploradores del cielo. Reciben dos razones.

Primero, Jesús va a volver. **Este mismo Jesús, que ha sido llevado de entre ustedes al cielo, vendrá otra vez de la misma manera que lo han visto irse** (11b). Lo que al parecer quieren darles a entender es que no conseguirán que regrese con solo quedarse mirando el firmamento. Se ha ido, y es preciso que acepten que se ha ido; volverá cuando sea el momento apropiado, y de la misma manera. A esta seguridad angelical sobre la parusía debemos asignarle el pleno peso que le corresponde. Pero a la vez tenemos que ser cautelosos en nuestra interpretación de los términos *houtos* (**este** *mismo* Jesús) y *houtōs* (**de la** *misma* **manera**). No deberíamos imponerles a estos términos el significado de que la parusía será como una película de la ascensión proyectada a la inversa, o de que va a volver exactamente al mismo punto en el monte de los Olivos y que aparecerá con la misma ropa. Sólo permitiendo que las Escrituras mismas interpreten las Escrituras podremos discernir las semejanzas y diferencias entre la ascensión y la parusía. Por cierto que **este mismo Jesús** indica que su venida será personal, y el eterno Hijo todavía poseerá su naturaleza y cuerpo humano glorificado. Y **de la misma manera** indica que su venida también será visible y gloriosa. Lo habían visto irse; lo verían regresar. Lucas escribe que Jesús mismo lo dijo: 'verán al Hijo del hombre venir en una nube con poder y gran gloria.'[38] La misma nube que le había ocultado de sus ojos (1.9), que anteriormente lo había cubierto juntamente con los tres apóstoles íntimos en el monte de la transfiguración,[39] y que durante todo el período del Antiguo Testamento fue símbolo de la gloriosa presencia de Yahvéh, sería la carroza en que vendría, así como fue el vehículo para su partida.

Con todo, habrá importantes diferencias entre su partida y su venida. Si bien su venida será personal, no será privada, como lo fue la ascensión. Solo los once apóstoles lo vieron irse, pero cuando venga 'todos lo verán con sus propios ojos.'[40] En lugar de volver solo (como cuando vino), millones de santos (tanto humanos como angélicos) integrarán su séquito.[41] Y en lugar de una venida localizada ('¡Mírenlo aquí!' o '¡Mírenlo allí!'), será 'como el relámpago que fulgura e ilumina el cielo de uno a otro extremo.'[42]

Segundo, los ángeles dieron a entender que, hasta que Cristo vuelva, los apóstoles deben dedicarse al testimonio, porque ese era su mandato. Había algo fundamentalmente anómalo en su actitud de contemplación hacia el *cielo*, ya que habían sido comisionados para ir hasta los confines de la *tierra*. Era la tierra y no el cielo lo que debía ser motivo de atención para ellos. Su llamado consistía en que fueran testigos, no observadores de estrellas. La visión que debían cultivar no debía ser hacia arriba, con nostalgia, hacia el cielo que había recibido a Jesús, sino hacia fuera, con compasión por el mundo perdido que lo necesitaba.

Es igual con nosotros. La curiosidad por el cielo y sus ocupantes, la especulación acerca de las profecías y su cumplimiento, la obsesión por 'la hora o el momento', son aberraciones que nos distraen de la misión que Dios nos ha dado. Cristo vendrá en forma personal, visible, gloriosa. Esto es lo que nos ha asegurado. Otros detalles pueden esperar. Mientras tanto, tenemos cosas que hacer en el poder del Espíritu.

El remedio para la contemplación espiritual no provechosa radica en la adopción de una teología cristiana de la historia, de una comprensión del orden de los acontecimientos en el programa divino. Primero, Jesús volvió al cielo (la ascensión). Segundo, vino el Espíritu Santo (Pentecostés). Tercero, la iglesia sale a dar testimonio (misión).

Cuarto, Jesús volverá (la parusía). Cada vez que olvidemos uno de estos acontecimientos, o los coloquemos en una secuencia inapropiada, reinará la confusión. En particular tenemos que recordar que entre la ascensión y la parusía, entre la desaparición y la reaparición de Jesús, se extiende un período de tiempo desconocido que debemos llenar con la misión mundial de la iglesia, con el testimonio acerca de él en el poder del Espíritu. Es preciso que escuchemos el mensaje implícito en lo que dijeron los ángeles: 'Lo han visto irse. Cuando regrese, lo verán. Pero entre esa partida y la nueva venida tiene que producirse otra. Tiene que venir el Espíritu, y ustedes tienen que ir hacia el mundo en el nombre de Cristo.'

Repasando, creo que podemos decir que los apóstoles cometieron dos errores opuestos, y que ambos tenían que ser corregidos. Primero, esperaban que hubiera poder político (la restauración del reino a Israel). Segundo, se quedaron mirando al cielo (preocupados con el Jesús celestial). Ambas son fantasías equivocadas. El primer error es propio del ideólogo, aquel que sueña con establecer una imaginaria Utopía en la tierra. El segundo es el error del pietista, que sólo sueña con la felicidad celestial. La primera visión es demasiado terrenal, y la segunda demasiado celestial. ¿Resulta caprichoso ver aquí un paralelo entre el Evangelio de Lucas y Hechos? Así como al comienzo del Evangelio Jesús en el desierto de Judea dio la espalda a los falsos fines y medios con los que fue tentado, así también al comienzo de Hechos, antes de Pentecostés, los apóstoles tenían que dar la espalda tanto a un falso activismo como a un falso pietismo. Y en su lugar, como remedio para ellos, estaba (y está) el testimonio sobre Jesús en el poder del Espíritu, con todo lo que esto significa de responsabilidad terrenal y preparación celestial.

## 3. Oraron para que viniera el Espíritu | 1.13–14

[**1.12** Entonces regresaron a Jerusalén] **1.13**Cuando llegaron, subieron al lugar donde se alojaban.
Estaban allí Pedro, Juan, Jacobo, Andrés, Felipe, Tomás, Bartolomé, Mateo, Jacobo hijo de Alfeo, Simón el Zelote y Judas hijo de Jacobo. **14**Todos, en un mismo espíritu, se dedicaban a la oración, junto con las mujeres y con los hermanos de Jesús y su madre María.

Su regreso a Jerusalén, que no pasaba del kilómetro permitido en sábado, no pudo haberles llevado más de un cuarto de hora. Luego Lucas nos informa en qué ocuparon los próximos diez días antes de Pentecostés. En su Evangelio dice que 'estaban continuamente en el templo, alabando a Dios,'[43] y en Hechos relata que, en el aposento donde se alojaban, **en un mismo espíritu, se dedicaban a la oración** (14). Se trataba de una saludable combinación: Alabanza continua en el templo, y oración continua en la casa. Lucas no nos dice si el aposento alto estaba 'en la planta alta' ni si era 'una sala amplia y amueblada,'[44] en la que Jesús había pasado su última noche con los Doce, o si se trataba de la casa de María la madre de Juan Marcos, en la que posteriormente muchos miembros de la iglesia de Jerusalén se reunieron a orar (Hechos 12.12), o alguna otra habitación. Lo que sí nos dice es que sus oraciones tenían dos características que, como comenta Calvino, constituyen 'dos elementos esenciales para la verdadera oración, a saber, que perseveraban, y que eran de un mismo sentir'.[45] Me ocuparé de ellos en orden inverso.

## a. Sus oraciones eran unánimes

¿Quiénes eran estas personas que se juntaban a orar? Dice Lucas que **eran un grupo como de ciento veinte personas** (15). El profesor Howard Marshall sugiere que la razón por la cual se menciona el número es que 'en la ley judía se requería un mínimo de ciento veinte para establecer una comunidad con su propio consejo'; de modo que ya los discípulos eran lo suficientemente numerosos como 'para formar una comunidad nueva.'[46] Otros han encontrado un simbolismo en el número, ya que las doce tribus y los doce apóstoles hacen que doce sea un símbolo obvio de la iglesia, y 120 es igual a 12 x 10, ya que los 144.000 del libro de Apocalipsis equivalen a 12 x 12 x 1000. Otros más sugieren que los 120 tienen que haber sido un porcentaje de la comunidad total de creyentes, por cuanto en una ocasión 'más de quinientos' habían visto al mismo tiempo al Señor resucitado,[47] aunque, por cierto, esto pudo haber sido en Galilea. De todas formas, los 120 incluían a los once apóstoles que quedaban. Lucas los enumera (13), como antes en su Evangelio.[48] Y la lista es la misma, con pequeñas variaciones. Por ejemplo, los del círculo íntimo de cuatro, que habían sido nombrados en el Evangelio como pares de hermanos, 'Simón (a quien llamó Pedro), su hermano Andrés, Jacobo, Juan', son ahora

**Pedro, Juan, Jacobo, Andrés**, donde pone primero a los que habrían de constituirse en los líderes de los apóstoles, y también separando a los hermanos naturales como para insinuar que una nueva hermandad en Cristo ha remplazado al parentesco (ver versículo 16, 'Hermanos …'). Los pares siguientes también se disponen de otra forma, aunque no hay razón aparente. En lugar de 'Felipe, Bartolomé, Mateo, Tomás,'[49] Lucas anota **Felipe, Tomás, Bartolomé, Mateo**. Los demás apóstoles aparecen igual, excepto que, desde luego, se omite a Judas el traidor.

Además de los once apóstoles se menciona a **las mujeres** (14), presumiblemente entendiéndose María Magdalena, Juana (cuyo marido estaba a cargo de la casa de Herodes) y Susana, el trío que Lucas había mencionado en el Evangelio[50] como las que 'ayudaban [a Jesús y los Doce] con sus propios recursos', tal vez con 'María la madre de Jacobo' y las otras que encontraron vacía la tumba,[51] y a las que posteriormente se les reveló el Jesús resucitado.[52] Luego, ubicada separadamente como si ocupase una posición de especial honor, Lucas agrega a **su madre María**, cuyo papel tan singular en el nacimiento de Jesús había detallado en los primeros dos capítulos de su Evangelio, junto **con [sus] hermanos** (14), quienes no habían creído en él durante su ministerio inicial,[53] pero que ahora se mencionan entre los creyentes, quizás debido a la aparición privada a uno de ellos, Jacobo,[54] después de la resurrección.

**Todos** estos (los apóstoles, las mujeres, la madre y los hermanos de Jesús, y el resto de los que componían el número de los 120), unidos **en un mismo espíritu** ['unánimes', RVR95], **se dedicaban a la oración**. 'Unánimes' es la traducción de *homothymadon*, un término favorito de Lucas, que usa diez veces y que aparece sólo una vez en otros pasajes del Nuevo Testamento. Puede significar simplemente que los discípulos se reunían en el mismo lugar, o que estaban haciendo lo mismo, es decir orando. Pero más adelante describe tanto la oración unida (4.24) como una decisión unánime ('de común acuerdo', 15.25), de manera que la unanimidad a la que se alude parecería ir más allá de meras asambleas y actividades, a un acuerdo acerca de aquello por lo cual oraban. Oraban 'con un mismo sentir o propósito o impulso' (BAGD).

### b. Sus oraciones eran perseverantes

El verbo traducido **se dedicaban** (*proskartereō*) significa estar 'atareado' o ser 'persistente' en toda actividad. Lucas usa esta palabra más adelante tanto de los nuevos conversos que 'se mantenían firmes' en la enseñanza de los apóstoles (2.42), como de los apóstoles que resolvieron otorgarle prioridad a la oración y la predicación (6.4). Aquí lo usa en relación con la persistencia en la oración, como lo hace Pablo varias veces.[55]

Sin duda el fundamento de esta unidad y perseverancia en la oración se debían al mandato y la promesa de Jesús. Él había prometido mandarles pronto el Espíritu Santo (1.4, 5, 8). Les había mandado esperar que llegara y luego comenzaran su testimonio. Aprendemos, por lo tanto, que las promesas de Dios no hacen superflua la oración. Todo lo contrario, son sus promesas las que nos dan la garantía para orar y la seguridad de que él va a escuchar y contestar.

# 4. Remplazaron a Judas por Matías como apóstol | 1.15–26

[1.15]Por aquellos días Pedro se puso de pie en medio de los creyentes, que eran un grupo como de ciento veinte personas, [16]y les dijo: "Hermanos, tenía que cumplirse la Escritura que, por boca de David, había predicho el Espíritu Santo en cuanto a Judas, el que sirvió de guía a los que arrestaron a Jesús. [17]Judas se contaba entre los nuestros y participaba en nuestro ministerio. [18](Con el dinero que obtuvo por su crimen, Judas compró un terreno; allí cayó de cabeza, se reventó, y se le salieron las vísceras. [19]Todos en Jerusalén se enteraron de ello, así que aquel terreno fue llamado Acéldama, que en su propio idioma quiere decir 'Campo de sangre'.)

[20]'Porque en el libro de los Salmos —continuó Pedro— está escrito:

'Que su lugar quede desierto,
y que nadie lo habite.'

También está escrito:

‘Que otro se haga cargo de su oficio.’

**21-22**Por tanto, es preciso que se una a nosotros un testigo de la resurrección, uno de los que nos acompañaban todo el tiempo que el Señor Jesús vivió entre nosotros, desde que Juan bautizaba hasta el día en que Jesús fue llevado de entre nosotros.”

**23**Así que propusieron a dos: a José, llamado Barsabás, apodado el Justo, y a Matías. **24**Y oraron así: ‘Señor, tú que conoces el corazón de todos, muéstranos a cuál de estos dos has elegido **25**para que se haga cargo del servicio apostólico que Judas dejó para irse al lugar que le correspondía.’ **26**Luego echaron suertes y la elección recayó en Matías; así que él fue reconocido junto con los once apóstoles.

Después de dejar sentada la comisión del Señor a testificar, como también su ascensión, y las perseverantes oraciones de los discípulos, Lucas llama nuestra atención a una sola acción adicional antes de Pentecostés (**por aquellos días** es lo suficientemente vago como para fecharla en cualquier punto entre la ascensión y Pentecostés), es decir, el nombramiento de otro apóstol en lugar de Judas. Tenemos que considerar la necesidad de esta designación (la defección y muerte de Judas), la justificación de la misma (el cumplimiento de las Escrituras) y la elección que se hizo (Matías).

## a. La muerte de Judas | 1.18–19

Los versículos 18–19 no parecerían formar parte del discurso de Pedro, porque interrumpen la secuencia de su pensamiento. Más aun, como orador arameo que se dirigía a hablantes arameos, Pedro no habría tenido necesidad de traducir la palabra *Akeldama* (19). Pero Lucas, que escribía para lectores gentiles, necesitaba explicar su significado. De modo que estos dos versículos se entienden mejor como un paréntesis editorial, en el que Lucas familiariza a sus lectores con las circunstancias de la muerte de Jesús. Así es como lo toman varias versiones, entre ellas NVI, CI y DHH.

Lucas es franco cuando define a la traición de Judas como un **crimen** (*adikia*, 18) de ‘maldad’ (DHH), de ‘infamia’ (BA), etc. No obstante, algunas personas expresan su simpatía por él, porque su papel fue profetizado, y por lo tanto (se piensa) ordenado de antemano. Pero no es así. Calvino mismo, a pesar de todo su énfasis en la soberanía de Dios, escribió: 'Judas no puede ser excusado sobre la base de que lo que ocurrió estaba profetizado, ya que se descarrió, no por compulsión de la profecía, sino por la maldad de su propio corazón.'[56]

Solamente Mateo en los Evangelios describe lo que le aconteció a Judas,[57] y tanto él como Lucas parecerían valerse de tradiciones independientes. Pero sus relatos no son tan divergentes como sostienen algunos, y por cierto que no es necesario decir con R. P. C. Hanson que 'no pueden ser ciertos ambos.'[58] Tanto Mateo como Lucas dicen que Judas sufrió una muerte miserable, que se adquirió un campo con el dinero que se le pagó (treinta monedas de plata), y que se lo llamó **'Campo de sangre'**. Las aparentes discrepancias se refieren a la forma en que murió, quién compró el campo, y por qué se lo llamó de esa manera.

Primero, la forma en que murió Judas. Mateo escribe que se suicidó: 'Fue y se ahorcó.'[59] Lucas escribe que **cayó de cabeza, se reventó, y se le salieron las vísceras** (18b). Los intentos por armonizar estas descripciones retroceden por lo menos hasta Agustín. Es perfectamente posible suponer que después que se hubo ahorcado, su cuerpo muerto haya caído de cabeza (el significado corriente de *prēnēs*), suponiendo que la cuerda o la rama del árbol se rompió, o 'se hinchó' (siguiendo una derivación diferente de *prēnēs*, que BAGD declara 'lingüísticamente posible', ver RSV, margen, JBP; BC usa la forma 'entumecerse' = hincharse), y en cualquiera de los casos reventado.

En segundo lugar, está la cuestión de quién compró el campo. Mateo dice que Judas, lleno de remordimiento, intentó devolver el dinero a los sacerdotes y (cuando se negaron a aceptarlo) lo arrojó en el templo y se fue. Agrega que posteriormente los sacerdotes recogieron el dinero y con el mismo compraron el campo del alfarero. Lucas, por su parte, dice que **con el dinero que obtuvo por su crimen, Judas compró un terreno** (18a). Por lo tanto, ¿quién compró el campo, los sacerdotes o Judas? Una respuesta razonable es que lo compraron ambas partes: los sacerdotes participaron de la transacción, pero con dinero que pertenecía a Judas. Porque, como escribió Edersheim, 'mediante una ficción de la ley se consideraba que el dinero seguía perteneciendo a Judas, y que él lo destinó a la compra del conocido "Campo del alfarero".[60]

Tercero, ¿por qué comenzó a conocerse ese lugar como 'Campo de sangre'? La respuesta de Mateo es que fue comprado con 'precio de sangre';[61] Lucas no ofrece ninguna respuesta concreta, pero da a entender que fue porque la sangre de Judas había sido derramada allí. Evidentemente se desarrollaron diferentes tradiciones (como ocurre con tanta frecuencia) sobre la forma en que el campo adquirió su nombre, de modo que distintas personas lo llamaron 'Campo de sangre' por razones diferentes.

Es justo concluir que estos relatos independientes sobre la muerte de Judas no son incompatibles, y aceptar lo que expresa J. A. Alexander: 'Difícilmente haya un jurisconsulto norteamericano o inglés que dudaría en aceptar estos dos relatos como perfectamente consistentes.'[62]

## b. El cumplimiento de las Escrituras | 1.15–17, 20

El justificativo para remplazar a Judas fueron las Escrituras del Antiguo Testamento. Pedro estaba convencido de esto, y lo expresó ante los creyentes: **Hermanos, tenía que cumplirse la Escritura que, por boca de David, había predicho el Espíritu Santo en cuanto a Judas** (16). Recordemos que, según Lucas, el Señor resucitado les había abierto las Escrituras a sus discípulos y que también los había preparado intelectualmente para que las entendiesen.[63] En consecuencia, desde la resurrección habían comenzado a tener una nueva comprensión de la forma en que el Antiguo Testamento había predicho los sufrimientos y la gloria, el rechazo y el reinado del Mesías. Además, estimulados por las explicaciones de Jesús, seguramente escudriñaron las Escrituras durante los cincuenta días de espera en busca de luz adicional. Sabemos que posteriormente se compilaron e hicieron circular diversas listas de 'testimonios' del Antiguo Testamento sobre el Mesías. Pero dicho proceso seguramente comenzó inmediatamente después de la resurrección.

Pedro continúa citando dos salmos (el Salmo 69 y el 109), el primero de los cuales explica lo que ocurrió (la defección y muerte de Judas), y el segundo lo que tenían que hacer en consecuencia (remplazarlo). El Salmo 69 se aplica a Jesús cinco veces en el Nuevo Testamento. En él un sufriente inocente describe cómo lo odian y lo insultan sin causa sus enemigos (Salmo 69.4), y cuánto lo consume el celo por la casa de Dios (Salmo 69.9). Estos dos versículos se citan en el Evangelio de Juan, el versículo 4 por Jesús mismo,[64] y el versículo 9 por sus discípulos,[65] mientras que Pablo dos veces vincula este salmo con Jesús.[66] Hacia el final (Salmo 69.24) el salmista pronuncia una oración pidiendo que el juicio de Dios alcance a esta gente malvada e impenitente. Pedro personaliza su texto y lo aplica a Judas, sobre el que por cierto había descendido el juicio de Dios: **Que su lugar quede desierto, y que nadie lo habite** (20a). El Salmo 109 es similar. Se refiere a 'impíos' y 'engañadores' que, sin justificación, odian, calumnian y atacan al salmista. Luego individualiza a una persona en particular, quizás el cabecilla, y pide que el juicio de Dios caiga sobre él (Salmo 109.8): **Que otro se haga cargo de su oficio** (20b). Pedro también aplica este versículo a Judas, sobre la base de lo que el doctor Longenecker llama 'el principio exegético comúnmente aceptado de asuntos análogos'[67].

Estos dos pasajes de las Escrituras les parecieron adecuados a Pedro y a los creyentes como guía general sobre la necesidad de remplazar a Judas. Quizás hubo un factor adicional, que Lucas menciona en su Evangelio:[68] a saber, que Jesús trazó un paralelo entre los doce apóstoles y las doce tribus de Israel. Si la iglesia primitiva había de aceptarse como continuadora directa y, más todavía, como cumplimiento de la Israel del Antiguo Testamento, el número de sus fundadores no debía disminuirse. Pocos años después no se consideró necesario remplazar a Jacobo, porque él no había desertado, sino que había sido fiel hasta la muerte (12.1–2).

## c. La elección de Matías | 1.21–26

La propuesta de Pedro de que se eligiese un apóstol para completar el número de doce en remplazo de Judas (21–22) arroja luz sobre lo que él entendía en relación con el apostolado.

En primer lugar, el ministerio apostólico (25, el **servicio apostólico**, como vierte NVI *diakonia* y *apostolē*) debía ser **testigo de la resurrección** (22b). La resurrección de Jesús se reconoció tempranamente como la vindicación divina tanto de su persona como de su obra, y Lucas describe la forma en que los apóstoles 'con gran poder seguían dando testimonio de la resurrección del Señor Jesús' (Hechos 4.33; ver 13.30–31).

Segundo, la condición apostólica era, por lo tanto, haber sido testigo de la resurrección, de la que fueron llamados a dar testimonio (por ej. 2.32; 3.15; 10.40–42). Era indispensable haber visto al Señor resucitado, y fue así que Pablo pudo ser agregado más tarde al grupo apostólico.[69] Pero el remplazo de Judas como miembro de los Doce, cuya responsabilidad consistía en salvaguardar la verdadera tradición acerca de Jesús, requería una acreditación más plena que la de Pablo. Pedro explicó que tenía que ser **uno de los que nos acompañaban todo el tiempo que el Señor Jesús vivió entre nosotros, desde que Juan bautizaba hasta el día en que Jesús fue llevado de entre nosotros** (21–22; ver 10.39; 13.31). No puedo estar de acuerdo con Campbell Morgan, quien (siguiendo a otros) escribió así: 'La elección de Matías estuvo mal. … Era un buen hombre, pero el hombre equivocado para esa posición. … No estoy dispuesto a omitir a Pablo de los doce, porque creo que él era el hombre de Dios para llenar el vacío.'[70] Lucas no insinúa en absoluto que hubo un error, a pesar del hecho de que Pablo era evidentemente su héroe. Además, Pablo no reunía las condiciones plenas que había establecido Pedro.

Tercero, la designación apostólica fue hecha por el Señor Jesús mismo. Fue él quien eligió a los Doce originales.[71] De modo que él tenía que elegir al remplazante de Judas. Cierto es que a 120 creyentes se les encomendó hacer la elección (21). Pero lo que hicieron fue examinar a los posibles candidatos y de ellos nominar a dos, a saber, José (cuyo segundo nombre era Barsabás en hebreo y Justus en latín) y a Matías, sobre ninguno de los cuales sabemos nada, aunque Eusebio dice que ambos eran miembros de los Setenta. Se dirigieron en oración a Jesús como Señor, describiéndolo (literalmente) como 'conocedor de los corazones', *kardiognōstēs*, palabra que Lucas usa después con respecto a Dios,[72] y le pidieron que les mostrara cuál de los dos ya había sido elegido (24). **Luego echaron suertes** (26), método para discernir la voluntad de Dios que el Antiguo Testamento aceptaba,[73] pero que no parece haber sido utilizado después de la venida del Espíritu.[74] Fue elegido **Matías; así que él fue reconocido junto con los once apóstoles.**

Resulta instructivo notar el conjunto de factores que contribuyeron al descubrimiento de la voluntad de Dios en este asunto. Primero vino la orientación general de las Escrituras de que debía hacerse un remplazo (16–21). Luego, se valieron de su sentido común de que si el sustituto de Judas debía tener el mismo ministerio apostólico, también debía reunir las mismas condiciones, incluida la experiencia de haber sido testigo ocular de Jesús y ser designado personalmente por él. Este sólido razonamiento deductivo llevó a la nominación de José y Matías. Tercero, oraron. Porque si bien Jesús había partido, seguía estando accesible por medio de la oración, y porque se reconocía que tenía conocimiento de los corazones, cosa que ellos no tenían. Finalmente, echaron suertes, medio por el cual confiaban en que Jesús haría conocer su elección. Dejando a un lado este cuarto factor, porque ya nos ha sido dado el Espíritu, los otros tres (la Escritura, el sentido común y la oración) constituyen una sana combinación por medio de la cual se puede confiar en que Dios nos ha de guiar en el día de hoy.

La escena ya está preparada para el día de Pentecostés. Los apóstoles han recibido la comisión de Cristo y han sido testigos de su ascensión. El equipo apostólico está completo de nuevo, listo para ser sus testigos elegidos. Falta una sola cosa: el Espíritu no ha llegado aún. Si bien el lugar que dejó vacío Judas ha sido cubierto por Matías, el lugar que dejó vacío Jesús no ha sido cubierto todavía por su Espíritu. De manera que dejamos el primer capítulo de Hechos con los 120 esperando en Jerusalén, perseverando en oración con un solo corazón y un solo sentir, listos para cumplir el mandato de Cristo tan pronto como él haya cumplido su promesa.

# El día de Pentecostés
## Hechos 2.1–47

Sin el Espíritu Santo el discipulado cristiano sería inconcebible, incluso imposible. No puede haber vida sin aquello que ofrece vida, ni entendimiento alguno sin el Espíritu de la verdad; tampoco puede haber comunión sin la unidad del Espíritu, ni carácter semejante a Cristo sin el fruto que proporciona él, como tampoco testimonio efectivo sin su poder. Así como un cuerpo sin aliento es un cadáver, la iglesia sin el Espíritu está muerta.

Lucas es perfectamente consciente de esto. De los cuatro evangelistas es él quien pone el acento más fuertemente en este concepto. Muy cerca del comienzo de cada uno de los dos tomos de su obra, Lucas demuestra lo indispensable que es la habilitación del Espíritu Santo. Así como el Espíritu Santo descendió sobre Jesús cuando Juan lo bautizó, de tal modo que inició su ministerio público 'lleno del Espíritu Santo', 'llevado por el Espíritu', 'en el poder del Espíritu' y 'ungido' por el Espíritu (Lucas 3.21–22; 4.1, 14, 18), ahora ese mismo Espíritu descendía sobre los discípulos de Jesús a fin de prepararlos para su misión en el mundo (Hechos 1.5, 8; 2.33). En los primeros capítulos de Hechos, Lucas se refiere a la promesa, al don, al bautismo, al poder y a la plenitud del Espíritu en la experiencia del pueblo de Dios. Los términos son muchos e intercambiables; la realidad es una sola, y no hay sustituto alguno para ella.

Con todo, esa realidad es multifacética, y hay por lo menos cuatro maneras en las que podemos pensar en el día de Pentecostés. Primero, fue la acción final del ministerio salvífico de Jesús antes de la parusía. Aquel que ingresó en nuestra humanidad al nacer, que vivió nuestra vida, murió por nuestros pecados, se levantó de entre los muertos y ascendió al cielo, ahora envía su Espíritu a su pueblo para convertirlo en cuerpo suyo y desarrollar en ese cuerpo lo que había obtenido para su beneficio. En este sentido el día de Pentecostés es irrepetible. El día de navidad, el viernes santo, el día de celebración de la pascua, el día de la ascensión y el día de Pentecostés son celebraciones anuales, pero los hechos que conmemoran: el nacimiento, la muerte, la resurrección, la ascensión y la dotación del Espíritu, ocurrieron una vez para siempre. En segundo lugar, lo que se dio el día de Pentecostés proporcionó a los apóstoles lo que necesitaban para el cumplimiento de su papel tan especial. Cristo los había nombrado para que fuesen sus principales y autorizados testigos, y les había prometido el ministerio docente del Espíritu Santo, quien les recordaría lo que les había enseñado él (Juan 14—16). Pentecostés fue el cumplimiento de esa promesa. Tercero, Pentecostés fue la inauguración de la nueva era del Espíritu. Si bien su venida fue un hecho histórico único e irrepetible, todo el pueblo de Dios puede ahora, siempre y en todas partes, beneficiarse con su ministerio. Si bien preparó a los apóstoles para ser los testigos principales, también nos prepara a nosotros para ser testigos secundarios. Aunque la inspiración del Espíritu les fue dada a los apóstoles solamente, la plenitud del Espíritu es para todos nosotros. Cuarto, se ha dicho, y con razón, que en Pentecostés se dio el primer 'avivamiento' o despertar, usando esta palabra para caracterizar una de esas visitaciones divinas enteramente inusuales, en las que toda una comunidad se vuelve vívidamente consciente de la presencia inmediata y arrolladora de Dios. Puede ser, por consiguiente, que no solo los fenómenos físicos (2ss), sino la profunda convicción de pecado (37), las 3.000 conversiones (41) y la sensación general de asombro (43) hayan sido señales de 'avivamiento'. Es preciso que seamos cautelosos, sin embargo, para no utilizar esta posibilidad como excusa para rebajar nuestras expectativas, o para relegar a la categoría de lo excepcional lo que Dios quiere que sea la experiencia normal de la iglesia. El viento y el fuego fueron excepcionales, y probablemente los idiomas también; pero la nueva vida y el gozo, la comunión y la adoración, la libertad, la osadía y el poder no lo fueron.[1]

Hechos 2 se compone de tres secciones. Comienza con la descripción que hace Lucas del acontecimiento de Pentecostés (1–13), continúa con la explicación que del mismo hace Pedro en su sermón (14–41), y termina con sus efectos en la vida de la iglesia de Jerusalén (42–47).

# 1. El relato de Lucas:
# El acontecimiento de Pentecostés | 2.1–13

El relato de Lucas se abre con una breve y casual referencia al momento y al lugar en los que se produjo la venida del Espíritu. **Estaban todos juntos**, dice, y evidentemente no siente la necesidad de ampliar el comentario. No sabemos, por lo tanto, si la **casa** del versículo 2 sigue siendo el aposento alto (Hechos 1.13; 2.46b) o alguna de las muchas habitaciones o salas del templo (Lucas 24.53; Hechos 2.46a). Sí define con precisión el momento en que ocurrió: fue **cuando llegó el día de Pentecostés** (1). Dicha fiesta tenía dos significados, uno agrícola y el otro histórico. Originalmente se encontraba en el medio de los tres festivales judíos anuales relacionados con la cosecha.[2] Se llamaba o bien fiesta de la siega,[3] porque celebraba la terminación de la siega de granos, o fiesta de las semanas o Pentecostés, porque se efectuaba siete semanas o cincuenta días (*pentēkostos* significa 'quincuagésimo') después de la pascua, que era cuando comenzaba la cosecha de granos.[4] Hacia el final del período intertestamentario, comenzó a observarse también como el aniversario de la entrega de la ley en el monte Sinaí, porque se consideraba que había ocurrido cincuenta días después del éxodo.

Resulta tentador, por lo tanto, encontrar el doble simbolismo de la siega y la recepción de la ley en el día de Pentecostés. Por cierto que hubo una gran cosecha de 3.000 almas ese día, las primicias de la misión cristiana. Como lo expresó Crisóstomo, 'había llegado el momento de poner en funcionamiento la hoz de la palabra; porque ahora, igual que la hoz, de aguzado filo, llegaba el Espíritu.'[5] Cierto es, también, que los profetas consideraban como casi idénticas las dos promesas de Yahvéh sobre el nuevo pacto ('Infundiré mi Espíritu en ustedes'[6] y 'pondré mi ley en su mente y la escribiré en su corazón'),[7] porque lo que hace el Espíritu cuando entra en nuestro corazón es escribir allí la ley de Dios, como lo enseñó claramente Pablo. Con todo, Lucas no se explaya sobre este doble simbolismo. De modo que no podemos estar seguros si era importante para él, aun cuando la tradición judía asociaba el viento, el fuego y las voces con el monte Sinaí,[8] los tres fenómenos que está a punto de describir.

## a. Los tres fenómenos

**De repente,** dice Lucas, se produjo el gran acontecimiento. El Espíritu de Dios descendió sobre ellos. Y su venida fue acompañada de tres señales sobrenaturales: un estruendo, una aparición y lenguas extrañas. Primero, vino del cielo **un ruido como el de una violenta ráfaga de viento y llenó** (es decir, el ruido) **toda la casa donde estaban** (2). Segundo, se les aparecieron en forma visible **lenguas como de fuego que se repartieron y se posaron sobre cada uno de ellos** (3). Se convirtieron así en posesión individual de cada uno de ellos. Tercero, **todos fueron llenos del Espíritu Santo y comenzaron a hablar en diferentes lenguas** (es decir, idiomas de algún tipo), **según el Espíritu les concedía expresarse** (4).

Estas tres experiencias parecían fenómenos naturales (viento, fuego y habla), pero eran sobrenaturales tanto en su origen como en su carácter. El ruido o estruendo no era viento, sino que parecía serlo; lo que vieron no era fuego aunque se le asemejaba. Y el habla consistía en idiomas que no eran los corrientes sino 'diferentes' en algún sentido. Por otra parte, tres de sus sentidos superiores fueron alcanzados, por cuanto oyeron un ruido como de viento, vieron algo que parecía ser fuego, y hablaron esas 'otras' lenguas. No obstante, lo que experimentaron fue más que algo de naturaleza sensorial; fue algo que tenía un significado especial. Por ello procuraron entenderlo. **'¿Qué quiere decir esto?'** preguntó la gente después (12). Si permitimos que otras partes de las Escrituras guíen nuestra interpretación, parecería que estas tres señales representaban, cuando menos, la nueva era del Espíritu que había comenzado (Juan el Bautista ya había vinculado el viento y el fuego[9]) y la nueva obra que había venido a efectuar. De ser así, el estruendo como de viento podría simbolizar el *poder* (como el que Jesús les había prometido para el testimonio, Lucas 24.49; Hechos 1.8); la visión de algo que parecía fuego podría simbolizar la *pureza* (como el carbón encendido que purificó los labios de Isaías, 6.6–7); y el habla en otras lenguas, la *universalidad* de la iglesia cristiana. En lo que sigue el relato no dice nada más acerca de fenómenos como el viento y el fuego; Lucas se centra en la tercera señal, los idiomas.

> [2.5] **Estaban de visita en Jerusalén judíos piadosos, procedentes de todas las naciones de la tierra.**

> <sup>6</sup>Al oír aquel bullicio, se agolparon y quedaron todos
> pasmados porque cada uno los escuchaba hablar en
> su propio idioma. <sup>7</sup>Desconcertados y maravillados,
> decían: '¿No son galileos todos estos que están hablando?
> <sup>8</sup>¿Cómo es que cada uno de nosotros los oye hablar en su
> lengua materna?'

Lucas pone el acento en el carácter internacional de la multitud que se había reunido. Eran todos **judíos piadosos,** y todos **estaban de visita en Jerusalén** (5). Con todo, no habían nacido allí; pertenecían a la dispersión, eran **de todas las naciones de la tierra** (5). Está claro, por lo que sigue, que no debemos pretender que la expresión **todas las naciones** que usa Lucas incluya, literalmente, digamos, a los pueblos originarios de América, a los nativos de Australia o a los maoríes de Nueva Zelanda. Lucas hablaba, como lo hacían normalmente los escritores bíblicos, desde su perspectiva y no de la nuestra, y se refería al mundo grecorromano situado alrededor de la cuenca mediterránea; a toda nación, por lo pronto, donde hubiera judíos.

La lista de Lucas comprende cinco agrupaciones, mientras recorre mentalmente los territorios más o menos de este a oeste. Primero, menciona a los **partos, medos, elamitas; habitantes de Mesopotamia** (9a), vale decir, pueblos desde el mar Caspio hacia el oeste, muchos de los cuales habrán sido descendientes de exiliados judíos que fueron transportados allí en los siglos VIII y VI a.C. En segundo lugar, en los versículos 9b–10a Lucas se refiere a cinco regiones de lo que conocemos como Asia Menor o Turquía, a saber, **Capadocia** (al este), el **Ponto** (al norte) y **Asia** (al oeste), **Frigia** y **Panfilia** (al sur). Por cuanto la mención de **Judea** (9) aparece extrañamente entre Mesopotamia y Capadocia, algunos comentaristas piensan que Lucas usa la palabra para referirse a una región más amplia, tal vez toda la Palestina y la Siria, incluida también Armenia, mientras que otros siguen una versión del latín antiguo que tiene *joudaioi* ('judíos') en lugar de *Joudaian* ('Judea'), y en consecuencia traducen 'los judíos que habitan la Mesopotamia y Capadocia … El tercer grupo (10b) corresponde a África del norte, a saber, **Egipto y …las regiones de Libia cercanas a Cirene** (su ciudad principal). El cuarto (10c–11a) lo conforman **visitantes llegados de Roma** venidos del otro lado del Mediterráneo (tanto **judíos y prosélitos**). Y el quinto, que parecería ser un agregado de último momento, está formado por **cretenses y árabes** (11b).[10]

Esa era la multitud internacional y multilingual que se juntó alrededor de los 120 creyentes. **Los oímos proclamar en nuestra propia lengua**, se decían, **las maravillas de Dios** (11c), es decir, **cada uno de nosotros los oye hablar en su lengua materna** (8). Los que hablaban esa diversidad de idiomas eran reconocidos como galileos (7), que tenían la reputación de ser incultos.[11] Además 'tenían dificultad para pronunciar sonidos guturales y tenían el hábito de tragarse las sílabas cuando hablaban; de modo que la gente de Jerusalén los despreciaba como provincianos'.[12] No sorprende, por lo tanto, que la reacción sea de desconcierto (6). Pero **otros**, una minoría que por alguna razón no entendía ninguna de esas lenguas, **se burlaban y decían: 'Lo que pasa es que están borrachos'** (13).

## b. La glosolalia

¿Qué era, en realidad, este tercer fenómeno que Lucas se encarga de destacar, y como resultado del cual la gente oyó hablar de las maravillas de Dios en sus lenguas vernáculas? ¿Cómo entiende Lucas la glosolalia? Comenzamos nuestra respuesta por lo que *no* es.

Primero, no fue resultado de la embriaguez, de haber bebido demasiado *gleukos* 'vino dulce nuevo' (13, BAGD). Pedro señala esto con énfasis: 'Éstos [hombres] no están borrachos, como suponen ustedes. ¡Apenas son las nueve de la mañana!' (15). Tan temprano por la mañana, comenta Haenchen, 'ni los borrachines ni los jaraneros han comenzado a tomar todavía'.[13] Además, durante las fiestas los judíos ayunaban hasta después de los servicios religiosos matutinos. También debemos agregar que la experiencia de los creyentes en cuanto a la plenitud del Espíritu no les parecía a ellos, como tampoco a otros, resultado de la embriaguez, porque no habían perdido el control de sus funciones mentales y físicas normales. Por cierto que no; el fruto del Espíritu es 'dominio propio',[14] no la pérdida de él. Además, solo algunos (13, **otros**) hicieron ese comentario, y aunque lo dijeron, no parecen haberlo dicho seriamente, porque Lucas dice que **se burlaban**. Más que un comentario serio parecía una broma.

En segundo lugar, no fue un milagro de audición, como diferente de la expresión del habla, de tal modo que el auditorio se imaginara que los creyentes hablaban en otras lenguas cuando en realidad no lo hacían.[15] Algunas de las afirmaciones de Lucas parecerían apoyar esta teoría: **cada uno los *escuchaba* hablar en su propio idioma** (6); **¿Cómo es que cada uno de nosotros los *oye* hablar en su lengua materna?** (8); y **los *oímos* proclamar en nuestra propia lengua las maravillas de Dios** (11). Sin embargo, cuando Lucas escribe su propio relato descriptivo, expresa en forma indiscutible lo que ocurrió: **comenzaron a *hablar* en diferentes lenguas, según el Espíritu les concedía expresarse** (4). La glosolalia fue, por cierto, un fenómeno de audición, pero sólo porque fue primeramente un fenómeno del habla.

Tercero, no fue un caso de expresión incoherente. Algunos comentaristas liberales, que comienzan con un prejuicio en contra de los milagros, sugieren que los 120 creyentes prorrumpieron en un hablar ininteligible y extático, y que Lucas (que había visitado Corinto con Pablo) supuso equivocadamente que se trataba de idiomas reales. Por ello Lucas se habría atolondrado y habría confundido dos cosas totalmente diferentes. Lo que él pensó que eran idiomas habrían sido en realidad 'inarticulados balbuceos extáticos'[16] o 'un diluvio de sonidos inarticulados que no respondían a ningún idioma conocido.'[17] Los que ponemos nuestra confianza en Lucas como historiador fidedigno, además de escritor inspirado, pensamos que no es él quien está equivocado, sino más bien sus intérpretes racionalistas.

Cuarto, desde lo positivo la glosolalia del día de Pentecostés fue una capacidad sobrenatural para hablar en idiomas reconocibles. Algunos piensan que se trataba del arameo, el griego y el latín, todas lenguas que se hablaban en la políglota Galilea; que **diferentes lenguas** significa 'lenguas diferentes del hebreo' (la lengua bíblica sagrada que hubiera sido apropiada para la ocasión); y que el asombro de la multitud fue consecuencia de las maravillas de Dios y no de los idiomas. Es decir, que el asombro fue provocado por el contenido y no por el medio empleado para la comunicación. Esto es plausible, y podría decirse que le hace justicia al relato de Lucas. Por otra parte, sin embargo, su énfasis recae más en los medios lingüísticos (4, 6, 8, 11) que en el mensaje (12); resulta natural traducir **diferentes lenguas** como 'lenguas diferentes de su lengua materna' antes que 'diferentes del hebreo'; la lista de quince regiones en los versículos 9–11 lleva a esperar un conjunto de idiomas más amplio que el arameo, el griego y el latín; y el asombro de la multitud parecería deberse al hecho de que los idiomas, que para los hablantes eran **diferentes** (4), es decir, extranjeros, para cada uno de los oyentes era su **propio** idioma (6), su **propia** lengua (11), más todavía, la **lengua materna** (8), es decir, 'la lengua en la que hemos nacido' (RVR95). Por lo tanto, llego a la conclusión de que el milagro de Pentecostés fue principalmente el medio en el que se expresaron los 120 creyentes (idiomas extranjeros que no habían aprendido nunca), si bien pudo haber incluido la sustancia de lo que hablaron (**las maravillas de Dios**).

Hasta aquí me he concentrado en lo que el propio Lucas entendió sobre la glosolalia del día de Pentecostés, lo cual sólo puede descubrirse mediante la exégesis de Hechos 2. Presumiblemente, la glosolalia a la que se hace referencia en Hechos 10.46 y 19.6 era el mismo acto de hablar en lenguas extranjeras, ya que se vale del mismo vocabulario (aunque la mayoría de los manuscritos omite el adjetivo 'diferentes'). En consecuencia, ¿qué podemos decir sobre las referencias al acto de hablar en lenguas en 1 Corintios 12 y 14? ¿Son los fenómenos mencionados en Hechos y en 1 Corintios iguales o diferentes? Es preciso que procuremos llegar a nuestra respuesta tomando como referencia el texto bíblico más que las afirmaciones contemporáneas.

Algunos piensan que los fenómenos fueron diferentes en varios sentidos. Primero, que fueron diferentes en *dirección*; en Hechos la glosolalia fue en algún sentido la proclamación pública (11) de las maravillas de Dios, para compartirlas con otros, mientras en 1 Corintios el que habla en lenguas 'no habla a los hombres, sino a Dios'.[18] Segundo, que fueron diferentes en *carácter*, ya que la glosolalia en Hechos se manifestó mediante idiomas que los oyentes entendían, mientras que en 1 Corintios 14 se trataba de habla ininteligible que requería un intérprete. Tercero, que fueron diferentes en su *propósito*. En Hechos la glosolalia parece tener el carácter de evidencia, de una prueba o 'señal' inicial para todos, que sirvió para dar testimonio de la recepción del Espíritu, mientras que en 1 Corintios tiene propósitos de edificación, se trata de un don continuo otorgado a algunos para la edificación de la iglesia.

Otros, sin embargo, señalan que las palabras y expresiones griegas son las mismas en todo el Nuevo Testamento. *Glōssa* ('lengua') tiene sólo dos significados (el órgano en la boca, y un idioma) y *hermēneuō* ('interpretar') generalmente significa traducir un idioma. Por lo tanto llegan a la conclusión de que los pasajes de Hechos y de 1 Corintios se refieren a lo mismo, es decir, a idiomas reales. Incluso algunos de los que piensan que el *propósito* es diferente, sostienen que el *carácter* es el mismo. Por ejemplo, el comentarista de las Asambleas de Dios Stanley M. Horton escribe que 'las lenguas aquí (es decir en Hechos 2) y las lenguas en 1 Corintios capítulos 12—14 son iguales'.[19] Como lo expresa la Declaración de las Asambleas de Dios en su párrafo 8, son 'iguales en esencia', aunque 'diferentes en su propósito y su uso'. Resumiendo, y desechando el punto de vista liberal (que consiste en declarar la glosolalia de Corintios como expresión ininteligible, y asimilar el fenómeno en Hechos a ella), es mejor hacer la propuesta contraria, o sea que el fenómeno en Hechos comprendía idiomas inteligibles y que la experiencia de 1 Corintios debe asimilarse a aquella. El argumento principal para esto es que, si bien la glosolalia se menciona sin explicación en varios pasajes del Nuevo Testamento, Hechos 2 es el único pasaje en el que se la describe y explica; parecería más razonable interpretar lo no explicado a la luz de lo explicado y no a la inversa.[20]

La discusión sobre la naturaleza de la glosolalia no debe distraer nuestra atención de lo que Lucas entiende en cuanto a la significación del día de Pentecostés. Simbolizaba una nueva unidad en el Espíritu, que trascendía las barreras raciales, nacionales y lingüísticas. Por ello Lucas se empeña en destacar el carácter cosmopolita de la multitud, incluso mediante la expresión **de todas las naciones** (5). Aun cuando no todas las naciones del mundo estuvieron *literalmente* presentes, sí lo estuvieron *representativamente*. Porque Lucas incluye en su lista a descendientes de Sem, Cam y Jafet, y nos ofrece en Hechos 2 una 'Tabla de la naciones' comparable con la de Génesis 10. El obispo Stephen Neill ha hecho notar lo siguiente: 'La mayoría de los pueblos mencionados por Lucas cae bajo el encabezamiento de semita, ya que Elam es la primera de las naciones semíticas mencionadas en Génesis 10; pero Lucas se ocupa también de agregar Egipto y Libia, que corresponden a los camitas, y a los cretenses (Quitim) y a moradores de Roma, que pertenecen a la sección bajo Jafet. … Lucas no llama la atención a lo que está haciendo; pero en su propio modo sutil nos está diciendo que en el día de Pentecostés todo el mundo estaba allí en la persona de representantes de las diversas naciones.'[21]

Nada podría haber demostrado más claramente la naturaleza multirracial, multinacional y multilingual del reino de Cristo. Ya desde los Padres de la iglesia, los comentaristas han visto la bendición de Pentecostés como una deliberada y dramática inversión de la maldición de Babel. En Babel las lenguas humanas fueron confundidas y las naciones fueron dispersadas; en Jerusalén la barrera lingüística fue vencida sobrenaturalmente como señal de que en adelante las naciones serían reunidas en Cristo, lo cual prefigura el día cuando la compañía de los redimidos será tomada 'de todas las naciones, tribus, pueblos y lenguas'.[22] Además, en Babel la tierra intentó con soberbia ascender al cielo, mientras que en Jerusalén el cielo humildemente descendió a la tierra.

# 2. El sermón de Pedro: La explicación de Pentecostés | 2.14–41

Antes de comenzar a estudiar el sermón de Pedro en particular, se hace necesario considerar los discursos de Hechos en general.

## a. Los discursos en Hechos

A todo lector de Hechos le llama la atención la posición prominente que ocupan los discursos en el texto de Lucas. Observamos una vez más cuán incompleto resulta ser el título de este libro, ya sea que se piense que los 'Hechos' son los de Cristo, los del Espíritu o los de los apóstoles. Porque contiene tantos 'discursos' como 'hechos'. Lucas se mantiene fiel a su intención de dejar por escrito lo que Jesús continuó (después de su ascensión) haciendo y enseñando (1.1). No menos de diecinueve discursos cristianos significativos aparecen en su segundo tomo (omitiendo los discursos no cristianos de Gamaliel, del escribano de Éfeso y de Tertuliano). Hay ocho discursos de Pedro (en los capítulos 1, 2, 3, 4, 5, 10, 11 y 15), uno de Esteban, uno de Jacobo (en los capítulos 7 y 15) y nueve de Pablo (cinco sermones en los capítulos 13, 14, 17, 20 y 28, y cuatro exposiciones en los capítulos 22 y 26, en los que hace su defensa). Alrededor del veinte por ciento del texto de Lucas está dedicado a discursos de Pedro y de Pablo; si se les agrega el de Esteban, el porcentaje sube a un veinticinco por ciento aproximadamente.

Ahora bien, ¿serán estos discursos exposiciones genuinas de las personas a las cuales se los atribuye? ¿Son fidedignos? Hay tres posibles respuestas.

La primera es que probablemente nadie se haya imaginado jamás que los discursos de Hechos sean relatos al pie de la letra de lo que se dijo en cada caso. Son demasiado breves como para que sean completos (el sermón de Pedro en Pentecostés tal como lo transcribe Lucas habría llevado apenas tres minutos, y el de Pablo en Atenas un minuto y medio); al final de su relato del sermón de Pedro, Lucas dice específicamente que este siguió exhortando a la multitud **con muchas otras razones** (40); desde luego que no había equipos de grabación en esos días, aunque es posible que estuviera comenzando a desarrollarse algún sistema de taquigrafía. De cualquier manera, Lucas no estuvo presente para escuchar cada discurso por sí mismo, de manera que tuvo que haber dependido de resúmenes que le fueron proporcionados posteriormente por el orador o por algunos de sus oyentes. Por consiguiente, su propósito fue el de presentar una síntesis fidedigna de cada discurso.

La segunda posibilidad, mucha más escéptica, es el punto de vista de la crítica moderna, desarrollada y popularizada entre las guerras mundiales por H. J. Cadbury en el mundo de habla inglesa, y por Martin Dibelius en Alemania. La sustancial falta de confianza que atribuyen a estos discursos se basa en dos argumentos principales. Primero, si uno compara los discursos entre sí y con los pasajes narrativos de Lucas, la totalidad de su texto refleja el mismo estilo y vocabulario, ya que muchos de los discursos presentan una misma forma, el mismo énfasis teológico y las mismas citas de las Escrituras. La explicación natural de estas semejanzas es la de que todo procede de la mente y la pluma del propio Lucas, más bien que de los diferentes oradores. El segundo argumento es que 'una convención preponderante entre los historiadores antiguos era la costumbre de insertar en la narración discursos de los principales personajes,'[23] y para ello componer libremente dichos discursos ellos mismos. Así, los discursos de la historia griega tenían la misma función interpretativa que los coros en las obras dramáticas griegas. Más todavía, los autores daban por sentado que sus lectores entendían y aceptaban este artificio literario, que era utilizado tanto por los historiadores griegos como por los judaicos.

El ejemplo griego más frecuentemente citado es el de Tucídides, el historiador de la guerra del Peloponeso en el siglo v a.C. El pasaje clave de su crónica incluye la siguiente afirmación:

> En cuanto a los discursos ..., me resultó difícil, como también a los que me los relataron, recuperar las palabras exactas. Por lo tanto he puesto en boca de cada orador los sentimientos adecuados para la ocasión, expresados tal como pensaba yo que habría de expresarlos él, mientras que al mismo tiempo me esforcé, con la mayor fidelidad posible, por ofrecer el contenido general de lo que realmente se dijo.[24]

Debido a las referencias de Tucídides a su memoria falible en cuanto a lo que se dijo, y a su opinión personal de lo que pudo haberse dicho, su declaración se ha tomado generalmente en el sentido de que sencillamente inventó los discursos sobre los que informó. El historiador judío que suele citarse es Josefo, quien parecería haber sido mucho menos escrupuloso que Tucídides, incluso totalmente falto de principios. H. J. Cadbury describe la forma en que a veces transforma el relato del Antiguo Testamento 'en sus propias y prosaicas trivialidades', que a veces 'incorpora en escenas inapropiadas largas diatribas de su propia composición', y en el caso de relatos históricos más contemporáneos 'evidentemente [ha] inventado discursos'.[25] Sintetizando esta tradición sobre la tarea historiográfica griega y judía, Cadbury escribió: 'Desde Tucídides en adelante los discursos referidos por los historiadores son, confesadamente, pura imaginación'.[26] Habiendo sido esta la supuesta convención universal al escribir historia griega y judía, los críticos bíblicos suponen que como historiador cristiano Lucas no fue diferente. 'La presunción ... es fuerte', escribió Cadbury, 'en el sentido de que sus discursos en general no están basados en información concreta, aun cuando el relato que los acompaña parezca totalmente fidedigno'.[27]

El tercer acercamiento a los discursos de Hechos, rechazando tanto el literalismo extremo como el escepticismo extremo, consiste en considerarlos síntesis confiables de lo que se dijo en cada ocasión. Es posible responder con una triple crítica a la teoría de Cadbury y Dibelius. Primero, no es justo para con toda la historiografía antigua. Es cierto que Josefo y algunos historiadores griegos parecen haber considerado los discursos que incluyen como pertenecientes más a la retórica que a la historia. No obstante, no es este el caso de Tucídides. Los comentaristas conservadores sostienen que Tucídides ha sido mal interpretado. Por un lado, se le ha prestado insuficiente atención a la frase final de la afirmación ya citada, a saber, que se mantuvo lo más cerca posible de lo sustancial de 'lo que realmente se dijo' (cláusula que, como ha escrito F. F. Bruce, expresa 'la conciencia histórica de Tucídides'[28]). Por otro lado, la cita no ha sido continuada, como debería haberse hecho. Porque Tucídides siguió en estos términos:

> De los hechos de la guerra no me he aventurado a hablar sobre la base de información casual, como tampoco de ninguna noción mía propia; no he descrito nada que no haya visto yo mismo, o aprendido de otros sobre los cuales hice las más cuidadosas y particulares averiguaciones. La tarea fue sumamente laboriosa. ...[29]

A. W. Gomme resumió este capítulo de Tucídides de la siguiente manera: 'He tratado de relatar estos hechos con la mayor fidelidad posible, tanto los discursos como los hechos cumplidos, aun cuando esto fue difícil.'[30]

El doctor Ward Gasque también señala que Polibio, el historiador griego del siglo II a. C., 'vez tras vez explícitamente condena la costumbre de la libre invención de discursos por los historiadores'. Concluye el doctor Gasque que 'la libre invención de discursos no forma parte de una práctica universalmente aceptada entre los historiadores en el mundo grecorromano.'[31]

Segundo, el escepticismo crítico con respecto a los discursos de Hechos tampoco le hace justicia a Lucas. Porque, como hemos visto, Lucas sostuvo en su prefacio que escribía historia cuidadosamente investigada, y, al comienzo de su segundo tomo expresó que su concepto de la historia incluía palabras tanto como hechos. Por consiguiente, es improbable que inventara discursos o que inventara hechos. También resulta injustificado suponer que, por cuanto algunos, o incluso muchos historiadores antiguos se tomaron libertades con sus fuentes, Lucas debió haber hecho lo mismo. Todo lo contrario, sabemos por su Evangelio el respetuoso cuidado con el que trató su fuente principal, Marcos. Hasta Cadbury admite que en su Evangelio 'transfiere material discursivo de su fuente a su propio manuscrito con un mínimo de modificación verbal.'[32] Así que, si bien los discursos de Hechos difieren de los dichos y de las parábolas de Jesús, existen razones suficientes para creer que Lucas trató los dichos con la misma reverencia con la que trató las parábolas. Agregado a esto, la realidad es que él mismo escuchó una cantidad de los discursos de Pablo, y estuvo en contacto con personas que escucharon otros discursos que él registra, de modo que estaba considerablemente más cerca de los originales de lo que lo están otros historiadores.

Tercero, los críticos escépticos no son ecuánimes en su evaluación tanto de la variedad como de lo pertinente que son los discursos de Hechos. Al leer los primeros sermones de Pedro en Hechos 2—5 somos conscientes de que estamos escuchando la formulación apostólica más primitiva del evangelio. H. N. Ridderbos ha llamado la atención a su carácter decididamente 'anticuado', porque 'ni la terminología cristológica ni el notable método para citar la Escritura en estos discursos … evidencia los signos del desarrollo posterior.'[33] Y cuando leemos los sermones de Pablo, nos maravillamos ante su adaptabilidad, cuando se dirige a los judíos en la sinagoga de Antioquía de Pisidia (capítulo 13), a los paganos al aire libre en Listra (capítulo 14), a los filósofos en el Areópago en Atenas (capítulo 17) y a los ancianos de la iglesia de Éfeso en Mileto (capítulo 20). Cada uno de ellos es diferente y apropiado a la vez. ¿Realmente hemos de suponer que Lucas poseía un discernimiento teológico, una capacidad literaria y un sentido histórico tan ricos que inventó todo? ¿Acaso no es mucho más razonable suponer que sintetiza expresiones paulinas genuinas, aunque, naturalmente, en el proceso queden visibles su propio estilo y vocabulario? Como lo ha expresado F. F. Bruce: 'Tomados en su conjunto, cada discurso se adapta al orador, al auditorio, y a las circunstancias en que se dio el mismo; y esto … ofrece una buena base … para creer que estos discursos son, no inventos del historiador, sino relatos condensados de discursos realmente pronunciados, y, por consiguiente, fuentes valiosas e independientes para la historia y la teología de la iglesia primitiva.'[34]

## b. La cita de Joel que hace Pedro | 2.14–21

[2.14]**Entonces Pedro, con los once, se puso de pie y dijo a voz en cuello: "Compatriotas judíos y todos ustedes que están en Jerusalén, déjenme explicarles lo que sucede; presten atención a lo que les voy a decir.** [15]**Éstos no están borrachos, como suponen ustedes. ¡Apenas son las nueve de la mañana!** [16]**En realidad lo que pasa es lo que anunció el profeta Joel:**

> [17]"Sucederá que en los últimos días —dice Dios—,
> derramaré mi Espíritu sobre todo el género humano.
> Los hijos y las hijas de ustedes profetizarán,
> tendrán visiones los jóvenes y sueños los ancianos.
> [18]En esos días derramaré mi Espíritu
> aun sobre mis siervos y mis siervas, y profetizarán."

Lo que Lucas describe en los versículos 1–13, Pedro lo explica en su sermón. El extraordinario fenómeno de los creyentes llenos del Espíritu y declarando las maravillas de Dios en lenguas extranjeras es el cumplimiento de la predicción de Joel de que Dios había de derramar de su Espíritu sobre toda carne. La exposición de Pedro es similar a lo que en los rollos del Mar Muerto se denomina *pesher* o 'interpretación' de un pasaje del Antiguo Testamento a la luz de su cumplimiento. De manera que (i) Pedro inicia su sermón con las palabras **en realidad lo que pasa** (16), es decir, lo que los oyentes han presenciado es **lo que anunció el profeta Joel**; (ii) expresamente cambia la frase de Joel 'después de esto' (el momento en que el Espíritu será derramado) por la expresión **en los últimos días**, con el fin de enfatizar que con la venida del Espíritu han llegado los postreros o últimos días; y (iii) aplica el pasaje a Jesús, de modo que **el Señor** que trae salvación ya no es el Yahvéh que protege a los sobrevivientes en el monte Sión,[35] sino Jesús quien salva del pecado y el juicio a todo aquel que invoca su nombre (21).[36]

Es convicción unánime de los escritores en el Nuevo Testamento que Jesús inauguró los últimos días de la era mesiánica, y que la prueba final de esto fue el derramamiento del Espíritu, por cuanto esta fue la máxima promesa del Antiguo Testamento para los tiempos del fin. Siendo así, es preciso que tengamos cuidado de no citar la profecía de Joel como si todavía estuviéramos esperando su cumplimiento, y tampoco como si su cumplimiento hubiera sido parcial, y que esperamos algún cumplimiento futuro y completo. Porque no es así como Pedro entendió y aplicó el texto. Toda la era mesiánica, que se extiende entre las dos venidas de Cristo, es la era del Espíritu, en la que su ministerio es un ministerio de abundancia. ¿No es este el énfasis del verbo 'derramar'? El cuadro podría ser el de una intensa lluvia tropical, que además ilustra la generosidad del don del Espíritu por parte de Dios (no una llovizna ni un chaparrón sino un diluvio), su carácter final (porque lo que ha sido derramado no puede recogerse nuevamente) y su universalidad (ampliamente distribuido entre los diferentes agrupamientos de la humanidad). Pedro se ocupa de destacar esta universalidad. **Todo el género humano** (*pasa sarx*, 17a; 'toda carne', RVR95) no significa todos, cualquiera sea su disposición interior a aceptar el don, sino cualquiera sea su situación exterior. Si bien hay condiciones espirituales para recibir el Espíritu, no hay distinciones sociales, sean de género (**los hijos y las hijas de ustedes,** 17b), de edad (**los jóvenes y … los ancianos,** 17c) o de rango (**sobre mis siervos y mis siervas,** 18, los que no son solamente siervos y siervas, como en el hebreo, sino aquellos a los que Dios dignifica como pertenecientes a él).

**Y profetizarán** (18). Este parece ser un uso muy amplio del verbo 'profetizar'. Como lo expresó Lutero, 'profetizar, tener visiones y sueños, son *todos una misma cosa*'.[37] Es decir, el don universal (del Espíritu) conducirá a un ministerio universal (profecía). Pero la promesa es sorprendente porque en otras partes de Hechos, y en el Nuevo Testamento en general, solo algunos son llamados a ser profetas. ¿Cómo, entonces, hemos de entender un ministerio profético universal? Si en su esencia la profecía es Dios hablando, Dios haciéndose conocer por medio de su Palabra, entonces por cierto que la expectativa del Antiguo Testamento era que en los días del nuevo pacto el conocimiento de Dios sería universal, y justamente los autores del Nuevo Testamento declaran que esto se ha cumplido por medio de Cristo.[38] En este sentido todos los que integran el pueblo de Dios son ahora profetas, así como todos también son sacerdotes y reyes. De modo que aquí Lutero entendía la profecía como 'el conocimiento de Dios mediante Cristo que el Espíritu Santo enciende y hace arder por medio de la palabra del evangelio',[39] en tanto que Calvino escribió que 'significa simplemente el precioso y excelente don del entendimiento'.[40] De hecho, es este conocimiento universal de Dios por Cristo mediante el Espíritu lo que constituye el fundamento de la comisión universal a dar testimonio (1.8). Porque lo conocemos tenemos que hacerlo conocer.

Pedro prosigue con la cita de Joel: '**Arriba en el cielo y abajo en la tierra mostraré prodigios: sangre, fuego y nubes de humo** (19). **El sol se convertirá en tinieblas y la luna en sangre antes que llegue el día del Señor, día grande y esplendoroso**' (20). Es posible entender estas predicciones en forma literal, como fenómenos de la naturaleza (que ya habían comenzado el viernes santo,[41] y que Jesús predijo que ocurrirían antes del fin[42]), o bien de manera metafórica, como convulsiones de la historia (ya que se trata de imaginería apocalíptica tradicional para tiempos de revolución social y política[43]). Mientras tanto, entre el día de Pentecostés (cuando vino el Espíritu, inaugurando así los días postreros) y el día del Señor (cuando venga Jesús, completándolos) se extiende un largo día de oportunidad, durante el cual se predicará el evangelio de la salvación en todo el mundo: **Y todo el que invoque el nombre del Señor, será salvo** (21).

## c. El testimonio de Pedro sobre Jesús | 2.22–41

La mejor forma de entender el fenómeno de Pentecostés, sin embargo, no es mediante la predicción del Antiguo Testamento, sino mediante el cumplimiento del Nuevo Testamento, no mediante Joel sino mediante Jesús. Cuando Pedro les pide a sus **compatriotas** que **escuchen**, las primeras palabras que dice son **Jesús de Nazaret**, y procede a narrarles la historia de Jesús en seis etapas:

### (i) Su vida y ministerio | 2.22

Era realmente **un hombre**, pero fue **acreditado por Dios** ante los hombres mediante obras sobrenaturales, que reciben tres nombres: **milagros** o, literalmente, 'poderes' (*dynameis*, cuya naturaleza es demostración del poder de Dios), **señales** (*terata*, cuyo efecto consiste en despertar sorpresa) **y prodigios** (*sēmeia*, cuyo fin es encarnar o significar verdades espirituales). **Realizó Dios entre ustedes** (públicamente) estas cosas **por medio de él, como bien lo saben.**

### (ii) Su muerte | 2.23

Dice Pedro que **este** [hombre] **fue muerto**, en parte porque les había sido **entregado** no por Judas (aunque se usa el mismo verbo para su acto de traición) sino por **el determinado propósito y el previo conocimiento de Dios** y en parte porque **por medio de gente malvada, ustedes lo mataron** (presumiblemente romanos), **clavándolo en la cruz.** De esta manera, el mismo hecho, la muerte de Jesús, se atribuye simultáneamente tanto al propósito de Dios como a la maldad de los hombres. No se menciona todavía ninguna doctrina estructurada sobre la expiación, aunque hay una comprensión de que por medio

de la muerte de Jesús ya se estaba elaborando el propósito salvífico
de Dios.

## (iii) Su resurrección | 2.24–32

> [2.24]"Sin embargo, Dios lo resucitó, librándolo de las
> angustias de la muerte, porque era imposible que la
> muerte lo mantuviera bajo su dominio. [25]En efecto,
> David dijo de él:
>
> 'Veía yo al Señor siempre delante de mí,
> porque él está a mi derecha para que no caiga.
> [26]Por eso mi corazón se alegra, y canta
>     con gozo mi lengua;
>     mi cuerpo también vivirá en esperanza.
> [27]No dejarás que mi vida termine en el sepulcro;
>     no permitirás que tu santo sufra corrupción.
> [28]Me has dado a conocer los caminos de la vida;
>     me llenarás de alegría en tu presencia.'
>
> [29]"Hermanos, permítanme hablarles con franqueza
> acerca del patriarca David, que murió y fue sepultado,
> y cuyo sepulcro está entre nosotros hasta el día de hoy.
> [30]Era profeta y sabía que Dios le había prometido bajo
> juramento poner en el trono a uno de sus descendientes.
> [31]Fue así como previó lo que iba a suceder. Refiriéndose
> a la resurrección del Mesías, afirmó que Dios no dejaría
> que su vida terminara en el sepulcro, ni que su fin fuera
> la corrupción. [32]A este Jesús, Dios lo resucitó, y de ello
> todos nosotros somos testigos."

**Era imposible que la muerte lo mantuviera bajo su dominio** (24;
Pedro reconoce esta imposibilidad moral sin explicarla). De manera
que aunque había sido muerto por hombres, **Dios lo resucitó,**
librándolo así de **las angustias de la muerte.** La palabra 'angustias'
significa literalmente 'dolores de parto', de modo que su resurrección
se representa como una regeneración, un nuevo nacimiento, un paso
de la muerte a la vida.

A continuación Pedro confirma la verdad de la resurrección de
Jesús apelando al Salmo 16.8–11 donde, nos dice, fue profetizada.

David no pudo haber estado refiriéndose a sí mismo cuando escribió que Dios no lo abandonaría a la tumba ni permitiría que su Santo experimentara descomposición (27), porque David **murió y fue sepultado,** y su tumba todavía estaba en Jerusalén (29). Más bien, por ser profeta y recordar la promesa que le hizo Dios, de poner a un distinguido descendiente suyo en su trono,[44] David estaba **refiriéndose a la resurrección del Mesías** (30–31). El uso que hace Pedro de las Escrituras probablemente nos parezca extraño, pero es preciso que tengamos en cuenta tres cuestiones. Primero, toda la Escritura da testimonio de Cristo, especialmente en cuanto a su muerte, resurrección y misión mundial. Ese es su carácter y propósito. Jesús mismo lo dijo tanto antes como después de su resurrección.[45] En consecuencia, y en segundo lugar (y no sólo debido a las enseñanzas de Jesús posteriores a la resurrección), sus discípulos llegaron naturalmente a considerar las referencias del Antiguo Testamento al rey o al ungido de Dios, a David y su simiente real, como cumplidas en Jesús.[46] Esto es lo que Dom Jacques Dupont ha llamado 'el carácter radicalmente cristológico de la exégesis cristiana primitiva'.[47] Y en tercer lugar, una vez que se acepta este fundamento, el uso cristiano del Antiguo Testamento como el que hace Pedro del Salmo 16 resulta 'escrupulosamente lógico e internamente coherente'.[48]

Después de citar estos versículos del Salmo 16, y de aplicarlos a la resurrección de Jesús, Pedro agrega: **A este Jesús, Dios lo resucitó, y de ello todos nosotros somos testigos** (32). De esta manera el testimonio oral de los apóstoles y la predicción escrita de los profetas convergen. O, como diríamos nosotros, las Escrituras del Antiguo y el Nuevo Testamento coinciden en su testimonio acerca de la resurrección de Cristo.

## (iv) Su exaltación | 2.33–36

A continuación Pedro pasa de la resurrección de Jesús de entre los muertos a su exaltación a la diestra de Dios. Desde esta posición de supremo honor y absoluto poder, habiendo recibido el Espíritu que había prometido el Padre, Jesús ha derramado el Espíritu.

**2.33"Exaltado por el poder de Dios, y habiendo recibido del Padre el Espíritu Santo prometido, ha derramado esto**

que ustedes ahora ven y oyen. [34]David no subió al cielo, y sin embargo declaró:

> 'Dijo el Señor a mi Señor:
> Siéntate a mi derecha,
> [35]hasta que ponga a tus enemigos
> por estrado de tus pies.'

[36]"Por tanto, sépalo bien todo Israel que a este Jesús, a quien ustedes crucificaron, Dios lo ha hecho Señor y Mesías."

Nuevamente Pedro confirma su argumento con una apropiada cita del Antiguo Testamento. Así como aplicó el Salmo 16 a la resurrección del Mesías, ahora aplica el Salmo 110 a la ascensión del Mesías. Porque David **no subió al cielo** (34), como tampoco fue librado de la descomposición por la resurrección. No obstante, designó como **mi Señor** a aquel a quien Yahvéh había indicado que se sentase a su mano derecha. Jesús ya había aplicado este versículo a sí mismo,[49] como lo hicieron posteriormente Pablo y el escritor de Hebreos.[50] La conclusión de Pedro es que todo Israel debía ahora tener la seguridad de que a **este Jesús**, al que habían repudiado y crucificado, Dios había hecho **Señor y Mesías**. Desde luego que no es que Jesús se convirtió en Señor y Cristo en el momento de su ascensión, porque él fue (y así lo declaraba) ambas cosas durante todo su ministerio público. Más bien se trata de que ahora Dios lo exaltó, para que fuera en la realidad y con poder lo que ya era por derecho propio.

## (v) Su salvación | 2.37–39

Seguidamente Lucas describe la reacción de la multitud ante el sermón de Pedro, junto con la respuesta del propio Pedro.

[2.37]Cuando oyeron esto, todos se sintieron profundamente conmovidos y les dijeron a Pedro y a los otros apóstoles:
—Hermanos, ¿qué debemos hacer?
[38]—Arrepiéntase y bautícese cada uno de ustedes en el nombre de Jesucristo para perdón de sus pecados —les contestó Pedro—, y recibirán el don del Espíritu Santo.
[39]En efecto, la promesa es para ustedes, para sus hijos y

**para todos los extranjeros, es decir, para todos aquellos a quienes el Señor nuestro Dios quiera llamar.**

**Se sintieron profundamente conmovidos,** es decir, fueron convencidos de su pecado y les remordió la conciencia, por lo cual preguntaron ansiosamente qué debían hacer (37). Pedro contestó que debían *arrepentirse*, cambiar completamente su manera de pensar acerca de Jesús y cambiar de actitud hacia él, y *bautizarse* en su nombre, sometiéndose a la humillación del bautismo, algo que los judíos consideraban necesario solamente para los conversos gentiles, y someterse al mismo en el nombre de la persona a la que antes habían rechazado. Esto representaría una demostración clara y pública de su arrepentimiento, como también de su fe en él. Si bien Pedro no hace un llamado específico a la multitud a creer, evidentemente creyeron de todos modos, ya que se describe a la gente como 'creyentes' en el versículo 44, y de cualquier forma el arrepentimiento y la fe se suponen mutuamente, ya que es imposible volverse del pecado sin volverse hacia Dios, y viceversa (ver 3.19). Además, el bautismo en el nombre de Cristo (lo cual significa 'por su autoridad, reconociendo sus demandas, suscribiendo a sus doctrinas, enrolándose en su servicio, y confiando en sus méritos'[51]) abarca ambas cosas.

De esa manera recibirían dos regalos de Dios: el perdón de sus pecados (incluido el pecado de rechazar al Cristo de Dios) y el don del Espíritu Santo (para regenerarlos, unirlos, transformarlos y morar en ellos). Porque no debían imaginar que el don de Pentecostés era solamente para los apóstoles, o para los 120 discípulos que esperaron durante diez días la llegada del Espíritu, o para algún grupo elitista, o incluso sólo para esa nación o esa generación. Dios no ponía ninguna limitación semejante a su oferta y a su don. Por el contrario (39), **la promesa** —o 'don' o 'bautismo'— del Espíritu (1.4; 2.33) también era para ellos (los que estaban escuchando a Pedro), y para sus hijos (de la próxima generación y de las subsiguientes), y para todos los que se encontraban lejos (por cierto que los judíos de la dispersión y tal vez también proféticamente el lejano mundo gentil[52]); más todavía, **para todos aquellos** (sin excepción) **a quienes el Señor nuestro Dios quiera llamar.** Todo aquel a quien Dios llama por medio de Cristo recibe ambos dones. Los dones de Dios son integrales al llamado de Dios.

## (vi) Su nueva comunidad | 2.40–41

Lucas agrega que este no fue el final del sermón de Pedro, porque **con muchas otras razones les exhortaba insistentemente**. El objetivo de su testimonio y exhortación era el llamado: —**Sálvense de esta generación perversa** (40). Vale decir, Pedro no pedía solamente conversiones privadas e individuales, sino una identificación pública con otros creyentes. La entrega al Mesías comprendía una entrega a la comunidad mesiánica, es decir, a la iglesia. En efecto, tendrían que cambiar de comunidad, transfiriendo su carácter de miembros de una que era antigua y **perversa** a otra que era nueva, y ser salvos (47).

A continuación se describe la asombrosa respuesta a este llamado de Pedro. Muchos de los presentes **recibieron su mensaje** (es decir, se arrepintieron y creyeron), y en consecuencia **fueron bautizados**. De hecho, **se unieron a la iglesia unas tres mil personas** (41). El cuerpo de Cristo en Jerusalén se multiplicó veintiséis veces, de 120 a 3120. Según el anuncio de Pedro tienen que haber recibido también el perdón y el Espíritu, aunque esta vez aparentemente sin ninguna señal sobrenatural. Por lo menos Lucas no hace mención de fenómenos como viento o fuego, o de lenguas.

## d. El evangelio para hoy

Hemos visto que Pedro se centró en Cristo y relató su historia en seis etapas. (i) Era hombre, si bien divinamente atestiguado por milagros; (ii) fue muerto por manos inicuas, si bien de conformidad con el propósito de Dios; (iii) fue levantado de entre los muertos, como lo habían anunciado los profetas y de lo cual habían dado testimonio los apóstoles; (iv) fue exaltado a la diestra de Dios, y desde allí derramó el Espíritu; (v) ahora ofrece el perdón de Dios y el Espíritu a todos los que se arrepienten, creen y se bautizan; y (vi) de esta manera los agrega a su nueva comunidad.

Se han intentando numerosas reconstrucciones de este material. Merecen una mención especial las famosas conferencias de C. H. Dodd en el King's College, en Londres, sobre el *kerygma* de Pedro y de Pablo, y sus puntos coincidentes, que fueron publicadas con el título de *The Apostolic Preaching and its Developments*[53] [La predicación apostólica y su desarrollo]. Dodd sintetizó los sermones de Pedro como sigue: (i) ha amanecido la era del cumplimiento, es decir la era mesiánica; (ii) esto ha acontecido por medio del ministerio, la muerte y la resurrección de Jesús, como dan testimonio de ello las Escrituras; (iii) Jesús ha sido exaltado a la diestra de Dios como Señor, y como cabeza de la nueva Israel; (iv) la actividad del Espíritu Santo en la iglesia es la señal del presente poder y gloria de Cristo; (v) la era mesiánica llegará pronto a su culminación con el regreso de Cristo; y (vi) el perdón y el Espíritu se ofrecen a quienes se arrepienten.[54]

Nuestra lucha hoy es cómo ser fieles a este evangelio apostólico, y al mismo tiempo presentarlo de manera que haga eco en los hombres y las mujeres de nuestro tiempo. Lo que de inmediato queda claro es que, igual que los apóstoles, tenemos que centrarnos en Jesucristo. El comienzo de Pedro, 'escuchen esto: Jesús …' (22) debe ser nuestro comienzo también. Es imposible predicar el evangelio sin proclamar a Cristo. Pero ¿cómo hacerlo? En cuanto a mí, he encontrado que una ayuda para expresar con fidelidad el mensaje de los apóstoles consiste en adoptar el siguiente marco:

Primero, *los acontecimientos del evangelio,* a saber la muerte y resurrección de Jesús. Es cierto que Pedro hizo referencia a la vida y al ministerio de Jesús (22) y pasó a hablar de su exaltación (33), y en otras partes de su retorno como Juez. Los apóstoles se sentían con libertad para ocuparse de toda su carrera salvífica, pero se concentraban en la cruz y en la resurrección (23–24), como acontecimientos históricos y a la vez como hechos salvíficos fundamentales. Si bien todavía no vemos allí una doctrina plena de la expiación, ya está implícita en las referencias al propósito de Dios (23), a los pasajes sobre el siervo sufriente (3.13, 18), y al 'madero', el lugar de la maldición divina (5.30; 10.39; 13.29).[55] La resurrección tenía significación salvífica también, ya que por ella Dios transfirió el veredicto humano a Jesús, lo arrancó del lugar de la maldición y lo exaltó colocándolo en el lugar de honor.

Segundo, *los testigos del evangelio.* Los apóstoles no proclamaban la muerte y resurrección de Jesús en un vacío, sino en el contexto de la Escritura y de la historia. Apelaban a una doble prueba para autenticar a Jesús, de modo que pudiera establecerse la verdad en labios de dos testigos. La primera estaba constituida por las Escrituras del Antiguo Testamento, que él había cumplido. En Hechos 2 Pedro apela al Salmo 16, al Salmo 110 y a Joel 2 con el fin de iluminar su enseñanza acerca de la resurrección y la exaltación de Jesús, como también del don del Espíritu. La segunda era el testimonio de los apóstoles.

'Nosotros somos testigos', repetía constantemente Pedro (por ej. 2.32; 3.15; 5.32; 10.39ss), y el testimonio de esa experiencia presencial era indispensable para el apostolado. De modo que el Cristo único tiene doble atestiguación. No estamos libres para predicar a un Cristo de nuestra propia fantasía, ni siquiera para centrarnos en nuestra propia experiencia, ya que nosotros no fuimos testigos directos del Jesús histórico. Nuestra responsabilidad consiste en predicar al Cristo auténtico de las Escrituras del Antiguo y el Nuevo Testamento. El testimonio original de Cristo lo ofrecen los profetas y los apóstoles; nuestro testimonio es siempre secundario con respecto al de ellos.

Tercero, *las promesas del evangelio.* El evangelio contiene buenas noticias no sólo sobre lo que *hizo* Jesús (murió por nuestros pecados y fue levantado de conformidad con las Escrituras) sino también sobre lo que él *ofrece* como resultado. A quienes responden a su ofrecimiento, Jesús promete tanto el perdón de pecados (para borrar el pasado) como el don del Espíritu (para transformarnos en personas nuevas). Juntos, estos dos aspectos constituyen la liberación que muchos buscan: liberación de la culpa, de la corrupción, del egoísmo y del juicio, además de liberación para poder ser las personas que Dios hizo y que quería que fuésemos. El perdón y el Espíritu conforman la 'salvación', y ambos se simbolizan en el bautismo, es decir, el lavamiento del pecado y el derramamiento del Espíritu.

Cuarto, *las condiciones del evangelio.* Jesús el Cristo no nos impone sus dones incondicionalmente. Lo que exige el evangelio es un radical vuelco del pecado a Cristo, lo cual adquiere interiormente la forma del arrepentimiento y la fe, y exteriormente el bautismo. Porque al someternos al bautismo en el nombre del Cristo que anteriormente habíamos repudiado, demostramos públicamente una fe penitente en él. Como agregado, por este mismo acto de arrepentimiento, de fe y de bautismo, cambiamos nuestra lealtad al ser transferidos a la nueva comunidad de Jesús.

Aquí tenemos, entonces, un cuádruple mensaje: dos acontecimientos (la muerte y resurrección de Cristo), atestiguados por dos testigos (los profetas y los apóstoles), sobre la base de los cuales Dios hace dos promesas (perdón y el Espíritu), con dos condiciones (arrepentimiento y fe, con el bautismo). No tenemos derecho a amputar este evangelio apostólico proclamando la cruz sin la resurrección, o haciendo referencia al Nuevo Testamento pero no al Antiguo, u ofreciendo perdón sin el Espíritu, o demandando fe sin arrepentimiento. El evangelio bíblico es un todo completo.

No es suficiente 'proclamar a Jesús'. Porque hoy se ofrecen muchos 'Jesuses' diferentes. Según el Nuevo Testamento, sin embargo, Jesús es *histórico* (realmente vivió, murió, se levantó y ascendió en el campo de la historia), *teológico* (su vida, muerte, resurrección y ascensión tienen todas significación salvífica), y *contemporáneo* (vive y reina para dispensar salvación a todos los que le responden). Los apóstoles presentaban el mismo relato sobre Jesús, en tres niveles: como un hecho histórico (testimoniado por sus propios ojos), con significación teológica (interpretada por las Escrituras), y como un mensaje contemporáneo (enfrentando a hombres y mujeres con la necesidad de una decisión). Nosotros tenemos la misma responsabilidad hoy de narrar la historia de Jesús como un hecho, como doctrina y como buena noticia.

# 3. La vida de la iglesia: El efecto de Pentecostés | 2.42–47

Habiendo descrito en su propia narración lo que ocurrió el día de Pentecostés, y habiendo luego proporcionado una explicación de ello por medio del sermón cristocéntrico de Pedro, Lucas procede a mostrarnos los efectos de Pentecostés, ofreciéndonos un hermoso retrato de la iglesia llena del Espíritu. Desde luego que la iglesia no comenzó ese día, y es incorrecto decir que el día de Pentecostés es 'el cumpleaños de la iglesia'. Porque la iglesia como pueblo de Dios comenzó hace 4.000 años con Abraham. Lo que aconteció en Pentecostés fue que el remanente del pueblo de Dios se convirtió en el cuerpo de Cristo lleno del Espíritu. ¿Qué pruebas dio de la presencia y el poder del Espíritu Santo? Nos lo dice Lucas.

> [2.42]Se mantenían firmes en la enseñanza de los apóstoles, en la comunión, en el partimiento del pan y en la oración. [43]Todos estaban asombrados por los muchos prodigios y señales que realizaban los apóstoles. [44]Todos los creyentes estaban juntos y tenían todo en común: [45]vendían sus propiedades y posesiones, y compartían sus bienes entre sí según la necesidad de

cada uno. [46]No dejaban de reunirse en el templo ni un solo día. De casa en casa partían el pan y compartían la comida con alegría y generosidad, [47]alabando a Dios y disfrutando de la estimación general del pueblo. Y cada día el Señor añadía al grupo los que iban siendo salvos.

## a. Era una iglesia que se instruía

La primera prueba que Lucas menciona en cuanto a la presencia del Espíritu en la iglesia es la de que **se mantenían firmes en la enseñanza de los apóstoles**. Tal vez podría decirse que el Espíritu Santo abrió una escuela ese día en Jerusalén; los maestros eran los apóstoles a quienes Jesús había designado; ¡y había 3.000 alumnos en el jardín de infantes! Vemos que esos nuevos conversos no disfrutaron de una experiencia mística que los llevó a despreciar su propia mente ni a desdeñar la teología. La plenitud del Espíritu no es incompatible con el uso del intelecto, porque el Espíritu Santo es el Espíritu de la verdad. Por su parte, los primeros discípulos no pensaban que por haber recibido el Espíritu ya no necesitaban aprender nada, como tampoco imaginaban que podían descartar a los maestros terrenales. Por el contrario, se sentaban a los pies de los apóstoles, sedientos de recibir instrucción, y perseveraban en su aprendizaje. Más todavía, la autoridad docente de los apóstoles, a la que se sometían, era autenticada por milagros: **todos estaban asombrados por los muchos prodigios y señales que realizaban los apóstoles** (43). Las dos referencias a los apóstoles, en el versículo 42 (su enseñanza) y en el versículo 43 (sus milagros), difícilmente puedan considerarse un accidente.[56] Dado que la enseñanza de los apóstoles ha llegado hasta nosotros en su forma definitiva en el Nuevo Testamento, la devoción contemporánea por la enseñanza de los apóstoles ha de significar la sumisión de la autoridad del Nuevo Testamento. Una iglesia llena del Espíritu es una iglesia neotestamentaria, en el sentido de que estudia las enseñanzas del Nuevo Testamento y se somete a ellas. El Espíritu de Dios lleva al pueblo de Dios a someterse a la Palabra de Dios.

## b. Era una iglesia que amaba

**Se mantenían firmes ... en la comunión** (*koinōnia*). *Koinōnia* (de *koinos*, 'común') da testimonio de la vida en común de la iglesia en dos sentidos. Primero, expresa lo que compartimos entre todos. Es decir Dios mismo, porque 'nuestra comunión es con el Padre y con su Hijo',[57] y contamos con 'la comunión del Espíritu Santo'.[58] De modo que la *koinōnia* es una experiencia trinitaria, es nuestra común participación en Dios: Padre, Hijo y Espíritu Santo. Pero en segundo lugar, *koinōnia* también expresa lo que compartimos entre todos: lo que damos, y también lo que recibimos. *Koinōnia* es la palabra que Pablo usó para la recolección de fondos que estaba organizando entre las iglesias griegas,[59] y *koinōnikos* es el vocablo griego para 'generoso'. Es a esto que se refiere especialmente Lucas aquí, porque pasa enseguida a describir la forma en que estos primeros cristianos compartían sus posesiones: **Todos los creyentes estaban juntos y tenían todo en común** (*koina*): **vendían sus propiedades y posesiones** (probablemente sus bienes raíces y sus objetos de valor, respectivamente), **y compartían sus bienes entre sí según la necesidad de cada uno** (44–45). Estos son versículos inquietantes. ¿Quieren decir que todo creyente y toda comunidad con la plenitud del Espíritu han de seguir su ejemplo literalmente?

Unos cuantos kilómetros al este de Jerusalén los líderes esenios de la comunidad de Qumrán se habían comprometido a la propiedad común de los bienes raíces. Según su 'regla de Damasco' todos los miembros del pacto, dondequiera que viviesen, estaban obligados a 'socorrer al pobre, al necesitado, y al forastero',[60] pero el candidato para la iniciación como miembro de la comunidad monástica aceptaba una disciplina más estricta: 'Su propiedad y sus ganancias serán entregadas al tesorero de la congregación ...; su propiedad será unida [fusionada] ...'.[61] Este arreglo, comenta Geza Vermes, 'denota una marcada semejanza con la costumbre adoptada por la iglesia primitiva en Jerusalén'.[62]

¿Imitaron los cristianos primitivos a aquella comunidad? ¿Deberíamos hacerlo nosotros hoy? En diferentes épocas de la historia de la iglesia algunos han pensado que sí, y lo han hecho. Y no dudo que Jesús sigue llamando a algunos de sus discípulos, como lo hizo con el joven rico, a una vida de completa pobreza voluntaria. No obstante, ni Jesús ni sus apóstoles prohibieron a todos los cristianos la propiedad privada. Hasta los anabaptistas del siglo XVI en la llamada 'reforma social', quienes pedían que la comunión y el amor fraternal fueran agregados a la definición de la iglesia por los reformadores (en términos de palabra, sacramentos y disciplina), y que hablaban con frecuencia de Hechos 2 y 4 y de la 'comunidad de bienes', reconocían que este requisito no era obligatorio. Los hermanos huteritas de Moravia parecen haber sido la única excepción, porque ellos sí exigían una propiedad común absoluta como condición para ser miembro. Pero Menno Simons, el líder más influyente del movimiento, señaló que el experimento de Jerusalén no era universal ni permanente, y escribió que 'nunca hemos enseñado ni practicado la comunidad de bienes'.[63]

Es importante notar que incluso en Jerusalén la idea de compartir propiedad y posesiones fue voluntaria. **De casa en casa partían el pan** (46) indica que muchos todavía tenían sus casas; no todos las habían vendido. También vale la pena notar que el tiempo de ambos verbos en el versículo 45 es el imperfecto, lo cual indica que las ventas y las entregas eran ocasionales, como respuesta a necesidades concretas, no de una vez y para siempre. Más aun, el pecado de Ananías y Safira, al que volveremos en Hechos 5, no fue la codicia o el materialismo sino el engaño; no fue que retuvieron parte del producto de su venta, sino que lo hicieron simulando que daban todo. Pedro lo dijo claramente cuando se expresó así: '¿Acaso no era tuyo antes de venderlo? Y una vez vendido, ¿no estaba el dinero en tu poder?' (5.4).

Al mismo tiempo, si bien las ventas y la participación eran y son voluntarias, y todo cristiano tiene que adoptar decisiones a conciencia ante Dios en este tema, todos somos llamados a la generosidad, especialmente hacia los pobres y necesitados. Ya en el Antiguo Testamento había una fuerte tradición de cuidado de los pobres, y los israelitas debían entregar una décima parte de su producción 'al levita, al extranjero, al huérfano y a la viuda'.[64] ¿Cómo podrían los creyentes llenos del Espíritu dar menos? El principio aparece dos veces en Hechos: **compartían sus bienes entre sí según la necesidad de cada uno** (45), y 'no había ningún necesitado en la comunidad ... el dinero ... se [distribuía] a cada uno según su necesidad' (4.34–35). Como habría de escribir más tarde Juan, si tenemos posesiones materiales y vemos a un hermano o hermana en necesidad, pero no compartimos lo que tenemos con él o con ella, ¿cómo podemos afirmar que el amor de Dios mora en nosotros?[65] La comunión cristiana es solicitud cristiana, y la solicitud cristiana es participación cristiana. Crisóstomo ofreció una hermosa descripción de esto: 'Se trataba de una comunidad de bienes angelical, no consideraban propio nada de lo que les perteneciera.

Inmediatamente la raíz de los males quedó eliminada. ... Nadie reprochaba, nadie envidiaba, nadie escatimaba; no había allí ningún orgullo, ningún menosprecio. ... El pobre no conocía la vergüenza, ni el rico la soberbia.'[66] De manera que no debemos eludir el desafío de estos versículos. El que tengamos cientos de miles de hermanos y hermanas indigentes es un permanente reproche para nosotros los más pudientes. Es parte de la responsabilidad de los creyentes llenos del Espíritu aliviar la necesidad y abolir la indigencia en la nueva comunidad de Jesús.

### c. Era una iglesia que adoraba

**Se mantenían firmes ... en el partimiento del pan y en la oración** (42). Es decir, la confraternidad se expresaba no sólo en el cuidado que se brindaban unos a otros, sino también en el culto de adoración corporativo. Más aun, el artículo determinante en ambas expresiones sugiere una referencia a la cena del Señor, por un lado (aunque casi seguramente en esa etapa inicial como parte de una comida más grande), y a servicios o reuniones de oración (más bien que oraciones privadas), por otro. Hay dos aspectos de la adoración en la iglesia primitiva que ejemplifican este equilibrio.

Primero, era tanto formal como informal, por cuanto se desarrollaba tanto **en el templo** como **de casa en casa** (46), lo cual constituye una combinación interesante. Tal vez resulte sorprendente que hayan seguido concurriendo al templo por un tiempo, pero así fue. No abandonaron de inmediato lo que podría llamarse la iglesia institucional. No creo que hayan seguido participando de los sacrificios que se realizaban en el templo, porque ya habían comenzado a comprender que estos se habían cumplido en el sacrificio de Cristo, pero sí parecen haber concurrido a los servicios de oración del templo (ver 3.1), o al menos, como se ha sugerido, que hayan concurrido al templo a predicar, más que a orar. Al mismo tiempo, complementaban los servicios en el templo con reuniones más informales y espontáneas (incluido el rompimiento del pan) en sus casas. Nosotros, que comprensiblemente nos impacientamos con las estructuras heredadas de la iglesia, podemos aprender una lección de ellos. Por mi parte, creo que el modo en que obra el Espíritu Santo con respecto a la iglesia institucional, que quisiéramos ver reformada de conformidad con el evangelio, sigue más bien el modo paciente de una reforma que el de un rechazo impaciente. Y siempre es saludable que los servicios más formales y solemnes de la iglesia local sean complementados con la informalidad y profusión de las reuniones caseras. No es necesario polarizar entre lo estructurado y lo no estructurado, entre lo tradicional y lo espontáneo. La iglesia necesita ambos.

El segundo ejemplo del equilibrio del culto de la iglesia primitiva es que era tanto gozoso como reverente. No puede haber duda de su gozo, porque se dice que tenían **alegría y generosidad** (46), lo cual literalmente significa 'con exultación (*agalliasis*) y sinceridad de corazón'. La NEB une las dos palabras cuando traduce 'con gozo no fingido'. Dado que había mandado a su Hijo al mundo, y ahora les había dado su Espíritu, tenían buenas razones para sentirse gozosos. Además, 'el fruto del Espíritu es … alegría,[67] y a veces se trata de un gozo más desinhibido que lo acostumbrado (o incluso que lo aceptable) en el contexto de las serias tradiciones de las iglesias históricas. No obstante, todos los servicios de adoración deberían consistir en una gozosa celebración de los poderosos hechos de Dios llevados a cabo por medio de Jesucristo. Es correcto ser solemnes en el culto público; es imperdonable ser aburrido. Al mismo tiempo, el gozo de aquellos cristianos nunca era irreverente. Si el gozo en Dios es una obra auténtica del Espíritu, también lo es el temor de Dios. **Todos estaban asombrados** (43), lo cual parecería incluir a los cristianos tanto como a los no cristianos. Dios había visitado esa ciudad. Estaba entre ellos, y ellos lo sabían. Se inclinaron ante él con humildad y asombro. Es un error, por consiguiente, imaginar que en el culto público la reverencia y el regocijo se excluyen mutuamente. La combinación de gozo y asombro, como también de formalidad e informalidad, constituye un sano equilibrio en el culto de adoración.

## d. Era una iglesia que evangelizaba

Hasta aquí hemos considerado el estudio, el compañerismo y el culto en la iglesia de Jerusalén, porque fue en estas tres cosas que dice Lucas que los primeros creyentes **se mantenían firmes**. Pero estos son aspectos de la vida interior de la iglesia; no nos dicen nada acerca de su misericordiosa extensión hacia el mundo. Decenas de miles de sermones se han predicado sobre Hechos 2.42, lo cual ilustra el peligro de aislar un texto de su contexto. Tomado en forma independiente, el versículo 42 ofrece un cuadro desequilibrado de la vida de la iglesia. Es preciso agregar el versículo 47b: **Y cada día el Señor añadía al grupo los que iban siendo salvos.** Esos primeros cristianos de Jerusalén no estaban tan ocupados aprendiendo, compartiendo y adorando, que se olvidaron de dar testimonio. Porque el Espíritu Santo es un Espíritu misionero que concibió una iglesia misionera. Como lo expresó Harry Boer en su penetrante libro *Pentecost and Missions* [Pentecostés y las misiones],[68] Hechos 'se rige por un tema dominante, avasallador, que lo controla todo. Dicho tema es la expansión de la fe por medio del testimonio misionero en el poder del Espíritu. … El Espíritu impele a la iglesia a testificar, y constantemente surgen iglesias como resultado del testimonio. La iglesia es una iglesia misionera.'[69]

De estos primeros creyentes en Jerusalén podemos aprender tres lecciones vitales acerca de la evangelización desde la iglesia local. Primero, que lo hacía el Señor (es decir, Jesús): **cada día el *Señor* añadía al grupo los que iban siendo salvos.** Sin duda lo hacía mediante la predicación de los apóstoles, el testimonio de los miembros de la iglesia, el impresionante amor de su vida en común, y el ejemplo que daban, ya que vivían **alabando a Dios y disfrutando de la estimación general del pueblo** (47a). Pero lo hacía él. Porque él es la cabeza de la iglesia. Únicamente él tiene la prerrogativa de admitir a las personas como miembros y de otorgarles salvación desde su trono. Este es un énfasis que se ha hecho muy necesario, porque muchas personas hablan hoy sobre la evangelización con una confianza en sí mismas y un espíritu triunfalista detestables, como si pensaran que la evangelización del mundo será el triunfo final de la tecnología humana. Deberíamos aprovechar en la tarea de evangelismo toda la tecnología que Dios nos ha proporcionado, pero siempre con humilde dependencia de él como el evangelista principal.

En segundo lugar, lo que hizo Jesús fueron dos cosas juntas: **añadía … al grupo los que iban siendo salvos** (donde la forma verbal *sōzōmenous* puede indicar independencia en cuanto a tiempo, o enfatizar el hecho de que la salvación es una experiencia progresiva que culmina con la glorificación final). El Señor no los agregaba a la iglesia sin salvarlos (al principio no había cristianismo nominal alguno), como tampoco los salvaba sin agregarlos a la iglesia (no había cristianos en soledad). La salvación y la pertenencia a la iglesia iban juntas; y sigue siendo así. Tercero, el Señor agregaba gente **cada día.** El tiempo verbal es el imperfecto ('seguía agregando'), y la forma adverbial ('cada día') no deja lugar a dudas. La evangelización de la iglesia primitiva no era una actividad ocasional o esporádica. No organizaban campañas o misiones quinquenales o decenales (las misiones o campañas están muy bien siempre que solo sean episodios dentro de un programa permanente). No era así entonces; del mismo modo en que su culto de adoración era algo diario (46a), también lo era su testimonio. La alabanza y la proclamación constituían un desborde de personas llenas del Espíritu Santo. Como su actividad de extensión era continua, así también se agregaban conversos en forma continua. Es fundamental que recuperemos esta expectativa de un crecimiento firme y continuo de la iglesia.

Repasando estas marcas de la primera comunidad que experimentaba la plenitud del Espíritu, se hace evidente que todas ellas tenían que ver con las relaciones en la iglesia. Primero, los creyentes estaban relacionados con los apóstoles (en sujeción). Les interesaba recibir las enseñanzas de los apóstoles. Una iglesia que goza de la plenitud del Espíritu es una iglesia apostólica, una iglesia neotestamentaria, que ansía creer y obedecer lo que Jesús y sus apóstoles enseñaban. Segundo, estaban relacionados entre sí (en amor). Perseveraban en la comunión, ayudándose mutuamente y resolviendo las necesidades de los pobres. Una iglesia llena del Espíritu es una iglesia que ama, que se preocupa por los demás, y que comparte cosas con ellos. Tercero, estaban relacionados con Dios (en el culto de adoración). Lo adoraban en el templo y en las casas, en la cena del Señor y en las oraciones, con gozo y con reverencia. Una iglesia que experimenta la plenitud del Espíritu es una iglesia que adora. Cuarto, estaban relacionados con el mundo (en la tarea de extensión). Estaban dedicados a una evangelización continua. Ninguna iglesia centrada en sí misma, encerrada en sí misma (concentrada en los asuntos de la propia congregación) puede afirmar que está llena del Espíritu. El Espíritu Santo es un Espíritu misionero. De modo que una iglesia llena del Espíritu es una iglesia misionera.

No es necesario que esperemos, como tuvieron que hacer los 120, que venga el Espíritu. Porque el Espíritu Santo ya vino el día de Pentecostés, y jamás abandonó a su iglesia. Nuestra responsabilidad consiste en humillarnos ante su soberana autoridad, y en estar decididos a no apagarlo, sino a darle la libertad que le corresponde. Porque entonces nuestras iglesias volverán a manifestar esas marcas de la presencia del Espíritu, que muchas personas jóvenes buscan con ansias: enseñanza bíblica, comunión cálida, culto vivo, y evangelización continua y extensiva.

# 3

# El estallido de la persecución
## Hechos 3.1—4.31

Lucas ha pintado un cuadro idílico de la primera comunidad cristiana en Jerusalén. Sus miembros, habiendo recibido el perdón y el Espíritu Santo, se dedicaron con esmero a aprender de los apóstoles, a adorar a Dios, a ocuparse los unos de otros y a dar testimonio a los que todavía estaban fuera de la comunidad. Todo era dulzura y luz. Reinaba el amor, el gozo y la paz entre ellos. Comisionados por Cristo y fortalecidos por su Espíritu, se encontraban a las puertas de la gran aventura misionera que Lucas está a punto de relatar. Ese hermoso barco llamado *Iglesia de Cristo* estaba listo para recibir el viento del Espíritu y hacerse al mar en su viaje de conquista espiritual. Pero casi de inmediato se desencadenó una peligrosa tormenta, una tormenta de tal ferocidad que la existencia de la iglesia se vio amenazada.

Podríamos decir que, si el actor principal en el relato de Hechos 1—2 es el Espíritu Santo, el actor principal en Hechos 3—6 casi parecería ser Satanás. Cierto es que sólo se lo identifica una vez por nombre, pero puede discernirse su actividad a lo largo de todos estos capítulos. La única mención concreta es cuando Pedro enfrenta a Ananías: '¿Cómo es posible que Satanás haya llenado tu corazón para que le mintieras al Espíritu Santo …?' (5.3). Aquí el Espíritu Santo y el espíritu maligno frecuentemente llamado el diablo aparecen en posiciones opuestas el uno del otro. Según las apariencias externas, dos hombres se enfrentaban entre sí, y uno le mintió al otro, pero Pedro tenía el discernimiento espiritual para ver la realidad invisible por detrás de las apariencias: Satanás le había mentido a Dios (5.3–4). Más aun, Satanás había 'llenado' el corazón de Ananías para inducirlo a mentir, una especie de equivalente diabólico del hecho de que Pedro estaba lleno del Espíritu.

Para comprender plenamente a la iglesia primitiva es preciso que leamos *Hechos de los Apóstoles* y *Apocalipsis* a la par. Ambos libros relatan más o menos lo mismo con respecto a la iglesia y a su experiencia de conflictos, pero en cada caso desde una perspectiva diferente. En Hechos, Lucas hace una crónica de lo que se fue desenvolviendo en el escenario de la historia ante los ojos de los observadores; en Apocalipsis, Juan nos permite ver las fuerzas ocultas en acción. En Hechos, seres humanos se oponen a la iglesia y la socavan; en Apocalipsis se levanta el telón y vemos la hostilidad del diablo en persona, presentado como un enorme dragón rojo, instigado y apoyado por dos monstruos grotescos y una lujuriosa prostituta. En efecto, Apocalipsis ofrece una visión de la incesante lucha entre el Cordero y el dragón, Cristo y Satanás, Jerusalén la ciudad santa y Babilonia la gran ciudad, la iglesia y el mundo. Más todavía, difícilmente pueda ser mera coincidencia que el simbolismo de los tres aliados del dragón en Apocalipsis se corresponda con las tres armas que esgrime el diablo contra la iglesia en los primeros capítulos de Hechos, es decir, la persecución, las componendas morales, y el peligro de verse expuestos a enseñanzas falsas cuando los apóstoles se distrajeran de su principal responsabilidad, o sea 'la oración y [el] ministerio de la palabra'.

El arma más grotesca del diablo fue la violencia física, y Lucas describe dos brotes de persecución por parte del sanedrín. Como consecuencia del primero Pedro y Juan fueron arrestados, encarcelados y juzgados, y después de prohibirles que predicaran, los amenazaron y los liberaron (4.1–22); como consecuencia del segundo brote, ellos y otros ('los apóstoles' en general) fueron arrestados, encarcelados y juzgados, y esta vez fueron azotados antes de que nuevamente se les prohibiese predicar, y finalmente fueron liberados. Lucas ve esto como cumplimiento de las predicciones del propio Jesús, que ya ha dejado por escrito en su Evangelio, o sea que los discípulos serían odiados, insultados y rechazados (Lucas 6.22, 26), llevados a juicio ante 'los gobernantes y las autoridades' (Lucas 12.11), y perseguidos y encarcelados a causa del nombre de Cristo (Lucas 21.12ss).

Es de destacar que la estructura que adopta Lucas en los capítulos 3 y 4 es la misma que la del capítulo 2. Primero, describe desde el punto de vista de un espectador un hecho milagroso: en el capítulo 2 la llegada del Espíritu (2.1–13), y en el capítulo 3 la curación del lisiado (3.1–10). El relato se desarrolla de forma objetiva y natural, aun cuando en ambos casos se dice que la multitud quedó totalmente asombrada y 'no entendían' lo que había ocurrido.[1] Segundo, Lucas registra un discurso de Pedro que toma este incidente milagroso como su punto de partida y lo interpreta de forma tal que glorifica a Cristo, a quien sus oyentes habían matado, pero al que Dios había levantado, tal como habían testimoniado los apóstoles. Agregado a esto, el ya exaltado Cristo había derramado el Espíritu y había sanado al lisiado, demostrando de esta manera el poder que su nombre tenía sobre quienes creían (2.23–39; 3.13–16; 4.12). En cada caso Pedro concluyó su discurso apelando a la multitud para que se arrepintiese, a fin de que pudieran recibir las bendiciones prometidas (2.38ss y 3.17ss). Tercero, Lucas describe las consecuencias del acontecimiento milagroso y la explicación que da Pedro de él, a saber, una iglesia llena del Espíritu que en el primer caso aprende, adora, comparte y testifica (2.42–47) y que en el segundo es perseguida, pero que también ora y comparte (4.1–37).

Al desarrollar esta segunda viñeta de la iglesia después de pentecostés, centra su atención sucesivamente en el lisiado que fue sanado (3.1–10), en el apóstol Pedro que se dirige a la multitud (3.11–26), en el concilio que arrestó y procesó a los apóstoles (4.1–22), y en la iglesia que se volvió a Dios en oración (4.23–31).

## 1. Un lisiado congénito es sanado | 3.1–10

Lo que desató la oposición de las autoridades judías fue la curación del lisiado, juntamente con el posterior sermón de Pedro. Lucas había dado comienzo a su segundo tomo diciéndoles a sus lectores lo que Jesús siguió haciendo y enseñando, después de su ascensión, por medio de los apóstoles (1.1–2). También nos ha dicho sobre 'los muchos prodigios y señales que realizaban los apóstoles' (2.43). A continuación proporciona un ejemplo particularmente dramático. **Un día subían Pedro y Juan al templo.** No se dice la fecha (aconteció **un día**), pero era **a las tres de la tarde,** o sea **la hora de la oración** (1). Esto ocurría poco después del sacrificio vespertino y era observado por todos los judíos piadosos como Daniel y los 'temerosos de Dios' como Cornelio.[2] El arribo de los apóstoles al templo coincidió con la llegada de **un hombre lisiado de nacimiento, al que todos los días dejaban allí,** presumiblemente amigos o parientes, a fin de que pudiese mendigar de los que acudían a adorar y pensaban que obtendrían (de paso) algún mérito mediante sus limosnas.

El lugar donde se ubicaba el mendigo, dice Lucas, era **la puerta llamada Hermosa**. La mayoría de los comentaristas identifican este punto como la puerta de Nicanor, la principal entrada oriental a los precintos del templo desde el atrio de los gentiles. Por cuanto Lucas dice que se trataba de **la puerta … Hermosa**, probablemente sea la que se construyó de bronce corintio y que según Josefo 'superaba grandemente a las que solo estaban recubiertas de plata y oro'.[3] Medía unos veintidós metros de altura y tenía enormes puertas dobles. Pero al pie de esta magnífica puerta el lisiado se sentaba a mendigar. El interés médico de Lucas parecería delatarlo en la breve historia clínica que ofrece. Se trataba de un caso congénito, nos dice; el hombre tenía ya 'más de cuarenta años' (4.22); y estaba tan severamente limitado que tenía que ser llevado **todos los días** a la puerta **para que pidiera limosna a los que entraban en el templo** (2). **Cuando éste vio que Pedro y Juan estaban por entrar, les pidió limosna** (3). Los apóstoles se detuvieron y, **mirándolo fijamente**, Pedro le dijo dos cosas. Primero, —¡**Míranos**! (4). **El hombre fijó en ellos la mirada, esperando recibir algo** (5). Pero luego Pedro le informó que tenía algo mejor que dinero para darle: —**No tengo plata ni oro … pero lo que tengo te doy. En el nombre de Jesucristo de Nazaret, ¡levántate y anda!** (6). El apóstol no se quedó observando la lucha del hombre para ponerse de pie; se inclinó y **tomándolo por la mano derecha, lo levantó** (7a). Como comenta Thomas Walker, 'el poder era el de Cristo, pero la mano era la mano de Pedro'.[4] No fue un gesto de incredulidad, sino de amor. Además, se trataba de algo que Pedro había visto hacer a Jesús cuando tomó a la hija de Jairo por la mano.[5] Luego, **al instante**, continúa el doctor Lucas, **los pies y los tobillos del hombre cobraron fuerza** (7b), se volvieron tan fuertes y ágiles que **de un salto se puso en pie y comenzó a caminar**, cosa que nunca antes había hecho. No solamente esto, sino que ahora acompañó a los apóstoles y **entró con ellos en el templo con sus propios pies, saltando y alabando a Dios** (8). Fue un notable cumplimiento de la profecía mesiánica: 'Saltará el cojo como un ciervo'.[6]

Rápidamente se juntó una multitud, porque **todo el pueblo lo vio caminar y alabar a Dios** (9). Esta es la cuarta vez que Lucas menciona al hombre *caminando*, como para destacar el increíble hecho de que sus pobres piernas y pies lisiados por primera vez funcionaban operativamente. **Lo reconocieron como el mismo hombre que** durante décadas había sido un espectáculo conocido, ya que **acostumbraba pedir limosna** cada día **sentado junto a la puerta llamada Hermosa, y se llenaron de admiración y asombro por lo que le había ocurrido** (10).

## 2. El apóstol Pedro predica a la multitud | 3.11–26

**Mientras el hombre seguía aferrado a Pedro y a Juan,** ya que si bien había sido sanado seguía aferrado a ellos porque todavía no tenía confianza, **toda la gente, que no salía de su asombro, corrió hacia ellos al lugar conocido como Pórtico de Salomón** (11). Se trataba de un claustro o pórtico formado por una doble fila de columnas de mármol con techo de cedro, que corría a lo largo del muro oriental del atrio exterior. Jesús mismo a veces caminaba por el lugar y enseñaba allí.[7]

Pedro aprovechó la oportunidad para predicar. Así como el acontecimiento de pentecostés había sido el texto para su primer sermón, la curación del lisiado sirvió de texto para el segundo. Ambos eran hechos portentosos del Cristo exaltado. Ambos eran señales que lo proclamaban como Señor y Salvador. Ambos despertaron el asombro de la multitud.

Pedro comenzó atribuyendo todo el mérito a Jesús. **Pueblo de Israel, ¿por qué les sorprende lo que ha pasado?** preguntó (12), presumiblemente señalando al que había sido lisiado. Y **¿Por qué nos miran,** presumiblemente haciendo un gesto para indicarse a sí mismos, **como si, por nuestro propio poder o virtud, hubiéramos hecho caminar a este hombre?** (12). En cambio, volvió a dirigir la atención de la multitud hacia Jesús, por cuyo poderoso nombre se había producido el milagro. Porque **el Dios de Abraham, de Isaac y de Jacob, el Dios de nuestros antepasados, ha glorificado a su siervo Jesús** (13a). La mención de Dios por parte de Pedro expresaba su convicción de que lo que era nuevo en Jesús, no obstante, disfrutaba de continuidad directa con el Antiguo Testamento. Luego, en contraste con el honor que Dios le había dado a Jesús, Pedro describe claramente el cuádruple deshonor que los habitantes de Jerusalén le habían mostrado: (i) **Ustedes lo entregaron** y (ii) **lo rechazaron ante Pilato** (como también lo había hecho Pedro al negarlo ante una criada y otros[8]), **aunque éste había decidido soltarlo** (13b). (iii) Ustedes **rechazaron al Santo y Justo, y pidieron que se indultara a un asesino** (14), exigiendo de este modo tanto 'la condenación del inocente' como 'la absolución del culpable'.[9] (iv) **Mataron al autor de la vida,** sorprendente oxímoron*, en el que el pionero o dador de la vida (*archēgos* puede significar cualquiera de los dos) es él mismo privado de la vida; **pero Dios,** revirtiendo maravillosamente este cuádruple rechazo de Jesús, **lo levantó de entre los muertos.** De esa portentosa resurrección **nosotros** (los apóstoles) **somos testigos** (15). De manera que es **por la fe en el nombre de Jesús,** primeramente rechazado y ahora resucitado y reinante, que **él** (Dios) **ha restablecido a este hombre a quien ustedes ven y conocen.** Pedro repite lo dicho para destacarlo, esta vez separando el nombre y la fe que lo hace suyo. Porque fue **el nombre de Jesús** (todo lo que es él y todo lo que ha hecho), unido a la **fe que viene por medio de** él, y que él despierta en aquellos que comprenden lo que significa su nombre, aquello que **lo ha sanado por completo, como les consta a ustedes** (16).

El rasgo más notable del segundo sermón de Pedro, como también del primero, es su cristocentrismo. Desvió la atención de la multitud tanto del lisiado como de los apóstoles hacia el Cristo a quien los hombres repudiaron al matarlo pero al que Dios vindicó al levantarlo de la muerte, y cuyo nombre, al ser reconocido mediante la fe, tenía el poder necesario para curar a un hombre completamente. Más aun, en su testimonio sobre Jesús, Pedro le atribuyó un conjunto de significativos títulos. Comenzó llamándolo 'Jesucristo de Nazaret' (6), pero prosiguió a denominarlo **su siervo Jesús** (13), el que primeramente sufrió y luego fue glorificado en cumplimiento de Isaías 52.13ss (ver 18 y 26; 4.27, 30). Luego lo nombra como el **Santo** y el **Justo** (14) y el **autor** [o pionero] **de la vida** (15), mientras que en la parte final del sermón Pedro lo llamó el **profeta** predicho por Moisés (22) y, ante el sanedrín, la piedra reprobada que se ha convertido en la 'piedra angular' (4.11). Siervo y Cristo, Santo y fuente de vida, profeta y piedra angular: estos títulos hablan del carácter único de Jesús en sus sufrimientos y en su gloria, en su carácter y en su misión, en su

---

* Enfrentamiento de dos palabras de significado contrario. N. del T.

revelación y en su redención. Todo esto se resume en su 'Nombre' y ayuda a explicar su poder salvador.

Después de exaltar el nombre de Jesús, Pedro terminó su sermón desafiando a sus oyentes (**hermanos,** los llama) con la necesidad y las bendiciones del arrepentimiento. **Yo sé**, les dice, **que ustedes y sus dirigentes actuaron así por ignorancia** (17). Su propósito al decir esto no era el de excusar sus pecados, ni dar a entender que el perdón era innecesario, sino mostrar por qué había ocurrido. Pedro hacía eco a la distinción del Antiguo Testamento entre pecados de 'ignorancia' y pecados de 'presunción'.[10] Luego, si bien no sabían lo que hacían, Dios sí sabía lo que hacía él. Porque lo que le aconteció a Jesús fue el cumplimiento de la profecía, dado que **de este modo Dios cumplió lo que de antemano había anunciado por medio de todos los profetas:** particularmente, **que su Mesías tenía que padecer** (18). Pero ni su ignorancia ni las predicciones de Dios eran razón para exonerarlos. **Arrepiéntanse** y **vuélvanse a Dios** (19a), exhortaba Pedro. Así se darían tres bendiciones sucesivas.

La primera: **que sean borrados sus pecados** (19b), incluso el pecado de llevar a la muerte al autor de la vida. *Exaleifō* significa eliminar lavando, borrar, obliterar. Se usa en el libro de Apocalipsis tanto de Dios que seca nuestras lágrimas[11] como de Cristo que se niega a borrar nuestro nombre del libro de la vida.[12] William Barclay explica la alusión: 'Los escritos antiguos eran sobre papiro, y la tinta que se usaba no contenía ningún ácido. Por lo tanto no carcomía el papiro como ocurre con la tinta moderna; sencillamente quedaba sobre la superficie. Para borrar lo escrito la persona podía tomar una esponja mojada y simplemente eliminarlo'.[13] De la misma manera, cuando Dios nos perdona los pecados, deja limpia la pizarra.[14]

La segunda bendición prometida es **que vengan tiempos de descanso** (19c). La palabra griega *anapsyxis* puede significar descanso, alivio, respiro o refrigerio. Esta parecería ser la faz positiva del perdón, porque además de limpiar nuestros pecados Dios agrega lo que alegra nuestro espíritu.

La tercera bendición prometida es que podrá enviarles **el Mesías que ya había sido preparado para ustedes** (20). Aunque durante el presente período intermedio continuamente nos proporciona su perdón y su consuelo, no obstante en cuanto a él mismo **es necesario que él permanezca en el cielo hasta que llegue el tiempo de la restauración**

**de todas las cosas, como Dios lo ha anunciado desde hace siglos por medio de sus santos profetas** (21). Algunos comentaristas creen que la frase **todas las cosas** en esta oración no se refiere al universo que Dios va a restaurar sino a las promesas que va a establecer. Así, RSV traduce este versículo: 'hasta el tiempo para establecer todo lo que Dios habló por boca de sus santos profetas …' Pero *apocatastasis* se entiende más naturalmente en cuanto a la **restauración** escatológica, que Jesús llamó 'renovación',[15] cuando la naturaleza será liberada de su esclavitud al dolor y a la corrupción[16] y Dios haga un cielo y una tierra nuevos.[17] Esta perfección final espera el regreso de Cristo.

Estas promesas cristocéntricas de perdón total (eliminación total de los pecados), de renovación espiritual y restauración universal fueron todas anunciadas en el Antiguo Testamento. De modo que Pedro concluye con citas y alusiones pertinentes: se refiere a tres hilos proféticos principales que se asocian con Moisés, Samuel (y sus sucesores) y Abraham. Primero, **Moisés dijo: "El Señor su Dios hará surgir para ustedes, de entre sus propios hermanos, a un profeta como yo; presten atención a todo lo que les diga (22), porque quien no le haga caso será eliminado del pueblo" (23).**[18] Segundo, **a partir de Samuel todos los profetas han anunciado estos días,** los días del Mesías (24). Si bien se trata esta de una afirmación muy general, tal vez la principal referencia sea a la promesa de Dios, que comenzó con Samuel, de establecer el reino de David.[19] De cualquier manera, Pedro les aseguró a sus oyentes, que **ustedes … son herederos de los profetas y del pacto que Dios estableció con nuestros antepasados (25a).** Es impresionante que Pedro considere que los muchos y variados hilos de la profecía configuren un testimonio unificado, aplicado a **estos días** por cuanto se cumplieron en Cristo y su pueblo. Tercero, Dios le dijo a **Abraham: "Todos los pueblos del mundo serán bendecidos por medio de tu descendencia" (25b).**[20] Esta fue una promesa fundacional del Antiguo Testamento. Consideremos tanto a los beneficiarios como a la naturaleza de la bendición prometida. En cuanto a los beneficiarios: **Cuando Dios resucitó a su siervo, lo envió primero a ustedes para darles la bendición (26a),** los descendientes físicos de Abraham, como varias veces recalca Pablo en sus cartas.[21] Pero más adelante Pablo sostiene, especialmente en sus cartas a los romanos y a los gálatas, que la bendición prometida es para todos los creyentes, incluidos los gentiles que por la fe se han convertido en hijos espirituales de Abraham. ¿Y cuál es la promesa? No es solo perdón, sino justicia. Porque Dios mandó a Jesucristo su siervo o Hijo **para darles la bendición de que cada uno se convierta de sus maldades** (26).

Repasando el sermón de Pedro en el pórtico, llama la atención que presente a Cristo a la multitud según las Escrituras como, sucesivamente, el siervo sufriente (13, 18), el profeta semejante a Moisés (22–23), el rey davídico (24) y la simiente de Abraham (25–26). Y si agregamos el sermón de pentecostés, y echamos una mirada a su discurso ante el sanedrín (4.8ss), es posible tejer un tapiz bíblico que conforma un retrato cabal de Cristo. Dispuesto cronológicamente según los acontecimientos de su carrera salvífica, los textos del Antiguo Testamento declaran que descendía de David (Salmo 132.11 = 2.30); que sufrió y murió por nosotros como siervo de Dios (Isaías 53 = 2.23; 3.18); que, no obstante, la piedra que los edificadores desecharon se ha convertido en piedra angular (Salmo 118.22 = 4.31), porque Dios lo levantó de entre los muertos (Isaías 52.13 = 2.25ss), ya que la muerte no podía retenerlo y Dios no iba a abandonarlo a la descomposición (Salmo 16.8ss = 2.24, 27, 31); que luego Dios lo exaltó a su diestra, a la espera del triunfo final (Salmo 110.1 = 2.34–35); que mientras tanto por su medio el Espíritu ha sido derramado (Joel 2.28ss = 2.16ss, 33); que ahora el evangelio ha de ser predicado mundialmente, incluso a los más alejados (Isaías 57.19 = 2.39), a pesar de que la oposición a su persona ha sido predicha (Salmo 2.1ss = 4.25–26); que la gente ha de prestarle atención o aceptar la pena por su desobediencia (Deuteronomio 18.18–19 = 3.22–23); y que aquellos que realmente le prestan atención, y responden, heredarán la bendición prometida a Abraham (Génesis 12.3; 22.18 = 3.25–26).

Este testimonio combinado sobre Jesús como el que fue rechazado por los hombres pero vindicado por Dios, como el que dio cumplimiento a toda la profecía del Antiguo Testamento, como el que exige arrepentimiento y promete bendición, y como el autor y dador de vida (físicamente en el caso del lisiado sanado y espiritualmente en el caso de los que creen), despertó la indignación y el antagonismo de las autoridades. El diablo no puede soportar la exaltación de Jesucristo. Por ello instigó al sanedrín para que persiguiera a los apóstoles.

## 3. El concilio somete a juicio a los apóstoles | 4.1–22

<sup>4.1</sup>Mientras Pedro y Juan le hablaban a la gente, se les presentaron los sacerdotes, el capitán de la guardia del templo y los saduceos. <sup>2</sup>Estaban muy disgustados porque los apóstoles enseñaban a la gente y proclamaban la resurrección, que se había hecho evidente en el caso de Jesús. <sup>3</sup>Prendieron a Pedro y a Juan y, como ya anochecía, los metieron en la cárcel hasta el día siguiente. <sup>4</sup>Pero muchos de los que oyeron el mensaje creyeron, y el número de éstos llegaba a unos cinco mil.

Lucas aclara que ambas olas de persecución fueron iniciadas por los saduceos (4.1 y 5.17). Era la clase dirigente constituida por aristócratas acaudalados. Políticamente, se llevaban bien con los romanos, y seguían una política de colaboración, de modo que temían las consecuencias subversivas de la enseñanza de los apóstoles. Teológicamente, creían que la era mesiánica había comenzado en el período macabeo; por ello no esperaban un Mesías. También negaban la doctrina de **la resurrección**, que los apóstoles anunciaban **en el caso de Jesús** (2b). En consecuencia, veían a los apóstoles como agitadores y herejes, y también como perturbadores de la paz y enemigos de la verdad. Consiguientemente, estaban **muy disgustados**, 'resentidos' (RVR95), 'molestos' (BJ), incluso 'indignados' (BA), por lo que los apóstoles le estaban enseñando a la gente (2a), porque se trataba de 'enseñanza no autorizada por predicadores profesionales'.[22]

Dirigidos por **el capitán de la guardia del templo** (1), es decir, el jefe de la policía del templo, responsable del mantenimiento de la ley y el orden, que tenía rango sacerdotal inferior sólo al sumo sacerdote, **prendieron a Pedro y a Juan y, como ya anochecía** y era demasiado tarde para reunir al concilio, **los metieron en la cárcel hasta el día siguiente** (3). Lucas asegura a sus lectores de inmediato que la oposición de los hombres no impedía la difusión de la Palabra de Dios. Los saduceos podían arrestar a los apóstoles, pero no al evangelio. Por el contrario, **muchos de los que oyeron el mensaje creyeron, y el número de estos llegaba a unos cinco mil** (4), sin contar las mujeres y los niños.

**Al día siguiente se reunieron en Jerusalén los gobernantes** (es decir, el sanedrín, que estaba formado por 71 miembros, y era presidido por el sumo sacerdote), incluyendo tanto a **los ancianos** (probablemente líderes de los clanes) y a **los maestros de la ley** (los que copiaban, conservaban e interpretaban la ley) (5). Estaba presente **el sumo sacerdote Anás**, informa Lucas. Aunque los romanos lo habían destituido en el año 15 d.C., mantuvo su prestigio, su influencia y su título entre los judíos.[23] También estaba allí **Caifás**, yerno de Anás. Ambos hombres habían figurado en forma prominente en el juicio y condenación de Jesús.[24] Lucas también menciona a **Juan** y a **Alejandro** (de los que nada se sabe con certidumbre) y **otros miembros de la familia del sumo sacerdote** (6). Estando sentados en el acostumbrado semicírculo les fueron traídos Pedro y Juan, y estos **comparecieron ante ellos** (7a). Seguramente que el recuerdo del juicio contra Jesús habrá inundado la mente de los apóstoles en esos momentos. ¿Habría de repetirse la historia? Difícilmente podían esperar justicia de parte de *semejante* tribunal, que había escuchado los falsos testimonios y había condenado injustamente a su Señor. ¿Habrían de enfrentar el mismo final? ¿Serían ellos también entregados a los romanos para ser crucificados? Con seguridad que se hicieron preguntas como estas.

### a. La defensa de Pedro | 4.8–12

El tribunal comenzó su interrogatorio con una pregunta directa dirigida a Pedro y a Juan: **¿Con qué poder, o en nombre de quién, hicieron ustedes esto** [es decir, sanar al lisiado]**?** La estrategia hace pensar en los dirigentes judíos que le preguntaron a Jesús con qué autoridad había purificado el templo.[25] Como respuesta los apóstoles dieron testimonio acerca de Jesucristo. Aun cuando estuvieran predicando a la multitud en el templo o respondiendo a acusaciones en el tribunal, su preocupación no era su propia defensa sino el honor y la gloria de su Señor. En ese momento de necesidad, y en cumplimiento de la promesa de Jesús de que él les daría 'elocuencia y sabiduría para responder' cuando fuesen llevados a juicio,[26] **Pedro**, habiendo sido nuevamente **lleno del Espíritu Santo, les respondió:** —Gobernantes **del pueblo y ancianos** (8): Hoy se nos procesa por haber favorecido **a un inválido** (como si pudiera haber algo objetable en eso), **¡y se nos pregunta cómo fue sanado!** (9) Sepan, pues, todos ustedes y todo el **pueblo de Israel que este hombre está aquí delante de ustedes, sano** gracias al nombre de Jesucristo de Nazaret, crucificado por ustedes pero resucitado por Dios (10). Él es "la piedra que desecharon ustedes los constructores, y que ha llegado a ser la piedra angular" (11). Esta es la tercera vez que Pedro ha usado la fórmula gráfica 'ustedes lo mataron … Dios lo resucitó' (2.23–24; 3.15), por cuanto Jesús es la piedra del Salmo 118 que los constructores desecharon pero a quien Dios propició para ser **la piedra angular** (11), texto que el propio Jesús había citado.[27] Más todavía, **en ningún otro hay salvación, porque no hay bajo el cielo otro nombre dado a los hombres mediante el cual podamos ser salvos** (12). Notamos la facilidad con que Pedro pasa de la sanidad a la salvación, y de lo particular a lo general. Ve la curación física de un hombre como una figura de la salvación que se ofrece a todos en Cristo. Sus dos expresiones negativas (**en ningún otro**, y **no hay … otro nombre**) proclaman el carácter positivo y único del nombre de Jesús. Su muerte y su resurrección, su exaltación y su autoridad hacen de él el solo y único Salvador, por cuanto nadie más posee sus cualidades.

## b. La decisión del tribunal | 4.13–22

[4.13]Los gobernantes, al ver la osadía con que hablaban Pedro y Juan, y al darse cuenta de que eran gente sin estudios ni preparación, quedaron asombrados y reconocieron que habían estado con Jesús. [14]Además, como vieron que los acompañaba el hombre que había sido sanado, no tenían nada que alegar. [15]Así que les mandaron que se retiraran del Consejo, y se pusieron a deliberar entre sí: [16]¿Qué vamos a hacer con estos sujetos? Es un hecho que por medio de ellos ha ocurrido un milagro evidente; todos los que viven en Jerusalén lo saben, y no podemos negarlo. [17]Pero para evitar que este asunto siga divulgándose entre la gente, vamos a amenazarlos para que no vuelvan a hablar de ese nombre a nadie.'

[18]Los llamaron y les ordenaron terminantemente que dejaran de hablar y enseñar acerca del nombre de Jesús. [19]Pero Pedro y Juan replicaron: —¿Es justo delante de Dios obedecerlos a ustedes en vez de obedecerlo a él? ¡Júzguenlo ustedes mismos! [20]Nosotros no podemos dejar de hablar de lo que hemos visto y oído.

²¹Después de nuevas amenazas, los dejaron irse. Por causa de la gente, no hallaban manera de castigarlos: todos alababan a Dios por lo que había sucedido, ²²pues el hombre que había sido milagrosamente sanado tenía más de cuarenta años.

Los miembros del tribunal se mostraron **asombrados** ante **la osadía con que hablaban Pedro y Juan**, particularmente porque **eran gente sin estudios** (*agrammatoi*, no en el sentido de que fueran analfabetos, sino que no habían recibido preparación formal en teología rabínica) **ni preparación** (*idiōtai*, es decir 'laicos' o 'no profesionales'). Pero **reconocieron que habían estado con Jesús**, quien tampoco tuvo educación teológica formal[28] ni rango profesional como rabino (13). No obstante, al mismo tiempo podían ver ante sus ojos la demostración incontrovertible del lisiado ya sano. Si bien en la ciudad era de conocimiento público que en toda su vida jamás había podido caminar, allí estaba de pie, acompañando a los apóstoles. En consecuencia **no tenían nada que alegar** (14). No podían negarlo pero tampoco querían reconocerlo. Desconcertados, mandaron que los apóstoles salieran de la sala del tribunal, a fin de que pudiesen deliberar en privado (15).

Los críticos liberales han gozado preguntándose cómo pudo Lucas haber sabido lo que ocurrió en las discusiones confidenciales que tuvieron lugar en el sanedrín. 'El autor informa sobre las deliberaciones a puertas cerradas', comenta sarcásticamente Haenchen, 'como si hubiese estado presente'.[29] Pero pudo haber estado Pablo. Más probablemente, pudo haber estado Gamaliel, y él pudo haberle contado posteriormente a Pablo lo que ocurrió. De todas maneras, el tribunal se encontraba en un verdadero aprieto. Por un lado, había **ocurrido un milagro evidente**, como **todos los que viven en Jerusalén** lo sabían; de modo que no podían **negarlo** (16). Por otro lado, tenían que **evitar que este asunto [siguiera] divulgándose entre la gente** (17a). (Notamos de paso que no hicieron ningún intento de desacreditar el testimonio de los apóstoles sobre la resurrección, a pesar de que sabían que ese era el núcleo de su mensaje, versículo 2). Por lo tanto, ¿qué podían hacer? Lo único que se les ocurrió fue amenazarlos, como una especie de amonestación legal antes testigos, **para que no vuelvan a hablar de ese nombre a nadie** (17b), el poderoso nombre mediante el cual había sido sanado el lisiado, nombre sobre el que Pedro había predicado, y que ellos se resistían siquiera a pronunciar.

De modo que **llamaron** a los apóstoles y les prohibieron solemnemente **hablar y enseñar acerca del nombre de Jesús** (18). Ante esta prohibición Pedro y Juan reaccionaron preguntando al tribunal si a la vista de Dios estaría bien obedecerlos a ellos o a Dios (19), porque, agregaron: **no podemos dejar de hablar de lo que hemos visto y oído** (20). El tribunal volvió a amenazarlos y luego **los dejaron irse**. No sabían qué hacer ya que **no hallaban manera de castigarlos** porque **todos alababan a Dios por lo que había sucedido** (21), especialmente porque el lisiado que había sido milagrosamente sanado **tenía más de cuarenta años** (22).

# 4. La iglesia ora | 4.23–31

[4.23] Al quedar libres, Pedro y Juan volvieron a los suyos y les relataron todo lo que les habían dicho los jefes de los sacerdotes y los ancianos. [24] Cuando lo oyeron, alzaron unánimes la voz en oración a Dios: "Soberano Señor, creador del cielo y de la tierra, del mar y de todo lo que hay en ellos, [25] tú, por medio del Espíritu Santo, dijiste en labios de nuestro padre David, tu siervo:

> "'¿Por qué se sublevan las naciones
> y en vano conspiran los pueblos?
> [26] Los reyes de la tierra se rebelan
> y los gobernantes se confabulan
> contra el Señor y contra su ungido.'

[27] En efecto, en esta ciudad se reunieron Herodes y Poncio Pilato, con los gentiles y con el pueblo de Israel, contra tu santo siervo Jesús, a quien ungiste [28] para hacer lo que de antemano tu poder y tu voluntad habían determinado que sucediera. [29] Ahora, Señor, toma en cuenta sus amenazas y concede a tus siervos el proclamar tu palabra sin temor alguno. [30] Por eso, extiende tu mano para sanar y hacer señales y prodigios mediante el nombre de tu santo siervo Jesús."

**³¹Después de haber orado, tembló el lugar en que estaban reunidos; todos fueron llenos del Espíritu Santo, y proclamaban la palabra de Dios sin temor alguno.**

¿Cuál fue la reacción de los apóstoles ante la prohibición y las amenazas del tribunal? **Al quedar libres,** nos dice Lucas, fueron directamente **a los suyos,** a sus parientes y amigos en Cristo, **les relataron todo lo que les habían dicho** en el tribunal (23), y luego, inmediatamente, se unieron **en oración a Dios** (24a). Aquí vemos la *koinōnia* cristiana en acción. Hemos visto a los apóstoles ante el tribunal; ahora los vemos en la iglesia. Habiendo demostrado osadía en su testimonio, ahora se mostraban igualmente osados en la oración. La primera palabra que pronunciaron fue *Despotēs* (**Soberano Señor**), término usado para propietarios de esclavos y para gobernantes que ostentaban poder incuestionable. El sanedrín podía emitir advertencias, amenazas y prohibiciones, e intentar silenciar a la iglesia, pero su autoridad estaba sujeta a una autoridad mayor, y los edictos de los hombres no lograrían interferir los decretos de Dios.

Luego observamos que, antes de que la gente hiciera petición alguna, llenaron su mente con pensamientos acerca de la soberanía divina. Primero, él es el Dios de la creación, **creador del cielo y de la tierra, del mar y de todo lo que hay en ellos** (24). Segundo, es el Dios de la revelación, el que **por medio del Espíritu Santo** habló por los **labios de … David,** y en el Salmo 2 (ya en el primer siglo a.C. reconocido como mesiánico) predijo la oposición del mundo a su Cristo, con naciones que se sublevan, con gente que conspira, con reyes que se rebelan y gobernantes que confabulan contra el ungido del Señor (25–26). Tercero, es el Dios de la historia, que ha logrado que hasta sus enemigos (Herodes y Pilato, los gentiles y los judíos, unidos en conspiración contra Jesús, versículo 27) hagan **lo que de antemano [su] poder y [su] voluntad habían determinado que sucediera** (28). Así era, entonces, cómo concebía la iglesia primitiva a Dios, el Dios de la creación, de la revelación y de la historia, cuyas acciones características se sintetizan en los tres verbos 'crear' (24), 'decir' o hablar (25) y 'determinar' o decidir (28).

Sólo ahora, con la visión acerca de Dios aclarada, y ellos mismos sintiéndose humildes ante él, estaban por fin listos para orar. Lucas nos informa sobre sus tres pedidos principales. El primero fue que Dios tomara **en cuenta sus amenazas** (29a). No pidieron que esas amenazas fueran sometidas al juicio divino, ni tampoco que no se cumplieran, a fin de que la iglesia fuera mantenida con paz y en seguridad, sino simplemente que Dios tomara **en cuenta sus amenazas**, que las tuviera presente. La segunda oración fue que Dios les permitiera, como siervos suyos (literalmente 'esclavos'), proclamar su palabra **sin temor alguno** (29b), sin sentirse acobardados por la prohibición del tribunal ni atemorizados por sus amenazas. La tercera oración fue que Dios extendiese su mano **para sanar**, y hacer **señales y prodigios mediante el nombre de … Jesús** (30). Como lo ha señalado Alexander, 'lo que exigen ahora no es milagros de venganza o destrucción, tales como fuego del cielo,[30] sino milagros de misericordia'.[31] Más aun, la palabra y las señales irían juntas, las señales y los prodigios para confirmar la palabra proclamada con audacia.

Como respuesta a las oraciones unidas y sinceras, (i) **tembló el lugar**, y como comentó Crisóstomo, 'eso hizo que ellos temblaran tanto menos';[32] (ii) **todos fueron** nuevamente **llenos del Espíritu Santo**; y (iii), como respuesta a su pedido expreso (29), **proclamaban la palabra de Dios sin temor alguno** (31). Nada se dice en este contexto sobre respuestas a sus otras oraciones específicas, a saber, sobre milagros de sanidad (30), pero tal vez sea legítimo considerar que 5.12 constituye la respuesta: 'Por medio de los apóstoles ocurrían muchas señales y prodigios entre el pueblo'.

## Conclusión: Señales y prodigios

Posiblemente los tres rasgos más notables del relato de Lucas en Hechos 3—4 sean (i) el espectacular milagro de sanidad y la oración pidiendo que ocurrieran otros, (ii) la predicación cristocéntrica de Pedro, y (iii) el estallido de la persecución. Dado que el testimonio del apóstol Pedro sobre Cristo ya ha sido considerado con algún detalle durante la exposición, y dado que volveremos en el próximo capítulo al tema de la persecución, pasaremos ahora a concentrarnos en el otro tema de los milagros.

La controversia actual sobre señales y prodigios no debería llevarnos a una polarización ingenua entre los que están a favor de estos fenómenos y los que están en contra. En cambio, el punto sobre el cual comenzar es el área en el que hay un amplio acuerdo. Todos los cristianos bíblicos creemos que, si bien la fidelidad del Creador se revela en la uniformidad y la regularidad de su universo, que son las bases indispensables para la actividad científica, también es cierto que a veces se ha desviado de las normas de la naturaleza para dar lugar a los fenómenos anormales que llamamos 'milagros'. Pero pensar en estos fenómenos como 'desviaciones de la naturaleza' no nos exige desecharlos (como hacían los deístas del siglo XVIII) como si fuesen 'violaciones de la naturaleza' que no pueden suceder, y por consiguiente nunca ocurrieron ni ocurren ahora. Nuestra doctrina bíblica de la creación, que Dios hizo todo a partir de la nada originalmente, excluye este tipo de escepticismo. Como lo expresó Campbell Morgan, 'si se acepta la verdad del primer versículo de la Biblia, no hay problema alguno con los milagros'.[33] Más todavía, dado que creemos que los milagros mencionados en la Biblia, y en este caso en Hechos, realmente ocurrieron, no hay ninguna base *a priori* para aseverar que no pueden acontecer hoy. No tenemos derecho a decirle a Dios lo que se le permite hacer y lo que no debe hacer. Y si tenemos dudas en cuanto a algunas afirmaciones sobre 'señales y prodigios' que pueden haber ocurrido en el día de hoy, debemos asegurarnos de no estar encerrando tanto a Dios como a nosotros mismos en la prisión del racionalismo incrédulo de Occidente.[34]

Un exponente conocido de la enseñanza sobre 'señales y prodigios' ha sido John Wimber, de Vineyard Fellowship (La comunidad de la viña) en California. Él y Kevin Springer sintetizaron su posición en *Power Evangelism* [Evangelización poderosa] (1985) y *Power Healing* [Sanidad poderosa] (1986). Si bien es imposible hacerle justicia en unas breves frases, las ideas principales son (i) que Jesús inauguró el reino de Dios, demostró su llegada mediante señales y prodigios, y quiere que de modo semejante nosotros proclamemos y dramaticemos su progreso; (ii) que las señales y prodigios eran 'acontecimientos de todos los días en los tiempos del Nuevo Testamento' y 'parte de la vida diaria',[35] de modo que también deberían caracterizar nuestra 'vida cristiana normal'; y (iii) que el crecimiento de la iglesia en Hechos se debió en buena medida al predominio de los milagros. 'Catorce veces ocurrieron señales y prodigios en el libro de Hechos en combinación con la predicación, lo cual dio como resultado el crecimiento de la iglesia. Más aun, en veinte ocasiones el crecimiento de la iglesia fue resultado directo de señales y prodigios llevados a cabo por los discípulos.'[36]

John Wimber argumenta a favor de su posición con sinceridad y fuerza. Pero hay algunos interrogantes sin respuesta. Me permito plantear tres, especialmente en relación con nuestro estudio de los Hechos. Primero, ¿estamos seguros de que las señales y prodigios constituyen el factor principal del crecimiento de la iglesia? John Wimber proporciona una tabla de catorce casos en los Hechos en que, sostiene, la predicación fue acompañada por señales y prodigios que 'produjeron crecimiento evangelístico en la iglesia'. Uno o dos casos son indiscutibles, como cuando la muchedumbre samaritana, 'al oír a Felipe y ver las señales milagrosas que realizaba … creyeron' (8.6, 12). En otros casos, sin embargo, la conexión entre milagros y crecimiento de la iglesia la establece John Wimber y no Lucas. Por ejemplo, tomando los dos que menciona de los capítulos que hemos considerado hasta ahora, no hay indicios en el texto de que los fenómenos pentecostales del viento, el fuego y las lenguas (2.1–4) fueran la causa directa de los tres mil conversos del versículo 41, ni que la curación del lisiado congénito (3.1ss) fuera la causa directa del aumento a cinco mil posteriores (4.4), como afirma John Wimber. Más bien parecería que Lucas atribuye el crecimiento al poder de la predicación de Pedro. En este sentido la verdadera evangelización es 'evangelismo de poder', por cuanto la conversión y el nuevo nacimiento, y en consecuencia el crecimiento de la iglesia, solo pueden darse por el poder de Dios mediante su Palabra y su Espíritu.[37]

En segundo lugar, ¿estamos seguros de que Dios quiso que las señales y prodigios fuesen 'acontecimientos de todos los días' y expresiones de 'la vida cristiana normal'? Pienso que no. No solo los milagros son por definición lo contrario a la norma o a lo normal, sino que Hechos no ofrece pruebas de que fueran fenómenos muy generalizados. Lucas pone el énfasis en el hecho de que mayormente eran realizados por los apóstoles (2.43; 5.12), y especialmente por los apóstoles Pedro y Pablo, hacia los cuales orienta nuestra atención. Cierto es que Esteban y Felipe también efectuaron señales y prodigios, y tal vez otros también. Pero puede argumentarse que Esteban y Felipe fueron personas especiales, no tanto porque los apóstoles les hubieran impuesto las manos (6.5–6), sino porque a cada uno de ellos le tocó un papel único en la colocación de los fundamentos de la misión mundial de la iglesia (ver 7.1ss y 8.5ss). Por cierto lo que se discierne en la Biblia es que los milagros se agruparon en torno a los principales órganos de revelación en momentos precisos de revelación, particularmente Moisés el dador de la Ley, el nuevo testimonio profético iniciado por Elías y Eliseo, el ministerio mesiánico de Jesús, y los apóstoles, de tal forma que Pablo se refirió a sus milagros como 'las marcas distintivas de un apóstol'.[38] Bien puede haber situaciones en las que los milagros tengan su lugar en nuestros días, por ejemplo, en las fronteras de la misión y en una atmósfera de generalizada incredulidad que exige una lucha frontal entre Cristo y el anticristo. Pero las Escrituras dan a entender que estos serán casos especiales, y no 'parte de la vida de todos los días'.

Tercero, ¿estamos seguros de que las así llamadas señales y prodigios de nuestros días tienen su paralelo en las que se registran en el Nuevo Testamento? Algunas lo son, o parecen serlo. Pero al convertir el agua en vino, al calmar una tormenta, al multiplicar los panes y los pescados, y al caminar sobre el agua, durante su ministerio público, lo que Jesús hizo fue ofrecer un vistazo previo de la total y final subordinación de la naturaleza a su persona; subordinación que pertenece no al 'ya' sino al 'todavía no' del reino. Por lo tanto, no deberíamos creer que nosotros podemos hacer estas cosas en nuestros días. Tampoco deberíamos creer que podemos ser milagrosamente librados de la cárcel por el ángel del Señor o ver a miembros de la iglesia caer muertos como Ananías y Safira. Hasta los milagros de curación en los Evangelios y en Hechos tenían rasgos que raramente se manifiestan hoy en día en el movimiento que propicia señales y prodigios.

Permítanme volver al libro de Hechos a fin de ilustrar esto, tomando como ejemplo la curación del lisiado. Es la primera curación milagrosa y el relato más largo de los que se describen en Hechos. Tuvo cinco características destacables, las que unidas indican lo que el Nuevo Testamento quiere decir con un milagro de sanidad. (i) Fue la curación de un caso orgánico grave, que no podía considerarse como sicosomático. Lucas quiere que entendamos que el hombre había sido lisiado desde el nacimiento (3.2), que en ese momento tenía más de cuarenta años de edad (4.22), y que estaba tan limitado que tenía que ser llevado a todas partes (3.2). Hablando humanamente, su condición no tenía solución. Los médicos no podían hacer nada por él. (ii) La curación se dio por una orden directa en el nombre de Jesús, sin el uso de medio médico alguno. Ni siquiera hubo oración, imposición de manos o ungimientos con aceite. Cierto es que Pedro le ofreció el auxilio de su mano (3.7), pero este gesto no formaba parte de la cura. (iii) La curación fue instantánea, no gradual, porque 'al instante los pies y los tobillos del hombre cobraron fuerza', de tal manera que se puso de pie de un salto y comenzó a caminar (3.7–8). (iv) La curación fue completa y permanente, no parcial ni transitoria. Esto se expresa dos veces. El hombre había sido sanado 'por completo', como dijo Pedro a la muchedumbre (3.16), y luego estuvo de pie ante el tribunal 'completamente sano' (4.10, TLA). (v) La curación fue reconocida públicamente como un hecho indiscutible. No cabía duda ni interrogante alguno. El mendigo lisiado era muy conocido en la ciudad (3.10, 16). Ahora estaba sano. No fueron solamente los discípulos de Jesús los que estaban convencidos, sino también los enemigos del evangelio. La todavía incrédula multitud estaba llena 'de admiración y asombro' (3.10), en tanto que el tribunal la catalogó como 'un milagro evidente' que no podían negar (4.14, 16).

Por lo tanto, si adoptamos las Escrituras como nuestra guía, evitaremos los extremos opuestos. No diremos que los milagros 'jamás ocurren', ni que son 'acontecimientos cotidianos'; tampoco diremos que son 'imposibles' ni que son lo 'normal'. En cambio, nos mantendremos completamente abiertos ante el Dios que obra tanto a través de la naturaleza como a través de los milagros. Y cuando se declare que se ha producido un milagro de curación, esperaremos que se asemeje a los que aparecen en los Evangelios y en Hechos, y que por lo tanto se trate de curaciones instantáneas y completas de un mal orgánico, sin el uso de medios médicos o quirúrgicos, y que permite la investigación correspondiente y convence incluso a los incrédulos. Porque así fue el caso del lisiado congénito. Pedro adoptó su curación milagrosa como texto tanto de su sermón a la muchedumbre como de su discurso ante el tribunal. Palabra y señal unidas sirvieron de testimonio del poderoso y único nombre de Jesús. La curación del cuerpo del lisiado constituía una vívida dramatización del mensaje apostólico de la salvación.

# 4

# El contraataque satánico
## Hechos 4.32—6.7

Al comienzo del capítulo 3 observamos que apenas el Espíritu descendió sobre la iglesia, Satanás lanzó un feroz contraataque. A pentecostés le siguió la persecución. Un título alternativo para este capítulo podría ser 'La estrategia de Satanás'. Desarrolló cuidadosamente su estrategia y atacó por tres frentes distintos. Su primera y más torpe táctica fue la violencia física; intentó aplastar a la iglesia mediante la persecución. Su segundo y más astuto asalto fue la corrupción moral o la transigencia. Habiendo fracasado en su intento de destruir la iglesia desde afuera, procuró introducir el mal en la vida interior de la misma y arruinar a la comunidad cristiana a través de Ananías y Safira. Su tercera y más sutil táctica fue la distracción. Procuró desviar a los apóstoles de sus responsabilidades prioritarias, la oración y la predicación, distrayéndolos con la administración social, algo que no formaba parte de su llamado. Si hubiera tenido éxito en esto, una iglesia sin instrucción habría quedado expuesta a todo viento de falsa doctrina. Estas, entonces, fueron sus armas: la persecución física, la subversión moral y la distracción profesional.

No pretendo tener ninguna familiaridad, ni estrecha ni íntima, con el diablo. Pero estoy persuadido de su existencia, y de su absoluta falta de escrúpulo. Otra cosa que he aprendido sobre él es que carece por completo de imaginación. A lo largo de los años no ha cambiado sustancialmente sus tácticas, ni su estrategia, ni sus armas; sigue siempre en la misma rutina. De manera que un estudio de su campaña contra la iglesia primitiva debería alertarnos sobre su probable estrategia actual. Si nos toma por sorpresa no tendremos excusas.

Sin embargo, Lucas no solamente quiere exponer la malicia del diablo, sino también mostrar cómo fue derrotado. Primero, no se permitió que la hipocresía de Ananías y Safira se extendiera, porque el juicio de Dios cayó sobre ellos, en tanto la iglesia creció a pasos agigantados (5.12–16). Segundo, cuando el sanedrín volvió a recurrir a la violencia, fueron impedidos de matar a los apóstoles debido al prudente consejo de Gamaliel (5.17–42). Tercero, cuando la discusión sobre las viudas amenazaba ocupar todo el tiempo y las energías de los apóstoles, decidieron delegar la obra social a otros, entonces ellos reasumieron sus tareas prioritarias y la iglesia comenzó a multiplicarse nuevamente (6.1–7).

## 1. Los creyentes gozan de vida en común | 4.32–37

**4.32Todos los creyentes eran de un solo sentir y pensar. Nadie consideraba suya ninguna de sus posesiones, sino que las compartían. 33Los apóstoles, a su vez, con gran poder seguían dando testimonio de la resurrección del Señor Jesús. La gracia de Dios se derramaba abundantemente sobre todos ellos, 34pues no había ningún necesitado en la comunidad. Quienes poseían casas o terrenos los vendían, llevaban el dinero de las ventas 35y lo entregaban a los apóstoles para que se distribuyera a cada uno según su necesidad.**
**36José, un levita natural de Chipre, a quien los apóstoles llamaban Bernabé (que significa: Consolador), 37vendió un terreno que poseía, llevó el dinero y lo puso a disposición de los apóstoles.**

Lucas acaba de registrar que, en respuesta a sus oraciones, los creyentes fueron nuevamente 'llenos del Espíritu Santo' (31). El resultado inmediato fue que 'proclamaban la palabra de Dios sin temor alguno'. Tal vez deberíamos vincular esto con el versículo 33: **Los apóstoles, a su vez, con gran poder seguían dando testimonio de la resurrección del Señor Jesús,** lo cual constituía una de sus principales responsabilidades apostólicas (ver 1.22). De esta manera ignoraron la prohibición del sanedrín, y su testimonio se caracterizó tanto por su audacia como por su poder. En efecto, **la gracia de Dios se derramaba abundantemente sobre todos ellos,** una expresión que podría describir su 'maravilloso espíritu de generosidad' (JBP), o referirse al hecho de que 'gozaban de gran estima' (LPD), o ser una afirmación más general de que los sostenía la gracia de Dios.

Sin embargo, Lucas no termina allí. Quiere mostrar que la plenitud del Espíritu se manifiesta en hechos lo mismo que en palabras, en servicio lo mismo que en testimonio, en amor por la familia lo mismo que en testimonio al mundo. De modo que, así como después de la primera venida del Espíritu describe las características de la comunidad llena del Espíritu (2.42–47), así también, una vez que nuevamente están llenos del Espíritu hace una segunda descripción (4.32–37). Por otra parte, en ambos casos el énfasis es el mismo. **Todos los creyentes**, comienza (tanto en 4.32 como en 2.44), constituían un grupo muy unido. 'Estaban juntos' (2.44) en tanto se dedicaban a la 'comunión' (2.42) y **eran de un solo sentir y pensar** (4.32). Esta era la solidaridad fundamental del amor que disfrutaban los creyentes, y el hecho de compartir lo económico era solamente una de las expresiones de la unión en su manera de sentir y de pensar.

Es instructivo comparar los dos cuadros que pinta Lucas de la misma iglesia de Jerusalén llena del Espíritu. Aunque los relatos son verbalmente independientes uno del otro, en cada uno menciona las tres consecuencias del compromiso mutuo. A la primera la llamaré su actitud radical, en particular en relación con sus posesiones. 'Tenían todo en común' (2.44); **nadie consideraba suya ninguna de sus posesiones** (4.32b). Ambos versículos contienen en griego las dos palabras clave *hapanta koina*, 'todo en común'. A la luz de la afirmación posterior de Pedro a Ananías, de que su propiedad le pertenecía (5.4), entendemos que no podemos forzar estas palabras para suponer que los creyentes habían renunciado literalmente a la propiedad privada, a favor de la propiedad en común. Tal vez la frase importante sea que **nadie consideraba suya ninguna de sus posesiones**. Si bien de hecho y legalmente seguían teniendo sus bienes, mentalmente y de corazón cultivaban una actitud tan radical que pensaban de sus posesiones como disponibles para ayudar a sus hermanas y hermanos necesitados.

En segundo lugar, su actitud radical llevaba a acciones sacrificadas, o sea que **quienes poseían casas o terrenos los vendían**, y ponían el dinero de la venta y **lo entregaban a los apóstoles** para que ellos lo distribuyeran (34b–35). En 2.45 se hace referencia a las mismas acciones de venta y distribución. En ambos casos la venta era voluntaria y esporádica ('de tanto en tanto', NIV, 34b), a medida que surgía la necesidad de tener dinero contante.

Tercero, tanto la actitud radical como la acción práctica se basaban en el principio equitativo de que la distribución debía ser proporcional a la necesidad genuina. Los dos relatos usan exactamente las mismas palabras *kathaoti an tis jreian eixen*, que significan **a cada uno según su necesidad** (35b, ver 2.45). Es sólo en la segunda descripción, sin embargo, que Lucas describe la consecuencia de esa esmerada distribución de ayuda, a saber, que **no había ningún necesitado en la comunidad** (34a).

Calvino escribió en su comentario:

> Es preciso que tengamos corazones más duros que el hierro para que no nos conmueva la lectura de este relato. En aquellos días los creyentes daban abundantemente de lo que les pertenecía; en nuestros días nos conformamos no sólo con retener celosamente lo que poseemos, sino con robar despiadadamente a otros... En aquellos días vendían sus propios bienes; en nuestros días es la codicia de comprar lo que reina en forma suprema. En aquel tiempo el amor hacía de las posesiones de cada cual la propiedad común para los que tenían necesidad; en nuestros días es tal la falta de humanidad de muchos, que mezquinan al pobre una morada en común sobre la tierra, el uso en común del agua, el aire y el cielo.[1]

Al tratar de evaluar el llamado 'experimento de Jerusalén', debemos tener la prudencia de evitar posiciones extremas. No tenemos derecho a rechazarlo como un error precipitado e imprudente, motivado por la falsa expectativa de una parusía inminente, causante, además, de la pobreza que más tarde Pablo tuvo que remediar por medio de su colecta entre las iglesias griegas. Lucas no insinúa nada de esto. Sin embargo, tampoco podemos decir que la iglesia de Jerusalén, estando llena del Espíritu, impusiera un modelo obligatorio (una especie de 'comunismo' cristiano primitivo) que Dios quiere que todas las comunidades llenas del Espíritu imiten. El hecho de que la venta y la donación eran voluntarias es suficiente para descartarlo. En lugar de ello, lo que ciertamente deberíamos hacer es observar y en lo posible imitar el cuidado de los necesitados y la sacrificada generosidad que produjo el Espíritu Santo. Es cierto que muchas sociedades han soñado con el fin de la pobreza. Los griegos, por ejemplo, añoraban una edad dorada del pasado en la que toda propiedad era pública, y se dice de Pitágoras que la practicaba con sus discípulos y que acuñó el epigrama 'entre amigos todo es en común' (*koina*). Luego Platón incorporó ese ideal en su visión de la república utópica. Más tarde Josefo escribió que los esenios, a quienes conocemos como la comunidad de Qumrán, 'llevan el mismo tipo de vida que aquellos a quienes los griegos llaman pitagóricos'.[2] Sin embargo, la inspiración para la vida en común y la práctica del amor en la iglesia de Jerusalén no provendría ni de Pitágoras, ni de Platón, ni de los esenios, sino del Antiguo Testamento, iluminado por Jesús. Porque la ley era muy clara al respecto: 'Entre ustedes no deberá haber pobres' (Deuteronomio 15.4). Además, Lucas recalcó la enseñanza de Jesús de que el evangelio del reino contenía buenas nuevas para los pobres.[3] Pero ¿cómo podría ser así a menos que les ofreciera justicia a la vez que salvación, la eliminación de su pobreza a la vez que la remisión de sus pecados?

Habiendo descrito la solidaridad del amor que gozaba la iglesia de Jerusalén, Lucas provee a sus lectores de dos ejemplos contrastantes: Bernabé, cuya generosidad y apertura cumplía el ideal (4.36–37) y Ananías y Safira, cuya codicia e hipocresía la contradecían (5.1–10). **Bernabé (que significa: Consolador)** era en realidad un apodo que los apóstoles pusieron a **José, un levita natural de Chipre,** porque era servicial (36). Bernabé **vendió un terreno que poseía,** posiblemente en Chipre, y **llevó el dinero y lo puso a disposición de los apóstoles** (37). Fue un acto de generosidad totalmente en armonía con su carácter, como se evidencia más tarde en el relato de Hechos. Lucas lo presenta aquí deliberadamente.

## 2. Ananías y Safira son castigados por su hipocresía | 5.1–11

La historia del engaño y la muerte de este matrimonio es importante por varias razones. Ilustra la honestidad de Lucas como historiador: no suprimió este sórdido hecho. Arroja luz sobre la vida interior de la primera comunidad llena del Espíritu: no era todo romanticismo y rectitud. Es también otro ejemplo de la estrategia de Satanás. Varios comentaristas han sugerido un paralelo entre Ananías y Acán, el Acán que robó el dinero y un manto después de la destrucción de Jericó. Así, Bengel escribió: 'El pecado de Acán y el de Ananías fueron similares en muchos sentidos, al comienzo de las iglesias del Antiguo y del Nuevo Testamento respectivamente.'[4] F. F. Bruce ve otra analogía: 'La historia de Ananías es al libro de Hechos lo que la historia de Acán al libro de Josué. En ambos relatos un acto de engaño interrumpe el victorioso progreso del pueblo de Dios.'[5]

Lo que se nos dice es que **un hombre llamado Ananías también vendió una propiedad** (1) y luego, **en complicidad** (o 'connivencia' BP) **con su esposa Safira ', se quedó con parte del dinero y puso el resto a disposición de los apóstoles** (2). Al parecer, Bernabé y Ananías hicieron lo mismo. Ambos vendieron una propiedad. Ambos llevaron el producto de la venta a los apóstoles, y ambos lo pusieron a su disposición. La diferencia estriba en que Bernabé llevó todo el dinero de la venta, mientras Ananías llevó solamente una parte. Así, Ananías y Safira cometieron un doble pecado, una combinación de deshonestidad y engaño. A primera vista, no había nada malo en que retuvieran parte del dinero de la venta. Como lo dijo claramente Pedro más tarde, su propiedad les pertenecía tanto antes como después de la venta (ver el versículo 4 abajo). De manera que no tenían ninguna obligación de vender la tierra ni, habiéndola vendido, tenían obligación de entregar parte, mucho menos el total del producto de la venta. No obstante, esa no es toda la historia. Hay algo más, algo parcialmente oculto. Porque Lucas, al declarar que Ananías **se quedó con parte del dinero**, elige el verbo *nosfizomi* que significa 'malversar' (BAGD). El mismo término se usó en la LXX para el robo de Acán,[6] y en la única otra aparición en el Nuevo Testamento significa robar.[7] Tenemos que suponer, entonces, que antes de la venta Ananías y Safira habían hecho algún tipo de acuerdo con la iglesia para entregar la totalidad del producto de la venta. Por eso, cuando llevaron sólo parte en lugar de todo, se hicieron culpables de malversación.

Sin embargo, no fue en este pecado que puso el acento Pedro, sino en el otro, en la hipocresía. La queja del apóstol no fue que les faltara honestidad (al aportar sólo una parte del precio de la venta) sino que les faltaba integridad (al simular que aportaban la totalidad cuando llevaban sólo una parte). No era tanto que fueran avarientos sino ladrones y, por sobre todo, mentirosos. Querían tener el crédito y el prestigio de la generosidad sacrificada sin los inconvenientes que suponía. Así que, con el objeto de ganarse una reputación a la que no tenían ningún derecho, dijeron una descarada mentira. El motivo que tuvieron para dar no fue el de aliviar a los pobres, sino alimentar su propio ego.

Pedro vio en esa hipocresía la sutil actividad de Satanás. **—Ananías —le reclamó Pedro—, ¿cómo es posible que Satanás haya llenado tu corazón para que le mintieras al Espíritu Santo y te quedaras** (*nosfizomai*, nuevamente) **con parte del dinero que recibiste por el terreno?** (3). Pedro lo acusó tanto de malversación como de falsedad, tanto de robar como luego de mentir. Pero no había necesidad de cometer ninguno de los dos pecados. **¿Acaso no era tuyo antes de venderlo? Y una vez vendido, ¿no estaba el dinero en tu poder? ¿Cómo se te ocurrió hacer esto? ¡No has mentido a los hombres sino a Dios!** (4). Observemos, de paso, que Pedro da por sentada la deidad del Espíritu Santo, ya que mentirle a él (3) equivalía a mentirle a Dios (4),

> **[5.5] Al oír estas palabras, Ananías cayó muerto. Y un gran temor se apoderó de todos los que se enteraron de lo sucedido. [6] Entonces se acercaron los más jóvenes, envolvieron el cuerpo, se lo llevaron y le dieron sepultura.**
>
> **[7] Unas tres horas más tarde entró la esposa, sin saber lo que había ocurrido. [8] —Dime —le preguntó Pedro—, ¿vendieron ustedes el terreno por tal precio?**
>
> **—Sí —dijo ella—, por tal precio.**
>
> **[9] —¿Por qué se pusieron de acuerdo para poner a prueba al Espíritu del Señor? —le recriminó Pedro—. ¡Mira! Los que sepultaron a tu esposo acaban de regresar y ahora te llevarán a ti.**
>
> **[10] En ese mismo instante ella cayó muerta a los pies de Pedro. Entonces entraron los jóvenes y, al verla muerta, se la llevaron y le dieron sepultura al lado de su esposo. [11] Y un gran temor se apoderó de toda la iglesia y de todos los que se enteraron de estos sucesos.**

No se registra ninguna respuesta de Ananías a las acusaciones y preguntas de Pedro. Lucas nos dice únicamente que el juicio de Dios descendió sobre él: **cayó muerto.** Es comprensible que **un gran temor,** la solemnidad que se experimenta en la presencia del Dios santo, **se**

**apoderó de todos los que se enteraron de lo sucedido** (5b), incluso mientras unos jóvenes se ocupaban del entierro (6). **Unas tres horas más tarde** el incidente se repitió. Ignorando la muerte de su esposo, **entró la esposa.** Pedro le dio la oportunidad de arrepentirse al pedirle que dijera el precio que habían obtenido por la tierra, pero ella sencillamente se identificó con la falsedad de su esposo (7–8). Pedro observó que habían conspirado **para poner a prueba al Espíritu del Señor,** suponiendo que podían salirse con la suya, y le advirtió que quienes habían enterrado a su esposo también la enterrarían a ella (9), tras lo cual **ella cayó muerta a los pies de Pedro** (10). Por segunda vez Lucas se refiere al **gran temor** que sobrevino a toda la iglesia, y más aun a **todos los que se enteraron de estos sucesos** (11).

Muchos lectores de este relato se molestan por lo que consideran la severidad del juicio de Dios. Algunos incluso dicen que esperan que 'Ananías y Safira sean personajes de leyenda'.[8] O intentan exculpar a Dios atribuyendo la muerte de Ananías y Safira a Pedro quien, dicen, o bien los maldijo o los sometió a presión psicológica excesiva, anticipando con ello el uso del moderno detector de mentiras. Pero, incluso si la angustia que experimenta una conciencia perturbada contribuyó a su muerte en el nivel humano, Lucas quiere que comprendamos que todo fue obra del juicio divino. Una vez aceptado esto, podemos aprender por lo menos tres lecciones valiosas.

Primero, la gravedad de su pecado. Pedro lo subrayó al repetir que su mentira no estuvo dirigida principalmente contra él, sino contra el Espíritu Santo, es decir, contra Dios. Y Dios aborrece la hipocresía. Lucas ha registrado la denuncia que hace Jesús de ella,[9] junto con su advertencia de que aquellos que blasfeman contra el Espíritu Santo (desafiando deliberadamente una verdad conocida) no serán perdonados (Lucas 12.10). No obstante, el pecado de Ananías y Safira fue también contra la iglesia. ¿Es intencional el que Lucas use aquí por primera vez la palabra *ekklēsia* (11)? De esta manera confirma la continuidad de la comunidad cristiana con el pueblo de Dios redimido y reunido en el Antiguo Testamento.[10] Lucas parece estar destacando el enorme mal de pecar contra el pueblo de Dios. La falsedad deteriora la comunión. Si la hipocresía de Ananías y Safira no hubiera sido expuesta y castigada públicamente, no se hubiera preservado el ideal cristiano de una comunión abierta, y la queja actual de que 'hay tantos hipócritas en la iglesia' se habría oído ya desde el comienzo.

La segunda lección que debemos aprender se refiere a la importancia, incluso la sacralidad, de la conciencia humana. Más tarde Lucas registraría el alegato de Pablo ante Félix de que él siempre había procurado tener 'limpia [su] conciencia delante Dios y de los hombres' (Hechos 24.16). Esto parece ser lo que Juan quería decir por 'vivir en la luz': una vida transparente delante de Dios, sin astucia ni subterfugios, cuya consecuencia es que 'tenemos comunión unos con otros'.[11] Los creyentes que participan del avivamiento de África Oriental, y ponen mucho énfasis en esta enseñanza, la ilustran en forma divertida expresando su deseo de 'vivir en una casa sin techo y sin paredes', es decir, no permitir que nada se interponga entre ellos y Dios u otras personas. Fue esta apertura lo que Ananías y Safira no mantuvieron.

En tercer lugar, el incidente enseña sobre la necesidad de la disciplina en la iglesia. Aunque la muerte física pudo haber seguido en ciertas situaciones como castigo por aquellos pecados que 'engañan a la iglesia de Dios',[12] pronto se llegó a usar la disciplina de la excomunión.[13] La iglesia ha tendido a oscilar en esta área entre la extrema severidad (disciplinando a los miembros por las ofensas más triviales) y la extrema laxitud (no ejerciendo disciplina alguna, ni siquiera en casos de ofensas graves). Es una buena regla general que los pecados secretos sean tratados secretamente, los pecados privados privadamente, y solamente los pecados públicos en forma pública. También es prudente que las iglesias sigan los pasos sucesivos que enseñó Jesús.[14] Por lo general el que ofende llega al arrepentimiento antes de que se alcance la última etapa de la excomunión. Pero las ofensas que son graves en sí mismas, que se han convertido en escándalo público, y de las que el culpable no se ha arrepentido, deben ser juzgadas. Algunas denominaciones evangélicas hacen bien cuando ponen condiciones para el acceso a la cena del Señor. Porque, aunque la mesa del Señor está abierta a los pecadores (¿quién sino ellos necesitan o desean acercarse a ella?), está abierta solamente para los pecadores arrepentidos.

Hasta ahora hemos visto que, si la primera táctica del diablo es destruir la iglesia por la fuerza desde afuera, la segunda es destruirla mediante la falsedad desde adentro. No ha renunciado al intento, ya sea por medio de la hipocresía de quienes profesan pero no practican, o por la terquedad de quienes pecan pero no se arrepienten. La iglesia debe mantener la vigilancia.

## 3. Los apóstoles sanan a muchas personas | 5.12–16

Lucas pasará a registrar la segunda ola de persecución con la que el diablo intentó aniquilar la iglesia. Al hacerlo, destacará varias actitudes que comienzan a desarrollarse, especialmente 'el profundo celo y antagonismo de los saduceos, la moderación de los fariseos, y el creciente gozo y la confianza que experimentaban los cristianos'.[15] Pero antes hace referencia al hecho de que **por medio de los apóstoles ocurrían muchas señales y prodigios entre el pueblo**, especialmente por medio de Pedro (12a). Antes ofreció un informe del mensaje que anunciaban, y ahora describe las señales extraordinarias que le daban autenticidad. Parecen haber ocurrido en el **Pórtico de Salomón**, el claustro oriental donde Pedro había predicado su segundo sermón (3.11), y donde **todos los creyentes se reunían de común acuerdo** (12b). Los milagros tuvieron dos resultados interesantes y opuestos. Por un lado, **nadie entre el pueblo se atrevía a juntarse con ellos, aunque los elogiaban** (13). Esto podría significar que los que se oponían carecían del coraje necesario para 'unirse a ellos en la discusión',[16] pero el contexto solamente sugiere que preferían mantenerse a la distancia en lugar de asociarse con ellos. Por otra parte, **seguía aumentando el número de los que creían y aceptaban al Señor**, tanto hombres como mujeres (14). 'Por una parte una actitud de sobrecogida reserva', como lo expresa Haenchen, y 'por otra grandes éxitos misioneros'.[17] Desde entonces esta situación paradójica se ha repetido con frecuencia. La presencia del Dios vivo, ya sea que se manifestara por medio de la predicación, de los milagros o de ambos, es alarmante para algunos y atractiva para otros. Algunos se alejan atemorizados, otros son llevados a la fe.

A medida que crecía el movimiento, continúa Lucas, **sacaban a los enfermos a las plazas**, posiblemente sus parientes, amigos y vecinos enfermos, **y los ponían en colchonetas y camillas para que, al pasar Pedro, por lo menos su sombra cayera sobre alguno de ellos** (15). Ese accionar pudo haber sido un tanto supersticioso, pero no veo motivo para condenarlo como equivalente a creer en la magia, como tampoco lo fue la fe de la mujer que creyó que tocar el borde del manto de Jesús sería suficiente para sanarla. Por cierto que no, la gente estaba profundamente impresionada por las palabras y las obras de Pedro, lo habían reconocido como hombre de Dios y apóstol de Cristo, y pensaban que mediante la proximidad con él podrían recibir sanidad. Puede ser significativo que el verbo que Lucas elige: *episkiazō*, con el significado de 'cubrir con su sombra', es un verbo que usó dos veces en el Evangelio para referirse a la sombra de la presencia de Dios.[18]

**También de los pueblos vecinos a Jerusalén acudían multitudes que llevaban** no solamente a **personas enfermas** sino también **atormentadas por espíritus malignos** (Lucas no confunde las dos condiciones), **y todas eran sanadas** (16). Fue una demostración notable del poder de Dios para sanar y liberar al ser humano, como el episodio de Ananías y Safira lo fue de su poder para juzgarlos.

# 4. El sanedrín intensifica su oposición | 5.17–42

La misión de sanidad de los apóstoles provocó el segundo ataque por parte de las autoridades, tal como la curación del lisiado de nacimiento había provocado el primero. Molestos por el fracaso del primer ataque a los apóstoles, frustrados al ver que habían ignorado las prohibiciones y amenazas del Consejo, y llenos **de envidia** (17) por su poder y su popularidad, **el sumo sacerdote y todos sus partidarios,** esto es, la secta de los saduceos, decidieron actuar.

## a. El encarcelamiento | 5.18–25

[5.18]Entonces arrestaron a los apóstoles y los metieron en la cárcel común. [19]Pero en la noche un ángel del Señor abrió las puertas de la cárcel y los sacó. [20]'Vayan —les dijo—, preséntense en el templo y comuniquen al pueblo todo este mensaje de vida.'

[21]Conforme a lo que habían oído, al amanecer entraron en el templo y se pusieron a enseñar.

Cuando llegaron el sumo sacerdote y sus partidarios, convocaron al Consejo, es decir, a la asamblea general de los ancianos de Israel, y mandaron traer de la cárcel a los apóstoles. [22]Pero al llegar los guardias a la cárcel, no los encontraron. Así que volvieron con el siguiente informe: [23]'Encontramos la cárcel cerrada, con todas las medidas

> de seguridad, y a los guardias firmes a las puertas;
> pero cuando abrimos, no encontramos a nadie adentro.'
> [24]Al oírlo, el capitán de la guardia del templo y los jefes
> de los sacerdotes se quedaron perplejos, preguntándose
> en qué terminaría todo aquello. [25]En esto, se presentó
> alguien que les informó: '¡Miren! Los hombres que
> ustedes metieron en la cárcel están en el templo y siguen
> enseñando al pueblo.'

Esta vez no solamente arrestaron a Pedro y a Juan sino también **a los apóstoles**, a la mayoría de ellos, si no a todos (ver 29), **y los metieron en la cárcel común** (18). Pero **en la noche** fueron rescatados por **un ángel del Señor**. William Neil especula que fue 'un guardia compasivo' o 'un simpatizante secreto del personal de la guardia', a quien después se interpretó como 'un ángel encubierto'.[19] Pero no tenemos libertad para desmitificar lo que Lucas evidentemente intenta que crean sus lectores: que fue un visitante celestial, que no solamente **abrió las puertas de la cárcel y los sacó** (19), sino que les dijo **preséntense en el templo y comuniquen al pueblo todo este mensaje de vida** (20). Conforme a lo que habían oído, al amanecer entraron en el templo y **se pusieron a enseñar** (21a). Observamos que desobedecieron al sanedrín, que les había dicho que no hablaran en nombre de Jesús (4.17), y en cambio obedecieron al ángel que les mandó que hablaran las palabras de vida.

Mientras tanto se convocó nuevamente al sanedrín, al que Lucas describe como el **Consejo, es decir, a la asamblea general** (o 'senado', BJ) **de los ancianos de Israel** (21). Y estos fueron humillados al descubrir, cuando mandaron a buscar a los apóstoles, que ya no estaban en la prisión donde los habían enviado, aunque estaba **cerrada, con todas las medidas de seguridad, y a los guardias firmes a las puertas** (22–24). En cambio, estaban **en el templo y [seguían] enseñando al pueblo** (25), cosa que se les había prohibido hacer.

## b. El juicio | 5.26–39

> [5.26]Fue entonces el capitán con sus guardias y trajo a los
> apóstoles sin recurrir a la fuerza, porque temían ser
> apedreados por la gente. [27]Los condujeron ante el
> Consejo, y el sumo sacerdote les reclamó:

[28]—Terminantemente les hemos prohibido enseñar en ese nombre. Sin embargo, ustedes han llenado a Jerusalén con sus enseñanzas, y se han propuesto echarnos la culpa a nosotros de la muerte de ese hombre.

[29]—¡Es necesario obedecer a Dios antes que a los hombres! —respondieron Pedro y los demás apóstoles—. [30]El Dios de nuestros antepasados resucitó a Jesús, a quien ustedes mataron colgándolo de un madero. [31]Por su poder, Dios lo exaltó como Príncipe y Salvador, para que diera a Israel arrepentimiento y perdón de pecados. [32]Nosotros somos testigos de estos acontecimientos, y también lo es el Espíritu Santo que Dios ha dado a quienes le obedecen.

[33]A los que oyeron esto se les subió la sangre a la cabeza y querían matarlos. [34]Pero un fariseo llamado Gamaliel, maestro de la ley muy respetado por todo el pueblo, se puso de pie en el Consejo y mandó que hicieran salir por un momento a los apóstoles. [35]Luego dijo: 'Hombres de Israel, piensen dos veces en lo que están a punto de hacer con estos hombres. [36]Hace algún tiempo surgió Teudas, jactándose de ser alguien, y se le unieron unos cuatrocientos hombres. Pero lo mataron y todos sus seguidores se dispersaron y allí se acabó todo. [37]Después de él surgió Judas el galileo, en los días del censo, y logró que la gente lo siguiera. A él también lo mataron, y todos sus secuaces se dispersaron. [38]En este caso les aconsejo que dejen a estos hombres en paz. ¡Suéltenlos! Si lo que se proponen y hacen es de origen humano, fracasará; [39]pero si es de Dios, no podrán destruirlos, y ustedes se encontrarán luchando contra Dios.'

El capitán de la guardia del templo y sus guardias volvieron a arrestar a los apóstoles, aunque **sin recurrir a la fuerza** porque **temían ser apedreados por la gente** (26). Luego **los condujeron ante el Consejo** por segunda vez para ser interrogados (27). La forma en que se dirigió a ellos el sumo sacerdote fue en realidad un reconocimiento de la impotencia del Consejo frente a los propósitos de Dios. Porque el sanedrín había condenado a Jesús y había dado por terminado el caso, había **terminantemente … prohibido** a los apóstoles que enseñaran **en ese nombre** (que preferían no pronunciar), y los habían encerrado en la cárcel. El poder y la autoridad parecían estar del lado del sanedrín. No obstante, desacatando al tribunal y desafiando su autoridad, los apóstoles habían **llenado a Jerusalén con sus enseñanzas,** y (en opinión del Consejo) estaban decididos a echarles la culpa **de la muerte de ese hombre** (28). Quizás habían olvidado que en su momento ellos habían instado a la gente a echar sobre sí mismos y sus hijos la culpa de esa muerte.[20]

La respuesta de los apóstoles adoptó la forma de un sermón en miniatura, porque su preocupación seguía siendo no la de defenderse a sí mismos sino más bien presentar a Cristo. **¡Es necesario obedecer a Dios antes que a los hombres!** dijeron (29), y al hacerlo sentaron el principio de la desobediencia civil y eclesiástica. Por cierto que los cristianos estamos llamados a ser ciudadanos responsables y, hablando en forma general, a someternos a las autoridades humanas.[21] Pero si la autoridad de que se trata hace mal uso del poder otorgado por Dios y manda lo que Dios prohíbe y prohíbe lo que Dios manda, entonces el deber cristiano consiste en desobedecer a la autoridad humana a fin de obedecer a Dios.

Habiendo afirmado que su principal responsabilidad era obedecer a Dios, los apóstoles destacaron tres verdades acerca de él. Primero, Dios, que es **el Dios de nuestros antepasados resucitó a Jesús,** a quien los líderes judíos **mataron colgándolo de un madero** (30). Se trata del conocido contraste: ustedes lo mataron, pero Dios lo resucitó; ustedes lo rechazaron, pero Dios lo vindicó. Segundo, **por su poder, Dios lo exaltó como Príncipe** (nuevamente *archēgos*, como en 3.15) **y Salvador,** para que desde esa posición suprema de honor y poder **diera a Israel arrepentimiento y perdón de pecados** (dones de Dios ambos) (31). Más aun, los apóstoles eran **testigos** de la muerte y resurrección de Jesús, no solo testigos oculares sino testigos orales, porque estaban llamados a dar testimonio de lo que habían visto. Sin embargo, el principal testigo de Jesucristo es **el Espíritu Santo**[22] que **Dios ha dado** (literalmente 'dio') **a quienes le obedecen** (32). Esta es la tercera afirmación de los apóstoles acerca de Dios: levantó a Jesús de la muerte, lo exaltó como Salvador y dio el Espíritu Santo a quienes le obedecen. Así, el sermón comenzó y terminó con una referencia a la obediencia a Dios. El pueblo de Dios tiene la obligación de obedecerle, y si lo hace, aunque tenga que sufrir cuando deba desobedecer a las autoridades humanas, será ricamente recompensado con el ministerio del Espíritu Santo.

Al oír esas palabras de desafío y de triunfo, a los miembros del Consejo **se les subió la sangre a la cabeza** ('se sintieron profundamente ofendidos' BA), y si no hubiera sido por la diplomática intervención de **un fariseo llamado Gamaliel**, probablemente habrían llevado a cabo su deseo de **matarlos** (33). Siendo fariseo, Gamaliel mostró un espíritu más tolerante que el partido rival de los saduceos. Nieto y seguidor del famoso rabino liberal Hillel, había recibido el título honorífico y afectuoso de 'rabán', o 'nuestro maestro', y Saulo de Tarso había sido alumno suyo (22.3). Tenía reputación de estudioso, sabio y moderado, y era **muy respetado por todo el pueblo**. Su conducta en esta ocasión estuvo plenamente en consonancia con su imagen pública. Se puso de pie y dio instrucciones para que **hicieran salir por un momento a los apóstoles,** para que el Consejo pudiera discutir en sesión privada (34). A continuación procedió a calmar la ira y a aconsejar prudencia (35) sobre la base de ciertos precedentes históricos. Ofreció dos ejemplos, a saber, Teudas y Judas el galileo.

El informe que según el relato ofreció Gamaliel sobre la trayectoria de esos hombres es breve. Cuando se levantó **Teudas, jactándose de ser alguien, … se le unieron unos cuatrocientos hombres. Pero lo mataron y todos sus seguidores se dispersaron y allí se acabó todo** (36). Le siguió **Judas el galileo** que **surgió... en los días del censo** (siempre un acontecimiento inflamatorio, símbolo de la autoridad romana basada en el régimen de tributación) e 'indujo a algunas personas a rebelarse bajo su liderazgo' (NEB). Pero **también lo mataron, y todos sus secuaces se dispersaron** (37). Así bosquejó Gamaliel sus historias en forma paralela. Ambos hombres surgieron, hicieron reclamos y lograron atraer seguidores. Pero luego a ambos los **mataron,** sus seguidores **se dispersaron** y su movimiento se desvaneció.

Los comentaristas han consultado a Josefo en busca de confirmación y ampliación sobre estas revueltas, y han encontrado datos de dos rebeldes con esos nombres. Hubo, dice Josefo, 'cierto mago' llamado Teudas, cuando Fado era procurador de Judea, que persuadió a muchos a que lo 'siguieran hasta el río Jordán', porque les dijo que era profeta y que daría una orden y así dividiría las aguas del río.

Pero fue capturado y decapitado.[23] Luego Josefo también describe a 'cierto galileo llamado Judas' que instigó a sus compatriotas a rebelarse, diciéndoles que serían 'cobardes si aceptaban pagar impuestos a Roma' y de este modo 'someterse a hombres mortales como si fueran sus amos', cuando sólo a Dios debían pagar tributo.[24] Fue el precursor de los zelotes.

Hasta aquí, entonces, hay ligeras semejanzas entre los relatos de Gamaliel y de Josefo. El problema surge cuando se consideran las fechas. El censo impositivo contra el que se levantó Judas fue decretado por Cirenio (Quirinio) cuando llegó de Roma a Judea alrededor del año 6 d.C. No obstante, el Teudas de Josefo no se rebeló *antes* de Judas (como según Lucas dijo Gamaliel, versículos 36–37) sino durante la procuración de Fado (44—46 d.C.), que fue alrededor de cuarenta años *después* de él, y por cierto que ¡una década o más después de la fecha en que habló Gamaliel!

La forma en que reaccionemos ante esta discrepancia dependerá de nuestras presuposiciones básicas. Los comentaristas liberales saltan a la conclusión de que Lucas es culpable de un anacronismo equivalente a un grave error, que socavaría fatalmente nuestra confianza en él como historiador confiable. Por el otro lado, los conservadores llegan a la conclusión opuesta: 'A la luz de su acostumbrada precisión, no podemos suponer que san Lucas pudo haber cometido el error garrafal que se le atribuye'.[25] Si hay algún error, es más probable que lo haya cometido Josefo (que estaba 'lejos de ser un historiador infalible')[26] y no Lucas. Una mejor explicación alternativa es que Josefo y Lucas se estaban refiriendo a dos Teudas diferentes. Las historias que relatan son diferentes (Josefo no menciona que sus seguidores llegaban a cuatrocientos, ni Lucas que los condujo al río Jordán). Las únicas semejanzas son que ambos hombres se llamaban Teudas y dirigieron una rebelión que fue aplastada. Además, Josefo comenta que después de la muerte de Herodes el Grande 'hubo otros diez mil disturbios en Judea, que eran como tumultos',[27] y Teudas no era un nombre poco común. De manera que tal vez ni Lucas ni Josefo cometieron un error, sino que Gamaliel se refería a un Teudas que Josefo no menciona, que se rebeló alrededor del año 4 a.C., y que efectivamente fue seguido, entre otros, por Judas el galileo en el año 6 d.C.

En cualquier caso, Gamaliel tomó el fracaso de ambos rebeldes como una lección objetiva que justificaba una política de 'dejar hacer'.

Su recomendación al Consejo aparece en el versículo 38: **En este caso les aconsejo que dejen a estos hombres en paz. ¡Suéltenlos! Si lo que se proponen y hacen es de origen humano, fracasará; pero si es de Dios, no podrán destruirlos, y ustedes se encontrarán luchando contra Dios.** (39). No debemos ser demasiado rápidos en dar a Gamaliel el crédito de haber establecido un principio invariable. No hay duda de que a largo plazo lo que es de Dios ha de triunfar, a diferencia de lo que es meramente humano (sin mencionar lo diabólico). Sin embargo, a corto plazo, los planes malvados a veces tienen éxito, mientras que los buenos, concebidos de acuerdo con la voluntad de Dios, a veces fallan. De modo que el principio de Gamaliel no es un indicador fiable de lo que es de Dios o de lo que no lo es.

## c. La conclusión | 5.40–42

El Consejo aceptó el razonamiento de Gamaliel: **Se dejaron persuadir por Gamaliel.** Enseguida **llamaron a los apóstoles. Luego de azotarlos** (presumiblemente administrándoles los terribles 'cuarenta latigazos menos uno'), **les ordenaron** (por segunda vez) **que no hablaran más en el nombre de Jesús. Después de eso los soltaron** (40).

La reacción de los apóstoles despierta nuestra admiración. **Salieron del Consejo,** con las espaldas cruelmente desgarradas y ensangrentadas, pero **llenos de gozo por haber sido considerados dignos de sufrir afrentas por causa del Nombre** (41). La expresión de Lucas es 'una hermosa antítesis (el honor de ser deshonrado, la gracia de sufrir el oprobio)'.[28] En efecto, estaban haciendo lo que Jesús, en el Sermón del Monte, les había dicho que hicieran, es decir, regocijarse en la persecución.[29] Más aun, una vez más desafiaron valientemente la prohibición del Consejo, porque **día tras día,** en público y en privado, **en el templo y de casa en casa, no dejaban de enseñar y anunciar las buenas nuevas de que Jesús es el Mesías** (42).

Lucas concluye así su relato de las dos oleadas de persecución que se desataron sobre la joven iglesia. En la primera el Consejo dictó una prohibición y una advertencia, que llevó a los apóstoles a orar al Señor soberano pidiendo coraje para seguir predicando; en la segunda recibieron una prohibición y una paliza, que los llevó a alabar a Dios por el honor de sufrir por Cristo.

El diablo jamás ha renunciado a su intento de destruir a la iglesia por la fuerza. Bajo Nerón (54—68 d.C.) los cristianos fueron encarcelados y ejecutados, incluyendo probablemente a Pablo y a Pedro. Domiciano (81—96 d.C.) oprimió a los cristianos que se negaban a rendirle los honores divinos que exigía; bajo su gobierno Juan fue enviado en exilio a Patmos. Marco Aurelio (161—180 d.C.), pensando que el cristianismo era peligroso e inmoral, no intervino cuando las turbas locales se ensañaban con violencia. Luego, en el tercer siglo, lo que hasta entonces fuera esporádico se volvió sistemático. Bajo Decio (249—251 d.C.) murieron miles, incluyendo a Fabián, obispo de Roma, por negarse a ofrecer sacrificios al nombre imperial. El último emperador que persiguió a los cristianos, antes de la conversión de Constantino, fue Diocleciano (284—305 d.C.). Promulgó cinco edictos destinados a erradicar por completo al cristianismo. Ordenó que se quemaran las iglesias, que se confiscaran las Escrituras, que se torturara al clero, y que, los empleados públicos cristianos fueran privados de su ciudadanía, y que si seguían obstinadamente sin arrepentirse, fueran ejecutados. Todavía hoy con frecuencia la iglesia es perseguida, especialmente en algunos países marxistas, hindúes o islámicos. Pero no necesitamos temer en cuanto a la supervivencia de la iglesia. Dirigiéndose a los gobernantes del imperio romano, Tertuliano exclamó: 'Podrán matarnos, torturarnos, condenarnos, reducirnos a polvo. … Cuanto más nos aplastan, tanto más crecemos; *la semilla es la sangre de los cristianos.*'[30] O, como dijo el obispo Festo Kivengere en febrero de 1979, en el segundo aniversario del martirio del arzobispo Janani Luwum, de Uganda: 'Si no sangra, la iglesia no puede bendecir.' La persecución purifica a la iglesia, pero no la destruye. Si lleva a la oración y a la alabanza, a un reconocimiento de la soberanía de Dios y a la solidaridad con Cristo en sus sufrimientos, entonces, por dolorosa que sea, puede incluso ser bien recibida.

## 5. Los siete son elegidos y comisionados | 6.1–7

El siguiente ataque del diablo fue el más astuto de los tres. Habiendo fracasado en derrotar a la iglesia por medio de la persecución o la corrupción, a continuación intentó la distracción. Si lograba preocupar a los apóstoles con la administración social, cosa que si bien era esencial no era su llamado, descuidarían las responsabilidades dadas por Dios en cuanto a la oración y la predicación, dejando así a la iglesia sin defensa alguna contra la falsa doctrina.

### a. El problema | 6.1

La situación es clara. Por una parte, **en aquellos días** aumentó **el número de los discípulos**. Por la otra, el entusiasmo por el crecimiento de la iglesia se vio atenuado por un lamentable *goggysmos*, 'una queja … expresada mediante la murmuración' (BAGD). El verbo afín se usa en la LXX para describir la 'murmuración' de los israelitas contra Moisés,[31] y evidentemente los miembros de la iglesia de Jerusalén estaban murmurando contra los apóstoles, quienes recibían el dinero para el socorro (4.35, 37) y se suponía que debían distribuirlo equitativamente. Pero esa manera de protestar es inapropiada entre cristianos.[32]

La queja se relacionaba con el bienestar de las viudas, cuya causa Dios, en el Antiguo Testamento, había prometido defender.[33] Suponiendo que eran incapaces de ganarse la vida por sí mismas y carecían de familiares que las pudieran sostener,[34] la iglesia había asumido la responsabilidad, y diariamente se les hacía una distribución de alimentos. Pero había dos grupos en la iglesia de Jerusalén, uno llamado *hellēnistai* y el otro *hebraioi*, y los que formaban el primero se quejaban contra los del segundo grupo de que **sus viudas eran desatendidas en la distribución diaria de los alimentos** (1). No se sugiere que el descuido fuera deliberado ('las viudas hebreas recibían un trato preferencial', JBP); es más probable que la causa fuera la falta de supervisión o la administración ineficiente.

¿En qué consistía exactamente la identidad de estos dos grupos? Por lo general se ha pensado que se distinguían entre sí por una combinación de procedencia y de idioma. Es decir, los *hellēniastai* venían de la diáspora, se habían establecido en Palestina y hablaban griego, mientras que los *hebraioi* eran nativos de Palestina y hablaban arameo. No obstante, esta es una explicación inadecuada. Siendo que Pablo se llamaba a sí mismo *hebraios*,[35] a pesar de que venía de Tarso y hablaba griego, la distinción tiene que ir más allá del origen y el idioma, a la cultura. Es decir que los *hellēnistai* no solamente hablaban griego, sino que pensaban y actuaban como griegos, mientras que los *hebraioi* no solamente hablaban arameo sino que estaban profundamente inmersos en la cultura hebrea. Siendo esto así, mencionar a **los judíos de habla griega** y **los de habla aramea** no es una buena traducción, ya que se refiere al idioma solamente y no a la cultura. Richard Longnecker escribe que 'Lo que hace falta aquí es alguna traducción tal como: judíos griegos y judíos hebraicos.'[36] Siempre hubo rivalidad entre estos grupos en la cultura judía; lo trágico era que se perpetuara en el seno de la nueva comunidad de Jesús, quien con su muerte había abolido esas distinciones.[37]

Con todo, el problema era más que una cuestión de tensión cultural. Los apóstoles comprendieron que había un problema más profundo, a saber que la administración social (tanto la organización de la distribución como la solución de la queja) estaba amenazando ocupar todo su tiempo y de ese modo impedir que cumplieran el trabajo que Cristo les había confiado específicamente, o sea la predicación y la enseñanza.

## b. La solución | 6.2–6

**Los doce** no le impusieron una solución a la iglesia, sin embargo, sino que **reunieron a toda la comunidad de discípulos** con el fin de compartir el problema con ellos. **No está bien que nosotros los apóstoles descuidemos el ministerio de la palabra de Dios para servir las mesas** (2), dijeron. No hay indicio alguno de que los apóstoles consideraban el trabajo social como inferior al trabajo pastoral, o por debajo de su dignidad. Se trataba enteramente de una cuestión de llamado. Ellos no estaban libres para ser apartados de su propia y prioritaria tarea. De modo que hicieron una propuesta a la iglesia: **Hermanos, escojan de entre ustedes a siete hombres de buena reputación, llenos del Espíritu y de sabiduría** [JBP, 'tanto prácticos como con mentalidad espiritual'], **para encargarles esta responsabilidad** (3). **Así nosotros nos dedicaremos de lleno a la oración y al ministerio de la palabra** (4). Notemos que al especificar lo esencial del ministerio de los apóstoles los Doce han agregado ahora la oración a la predicación (probablemente pensando tanto en la intercesión pública como privada). Conforman un par natural, ya que, sin la oración para pedir que la voluntad del Espíritu riegue la semilla, el ministerio de la palabra tiene pocas posibilidades de prosperar. Generalmente se considera que esta delegación del bienestar social a los siete dio origen al diaconado. Es posible, porque se usa el lenguaje de la *diakonia* en los versículos 1 y 2, como veremos más adelante. Sin embargo, en realidad a los siete no se los llama *diakonoi*.[38]

La iglesia comprendió lo que significaba el plan de los apóstoles: **Esta propuesta agradó a toda la asamblea. Escogieron a Esteban,**

**hombre lleno de fe y del Espíritu Santo, y a Felipe, a Prócoro, a Nicanor, a Timón, a Parmenas y a Nicolás, un prosélito de Antioquía** (DHH, 'uno de Antioquia que antes se había convertido al judaísmo') (5). Se ha señalado que los siete tenían nombres griegos. Podría ser, por lo tanto, que todos hayan sido *hellēnistai*, elegidos deliberadamente para satisfacer al grupo que se quejaba. Pero esto es una especulación. Es más probable 'que se hubieran elegido algunos de ambas clases de judíos, el único camino justo y apropiado'.[39] Fueran o no diáconos, y fueran o no *hellēnistai*, **los presentaron a los apóstoles, quienes oraron y les impusieron las manos** (6), con lo cual los comisionaban y autorizaban para ejercer ese ministerio.

## c. El principio

En este incidente se ilustra un principio fundamental, que es de suma importancia para la iglesia de hoy. Es que Dios llama a todo su pueblo al ministerio, que llama a personas distintas para diferentes ministerios, y que los llamados a la oración y al ministerio de la palabra no deben permitir de ninguna manera que se los distraiga de sus prioridades.

Con seguridad que es intencional que tanto la obra de los doce apóstoles como la obra de los siete se llame, en ambos casos, *diakonia* (1, 4), 'ministerio' o 'servicio'. El primero es el 'ministerio de la palabra' (4) u obra pastoral, el segundo es el de 'servir las mesas' (2) o trabajo social. Ningún ministerio es superior al otro. Por el contrario, ambos son ministerios cristianos, es decir, formas de servir a Dios y a su pueblo. Ambos deben ser ejercidos por personas espirituales, 'llenas del Espíritu'. Y ambos pueden ser ministerios cristianos de tiempo completo. La única diferencia entre ellos radica en la forma que adopta el ministerio, lo cual requiere dones diferentes y diferentes llamados.

Hacemos un gran perjuicio a la iglesia cuando nos referimos al pastorado como 'el ministerio', por ejemplo cuando hablamos de la ordenación en términos del 'ingreso al ministerio'. Este uso del artículo definido supone que el pastorado ordenado es el único ministerio que existe. Pero *diakonia* es una palabra genérica para servicio; carece de especificidad hasta que se le agrega un adjetivo descriptivo, ya sea 'pastoral', 'social', 'político', 'médico', o cualquier otro. Todos los cristianos, sin excepción, por ser seguidores de aquel que vino 'no para ser servido sino para servir', somos llamados también al ministerio, más todavía, a dar la vida en el ministerio. Y la expresión 'ministerio cristiano de tiempo completo' no debe restringirse al trabajo en la iglesia ni al servicio misionero; también puede ejercerse en el gobierno, en los medios de comunicación, en las profesiones, en los negocios, en la industria y en el hogar. Es preciso que recuperemos esta visión de la gran diversidad de los ministerios a los que Dios llama a su pueblo.

En particular, es fundamental para la salud y el crecimiento de la iglesia que los pastores y los miembros de la congregación local aprendan esta lección. Es verdad que los pastores no son apóstoles, ya que a los apóstoles se les dio autoridad para formular y enseñar el evangelio, mientras que los pastores son responsables de exponer el mensaje que los apóstoles nos han legado en el Nuevo Testamento. No obstante, es un verdadero 'ministerio de la palabra' al que los pastores han sido llamados a dedicar su vida. No es que los apóstoles estuvieran demasiado ocupados con el ministerio, sino preocupados con el ministerio equivocado. Así lo están muchos pastores. En lugar de concentrarse en el ministerio de la palabra (lo cual incluye predicar a la congregación, aconsejar a las personas individualmente y capacitar a grupos de personas), se ven abrumados con asuntos de administración. A veces es culpa del pastor (quiere manejar todas las riendas por sí mismo), y a veces es culpa de la gente (quieren que el pastor sea quien lo haga todo). En cualquiera de estos casos las consecuencias son desastrosas. Baja el nivel de la predicación y la enseñanza, por cuanto el pastor tiene poco tiempo para estudiar y orar. Además, los laicos no ejercen los papeles que les ha asignado Dios, porque el pastor hace todo él mismo. Por ambas razones la congregación deja de crecer hacia alcanzar la madurez en Cristo. Lo que hace falta es el reconocimiento fundamental y bíblico de que Dios llama a diferentes hombres y mujeres a cumplir diferentes ministerios. De este modo la congregación asegurará que su pastor quede libre de asuntos administrativos innecesarios, para poder entregarse al ministerio de la palabra, y el pastor se asegurará que la congregación descubra sus dones y desarrolle ministerios apropiados para su servicio.

## d. El resultado | 6.7

Como resultado directo de la acción de los apóstoles al delegar el trabajo social para concentrarse en su prioridad pastoral, **la palabra de Dios se difundía** (7a). ¡Desde luego! La palabra no puede extenderse cuando se descuida este ministerio. Inversamente, cuando los pastores se dedican a la enseñanza de la palabra, se extiende. Luego, como resultado adicional, **el número de los discípulos aumentaba considerablemente en Jerusalén, e incluso** (un desarrollo llamativo) **muchos de los sacerdotes obedecían a la fe** (7b). Los dos verbos **difundía** y **aumentaba** están en pretérito imperfecto, lo cual indica que la difusión del mensaje y el aumento de la iglesia eran continuos. Este versículo es el primero de seis resúmenes sobre el crecimiento, con los que Lucas salpica su relato. Aparecen en momentos cruciales de la historia que se va desenvolviendo: después de la decisión de los apóstoles de dedicar su atención a la oración y la predicación (6.7);[40] después de la dramática conversión de Saulo de Tarso (9.31); después de la igualmente maravillosa conversión del primer gentil, Cornelio, seguido del derrocamiento de Herodes Agripa I (12.24); después del primer viaje misionero de Pablo y el Concilio de Jerusalén (16.5) después del segundo y el tercer viajes misioneros (19.20); y al final del libro después de la llegada de Pablo a Roma, donde predicaba 'sin impedimento y sin temor alguno' (28.30–31). En cada uno de estos pasajes leemos ya sea que la palabra se extendía, o que la iglesia crecía, o ambas cosas. Dios estaba trabajando; ni seres humanos ni demonios podían obstaculizar su camino.

Ya hemos visto, entonces, las tres tácticas que utilizó el diablo en su estrategia para destruir la iglesia. Primero, intentó suprimirla por la fuerza por medio de las autoridades judías; luego, por medio del matrimonio constituido por Ananías y Safira intentó corromper a la iglesia mediante la hipocresía; y en tercer lugar, mediante las quejas de algunas viudas intentó apartar al liderazgo de la oración y la predicación, exponiéndola de esta manera al error y al mal. Si hubiera tenido éxito en cualquiera de estos intentos, la nueva comunidad de Jesús hubiera sido aniquilada en sus comienzos. Pero los apóstoles estaban suficientemente alerta como para detectar las 'artimañas del diablo'.[41] Hoy necesitamos el discernimiento espiritual de los apóstoles para reconocer tanto la actividad del Espíritu Santo como las del espíritu maligno (ver 5.3). También necesitamos tener la misma fe que tenían ellos en el poderoso nombre de Jesús, ya que sólo por medio de su autoridad es posible derrotar a los poderes de la oscuridad.[42]

# II

# Fundamentos para la misión mundial
## Hechos 6.8—12.24

# 5

# Esteban el mártir
## Hechos 6.8—7.60

Después de la venida del Espíritu y el contraataque de Satanás (cuya derrota Lucas ha celebrado en 6.7), la iglesia está casi lista para iniciar su misión universal. Hasta aquí se componía solamente de judíos y estaba restringida a Jerusalén. Ahora, sin embargo, el Espíritu Santo está a punto de impulsar a su pueblo hacia el mundo más amplio, y el apóstol Pablo (el héroe de Lucas) será el instrumento escogido de Dios para encabezar este desarrollo. Pero primero, en los próximos seis capítulos de Hechos, Lucas explica cómo fueron colocados los fundamentos de la misión gentil por medio de dos hombres notables (Esteban el mártir y Felipe el evangelista), seguidos por dos conversiones notables (Saulo el fariseo y Cornelio el centurión). Estos cuatro hombres, cada cual a su manera, juntamente con Pedro, mediante cuyo ministerio se convirtió Cornelio, hicieron una contribución indispensable a la expansión global de la iglesia.

Esteban el mártir aparece primero (6.8—8.2). Su predicación despertó la encarnizada oposición judía, pero en su defensa cuidadosamente razonada ante el sanedrín puso de manifiesto la libertad del Dios vivo para acudir donde le plazca, y también para pedir a su pueblo que haga lo mismo. Si bien no logró convencer al consejo y fue lapidado, su martirio parece haber influido profundamente sobre Saulo de Tarso. Y también provocó la dispersión de los discípulos por toda Judea y Samaria.

Felipe el evangelista (8.4–40) tuvo la distinción de ser tanto el primero en compartir las buenas nuevas con los despreciados samaritanos como el medio por el cual se quebró la barrera entre judíos y samaritanos. Luego condujo al primer africano a Cristo, el eunuco etíope, y lo bautizó.

La conversión y comisión de Saulo el fariseo (9.1–31) fue un preludio imprescindible de la misión a los gentiles, ya que fue llamado a ser especialmente el apóstol a los gentiles.

Cornelio el centurión (10.1—11.18) fue el primer gentil en ser convertido y recibido en la iglesia. El don del Espíritu que recibió autenticaba claramente su inclusión en la comunidad mesiánica en iguales condiciones que los judíos, y de este modo venció el estrecho prejuicio judío del apóstol Pedro.

Solamente después que estos cuatro hombres hubieron representado su papel en el desarrollo del relato de Lucas puede decirse que estaba armado el escenario para el primer viaje misionero que se registra en Hechos 13 y 14.

Lucas ya ha presentado a Esteban. Como uno de los siete, estaba 'lleno del Espíritu y de sabiduría' (6.3). A él mismo se lo describe luego como 'hombre lleno de fe y del Espíritu Santo' (6.5), y ahora se lo vuelve a presentar como **hombre lleno de la gracia y del poder de Dios** (6.8a). Lleno del Espíritu, y por ello también lleno de sabiduría, fe, gracia y poder, evidentemente daba a la gente la impresión de plenitud. 'Gracia y poder' forman una combinación llamativa, que Campbell Morgan explica como 'dulzura y fortaleza … reunidas en una sola personalidad'.[1] El término 'gracia' parece indicar un carácter afable, semejante a Cristo, en tanto que 'poder' se veía en que **hacía grandes prodigios y señales milagrosas entre el pueblo** (8b). Hasta aquí las señales y los prodigios solo han sido acreditados por Lucas a Jesús (2.22) y a los apóstoles (2.43; 5.12); ahora, por primera vez, se dice que también otros los realizan. Algunos llegan a la conclusión de que Esteban (6.8) y Felipe (8.6) fueron casos especiales, ambos debido al hecho de que los apóstoles les habían impuesto las manos (6.6), incluyéndolos de este modo en el seno de su propio ministerio apostólico, como también debido a que ocupaban un lugar especial en la historia de la salvación, en la transición entre el movimiento judío y la misión mundial. Pero esto no se puede probar, y Esteban y Felipe son testimonio del hecho de que, si bien según Lucas las señales y los prodigios estaban principalmente limitados a los apóstoles, la restricción no era absoluta.

A pesar de las descollantes cualidades de Esteban, su ministerio provocó un feroz antagonismo. No se nos dice por qué, pero se explica que quienes se oponían eran **ciertos individuos de la sinagoga**

**llamada de los Libertos.** También se menciona a unos **judíos de Cirene y de Alejandría, de Cilicia y de la provincia de Asia** (9a). Los libertos (*libertinoi*, transliteración griega de un término latino) eran esclavos que habían obtenido su libertad y la de sus descendientes. ¿Pero quiénes eran los judíos de Cirene, Alejandría, Cilicia y Asia? Piensan algunos que pertenecían a cuatro sinagogas distintas, y que los libertos conformaban una quinta. Otros piensan que se trataba de dos, tres o cuatro sinagogas. Pero quizá sea mejor entender, con la NVI, que Lucas se refiere a una sola sinagoga (porque la palabra aparece en singular). La BA también lo entiende así, y dice que la sinagoga comprende personas de los cuatro lugares mencionados. Dado que habían sido liberados de la esclavitud, tienen que haber sido judíos extranjeros que se habían trasladado a Jerusalén. Podría ser que entre los de Cilicia estuviera incluido Saulo de Tarso. La designación de Esteban como uno de los siete, encargado del cuidado de las viudas, no requería que renunciara a la predicación; era precisamente a su mensaje que se oponían estos miembros de la sinagoga.

Primero, **con él** [es decir con Esteban] **se pusieron a discutir** (9b). Pero no habían tenido en cuenta el calibre del hombre al que se oponían, porque **no podían hacer frente a la sabiduría ni al Espíritu con que hablaba Esteban** (10), lo que quizá deba entenderse como 'la inspirada sabiduría con la que hablaba Esteban' (NEB). Se trataba del cumplimiento de la promesa de Jesús, que registra Lucas, de que les daría a sus seguidores 'tal elocuencia y sabiduría para responder' que sus adversarios no podrían responderles ni contradecirles.[2]

Segundo, frustrados en los debates abiertos, los adversarios de Esteban iniciaron una campaña de desprestigio en su contra, porque cuando fracasan los argumentos, con frecuencia el lodo ha resultado ser un excelente sustituto. De modo que **instigaron a unos hombres** (presumiblemente mediante soborno) para que dijeran: '**Hemos oído a Esteban blasfemar contra Moisés y contra Dios**' (11). De esta manera **agitaron al pueblo, a los ancianos y a los maestros de la ley** (12a).

Tercero, **se apoderaron de Esteban y lo llevaron ante el Consejo** (12b), y luego **presentaron testigos falsos** (13a).

De este modo la oposición, que comenzó con cuestiones teológicas, fue degenerando en calumnias y terminó con violencia. Este mismo orden de los acontecimientos se repite con frecuencia. Al comienzo se da un serio debate teológico. Cuando esto falla, la gente suele comenzar una campaña personal basada en mentiras. Finalmente, recurren a las acciones legales o cuasi legales para intentar librarse de su adversario por la fuerza. Dejemos que otros se valgan de estas armas contra nosotros; ¡no recurramos nosotros a semejantes procedimientos!

Después de esta presentación de Esteban, Lucas se ocupa de aclarar aquello de lo cual lo acusaban (6.13–15), luego sintetiza la defensa que hizo Esteban ante el Consejo (7.1–53), y finalmente describe la sentencia sumaria que se dictó en su contra, en otras palabras, su muerte por apedreamiento (7.54–60).

# 1. Esteban es acusado | 6.13–15

El rumor que se había hecho circular era que Esteban había blasfemado contra Moisés y contra Dios (11). Ahora ante el sanedrín los testigos falsos ampliaron la acusación: **Este hombre no deja de hablar contra este lugar santo y contra la ley** (13). Nos detenemos para tomar nota de que se trataba de una doble acusación extremadamente seria. Porque nada era más sagrado para los judíos, y nada más precioso, que su templo y su ley. El templo era el **lugar santo**, el santuario de la presencia de Dios, y la **ley** constituía la sagrada escritura, la revelación de la mente y la voluntad de Dios. Por consiguiente, dado que el templo era la casa de Dios y la ley constituía la palabra de Dios, hablar contra cualquiera de ellos equivalía a hablar contra Dios o, en otras palabras, blasfemar.

¿Pero en qué sentido habló Esteban contra el templo y contra la ley? Los falsos testigos explicaron: **Le hemos oído decir que ese Jesús de Nazaret destruirá este lugar y cambiará las tradiciones que nos dejó Moisés** (14). Las palabras de Esteban contra el templo y la ley aparecen, entonces, como su enseñanza acerca de lo que Jesús de Nazaret haría con ambos. ¿Pero tenía razón Esteban? ¿Era Jesús un iconoclasta, que había amenazado con destruir el templo y cambiar la ley, privando así a Israel de sus dos posesiones más preciadas e incluso oponiéndose al Dios que los había dado? Por cierto que Jesús había sido acusado de esto, y podemos tener la seguridad de que Esteban se hacía eco fielmente de su enseñanza.

¿Qué fue, entonces, lo que dijo Jesús acerca del templo y la ley? Primero, dijo que remplazaría al templo. "Nosotros le oímos decir:

'Destruiré este templo hecho por hombres y en tres días construiré otro, no hecho por hombres'".[3] Sus oyentes creyeron que hablaba literalmente, y preguntaron: 'Tardaron cuarenta y seis años en construir este templo, ¿y tú vas a levantarlo en tres días?'[4] 'Pero', comenta Juan, 'el templo al que se refería era su propio cuerpo,'[5] tanto su cuerpo de resurrección que fue levantado al tercer día, como también su cuerpo espiritual, la iglesia, que habría de ocupar el lugar del templo material. De modo que Jesús se atrevió a hablar de sí mismo como el nuevo templo de Dios que remplazaría al antiguo. 'Yo les digo', declaró, 'que aquí está uno más grande que el templo.'[6] En consecuencia, si bien en el pasado el pueblo se reunía en el templo para encontrarse con Dios, en el futuro el lugar de reunión con Dios sería él mismo.

Segundo, Jesús dijo que él cumpliría la ley. Desde luego que se lo acusó de despreciar la ley, por ejemplo en relación con el *sabat*. Pero los escribas y los fariseos no habían entendido a Jesús. Lo que él hizo fue contradecir las tergiversaciones de los escribas en cuanto a Moisés, y de este modo arrasar con las tradiciones de los ancianos. Pero nunca fue irrespetuoso para con la ley misma. Por el contrario, dijo: 'No piensen que he venido a anular la ley o los profetas; no he venido a anularlos sino a darles cumplimiento.'[7] En particular, su decisión de dar su vida por nosotros daría cumplimiento a todo el sacerdocio y a todos los sacrificios.

Lo que Jesús enseñó, por lo tanto, fue que el templo y la ley serían remplazados. Con ello no estaba queriendo decir que no hubieran sido dones divinos en primer lugar, sino que por la voluntad de Dios tendrían su cumplimiento en él, el Mesías. Jesús era y es el reemplazante del templo y el cumplimiento de la ley. Más todavía, afirmar que tanto el templo como la ley señalaban hacia él y ahora se cumplen en él, equivale a magnificar la importancia que tienen, y no a denigrarlos.

Hasta donde podemos discernirlo, Esteban estaba enseñando fundamentalmente lo mismo que Jesús había enseñado. Los testigos falsos lo acusaron de decir que Jesús de Nazaret destruiría el templo y cambiaría la ley. Es decir, representaban la obra de Cristo en términos negativos, destructivos. Pero lo que realmente estaba haciendo Esteban era predicar a Cristo, en forma positiva y constructiva, como Aquel en el cual todo lo que el Antiguo Testamento predijo y anunció se cumple, incluidos el templo y la ley.

A esta altura **todos los que estaban sentados en el Consejo fijaron la mirada en Esteban y vieron que su rostro se parecía al de un ángel** (15). No deja de ser significativo que el Consejo, con la mirada fija en el prisionero en el banquillo de los acusados, hubieran, visto que su rostro resplandecía como el de un ángel, porque esto fue también lo que le ocurrió al rostro de Moisés cuando descendió del monte Sinaí con la ley.[8] ¿Acaso no se trataría del expreso propósito de Dios el que, cuando fue acusado de oponerse a la ley, el rostro de Esteban resplandeciera de la misma manera que el de Moisés cuando recibió la ley? De este modo Dios mostraba que tanto el ministerio de Moisés para con la ley, y la interpretación que de ella hacía Esteban, tenían su aprobación. Por cierto que la bendición de Dios sobre Esteban se manifiesta constantemente. La gracia y el poder de su ministerio (8), su irresistible sabiduría (10) y su rostro resplandeciente (13) eran señales de que el favor de Dios se había posado sobre él.

## 2. Esteban presenta su defensa | 7.1–53

Muchos de los que estudian el discurso de Esteban lo han criticado por considerarlo desordenado, pesado e incoherente. Un buen ejemplo es George Bernard Shaw en su prefacio a *Androcles and the Lion* [Androcles y el león]. Se refiere a Esteban como 'un joven orador sumamente intolerable' y 'un latoso engreído y falto de tacto', y agrega que 'pronunció un discurso en el consejo, en el que … los sometió a un tedioso bosquejo de la historia de Israel, con la que presumiblemente estaban tan familiarizados como él'.[9] Otros consideran que a su discurso le falta no sólo interés sino sentido. Dibelius, por ejemplo, escribió sobre 'la falta de pertinencia de la mayor parte de su discurso'.[10] Las valoraciones negativas sobre la capacidad de oratoria de Esteban no son universales, por cierto. William Neil considera que su discurso es 'una sutil y hábil proclamación del evangelio'.[11]

Es importante tener en cuenta la naturaleza y el propósito del discurso de Esteban. Una vez que le fueron dirigidas esas dos acusaciones tan serias, el sumo sacerdote lo desafió a contestar ante el sanedrín: —**¿Son ciertas estas acusaciones?** (7.1). Por eso Esteban tuvo que defenderse de ellas, y lo hizo elaborando una apología a favor de su evangelio radical. Lo que hizo no fue simplemente repasar los aspectos salientes del relato del Antiguo Testamento, con los que el sanedrín estaba tan familiarizado como él, sino hacerlo de tal modo que pudiese sacar lecciones que ellos nunca habían aprendido ni siquiera notado. Su preocupación consistía en demostrar que su posición, lejos de ser una 'blasfemia' por ser irrespetuosa para con la Palabra de Dios, en realidad la honraba. Porque el propio Antiguo Testamento confirmaba su enseñanza acerca del templo y la ley, especialmente al predecir al Mesías, mientras que al rechazarlo eran ellos quienes se mostraban irrespetuosos para con la ley, no él. Es evidente que la mente de Esteban estaba saturada del Antiguo Testamento, porque su discurso es como un entramado cubierto de alusiones a él.

## a. El templo

No era debido a su magnificencia arquitectónica que los judíos atesoraban el templo, sino porque Dios prometió 'poner su nombre' allí, y allí encontrarse con su pueblo. Varios salmos dan testimonio del amor de Israel para con el templo. Por ejemplo, 'Una sola cosa le pido al Señor, y es lo único que persigo: habitar en la casa del Señor todos los días de mi vida, para contemplar la hermosura del Señor y recrearme en su templo.'[12] Esto estaba bien. Pero muchos llegaron a una conclusión errónea. Concebían a Yahvéh tan completamente identificado con el templo que su existencia material les garantizaba protección a ellos, mientras que su destrucción significaría que los había abandonado. Era contra esta noción que se expresaban los profetas.[13] Mucho antes que ellos, como señaló Esteban al Consejo, las grandes figuras del Antiguo Testamento nunca imaginaron que Dios estuviera encerrado en un edificio.

Lo que hizo Esteban fue elegir cuatro épocas principales de la historia de Israel, dominadas por cuatro personalidades destacadas. En primer lugar destacó a Abraham y la era patriarcal (7.2–8); luego a José y el exilio egipcio (9–19); tercero a Moisés, el éxodo y la peregrinación por el desierto (20–44); y finalmente a David y Salomón, y el establecimiento de la monarquía (45–50). El rasgo que relaciona a estas cuatro épocas es que en ninguna de ellas Dios estuvo limitado a algún lugar en particular. Por el contrario, el Dios del Antiguo Testamento era el Dios vivo, un Dios en movimiento y en marcha, que constantemente llevaba a su pueblo hacia nuevas aventuras, y siempre acompañándolos y dirigiéndolos por el camino.

## (i) Abraham | 7.2–8

He aquí la síntesis que hace Esteban de la primera época, la patriarcal, en la que Abraham era la figura clave:

> [7.2]… El Dios de la gloria se apareció a nuestro padre Abraham cuando éste aún vivía en Mesopotamia, antes de radicarse en Jarán. [3]'Deja tu tierra y a tus parientes —le dijo Dios—, y ve a la tierra que yo te mostraré.'
>
> [4]'Entonces salió de la tierra de los caldeos y se estableció en Jarán. Desde allí, después de la muerte de su padre, Dios lo trasladó a esta tierra donde ustedes viven ahora. [5]No le dio herencia alguna en ella, ni siquiera dónde plantar el pie, pero le prometió dársela en posesión a él y a su descendencia, aunque Abraham no tenía ni un solo hijo todavía. [6]Dios le dijo así: 'Tus descendientes vivirán como extranjeros en tierra extraña, donde serán esclavizados y maltratados durante cuatrocientos años. [7]Pero sea cual sea la nación que los esclavice, yo la castigaré, y luego tus descendientes saldrán de esa tierra y me adorarán en este lugar.' [8]Hizo con Abraham el pacto que tenía por señal la circuncisión. Así, cuando Abraham tuvo a su hijo Isaac, lo circuncidó a los ocho días de nacido, e Isaac a Jacob, y Jacob a los doce patriarcas.'

No es accidental que Esteban describa a Yahvéh como el Dios de la gloria, porque su gloria es la manifestación de sí mismo, y Esteban está a punto de ofrecer detalles de la forma en que se hizo conocer a Abraham. Se le apareció primeramente cuando … aún vivía en Mesopotamia, en Ur de los caldeos,[14] cuando él y su familia 'adoraban a otros dioses'.[15] Con todo, aun en ese contexto idolátrico, Dios apareció y le habló a Abraham, diciéndole que debía alejarse de su casa y su gente y emigrar a otro país que posteriormente le mostraría. Algunos comentaristas consideran que Esteban cometió un error en esto, porque deducen de Génesis 11.31—12.1 que el mandato de Dios a Abraham le fue dado en Jarán, no en Ur. Pero Génesis 12.1 puede traducirse, 'El Señor había dicho a Abram' (como en RVR95), sugiriendo que lo que le dijo en Jarán era en realidad una confirmación de lo que ya le había dicho en Ur. Cierto es que más adelante Dios se había anunciado a Abram como 'el Señor, que te hice salir de Ur de los caldeos…', y tanto Josué como Nehemías dan testimonio de esto.[16] De modo que Abram salió de Ur **y se estableció en Jarán.** Pero de allí Dios lo mandó a iniciar otra etapa de su viaje y **lo trasladó** a la tierra de Canaán. No obstante, **no le dio herencia alguna en ella, ni siquiera dónde plantar el pie,** pero en cambio **le prometió dársela en posesión … a su descendencia,** aun cuando en ese entonces no tenía ningún hijo. Al mismo tiempo, ellos tampoco la heredarían inmediatamente, porque primero debían ser **extranjeros en tierra extraña,** en la que serían **esclavizados y maltratados durante cuatrocientos años** (Esteban se conforma con una cifra redonda, si bien el tiempo de su esclavitud fue de 430 años).[17] Durante su cruel servidumbre Dios no los olvidó ni los abandonó; intervino para castigar a la nación que los esclavizó y de esta manera los rescató de su esclavitud (7).

No podemos dejar pasar el énfasis que Esteban pone en la iniciativa divina. Fue Dios quien apareció, habló, mandó, prometió, castigó y rescató. De Ur de los caldeos a Jarán, de Jarán a Canaán, de Canaán a Egipto, de Egipto nuevamente a Canaán, Dios dirigía cada etapa del peregrinaje de su pueblo. Aunque toda la medialuna fértil desde el río Éufrates hasta el río Nilo fue escenario de sus migraciones, Dios estuvo con ellos. ¿Por qué fue esto? Fue porque **hizo con Abraham el pacto que tenía por señal la circuncisión** (8), es decir, le hizo un pacto solemne a Abraham de bendecir a él y a su posteridad, y le dio la circuncisión como señal y sello de ese pacto. Por lo tanto, mucho antes de que fuese un lugar santo, hubo un pueblo santo, al que Dios le había hecho una promesa. Luego renovó la promesa que le había hecho a Abraham, primero a su hijo Isaac, luego a su nieto Jacob, y posteriormente a sus bisnietos **los doce patriarcas** (8b). De este modo Esteban hace la transición entre Abraham y José, la segunda gran figura del Antiguo Testamento que quiere destacar (9–16).

## (ii) José | 7.9–16

> [7.9]**Por envidia los patriarcas vendieron a José como esclavo, quien fue llevado a Egipto; pero Dios estaba con él** [10]**y lo libró de todas sus desgracias. Le dio sabiduría para ganarse el favor del faraón, rey de Egipto, que lo nombró gobernador del país y del palacio real.**

> **[11]Hubo entonces un hambre que azotó a todo Egipto y a Canaán, causando mucho sufrimiento, y nuestros antepasados no encontraban alimentos. [12]Al enterarse Jacob de que había comida en Egipto, mandó allá a nuestros antepasados en una primera visita. [13]En la segunda, José se dio a conocer a sus hermanos, y el faraón supo del origen de José. [14]Después de esto, José mandó llamar a su padre Jacob y a toda su familia, setenta y cinco personas en total. [15]Bajó entonces Jacob a Egipto, y allí murieron él y nuestros antepasados. [16]Sus restos fueron llevados a Siquén y puestos en el sepulcro que a buen precio Abraham había comprado a los hijos de Jamor en Siquén.**

Notamos de inmediato que, si Mesopotamia fue el sorprendente contexto en el cual Dios se le apareció a Abraham (7.2), Egipto fue el escenario igualmente sorprendente de los vínculos que tuvo Dios con José. Seis veces en siete versículos Esteban repite la palabra **Egipto**, como para asegurarse de que sus oyentes han captado su significación. Esta era la 'tierra extraña' en la que los descendientes de Abraham serían extranjeros y esclavos durante 400 años (6), y se debió a los celos de los patriarcas con respecto a su hermano menor José que tuvo lugar la migración (9). Si bien José era entonces extranjero y esclavo en Egipto, no obstante, **Dios estaba con él** (9). En consecuencia, **Dios … lo libró de todas sus desgracias** (principalmente por su injusto encarcelamiento por Potifar), y **le dio sabiduría** (especialmente para que pudiera interpretar sueños), de modo que se ganó **el favor del faraón** y fue nombrado **gobernador del país** (10).

Dios no estuvo solamente con José sino también con toda su familia, porque los salvó de morir durante la hambruna (11). Egipto era, también, el lugar donde se daría esta liberación divina. Esteban describe las tres visitas de los hermanos de José a Egipto, la primera para obtener cereales (12), la segunda cuando José se dio a conocer a ellos (13), y la tercera cuando llevaron a su padre Jacob con ellos, con sus mujeres e hijos, **setenta y cinco personas en total** (14). Esta es la cifra que se menciona en la traducción de Génesis 46.27 y Éxodo 1.5 de la LXX, aunque el texto hebreo en ambos versículos dice setenta. Es probable que la discrepancia dependa de si los hijos de José están incluidos o no en el total. Esteban no lo menciona, y para nosotros resulta difícil imaginar cuán traumático le habrá parecido a Jacob este viaje a Egipto. Seguramente sabía que en una hambruna anterior el Señor le había prohibido a su padre Isaac que fuera a Egipto, ordenándole, en cambio, que permaneciera en la tierra prometida.[18] ¿También incluía a Jacob esta prohibición? Es indudable que fue para aliviar los recelos de Jacob que en Berseba, cerca de la frontera entre Canaán y Egipto, Dios le dijo por medio de una visión nocturna que no temiera ir a Egipto, porque él mismo iría con él, lo bendeciría allí y finalmente lo llevaría de regreso.[19] **Bajó entonces Jacob a Egipto** (15). Y allí murieron él y todos sus hijos, lejos de la tierra prometida, a la que nunca regresaron. Solo **sus restos fueron llevados** para ser sepultados allí (16).

Había dos terrenos con sepulturas patriarcales en Canaán. El primero era el campo y la cueva de Macpela cerca de Hebrón, que Abraham compró a Efrón el hitita;[20] el segundo era una parcela de tierra cerca de Siquén, que Jacob compró a los hijos de Jamor.[21] Algunos comentaristas se han burlado de Esteban (o de Lucas) por confundir las cosas, ya que Esteban dice que fue Abraham quien compró la tumba de Siquén, en lugar de Jacob. Pero teniendo en cuenta los antecedentes es improbable que Esteban, con su íntimo conocimiento del Antiguo Testamento, hubiera cometido este error. Es mejor suponer que Jacob compró la tumba de Siquén en nombre de Abraham, ya que todavía vivía, o que, al ofrecer un panorama completo de la sepultura de todos los patriarcas, Esteban unió deliberadamente los dos sitios, por cuanto Jacob fue sepultado por pedido de él mismo en el campo de Macpela,[22] mientras que los huesos de José fueron enterrados muchos años más tarde en Siquén.[23]

## (iii) Moisés | 7.17–43

La tercera época que menciona Esteban (17–43) estuvo dominada por Moisés, mediante cuyo ministerio Dios mantuvo sus promesas a Abraham, promesas que parecían estar suspendidas. Es posible que la forma en que Esteban trata la carrera de Moisés (que divide en tres períodos de cuarenta años) sea más larga y más completa que su relato de los otros porque se lo había acusado de hablar contra Moisés (6.11). No dejó a sus jueces ninguna duda en cuanto a su inmenso respeto por el liderazgo de Moisés y su participación en el establecimiento de la ley.

[7.17]Cuando ya se acercaba el tiempo de que se cumpliera la promesa que Dios le había hecho a Abraham, el pueblo crecía y se multiplicaba en Egipto. [18]Por aquel entonces subió al trono de Egipto un nuevo rey que no sabía nada de José. [19]Este rey usó de artimañas con nuestro pueblo y oprimió a nuestros antepasados, obligándolos a dejar abandonados a sus hijos recién nacidos para que murieran.

[20]En aquel tiempo nació Moisés, y fue agradable a los ojos de Dios. Por tres meses se crió en la casa de su padre [21]y, al quedar abandonado, la hija del faraón lo adoptó y lo crió como a su propio hijo. [22]Así Moisés fue instruido en toda la sabiduría de los egipcios, y era poderoso en palabra y en obra.

[23]Cuando cumplió cuarenta años, Moisés tuvo el deseo de allegarse a sus hermanos israelitas. [24]Al ver que un egipcio maltrataba a uno de ellos, acudió en su defensa y lo vengó matando al egipcio. [25]Moisés suponía que sus hermanos reconocerían que Dios iba a liberarlos por medio de él, pero ellos no lo comprendieron así.

[26]Al día siguiente, Moisés sorprendió a dos israelitas que estaban peleando. Trató de reconciliarlos, diciéndoles: 'Señores, ustedes son hermanos; ¿por qué quieren hacerse daño?'

[27]Pero el que estaba maltratando al otro empujó a Moisés y le dijo: '¿Y quién te nombró a ti gobernante y juez sobre nosotros? [28]¿Acaso quieres matarme a mí, como mataste ayer al egipcio?' [29]Al oír esto, Moisés huyó a Madián; allí vivió como extranjero y tuvo dos hijos.

[30]Pasados cuarenta años, se le apareció un ángel en el desierto cercano al monte Sinaí, en las llamas de una zarza que ardía. [31]Moisés se asombró de lo que veía. Al acercarse para observar, oyó la voz del Señor: [32]'Yo soy el Dios de tus antepasados, el Dios de Abraham, de Isaac

y de Jacob.' Moisés se puso a temblar de miedo, y no se atrevía a mirar.

[33]Le dijo el Señor: 'Quítate las sandalias, porque estás pisando tierra santa. [34]Ciertamente he visto la opresión que sufre mi pueblo en Egipto. Los he escuchado quejarse, así que he descendido para librarlos. Ahora ven y te enviaré de vuelta a Egipto.'

[35]A este mismo Moisés, a quien habían rechazado diciéndole: '¿Y quién te nombró gobernante y juez?', Dios lo envió para ser gobernante y libertador, mediante el poder del ángel que se le apareció en la zarza. [36]Él los sacó de Egipto haciendo prodigios y señales milagrosas tanto en la tierra de Egipto como en el Mar Rojo, y en el desierto durante cuarenta años.

[37]Este Moisés les dijo a los israelitas: 'Dios hará surgir para ustedes, de entre sus propios hermanos, un profeta como yo.' [38]Este mismo Moisés estuvo en la asamblea en el desierto, con el ángel que le habló en el monte Sinaí, y con nuestros antepasados. Fue también él quien recibió palabras de vida para comunicárnoslas a nosotros.

[39]Nuestros antepasados no quisieron obedecerlo a él, sino que lo rechazaron. Lo que realmente deseaban era volver a Egipto, [40]por lo cual le dijeron a Aarón: 'Tienes que hacernos dioses que vayan delante de nosotros, porque a ese Moisés que nos sacó de Egipto, ¡no sabemos qué pudo haberle pasado!'

[41]Entonces se hicieron un ídolo en forma de becerro. Le ofrecieron sacrificios y tuvieron fiesta en honor de la obra de sus manos. [42]Pero Dios les volvió la espalda y los entregó a que rindieran culto a los astros. Así está escrito en el libro de los profetas:

'Casa de Israel, ¿acaso me ofrecieron ustedes
    sacrificios y ofrendas
durante los cuarenta años en el desierto?
[43]Por el contrario, ustedes se hicieron cargo
    del tabernáculo de Moloc,
de la estrella del dios Refán,

> y de las imágenes que hicieron para adorarlas.
> Por lo tanto, los mandaré al exilio' más allá
>   de Babilonia.

El exilio y la esclavitud de los israelitas en Egipto se prolongaron durante cuatro siglos amargos. ¿Se había olvidado Dios de su pueblo, y de sus promesas de bendecirlos? No. Ya había advertido a Abraham sobre los 400 años de esclavitud y maltrato (6). Pero ahora, por fin, **ya se acercaba el tiempo** (el tiempo señalado, porque Dios es el Señor de la historia) **de que se cumpliera la promesa que Dios le había hecho a Abraham** (17a). En realidad Dios le había hecho dos promesas a Abraham, a saber, darle tanto una simiente (numerosos descendientes) como una tierra (Canaán).[24] La primera promesa se estaba cumpliendo ya durante la cautividad, porque **el pueblo crecía y se multiplicaba en Egipto** (17b). ¿Pero cómo se cumpliría la promesa en cuanto a la tierra? Sólo después de mucho sufrimiento. Porque **subió al trono de Egipto un nuevo rey** que, al no saber nada de José, 'explotó' (JB) a los israelitas y los **oprimió**, incluso **obligándolos a dejar abandonados a sus hijos recién nacidos para que murieran** (18–19).

Fue **en aquel tiempo**, cuando el pueblo experimentaba los máximos sufrimientos y su perspectiva no era nada prometedora, que **nació Moisés**, el libertador señalado por Dios. 'Un niño nada ordinario' es la traducción de la NIV de una expresión que combina las ideas de ser hermoso y agradable a Dios (**agradable a los ojos de Dios**, 20). **Por tres meses** fue criado por su propia madre, pero luego se crió en el palacio egipcio como hijo adoptivo de la hija del faraón (21). De modo que **fue instruido en toda la sabiduría de los egipcios** y se hizo **poderoso en palabra y en obra** (22).

A los cuarenta años de edad, **tuvo el deseo de allegarse a sus hermanos israelitas**, con la intención de conocer su situación a fin de remediarla (23). Al ser testigo de dos casos de injusticia, se propuso intervenir por su cuenta. Primero, intentó defender a un israelita, y mató al egipcio que lo estaba maltratando (24). Al día siguiente trató de reconciliar a dos israelitas que estaban peleando, y los exhortó a tener presente que eran hermanos y que por consiguiente no debían herirse mutuamente (26). En ambos casos supuso que **sus hermanos reconocerían** y aceptarían la vocación que había recibido de Dios de

**liberarlos** (25). **Pero ellos no lo comprendieron así.** En cambio, el israelita que estaba maltratando al otro desconoció la autoridad de Moisés para ser su **gobernante y juez,** y le preguntó si se proponía matarlo a él como había matado al egipcio (27–28). Alarmado al comprobar que su asesinato había sido descubierto, Moisés **huyó a Madián,** donde se estableció **como extranjero,** se casó, y **tuvo dos hijos** (29). Este fue el comienzo de su segundo período de cuarenta años.

Al final del mismo, Moisés llegó a un punto decisivo en su carrera, cuando Dios tuvo un encuentro con él y lo comisionó. Cierto es que se dice que fue **un ángel** el que se le apareció **en el desierto cercano al monte Sinaí, en las llamas de una zarza que ardía** (30). No obstante, fue **la voz del Señor** la que lo llamó, y la que le anunció que él era **el Dios de Abraham, de Isaac y de Jacob,** por lo cual **Moisés se puso a temblar de miedo, y no se atrevía a mirar** (31–32). Luego la voz divina le ordenó quitarse las sandalias porque el lugar que estaba pisando, en la presencia del Dios vivo, era **tierra santa** (33). Esta afirmación era central para la tesis de Esteban. Había tierra santa fuera de la tierra santa. Todo lugar donde está Dios es santo. Más todavía, el mismo Dios que se encontró con Moisés en el desierto de Madián también estaba presente en Egipto, porque había **visto la opresión** de su pueblo allí, **los** [había] **escuchado quejarse,** y, más aun, había **descendido** en persona **para librarlos,** y ahora mandaba a Moisés **de vuelta a Egipto** para hacer efectiva su liberación (34). **Este mismo Moisés,** a quien los israelitas habían rechazado como su **gobernante y juez,** ahora era enviado por Dios **para ser gobernante y libertador, mediante el poder del ángel que se le apareció en la zarza** (35).

El tercer período de cuarenta años los pasó Moisés en el desierto después que **los sacó de Egipto.** Más aun, **tanto en la tierra de Egipto como en el Mar Rojo, y en el desierto,** su ministerio de características únicas, como libertador y legislador, había sido autenticado (tal como el ministerio igualmente único de los apóstoles) mediante **prodigios y señales milagrosas** (36). **Este mismo Moisés,** siguió diciendo Esteban, procurando exaltar su ministerio, es quien predijo la venida del Mesías como un profeta semejante a él mismo,[25] **estuvo en la asamblea** [*ekklēsia*] **en el desierto,** juntamente con el pueblo y **con el ángel que le habló en el monte Sinaí,** y es quien **recibió palabras de vida,** oráculos de Dios, para comunicárselas a su pueblo (37–38). Por cierto (y aquí Esteban anticipa la forma en que va a finalizar su defensa), esta nación grandemente privilegiada se negó a obedecer a Dios: **Nuestros antepasados no quisieron obedecerlo a él, sino que lo rechazaron.** No sólo **deseaban … volver a Egipto,** sino que, rechazando el liderazgo de Moisés, encargaron a Aarón la fabricación de dioses sustitutos que fueran delante de ellos a la tierra prometida (39-40). Luego **ofrecieron sacrificios** al becerro de oro y **tuvieron fiesta en honor de la obra de sus manos** (41); por eso, Dios se alejó de ellos y **los entregó a que rindieran culto a los astros** (42a). Aun cuando Esteban apoya su acusación con una cita de Amós 5 datada varios siglos más tarde, no obstante se refiere al culto corrupto de Israel durante sus cuarenta años en el desierto. Los sacrificios que ofrecieron no eran en realidad para Yahvéh, aunque ellos lo pretendieran así, sino más bien para ídolos paganos (42b-43).

En su discurso, Esteban reseñó la vida y el ministerio de Moisés a través de sus períodos en Egipto, en Madián y en el desierto, y mostró que en cada período y lugar Dios estuvo con él. Crisóstomo entendió lo que esto significaba. Tanto cuando Moisés estaba siendo educado en el palacio egipcio como cuando Dios se le apareció en el desierto de Madián no hay 'una sola palabra sobre el templo, ni una sola palabra sobre sacrificios' (Crisóstomo repite esta frase). De hecho, la **tierra santa** donde estaba la zarza que ardía era 'mucho más maravillosa … que … el lugar santísimo', porque en ninguna parte se dice que Dios hubiera aparecido en el santuario interior en Jerusalén como lo hizo ante la zarza que ardía. De modo que la lección que nos deja la experiencia de Moisés es la de que 'Dios está presente en todas partes' y que 'el lugar santo es dondequiera que esté Dios'.[26]

## (iv) David y Salomón | 7.44-50

Es en la cuarta época descrita por Esteban (44-50), que incluye el asentamiento en la tierra prometida y el establecimiento de la monarquía, que se menciona por primera vez una estructura religiosa, a saber **el tabernáculo del testimonio** que **nuestros antepasados tenían en el desierto** (44).

> [7.44]**Nuestros antepasados tenían en el desierto el tabernáculo del testimonio, hecho como Dios le había ordenado a Moisés, según el modelo que éste había visto.** [45]**Después de haber recibido el tabernáculo, lo trajeron consigo bajo**

el mando de Josué, cuando conquistaron la tierra de las naciones que Dios expulsó de la presencia de ellos. Allí permaneció hasta el tiempo de David, [46]quien disfrutó del favor de Dios y pidió que le permitiera proveer una morada para el Dios de Jacob. [47]Pero fue Salomón quien construyó la casa.

[48]Sin embargo, el Altísimo no habita en casas construidas por manos humanas. Como dice el profeta:

> [49]"El cielo es mi trono,
> y la tierra, el estrado de mis pies.
> ¿Qué clase de casa me construirán?
> —dice el Señor—.
> ¿O qué lugar de descanso?
> [50]¿No es mi mano la que ha hecho
> todas estas cosas?'

Al hacer referencia al tabernáculo y al templo, Esteban no se expresa en forma despectiva en relación con ninguno de ellos. Por el contrario, los asocia con algunos de los nombres más importantes de la historia israelita: Moisés, Josué, David y Salomón. Más aun, el tabernáculo fue construido como Dios le había ordenado a Moisés, según el modelo que este había visto (44). Luego lo trajeron consigo bajo el mando de Josué a la tierra que tomaron de las naciones a las que desalojaron (45a). Por un período prolongado **allí permaneció** como centro de la vida nacional, incluso **hasta el tiempo de David (45b), quien disfrutó del favor de Dios y pidió que le permitiera proveer** [para él] **una morada** más importante y permanente (46). En este relato sobre la transición entre el tabernáculo y el templo, Esteban aparece para algunos como favoreciendo el primero por ser móvil. Pero la verdad es que no expresa preferencia alguna por el tabernáculo ni rechazo por el templo. Porque ambos fueron levantados de conformidad con la voluntad de Dios. Con todo, ¿acaso esto no contradice la tesis de Esteban? No; lo que Esteban señala no es que haya estado mal construir el tabernáculo o el templo, sino que nunca debieron ser considerados en sentido literal como la casa de Dios. Porque **el Altísimo no habita en casas construidas por manos humanas** (48). Pablo iba a argumentar en el mismo sentido ante los filósofos atenienses (17.24). Además, aunque este sentimiento no se expresa claramente en el Antiguo Testamento, Salomón mismo así lo entendió. Cuando estuvo construido el templo oró así: 'Pero ¿será posible, Dios mío, que tú habites en la tierra? Si los cielos, por altos que sean, no pueden contenerte, ¡mucho menos este templo que he construido!'[27] Sin embargo, en lugar de citar este versículo, Esteban cita Isaías 66.1–2 donde Dios dice: **El cielo es mi trono, y la tierra, el estrado de mis pies.** Por lo tanto ¿**qué clase de casa me construirán?** Dios mismo es el Creador; ¿cómo podría el Hacedor de todo cuanto existe ser limitado a estructuras hechas por el hombre? (49–50).

No es difícil, por consiguiente, entender la tesis de Esteban. Un solo hilo recorre toda la primera parte de su defensa: es el de que el Dios de Israel es un Dios peregrino, que no se limita a ningún lugar en particular. Afirmaciones clave en su discurso son las de que el Dios de la gloria se le apareció a Abraham cuando todavía estaba en la pagana Mesopotamia (2); que Dios estaba con José incluso cuando fue esclavo en Egipto (9); que Dios se acercó a Moisés en el desierto de Madián, y que de este modo convirtió en 'tierra santa' ese lugar (30, 33); que, aun cuando en el desierto Dios había 'andado de acá para allí, en una tienda de campaña a manera de santuario',[28] sin embargo, **el Altísimo no habita en casas construidas por manos humanas** (48). Es evidente, entonces, por las Escrituras mismas, que la presencia de Dios no puede estar localizada, y que ningún edificio puede confinarlo ni inhibir su actividad. Si tiene casa alguna en la tierra, es con su pueblo con el cual vive. El Señor se ha comprometido mediante un pacto solemne a ser su Dios. Por lo tanto, de conformidad con lo que prometió en el pacto, dondequiera esté ese pueblo, allí también está él.

## b. La ley

Los falsos testigos habían acusado a Esteban de dos blasfemias, a saber de 'hablar contra este santo lugar y contra la ley' (6.13). Respondiendo a ambas acusaciones desarrolló una defensa similar que en cada asunto él era más bíblico que ellos. Es decir, como mostró Esteban en su discurso, las Escrituras del Antiguo Testamento ponían menos énfasis en el templo, y más énfasis en la ley, que ellos. Hemos seguido su argumentación en relación con el templo; ahora, en relación con la ley, les devuelve el desafío a sus jueces. No es él, sostiene Esteban, quien ha manifestado desprecio por la ley, sino ellos, como sus antepasados antes que ellos. El acusado asume el papel del acusador.

Este tema ya ha sido bosquejado en la primera parte del discurso de Esteban. Su respeto por Moisés y por la ley no admitía ambigüedad. Su reconocimiento de la vocación divina de Moisés ha quedado claro. El nacimiento y la educación temprana de Moisés fueron dirigidos por Dios (20–22). Su llamado le llegó directamente de Dios, quien le habló desde la zarza que ardía (31–32). Su designación como gobernante y libertador de Israel le fue hecha por Dios, quien 'lo envió' (35), y de ese mismo Dios 'recibió palabras de vida' para transmitirle a su pueblo (38). Por lo tanto, la falta de respeto de la que fue objeto Moisés no provino de Esteban sino de los propios israelitas. Fueron ellos quienes no lo reconocieron como el libertador divinamente enviado (25), quienes empujaron a Moisés a un lado (27), quienes rechazaron su liderazgo (35), y en el desierto se negaron a obedecerle; en cambio, en sus corazones se volvieron a Egipto y se hicieron idólatras (39–41). Así les pasó también a los profetas. Esteban citó a dos de ellos (Amós en los versículos 42–43, e Isaías en los versículos 48–50), y en ambas citas los profetas increpaban a Israel.

De modo que a continuación, habiendo expuesto la pasada infidelidad de Israel para con la ley y los profetas, Esteban pasó a acusar a sus jueces del mismo pecado.

> **[7.51]¡Tercos, duros de corazón y torpes de oídos! Ustedes son iguales que sus antepasados: ¡Siempre resisten al Espíritu Santo! [52]¿A cuál de los profetas no persiguieron sus antepasados? Ellos mataron a los que de antemano anunciaron la venida del Justo, y ahora a éste lo han traicionado y asesinado [53]ustedes, que recibieron la ley promulgada por medio de ángeles y no la han obedecido.**

Notamos que Esteban osadamente describe a los integrantes del sanedrín como **tercos,** epíteto que tanto Moisés como los profetas aplicaron a Israel.[29] A estos jueces que insistían en la circuncisión corporal, los describió como **duros de corazón y torpes de oídos** ('incircuncisos de corazón y de oídos', RVR95), otra expresión que les era común a Moisés y a los profetas[30] y que daba a entender que eran 'paganos de corazón y cerrados a la verdad' (LPD). Más todavía, en su obstinado rechazo de la revelación de Dios, les dijo: **son iguales que sus antepasados** (51).

Al insistir en su acusación con mayor detalle, Esteban los declaró culpables de pecar contra el Espíritu Santo, el Mesías y la ley. Primero: **¡Siempre resisten al Espíritu Santo!** (51), al rechazar sus exhortaciones. En segundo lugar, en tanto que sus antepasados habían perseguido a todos los profetas,[31] y hasta **mataron a los que de antemano anunciaron la venida del Justo,** ellos habían obrado peor aun, porque habían **traicionado y asesinado** a aquel que los profetas habían anticipado (52). Tercero, si bien habían sido grandemente privilegiados al recibir **la ley promulgada por medio de ángeles y no la han obedecido** (53).

El discurso de Esteban no fue tanto una autodefensa como un testimonio de Cristo. Su tema principal tenía carácter positivo, que Jesús de Nazaret había venido a remplazar al templo y a cumplir la ley, de lo cual ambos daban testimonio. Como lo expresó Calvino, 'Ningún daño puede hacérsele al templo y a la ley, cuando se establece a Cristo como el fin y la verdad de ambos.'[32]

# 3. Esteban es apedreado | 7.54–60

[7.54] **Al oír esto, rechinando los dientes montaron en cólera contra él. [55]Pero Esteban, lleno del Espíritu Santo, fijó la mirada en el cielo y vio la gloria de Dios, y a Jesús de pie a la derecha de Dios. [56]—¡Veo el cielo abierto —exclamó—, y al Hijo del hombre de pie a la derecha de Dios! [57]Entonces ellos, gritando a voz en cuello, se taparon los oídos y todos a una se abalanzaron sobre él, [58]lo sacaron a empellones fuera de la ciudad y comenzaron a apedrearlo. Los acusadores le encargaron sus mantos a un joven llamado Saulo.**
**[59]Mientras lo apedreaban, Esteban oraba. —Señor Jesús —decía—, recibe mi espíritu. [60]Luego cayó de rodillas y gritó: —¡Señor, no les tomes en cuenta este pecado! Cuando hubo dicho esto, murió.**

Esteban estaba listo para ser el primer *Martys* [mártir] verdadero, quien selló su testimonio con su sangre. Su muerte estaba llena de Cristo. Lucas registra tres expresiones pronunciadas por Esteban, la primera de las cuales se refiere a Cristo, mientras que las dos restantes están dirigidas a Cristo.

Primero, cuando los del sanedrín, furiosos por sus acusaciones, rechinaron los dientes delante de él (54), gruñendo como animales salvajes, Esteban, lleno del Espíritu, tuvo una visión de la gloria de Dios (55), y gritó: **¡Veo el cielo abierto ... y al Hijo del hombre de pie a la derecha de Dios!** (56). Se han hecho varias conjeturas para explicar por qué Jesús estaba de pie (hecho que se repite en los versículos 55 y 56), en lugar de estar sentado,[33] a la derecha de Dios. Puede ser 'como un hijo de hombre', que en la visión de Daniel[34] fue conducido a la presencia de Dios, estuvo de pie para recibir autoridad y poder. Pero parecería probable que el hecho de que Cristo estuviera de pie se relacionara más directamente con Esteban, y que se había puesto de pie ya sea como su defensor celestial o para recibir a su primer mártir. Como lo ha expresado F. F. Bruce, 'Esteban ha venido confesando a Cristo ante los hombres, y ahora ve a Cristo confesando a su siervo ante Dios.'[35]

Los miembros del Consejo no estaban dispuestos a escuchar el testimonio de Esteban con su exaltación de Jesús, y en consecuencia **se taparon los oídos** y trataron de ahogar su voz mediante gritos. Peor todavía, estaban decididos a silenciarlo. De manera que **se abalanzaron sobre él** (57), **lo sacaron a empellones fuera de la ciudad y comenzaron a apedrearlo** (58a). Por cuanto los romanos habían privado a los judíos del derecho a imponer la pena capital,[36] al parecer el apedreamiento de Esteban se trató más bien de un linchamiento callejero que de una ejecución oficial. No obstante, tuvo una pequeña semblanza de justicia, dado que de acuerdo con la ley,[37] los primeros en comenzar la lapidación de la persona condenada debían ser los testigos, es decir sus acusadores: en el caso de Esteban, los testigos falsos de 6.13 o los miembros del sanedrín. De cualquier manera, **le encargaron sus mantos a un joven llamado Saulo** (58b), una experiencia que este jamás olvidó (22.20). Así, discretamente, Lucas incorpora a su relato al hombre que pronto será la figura dominante.

Fue durante el apedreamiento que Esteban pronunció su segunda frase: —**Señor Jesús ..., recibe mi espíritu** (59). Su oración es similar a la que Lucas registra que Jesús pronunció antes de morir, '¡Padre, en tus manos encomiendo mi espíritu!'[38] Pero no fueron esas sus últimas palabras. La tercera vez que habló fue cuando **cayó de rodillas**

**y gritó: —¡Señor, no les tomes en cuenta este pecado!** (60a). Vemos reminiscencias de la primera palabra desde la cruz, que registra Lucas, 'Padre, perdónalos, porque no saben lo que hacen.'[39] Sea que Esteban deliberadamente imitara a su Maestro, o que Lucas hubiera observado y destacado el hecho, hay varios paralelos entre la muerte de Jesús y la muerte de Esteban. En ambos casos la ejecución fue acompañada de dos oraciones, ya que cada cual oró pidiendo perdón para sus ejecutores, y pidiendo que Dios recibiera su espíritu al morir. De esta manera el discípulo, ya sea consciente o inconscientemente, reflejó a su Maestro. La única diferencia estaba en que Jesús dirigía sus oraciones al Padre, mientras que Esteban las dirigió a Jesús, llamándolo Señor y colocándolo a la par de Dios.

Lucas concluye su relato con un dramático contraste entre Esteban y Saulo. Esteban 'durmió' (60b, RVR95; **murió** en NVI), término al que Bengel consideró 'una palabra luctuosa pero dulce'[40] y F. F. Bruce 'una descripción inesperadamente hermosa y apacible de una muerte tan brutal.'[41] Por contraste, 'Saulo estaba allí, aprobando la muerte de Esteban' (8.1a). Volveremos luego a la influencia de Esteban sobre Saulo. A esta altura basta con notar con qué fulgor resplandece la tranquila fe de Esteban contra el oscuro fondo de la cólera asesina de Saulo (8.1, 3).

## Conclusión

Lo que más interesa a muchas personas en cuanto a Esteban es el hecho de que fue el primer mártir cristiano. La principal preocupación de Lucas era otra, sin embargo. Pone de relieve el papel vital que representó Esteban en el desarrollo de la misión cristiana mundial, tanto por su enseñanza como por su muerte.

La enseñanza de Esteban, mal entendida como 'blasfemia' contra el templo y la ley, consistía en que Jesús (como él mismo había sostenido) era el cumplimiento de ambas cosas. Ya en el Antiguo Testamento Dios estaba ligado a su pueblo, dondequiera estuviese, no a un edificio. Así que ahora Jesús está dispuesto a acompañar a su pueblo dondequiera que vaya. Cuando poco después Pablo y Bernabé se encaminen hacia lo desconocido en su primer viaje misionero, habrán de encontrar (como lo descubrieron antes Abraham, José y Moisés) que Dios está con ellos. Esto es exactamente lo que informaron al regresar (14.27; 15.12). Sin duda esta seguridad resulta indispensable para la misión. Los cambios resultan penosos para cualquiera, especialmente cuando afectan a los edificios y a las costumbres que amamos, y no deberíamos desear los cambios por el solo hecho de hacer cambios. Aun así, el cristiano está abierto a los cambios. Sabe que Dios se ha ligado a su iglesia (prometiendo que jamás la abandonará) y a su Palabra (prometiendo que nunca pasará). Pero la iglesia de Dios consiste en personas y no en edificios, y la Palabra de Dios consiste en la Escritura y no en la tradición. Mientras que se conserven estas verdades esenciales, los edificios y las tradiciones pueden desaparecer en caso necesario. No debemos permitir que ellos aprisionen al Dios vivo o impidan su misión en el mundo.

La iglesia recibió un rudo golpe con el martirio de Esteban y con la violenta oposición que se desató a continuación. Pero, con el beneficio de la mirada retrospectiva, podemos ver cómo la providencia de Dios se valió del testimonio de Esteban para promover la misión de la iglesia, tanto mediante la palabra como mediante la acción, tanto mediante la vida como mediante la muerte.

# 6

# Felipe el evangelista
## Hechos 8.1–40

## 1. Persecución y proclamación | 8.1–4

Lucas parece haber considerado a Esteban y a Felipe como si conformaran un par. Ambos eran parte de los siete, y como tales tenían responsabilidades sociales en la iglesia de Jerusalén (6.5). Ambos eran a la vez evangelistas predicadores (6.10; 8.5), y ambos realizaban señales y milagros públicamente (6.8; 8.6). Además, Lucas consideraba que el ministerio de ambos ayudaba a preparar el terreno para la misión entre los gentiles. La contribución de Esteban consistía en su enseñanza sobre el templo, la ley y el Cristo, y en los efectos del martirio, mientras que la de Felipe radicaba en su audaz evangelización de los samaritanos y de un líder etíope. Los judíos consideraban a los samaritanos como extranjeros herejes, y a Etiopía como 'el límite extremo del mundo habitable en el caluroso sur'.[1]

Una característica notable de este capítulo es el uso que Lucas da a dos palabras inconfundiblemente cristianas para referirse a la evangelización. Ya ha descrito a los apóstoles dando testimonio de Cristo, anunciando (*katangellein*, 4.2) su mensaje, dedicándose al ministerio de la Palabra de Dios, y enseñando a la gente. Pero ahora introduce el verbo *kērysso* ('anunciar') en relación con la proclama de Cristo que hace Felipe (5), y populariza el verbo *euangelizō* ('traer buenas nuevas'). A esta última palabra la había usado en una ocasión anterior (5.42), pero en este capítulo aparece cinco veces. En dos oportunidades el objeto del verbo son las ciudades o pueblos evangelizados (25, 40), mientras que las otras tres veces el objeto es el mensaje mismo, a saber, las buenas nuevas de **la palabra** (4), del 'reino de Dios y el nombre de Jesucristo' (12) y simplemente de 'Jesús' (35). Este es un saludable recordatorio de que no puede haber evangelización sin un evangelio y que la evangelización cristiana se hace posible cuando la iglesia recupera tanto el evangelio bíblico como una gozosa confianza en su verdad, su relevancia y su poder.

En los primeros cuatro versículos Lucas presenta el escenario para las hazañas evangelizadoras de Felipe, que está a punto de relatar, comenzando con la siguiente frase: **Saulo estaba allí** (en el martirio de Esteban), **aprobando la muerte de Esteban** (1a). Lucas parece llamar la atención sobre una triple cadena de causa y efecto.

Primero, el martirio de Esteban produjo **una gran persecución … contra la iglesia en Jerusalén**. Comenzó **aquel día**, el día de la muerte de Esteban, y **se desató** con la furia de una tormenta repentina (1b). En verdad, no todos los habitantes de la ciudad estaban en oposición, porque había **hombres piadosos** (probablemente judíos piadosos más bien que creyentes) que **sepultaron a Esteban e hicieron gran duelo por él** (2), deplorando la injusticia de su muerte. Habrían corrido mucho riesgo personal identificándose así con Esteban. En contraste, Saulo, que había aprobado el apedreamiento de Esteban (1a, ver 22.20), comenzó a [causar] **estragos en la iglesia** (3.2a). El verbo *lumainō* expresa 'una brutal y sádica crueldad'.[2] Buscando **de casa en casa** a los creyentes, **arrastraba a hombres y mujeres y los metía en la cárcel** (3b). No solamente no perdonaba a las mujeres sino que no se abstenía de procurar, y asegurar, la muerte de sus víctimas (9.1; 22.4; 26.10). Saulo de Tarso tenía las manos manchadas de sangre, porque muchos otros siguieron a Esteban en el martirio.

Segundo, la gran persecución llevó a una gran dispersión: **todos, excepto los apóstoles, se dispersaron por las regiones de Judea y Samaria** (1c). Lucas recuerda cómo el Señor resucitado mandó a sus seguidores a ser testigos en 'toda Judea y Samaria' (1.8) lo mismo que en Jerusalén; ahora muestra cómo esa comisión se cumplió como resultado de la persecución. Estamos bien familiarizados con la diáspora judía, que había llevado a la propagación del judaísmo; 'este fue el comienzo de la dispersión de la Nueva Israel',[3] que llevó a la diseminación del evangelio. La prédica de Esteban había sido verdaderamente profética. Jerusalén y el templo ahora comienzan a perderse de vista, a medida que Cristo llama a su pueblo a salir y lo acompaña. No se culpa a los apóstoles por quedarse. Jerusalén seguiría siendo por un tiempo la sede de la nueva comunidad cristiana, y evidentemente consideraron que su deber era permanecer allí. Además, hubiera sido peligroso para ellos que partieran, incluso si la persecución estaba dirigida más contra los 'helenistas' como Esteban, que contra los 'hebraístas' como ellos.

Tercero, si el martirio de Esteban llevó a la persecución, y la persecución a la dispersión, ahora la dispersión trajo una expansiva evangelización. La dispersión de los cristianos fue seguida por la dispersión de la buena semilla del evangelio. Porque **los que se habían dispersado**, al huir, lejos de esconderse, o incluso de mantener un silencio prudente, **predicaban la palabra por dondequiera que iban** (4). Hasta ese momento eran los apóstoles quienes habían llevado la delantera en la evangelización, desafiando la prohibición, la violencia y las amenazas del sanedrín; ahora bien, mientras los apóstoles permanecían en Jerusalén, fue el conjunto de los creyentes el que asumió la tarea de evangelizar. No es que todos se hubieran convertido en 'predicadores' o 'misioneros' como una vocación de tiempo completo. La afirmación de que **predicaban la palabra** podría confundir; la expresión griega no necesariamente significa otra cosa que 'compartían las buenas nuevas'. Pronto Felipe predicaría a las muchedumbres samaritanas (6); es mejor pensar en los demás refugiados como testigos laicos ('misioneros aficionados anónimos'[4]).

Lo que está claro es que el diablo (que acecha detrás de toda persecución de la iglesia) fue demasiado lejos. Su ataque tuvo el efecto opuesto al que pretendía. En lugar de ahogar el evangelio, la persecución solo tuvo éxito en extenderlo. Como comenta Bengel 'el viento aumenta las llamas'.[5] Un modelo actual similar que nos sirve de ejemplo se dio en 1949 en China cuando el gobierno nacional fue derrotado por los comunistas. A raíz de ello, 637 misioneros de la Misión al Interior de China fueron obligados a retirarse. Parecía un desastre total. Pero en el lapso de cuatro años, 286 de ellos habían sido destinados al sudeste de Asia y a Japón, a la vez que los cristianos nacionales de China comenzaron a multiplicarse a pesar de la severa persecución y ahora alcanzan a treinta o cuarenta veces el número que eran cuando se fueron los misioneros (no se conocen las cifras exactas).

Habiendo presentado el escenario en los primeros cuatro versículos del capítulo, Lucas continúa dándonos dos ejemplos de la primitiva evangelización cristiana en los que el actor principal fue Felipe. Pudo haber obtenido los datos de labios del mismo Felipe, porque alrededor de veinte años más tarde se alojó en su casa en Cesarea (21.8).

## 2. Felipe el evangelista y una ciudad samaritana | 8.5–25

8.5Felipe bajó a una ciudad de Samaria y les anunciaba al Mesías. 6Al oír a Felipe y ver las señales milagrosas que realizaba, mucha gente se reunía y todos prestaban atención a su mensaje. 7De muchos endemoniados los espíritus malignos salían dando alaridos, y un gran número de paralíticos y cojos quedaban sanos. 8Y aquella ciudad se llenó de alegría.

9Ya desde antes había en esa ciudad un hombre llamado Simón que, jactándose de ser un gran personaje, practicaba la hechicería y asombraba a la gente de Samaria. 10Todos, desde el más pequeño hasta el más grande, le prestaban atención y exclamaban: '¡Este hombre es al que llaman el Gran Poder de Dios!' 11Lo seguían porque por mucho tiempo los había tenido deslumbrados con sus artes mágicas. 12Pero cuando creyeron a Felipe, que les anunciaba las buenas nuevas del reino de Dios y el nombre de Jesucristo, tanto hombres como mujeres se bautizaron. 13Simón mismo creyó y, después de bautizarse, seguía a Felipe por todas partes, asombrado de los grandes milagros y señales que veía.

14Cuando los apóstoles que estaban en Jerusalén se enteraron de que los samaritanos habían aceptado la palabra de Dios, les enviaron a Pedro y a Juan. 15Éstos, al llegar, oraron por ellos para que recibieran el Espíritu Santo, 16porque el Espíritu aún no había descendido sobre ninguno de ellos; solamente habían sido bautizados en el nombre del Señor Jesús. 17Entonces Pedro y Juan les impusieron las manos, y ellos recibieron el Espíritu Santo.

18Al ver Simón que mediante la imposición de las manos de los apóstoles se daba el Espíritu Santo, les ofreció dinero [19]y les pidió: —Denme también a mí ese poder, para que todos a quienes yo les imponga las manos reciban el Espíritu Santo.

[20]—¡Que tu dinero perezca contigo —le contestó Pedro—, porque intentaste comprar el don de Dios con dinero! [21]No tienes arte ni parte en este asunto, porque no eres íntegro delante de Dios. [22]Por eso, arrepiéntete de tu maldad y ruega al Señor. Tal vez te perdone el haber tenido esa mala intención. [23]Veo que vas camino a la amargura y a la esclavitud del pecado.

[24]—Rueguen al Señor por mí —respondió Simón—, para que no me suceda nada de lo que han dicho.

[25]Después de testificar y proclamar la palabra del Señor, Pedro y Juan se pusieron en camino de vuelta a Jerusalén, y de paso predicaron el evangelio en muchas poblaciones de los samaritanos.

Nos cuesta entender la audacia del paso que dio Felipe al predicar el evangelio a los samaritanos, si tomamos en cuenta que la hostilidad entre judíos y samaritanos llevaba más de mil años. Comenzó con el fin de la monarquía en el siglo x a.C. cuando las tribus desertaron, haciendo de Samaria su capital; solamente dos tribus permanecieron leales a Jerusalén. Se hizo cada vez peor cuando Samaria fue conquistada por Asiria en el año 722 a.C., miles de sus habitantes fueron deportados, y el país fue repoblado con extranjeros. En el siglo vi a.C., cuando los judíos volvieron a su patria, rechazaron la ayuda de los samaritanos en la reconstrucción del templo. No obstante, no fue hasta el siglo iv a.C. que el cisma samaritano se endureció, con la construcción de su templo rival en el monte Guerizín y su repudio de todas las Escrituras del Antiguo Testamento con excepción del Pentateuco. Los samaritanos eran despreciados por los judíos, quienes los consideraban híbridos en cuanto a raza y religión, además de herejes y cismáticos. Juan resumió la situación en la simple afirmación de que 'judíos y samaritanos no se tratan entre sí' (RVR95).[6] Sin embargo la simpatía de Jesús hacia ellos ya se evidencia en el evangelio de Lucas.[7] Ahora, en Hechos 8 Lucas está evidentemente entusiasmado con la evangelización de los samaritanos y su incorporación a la comunidad mesiánica.

No está claro qué ciudad evangelizó Felipe, ya que algunos manuscritos dicen **una ciudad de Samaria** (como en la NVI) y otros 'la ciudad de Samaria'. La lectura más certificada tiene el artículo definido en cuyo caso 'la ciudad' (probablemente el significado sea 'la ciudad capital' o 'la ciudad principal') posiblemente fuera la ciudad que en el Antiguo Testamento se llamaba Samaria, que Herodes el Grande rebautizó Sebaste en honor del emperador Augusto, o la antigua Siquén, que por entonces se llamaba Neápolis y ahora Nablús. Por otra parte, una ciudad de (la provincia de) Samaria puede ser lo correcto, ya que ni en este versículo ni en el 25 Lucas parece preocuparse por identificar la ciudad o pueblo en cuestión.

La preocupación de Lucas más bien parece ser decirnos lo que ocurrió en la ciudad. Expone el relato en cinco etapas.

## a. Felipe evangeliza la ciudad | 8.5–8

El evangelista **anunciaba al Mesías** entre los samaritanos (5), ya que ellos también esperaban un Mesías,[8] y realizaba **señales milagrosas** (6), exorcizando **espíritus malignos**, que [daban] **alaridos** cuando abandonaban sus víctimas, y sanando **gran número de paralíticos y cojos** (7). Algunos consideran estos milagros como propios de Felipe; otros piensan que señalan un patrón en la evangelización. Lo seguro es que, no siendo Esteban ni Felipe apóstoles, las Escrituras testifican que los milagros no están estrictamente restringidos a los apóstoles. De cualquier manera, al escuchar lo que decía Felipe y al ver sus señales, **mucha gente se reunía y todos prestaban atención a su mensaje** (6), y la combinación de salvación y sanidad trajo gran **alegría** a la ciudad (8).

## b. Simón el hechicero profesa fe | 8.9–13

**Ya desde antes** de la llegada de Felipe, la ciudad había estado bajo una influencia muy diferente. **Un hombre llamado Simón que … practicaba la hechicería** en la ciudad. **Asombraba a la gente de Samaria**, incluso en la región que rodeaba la ciudad, no solamente con sus artes mágicas (11) sino también por sus afirmaciones extravagantes (9). Se jactaba **de ser un gran personaje**, incluso 'algo grande' (BJ). Y **todos, desde el más pequeño hasta el más grande**, que parecen haber conformado un grupo muy crédulo, efectivamente afirmaban: **este hombre es al que llaman el Gran Poder de Dios** (10).

Los comentaristas no están de acuerdo acerca del sentido de esta frase. Haenchen considera que Gran Poder era un nombre samaritano para la suprema deidad' y que 'Simón declaraba que esta deidad había venido a la tierra en su persona para la redención de los hombres'.[9] Otros piensan que es más probable que Simón se considerara a sí mismo, y otros lo consideraran, como algún tipo de emanación o representación del ser divino. Lo cierto es que a mitad del siglo II Justino Mártir, quien venía de Samaria, describió a un 'samaritano Simón', que 'realizaba poderosos hechos de magia' al punto que 'se lo consideraba un dios' y era adorado no solamente por 'casi todos los samaritanos' sino también por algunos en Roma que erigieron una estatua en su honor.[10] Hacia el final del mismo siglo Ireneo lo describió como 'glorificado por los hombres como si fuera un dios' y como autor de 'todo tipo de herejías',[11] mientras que para el tercer siglo se lo consideraba como el iniciador del gnosticismo y enemigo consumado del apóstol Pedro. Pero esto es más mito que historia.

No obstante, ahora, en Samaria, Simón se encontró desafiado por Felipe. No se trata simplemente de que los milagros de Felipe rivalizaran con la magia de Simón. Se trata más bien de que, mientras Simón se jactaba de sí mismo, Felipe **anunciaba las buenas nuevas del reino de Dios y el nombre de Jesucristo** (12). La gente primero 'prestaba atención a su mensaje' (6a) y luego **creyeron a Felipe**. Lo que Lucas comunica es que creían en el evangelio de Felipe, en otras palabras, se convertían, porque **tanto hombres como mujeres se bautizaron** (12b). Es menos claro lo que Lucas intenta hacernos ver con su siguiente afirmación de que **Simón mismo creyó y, después de bautizarse, seguía a Felipe por todas partes, asombrado de los grandes milagros y señales que veía** (13). El que había asombrado a otros ahora estaba él mismo asombrado. No hace falta suponer que simulaba creer. Por otra parte, tampoco ejerció una fe salvadora, porque más tarde Pedro declararía que su corazón no era 'íntegro delante de Dios' (21). Calvino sugiere que debemos buscar algún 'punto intermedio entre la fe y la mera simulación'.[12] Probablemente 'el hechicero creía en apariencia como el resto; hizo profesión de fe, se convirtió a la vista de todos, y según la costumbre, se sometió al rito del bautismo'.[13] El lenguaje del Nuevo Testamento no siempre hace la distinción entre tener fe y profesar tener fe.[14]

## c. Los apóstoles envían a Pedro y Juan | 8.14–17

Los apóstoles que estaban en Jerusalén se enteraron de que los samaritanos habían aceptado la palabra de Dios (14). Esto es más que una afirmación realista; parece ser casi una expresión técnica con la que Lucas señala un importante nuevo paso en la extensión del evangelio. Al relatar los sucesos del día de pentecostés, Lucas había escrito que 3.000 judíos 'recibieron su mensaje [de Pedro]' (2.41). Aquí la usa para referirse a los primeros samaritanos que **habían aceptado la palabra de Dios.** Y la usará nuevamente después de la conversión de Cornelio, cuando los apóstoles se enteraron de que 'también los gentiles habían recibido la palabra de Dios' (11.1). Además, en las tres etapas del desarrollo Pedro jugó un papel decisivo, usando las llaves del reino (aunque Lucas no hace referencia a esto) para abrirlo sucesivamente a los judíos, los samaritanos y los gentiles.

Cuando los apóstoles oyeron acerca de la conversión de los samaritanos, **enviaron** a dos de ellos, **a Pedro y a Juan** a investigar (14). Fue particularmente apropiado que uno de ellos fuera Juan, ya que Lucas lo describe en su Evangelio como queriendo, en una oportunidad, hacer descender fuego del cielo para consumir una ciudad de Samaria.[15] Ahora su deseo es ver a los samaritanos salvados, no destruidos. Al llegar, descubrieron (no se nos dice cómo) que, aunque los samaritanos habían recibido el evangelio y el bautismo cristiano, todavía no habían recibido el Espíritu. De modo que **oraron por ellos para que recibieran el Espíritu Santo** (15), **porque** (explica Lucas) **el Espíritu aún no había descendido sobre ninguno de ellos; solamente habían sido bautizados en el nombre** (es decir, en la lealtad, e incluso en la pertenencia) **del Señor Jesús** (16). Además de orar por ellos, **Pedro y Juan les impusieron las manos,** identificando así a las personas por las que oraban, y en respuesta a sus oraciones, **ellos recibieron el Espíritu Santo** (17). Lucas dice poco sobre cómo sabían los apóstoles que la gente había recibido el Espíritu, y tampoco explica cómo sabían que no lo habían recibido anteriormente. Algunos atribuyen ese conocimiento al don de discernimiento; otros sugieren que había evidencias públicas notorias, ya sea el hablar en lenguas como ocurrió en el día de pentecostés, o su manifiesto gozo o la audacia con que daban su testimonio.

Creo que el profesor Howard Marshall está en lo cierto al decir que el versículo 16 (**el Espíritu aún no había descendido sobre ninguno de ellos; solamente habían sido bautizados en el nombre del Señor Jesús**) es 'tal vez la afirmación más extraordinaria en Hechos'.[16] Porque Pedro había prometido el don del Espíritu a quienes se arrepintieran (como resultado de la fe) y fueran bautizados (2.38). ¿Cómo, entonces, iban los samaritanos a creer y ser bautizados y *no* recibir el Espíritu? La pregunta ha causado mucho desconcierto y división entre los cristianos, y volveremos a ella en breve.

## d. Simón intenta comprar poder | 8.18–24

Cuando vio **que mediante la imposición de las manos de los apóstoles se daba el Espíritu Santo,** Simón el hechicero, al que también podríamos llamar Simón el supersticioso, y para quien los apóstoles parecían 'practicantes extraordinariamente dotados de magia religiosa',[17] **les ofreció dinero** (18) a cambio del poder para otorgar el Espíritu a la gente por medio de la imposición de sus manos (19).

Pedro lo reprendió de inmediato, franca y públicamente, por haber pensado que se podía comprar el don de Dios (20). Agregó que Simón no podía tener **arte ni parte en este asunto,** porque **no [era] íntegro delante de Dios** (21). Entonces le dijo: **Arrepiéntete de tu maldad y ruega al Señor**, por que así **tal vez**, el Señor lo perdonaría por haber acariciado esa idea malvada en su mente (22), aunque estaba lleno de **amargura y … esclavitud del pecado** (23). De allí en adelante, el intento de convertir lo espiritual en comercial, de traficar con las cosas de Dios y especialmente de comprar el oficio eclesiástico, se ha llamando 'simonía'.

La respuesta de Simón a la reprensión de Pedro no resulta animadora. No mostró señales de arrepentimiento, ni siquiera de contrición. En lugar de orar pidiendo perdón, como le había animado a hacer Pedro (22), se sintió tan incapaz de orar, o tan desconfiado de sus oraciones, que pidió a Pedro que orara por él. Lo que realmente le preocupaba no era recibir el perdón de Dios, sino escapar al juicio de Dios, del que Pedro le había advertido (24). Es cierto que el texto de Beza agrega que 'no dejó de llorar copiosamente'. Pero no son palabras originales; y si lo fueran, las lágrimas de Simón podrían haber sido de remordimiento o de rabia más que de arrepentimiento.[18]

### e. Pedro y Juan evangelizan muchas poblaciones de Samaria | 8.25

Una vez cumplida la misión apostólica, y que los samaritanos hubieron recibido el Espíritu, **Pedro y Juan** se quedaron por un tiempo no especificado para proclamar **la palabra del Señor,** probablemente enseñando a los nuevos convertidos. Luego **se pusieron en camino de vuelta a Jerusalén.** No obstante, no lo hicieron directamente. Visitaron **muchas poblaciones de los samaritanos** en el camino, para predicar el evangelio también allí, y reunir más convertidos samaritanos (25).

## 3. Felipe, los samaritanos, los apóstoles y el Espíritu Santo

Volvemos ahora a la pregunta que la historia del samaritano plantea sobre el don del Espíritu. ¿Cómo es que por medio del ministerio de Felipe los creyentes samaritanos recibieron 'solamente' el bautismo ('eso y nada más', 16, NEB), y que recibieron el Espíritu Santo más tarde por medio del ministerio de los apóstoles Pedro y Juan? ¿Qué tenían los apóstoles que Felipe no tuviera? ¿Cómo debemos entender el entramado de las relaciones entre Felipe, los samaritanos, los apóstoles y el Espíritu Santo?

Detrás de estas cuestiones, sin embargo, hay otra más crucial. ¿Es que Lucas intenta que sus lectores entiendan la experiencia dividida de los samaritanos (primero la fe y el bautismo, más tarde el don del Espíritu) como típica o atípica, normal o anormal? ¿Nos la presenta como el patrón regular para la experiencia cristiana de hoy, o como una excepción que no debemos esperar que se repita?

Esta cuestión central ha recibido respuestas opuestas. Según la primera, la iniciación cristiana, o hacerse cristiano es un proceso en dos etapas, que consiste primero en la conversión y el bautismo en agua y segundo en el don o bautismo del Espíritu, de tal suerte que la experiencia samaritana debe considerarse normal. De acuerdo con la segunda, la iniciación en Cristo es un acontecimiento de una sola etapa, que comprende el arrepentimiento, la fe, el bautismo en agua y el bautismo del Espíritu, de manera que lo que ocurrió en Samaria debe considerarse excepcional.

## a. Iniciación en dos etapas

Hechos 8 es una prueba importante para dos grandes grupos que están en extremos opuestos del espectro eclesiástico, por un lado los 'católicos' (católicorromanos y algunos anglicanos) y por el otro los 'pentecostales' (pentecostales clásicos, además de algunos neo-pentecostales o cristianos carismáticos de las denominaciones más antiguas). Ambos se consideran autorizados a partir de este pasaje para afirmar que la iniciación cristiana se da en dos etapas, la segunda de las cuales (la recepción del Espíritu) ocurre acompañada por la imposición de manos con oración. Es cierto que hay diferencias entre los grupos, en que el esquema católico es mayormente externo y ceremonial, mientras que el esquema pentecostal es mayormente interior y espiritual. Sin embargo persiste un notable paralelo.

Los católicos creen que el primer paso de la iniciación es el bautismo, y el segundo la confirmación por un obispo considerado sucesor de los apóstoles, por medio de cuya imposición de manos se otorga el Espíritu. Esta posición se puede rastrear hasta Hipólito y Cipriano en el tercer siglo. Cipriano comentó de esta manera el incidente samaritano: 'Ocurre exactamente lo mismo con nosotros hoy en día; los que han sido bautizados en la iglesia son presentados a los obispos de la iglesia para que por medio de la oración y la imposición de manos reciban el Espíritu Santo.'[19] Los autores católicorromanos modernos tienden a impartir la misma enseñanza. Por ejemplo, George D. Smith escribe que el episodio samaritano 'tiene todas las marcas de un procedimiento normal.'[20] Basado en el mismo pasaje, Ludwing Ott sistematiza la posición católica como sigue: '(a) Los apóstoles realizaban un rito sacramental, que consistía en la imposición de manos y la oración; (b) El efecto de este rito exterior era la comunicación del Espíritu Santo …; (c) Los apóstoles actuaban con el mandato de Cristo. … Su modo natural de actuar … presupone que fue ordenado por Cristo.'[21] De manera similar R. B. Rackham, el devoto comentarista anglo-católico, consideraba que como en Hechos 8 el Espíritu había sido otorgado por medio de las manos de los apóstoles, 'la iglesia lo ha aceptado como el procedimiento normal', y lo ha perpetuado en el rito de la confirmación episcopal.[22] El Libro de Oración Común anglicano de 1928 da la misma impresión. Efectivamente, el texto de la Orden de Confirmación habla solamente de que el Espíritu Santo 'fortalece' a quienes ya ha 'regenerado'. Sin embargo el prefacio al servicio declara que 'al ministrar la confirmación la iglesia debe seguir el ejemplo de los apóstoles de Cristo', cita como justificación el pasaje de Hechos 8, y explica que ese pasaje enseña que 'por medio de la imposición de manos y la oración se otorga un don especial del Espíritu Santo' sin aclarar en qué consiste ese 'don especial'.

Las iglesias pentecostales, junto con algunas carismáticas (pero de ninguna manera todas), también enseñan una iniciación cristiana en dos pasos, pero la formulan de otra manera. Para ellos el primer paso consiste en la conversión (el giro que da el ser humano por el arrepentimiento y la fe) y la regeneración (la obra divina del nuevo nacimiento), mientras que el segundo es el 'bautismo en o del Espíritu', con frecuencia, pero no siempre, asociado con la imposición de manos de un líder pentecostal. Por ejemplo, el párrafo 7 de la 'Declaración de Verdades Fundamentales' de las Asambleas de Dios dice: 'Todo creyente tiene derecho y debería esperar ardientemente, y buscar con fervor, el bautismo en Espíritu Santo y fuego, según el mandato de nuestro Señor Jesucristo. Esta era la experiencia normal de todos en la iglesia cristiana primitiva ...'. De manera similar, Myer Pearlman, profesor de Biblia de las Asambleas de Dios, escribe: 'Aunque admitimos sin vacilar que los cristianos han nacido del Espíritu y los que sirven a Dios han sido ungidos por el Espíritu, sostenemos que no todos los cristianos han experimentado la acción carismática (es decir el bautismo) del Espíritu, seguido de una declaración sobrenatural repentina'.[23]

En el intento de evaluar estos puntos de vista, nos preocupa por el momento hacer una pregunta: ¿la experiencia samaritana de dos etapas debe ser considerada la norma para la iniciación cristiana? No negamos que la experiencia samaritana haya ocurrido, efectivamente, en dos etapas. Tampoco tenemos derecho a negar que habiendo ocurrido una vez, puede volver a ocurrir, especialmente si las circunstancias son similares. No debemos violar la soberanía del Espíritu Santo. Pero insistimos en la pregunta: ¿es el propósito normativo de Dios que la recepción del Espíritu Santo sea una segunda experiencia, posterior a la conversión y el bautismo?

A esta pregunta debemos dar una respuesta negativa (más adelante llegaremos a una alternativa positiva), porque lo que ocurrió en Samaria se diferenció de las enseñanzas claras y generales de los apóstoles. La iniciación en Cristo, según el Nuevo Testamento, es una experiencia de una sola etapa, en la que nos arrepentimos, creemos, somos bautizados y recibimos tanto el perdón de los pecados como el don del Espíritu Santo, después de lo cual, por el poder del Espíritu que mora en nosotros crecemos hacia la madurez cristiana. Durante este período de crecimiento podemos, sin duda, experimentar a Dios de maneras mucho más profundas, plenas y ricas; lo que debemos rechazar es la insistencia en un patrón único de dos etapas. Más aun, no hace falta ninguna imposición de manos humanas para que se cumpla la obra salvadora inicial de Dios. A decir verdad, la imposición de manos es un gesto significativo que acompaña la oración por alguien, ya sea pidiendo bendición, consuelo, sanidad o para comisionarla. Y la iglesia anglicana lo ha retenido en la confirmación episcopal, aunque su propósito en este contexto es asegurar a los candidatos que han sido aceptados por Dios e introducirlos en la plena pertenencia a la iglesia, no para otorgarles el Espíritu Santo.

En consecuencia, el modelo samaritano, en el que hubo una experiencia en dos etapas, junto con la imposición de manos apostólica, fue excepcional y no debe ser tomado como norma para nosotros hoy, ni en los términos católicos ni en los pentecostales.

## b. Iniciación en una sola etapa

Una manera posible de manejar la primera mitad de Hechos 8 es decir que incluso la experiencia samaritana, aunque haya sido en dos etapas, no lo fue como a primera vista parece ser, porque ya sea la primera o la segunda etapa fue la inicial.

Algunos argumentan que la primera etapa samaritana no fue una conversión genuina en absoluto, sino una falsa. Campbell Morgan interpreta el haber 'aceptado la palabra de Dios' (14), como un asentimiento puramente intelectual: 'No habían recibido el Espíritu que trae regeneración, el comienzo de una nueva vida'.[24] En nuestros días el profesor Dunn ha presentado un estudio acabado de esta tesis. Sugiere que los samaritanos fueron llevados 'por el instinto gregario de un movimiento popular de masas'. Se nos dice solamente que 'creyeron a Felipe' (12), lo que según él no quiere decir que creyeron en Jesucristo; y además su bautismo (como el de Simón) fue mera formalidad externa. Además, como 'en la época del Nuevo Testamento la posesión del Espíritu era el sello de los cristianos', sencillamente no podemos considerar que los samaritanos hayan sido cristianos en absoluto en esa etapa. En consecuencia, para ellos la segunda etapa fue en realidad la primera. Fue a través de Pedro y Juan, no de Felipe, que se hicieron cristianos.[25]

Es una reconstrucción ingeniosa, pero no ha ganado una aceptación general. La principal objeción es que Lucas no da indicios de considerar inadecuada la respuesta original de los samaritanos, aunque es claro en cuanto a que la profesión de fe de Simón el hechicero era falsa. Lucas relata que el ministerio de Felipe fue acompañado de una bendición abundante (4–8); que los samaritanos 'creyeron a Felipe, que les anunciaba las buenas nuevas del … nombre de Jesús'(12), de manera que es inadmisible hacer una separación entre creer a Felipe y creer en el Cristo que Felipe predicaba; 'habían aceptado la palabra de Dios' (14), en el sentido de creer con que usa esa misma frase en otras partes (por ejemplo 2.41 y 11.1), y los apóstoles no dieron ninguna señal de que pensaran que el ministerio de Felipe o la fe de los samaritanos fueran deficientes.

Otros afirman que los samaritanos creían verdaderamente en Jesús, y por lo tanto seguramente habrían recibido el Espíritu en ese momento de acuerdo con la enseñanza del Nuevo Testamento. En consecuencia, lo que recibieron por medio de la imposición de manos de los apóstoles no fue el don inicial del Espíritu (que habían recibido al convertirse), sino más bien algunas manifestaciones carismáticas del Espíritu. Calvino enseñaba lo siguiente: 'Para resumir, como a los samaritanos ya se les había conferido el Espíritu de adopción, los dones extraordinarios del Espíritu se añaden como culminación'.[26] Y los comentaristas reformados han tendido a seguirlo. Pueden estar en lo cierto. La frase que dice que 'el Espíritu no había descendido sobre ninguno de ellos' (16) podría referirse a dones y bendiciones especiales. Por otra parte, Lucas nunca dice que los samaritanos recibieron el Espíritu cuando creyeron y fueron bautizados, mientras que sí usa el lenguaje de 'dar' y 'recibir' el Espíritu (15, 17–19) como sinónimo de que el Espíritu 'descendió sobre' ellos, lo cual sugiere que lo que recibieron por medio del ministerio de los apóstoles fue el don inicial del Espíritu.

Aunque estas dos reconstrucciones son mutuamente excluyentes, tienen una cosa en común. Ambas afirman que la iniciación de los samaritanos en Cristo fue un suceso de una sola etapa, porque niegan que la otra etapa formara parte de la iniciación. Según la primera perspectiva, la primera etapa fue una conversión falsa y un bautismo irregular, de modo que la segunda etapa fue la iniciación completa, incluyendo la fe y el don del Espíritu. De acuerdo a la segunda perspectiva, la primera etapa ya fue la iniciación completa de los samaritanos, incluyendo su conversión y la recepción del Espíritu, de tal suerte que la segunda etapa no fue de iniciación sino la recepción de un don carismático posterior. En ambos casos, eliminando una de las dos etapas (ya sea declarando la primera como falsa o la segunda como adicional), se llega al mismo resultado, es decir una iniciación en Cristo de una sola etapa.

No obstante, ninguna de las dos reconstrucciones es satisfactoria, ya que Lucas parece considerar la primera etapa como una conversión genuina, y la segunda como la recepción inicial del Espíritu. En tal caso, dado que Lucas describe una iniciación en dos etapas en Samaria, la explicación alternativa que podemos dar es considerar que fue del todo inusual. Hay dos indicadores principales de esta alternativa, a saber: que el suceso no reflejaba la enseñanza apostólica normal ni la práctica habitual de los apóstoles.

Tomemos la enseñanza de los apóstoles. Siempre es peligroso aislar cualquier pasaje de las Escrituras, y siempre es sabio interpretar las Escrituras por las Escrituras mismas. ¿Cuál es, entonces, la enseñanza general de las Escrituras acerca de recibir el Espíritu? Según el primer sermón de Pedro, el perdón y el don del Espíritu son bendiciones gemelas que Dios otorga a todo aquel a quien llama y que se arrepiente, cree y es bautizado (2.38–39). Además, Pablo coincide con Pedro. Dios da su Espíritu a todos sus hijos, de modo que 'si alguno no tiene el Espíritu de Cristo, no es de Cristo'.[27]

Ahora bien, Lucas seguramente estaba familiarizado con esta enseñanza apostólica, porque era el compañero de viaje permanente de Pablo y es él quien registra las instrucciones de Pedro en Hechos 2.38–39. En consecuencia, no es de sorprender que detectamos una nota de sorpresa en su relato cuando dice que los samaritanos no habían recibido el Espíritu, sino que 'solamente' o 'únicamente' (BJ) habían sido bautizados en Cristo. '*Solamente* implica que se esperaba o se acostumbraba que las dos cosas fueran juntas'.[28] Pero, contrario a lo esperado, los samaritanos habían recibido el bautismo por agua sin el bautismo del Espíritu, el símbolo sin aquello que representaba.

Lucas da a entender que había algo particularmente raro en esa separación. Fue por esa irregularidad, escribe el profesor Dunn, que 'los dos apóstoles mayores vinieron de prisa desde Jerusalén para remediar la situación que en alguna parte estaba mal'.[29]

La segunda desviación era de la práctica de los apóstoles. Lucas nos dice que en esta oportunidad el colegio de apóstoles, si podemos llamarlo así, envió una delegación compuesta por sus dos principales miembros para evaluar lo que estaba ocurriendo en Samaria. Esto era algo único. Normalmente los apóstoles no asumían el papel de 'inspectores de la evangelización'. En otras ocasiones en que la gente recibía el evangelio, los apóstoles no investigaban ni sentían la necesidad de agregar su aprobación oficial a lo que había ocurrido. No lo hicieron en relación con la evangelización de otros cristianos que se menciona al comienzo de este capítulo (1, 4), ni con la conversión del etíope que se relata al final (26–40). "La figura de los apóstoles corriendo de aquí para allá y de arriba abajo por el extremo oriental del Mediterráneo en el intento de estar al día con la rápida expansión del evangelio cristiano, con poco tiempo para otra cosa que no fueran los 'servicios de confirmación' es graciosa, pero imposible de creer".[30] ¿Por qué entonces sería necesario que una delegación apostólica oficial escudriñara y confirmara el trabajo de Felipe? ¿Y por qué, de todas maneras, el Espíritu no fue dado por medio de Felipe, quien había hecho la obra de predicar y bautizar? ¿Por qué motivo especial podría haber retenido Dios su Espíritu? No hay ninguna indicación de que la enseñanza de Felipe fuera deficiente. De ser así los apóstoles la hubieran complementado. En lugar de instruirlos, lo que hicieron fue orar e imponer las manos sobre los samaritanos.

La explicación más natural del demorado don del Espíritu es que esa fue la primera oportunidad en que se había proclamado el evangelio no solamente fuera de Jerusalén, sino en Samaria. Esta es claramente la importancia de la ocasión en el desarrollo de la historia de Lucas, porque los samaritanos eran una especie de punto equidistante entre judíos y gentiles. Efectivamente, 'la conversión de Samaria fue como las primicias del llamado a los gentiles'.[31] El equivalente más próximo a la investigación de Pedro y Juan fue cuando los gentiles creyeron por primera vez. Cuando se convirtió Cornelio, los apóstoles le pidieron a Pedro que explicara sus acciones (11.1–18), y cuando los griegos se volvieron a Dios en Antioquía, Bernabé fue enviado para hacer un reconocimiento de la situación (11.20–24).

Como vimos anteriormente, el cisma samaritano había durado siglos. Pero ahora los samaritanos estaban siendo evangelizados, y respondían al evangelio. Fue un momento de avance significativo, que también estuvo plagado de peligros. ¿Qué ocurriría ahora? ¿Se perpetuaría la brecha? El evangelio había sido bien recibido por los samaritanos, pero ¿recibirían bien los judíos a los samaritanos? ¿O habría facciones separadas de cristianos samaritanos y cristianos judíos en la iglesia de Jesucristo? La idea parece impensable en teoría; pero en la práctica bien podría haber ocurrido. Había un verdadero 'peligro … de que partieran a Cristo en dos, o por lo menos de que formaran una nueva iglesia para ellos'.[32]

¿No sería lógico sugerir (en vista de este trasfondo histórico) que, para evitar un desastre así, Dios retuvo deliberadamente el Espíritu de estos samaritanos convertidos? La demora, no obstante, era apenas provisoria, hasta que los apóstoles llegaran para investigar, confirmaran el audaz plan de evangelización a los samaritanos, oraran por los convertidos, les hubieran impuesto las manos como símbolo de comunión y camaradería'[33] dando así una señal pública a toda la iglesia, lo mismo que a los samaritanos convertidos mismos, de que eran cristianos de verdad, aptos para ser incorporados en la comunidad de los redimidos exactamente en los mismos términos que los judíos convertidos. Volviendo a citar a Geoffrey Lampe, "en este punto decisivo en la misión hacía falta algo más que el bautismo normal de los convertidos. Hacía falta demostrarles a los samaritanos, sin sombra de duda, que realmente habían llegado a ser miembros de la iglesia, en comunión con los 'pilares' originales. … Una situación sin precedentes demandaba métodos por completo excepcionales".[34]

Esta parece ser la única explicación que toma en cuenta todos los datos de Hechos 8, lee el relato en el contexto histórico de la misión cristiana en desarrollo, y es consecuente con el resto del Nuevo Testamento. También está siendo cada vez más aceptada por ambos lados de la división carismática. Aunque J. I. Packer la llama apenas una 'conjetura', agrega que parece 'racional y reverente'.[35] De manera similar, Michael Green ve la demora como "un veto divino al cisma en la nueva iglesia, un cisma que podría haber pasado inadvertido a la comunidad cristiana, en la medida que convertidos de los dos lados de la 'cortina samaritana' encontraran a Cristo sin encontrarse mutuamente. Eso hubiera sido la negación de un único bautismo y todo lo que eso representa".[36]

De cualquier manera, la acción de los apóstoles parece haber sido efectiva. De allí en adelante, judíos y samaritanos serían admitidos en la comunidad cristiana sin distinción. Había un solo cuerpo porque había un solo Espíritu.

Para resumir, el episodio samaritano no provee base bíblica alguna para la doctrina de la iniciación cristiana en dos etapas como norma, ni para la práctica de la imposición de manos para inaugurar la supuesta segunda etapa. La visita oficial de Pedro y Juan fue históricamente excepcional. Estos hechos carecen de analogías exactas en nuestros días, porque ya no hay samaritanos ni apóstoles de Cristo. Hoy en día, porque no somos samaritanos, recibimos el perdón y el Espíritu a la misma vez cuando creemos. En cuanto a la imposición de manos, aunque puede ser un gesto apropiado y útil en diversos contextos, su uso como el medio por el que se otorga y se recibe el Espíritu carece de autoridad, tanto para la confirmación episcopal como para el ministerio carismático. Tampoco los obispos ni los líderes pentecostales son apóstoles comparables con Pedro y Juan, como tampoco lo era Felipe, aunque este había sido nombrado directamente por ellos.

## 4. Felipe el evangelista y un líder etíope | 8.26–40

[8.26]Un ángel del Señor le dijo a Felipe: 'Ponte en marcha hacia el sur, por el camino del desierto que baja de Jerusalén a Gaza.' [27]Felipe emprendió el viaje, y resulta que se encontró con un etíope eunuco, alto funcionario encargado de todo el tesoro de la Candace, reina de los etíopes. Éste había ido a Jerusalén para adorar [28] y, en el viaje de regreso a su país, iba sentado en su carro, leyendo el libro del profeta Isaías. [29]El Espíritu le dijo a Felipe: 'Acércate y júntate a ese carro.'

[30]Felipe se acercó de prisa al carro y, al oír que el hombre leía al profeta Isaías, le preguntó:

—¿Acaso entiende usted lo que está leyendo?

[31]—¿Y cómo voy a entenderlo —contestó— si nadie me lo explica?

Así que invitó a Felipe a subir y sentarse con él.
[32]El pasaje de la Escritura que estaba leyendo era el siguiente:

'Como oveja, fue llevado al matadero;
y como cordero que enmudece ante su trasquilador,
ni siquiera abrió su boca.
[33]Lo humillaron y no le hicieron justicia.
¿Quién describirá su descendencia?
Porque su vida fue arrancada de la tierra.'

[34]—Dígame usted, por favor, ¿de quién habla aquí el profeta, de sí mismo o de algún otro? —le preguntó el eunuco a Felipe.

[35]Entonces Felipe, comenzando con ese mismo pasaje de la Escritura, le anunció las buenas nuevas acerca de Jesús.

Poco después de la partida de Pedro y Juan desde la ciudad de Samaria, Felipe recibió otra comisión de evangelización. Se le indicó que marchara **hacia el sur**. A la persona que le dio ese mensaje se la llama **ángel del Señor** aunque, más adelante en el relato, es **el Espíritu** quien guió a Felipe hacia el etíope (29) y **el Espíritu del Señor** quien después se lo llevó nuevamente (39). Felipe fue enviado a (y a lo largo de) **el camino del desierto que baja** aproximadamente 90 kilómetros **de Jerusalén a Gaza**, la ciudad más al sur de las cinco ciudades filisteas, y cerca de la costa mediterránea. No se nos dice si la Gaza en cuestión era la 'antigua Gaza' que había sido destruida en el año 93 a.C., o la 'nueva Gaza' que se había construido más al sur unos treinta y cinco años después. En cualquier caso, el camino era muy usado, porque seguía más allá de Gaza hacia Egipto y al continente africano.

## a. Felipe encuentra al etíope | 8.27–28

La 'Etiopía' de aquellos días correspondía a lo que ahora llamamos el 'Alto Nilo', y se extendía aproximadamente desde Asuán a Khartum. El hombre de aquella región a quien Lucas nos presenta no solamente era **eunuco** (como la mayoría de los cortesanos de aquel tiempo) sino también un **alto funcionario encargado de todo el tesoro de la Candace, reina de los etíopes** (27). Se sabe que 'Candace' no era un nombre propio sino un título dinástico para la reina madre que realizaba ciertas funciones para el rey. El funcionario etíope a quien fue enviado Felipe era tesorero o ministro de hacienda, probablemente un africano negro. Pero **había ido a Jerusalén para adorar**, peregrino de una de las festividades anuales, que ahora, **de regreso a su país, iba sentado en su carro, leyendo el libro del profeta Isaías** (28). Esto puede significar que en realidad era judío. Ya sea de nacimiento o por conversión, porque la dispersión judía había llegado por lo menos hasta Egipto y probablemente más allá y posiblemente para entonces la promesa a los eunucos de Isaías 56.3–4 había reemplazado a la prohibición de Deuteronomio 23.1. No parece probable que fuera un gentil, ya que Lucas no lo presenta como el primer gentil convertido; esa distinción está reservada a Cornelio. Lucas considera la conversión del etíope más bien como otro ejemplo del debilitamiento de los lazos con Jerusalén (algo predicho por Esteban en su discurso) y de la liberación del mensaje de Dios para servir de evangelio para todo el mundo. Es particularmente significativo que este africano, que **había ido a Jerusalén para adorar**, ahora la estaba abandonando y no regresaría allí. El relato termina con la afirmación de Lucas de que el etíope 'siguió alegre su camino' (39), alejándose de Jerusalén pero acompañado por Cristo.

### b. Felipe comparte las buenas nuevas con el etíope | 8.29–35

Habiéndosele dicho: 'Acércate y júntate a ese carro' (29), Felipe **se acercó de prisa** al carro, lo suficiente como para oír que **el hombre leía al profeta Isaías** (porque en aquellos días todos leían en voz alta), y lo suficiente como para hacerle la pregunta: —¿**Acaso entiende usted lo que está leyendo?** (30). Mientras le respondía que no podía entender a menos que alguien se lo explicara, **invitó a Felipe a subir y sentarse con él** en el carro (31).

Calvino muestra el contraste entre la modestia del etíope que 'reconoce su ignorancia sin reparos y con franqueza', y la actitud de una persona 'hinchada de confianza en sus propias habilidades'. Continúa diciendo: 'Es también por eso que la lectura de las Escrituras produce frutos en tan pocas personas hoy en día, porque escasamente se encuentra una en cien que se someta gustosamente a la enseñanza'.[37]

Dios nos ha dado dos regalos: primero, las Escrituras; y segundo, maestros capaces de abrir, explicar, exponer y aplicar las Escrituras. Es maravilloso observar la providencia de Dios en la vida del etíope, primero permitiéndole obtener una copia del rollo de Isaías y luego enviándole a Felipe para enseñarle las Escrituras. Como lo expresa el profesor Howard Marshall, 'la forma en que está relatada esta historia tiene alguna semejanza estructural con otra historia en la que un Desconocido se sumó a dos viajeros y les abrió las Escrituras, participó de un acto sacramental y luego desapareció de la vista (Lucas 24.13–35).'[38]

Podemos entonces imaginarnos al etíope con el rollo de Isaías 53 extendido sobre sus rodillas y con Felipe ahora sentado a su lado, mientras el carro traqueteaba hacia el sur. Los versículos que cita Lucas[39] hablan de una víctima humana que **como oveja, [es llevada] al matadero** y **como cordero que enmudece ante su trasquilador.** Experimenta una profunda humillación, **no le [hacen] justicia** y lo matan (32–33). El etíope pregunta **¿de quién habla aquí el profeta, de sí mismo o de algún otro?** (34). En respuesta, **comenzando con ese mismo pasaje de la Escritura,** Felipe **le anunció las buenas nuevas acerca de Jesús** (35). Ahora bien, no hay ninguna evidencia de que alguien en el judaísmo del primer siglo esperara a un Mesías sufriente en lugar de uno triunfante. Fue Jesús quien aplicó Isaías 53 a sí mismo y comprendió su muerte a la luz de ese pasaje.[40] Fue de él, por lo tanto, que los primeros cristianos aprendieron a leer Isaías 53 de esa manera. Tan bien preparado por el Espíritu Santo estaba el corazón del etíope, que al parecer creyó inmediatamente y a continuación pidió el bautismo.

Crisóstomo contrasta la conversión del etíope con la de Saulo de Tarso, registrado en Hechos 9. 'Verdaderamente', dice, 'tenemos motivos para admirar al eunuco.' Porque a diferencia de Saulo, no tuvo una visión sobrenatural de Cristo. Aun así creyó. '¡Qué gran cosa es una cuidadosa lectura de las Escrituras!'.[41]

## c. Felipe bautiza al etíope | 8.36–38

**Mientras iban por el camino, llegaron a un lugar donde había agua,** posiblemente un arroyo a la vera del camino, y el etíope dijo: —**Mire usted, aquí hay agua. ¿Qué impide que yo sea bautizado?** (36). El versículo siguiente (37), que aparece en el texto de RVR95 y en nota al pie de página en NVI, es un agregado occidental, que no se encuentra en los primeros manuscritos: 'Si cree usted de todo corazón, bien puede' le dijo Felipe. 'Creo que Jesucristo es el Hijo de Dios' contestó el hombre. Ambas frases parecen haber pertenecido a la primitiva liturgia del bautismo. Probablemente fueron insertadas en el texto por un escriba que estaba seguro de que Felipe, antes de bautizar al etíope, se habría asegurado que creía en su corazón, en contraste con Simón el hechicero, cuyo corazón 'no era íntegro delante de Dios' (21). En cualquier caso, el etíope **mandó parar el carro, y ambos bajaron al agua, y Felipe lo bautizó** (38). El agua era una señal visible del lavado de sus pecados y de su bautismo en el Espíritu. Y a propósito, las palabras **bajaron al agua**, como señala J. A. Alexander, 'no pueden probar nada en cuanto a su extensión y profundidad'.[42] Puede estar implícita una inmersión total, pero en ese caso el bautizado y el que bautizaba habrían estado sumergidos juntos, ya que se hace la misma afirmación sobre ambos. De manera que la expresión más bien podría significar, como sugieren las primeras pinturas y los primeros bautisterios, que bajaron al agua hasta la cintura y luego Felipe derramó agua sobre el etíope.[43] Diversos manuscritos agregan que 'el Espíritu Santo descendió sobre el eunuco', y algunos eruditos aceptan estas palabras como originales. Pero parece más probable que fueron agregadas especialmente 'para hacer explícito que el bautismo del etíope fue seguido por el don del Espíritu Santo'.[44]

## d. Felipe es alejado del etíope | 8.39–40

Lucas da a entender que inmediatamente después que **subieron del agua, el Espíritu del Señor se llevó de repente a Felipe** (39) … que **apareció en Azoto**, es decir Asdod (40a). Algunos toman este viaje como un 'vuelo supersónico',[45] llevado a cabo con una 'velocidad milagrosa',[46] y, ciertamente, el verbo griego que se traduce **se llevó de repente** (*harpazō*) generalmente significa 'arrebatar' (RVR95), como en el rapto.[47] Pero creo que Campell Morgan estaba en lo cierto: 'No es absolutamente necesario que esto se considere un milagro. Nunca me afano por ver milagros donde no los hay; tampoco por descartar los milagros cuando están ahí'.[48] Sea como fuere, **el eunuco no volvió a verlo** (a Felipe), **pero siguió alegre su camino** (39b), sin el evangelista pero con el evangelio, sin ayuda humana pero con el Espíritu divino que no solamente le dio gozo sino también, como expresó

Ireneo, le dio coraje y poder en su país para 'predicar lo que él había llegado a creer'.[49] Felipe también continuó evangelizando, abriéndose paso hacia el norte por la costa, predicando el evangelio en todos los pueblos hasta que **llegó a Cesarea** (40b), donde, más tarde, si es que no lo tenía ya, hizo su hogar (21.8).

## 5. Algunas lecciones sobre la evangelización

Lucas nos ha presentado dos ejemplos de los esfuerzos evangelizadores de Felipe que es provechoso comparar y contrastar. Las similitudes son claras. En ambos casos Felipe mostró el mismo espíritu pionero, que ganó a los primeros samaritanos y al primer africano para Cristo. En ambas audiencias proclamó el mismo mensaje, es decir las buenas nuevas de Jesucristo (12, 35), puesto que hay un solo evangelio. En ambas situaciones recibió la misma respuesta, porque los oyentes creyeron y fueron bautizados (12, 36–38). Y en ambas oportunidades se registra el mismo resultado, es decir el gozo (8, 39).

Las diferencias también son llamativas. No estoy pensando ahora en la forma en que fue recibido el Espíritu, ni en la delegación apostólica a Samaria que no tuvo paralelo en la conversión del etíope. Estoy pensando más bien en las personas evangelizadas y en el método empleado.

Tomemos las personas que fueron evangelizadas. Las personas con quienes Felipe compartió las buenas nuevas eran diferentes en cuanto a raza, posición y religión. Los samaritanos tenían una mezcla de razas, mitad judía y mitad gentil, y eran asiáticos, mientras que el etíope era un africano negro, aunque probablemente judío de nacimiento o un prosélito. En cuanto a la posición, los samaritanos probablemente eran ciudadanos comunes, mientras que el etíope era un funcionario público distinguido al servicio de la corona. Eso nos lleva a lo religioso. Los samaritanos veneraban a Moisés pero rechazaban a los profetas. Recientemente habían estado bajo el influjo de Simón el hechicero y sus poderes ocultos. Los samaritanos ya le 'prestaban atención' (10) desde antes de '[prestarle] atención' a Felipe (6). Por otra parte, el etíope tenía una fuerte adhesión al judaísmo, tal vez como converso, y eso lo llevó tanto a ir en peregrinación a Jerusalén como a leer precisamente a uno de los profetas que los samaritanos rechazaban. De manera que los samaritanos eran crédulos e inestables, mientras que el etíope era un concienzudo buscador de la verdad. No obstante, a pesar de sus diferencias de origen racial, de clase social y de actitud religiosa, Felipe les presentó a ambos las mismas buenas nuevas de Jesús.

Consideremos ahora los métodos que empleó Felipe. Su misión a los samaritanos fue un temprano ejemplo de 'evangelización de masas', porque 'mucha gente' escuchaba su mensaje, veía sus señales, prestaba atención a sus palabras, creía y era bautizada (6, 12). Sin embargo, la conversación de Felipe con el etíope es un notable ejemplo de 'evangelización personal', porque allí estaba un hombre sentado al lado de otro, hablándole en privado y pacientemente de las Escrituras y de Jesús. También es notable que el mismo evangelista fuera lo suficientemente adaptable como para usar ambos métodos, es decir la proclamación pública y el testimonio personal. No obstante, aunque pudo cambiar su método, no alteró su mensaje básico.

Es esta combinación de cambio (en cuanto al contexto y los métodos) e inmutabilidad (con relación al evangelio), junto con la habilidad para discernir entre ambos, lo que conforma uno de los legados perdurables de Felipe a la iglesia.

# 7

# La conversión de Saulo
# Hechos 9.1–31

Ahora que Esteban y Felipe han contribuido con los preparativos pioneros para la misión mundial de la iglesia, Lucas está listo para relatar la historia de las dos conversiones notables que le dieron inicio. La primera fue la de Saulo de Tarso, quien llegó a ser el apóstol a los gentiles,[1] y la segunda la de Cornelio el centurión, quien fue el primer gentil en convertirse. La conversión de Saulo corresponde a este capítulo, y la de Cornelio al que sigue.

La experiencia de Saulo en el camino a Damasco es la conversión más famosa en la historia de la iglesia. Lucas está tan impresionado con su importancia, que incluye el relato tres veces, una vez en su propia narración y dos veces en los discursos de Pablo. Es evidente que le preocupa que tengamos presente su maravillosa conversión.

Al leerla, sin embargo, se nos presenta a la mente una cuestión fundamental. ¿Quiere Lucas que consideremos a la conversión de Saulo como típica de la conversión cristiana en el día de hoy, o como excepcional? Muchas personas la descartan como algo totalmente inusual, y como si no constituyese una norma posible para la conversión en nuestros días. 'Yo no he experimentado ni presenciado una conversión como la del camino a Damasco,' dicen. Por cierto que algunos rasgos de la misma fueron atípicos. Por un lado, estaban los acontecimientos dramáticos y sobrenaturales, como el fulgor del relámpago y la voz que le dirigió la palabra directamente a él. Por otro lado, estaban los aspectos históricamente únicos, como la aparición del Jesús resucitado, que posteriormente Pablo afirmaba fue real, aunque la última que hubo (9.17, 27 y 1 Corintios 15.8), y su comisión a ser apóstol (igual que el llamado de Isaías, Jeremías y Ezequiel a ser profetas), y más particularmente a ser apóstol de los gentiles.[2] Para ser convertido no es necesario que nos acometa un relámpago, o que caigamos al suelo, o que oigamos nuestro nombre pronunciado en arameo, así como tampoco es necesario que viajemos precisamente al mismo lugar en las proximidades de Damasco. Tampoco es posible que se nos conceda una aparición del Jesús resucitado o un llamado como el de Pablo al apostolado.

No obstante, está claro a partir del resto del Nuevo Testamento que otros rasgos de la conversión y el comisionado de Saulo son aplicables a nosotros hoy. Porque nosotros también podemos (y debemos) experimentar un encuentro personal con Jesucristo, rendirnos ante él en actitud de penitencia y fe, y recibir su llamado al servicio. Siempre que distingamos entre lo históricamente particular y lo universal, entre los dramáticos acompañamientos exteriores y la experiencia interior esencial, lo que experimentó Saulo permanece como un instructivo estudio de caso sobre la conversión cristiana. Más aun, la 'infinita bondad' ('ilimitada paciencia', NIV) que le mostró Cristo tenía como fin servir de alentador 'ejemplo' para otros.[3]

Sin embargo, es necesario considerar otro tipo de ataque al relato de la conversión de Saulo, o sea el intento de eliminar totalmente su elemento sobrenatural. En el siglo XIX algunos comentaristas especularon sugiriendo que Saulo habría sufrido una insolación o un ataque de epilepsia. En nuestra propia generación se ha propuesto una explicación parcialmente sicológica y parcialmente fisiológica de su conversión, especialmente el doctor William Sargant en su obra *Battle for the Mind* [La batalla por la mente][4]. Con el subtítulo de 'una fisiología de la conversión y el lavado de cerebro', el propósito del libro consiste en 'mostrar que las creencias … pueden ser implantadas forzosamente en el cerebro humano, y la forma en que las personas pueden ser desviadas hacia creencias arbitrarias totalmente opuestas a las que sostenían anteriormente'. La conclusión del libro es la de 'que simples mecanismos fisiológicos de conversión efectivamente existen.'[5] Tomando como base los experimentos de Pavlov con perros y sus propios tratamientos de pacientes en época de guerra, que se habían quebrantado por estar sometidos a 'agotamiento en situación de combate', el doctor Sargant conjeturó que algo similar le había ocurrido a Saulo. Después de 'su aguda etapa de agitación nerviosa' sobrevino el 'colapso total, las alucinaciones y una creciente apertura a la sugestión,'[6] estado que se hizo más intenso por tres días de ayuno. Estando en esta condición le fueron implantadas creencias nuevas, exactamente opuestas a las que sostenía antes, primero por Ananías y luego por 'el necesario período de adoctrinamiento' a cargo de cristianos en Damasco.[7]

No tenemos nada en contra del análisis general del doctor Sargant sobre la terrible técnica del lavado de cerebro, en el cual la mente es incesantemente bombardeada con ideas extrañas hasta que se quebranta y se vuelve totalmente dócil y sugestionable. Tampoco negamos que algo semejante a esto ocurre ante el rítmico tamborileo y baile de los primitivos cultos religiosos como también por algunas formas de 'evangelismo' emocional y manipulador. Nuestro desacuerdo es con el intento artificial del doctor Sargant de hacer encajar la conversión de Saulo dentro de este esquema. Los hechos no apoyan su reconstrucción. No hay ningún indicio de que alguien haya utilizado alguna 'técnica' para 'bombardear' a Saulo hasta que se quebrantó, a menos que haya sido Jesús mismo. Pero esto requeriría una explicación sobrenatural, lo cual tendría el efecto de socavar la tesis del doctor Sargant. Además, las experiencias de conversión en el libro de los Hechos son tan variadas que no pueden ser todas resueltas en términos fisiológicos o sicológicos.[8]

En completo contraste con los intentos de los incrédulos de desacreditar la conversión de Saulo, me gustaría mencionar una carta del siglo XVIII del barón George Lyttelton a Gilbert West, que se publicó bajo el título de *Observations on the Conversion and Apostleship of St Paul*[9] [Observaciones sobre la conversión y el apostolado de san Pablo]. Tan convencido estaba de la autenticidad de la conversión de Saulo que creía que en sí misma, aparte de otros argumentos, era 'una evidencia suficiente para demostrar que el cristianismo es una revelación divina'.[10] Llamando la atención a las referencias de Pablo a su conversión tanto en sus discursos como en sus cartas, desarrolló su teoría en forma bastante detallada. Dado que Saulo no fue ni 'un impostor, que decía algo que sabía que era falso, con la intención de engañar', ni 'un fanático, quien por la fuerza de una imaginación sobreexcitada se engañó a sí mismo', ni fue 'embaucado por el fraude de otros', tanto 'lo que declaró como la causa de su conversión, así como lo que ocurrió como consecuencia de ella, realmente ocurrió, y por consiguiente la religión cristiana es revelación divina'.[11]

Por lo tanto, aceptando el hecho de que la conversión de Saulo efectivamente aconteció como consecuencia de una intervención por parte de Jesucristo, y aceptando la necesidad de distinguir entre sus rasgos esenciales y excepcionales, estamos ahora en condiciones de examinar su causa y sus efectos. Hemos de considerar sucesivamente a Saulo en su situación anterior a la conversión, a Saulo y Jesús cuando tuvieron el encuentro en el camino, a Saulo y Ananías, quien lo recibió y lo presentó a la iglesia de Damasco, y a Saulo y Bernabé, quien lo presentó a los apóstoles en Jerusalén.

# 1. Saulo: Su situación en Jerusalén antes de la conversión | 9.1–2

> **9.1Mientras tanto, Saulo, respirando aún amenazas de muerte contra los discípulos del Señor, se presentó al sumo sacerdote 2y le pidió cartas de extradición para las sinagogas de Damasco. Tenía la intención de encontrar y llevarse presos a Jerusalén a todos los que pertenecieran al Camino, fueran hombres o mujeres.**

Si preguntamos qué fue lo que ocasionó la conversión de Saulo, hay una sola respuesta posible. Lo que se destaca de la narración es la soberana gracia de Dios a través de Jesucristo. Saulo no 'se decidió por Cristo', como podríamos decir. Por el contrario, estaba persiguiendo a Cristo. Más bien fue Cristo quien se decidió por él e intervino en su vida. Las pruebas de esto son indiscutibles.

Consideremos primeramente la condición mental de Saulo en ese entonces. Lucas ya ha mencionado a Saulo tres veces, y en cada ocasión como un encarnizado opositor de Cristo y su iglesia. Nos dice que durante el martirio de Esteban 'los acusadores le encargaron sus mantos a un joven llamado Saulo' (7.58), que 'Saulo estaba allí, aprobando la muerte de Esteban' (8.1), y que 'causaba estragos en la iglesia' (8.3), llevando a cabo una búsqueda de los cristianos casa por casa, y llevando tanto a hombres como a mujeres a la cárcel. Ahora Lucas reanuda el relato sobre Saulo diciendo que **respirando aún amenazas de muerte contra los discípulos del Señor, se presentó al sumo sacerdote** (9.1). No había cambiado desde la muerte de Esteban; aún estaba en la misma condición mental de odio y hostilidad.

Peor todavía: Saulo esperaba mantener a los seguidores de Jesús en Jerusalén, con el fin de destruirlos allí (8.3). Pero algunos habían eludido su red y habían huido a Damasco, donde varias sinagogas servían a una numerosa colonia judía. Decidido a perseguir a estos discípulos fugitivos hasta ciudades extranjeras, Saulo urdió un complot para su liquidación y persuadió al sumo sacerdote a autorizarlo (9.1b–2). Entonces este autoproclamado inquisidor salió de Jerusalén, armado de una autorización escrita dirigida a las sinagogas de Damasco para **encontrar y llevarse presos a Jerusalén a todos los que pertenecieran al Camino** (una muy interesante descripción temprana de los seguidores de Jesús, que consideraremos más adelante), **fueran hombres o mujeres** (2). En lenguaje moderno, el sumo sacerdote le proveyó de una orden de extradición.

Parte del lenguaje que emplea Lucas para describir a Saulo en su condición anterior a la conversión parecería pintarlo deliberadamente como 'una bestia salvaje y feroz'.[12] El verbo *lymainomai*, cuya única aparición en el Nuevo Testamento se encuentra en 8.3 en relación con que Saulo 'causaba estragos' a la iglesia, se usa en el Salmo 80.13 (LXX) al hablar de jabalíes salvajes que destruyen una viña; y se refiere especialmente a 'la destrucción de un cuerpo por una bestia salvaje'.[13] Un poco después los creyentes de Damasco lo describieron como 'el que en Jerusalén perseguía a muerte' a los que invocaban el nombre de Jesús (21), donde el verbo es *portheō* (como en Gálatas 1.13, 23), que C. S. C. Williams traduce con el verbo 'mutilar'.[14] Continuando el mismo cuadro, J. A. Alexander sugiere que la expresión **respirando aún amenazas de muerte** (1) era 'una alusión al jadeo o el bufido de las bestias salvajes',[15] mientras que más tarde se ve la gracia de Dios, según Calvino, 'no sólo en ese lobo tan cruel que se vuelve oveja, sino también en el hecho de que adopta el carácter de un pastor'.[16]

Este, entonces, era el hombre (que se podría decir más animal salvaje que ser humano) que a los pocos días iba a convertirse en un cristiano bautizado. Pero no estaba en su ánimo tener en cuenta lo que Cristo reclamaba. Su corazón estaba lleno de odio y su mente estaba envenenada con prejuicios. En su propia expresión, más adelante, su obsesión lo tenía 'locamente enfurecido' (26.11, BA). Si nos hubiéramos encontrado con él cuando salía de Jerusalén y le hubiéramos dicho que antes de llegar a Damasco se habría hecho creyente, indudablemente habría considerado ridícula la idea. Y sin embargo eso fue lo que sucedió. Saulo no había tenido en cuenta la gracia soberana de Dios.

## 2. Saulo y Jesús:
## La conversión en el camino a Damasco | 9.3–9

> [9.3]En el viaje sucedió que, al acercarse a Damasco, una luz del cielo relampagueó de repente a su alrededor. [4]Él cayó al suelo y oyó una voz que le decía: —Saulo, Saulo, ¿por qué me persigues?
>
> [5]—¿Quién eres, Señor? —preguntó.
>
> —Yo soy Jesús, a quien tú persigues —le contestó la voz—. [6]Levántate y entra en la ciudad, que allí se te dirá lo que tienes que hacer.
>
> [7]Los hombres que viajaban con Saulo se detuvieron atónitos, porque oían la voz pero no veían a nadie. [8]Saulo se levantó del suelo, pero cuando abrió los ojos no podía ver, así que lo tomaron de la mano y lo llevaron a Damasco. [9]Estuvo ciego tres días, sin comer ni beber nada.

El segundo elemento de prueba de que la conversión de Saulo se debió exclusivamente a la gracia de Dios es el relato de Lucas sobre lo que ocurrió. Utilizaremos en conjunto los tres relatos en Hechos, si bien en un capítulo posterior habremos de compararlos y contrastarlos. Saulo y su escolta (no se nos dice de quiénes se trataba) estaban a punto de completar su viaje de unos 240 kilómetros. Les llevaría una semana aproximadamente. Cuando se acercaban a Damasco, que era un hermoso oasis rodeado de desierto, cerca del medio día (22.6), súbitamente ocurrió: **una luz del cielo relampagueó … a su alrededor** (3), más refulgente que el sol en su apogeo (26.13). Fue una experiencia tan sobrecogedora que lo dejó ciego (8–9) y lo derribó. **Cayó al suelo** (4), 'postrado a los pies del conquistador'.[17] Luego **una voz** le habló en forma personal y directa (en arameo, 26.14): **Saulo, Saulo** [Lucas mantiene el original arameo *Saoul*], **¿por qué me persigues?** Y, respondiendo a la pregunta de Saulo acerca de la identidad de quien hablaba, la voz continuó: **Yo soy Jesús, a quien tú persigues** (5). Por la forma extraordinaria en la que Jesús se identificó con sus seguidores, de tal modo que perseguirlos a ellos era perseguirlo a él, Saulo habrá percibido de inmediato que Jesús estaba vivo y que sus afirmaciones eran ciertas. De manera que obedeció la orden de inmediato: **Levántate y entra en la ciudad** (6), donde se le darían instrucciones adicionales. Mientras tanto, **los hombres que viajaban con Saulo se detuvieron atónitos, porque oían la voz pero no veían a nadie** (7), ni entendían las palabras del interlocutor invisible (22.9). No obstante, **lo tomaron de la mano y lo llevaron a Damasco** (8). Aquel que había pensado entrar en Damasco en la plenitud de su orgullo y su bravura, como un opositor de Cristo autosuficiente, en realidad entraba conducido por otros a la ciudad, ciego y humillado, cautivo de ese mismo Cristo a quien se había opuesto. No había lugar para ningún malentendido acerca de lo que había sucedido. El Señor resucitado se le había aparecido a Saulo. No se trataba de una visión o un sueño subjetivo; se trataba de una aparición objetiva de Jesucristo resucitado y ahora glorificado.[18] La luz que vio era la gloria de Cristo, y la voz que oyó era la voz de Cristo. Este había interrumpido su precipitada carrera de persecución y lo había hecho girar sobre sí mismo a fin de que enfrentara la dirección opuesta.

El tercer elemento de prueba que atribuye la conversión de Saulo a la gracia de Dios lo constituyen las referencias posteriores del propio apóstol al acontecimiento. Jamás mencionaba su conversión sin dejar en claro el hecho. Dios 'tuvo a bien', escribió Pablo más tarde, 'revelarme a su Hijo.'[19] Dios tuvo la iniciativa según su propia voluntad y beneplácito. Y a esta verdad Pablo procedió a ilustrarla con no menos de tres imágenes dramáticas. Primero, Cristo Jesús lo 'alcanzó',[20] o 'atrapó'; incluso el verbo *katalambanō* quizá sugiera que Cristo lo 'arrestó' antes de que tuviera tiempo de arrestar a ningún creyente de Damasco. Segundo, comparó su iluminación interior al mandato creador, '¡Que exista la luz!'[21] o 'Que la luz [resplandezca] en las tinieblas'.[22] Y tercero, escribió que la misericordia de Dios 'se derramó sobre [él] con abundancia', como un río crecido, que inundaba su corazón de fe y de amor.[23] Así, la gracia de Dios lo había 'arrestado', había penetrado su corazón y lo había arrasado como una creciente. Esta variedad de imágenes me recuerda otra serie de metáforas, de las que se vale C. S. Lewis en los últimos capítulos de su autobiografía. Presintiendo que Dios lo perseguía implacablemente, lo asemeja al 'gran Pescador' que juega con el pez, al gato que persigue al ratón, a la jauría de sabuesos que encierra a la zorra, y finalmente al divino jugador de ajedrez que va encerrando al otro en las posiciones más desventajosas hasta que por fin admite el 'jaque mate'.[24]

Con todo, es posible que atribuir la conversión de Saulo a la iniciativa de Dios sea fácilmente mal entendido, y requiere aclaración en dos sentidos, a saber, que la soberana gracia que capturó a Saulo no fue repentina (en el sentido de que no hubiera habido preparación previa) ni compulsiva (en el sentido de que él no necesitara dar una respuesta).

Primero, la conversión de Saulo no fue en absoluto la 'conversión repentina' que a menudo se dice que fue. Por cierto que la intervención final de Cristo fue repentina: **Una luz del cielo relampagueó de repente a su alrededor** (3), y una voz se dirigió a él. Según el relato posterior del propio Pablo, Jesús le dijo: '¿Qué sacas con darte cabezazos contra la pared?' (26.14; 'Dura cosa te es dar coces contra el aguijón', RVR95). Mediante este proverbio (que parece haber sido bastante común tanto en la literatura griega como en la latina) Jesús asemejó a Saulo a un buey inquieto y recalcitrante, y a sí mismo con un granjero empleando la aguijada para domarlo. Lo que se deduce es que Jesús estaba persiguiendo a Saulo, aguijoneándolo e hincándolo, y que a este le resultaba 'duro' (doloroso, incluso inútil) resistir. ¿Qué eran estos aguijones con los que estaba motivándolo, contra los que Saulo venía dando coces? No se nos dice específicamente, pero el Nuevo Testamento nos proporciona una cantidad de sugerencias.

Una aguijada la constituían seguramente sus dudas. Mentalmente repudiaba a Jesús como un impostor, que había sido rechazado por su propio pueblo y que había muerto en una cruz sometido a la maldición de Dios. Pero subconscientemente no podía sacarse a Jesús de la mente. ¿Alguna vez lo habría visto o se habría encontrado con él? 'Hay quienes categóricamente … niegan la posibilidad', escribe Donald Coggan, pero 'yo no puedo contarme entre ellos'. ¿Por qué? Porque es 'más que probable que hayan sido contemporáneos muy semejantes en edad entre sí'. Por consiguiente es probable que ambos visitaran Jerusalén al mismo tiempo, en cuyo caso '¿acaso no es posible, en realidad altamente probable, que el joven maestro de Galilea y el aun más joven fariseo de Tarso se hayan mirado a los ojos, y que Saulo haya oído enseñar a Jesús?'.[25] Aun cuando no se hayan encontrado, Saulo habría oído informes sobre la enseñanza y los milagros de Jesús, su carácter y lo que sostenía, juntamente con el persistente rumor difundido por muchos testigos de que había resucitado de la muerte y que había sido visto.

Seguramente otro aguijón habrá sido Esteban. Esto no era cuestión de información de segunda mano, porque Saulo estuvo presente cuando fue juzgado y ejecutado. Había visto con sus propios ojos tanto el rostro de Esteban que brillaba como el de un ángel (6.15), como su valiente actitud de no resistir mientras era lapidado (7.58–60). También había oído con sus propios oídos el elocuente discurso de Esteban ante el sanedrín, como asimismo, quizás, la sabiduría que demostró en la sinagoga (6.9–10), su oración implorando perdón para los que lo estaban ejecutando, y su extraordinaria afirmación de ver a Jesús como el Hijo del hombre de pie a la derecha de Dios (7.56). Es en esta manera que 'Esteban y no Gamaliel fue el verdadero maestro de san Pablo'.[26] Saulo no podía suprimir el testimonio de Esteban. Había algo inexplicable en esos cristianos, algo sobrenatural, algo que hablaba del poder divino de Jesús. Hasta el fanatismo evidenciado por la persecución en que se había comprometido Saulo delataba su creciente inseguridad interior, 'porque,' escribió Jung, 'el fanatismo sólo se encuentra en individuos que buscan compensar sus dudas secretas'.[27]

Pero los aguijones de Jesús eran morales tanto como intelectuales. La mala conciencia de Saulo probablemente le ocasionaba más tormento interior que sus persistentes dudas. Porque aun cuando podía afirmar que era 'intachable' en cuanto a su justicia externa,[28] sabía que sus pensamientos, sus motivaciones y deseos no eran limpios a la vista de Dios. En particular, el décimo mandamiento contra la codicia lo acusaba. Los demás mandamientos podía obedecerlos en palabra y en hechos, pero la codicia no era cuestión de palabras ni de hechos, sino una disposición del corazón que no podía controlar.[29] De manera que no tenía poder ni paz. Pero se negaba a admitirlo. Daba coces violentamente con los aguijones de Jesús, y lo hería hacerlo. Su conversión en el camino a Damasco fue, por lo tanto, la repentina culminación de un largo proceso en el que 'el Sabueso del cielo'* lo venía persiguiendo. El rígido cuello de este fariseo que se justificaba a sí mismo se inclinó. El buey había sido domado.

---

* Título de una poesía de Francis Tompkins: 'The Hound of Heaven'. N. del T.

Si la gracia de Dios no fue repentina, tampoco fue compulsiva. Es decir, el Cristo que le apareció y le habló no arrasó con él. Lo volvió humilde, de modo que cayó al suelo, pero no violentó su personalidad. No convirtió a Saulo en un robot ni lo obligó a cumplir determinadas acciones sometido a una especie de trance hipnótico. Por el contrario, Jesús le hizo una pregunta indagatoria, **¿por qué me persigues?** De este modo apeló a su razón y a su conciencia, con el fin de hacerle consciente de su insensatez y la maldad de lo que estaba haciendo. Luego Jesús le dijo que se levantara y entrara en la ciudad, donde se le diría lo que tenía que hacer. Saulo no se sintió tan abrumado por la visión y la voz como para quedar sin voz e imposibilitado de responder; contestó la pregunta de Cristo con dos preguntas propias: primero, **¿Quién eres, Señor?** (5) y segundo, '¿Qué debo hacer, Señor?' (22.10). Su respuesta fue racional, hecha a conciencia y libremente. *Kyrios* (Señor) podía significar simplemente 'señor' [con minúscula]. Pero, dado que Saulo comprendió que estaba hablando con Jesús, y que este había resucitado de los muertos, sin duda había comenzado a adquirir los matices teológicos que más adelante tuvo esta expresión en las cartas de Pablo.

Para resumir, la causa de la conversión de Saulo fue la gracia, la soberana gracia de Dios. Pero la gracia soberana es gracia progresiva y gracia benévola. En forma gradual, y sin violencia, Jesús aguijoneó la mente y la conciencia de Saulo con sus aguijones. Luego se le reveló por medio de la luz y la voz, no con el objeto de abrumarlo, sino de tal modo que pudiera responder libremente. La gracia divina no pisotea al ser humano. Más bien es a la inversa, porque permite que los seres humanos sean verdaderamente humanos. Es el pecado lo que nos aprisiona; la gracia nos libera. La gracia de Dios nos libera hasta tal punto de la esclavitud de nuestro orgullo, prejuicio y egocentrismo, que nos permite arrepentirnos y creer. No podemos menos que enaltecer la gracia de Dios por el hecho de que haya tenido misericordia de un fanático violento como Saulo de Tarso, y por cierto de seres tan orgullosos, rebeldes y descarriados como nosotros.

C. S. Lewis, cuya sensación de que Dios lo perseguía ya ha sido mencionada, también expresó su sensación de libertad al responder a Dios:

Tuve conciencia de que estaba manteniendo a raya algo, o dejando algo afuera. O, si lo prefieren, que estaba usando unas vestiduras tiesas, como un corsé, o incluso una armadura, como si fuera una langosta. Sentí que, en ese lugar y en ese momento, se me daba a elegir libremente. Podía abrir la puerta o mantenerla cerrada; podía desprenderme de la armadura o dejármela puesta. Ninguna de las opciones aparecía como un deber; no había amenaza o promesa ligada a ellas, aunque sabía que abrir la puerta o sacarse el corselete significaba lo incalculable. La elección parecía trascendental, pero a la vez extrañamente poco emotiva. No me empujaban ni deseos ni temores. En cierto sentido, nada me empujaba. Elegí abrir, desatar, soltar la rienda. Digo 'elegí', y sin embargo no parecía realmente posible hacer lo contrario. Por otra parte, no tenía conciencia de ningún motivo. Podrían plantear que no era un agente libre, pero más me inclino a pensar que este estuvo más cerca de ser un acto perfectamente libre que la mayoría de los que he llevado a cabo desde entonces. La necesidad puede no ser lo contrario de la libertad, y quizás un hombre es más libre cuando, en vez de producir motivos, puede limitarse a decir: 'Soy lo que hago'.[30]

## 3. Saulo y Ananías: Su recepción en la iglesia de Damasco | 9.10–25

[9.10]Había en Damasco un discípulo llamado Ananías, a quien el Señor llamó en una visión.

—¡Ananías!

—Aquí estoy, Señor.

[11]—Anda, ve a la casa de Judas, en la calle llamada Derecha, y pregunta por un tal Saulo de Tarso. Está orando, [12]y ha visto en una visión a un hombre llamado Ananías, que entra y pone las manos sobre él para que recobre la vista.

[13]Entonces Ananías respondió: —Señor, he oído hablar mucho de ese hombre y de todo el mal que ha

causado a tus santos en Jerusalén. [14]Y ahora lo tenemos aquí, autorizado por los jefes de los sacerdotes, para llevarse presos a todos los que invocan tu nombre.

[15]—¡Ve! —insistió el Señor—, porque ese hombre es mi instrumento escogido para dar a conocer mi nombre tanto a las naciones y a sus reyes como al pueblo de Israel. [16]Yo le mostraré cuánto tendrá que padecer por mi nombre.

[17]Ananías se fue y, cuando llegó a la casa, le impuso las manos a Saulo y le dijo: 'Hermano Saulo, el Señor Jesús, que se te apareció en el camino, me ha enviado para que recobres la vista y seas lleno del Espíritu Santo.' [18]Al instante cayó de los ojos de Saulo algo como escamas, y recobró la vista. Se levantó y fue bautizado; [19]y habiendo comido, recobró las fuerzas.

Saulo pasó varios días con los discípulos que estaban en Damasco, [20] y en seguida se dedicó a predicar en las sinagogas, afirmando que Jesús es el Hijo de Dios. [21]Todos los que le oían se quedaban asombrados, y preguntaban: '¿No es éste el que en Jerusalén perseguía a muerte a los que invocan ese nombre? ¿Y no ha venido aquí para llevárselos presos y entregarlos a los jefes de los sacerdotes?' [22]Pero Saulo cobraba cada vez más fuerza y confundía a los judíos que vivían en Damasco, demostrándoles que Jesús es el Mesías.

[23]Después de muchos días, los judíos se pusieron de acuerdo para hacerlo desaparecer, [24]pero Saulo se enteró de sus maquinaciones. Día y noche vigilaban de cerca las puertas de la ciudad con el fin de eliminarlo. [25]Pero sus discípulos se lo llevaron de noche y lo bajaron en un canasto por una abertura en la muralla.

Siguiendo la historia tal como la relata Lucas, pasamos de las causas a las consecuencias de la conversión de Saulo. Resulta maravilloso ver la transformación de sus actitudes y su carácter, que comenzó a hacerse evidente de inmediato, y especialmente en cuanto a sus relaciones con Dios, con la iglesia cristiana y con el mundo incrédulo.

Primero, Saulo tuvo una nueva actitud de reverencia para con Dios. Al darle a Ananías las instrucciones para ir a ministrar al nuevo converso, se le dijo: 'He aquí, está orando' (11, BA). Habían pasado tres días desde su encuentro en el camino con el Señor resucitado, durante los cuales estuvo **sin comer ni beber nada** (9). Presumiblemente, entonces, dedicó esos días a ayunar y a orar, es decir, absteniéndose de alimentarse con el fin de entregarse a la oración sin distracción. No que jamás hubiera ayunado y orado antes. Como el fariseo en la parábola de Jesús, seguramente acudía al templo a orar, y como él, también es probable que hubiera podido afirmar 'Ayuno dos veces a la semana.'[31] Pero ahora por medio de Jesús y de su cruz, Saulo estaba reconciliado con Dios, y por lo tanto disfrutaba de un nuevo e inmediato acceso al Padre, en la medida en que el Espíritu daba testimonio a su espíritu de que era hijo del Padre.[32] ¿Cuál era el contenido de sus oraciones? Podemos suponer que oraba por el perdón de todos sus pecados, especialmente su autosuficiencia y la cruel persecución de Jesús a través de sus seguidores; por sabiduría para saber lo que Dios quería que hiciera ahora; y pidiendo poder para ejercer cualquier ministerio que se le asignara. Sin duda que sus oraciones también incluirían actos de adoración, cuando derramaba su alma en alabanza porque Dios le había tenido misericordia. Esos mismos labios, que '[respiraban] aún amenazas de muerte contra los discípulos del Señor' (1), ahora respiraban alabanzas y oraciones a Dios. 'El león rugiente ha sido transformado en un cordero que bala.'[33]

Aún hoy el primer fruto de la conversión es siempre una nueva conciencia de la paternidad de Dios, cuando el Espíritu nos pone en situación de exclamar '¡Abba! ¡Padre!',[34] junto con la gratitud por su misericordia y un anhelo de conocerlo, agradarle y servirle mejor. Esto es 'santidad', y ninguna conversión es genuina si no se manifiesta por medio de una vida de santidad.

Segundo, Saulo adquirió una nueva relación con la iglesia, a la que lo vinculó Ananías. Con razón William Barclay llama a Ananías 'uno de los héroes olvidados de la iglesia cristiana.'[35] Sin embargo, cuando se le dijo que le ministrara a Saulo, en un primer momento Ananías objetó. Se mostró muy reacio a realizar la tarea de 'seguimiento de nuevos creyentes' (para usar una expresión moderna), y su vacilación era comprensible. Acudir a visitar a Saulo era equivalente a entregarse a la policía. Sería un acto suicida. Porque él había **oído hablar mucho**

**de ese hombre y de todo el mal que ha causado** a los seguidores de Jesús en Jerusalén (13). Ananías también sabía que Saulo había llegado a Damasco **autorizado por los jefes de los sacerdotes, para llevarse presos** a todos los creyentes (14). Pero Jesús repitió su orden: ¡Ve!, y agregó que Saulo era su **instrumento escogido** para llevar su nombre **a las naciones y a sus reyes como al pueblo de Israel** (15), un ministerio que le acarrearía mucho sufrimiento por amor a ese mismo nombre (16).

De modo que Ananías se encaminó a la **calle llamada Derecha** (11), que sigue siendo la principal vía pública en dirección este-oeste, y a la casa de Judas, y más precisamente a la habitación misma donde se encontraba Saulo. Allí le impuso las manos (17), tal vez para identificarse con él mientras oraba para la curación de su ceguera y para que la plenitud del Espíritu lo capacitara para su ministerio. Más todavía, sospecho que esta imposición de manos era un gesto de amor hacia un hombre ciego, que no podía ver la sonrisa en el rostro de Ananías, pero podía sentir el contacto de sus manos. Al mismo tiempo, Ananías se dirigió a él como **hermano Saulo** o 'Saulo, hermano mío' (LPD). Nunca dejan de conmoverme estas palabras. Es muy posible que hayan sido las primeras palabras que Saulo oyó de labios cristianos después de su conversión, y eran palabras de bienvenida fraternal. Tienen que haber sido música a sus oídos. ¿Cómo? ¿El enardecido enemigo de la iglesia había de ser recibido como un hermano? ¿El temido fanático sería recibido como un miembro de la familia? Sí, así fue. Ananías explicó cómo Jesús, el mismo que se le había aparecido en el camino, lo había mandado para que recibiera la vista y fuera **lleno del Espíritu Santo** (17). **Al instante cayó de los ojos de Saulo algo como escamas, y recobró la vista** (el doctor Lucas se vale de terminología médica aquí). Entonces **fue bautizado** (18), presumiblemente por Ananías, el que de este modo lo recibió visible y públicamente en la comunidad de Jesús. Sólo entonces, **habiendo comido, recobró las fuerzas**, después de tres días de ayuno (19a). ¿Habrá preparado y servido la comida el propio Ananías, además de bautizarlo? De ser así, reconocía que el joven converso tenía necesidades físicas tanto como espirituales.

Lo que se nos dice a continuación es que **Saulo pasó varios días con los discípulos que estaban en Damasco** (19b). Sabía que ahora pertenecía a esa misma compañía que anteriormente estuvo tratando de destruir, y lo demostró con claridad comenzando **a predicar en** las sinagogas, **afirmando que Jesús es el Hijo de Dios** (20). Resulta sorprendente que haya sido aceptado. Más aun, los que lo oían predicar estaban **asombrados** ('atónitos', RVR95), y preguntaban **si no era éste el que en Jerusalén perseguía a muerte a los que invocan ese nombre**, haciendo estragos entre los creyentes, como también el que había llegado a Damasco **para llevárselos presos y entregarlos a los jefes de los sacerdotes** (21). Lucas no nos dice cómo fueron contestadas sus angustiosas preguntas, pero es posible que Ananías haya contribuido a apaciguarlos. Mientras tanto, Saulo mismo **cobraba cada vez más fuerza** como testigo y apologista, hasta tal punto que **confundía a los judíos … en Damasco, demostrándoles que Jesús es el Mesías** (22).

Saulo no permaneció con los cristianos de Damasco un espacio prolongado de tiempo. Lucas pasa a describir su partida de la ciudad **después de muchos días** (23a). Se trata de una referencia intencionalmente ambigua, pero sabemos por lo que dice el apóstol en Gálatas 1.17–18 que esos 'muchos días' en realidad fueron tres años, y que durante este período Saulo estuvo en Arabia. No tenía que viajar muy lejos, porque en esa época el extremo noroeste de Arabia llegaba casi hasta Damasco. ¿Pero por qué fue a Arabia? Piensan algunos que fue con la misión de predicar, pero otros sugieren más convincentemente que necesitaba tiempo para estar tranquilo, y que así Jesús le reveló esas verdades distintivas de la solidaridad judeo-gentil en el cuerpo de Cristo, que luego él llamaría 'el misterio que me dio a conocer por revelación', 'el evangelio que … recibí … por revelación de Jesucristo.'[36] Algunos han conjeturado, incluso, que esos tres años en Arabia constituían una compensación expresa por los tres años con Jesús que los otros apóstoles habían tenido pero no Saulo. De cualquier manera, después de este lapso de tiempo en Arabia Saulo volvió a Damasco.[37] Aunque no por mucho tiempo. Porque **los judíos se pusieron de acuerdo para hacerlo desaparecer** (23b) y **día y noche vigilaban de cerca las puertas de la ciudad con el fin de eliminarlo** (24). De algún modo **Saulo se enteró de sus maquinaciones** y finalmente **sus discípulos** (una interesante indicación de que su liderazgo ya era reconocido y había atraído seguidores) **lo bajaron en un canasto por una abertura en la muralla** (25), de modo que escapó a Jerusalén.

## 4. Saulo y Bernabé: Su presentación ante los apóstoles en Jerusalén | 9.26–31

**9.26**Cuando llegó a Jerusalén, trataba de juntarse con los discípulos, pero todos tenían miedo de él, porque no creían que de veras fuera discípulo. **27**Entonces Bernabé lo tomó a su cargo y lo llevó a los apóstoles. Saulo les describió en detalle cómo en el camino había visto al Señor, el cual le había hablado, y cómo en Damasco había predicado con libertad en el nombre de Jesús. **28**Así que se quedó con ellos, y andaba por todas partes en Jerusalén, hablando abiertamente en el nombre del Señor. **29**Conversaba y discutía con los judíos de habla griega, pero ellos se proponían eliminarlo. **30**Cuando se enteraron de ello los hermanos, se lo llevaron a Cesarea y de allí lo mandaron a Tarso.

**31**Mientras tanto, la iglesia disfrutaba de paz a la vez que se consolidaba en toda Judea, Galilea y Samaria, pues vivía en el temor del Señor. E iba creciendo en número, fortalecida por el Espíritu Santo.

La experiencia de Saulo en Jerusalén fue similar a su experiencia en Damasco. Al llegar a la ciudad capital, **trataba de juntarse con los discípulos,** por cuanto se sabía uno de ellos, pero ellos estaban llenos de escepticismo y temor: **todos tenían miedo de él, porque no creían que de veras fuera discípulo** (26). Es de suponer que durante tres años no habían tenido noticias de él. Pero esta vez **Bernabé** se propuso socorrerlo. Fiel a su disposición y a su nombre, **lo tomó a su cargo y lo llevó a los apóstoles** (en especial a Pedro y a Jacobo, según Gálatas 1.18–20), y les contó **cómo … había visto al Señor, el cual le había hablado, y cómo en Damasco había predicado con libertad en el nombre de Jesús** (27). Como resultado de este acto testimonial, Saulo fue aceptado como un hermano en Cristo. **Se quedó con ellos, y andaba por todas partes en Jerusalén** durante las dos semanas que sabemos que estuvo allí.[38]

De manera que Saulo tenía claro su carácter de miembro de la nueva sociedad de Jesús. Primero en Damasco, luego en Jerusalén, buscó a **los discípulos** (19, 26). Cierto es que ambos grupos titubearon, pero su escepticismo inicial fue superado. Gracias a Dios por Ananías, quien lo presentó a la comunidad cristiana en Damasco, y por Bernabé, quien hizo lo mismo por él más tarde en Jerusalén. Si no hubiera sido por ellos, y la recepción que le gestionaron, todo el curso de la historia de la iglesia quizá habría sido diferente.

La verdadera conversión siempre da como resultado el ingreso en la iglesia. No se trata solamente de que los conversos deban unirse a la comunidad cristiana, sino que la comunidad cristiana debe recibir a los conversos, en especial a los que provienen de un fondo religioso, étnico o social diferente. Hay una urgente necesidad de que haya modernos Ananías y Bernabés que superen sus escrúpulos y sus vacilaciones, y tomen la iniciativa de hacer amistad con los nuevos.

Además de su nueva reverencia para con Dios, y la nueva relación con la iglesia, Saulo comprendió que tenía una nueva responsabilidad hacia el mundo, particularmente como testigo. Según el relato que él mismo hizo de conversión, fue en el camino a Damasco que Jesús lo designó 'siervo y testigo' y por cierto como el apóstol a los gentiles (26.16ss). Luego Jesús le confirmó a Ananías que Saulo era su 'instrumento escogido' (15), y Ananías transmitió a Saulo la comisión de Jesús a ser 'testigo ante toda persona de lo que has visto y oído' (22.15). Son dignas de mención varias características de su función testimonial. Primero, era cristocéntrica. En Damasco Saulo 'se dedicó a predicar' que Jesús es el Hijo de Dios (20) y 'demostraba' que Jesús era el Cristo (22). Los argumentos a partir de las escrituras del Antiguo Testamento y de su propia experiencia coincidían. Ambos testimonios se centraban en Cristo, y esta es la tarea del testimonio cristiano. Testimonio y autobiografía no son vocablos sinónimos. Testificar es hablar de Cristo. Nuestra propia experiencia podrá ilustrar, pero no debe dominar nuestro testimonio.

En segundo lugar, el testimonio de Saulo sobre Cristo contaba con el poder del Espíritu Santo (17), de modo que 'Saulo cobraba cada vez más fuerza' (22). No es de sorprender, porque la suprema función del Espíritu consiste en dar testimonio de Cristo.[39]

Tercero, su testimonio era valiente. Dos veces Lucas alude a la 'valentía' de su predicación, primero en **Damasco** (27), precisamente en las sinagogas a las que el sumo sacerdote había dirigido las cartas autorizando a Saulo a arrestar a los cristianos (2, 20), y luego en

Jerusalén (28), la sede del sanedrín de donde había emanado la autorización. Además, discutió con los judíos de habla griega, es decir los helenistas (29), tales como Esteban, por ejemplo, y tal vez en la misma sinagoga (6.8ss).

Cuarto, el testimonio de Saulo resultó costoso. Sufrió a causa de su testimonio, como Jesús le había advertido que ocurriría: 'Yo le mostraré cuánto tendrá que padecer por mi nombre' (16). Ya en Damasco estuvo en peligro su vida (23–24) de modo que, cuando todas las salidas de la ciudad fueron selladas, tuvo que escapar de forma humillante en un canasto (25).[40] También en Jerusalén algunos helenistas intentaron matarlo (29), de manera que el Señor Jesús le advirtió que debía abandonar la ciudad de inmediato (22.17–18). Sus hermanos cristianos personalmente **se lo llevaron a Cesarea y de allí lo mandaron a Tarso**, su ciudad natal, donde se quedó de incógnito durante los siguientes seis u ocho años.

Así, el relato sobre la conversión de Saulo en Hechos 9 comienza cuando él sale de Jerusalén con una orden oficial del sumo sacerdote para arrestar a los cristianos fugitivos, y termina con él saliendo de Jerusalén como un cristiano fugitivo él mismo. Saulo el perseguidor se ha convertido en Saulo el perseguido. En el resto del relato de Hechos Lucas continúa informándonos acerca de los sufrimientos de su héroe, cómo fue apedreado en Listra y abandonado por muerto, apaleado y encarcelado en Filipos, cómo fue el centro de un disturbio público en Éfeso; luego cómo arrestado y encarcelado en Jerusalén, cómo naufragó en el Mediterráneo, y finalmente fue mantenido en custodia en Roma. Ser testigo de Cristo comprende padecer por Cristo. No es accidente que el vocablo griego para testigo (*martys*) se asoció con el tiempo con el martirio. 'El sufrimiento, por lo tanto, es la divisa del verdadero discipulado', escribió Bonhoeffer.[41]

No obstante, la oposición del mundo no impidió la difusión del evangelio y el crecimiento de la iglesia. Por el contrario, Lucas termina su relato de la conversión de Saulo y de su providencial huida del peligro, con otro de sus versículos sintéticos (31). Lucas describe a la iglesia, que ya se ha extendido a través de **Judea, Galilea y Samaria**, con cinco características: paz (libre de interferencias externas), fortaleza (consolidando su posición), aliento (disfrutando de *paraklēsis*, el ministerio especial del Espíritu Santo, el Paracleto), crecimiento (multiplicándose numéricamente) y santidad (viviendo **en el temor del Señor**).

## Conclusión

Hemos venido considerando la causa y los efectos de la conversión de Saulo. La impresión general que nos queda tiene que ver con la gracia de Dios que pudo motivar tan grandes efectos, haciéndose cargo de un rebelde tan obstinado y transformándolo 'de lobo en oveja'.[42] El relato de Lucas debería persuadirnos a esperar más de Dios, tanto en relación con los incrédulos como con los recientemente convertidos.

En cuanto a los primeros, hay muchos Saulos de Tarso en el mundo hoy en día. Como él, están ricamente dotados de dones naturales en cuanto a intelecto y carácter; hombres y mujeres con personalidad, energía, iniciativa y empuje; que tienen el coraje de sostener sus convicciones no cristianas; son personas absolutamente sinceras, pero sinceramente equivocadas; que viajan, por así decirlo, en sentido contrario al de la gracia de Dios, así como Saulo iba de Jerusalén a Damasco en lugar de ir de Damasco a Jerusalén; duros, tercos, hasta fanáticos en su rechazo de Jesucristo. Pero no están más allá de su soberana gracia. Necesitamos tener más fe, más santa expectativa, que nos lleve a orar por ellos (así como podemos estar seguros de que los cristianos primitivos oraban por Saulo) para que Cristo primero los incite con sus aguijadas y luego los haga suyos.

Pero nunca debemos quedar satisfechos con la conversión de la persona. Este es solamente el comienzo. La misma gracia que lleva a la persona al nuevo nacimiento puede transformarla a la imagen de Cristo.[43] Todo nuevo converso se convierte en una persona nueva, que tiene títulos para demostrarlo, a saber es 'discípulo' (26) o 'santo' (13), está relacionado de un modo nuevo con Dios, es un 'hermano' (17) o una hermana, relacionado de un modo nuevo con la iglesia, y 'testigo' (22.18; 26.16), por lo tanto relacionado de un modo nuevo con el mundo. Si estos tres modos de relación: con Dios, con la iglesia y con el mundo no se ven en los que profesan haberse convertido, tenemos buenas razones para sospechar de la realidad de su conversión. Pero cuando estos tres modos de relación están visiblemente presentes, tenemos buenas razones para exaltar la gracia de Dios.

# 8

# La conversión de Cornelio
# Hechos 9.32—11.18

Partiendo de la conversión de Saulo para ser el apóstol de los gentiles, Lucas continúa con la conversión de Cornelio, el primer creyente gentil. Ambas conversiones fueron bases fundamentales sobre las que se construiría la misión a los gentiles. Y en ambas conversiones se destaca la presencia de un importante apóstol, teniendo, la primera, a Pablo por objeto, y la segunda a Pedro por agente. Ambos apóstoles (a pesar de sus diferentes llamados)[1] tendrían un rol clave en la liberación del evangelio de su ropaje judío, y en la apertura del reino de Dios a los gentiles. Por eso, en 9.32, Lucas hace una abrupta transición de Pablo a Pedro. Deja a Pablo en Tarso por un tiempo (9.30), provisoriamente fuera de la vista, hasta estar preparado para traerlo al centro del escenario con el primer viaje misionero (13.1ss). Mientras tanto, por más de tres capítulos (9.32—12.25), se concentra en Pedro. De modo que si su libro narra 'Hechos de los Apóstoles', esta sección registra algunos 'Hechos [específicos] de Pedro', después de lo cual Pedro sale de escena salvo por su aparición en el Concilio de Jerusalén (Hechos 15).

Los tres relatos sobre Pedro que elige Lucas son (i) una historia de dos milagros (cómo fue sanado Eneas, y Tabita resucitada de la muerte), (ii) la historia de una conversión (cómo Cornelio fue llevado a la fe), y (iii) la historia de una huida (cómo Pedro fue rescatado de la prisión y de las malas intenciones de Herodes). Cada una de ellas se puede ver como una confrontación con la enfermedad y la muerte, con la alienación gentil y la tiranía política. Por otra parte, en cada caso el conflicto fue seguido de victoria: la sanidad de Eneas, la resurrección de Tabita, la conversión de Cornelio, y la destitución de Herodes. El apóstol Pedro es presentado como un agente efectivo a través de quien el Señor resucitado continuó actuando y enseñando por medio del Espíritu. Dejando el encarcelamiento y la liberación de Pedro hasta el próximo capítulo, en este nos centraremos en su ministerio vinculado a Eneas, Tabita y Cornelio.

# 1. Pedro sana a Eneas y resucita a Tabita | 9.32–43

9.32Pedro, que estaba recorriendo toda la región, fue también a visitar a los santos que vivían en Lida. 33Allí encontró a un paralítico llamado Eneas, que llevaba ocho años en cama. 34'Eneas —le dijo Pedro—, Jesucristo te sana. Levántate y tiende tu cama.' Y al instante se levantó. 35Todos los que vivían en Lida y en Sarón lo vieron, y se convirtieron al Señor.

36Había en Jope una discípula llamada Tabita (que traducido es Dorcas). Ésta se esmeraba en hacer buenas obras y en ayudar a los pobres. 37Sucedió que en esos días cayó enferma y murió. Pusieron el cadáver, después de lavarlo, en un cuarto de la planta alta. 38Y como Lida estaba cerca de Jope, los discípulos, al enterarse de que Pedro se encontraba en Lida, enviaron a dos hombres a rogarle: '¡Por favor, venga usted a Jope en seguida!'

39Sin demora, Pedro se fue con ellos, y cuando llegó lo llevaron al cuarto de arriba. Todas las viudas se presentaron, llorando y mostrándole las túnicas y otros vestidos que Dorcas había hecho cuando aún estaba con ellas.

40Pedro hizo que todos salieran del cuarto; luego se puso de rodillas y oró. Volviéndose hacia la muerta, dijo: 'Tabita, levántate.' Ella abrió los ojos y, al ver a Pedro, se incorporó. 41Él, tomándola de la mano, la levantó. Luego llamó a los creyentes y a las viudas, a quienes la presentó viva. 42La noticia se difundió por todo Jope, y muchos creyeron en el Señor. 43Pedro se quedó en Jope un buen tiempo, en casa de un tal Simón, que era curtidor.

Se nos presenta a Pedro como dedicado a un ministerio itinerante: **estaba recorriendo toda la región** (32a). Anteriormente, cuando se desató la persecución, los apóstoles habían considerado prudente permanecer en Jerusalén (8.1b). No obstante, ahora que la iglesia disfrutaba un período de paz (31), se sintieron en libertad de abandonar la ciudad. El propósito de Pedro no era sólo predicar el evangelio, sino también **visitar a los santos** (32b), para enseñarles y animarlos. En uno de sus viajes se dirigió hacia la costa occidental, y mientras la recorría ocurrieron dos incidentes que Lucas evidentemente consideró como un par complementario. En Lida, aproximadamente 18 kilómetros al sudeste de Jope, vivía un hombre llamado Eneas, que era paralítico y **llevaba ocho años en cama** (33). En Jope, la moderna Jaffa y el puerto marítimo más próximo a Jerusalén, vivía una mujer llamada Tabita o Dorcas (las palabras aramea y griega, respectivamente, para 'gacela'), a quien Lucas describe como **una discípula** ... que **se esmeraba en hacer buenas obras y en ayudar a los pobres** (36). Parece haber confeccionado particularmente ropa interior y vestidos, 'las túnicas y los abrigos' (39, LPD) para los necesitados. Pero **cayó enferma y murió** (37). Esa era la situación básica en estos dos casos. Por la forma en que registró los milagros que luego tuvieron lugar, parece que Lucas describió deliberadamente a Pedro como un auténtico apóstol de Jesucristo, que mostraba las 'señales de un verdadero apóstol'.[2] Milagros similares habían respaldado el ministerio profético de Elías y Eliseo.[3] Cuatro factores apoyan esta sugerencia.

Primero, ambos milagros siguieron el *ejemplo de Jesús*. Eneas nos recuerda aquel otro paralítico, que vivía en Capernaúm. Así como Jesús le había dicho 'Levántate, toma tu camilla y vete a tu casa',[4] Pedro le dijo a Eneas **'Levántate y tiende tu cama'** (34). Y la resurrección de Tabita recuerda la resurrección de la hija de Jairo. Como la gente lloraba ruidosamente, Pedro 'hizo que todos salieran del cuarto', tal como había hecho Jesús. A continuación, las palabras dichas a la persona muerta fueron casi idénticas. En realidad, como han señalado varios comentaristas, si Pedro habló en arameo en esa ocasión, solo una sola letra hubiera sido diferente, porque Jesús había dicho '¡Talita cum!',[5] mientras que Pedro hubiera dicho **'Tabita, levántate'**, (40).

Segundo, ambos milagros fueron realizados por *el poder de Jesús*. Pedro sabía que no podía vencer la enfermedad y la muerte por su propia autoridad o poder. De modo que no hizo el intento. En lugar de eso, al paralítico y postrado Eneas le dijo: **Jesucristo te sana** (34), en tanto que antes de dirigirse a la fallecida Tabita **se puso de rodillas** y oró (40), un detalle seguramente aportado por Pedro, ya que nadie más estaba presente.

Tercero, ambos milagros fueron señales de *la salvación de Jesús*. Gracias a esta confianza en el poder de Cristo, Pedro se atrevió a dirigirse al hombre enfermo y a la mujer muerta con la misma palabra imperativa: *anastethi*, **levántate** (34, 40). Sin embargo, el verbo que usa Dios cuando resucita a Jesús es *anistemi*, cosa que difícilmente podría haber sido por accidente. No olvidemos que Tabita fue 'revivida' a su antigua vida (solo para volver a morir) mientras que Jesús fue 'resucitado' a una nueva vida (para no morir jamás). Es más bien para señalar que la recuperación de la parálisis y la resucitación de la muerte eran ambas señales visibles de la nueva vida a la que los pecadores renacemos por el poder de la resurrección.

Cuarto, ambos milagros redundaron en *la gloria de Jesús*. Cuando Eneas fue sanado, **todos los que vivían en Lida y en Sarón lo vieron, y se convirtieron al Señor** (35). No es que debamos interpretar que ese 'todos' significa literalmente cada uno de los habitantes, ya que, como comenta sabiamente Calvino, 'cuando las Escrituras dicen todos, no abarca en un solo hombre la totalidad de lo que describe, sino que usa la palabra todos para decir muchos, la mayoría, o una multitud de gente'.[6] De manera similar, cuando Tabita fue restaurada a la vida, **la noticia se difundió por todo Jope, y muchos creyeron en el Señor** (42). Conforme al propósito de las señales, que era autenticar y ejemplificar el mensaje de salvación del apóstol, la gente escuchó la palabra, vio las señales y creyó.

## 2. Cornelio manda llamar a Pedro | 10.1–8

**10.1**Vivía en Cesarea un centurión llamado Cornelio, del regimiento conocido como el Italiano. **2**Él y toda su familia eran devotos y temerosos de Dios. Realizaba muchas obras de beneficencia para el pueblo de Israel y oraba a Dios constantemente. **3**Un día, como a las tres de la tarde, tuvo una visión. Vio claramente a un ángel de Dios que se le acercaba y le decía:

—¡Cornelio!

**4**—¿Qué quieres, Señor? —le preguntó Cornelio, mirándolo fijamente, y con mucho miedo.

—Dios ha recibido tus oraciones y tus obras de beneficencia como una ofrenda —le contestó el ángel—. ⁵Envía de inmediato a algunos hombres a Jope para que hagan venir a un tal Simón, apodado Pedro. ⁶Él se hospeda con Simón el curtidor, que tiene su casa junto al mar.

⁷Después de que se fue el ángel que le había hablado, Cornelio llamó a dos de sus siervos y a un soldado devoto de los que le servían regularmente. ⁸Les explicó todo lo que había sucedido y los envió a Jope.

Pedro ha respondido con coraje a los desafíos de la enfermedad y la muerte; ¿cómo responderá a los desafíos de la discriminación racial y religiosa? Lucas puede estar aludiendo a su apertura comparativa al terminar la historia de Eneas y Tabita con la información de que 'Pedro se quedó en Jope un buen tiempo, en la casa de un tal Simón, que era curtidor' (9.43). Porque, como los curtidores trabajan con animales muertos, para convertir su piel en cuero, se consideraban ceremonialmente impuros. Pero Pedro no tuvo en cuenta eso, lo que 'parece señalar que ya estaba en un estado mental que lo preparaba para la próxima revelación en el siguiente capítulo, y para las instrucciones de ir y bautizar a Cornelio el gentil'.[7]

En todo caso, quienes ahora leemos Hechos 10, recordamos que Jesús le había dado a Pedro 'las llaves del reino de los cielos', aunque es Mateo el que nos informa de esto, y no Lucas.[8] Y ya lo hemos visto usar esas llaves con eficacia, abriendo el reino a los judíos el día de Pentecostés y poco después a los samaritanos. Ahora está a punto de usarlas otra vez para abrir el reino a los gentiles; al evangelizar y bautizar a Cornelio, el primer gentil convertido (ver Hechos 15.7).

Cornelio estaba apostado en Cesarea, sede de una guarnición militar. Nombrada así por Augusto César, era la capital administrativa de la provincia de Judea, y se jactaba de tener un espléndido puerto construido por Herodes el Grande. Lucas lo presenta como **centurión ... del regimiento conocido como el Italiano** (1). 'Regimiento' es la traducción de *speira*, generalmente 'cohorte' que consistía en seis 'centurias' (100 hombres), cada una de ellas bajo un 'centurión'. Diez cohortes constituían una legión. De modo que el centurión correspondía aproximadamente a un 'capitán' o 'comandante' de la actualidad.

Además parece haber sido un *pater familias* ejemplar, porque **él y toda su familia eran devotos**, expresaban su bondad siendo generosos con los pobres (JB, 'a causas judías') y orando a Dios con regularidad (2). Si el temer a Dios debe entenderse en el sentido general de que Cornelio era religioso (como en el versículo 35), o en un sentido más técnico de haberse convertido en un **temeroso de Dios** (por ej. 13.16, 26), 'un prosélito de la puerta', es algo que está en discusión.[9] Si lo último es lo correcto, significa que había aceptado el monoteísmo y los valores éticos de los judíos, y asistía a los servicios de la sinagoga, pero no era un acabado prosélito circuncidado. De manera que, aunque más adelante (22) se lo describe como 'respetado por todo el pueblo judío', seguía siendo un gentil, un extraño, excluido del pacto de Dios con Israel.

Nos resulta difícil captar la infranqueable brecha que separaba en aquellos días a los judíos de los gentiles (incluyendo a los **temerosos de Dios**). No es que el Antiguo Testamento mismo apoyara esa división. Por el contrario, junto con las advertencias contra las naciones hostiles, el Antiguo Testamento afirmaba que Dios tenía un propósito para ellas. Al elegir y bendecir una familia, pretendía bendecir a todas las familias de la tierra.[10] Así también salmistas y profetas predijeron el día en que el Mesías de Dios heredaría las naciones, el siervo del Señor sería la luz de ellas, todas las naciones 'confluirían' a la casa del Señor y Dios derramaría su Espíritu sobre toda la humanidad.[11] Lo trágico fue que Israel torció la doctrina de la elección para convertirla en favoritismo, se llenó de orgullo y odio racial, comenzó a despreciar a los gentiles como a 'perros' y desarrolló tradiciones que los mantenían separados. Ningún judío ortodoxo entraba jamás a la casa de un gentil, aunque fuera un gentil temeroso de Dios, ni invitaba a uno a la suya (ver versículo 28). Por el contrario, para el judío 'estaba prohibido cualquier trato familiar con los gentiles' y 'por supuesto, ningún judío piadoso se sentaría jamás a la mesa de un gentil'.[12]

Este, entonces, era el prejuicio arraigado que tenía que ser superado antes que los gentiles pudieran ser admitidos en la comunidad cristiana en los mismos términos que los judíos, y antes de que la iglesia pudiera convertirse en una sociedad verdaderamente multirracial y multicultural. Vimos en Hechos 8 los pasos específicos que dio Dios para impedir la perpetuación del cisma judío samaritano en la iglesia. ¿Cómo impediría un cisma judío gentil? Lucas considera este episodio tan importante que lo relata dos veces, primero en sus propias palabras (Hechos 10), y luego en las de Pedro cuando este explicó a la iglesia de Jerusalén lo que había ocurrido (11.1–8).

De entrada queda claro que Pedro será el instrumento de Dios para este propósito, porque a Cornelio se le instruye que lo mande llamar. **Un día, como a las tres de la tarde,** que Lucas ya había identificado como un tiempo de oración para los judíos (3.1), **tuvo una visión** en la que **vio claramente** a un ángel que lo llamó por su nombre (3). En respuesta a su atemorizada pregunta, el ángel le dijo que sus **oraciones y … obras de beneficencia** habían sido recibidas por Dios **como una ofrenda** (4), que las había tenido en cuenta y que debía enviar **algunos hombres a Jope,** aproximadamente cuarenta y cinco kilómetros hacia el sur por la costa, a buscar a Simón Pedro que estaba hospedado **junto al mar** con su tocayo, Simón el curtidor (5–6). Fue en Jope, siglos antes, que el desobediente profeta Jonás había abordado un barco en su insensato intento de huir de Dios.[13] Pero el centurión Cornelio, que estaba también acostumbrado a dar órdenes, obedeció esta inmediatamente, enviando a Jope dos siervos y un soldado (7–8). El ángel no le predicó el mensaje al centurión; ese privilegio le estaría reservado al apóstol Pedro.

Este incidente inicial estableció el escenario para lo que seguiría. Porque el problema fundamental era qué haría Dios con Pedro. ¿Cómo lograría romper esa intolerancia racial profundamente arraigada en él? El tema principal de este capítulo no es tanto la conversión de Cornelio como la conversión de Pedro.

## 3. Pedro tiene una visión | 10.9–23

**Al día siguiente** de la visión de Cornelio, **casi [al] mediodía** (es decir, veintiuna horas más tarde), cuando los hombres de Cornelio **se acercaban a la ciudad, Pedro subió a la azotea a orar** (9). **Tuvo hambre y quiso algo de comer. Mientras se lo preparaban, le sobrevino un éxtasis** (10) y tuvo una visión extraordinaria. **Vio el cielo abierto y algo parecido a una gran sábana que, suspendida por las cuatro puntas, descendía hacia la tierra** (11). Algunos comentaristas han especulado que en ese trance inducido por el hambre, junto al mar y sobre la azotea, lo que Pedro vio en realidad no fue una sábana sino la vela de un barco que pasaba. Y efectivamente *athone* se podría traducir por 'paño para velas' (11, NEB). No obstante, el punto principal de su visión era lo que contenía la sábana, a saber, **toda clase de cuadrúpedos, como también reptiles y aves** (12; NEB, 'todo aquello que camina, repta o vuela'), evidentemente una mezcla de criaturas puras e impuras calculada para disgustar a cualquier judío ortodoxo. Pero después de tener la visión, escuchó una voz que expresó la sorprendente orden: **Levántate, Pedro; mata y come** (13). '¡**De ninguna manera, Señor!**', como lo había hecho en dos oportunidades durante el ministerio público de Jesús,[14] agregando '**Jamás he comido nada impuro o inmundo**' (14). Entonces **por segunda vez le insistió la voz**: 'Lo que **Dios ha purificado, tú no lo llames impuro**' (15). Después de esto parece que toda la visión de la sábana se repitió tres veces y **en seguida la sábana fue recogida al cielo** (16).

La visión misma dejó a Pedro confundido. Pero mientras se preguntaba (RVR95: 'perplejo dentro de sí') **cuál podría ser el significado de la visión … los hombres enviados por Cornelio, que estaban preguntando por la casa de Simón, se presentaron a la puerta** (17). **Llamando, averiguaron si allí se hospedaba Simón, apodado Pedro** (18). Luego, **mientras Pedro seguía reflexionando sobre el significado de la visión, el Espíritu le dijo** (de alguna manera directa, inconfundible): '**Mira, Simón, tres hombres te buscan** (19). **Date prisa, baja y no dudes en ir con ellos, porque yo** [el Espíritu] **los he enviado**' (20). La expresión clave *mēden diakrinomenos* en 10.20 y *mēden diakrinanta* en 11.12 generalmente se traduce por 'sin dudar' (RVR95) o 'sin vacilar' (FS), pero podría significar 'sin hacer ninguna distinción' (11.12, BA), es decir, 'sin hacer distinción innecesaria y odiosa entre judíos y gentiles'.[15] Así, aunque la visión desafiaba la distinción básica entre alimentos puros e impuros, que Pedro había aprendido a respetar, el Espíritu la relacionó con la distinción entre gente pura e impura, y le indicó que dejara de hacerla. Está claro que Pedro comprendió eso a juzgar por su afirmación posterior: 'Dios me ha hecho ver que a nadie debo llamar impuro o inmundo' (28).

Así es que Pedro bajó y les dijo a los hombres que venían de parte de Cornelio:

—Aquí estoy; yo soy el que ustedes buscan. **¿Qué asunto los ha traído por acá?** (21).

Ellos le contestaron:

—Venimos de parte del centurión Cornelio, un hombre justo y temeroso de Dios, respetado por todo el pueblo judío. Un ángel de Dios le dio instrucciones de invitarlo a usted a su casa para escuchar lo que usted tiene que decirle (22).

Entonces **Pedro … invitó** a los tres hombres **a pasar y los hospedó** (23a). Esto parece indicar que 'les dio alojamiento' (NBE) por una noche, aunque eran gentiles incircuncisos.

Podemos observar con qué perfección Dios pudo encuadrar su obra en Cornelio y en Pedro. Porque mientras Pedro oraba y tenía la visión, los hombres de Cornelio se acercaban a la ciudad (9–16); mientras Pedro estaba perplejo acerca del significado de lo que había visto, ellos llegaron a su casa (17–18); mientras Pedro todavía estaba pensando en la visión, el Espíritu le dijo que los hombres lo buscaban y que no debía dudar en ir con ellos (19–20); y cuando Pedro bajó y se presentó a los hombres, ellos le explicaron el propósito de su visita (21–23).

## 4. Pedro predica en casa de Cornelio | 10.23b–48

[10.23b]Al día siguiente, Pedro se fue con ellos acompañado de algunos creyentes de Jope.

[24]Un día después llegó a Cesarea. Cornelio estaba esperándolo con los parientes y amigos íntimos que había reunido. [25]Al llegar Pedro a la casa, Cornelio salió a recibirlo y, postrándose delante de él, le rindió homenaje. [26]Pero Pedro hizo que se levantara, y le dijo:

—Ponte de pie, que sólo soy un hombre como tú.

[27]Pedro entró en la casa conversando con él, y encontró a muchos reunidos.

[28]Entonces les habló así:

—Ustedes saben muy bien que nuestra ley prohíbe que un judío se junte con un extranjero o lo visite. Pero Dios me ha hecho ver que a nadie debo llamar impuro o inmundo. [29]Por eso, cuando mandaron por mí, vine sin poner ninguna objeción. Ahora permítanme preguntarles: ¿para qué me hicieron venir?

[30]Cornelio contestó:

> —Hace cuatro días a esta misma hora, las tres de la tarde, estaba yo en casa orando. De repente apareció delante de mí un hombre vestido con ropa brillante, [31]y me dijo: "Cornelio, Dios ha oído tu oración y se ha acordado de tus obras de beneficencia. [32]Por lo tanto, envía a alguien a Jope para hacer venir a Simón, apodado Pedro, que se hospeda en casa de Simón el curtidor, junto al mar." [33]Así que inmediatamente mandé a llamarte, y tú has tenido la bondad de venir. Ahora estamos todos aquí, en la presencia de Dios, para escuchar todo lo que el Señor te ha encomendado que nos digas.

Al día siguiente, Pedro y su séquito partieron hacia el norte por la ruta costera a Cesarea. Eran un grupo de diez: los tres gentiles, hombres de Cornelio, Pedro mismo y algunos creyentes de Jope (23b), que eran seis (11.12). Si iban a pie les habrá llevado sus buenas nueve o diez horas, sin contar las paradas. De manera que recién al día siguiente llegaron a destino. Encontraron un grupo numeroso aguardándolos, porque **Cornelio estaba esperándolo** y había reunido no solamente los de su casa sino también los **parientes y amigos íntimos** (24). Su humildad espiritual y su receptividad se pueden juzgar por el hecho de que, **al llegar Pedro a la casa,** 'se arrojó a sus pies, como si fuera una visita celestial'.[16] No obstante era un gesto inapropiado. Pedro **hizo que se levantara,** afirmando que él también era solamente un hombre.[17]

Si la acción de Cornelio de arrojarse de rodillas delante de Pedro era impropia, también lo era, según la tradición judía, la acción de Pedro de entrar a un hogar gentil. **Nuestra ley [lo] prohíbe,** dijo Pedro (28). No obstante, esta no es la mejor traducción de *athemitos*, que 'denota algo contrario a las costumbres o los preceptos (*themis*) antiguos, más que a una ley real (*nomos*)'.[18] De hecho, la palabra describe lo que es 'tabú'.[19] Pero ahora Pedro se sintió en libertad de romper con ese tabú tradicional y entrar a la casa de Cornelio, porque Dios le había mostrado que ningún ser humano era impuro a sus ojos.

Ya sea en forma consciente o inconsciente, Pedro acababa de repudiar las actitudes extremas y a la vez opuestas que los seres humanos a veces adoptan unos contra otros. Había llegado a comprender que era totalmente inadecuado tanto adorar a alguien como si fuera divino (lo que Cornelio había intentado hacer con él) como rechazar a alguien por considerarlo impuro (lo que él hubiera hecho anteriormente con Cornelio). Pedro se negó tanto a ser tratado como un dios por Cornelio, como a tratar a Cornelio como si fuera un perro.

Pedro siguió diciendo que, habiendo sido llamado, había venido **sin poner ninguna objeción** (29), o 'sin replicar' (FS), 'sin dudar' (BJ). ¿Por qué entonces lo había mandado llamar Cornelio?

Como respuesta, Cornelio relató la historia de su visión del ángel (30–33) que había ocurrido cuatro días antes. Su relato es idéntico al de Lucas (3–6), salvo que ahora llama al ángel un hombre vestido con ropa brillante y omite cualquier referencia al temor que había experimentado en ese momento (4). Luego agradeció a Pedro por haber venido y agregó: **Ahora estamos todos aquí, en la presencia de Dios, para escuchar todo lo que el Señor te ha encomendado que nos digas** (33). Fue un notable reconocimiento de que estaban en presencia de Dios, de que el apóstol Pedro sería el portador de la palabra de Dios para ellos, y de que estaban todos preparados y dispuestos a escucharlo. Ningún predicador de nuestros días podría pedir una audiencia más atenta.

Pedro inició su sermón con una solemne afirmación personal de lo que había aprendido por medio de las experiencias de los días anteriores. Lo expresó tanto en forma negativa como positiva. Primero, **'Ahora comprendo que en realidad para Dios no hay favoritismos'** (34). *Prosopolempsia* significa 'parcialidad'. En la LXX leemos que les estaba prohibida: los jueces no debían pervertir la justicia discriminando en favor de los ricos ni de los pobres.[20] Porque en el juicio divino 'no hay injusticia ni parcialidad ni soborno'.[21] No obstante, la afirmación de Pedro tiene una connotación más amplia. Quiere decir que la actitud de Dios hacia la gente no está determinada por ningún criterio externo, como el aspecto, la raza, la nacionalidad o la clase. En lugar de eso, y en sentido positivo, **en toda nación él [Dios] ve con agrado a los que le temen y actúan con justicia** (35). Mejor, y más literalmente, 'en toda nación quien teme a Dios y trabaja para la justicia es aceptable (*dektos*) para él'. Por el momento dejo de lado un estudio más completo de esta afirmación. Ahora basta poner la atención en el contexto de Hechos 10 y en el contraste con la expresión de no hacer favoritismos. El acento está en que la nacionalidad gentil de Cornelio era aceptable y no había ninguna necesidad de que se hiciera judío, y no en que su propia justicia fuera adecuada al punto de que no necesitara hacerse cristiano. Porque Dios 'no es indiferente a las religiones sino a las nacionalidades'.[22] Como pregunta Lenski: 'Si sus convicciones paganas honestas hubieran sido suficientes, ¿por qué buscó ir a la sinagoga? Y si la sinagoga hubiera sido suficiente, ¿por qué hizo llamar a Pedro?'.[23] Pedro pronto le enseñaría la necesidad de la fe para la salvación (43).

Después de esta introducción, en la que afirma que 'no hay barrera racial para la salvación cristiana',[24] Lucas resume el sermón de Pedro (36–43). Aunque estaba dirigido a un público gentil, su contenido era básicamente el mismo que había estado predicando a los judíos. Efectivamente Pedro lo dijo, llamándolo a la vez el **mensaje** de Dios **al pueblo de Israel** y **las buenas nuevas de la paz por medio de Jesucristo, que es el Señor de todos,** no solamente de Israel (36). Estaba relacionado con ciertos eventos recientes, que la audiencia de Pedro conocía, porque habían sido públicos, y cuyo lugar y momento Pedro pudo indicar: **Ustedes conocen este mensaje que se difundió por toda Judea, comenzando desde Galilea, después del bautismo que predicó Juan** (37; ver 1.22). Estos hechos se centraban en el Jesús histórico, en las etapas sucesivas de su carrera salvífica, y en la salvación que ofrece como resultado.

Primero, Pedro hizo alusión a la vida y al ministerio de Jesús, **cómo lo ungió Dios** a Jesús de Nazaret para su condición de Mesías, no con aceite como los reyes de Israel y Judá sino **con el Espíritu Santo y con poder,** es decir, con el poder del Espíritu.[25] Así, ungido, **anduvo haciendo el bien y sanando a todos los que estaban oprimidos por el diablo,** o 'tiranizados' por él,[26] para mostrar que su poder era superior al del diablo, porque Dios estaba con él (38; ver 2.22). Además, Pedro continuó, **nosotros somos testigos** [testigos directos de hecho] **de todo lo que hizo en la tierra de los judíos y en Jerusalén** (39a), y en consecuencia aptos para dar pruebas o testimonio de primera mano. Está claro, en función de esto, que algún tipo de informe sobre la vida y el carácter de Jesús formaba parte integral de la predicación de la iglesia primitiva, especialmente la evangelización inicial'.[27]

Luego viene la muerte de Jesús. Las autoridades lo mataron por crucifixión (40–41). Pero Pedro sugiere, como había hecho en los sermones anteriores (2.35; 5.30), que detrás del hecho histórico yace un significado teológico, detrás de la acción humana, un plan divino. Lo habían matado, **colgándolo de un madero** (39b). Pedro no tenía ninguna necesidad de llamar a la cruz 'un madero' o 'un árbol', lo hizo deliberadamente, para indicar que Jesús sufrió en nuestro lugar la 'maldición' o el juicio de Dios por nuestro pecado.[28]

El tercer suceso fue la resurrección (40–41). Pedro destacó que era a la vez un acto divino (**lo mataron … pero Dios lo resucitó**, el mismo contraste dramático que en 2.23–24 y 5.30–31), y factible de ser fechado (**al tercer día**). También fue físicamente verificado, porque Dios deliberadamente **dispuso que se apareciera**, por cierto **no a todo el pueblo, sino a … testigos** [especiales] **previamente escogidos por Dios,** especialmente a **nosotros,** sus apóstoles. Además, el cuerpo resucitado que vieron los apóstoles, aunque maravillosamente transfigurado y glorificado, pudo materializarse, de tal suerte que comieron y bebieron con él y él con ellos, **después de su resurrección.**[29]

La vida, muerte y resurrección de Jesús eran más que hechos significativos; también formaban parte del evangelio, que **él nos** (nuevamente los apóstoles) **mandó a predicar,** en primer lugar **al pueblo,** es decir, los judíos. Pero el alcance del evangelio era universal. Por eso los apóstoles también debían proclamarlo como 'Señor de todos' (36), como juez de todos y Salvador de todos los que creen. También debían **dar solemne testimonio** de que volvería en el día del juicio, ya que **ha sido nombrado por Dios como juez de vivos y muertos** (42; ver 17.31). Todos estarán incluidos, nadie puede escapar. Pero no debemos temer el juicio de Cristo, porque él es también quien otorga la salvación. Mucho antes de que los apóstoles comenzaran a testificar de Jesús como Salvador, **todos los profetas** lo hicieron en el Antiguo Testamento y todavía lo hacen por medio de las palabras escritas: **de él dan testimonio** como el único, histórico, encarnado, crucificado y resucitado Jesús; que todo el que cree en él recibe, por medio de su nombre, el perdón de pecados (43), es decir, por la eficacia de quién es y qué ha hecho. Este 'todos' incluye a gentiles y judíos: la frase 'atraviesa la barrera' de la raza y la nacionalidad.[30]

Era un mensaje maravillosamente abarcador, un resumen de las buenas nuevas según Pedro que más tarde Marcos registrará con más detalle en su Evangelio y que Lucas incorporó en el suyo. Poniendo el énfasis en Jesús, Pedro lo presentó como a una figura histórica, en y a través de quien Dios estaba obrando salvíficamente, que ahora ofrecía salvación y liberación del juicio a los que creían. De manera que la historia, la teología y el evangelio nuevamente se combinaban, como en otros sermones apostólicos. A medida que Cornelio, su familia, familiares, amigos y sirvientes escuchaban, sus corazones se abrieron para captar y creer el mensaje de Pedro, y luego arrepentirse y creer en Jesús.

Luego, **mientras Pedro estaba todavía hablando,** y antes de terminar (11.15), **el Espíritu Santo descendió sobre todos los** gentiles **que escuchaban el mensaje** y creyeron (44), que era la condición que Pedro acababa de mencionar (43). El pequeño grupo de judíos cristianos (los defensores de la circuncisión) **que habían llegado con Pedro se quedaron asombrados** ('atónitos', RVR95) **de que el don del Espíritu Santo se hubiera derramado también sobre los gentiles** (45), a quienes habían considerado extranjeros incircuncisos. Pero no podían negar la evidencia que recogían sus ojos y oídos pues les oían hablar en lenguas y alabar a Dios (46), como había ocurrido el día de Pentecostés. Era un tipo de 'reconciliación entre judíos y gentiles, cuya separación se había afirmado y simbolizado por la diferencia de idioma'.[31]

Pedro fue rápido en hacer la inevitable deducción. Si Dios había aceptado a estos creyentes gentiles, cosa que efectivamente había hecho (15.8), la iglesia también debía aceptarlos. Si Dios los había bautizado con su Espíritu (11.16), '¿Acaso puede alguien negar el agua para que sean bautizados estos que han recibido el Espíritu Santo lo mismo que nosotros?' (47). ¿Cómo podía negarse la señal a quienes ya habían recibido la realidad que representaba? Crisóstomo se explayó sobre esa lógica. Al dar el Espíritu a Cornelio y toda su casa antes que el bautismo, Dios dio a Pedro una *apologia megale* (una poderosa justificación) para darles el agua de bautismo.[32] Sin embargo, en un sentido su bautismo 'ya estaba completo',[33] porque Dios lo había hecho. Pedro fue claro en que 'en ningún punto fue él el autor, sino que Dios lo fue en cada punto'. Fue como si Pedro dijera: 'Dios los bautizó, no yo'.[34]

Así es que Pedro **mandó que fueran bautizados en el nombre de Jesucristo. Entonces,** habiendo sido bienvenidos en la casa de Dios, **le pidieron** a Pedro **que se quedara con ellos algunos días** (48), sin duda para nutrirse en su nueva fe y nueva vida. El don del Espíritu no era suficiente. También necesitaban maestros humanos. Y el hecho de que Pedro aceptara su hospitalidad era una demostración de la nueva solidaridad entre judíos y gentiles que Cristo había establecido.

## 5. Pedro justifica sus acciones | 11.1–18

11.1 Los apóstoles y los hermanos de toda Judea se enteraron de que también los gentiles habían recibido la palabra de Dios. 2 Así que cuando Pedro subió a Jerusalén, los defensores de la circuncisión lo criticaron 3 diciendo:

—Entraste en casa de hombres incircuncisos y comiste con ellos.

4 Entonces Pedro comenzó a explicarles paso a paso lo que había sucedido:

5 —Yo estaba orando en la ciudad de Jope y tuve en éxtasis una visión. Vi que del cielo descendía algo parecido a una gran sábana que, suspendida por las cuatro puntas, bajaba hasta donde yo estaba. 6 Me fijé en lo que había en ella, y vi cuadrúpedos, fieras, reptiles y aves. 7 Luego oí una voz que me decía: 'Levántate, Pedro; mata y come.' 8 Repliqué: '¡De ninguna manera, Señor! Jamás ha entrado en mi boca nada impuro o inmundo.' 9 Por segunda vez insistió la voz del cielo: 'Lo que Dios ha purificado, tú no lo llames impuro.' 10 Esto sucedió tres veces, y luego todo volvió a ser llevado al cielo.

11 En aquel momento se presentaron en la casa donde yo estaba tres hombres que desde Cesarea habían sido enviados a verme. 12 El Espíritu me dijo que fuera con ellos sin dudar. También fueron conmigo estos seis hermanos, y entramos en la casa de aquel hombre. 13 Él nos contó cómo en su casa se le había aparecido un ángel que le dijo: 'Manda a alguien a Jope para hacer venir a Simón, apodado Pedro. 14 Él te traerá un mensaje mediante el cual serán salvos tú y toda tu familia.'

15 Cuando comencé a hablarles, el Espíritu Santo descendió sobre ellos tal como al principio descendió sobre nosotros. 16 Entonces recordé lo que había dicho el Señor: 'Juan bautizó con agua, pero ustedes serán bautizados con el Espíritu Santo.' 17 Por tanto, si Dios

> **les ha dado a ellos el mismo don que a nosotros al creer en el Señor Jesucristo, ¿quién soy yo para pretender estorbar a Dios?**
> [18] **Al oír esto, se apaciguaron y alabaron a Dios diciendo: —¡Así que también a los gentiles les ha concedido Dios el arrepentimiento para vida!**

Las noticias de que también los gentiles habían recibido el evangelio de Dios se extendieron a lo largo y a lo ancho. Los apóstoles y los hermanos de toda Judea se enteraron. Era comprensible que, al igual que los apóstoles necesitarían confirmar la evangelización de los samaritanos que 'habían aceptado la palabra de Dios' (8.14), ahora estaban preocupados por la conversión y el bautismo de los primeros gentiles, que lo habían recibido de manera similar (1). No es que convocaron a Pedro para que informara. Lucas escribe solamente que **Pedro subió a Jerusalén** por propia iniciativa (2). Y el editor del texto de Beza, ansioso por dejar esto fuera de duda, agregó que 'hacía bastante tiempo que Pedro quería viajar a Jerusalén', y que finalmente lo hizo por iniciativa propia, a la vez que les 'informó sobre la gracia de Dios'.[35]

En todo caso, al llegar a Jerusalén, **los defensores de la circuncisión lo criticaron** por haber entrado **en casa de hombres incircuncisos** y por haber comido con ellos (3). Algunos han sugerido que los críticos de Pedro constituían 'el partido de la circuncisión' (JBP), es decir, 'los judíos cristianos de derecha', los 'recalcitrantes' o los 'rigoristas'.[36] Pero la frase en griego puede significar únicamente 'los que eran judíos de nacimiento' (NEB), es decir, toda la comunidad cristiana de Jerusalén, que hasta ese momento eran todos judíos. Era natural que los acontecimientos recientes en Cesarea los perturbaran.

En los versículos 4–17 Pedro les explicó **paso a paso lo que había sucedido** (4). En efecto, repite la historia por segunda vez, pero en forma más resumida, con un orden diferente de los sucesos y por boca de Pedro. El relato del propio Lucas había seguido la cronología de los cuatro días, comenzando con la visión que Cornelio tuvo del ángel. En cambio Pedro, relatando las cosas como él mismo las había experimentado, comienza con su propia visión de la sábana y no menciona la visión de Cornelio hasta el cuarto día, cuando la oyó de labios de Cornelio (aunque los tres hombres que iban de parte de

Cornelio ya la habían mencionado, 10.22). El orden que Pedro ofrece de los hechos es importante porque nos ayuda a vivir su experiencia con él, y así aprender cómo le mostró Dios que no podía llamar impuro o inmundo a nadie (10.28). Hicieron falta cuatro golpes duros de revelación divina para superar sus prejuicios raciales y religiosos, así como lo explica Pedro a la iglesia de Jerusalén.

Primero vino la *visión divina* (4–10) de la sábana con animales, reptiles y aves. En el versículo 6 se agregan las fieras, lo mismo que la afirmación de Pedro de que miró dentro de la sábana 'atentamente' (BJ). La visión fue seguida por la voz que dio a Pedro la desconcertante orden: **Levántate, … mata y come**, y después de su protesta, lo reprendió diciéndole: **Lo que Dios ha purificado, tú no lo llames impuro.** Toda la visión, incluyendo la orden y la represión se repitió tres veces, de tal manera que la voz celestial le habló seis veces en total con el mismo mensaje básico. En consecuencia, Pedro comprendió que los animales puros e impuros (una distinción que Jesús había abolido)[37] eran un símbolo de personas puras e impuras, circuncisas e incircuncisas. Como lo expresó Rackham, 'la sábana es la iglesia', que 'incluirá todas las razas y las clases sin distinción alguna',[38] aunque recién más adelante se le aclaró a Pedro el significado completo de esto.

El segundo golpe duro fue la *orden divina* (11–12) de acompañar a los tres hombres que habían venido desde Cesarea para buscarlo. Porque 'en aquel instante' (RVR95), inmediatamente después de que terminó la visión, llegaron los hombres de Cornelio a la casa de Pedro, y el Espíritu le dijo que los acompañara sin dudar ni discriminar (12), aunque fueran gentiles incircuncisos. Efectivamente, **estos seis hermanos**, que estaban con Pedro en Jerusalén, lo habían acompañado antes desde Jope a Cesarea (10.23) y eran testigos de lo que había acontecido. Con Pedro constituían un grupo de siete, algo que William Barclay consideraba significativo porque 'en la ley egipcia, que los judíos conocían bien, hacían falta siete testigos para demostrar cabalmente un caso', mientras que 'en la ley romana, que también conocían bien, hacían falta siete sellos para autenticar un documento realmente importante, como un testamento'.[39]

El tercer golpe duro fue la preparación divina (13–14). Es decir, cuando Pedro y su grupo entraron a la casa de Cornelio, este les dijo cómo Dios lo había preparado para su visita. Un ángel se le había aparecido y le había dicho que enviara alguien a Jope a buscar a Simón

Pedro, quien les traería un mensaje de salvación. En el relato de Lucas el contenido del mensaje de Cornelio a Pedro no se menciona (10.5–6, 22, 32–33), pero Pedro sabía lo que el ángel había guiado a Cornelio a esperar.

Mientras Pedro volvía a relatar a la iglesia de Jerusalén la historia de las dos visiones, seguramente lo volvió a impresionar la cronología de los hechos. Porque Dios había estado obrando en los dos extremos, en Cornelio y en Pedro, organizando deliberadamente el encuentro, preparándolos al permitir que cada uno de ellos tuviera una visión especial, independiente y apropiada en días sucesivos. A Cornelio le dijo en Cesarea que enviara a buscar a Pedro en Jope, y a Pedro en Jope que fuera a ver a Cornelio en Cesarea, y sincronizó perfectamente los dos hechos. Haenchen piensa que Lucas exagera las intervenciones sobrenaturales de Dios, y que de ese modo 'prácticamente excluye toda decisión humana' y convierte la obediencia de fe en algo 'muy parecido al manejo de marionetas'.[40] Pero esto es injusto. Por supuesto, la intervención divina es evidente, tanto en la vida de Pedro como en la de Cornelio, pero ninguno de ellos fue manipulado al punto de dejar de lado su mente o su voluntad. Todo lo contrario, reflexionaron sobre lo que vieron y oyeron, interpretaron su significado, y eligieron deliberadamente obedecer.

La cuarta y final revelación a Pedro fue la *acción divina* (15–17). Porque cuando Pedro comenzó **a hablarles**, o por lo menos (ya que los comentaristas nos advierten que no debemos tomar esta construcción semítica demasiado literalmente) mientras todavía estaba hablando (10.44), **el Espíritu Santo descendió sobre ellos tal como** (agregó Pedro) **al principio descendió sobre nosotros.** Fue la extraordinaria similitud de ambos eventos lo que lo sorprendió. Recordó lo que había dicho Jesús después de su resurrección (1.5), es decir que **Juan bautizó con agua, pero ustedes serán bautizados con el Espíritu Santo.** En otras palabras, este era el Pentecostés gentil en Cesarea, que correspondía al Pentecostés judío en Jerusalén.

Estos fueron entonces los cuatro golpes duros apuntados hábilmente contra el prejuicio racial judío, y especialmente al de Pedro: la visión, la orden, la preparación y la acción. Juntos demostraron concluyentemente que Dios había dado la bienvenida en su familia a los creyentes gentiles en los mismos términos que a los creyentes judíos. Pedro estaba convencido. En seguida sacó la conclusión correcta del hecho de que Dios había dado el mismo don del Espíritu a los gentiles que a los judíos. Hizo dos preguntas retóricas. La primera fue en ese momento: '¿Acaso puede alguien negar el agua para que sean bautizados estos que han recibido el Espíritu Santo lo mismo que nosotros?' (10.47). La segunda cuando se dirigió a sus críticos en Jerusalén: **Si Dios les ha dado a ellos el mismo don que a nosotros ... ¿quién soy yo para pretender estorbar a Dios?** (11.17). Ambas preguntas carecían de respuesta. Y fueron tan contundentes porque ambas contienen una expresión griega prácticamente idéntica, *dynatai kolysai* (10.47). y *dynatos kolysai* (11.17) literalmente 'capaz de prohibir, negar o impedir'. El bautismo por agua no podía serles prohibido a esos gentiles convertidos, porque a Dios no se le podía prohibir lo que había hecho, es decir darles el bautismo del Espíritu. El argumento era irrefutable. Pedro había sido 'enfrentado con un hecho divino consumado'.[41] Sin duda, dar el bautismo cristiano a un gentil incircunciso era un paso audaz e innovador, pero negarlo equivalía a **estorbar a Dios.**

Si Pedro se había convencido por las evidencias, ahora ocurría lo mismo con la iglesia de Jerusalén: **se apaciguaron** (literalmente 'se quedaron callados') **y alabaron a Dios.** Como lo expresa acertadamente F. F. Bruce 'cesó la crítica y comenzó la adoración'.[42] Y tenían buenos motivos para glorificar a Dios, porque dijeron **¡Así que también a los gentiles les ha concedido Dios el arrepentimiento para vida!** (11.18).

# 6. Lecciones para aprender

Lucas nos relata la historia de la conversión de Cornelio con gran habilidad narrativa. Pero ¿tiene algún sentido permanente? Hoy en día no hay centuriones romanos, y los gentiles ya han sido miembros plenos de la iglesia por siglos. Entonces ¿tiene este incidente algo más que un interés histórico, incluso de anticuario? Sí, habla directamente de algunas cuestiones modernas de la iglesia, el Espíritu Santo, las religiones no cristianas y el evangelio.

## a. La unidad de la iglesia

El énfasis fundamental de la historia de Cornelio es que, como Dios no hace diferencias en su nueva sociedad, nosotros no tenemos derecho de hacerlas tampoco. Sin embargo, por triste que suene, la iglesia jamás ha aprendido irrevocablemente la verdad de su propia unidad o de la igualdad de sus miembros en Cristo. Incluso el mismo Pedro, a pesar del cuádruple testimonio divino que había recibido, más tarde tuvo un mal momento en Antioquía, se retiró de la comunión con los creyentes gentiles, y tuvo que ser públicamente enfrentado por Pablo.[43] Aun entonces, el partido de la circuncisión continuó con su propaganda, y tuvo que ser convocado el Concilio de Jerusalén para arreglar el asunto (Hechos 15). Incluso después de eso, el mismo feo pecado de la discriminación se ha seguido repitiendo en la iglesia, en la forma de racismo (prejuicios de color), nacionalismo (mi país, bien o mal), el tribalismo en África y las luchas de castas en la India, la afectación social y cultural,[44] o el sexismo (la discriminación contra la mujer). Toda esa discriminación es inexcusable aun en la sociedad no cristiana; en la comunidad cristiana es obscena (porque es ofensiva a la dignidad humana) y blasfema (porque es ofensiva a Dios quien acepta sin discriminar a todos los que se arrepienten y creen). Como Pedro, debemos aprender que 'para Dios no hay favoritismos' (10.34).

## b. El don del Espíritu

Lucas, cuyo profundo interés en el ministerio del Espíritu Santo ya hemos notado, le da mucha importancia en la historia de Cornelio. Esto reprende a aquellos cristianos que pasan por alto o desestiman su obra hoy en día. Incluso si el hablar en lenguas extrañas, que caracterizó tanto al pentecostés judío como al gentil (2.4; 10.46), no es una bendición cristiana universal, el don del Espíritu sí lo es. No obstante, este relato también plantea preguntas difíciles a quienes insisten en una iniciación cristiana en dos etapas, ya que está claro que Lucas está describiendo la conversión de Cornelio, y no un segundo bautismo del Espíritu posterior a la conversión. Pedro le predicó el evangelio y se nos dice que Cornelio se arrepintió (11.18) y creyó (15.7, 9). Lo que experimentó también se nombra en forma indistinta como 'recibir' el don del Espíritu (10.45, 47; 11.17) o 'ser bautizado' con el Espíritu (11.16). En efecto, el bautismo de agua de Cornelio demostró y selló la salvación total (11.14) que Dios le había dado, incluyendo tanto el perdón de pecados como el don del Espíritu (10.43, 45), tal como ocurrió el día de pentecostés (2.38).

## c. La condición de las religiones no cristianas

La historia de Cornelio ha fomentado una renovada consideración respecto al nuevo pluralismo de muchas sociedades y la valoración contemporánea de las religiones no cristianas. Algunos llegan a señalar que es 'tal vez el indicador más poderoso del enfoque inclusivo de la obra salvadora de Dios' y que contiene afirmaciones que son 'claves importantes para una comprensión cristiana de la posición que tienen ante Dios los que no son cristianos en nuestros días'.[45] En consecuencia, necesitamos examinar cuidadosamente ese 'indicador' y estas 'claves'.

Es cierto que Lucas describe a Cornelio como un hombre 'devoto' (*eusebes*, piadoso) y 'temeroso de Dios', que 'realizaba muchas obras de beneficencia para el pueblo de Israel y oraba a Dios constantemente' (10.2). Más adelante sus propios siervos lo describen como 'un hombre justo [*dikaios*] y temeroso de Dios, respetado por todo el pueblo judío' (10.22), mientras que Pedro lo incluye entre los que 'le temen [a Dios] y actúan con justicia' (10.35). Más todavía, a Dios se lo describe como complacido con él. 'Dios ha recibido tus oraciones y tus obras de beneficencia como una ofrenda' (10.4, 31). Esta frase, 'como una ofrenda', traduce la palabra *mnēmosynos*, una palabra del contexto de los sacrificios, usada en la LXX para hacer referencia a la llamada 'porción memorial' que se quemaba en una ofrenda.[46] ¿Significa esto que las oraciones y donaciones de Cornelio fueron aceptadas y subieron 'ante Dios como un sacrificio memorial' (31, FS)?[47] ¿Y qué quiso decir Pedro cuando afirmó que Dios 've con agrado' o 'acepta' (*dektos*) en toda nación a aquellos que 'le temen y actúan con justicia' (10–35)? ¿Qué tipo de 'aceptabilidad' ante Dios está implícito en la palabra *dektos* y en el uso de figuras propias del contexto de los sacrificios en 10.4 y 31?

Una posibilidad es que *dektos* se refiera a la aceptación llamada 'justificación', pero que temer a Dios y actuar con justicia (35) 'no son condiciones meritorias o prerrequisitos para experimentar la gracia divina, sino sus frutos y evidencias', y que Pedro está describiendo creyentes, más que no creyentes (como, por ejemplo, Pablo en Romanos 2.10). El énfasis entonces está en que Dios acepta a todo el que le teme y actúa con justicia, pero sin prescindir de su fe en Jesús (porque han creído y ahora muestran su fe por las buenas obras que hacen), sino prescindiendo de su raza y posición. 'El sentido esencial es que todo lo que es aceptable a Dios en una raza es aceptable en cualquier otra.'[48] Sin embargo, me parece que una explicación alternativa se ajusta mejor al contexto. Esta sería que *dektos* no significa 'aceptado' en el sentido absoluto de justificado, sino 'aceptable' en un sentido comparativo, porque en toda persona Dios prefiere la justicia a la injusticia y la sinceridad a la insinceridad, y en el caso de Cornelio Dios dispuso que pudiera oír el mensaje de salvación.

Lo que Pedro decididamente no quiso decir es que cualquiera, de cualquier nación o religión, que sea devoto ('temerosa de Dios') y recto ('actúa con justicia') es justificado gracias a ello. Calvino rechaza acertadamente esta idea como un error sumamente infantil.[49] No solo contradice el evangelio de Pablo, que Lucas repite fielmente en Hechos, sino que es refutada por el resto de la historia de Cornelio. Porque este hombre devoto, temeroso de Dios, justo, sincero y generoso todavía necesitaba escuchar el evangelio, arrepentirse (11.18), y creer en Jesús (15.7). Recién entonces Dios en su gracia (15.11) lo salvó (11.14; 15.11), le otorgó el perdón de pecados (10.43), el don del Espíritu Santo (10.45; 15.8) y la vida (11.18), y purificó su corazón por la fe (15.9). Más aun, recién entonces fue bautizado y con ello fue visible y públicamente recibido en la comunidad cristiana.

De manera que es un error usar Hechos 10—11 para sugerir que antes de escuchar a Pedro, Cornelio tenía una adecuada relación con Dios o estaba 'justificado'. La esencia del relato es que (en sentido negativo) Dios no muestra ningún favoritismo (10.34) y no hace ninguna distinción entre razas (10.20, 29; 11.12; 15.9), y que (en sentido positivo) ha dado y sigue dando el mismo Espíritu a todos por igual, sin prescindir de la fe, pero prescindiendo de la circuncisión.

## d. El poder del evangelio

Lucas acaba de relatar las conversiones de Saulo y Cornelio. Las diferencias entre esos dos hombres eran importantes. En cuanto a raza, Saulo era judío, Cornelio gentil; en cultura, Saulo era un estudioso, Cornelio un soldado; en cuanto a religión Saulo era un fanático, Cornelio un buscador. No obstante ambos se convirtieron por la bondadosa iniciativa de Dios; ambos recibieron el perdón de pecados y el don del Espíritu; y ambos fueron bautizados y acogidos en la familia cristiana en los mismos términos. Esto es un notable testimonio del poder y la imparcialidad del evangelio de Cristo, que sigue siendo 'poder de Dios para la salvación de todos los que creen. De los judíos primeramente, pero también de los gentiles'.[50]

# 9

# Expansión y oposición
# Hechos 11.19—12.24

Lucas terminó su sección anterior con las palabras '¡Así que también a los gentiles les ha concedido Dios el arrepentimiento para vida!' (18). Esta era una declaración de los líderes judíos conservadores de la iglesia de Jerusalén que sentaba precedentes. Así como Pedro se había convencido al ver las evidencias circunstanciales de que Dios quería que los gentiles fueran recibidos y aceptados en la comunidad redimida, también los que criticaban a Pedro se convencieron gracias a su enumeración de esas mismas evidencias. Dios mismo había puesto el asunto fuera de discusión al otorgar su Espíritu a una familia gentil.

La inclusión de los gentiles será el tema principal de Lucas en el resto de Hechos, y con el capítulo 13 comienza su relato de las hazañas misioneras de Pablo. No obstante, antes de eso presenta a sus lectores dos viñetas que marcan una transición entre la conversión de los primeros gentiles (por medio de Pedro) y la evangelización sistemática de los gentiles (por parte de Pablo). La primera (11.19–30) describe la expansión de la iglesia hacia el norte, como resultado de la actividad evangelizadora de misioneros anónimos. La escena ocurre en Antioquía, y Pablo figura en el relato, aunque en este caso Bernabé se destaca más que él. La segunda (12.1–25) describe la oposición a la iglesia por parte del rey Herodes Agripa I, que concentra su ataque en los miembros del círculo apostólico. El escenario es Jerusalén, y Pedro ocupa el centro del mismo. De hecho, este es el último relato de Lucas sobre Pedro antes de que el liderazgo fuera transferido a Pablo, y Jerusalén fuera eclipsada por la meta de llegar a Roma.

# 1. Expansión: La iglesia en Antioquía | 11.19–30

La expresión clave al final del último párrafo fue 'también a los gentiles' (18); la expresión clave de este párrafo es **también a los de habla griega** (20). La incorporación de 'también' (*kai*) en ambos versículos es importante. No significa que la evangelización a los judíos tenía que terminar, sino que debía comenzar la evangelización a los gentiles. Como habría de escribir más tarde Pablo (es casi un estribillo en los primeros capítulos de Romanos), el evangelio estaba dirigido a la salvación 'de los judíos primeramente, pero también de los gentiles'.[1]

## a. Evangelistas anónimos inician la misión griega | 11.19–21

En 8.1 Lucas ha escrito que, como resultado de la persecución que estalló después del martirio de Esteban, 'todos, excepto los apóstoles, se dispersaron (*diesparēsan*) por las regiones de Judea y Samaria'. Ahora reanuda su relato: **Los que se habían dispersado (*diasparsentes*) a causa de la persecución que se desató por el caso de Esteban llegaron hasta Fenicia, Chipre y Antioquía** (19a). En ambos casos presenta este despliegue de los creyentes como una 'diáspora' o dispersión cristiana. En ambos casos el resultado es el mismo: que 'los que se habían dispersado predicaban la palabra por dondequiera que iban' (8.4), **anunciándoles las buenas nuevas** (20b). Y en ambos casos deja sin nombrar a los evangelistas, salvo para afirmar que no eran apóstoles (8.1) y para mencionar a Felipe (8.5ss).

Lucas ahora muestra cómo el movimiento de expansión del evangelio se extendió en dos sentidos: geográfico y cultural. En sentido geográfico, la misión se extendió al norte, más allá de 'Judea y Samaria' (8.1b) **hasta Fenicia,** que corresponde al actual Líbano, la isla de **Chipre** y la ciudad siria de **Antioquía** (19). En sentido cultural, la misión se expandió de los judíos a los gentiles. La mayoría de los misioneros lo hacían **sin anunciar a nadie el mensaje excepto a los judíos** (19c). **Sin embargo, había entre ellos algunas personas** procedentes **de Chipre** (de donde, incidentalmente, era Bernabé, 4.36) y **de Cirene** en la costa del norte de África (¿habrán incluido a 'Lucio de Cirene', mencionado en 13.1?) **que, al llegar a Antioquía, comenzaron a hablarles también a los de habla griega, anunciándoles las buenas nuevas acerca del**

**Señor Jesús** (20), proclamando a Jesús, es decir, no ya como 'el Cristo', sino como 'el Señor'. Por otra parte, su audaz innovación fue ricamente bendecida por Dios, porque **el poder del Señor estaba con ellos** (su poder confirmaba su palabra) al punto de que **un gran número creyó y se convirtió al Señor** (21) en esa combinación de arrepentimiento y fe que comúnmente denominamos 'conversión'. Algunos afirman que Lucas mismo fue uno de dichos convertidos, porque el texto occidental introduce el versículo 28 con las palabras 'mientras *nosotros* nos hallábamos reunidos', indicando que Lucas estaba presente, y porque hay una tradición que se remonta hasta fines del segundo siglo de que Lucas era nativo de Antioquía.

¿Podemos estar seguros de que estos 'espíritus audaces'[2] efectivamente evangelizaron griegos en Antioquía, y no simplemente helenistas, es decir, judíos que hablaban griego? Esta pregunta ha preocupado por mucho tiempo a los estudiosos. La lectura ligeramente mejor confirmada del versículo 20 no es *hellēnas*, 'griegos', sino *hellēnistas*, 'helenistas'.

¿Quiénes eran, entonces? La palabra en sí misma (*hellēnistēs*) no nos lo dice, porque 'no aparece en ninguna parte en la literatura griega anterior, ni en la literatura helenística judía', escribe el doctor Bruce Metzger, y 'en el Nuevo Testamento aparece solamente aquí, y en 6.1 y 9.29'. Todo lo que podemos afirmar confiadamente es que 'parece ser una nueva formación a partir de *hellēnizein*: hablar griego o practicar la cultura griega';[3] por lo tanto indicaría la cultura de la gente, no su nacionalidad.

Entonces, si el sentido de la palabra en sí misma es dudoso, es el contexto el que debe decidir. Sin embargo, incluso esto es un tanto ambiguo. Algunos sostienen que el contraste entre **excepto a los judíos** (19) y **también a los de habla griega** (20) define el asunto. No habría nada extraordinario en predicar a judíos de habla griega, porque eso ya se hacía desde antes. No hubiera justificado una investigación especial desde Jerusalén. Por eso, concluyen, el contexto requiere que tomemos (como la mayoría de los Padres de la iglesia) *hellēnistas* como sinónimo de *hellēnas* y que lo traduzcamos como 'griegos' (RVR95), 'gentiles' o (según LPD) 'paganos'.

Otros, sin embargo, señalan que incluso si el contexto reducido está claro (el contraste en los versículos 19 y 20 entre **excepto a los judíos** y **también a los de habla griega**), el contexto amplio no lo está.

En efecto, habría un anacronismo al presentar la misión gentil en gran escala como iniciada por evangelistas anónimos en Antioquía, ya que Lucas reserva esta innovación para Pablo en su primer viaje misionero (Hechos 13). Difícilmente podría haber tenido la intención de anticiparla aquí (Hechos 11).

Habiendo ambigüedad tanto en las palabras como en el contexto, parece prudente buscar una solución intermedia entre judíos de habla griega por un lado y absolutamente paganos por otra. Lingüísticamente, sólo podemos estar seguros de que *hellēnistas* denota personas cuya lengua y cultura es griega; la palabra no indica su origen étnico, como tampoco si la persona era 'judía, romana o de algún otro origen no griego'.[4] Por cierto que no se requiere que la persona sea judía. Richard Longenecker sostiene que, en cuanto al contexto, los *hellēnistas* eran en realidad gentiles, pero gentiles 'que tenían algún tipo de relación con el judaísmo', tal vez 'temerosos de Dios'. Su conclusión es 'que Lucas no consideraba a los griegos del versículo 20 simplemente como gentiles ajenos a la influencia del judaísmo y que no veía el abordaje de cristianos helenísticos hacia ellos como habiéndose adelantado a la singularidad de la posterior orientación gentil de Pablo'.[5] Más bien, *hellēnistas* 'debe entenderse en el sentido amplio de personas de habla griega, significando con ello la población mixta de Antioquía, en contraste con los *joudaioi* del versículo 19'.[6] Está claro, sobre la base de Hechos 15.1 y Gálatas 2.11 y siguientes, que en la iglesia de Antioquía de ese momento los judíos y los gentiles, los circuncidados y los incircuncisos, disfrutaban de confraternidad entre sí.

Este nuevo avance, nos dice Lucas (20), ocurrió en **Antioquía**, y no es posible imaginar un lugar más apropiado, ya sea como sede de la primera iglesia internacional o como trampolín para la misión cristiana a todo el mundo. La ciudad había sido fundada en el año 300 a.C. por Seleuco Nicator, uno de los generales de Alejandro Magno. La nombró Antioquía en honor de su padre Antíoco; y a su puerto, a unos 20 kilómetros al oeste por el Orontes, río navegable, lo llamó 'Seleucia' en honor de sí mismo. Con los años se la llegó a conocer como 'Antioquía la hermosa' por sus bellas construcciones, y para la época de Lucas era famosa por su larga avenida pavimentada, que corría de norte a sur y estaba flanqueada por una doble columnata con árboles y fuentes de agua. Aunque por su fundación era una ciudad griega, su población, estimada en alrededor de 500.000, era extremadamente cosmopolita. Tenía una gran colonia de judíos, atraídos por la oferta de Seleuco de obtener la ciudadanía, lo mismo que orientales de Persia, India e incluso China, con lo que se ganó otro de sus nombres, el de 'Reina del Este'. Desde que quedó dentro del imperio romano por obra de Pompeyo en el año 64 a.C. y se convirtió en capital de la provincia imperial de Siria (a la que más tarde se agregó Cilicia), entre sus habitantes también había latinos. De manera que griegos, judíos, orientales y romanos formaban la variada multitud de lo que Josefo llamó 'la tercera ciudad del imperio', después de Roma y Alejandría.[7]

## b. Bernabé apoya la misión griega | 11.22–24

**La noticia** de este reciente crecimiento **llegó a oídos de la iglesia de Jerusalén,** de la misma manera que antes se habían enterado de 'que los samaritanos habían aceptado la palabra de Dios' (8.14) y 'que … los gentiles [Cornelio y toda su casa] habían recibido la palabra de Dios' (11.1). Lucas parece insinuar que sentían la necesidad de asegurarse a sí mismos de que todo estaba bien, además de ayudar a alimentar a esta joven iglesia multicultural. No obstante, esta vez no mandaron a un apóstol. En lugar de ello **mandaron a Bernabé a Antioquía** (22), a quien Barclay llamó 'el hombre con el corazón más grande en la iglesia',[8] y de quien se dijo que hacía honor a su nombre 'Hijo de consolación' (4.36 BA). **Cuando él llegó** a Antioquía, inmediatamente vio con sus propios ojos **las evidencias de la gracia de Dios** en la vida transformada de los convertidos y la nueva comunidad internacional, y en consecuencia por un lado **se alegró,** probablemente expresando su gozo en alabanza, y por otro **animó a todos** (expresión en la que **animó** probablemente sea un deliberado juego de palabras con el significado de su nombre) **a hacerse el firme propósito de permanecer fieles al Señor** (23). Era una exhortación a la perseverancia y a la sinceridad de corazón. Lucas estaba obviamente impresionado con el carácter cristiano de Bernabé, y a eso atribuía su ministerio **pues** (lamentablemente la RVR95 no traduce esta partícula conectiva) **era un hombre bueno, lleno del Espíritu Santo y de fe.** No es de sorprender que **gran número de personas** creyó (literalmente, fue 'agregada', como en RVR95) y **aceptó al Señor** (24).

El verbo en el versículo 24 (*prostithēmi*) en referencia a las personas que se agregaron, se ha convertido para Lucas en una palabra prácticamente técnica para referirse al crecimiento de la iglesia. La usó dos veces en relación con el día de pentecostés, primero por los tres mil que se añadieron ese día (2.41) y luego para los que se añadían cada día (2.47). Más adelante escribió sobre el 'gran número de hombres y mujeres' que se agregaban a la iglesia (5.14) a la vez que en Antioquía de Siria fue agregado **un gran número de personas** (11.24). Este uso del verbo *prostithēmi* llevó al famoso teólogo holandés Abraham Kuyper a proponer la palabra 'prostética' para definir la misionología (aunque actualmente el término se refiere al reemplazo quirúrgico de miembros y órganos), ya que esta tarea debería preocuparse por la expansión de la iglesia mediante el agregado de nuevos miembros. Hermann Bavinck, no obstante, respondió que no sería un término apropiado, porque en el Nuevo Testamento es el Señor quien añade (2.47), no seres humanos.[9] Debemos también comentar que los añadidos no lo son solamente a la iglesia sino al Señor (11.24). Cuando vemos 'al Señor añadiendo al Señor', haciendo de él objeto y sujeto, fuente y meta de la evangelización, debemos arrepentirnos de todos los conceptos egocéntricos y autosuficientes de la misión cristiana.

## c. Saulo consolida la misión griega | 11.25–26

La siguiente acción de Bernabé fue ir a **Tarso en busca de Saulo** (25), porque Tarso era la tierra natal de Saulo a la que los creyentes de Jerusalén lo habían enviado cuando su vida se vio amenazada (9.28–30). Eso había ocurrido siete u ocho años antes. Qué había estado haciendo mientras tanto no lo sabemos, aunque en su carta a los Gálatas parece indicar que estaba predicando en Siria y Cilicia.[10] Algunos comentaristas han sugerido que fue durante este período que sufrió algunas de las persecuciones físicas a las que se refirió más tarde,[11] y que fue desheredado por su familia.[12]

No podemos dejar de admirar la humildad de Bernabé al querer compartir el ministerio con Saulo, y también su sentido estratégico. Tiene que haber sabido del llamado de Saulo a ser el apóstol de los gentiles (9.15, 27), y bien pueden haber sido las conversiones de los gentiles en Antioquía las que lo hicieron pensar en Saulo. De cualquier manera, **cuando** Bernabé **lo encontró, lo llevó a Antioquía**, y luego, **durante todo un año se reunieron los dos con la iglesia**, muchos de cuyos miembros eran creyentes jóvenes y sin instrucción, **y enseñaron a mucha gente** (26a).

Seguramente enseñaron acerca de Cristo, asegurándose de que los convertidos conocieran los hechos y el significado de su vida, su muerte, su resurrección, su exaltación, el don del Espíritu, su reino presente y su futura venida. ¿Será porque la palabra 'Cristo' estaba constantemente en boca de ellos que **fue en Antioquía donde a los discípulos se les llamó "cristianos" por primera vez?** (26b). Hasta ese momento Lucas se refería a ellos como 'discípulos' (6.1), 'santos' (9.13), 'hermanos' (1.16; 9.30), 'creyentes' (10.45, BA), aquellos 'que iban siendo salvos' (2.47) y la gente 'del Camino' (9.2). Ahora parece ser que el público no creyente de Antioquía, famoso por su ingenio y habilidad para poner apodos, fue quien, suponiendo que 'Cristo' era un nombre propio en lugar de un título (el Cristo o Mesías), acuñaron el epíteto *christianoi*. Probablemente se trataba de un uso más bien familiar y jocoso que burlón. Aunque al comienzo parece no haber prendido, porque aparece sólo dos veces más en el Nuevo Testamento (Hechos 26.28 y 1 Pedro 4.16), por lo menos destacaba la naturaleza cristocéntrica del discipulado. Porque la formación de la palabra era paralela a *hērōdianoi* (herodianos) y *kaisarianoi* (los de César); distinguía a los discípulos de todos los demás como los seguidores, los siervos de Cristo.

### d. La misión griega es corroborada por las buenas obras | 11.27–30

**Por aquel tiempo,** continúa Lucas, **unos profetas bajaron de Jerusalén a Antioquía** (27). Uno de ellos, llamado Ágabo, se puso de pie y **predijo por medio del Espíritu que iba a haber una gran hambre en todo el mundo** (la *oikoumenē* o 'tierra habitada', considerada más o menos equivalente al imperio romano). Lucas agrega entre paréntesis que esto **sucedió durante el reinado de Claudio** (28). Claudio gobernó entre el año 41 y el 54 a.C., pero los historiadores no registran **una gran hambre en todo el mundo** durante ese período. F. F. Bruce propone entonces la expresión más general de 'gran carestía' (BP), añadiendo que este período estuvo 'efectivamente marcado por una sucesión de malas cosechas y grave hambruna en varias regiones del imperio'.[13] Por ejemplo, Josefo escribió sobre una gran hambruna que durante el reinado de Claudio castigó a la gente de Judea, al punto que 'mucha gente murió por falta de lo necesario para procurarse alimento', a pesar de que la reina Helena compró y distribuyó grandes cantidades de cereales e higos.[14]

Sin embargo, la preocupación de Lucas no tiene tanto que ver con el cumplimiento de la profecía de Ágabo como con la generosa respuesta de la iglesia de Antioquía. Porque **decidieron que cada uno de los discípulos, según los recursos de cada cual, enviaría ayuda a los hermanos que vivían en Judea** (29). Más todavía, su decisión los llevó a la acción. Pronto estaban **mandando su ofrenda a los ancianos por medio de Bernabé y de Saulo** (30), quienes, habiendo ministrado como evangelistas y maestros, ahora se alegraban de servir también como trabajadores sociales. Aunque no todos los estudiosos concuerdan con esto, esta segunda visita de Saulo a Jerusalén, que Lucas registra aquí, parece ser la misma que la segunda visita que Pablo mismo menciona en Gálatas 2.1–10. Los parecidos son sorprendentes. Escribe allí que viajó 'con Bernabé', que fueron en 'obediencia a una revelación' (es decir, la profecía de Ágabo), y que los líderes los exhortaron a 'que nos acordáramos de los pobres' lo cual era 'precisamente' lo que 'he venido haciendo con esmero', a saber, traer alivio al hambre.

Naturalmente uno se pregunta por qué, aparte del hambre, la iglesia de Jerusalén era tan pobre entonces como para necesitar esa ayuda y si tal vez fue su gran generosidad, que Lucas describe en Hechos 2 y 4, un factor que contribuyó a ello. De cualquier manera, ahora era el turno de los creyentes de Antioquía de ser generosos. Dieron **según los recursos de cada cual,**[15] tal como los creyentes de Jerusalén habían distribuido anteriormente 'a cada uno según su necesidad' (2.45; 4.35). Me he preguntado con frecuencia si Marx conocía estos pasajes y los asociaba mentalmente, porque en su famosa 'Crítica del programa Gotha' (1875), es decir de la política unificada de las dos alas del socialismo alemán, apelaba a algo mucho más radical que lo que el programa proponía: a una sociedad que pudiera 'inscribir en sus estandartes: ¡dé cada uno según su capacidad, a cada uno según su necesidad!'.[16]

Cualesquiera sean nuestras convicciones políticas y económicas, estos son principios claramente bíblicos, es decir, por un lado la capacidad, por otro la necesidad, y cómo relacionarlas entre sí. Estos principios deberían caracterizar a la familia de Dios. No es casual que a quienes recibieron en Jerusalén la ayuda enviada de Antioquía se los llame **hermanos** (29). Pero aun más importante es que esta hermandad o familia incluyera tanto a los creyentes judíos como a los gentiles, y la comunión entre ellos se reflejara en las relaciones entre ambas iglesias. La iglesia de Jerusalén había enviado a Bernabé a Antioquía; ahora la iglesia de Antioquía enviaba a Bernabé, junto con Saulo, de regreso a Jerusalén. Esta ayuda para el hambre anticipaba la colecta que más tarde organizaría Pablo, en la que las acaudaladas iglesias griegas de Macedonia y Acaya contribuirían a las necesidades de las iglesias empobrecidas de Judea.[17] La importancia que esto revestía para Pablo era que simbolizaba la solidaridad en Cristo entre gentiles y judíos, 'porque si los gentiles han participado de las bendiciones espirituales de los judíos, están en deuda con ellos para servirles con las bendiciones materiales'.[18]

## 2. Oposición: La iglesia en Jerusalén | 12.1–25

Lucas ha venido registrando una conversión maravillosa tras otra: los tres mil en el día de pentecostés, los samaritanos, el etíope eunuco, Saulo de Tarso, Cornelio, el centurión gentil y la multitud mixta en Antioquía. El mensaje de Dios se dispersaba en círculos concéntricos. Lucas está a punto de describir ese gran salto adelante al que llamamos primer viaje misionero. Pero antes debe registrar una serie de reveses con la muerte de Jacobo y el encarcelamiento de Pedro, ambos apóstoles y líderes de la iglesia de Jerusalén. Herodes Agripa I fue el tirano responsable de este doble ataque a la obra de Dios. En ese momento habrá parecido una grave crisis, aunque Lucas puede seguir adelante y registrar el rescate de Pedro mediante la intervención de Dios. De ese modo se contrasta el poder destructivo de Herodes con el poder salvador de Dios. Efectivamente, a lo largo de la historia de la iglesia el péndulo ha oscilado entre la expansión y la oposición, el crecimiento y la reducción, el avance y el retroceso, aunque con la certeza de que incluso los poderes de la muerte y del mal nunca prevalecerán contra la iglesia de Cristo, que está sólidamente construida sobre la Roca.

Herodes Agripa I fue el nieto de Herodes el Grande. Compartía algunas de las características con su abuelo, y después que los emperadores Calígula y Claudio le cedieron porciones sucesivas del territorio Palestino, su reino era tan extenso como el de su abuelo.

## a. La conspiración de Herodes | 12.1–4

**En ese tiempo** (Lucas es deliberadamente ambiguo, y los estudiosos discuten el orden exacto de los sucesos que registra entre Hechos 10 y 12) **el rey Herodes hizo arrestar** (Lucas usa con precisión el título que Calígula le había dado) **a algunos de la iglesia con el fin de maltratarlos** (1). Herodes debe haber estado bien informado sobre Jesús y sus seguidores, porque su tío Antipas había conocido y procesado a Jesús.[19] También se lo conocía por su preocupación por preservar la paz romana en Palestina, por lo que le disgustaban las minorías que amenazaban con interrumpirla. Está totalmente dentro de esta política su intento de congraciarse con los judíos (quienes naturalmente lo despreciaban por su crianza romana y antepasados edomitas), de observar concienzudamente la ley, y ahora de perseguir a la iglesia. **A Jacobo, hermano de Juan, lo mandó matar a espada** (2) o lo 'hizo degollar' (BP). Jesús había advertido a Jacobo y a Juan (quienes habían pedido los mejores asientos en su reino) que beberían de su copa y compartirían su bautismo,[20] es decir, participarían de sus sufrimientos. Pero es parte del misterio de la providencia de Dios por qué eso significó la ejecución de Jacobo y el exilio de Juan,[21] mientras que por el momento Pedro escapó a la suerte de Jacobo que Herodes había determinado también para él. Porque **al ver que esto agradaba a los judíos, procedió a prender también a Pedro. Esto sucedió durante la fiesta de los Panes sin levadura** (3), que seguía inmediatamente a la Pascua, y durante la cual la ley judía prohibía los juicios y las sentencias. En consecuencia, **después de arrestarlo, lo metió en la cárcel**, tal vez en la torre de Antonia en el extremo noroeste del área del templo, **y lo puso bajo la vigilancia de cuatro grupos de cuatro soldados cada uno**, en una disposición de máxima seguridad que funcionaba por relevos para que cada pelotón estuviera de guardia durante seis horas, o tal vez solamente tres horas durante la noche. **Tenía la intención de hacerlo comparecer en juicio público**, lo que hoy en día llamaríamos un 'juicio espectáculo', **después de la Pascua**, incluyendo los días que duraba la fiesta de los panes sin levadura (4). Por supuesto, el juicio de Pedro sería seguido de su ejecución.

La situación parecía extremadamente difícil, incluso desesperada. No parecía haber ninguna posibilidad de que Pedro escapara. ¿Qué podía hacer la pequeña comunidad de Jesús, con su impotencia, contra el poder armado de Roma?

## b. La derrota de Herodes | 12.5–19a

Seguramente que la iglesia de Jerusalén no habría olvidado las dos prisiones anteriores de Pedro, aunque habían sido por orden del sanedrín (4.3; 5.18). Tampoco habría olvidado cómo Pedro y Juan, después de su primera liberación, se habían unido al resto de la iglesia en oración, afirmando que Dios es soberano y que Herodes Agripa y Poncio Pilato, los gentiles y los judíos, habían conspirado contra Jesús sólo para hacer lo que de antemano su 'poder y su voluntad habían determinado que sucediera' (4.23–28). En cuanto al segundo encarcelamiento del apóstol, un ángel del Señor había abierto las puertas de la prisión y lo había liberado (5.19); ¿acaso no podía volver a hacerlo? De manera que, incluso **mientras mantenían a Pedro en la cárcel, la iglesia oraba constante y fervientemente a Dios por él** (5). Lucas usa el adverbio *ektenōs* (BJ 'insistentemente', NEB 'incansablemente') que ha usado antes para expresar la intensa agonía de Jesús en el Getsemaní.[22] Creían que de alguna manera, ya fuese por medio de otro milagro o no, Dios podía liberar al apóstol preso, en respuesta a sus oraciones.[23] Aquí había, entonces, dos comunidades (el mundo y la iglesia,), desplegadas una contra la otra, cada una portando un arma apropiada. Por un lado estaba la autoridad de Herodes, el poder de la espada y la seguridad de la prisión. Por el otro, la iglesia se dedicó a la oración, que es el único poder que poseen los desposeídos.

**La misma noche en que Herodes estaba a punto de sacar a Pedro para someterlo a juicio, este dormía entre dos soldados, sujeto con dos cadenas. Unos guardias vigilaban la entrada de la cárcel** (6). Lucas destaca la rigurosidad con que vigilaban al apóstol para que no fuera rescatado ni pudiera escapar.

Normalmente se consideraba suficiente que un prisionero estuviera esposado a un soldado, pero como precaución especial Pedro tenía un soldado de cada lado y ambas muñecas esposadas, mientras que fuera de la celda vigilaban los otros dos soldados de la cuadrilla. A pesar de la aparente imposibilidad de una liberación, y de la casi total probabilidad de que al día siguiente sufriera el mismo fin que Jacobo (en cumplimiento de la profecía de Jesús de que moriría como mártir),[24] Pedro no mostró ningún signo de ansiedad, mucho menos de alarma.

Por el contrario, se durmió profundamente. Más tarde Pablo, en una situación similar en Filipos, cantaría a Dios y oraría (16.25). Esto lleva a Crisóstomo a comentar: 'Es hermoso que Pablo cante himnos, en tanto que aquí Pedro duerme.'[25] Los dos héroes de Lucas, Pedro y Pablo, se mostraron igualmente desafiantes frente la muerte.

**De repente apareció un ángel del Señor.** Nuestra comprensión de quién era ese ángel dependerá fundamentalmente de nuestras presuposiciones, y en particular si creemos en la existencia de ángeles y en la posibilidad de lo milagroso. Es cierto que la palabra *angelos* se puede traducir sencillamente por 'mensajero' y que Lucas la usa varias veces en su Evangelio para referirse a seres humanos, por ejemplo para los mensajeros que Juan el Bautista mandó a Jesús (Lucas 7.24), y para Juan el Bautista mismo (9.52). En consecuencia, supongo que uno sencillamente podría afirmar que aquí también se refiere a un mensajero humano. Por otra parte, según William Neil, algunos considerarían la liberación de Pedro como 'no menos que un milagro' si fue obra de algún simpatizante entre los guardias.[26] Y R. P. C. Hanson encuentra 'razonable' pensar que Pedro 'logró escapar por el soborno, la negligencia o un simple cambio de idea por parte de las autoridades.'[27] Pero la pregunta hermenéutica clave es qué pretendía el propio Lucas que comprendiéramos, y de eso no hay lugar a dudas. Ya se ha referido a seres angelicales sobrenaturales en alrededor de quince oportunidades en su Evangelio y en los primeros capítulos del libro de Hechos, y su énfasis en este relato es en una intervención divina por medio de un agente celestial. De manera que, como para hacer inequívoco este hecho, una luz resplandeció en la celda, y la liberación se realizó en una serie de acciones rápidas, mientras Pedro todavía estaba semidormido y dudando si era todo un sueño. La narrativa de Lucas no requiere ningún otro comentario:

> [12.7] De repente apareció un ángel del Señor y una luz resplandeció en la celda. Despertó a Pedro con unas palmadas en el costado y le dijo: '¡Date prisa, levántate!' Las cadenas cayeron de las manos de Pedro. [8] Le dijo además el ángel: 'Vístete y cálzate las sandalias.' Así lo hizo, y el ángel añadió: 'Échate la capa encima y sígueme.'
>
> [9] Pedro salió tras él, pero no sabía si realmente estaba sucediendo lo que el ángel hacía. Le parecía que se

trataba de una visión. [10]Pasaron por la primera y la segunda guardia, y llegaron al portón de hierro que daba a la ciudad. El portón se les abrió por sí solo, y salieron. Caminaron unas cuadras, y de repente el ángel lo dejó solo.

[11]Entonces Pedro volvió en sí y se dijo: 'Ahora estoy completamente seguro de que el Señor ha enviado a su ángel para librarme del poder de Herodes y de todo lo que el pueblo judío esperaba.'

**Cuando cayó en cuenta de esto,** porque ahora Pedro estaba completamente despierto, **fue a casa de María, la madre de Juan, apodado Marcos** (12). Que le resultara natural ir directamente allí sugiere que era un lugar de reunión de los creyentes de Jerusalén bien conocido (incluso el principal). La María a quien pertenecía se conoce solamente como la madre de Juan Marcos, un sobrino de Bernabé,[28] que Lucas menciona aquí por primera vez y a quien pronto presentará nuevamente en su relato como el acompañante que los abandonó durante el primer viaje misionero (12.25; 13.5, 13). Algunos comentaristas han especulado que en esta casa de María estaba 'la sala amplia, amueblada y arreglada' de la planta alta, que el propio Marcos menciona,[29] como el lugar donde Jesús cenó el día de Pascua con los Doce antes de su arresto, juicio y crucifixión. Tal vez también se trataba de la casa donde vivían los Doce, y donde junto con otros se reunían a orar, durante los diez días entre la Ascensión y el Pentecostés (1.12–14). Con seguridad era un lugar espacioso, porque tenía una entrada externa o vestíbulo donde Pedro llamó a la puerta y probablemente un patio entre esto y la casa principal. De cualquier modo fue allí, aunque ocurrió en medio de la noche, **donde muchas personas estaban reunidas orando** (12).

Cuando Pedro **llamó a la puerta de la calle,** el grupo que estaba orando habrá pensado inmediatamente que se trataba de una visita de la policía secreta. Mientras esperaban en suspenso **una sierva llamada Rode** (que tuvo una actuación tan destacada en este episodio que su nombre quedó registrado y recordado) **salió a responder** (13). **Al reconocer la voz de Pedro,** porque era costumbre en esos días que las visitas se anunciaran además de golpear la puerta, **se puso tan contenta que volvió corriendo sin abrir y exclamó: '¡Pedro está** a la puerta!' (14). '¡Estás loca!', le dijeron. ¡Es irónico que el grupo que estaba orando ferviente y persistentemente por la liberación de Pedro pudiera considerar loca a la persona que les informaba que sus oraciones habían sido respondidas! La sencilla alegría de Rode se destaca luminosamente contra el oscuro trasfondo de la vacilación de la iglesia. Como **ella insistía en que así era,** porque estaba segura de haber oído la voz de Pedro, cambiaron de tono y dijeron, **Debe ser su ángel** (15), refiriéndose a lo que se nombra con poco rigor como 'ángeles guardianes'.[30] Como lo expresa F. F. Bruce, 'Aquí se concibe al ángel como la contraparte espiritual de un hombre, capaz de adoptar su aspecto físico y ser tomado equivocadamente por él'.[31] **Entre tanto, Pedro seguía llamando. Cuando** por fin **abrieron la puerta y lo vieron, quedaron pasmados** (16). También ellos habrán prorrumpido en un coro de ruidosas bienvenidas, porque **Pedro les hizo señas de que se callaran,** tal vez por temor a que el ruido despertara a los vecinos, **y les contó cómo el Señor lo había sacado de la cárcel.** Luego les dio una sencilla instrucción: **Cuéntenles esto a Jacobo** (es decir el hermano del Señor, que parece ser reconocido como el líder de la iglesia de Jerusalén, comparar 15.13, 21.18; Gálatas 1:19; 2.9, 12) y **a los hermanos** (el resto de la congregación cristiana en Jerusalén). **Luego salió y se fue a otro lugar** (17). Este lugar definitivamente no fue Roma como se sugiere en el libro apócrifo *Hechos de Pedro,* y como solían afirmar algunos comentaristas católicorromanos, agregando que se quedó allí veinticinco años como el primer Papa. Lucas quiere decir sencillamente que se fue a un escondite provisorio, lo supiera alguien o no. Lo que sí sabemos es que uno o dos años después estaba en Antioquía,[32] y luego de regreso en Jerusalén para la reunión del concilio (15.7ss).

Tal vez la afirmación más importante de todo el relato de la liberación de Pedro está en el versículo 17: que **el Señor lo había sacado de la cárcel.** Todos los detalles dramáticos que incluye Lucas parecen destacar la intervención de Dios y la pasividad de Pedro. El apóstol estaba durmiendo y el ángel tuvo que darle unas palmadas para despertarlo. Se le cayeron las cadenas. La orden de vestirse parecía como numerada: **Date prisa, levántate ... Vístete y cálzate las sandalias ... Échate la capa encima y sígueme.** Pasaron frente a los guardias que vigilaban en el corredor, que al parecer estaban profundamente dormidos y la puerta externa de la prisión se abrió en forma automática.

El propio Pedro no sabía si todo se trataba de una fantasía, la realidad o un ensueño.

**Al amanecer** del mismo día en que Pedro debía ser juzgado y ejecutado, **se produjo un gran alboroto entre los soldados respecto al paradero de Pedro,** porque el prisionero no aparecía por ninguna parte. (18) Cuando las noticias llegaron a **Herodes,** este **hizo averiguaciones,** pero luego, **al no encontrarlo, les tomó declaración a los guardias** y, como en la ley romana el carcelero que dejaba escapar a un acusado a cargo estaba sujeto al castigo con que se había condenado al prisionero (comparar 16.27; 27.42), **mandó matarlos** (19a).

### c. La muerte de Herodes | 12.19b–24

Aunque la víctima de Herodes había escapado de sus garras, Herodes mismo seguía libre. De manera que Lucas termina esta parte de su relato describiendo la muerte del tirano. **Viajó de Judea a Cesarea,** la capital provincial, **y se quedó allí** (19b). Lucas entonces esboza la historia que hay detrás del incidente que está por relatar. **Herodes estaba furioso con los de Tiro y de Sidón,** en la costa de Fenicia, **pero ellos se pusieron de acuerdo y se presentaron ante él.** Para esto necesitaban un intermediario. Por eso, **habiéndose ganado el favor** (tal vez por medio de un soborno) **de Blasto,** identificado como **camarero del rey, pidieron paz.** Era fundamental para ellos volver a tener el favor de Herodes, porque su región dependía del país del rey para obtener sus provisiones, especialmente el cereal de Galilea.

Ese era el trasfondo. Ahora, **el día señalado,** en que Blasto debía presentar el caso ante él, Herodes, **ataviado con su ropaje real y sentado en su trono, le dirigió un discurso al pueblo,** o 'los arengó' (RVR95, 21). **La gente gritaba: '¡Voz de un dios, no de hombre!'** (22). **Al instante un ángel del Señor lo hirió, porque no le había dado la gloria a Dios,** y en efecto había 'usurpado el honor debido a Dios' (NEB), **y Herodes murió comido de gusanos** (23).

También Josefo describió con detalles gráficos las circunstancias que rodearon la muerte de Herodes.[33] Su relato y el de Lucas difieren en algunos detalles, lo que muestra que eran independientes. Pero el bosquejo general es el mismo. Ambos concuerdan que Herodes estaba en Cesarea en ese momento, aunque Josefo dice que había ido allí para participar de un festival en honor de César, al que asistió un gran grupo de ciudadanos importantes. Ambos mencionan las ropas reales que vestía, mientras que Josefo agrega el detalle de que su ropaje estaba 'hecho completamente de plata y de aspecto realmente hermoso', que resplandecía de tal modo bajo el sol matutino que la gente lo saludaba como a un Dios. 'Ante esto', continúa Josefo, 'el rey no los reprendió ni rechazó su impía adulación.' En consecuencia, Lucas y Josefo concuerdan en que el juicio de Dios cayó sobre él porque se glorificó a sí mismo en lugar de Dios. Aunque Lucas dice **comido de gusanos**, Josefo se contenta con la afirmación más general de que 'se apoderó de sus entrañas un dolor irremediable' que se hizo tan violento que lo llevaron al palacio donde murió luego de cinco días. Su descripción nos recuerda los últimos días del ultra perseguidor Antíoco Epífanes quien en su arrogancia 'había pensado que podría atrapar las estrellas del cielo', pero 'se apoderó de sus entrañas un dolor irremediable, con agudos retortijones internos', hasta que murió.[34]

El doctor A. Rendle Short, profesor de cirugía de la Universidad de Bristol y autor de un libro titulado *The Bible and Modern Medicine* [La Biblia y la medicina moderna], definió que mucha gente en Asia 'tiene parásitos intestinales' que pueden formar una apretada bola y provocar una 'obstrucción intestinal aguda'. Esta pudo haber sido la causa de la muerte de Herodes.[35]

En sorprendente contraste con la muerte del tirano, Lucas agrega uno de sus versículos sumarios: **Pero la palabra de Dios seguía extendiéndose y difundiéndose** (24, comparar 6.7; 9.31). En verdad, es imposible no admirar la maestría con que Lucas describe la total inversión de la situación de la iglesia. Al comienzo del capítulo Herodes aparece arrasando todo; arrestando y persiguiendo a los líderes de la iglesia; al final él mismo es derribado y muere. El capítulo se inicia con la muerte de Jacobo, Pedro en la cárcel y Herodes triunfante; cierra con Herodes muerto, Pedro libre y la Palabra de Dios triunfando. Tal es el poder de Dios para derrotar los planes humanos negativos y establecer sus propios planes en lugar de aquellos. Los tiranos podrán vanagloriarse y bravuconear, oprimiendo a la iglesia y estorbando la dispersión del evangelio por un tiempo, pero no durarán. Al final su imperio se destruirá y su orgullo será humillado.

# III

# El apóstol a los gentiles
## Hechos 12.25—21.17

# El primer viaje misionero
## Hechos 12.25—14.28

Lucas ha llegado a un punto decisivo en su relato. En conformidad con la profecía del Señor resucitado (1.8), han surgido testigos 'en Jerusalén' y 'en toda Judea y Samaria': ahora el horizonte se ensancha hasta 'los confines de la tierra'. Los dos diáconos evangelistas han preparado el camino: Esteban por medio de la enseñanza y de su martirio, Felipe con su audaz evangelización de los samaritanos y del etíope. Además lo han hecho las dos grandes conversiones que Lucas ha documentado, la de Pablo que también fue comisionado como apóstol a los gentiles, y la de Cornelio por medio de la acción decisiva del apóstol Pedro. Evangelistas anónimos también han predicado el evangelio a los 'helenistas' en Antioquía. Pero todo el tiempo la acción se ha limitado al territorio palestino y sirio. Hasta ahora nadie ha tenido la visión de llevar las buenas nuevas a las naciones extranjeras, aunque es cierto que en 11.19 se menciona a Chipre. Ahora finalmente, se dará ese paso.

## 1. Bernabé y Saulo son enviados desde Antioquía | 12.25—13.3

Estos dos hombres han estado al sur de Jerusalén llevando ayuda para el hambre con el dinero enviado por la iglesia de Antioquía (11.30). **Cuando Bernabé y Saulo cumplieron su servicio, regresaron de Jerusalén** (12.25). Es verdad que una lectura más literal sería 'a Jerusalén', en cuyo caso el versículo se leería 'regresaron cuando cumplieron su misión en Jerusalén'. Pero esta no es muy elegante y la evidencia textual tiene que ser supedita a las demandas del contexto, a saber, que Bernabé y Saulo, quienes habían viajado a Jerusalén desde Antioquía con su dádiva (11.30), ahora regresaban de Jerusalén a

Antioquía después de entregarlo (12.25).[1] Además, **regresaron de Jerusalén llevando con ellos a Juan, llamado también Marcos**, quien los acompañará cuando inicien su primer viaje misionero.

La población cosmopolita de Antioquía se reflejaba en la composición de su iglesia, y en realidad también en su liderazgo, que consistía en cinco **profetas y maestros** residentes. Lucas no explica cómo entendía la diferencia entre esos ministerios ni si los cinco hombres ejercían ambos, o si (como sugieren algunos) los tres primeros eran profetas y los dos últimos maestros. Lo que sí nos informa son sus nombres. El primero era **Bernabé**, a quien anteriormente ha descrito como 'un levita natural de Chipre' (4.36). Segundo, estaba **Simeón** (nombre hebreo), **apodado el Negro**, probablemente un africano negro, y es fácilmente concebible que sea Simón de Cirene que llevó la cruz de Jesús[2] y que pudo haberse hecho cristiano, ya que sus hijos Alejandro y Rufo eran conocidos en la comunidad cristiana.[3] El tercer líder, **Lucio de Cirene**, indudablemente había venido del norte de África; la conjetura de algunos de los primeros padres de la iglesia de que Lucas se refería a sí mismo, es extremadamente improbable, ya que preserva cuidadosamente su anonimato a lo largo de todo el libro. En cuarto lugar estaba **Manaén**, a quien se le llama en griego el *syntrophos* de **Herodes el tetrarca**, es decir, de Herodes Antipas, hijo de Herodes el Grande. La palabra puede significar que Manaén 'se había criado con él' en un sentido general, o en forma más específica que fuera 'su hermano por adopción' o 'amigo íntimo'. En cualquier caso, como Lucas sabía mucho acerca de la corte y la familia de Herodes, Manaén bien pudo haber sido su informante. El quinto líder de la iglesia era **Saulo**, quien está claro que venía de Tarso en Cilicia. Por lo tanto, estos cinco hombres simbolizaban la diversidad étnica y cultural de Antioquía.

Fue **mientras ayunaban y participaban en el culto al Señor**, que **el Espíritu Santo dijo: 'Apártenme ahora a Bernabé y a Saulo para el trabajo al que los he llamado'** (2). Tan importante fue ese momento, que sería útil plantear algunas preguntas acerca del mismo.

En primer lugar, ¿a quién reveló el Espíritu Santo su voluntad? ¿Quiénes eran los que estaban orando y ayunando y a quienes el Espíritu habló? Parece improbable que debamos limitarlos al pequeño grupo de cinco líderes, porque implicaría que tres de ellos fueron informados acerca de los otros dos. Es más probable que se tenga en mente a los miembros de la iglesia como un todo, ya que ellos y los líderes se mencionan juntos en el versículo 1. Y en la oportunidad no muy diferente cuando había que elegir a los siete, fue la iglesia local como un todo la que actuó (6.2–6). Además, cuando Pablo y Bernabé regresaron, 'reunieron a la iglesia'. Dieron su informe a la iglesia porque habían sido comisionados por ella (14.26–27). Además, si el Espíritu Santo reveló su propósito a la iglesia, no hay necesidad de exceptuar a Bernabé y Pablo. Más bien a la inversa. ¿Acaso la orden del Espíritu Santo de apartarlos **para el trabajo al que los he llamado** no implica que ya los había llamado antes de darlo a conocer a la iglesia?

En segundo lugar, ¿qué fue lo que el Espíritu Santo reveló a la iglesia? Era algo muy general. No se especifica la naturaleza del trabajo al que llamó a Bernabé y a Saulo. No difería mucho del llamado a Abram. A él Dios le había dicho: 'Vete a la tierra que te mostraré.'[4] A la iglesia de Antioquía Dios le dijo: '**Apártenme ahora a Bernabé y a Saulo para el trabajo al que los he llamado.**' En ambos casos el llamado a ir era claro, mientras que el lugar y el trabajo no lo eran. De modo que en ambos casos la respuesta al llamado de Dios requería un intrépido paso de fe.

En tercer lugar, ¿cómo se reveló el llamado de Dios? No se nos dice. La suposición más probable es que Dios habló a la iglesia por medio de uno de los profetas. Pero su llamado pudo haber sido interior más que exterior, es decir, por el testimonio del Espíritu en su mente y su corazón. Cualquiera sea la forma en que les llegó, su primera reacción fue ayunar y orar, en parte (parece) para confirmar el llamado de Dios y en parte para interceder por los dos que serían enviados. Observemos que en todas las referencias al ayuno, este no se da solo. Está vinculado con la adoración en el versículo 2 y con la oración en el versículo 3. Porque rara vez o nunca el ayuno es un fin en sí mismo. Es una acción negativa (abstención de comida y de otras distracciones) en favor de una positiva (adorar y orar). Así, **después de ayunar** y **orar**, de manera de asegurarse del llamado de Dios y prepararse para obedecerlo, les impusieron las manos y los despidieron (3). No se trataba de una ordenación para un cargo, menos todavía un nombramiento para el apostolado (ya que Pablo insiste en que no fue 'por investidura ni mediación humanas'[5]), sino más bien la despedida para quienes habían sido comisionados para el servicio misionero.

¿Quién, entonces, comisionó a los misioneros? Esta es nuestra cuarta pregunta. Según el versículo 4, Bernabé y Saulo fueron enviados por el Espíritu Santo, que previamente había ordenado a la iglesia que los apartara para él (2). Pero según el versículo 3 fueron los miembros de la iglesia quienes, después de imponerles las manos, **los despidieron**. Es verdad que el último verbo se puede traducir por 'los dejaron ir' (NEB), liberándolos de sus responsabilidades de enseñanza en la iglesia de Antioquía, para ponerlos a disposición de un ministerio más amplio. Porque Lucas a veces usa el verbo *apoulō* en el sentido de 'liberar'.[6] Pero también lo utiliza en el sentido de 'despedir'.[7] De modo que en nuestro afán de hacer justicia a la iniciativa del Espíritu Santo, no debemos describir el papel de la iglesia como completamente pasivo. ¿No sería apropiado decir que el Espíritu los envió, ordenando a la iglesia hacerlo y que la iglesia los envió, habiendo sido dirigidos por el Espíritu para hacerlo? Este equilibrio sería un saludable correctivo ante extremos opuestos. El primero es la tendencia al individualismo por el que un cristiano exige la guía personal directa del Espíritu sin ninguna referencia a la iglesia. El segundo es la tendencia al institucionalismo, donde la iglesia hace toda la toma de decisiones sin ninguna referencia al Espíritu. Aunque no tenemos ninguna libertad para negar la validez de las elecciones personales, estas son seguras y saludables solo en relación con el Espíritu y la iglesia. No hay ninguna evidencia de que Bernabé y Saulo se ofrecieron voluntariamente para el servicio misionero. Fueron 'enviados' por el Espíritu por medio de la iglesia. Todavía hoy es responsabilidad de cada iglesia local (especialmente de sus líderes) ser sensibles al Espíritu Santo, para descubrir a quién el Señor podría estar otorgando un don y llamando.

## 2. Bernabé y Saulo en Chipre | 13.4–12

**Bernabé y Saulo,** misioneros de la iglesia de Antioquía, **enviados por el Espíritu Santo, bajaron a Seleucia,** el puerto cerca de la desembocadura del río Orontes, aproximadamente a unos veinte kilómetros, **y de allí navegaron a Chipre** (4). No se nos dice por qué Chipre fue elegido como primer destino, aunque sabemos que

Bernabé era chipriota (4.36). En lo que sigue, Lucas es inevitablemente selectivo. Para comenzar, se concentra en las hazañas de Pablo hacia el oeste y el norte, con la vista en Roma, y no dice nada sobre la expansión de la iglesia hacia el este y el sur, ni de las aventuras misioneras de otros apóstoles, por ejemplo de Tomás quien, según las iglesias ortodoxas y Mar Thoma de Kerala en Siria, viajó desde Siria a la India. Incluso en los viajes de Pablo, Lucas es selectivo, según las fuentes que dispone y sus propósitos editoriales. Por eso, en el primer viaje misionero, aunque bosqueja todo el itinerario, se concentra en tres incidentes principales. Describe a Pablo evangelizando al procónsul y confrontando al hechicero en Pafos, la capital provincial de Chipre, predicando el evangelio en la sinagoga de Antioquía de Pisidia al sur de Galacia, y dirigiéndose a una multitud pagana al aire libre en Listra. Estos hechos muestran la extraordinaria versatilidad del apóstol para adaptarse a diferentes situaciones; parecía sentirse cómodo con los individuos y con las multitudes, con los judíos y los gentiles, con los religiosos y los irreligiosos, con los educados y los no educados, con los amistosos y los hostiles.

**Al llegar a Salamina,** una ciudad comercial en la costa este de Chipre, **predicaron la palabra de Dios en las sinagogas de los judíos.** Pero Lucas no nos dice más que esto, excepto que **tenían también a Juan** (ver Marcos 12.25) **como ayudante** (5). Nos gustaría saber qué clase de ayuda les daba, y si estamos en lo correcto al suponer que, aunque Bernabé y Saulo habían sido elegidos especialmente y enviados por el Espíritu Santo, ellos mismos habían elegido a Juan Marcos sin un llamado divino similar. Todo lo que podemos decir es que la palabra *hypēretēs* se usaba para designar al sirviente o asistente de médicos, oficiales del ejército, sacerdotes o políticos, y no nos dice si el servicio de Marcos era pastoral (por ejemplo responder a los que llegan con interrogantes y nutrir a los convertidos) o práctico (por ejemplo cocinar o mantener la limpieza).

Al partir de Salamina, **recorrieron toda la isla hasta Pafos** (6a). Esto los llevó desde la costa este hasta la costa oeste, un viaje de aproximadamente 130 kilómetros, el que, como dijo Ramsay sobre la base del uso de Lucas del verbo *dierchomai*, 'fue un viaje de predicación por toda la isla.'[8] **Allí,** en Pafos, **encontraron** un hombre a quien Lucas describe inmediatamente como **un hechicero, un falso profeta judío llamado Barjesús,** 'hijo de salvación' (6), **que estaba** con el gobernador Sergio Paulo, como asistente, es decir, una especie de mago de la corte. **El gobernador,** a quien Lucas describe como un **hombre inteligente,** a pesar de su evidente fascinación por las prácticas supersticiosas y ocultistas, **mandó llamar a Bernabé y a Saulo** porque en su hambre intelectual y espiritual se esforzaba **por escuchar la palabra de Dios** (7). Sin duda los misioneros respondieron a la convocatoria, y podemos imaginar a Pablo, el apóstol cristiano, compartiendo con Pablo, el gobernador romano, las buenas nuevas de Jesucristo.

**Pero Elimas el hechicero (que es lo que significa su nombre) se les oponía.** Lucas se refiere ahora al hechicero con un nombre diferente, y las palabras entre paréntesis han desconcertado a los comentaristas. JB puede estar acertada al traducir simplemente 'Elimas Magos, como lo llamaban en griego' . Por otra parte, si Lucas está explicando el significado de la palabra 'Elimas', pudo haber sido originalmente una palabra árabe para describir a alguien 'habilidoso' o 'experto', en otras palabras, *mago* o sabio. De cualquier manera, Elimas vio en los misioneros cristianos una amenaza a su prestigio y a sus ingresos. De manera que **procuraba apartar de la fe al gobernador** (8). El apóstol vio en este intento un ataque extremadamente serio del diablo, de manera que confrontó al hechicero Elimas como Pedro lo había hecho con Simón el hechicero en Samaria (8.20 y siguientes). Lucas elije este momento para informarnos el nuevo nombre de **Saulo, o sea Pablo.** Era común que los judíos adoptaran un segundo nombre griego o romano, como José Barsabás (1.23) y Juan Marcos (12.12, 25) y era apropiado que Lucas mencionara el segundo nombre de Pablo en ese momento en que se movía a contextos cada vez menos judíos. Ya no vuelve a usar el nombre 'Saulo' para referirse a Pablo. Lo siguiente que nos dice es que **Pablo, [estaba] lleno del Espíritu Santo,** para mostrar que la audacia, la franqueza y el poder con que condenaba a Elimas venían todos de Dios. Dotado así, **clavó los ojos en Elimas y le dijo: '¡Hijo del diablo y enemigo de toda justicia, lleno de todo tipo de engaño y de fraude! ¿Nunca dejarás de torcer los caminos rectos del Señor? Ahora la mano del Señor está contra ti; vas a quedarte ciego y por algún tiempo no podrás ver la luz del sol'** (10–11a).

La condena de Pablo a Elimas fue porque contradecía su nombre, siendo más bien un hijo del diablo que un hijo de salvación, y por ser enemigo del bien y la verdad, 'gran embustero y embaucador' (BP). De acuerdo con su personalidad, pervertía los caminos rectos del Señor y era culpable de 'apartar' o 'torcer' (*diastrephō*, 8, 10) en lugar de causar 'conversión' (*epistrephō*, por ejemplo 9.35; 11.21; 14.15).

El juicio de Dios sobre él fue justo. Porque los que 'tienen a las tinieblas por luz y la luz por tinieblas'[9] pierden la luz que tenían originalmente. En consecuencia, **al instante cayeron sobre él sombra y oscuridad** (el doctor Lucas usa dos términos médicos de la época), **y comenzó a buscar a tientas quien lo llevara de la mano** (11b). Pablo habrá recordado aquel día no muchos años antes cuando él mismo había quedado ciego, si bien por la gloria del Señor, y lo habían conducido de la mano a Damasco.

**Al ver lo sucedido, el gobernador creyó, maravillado** ('profundamente impresionado', LPD; 'sobrecogido', BP) **de la enseñanza acerca del Señor** (12). Lo que lo dejó pasmado fue la combinación de las palabras y la señal, de la enseñanza del apóstol y la derrota del hechicero. No hace falta argumentar, como algunos lo han hecho, que porque no se menciona un bautismo, el gobernador no se convirtió realmente, o que los misioneros pudieron haber 'confundido cortesía con conversión'.[10] La afirmación de que **creyó** está suficientemente clara y está de acuerdo con el estilo general de Lucas en otras partes (por ejemplo 14.1; 17.34; 19.18). No da ninguna indicación, como lo hizo en relación con Simón el hechicero (8.13 y siguientes), de que la fe del gobernador fuera una profesión de fe hueca. Lucas presenta a sus lectores un dramático encuentro de poderes, en que el Espíritu Santo venció al diablo, el apóstol derrotó al hechicero, y el evangelio triunfó sobre el ocultismo. Más todavía, espera que consideremos a Sergio Paulo como el primer gentil convertido, uno que carecía totalmente de trasfondo judío. El acercamiento directo de Pablo a los gentiles fue 'el gran avance innovador de este primer viaje misionero'.[11]

# 3. Pablo y Bernabé en Antioquía de Pisidia | 13.13–52

Pablo y sus compañeros se hicieron a la mar desde Pafos, y llegaron a Perge de Panfilia (13a). Al hacerlo, cruzaron desde 'la isla natal de Bernabé, a la costa sur de Asia Menor, la tierra natal de Pablo'.[12] Probablemente desembarcaron en Atalia y luego caminaron aproximadamente 18 kilómetros tierra adentro hacia Perge.

Aquí en Perge sufrieron un revés: **Juan se separó de ellos y regresó a Jerusalén** (13b). Lucas anuncia ese hecho con total naturalidad y no culpa a nadie en particular. Pero en 15.38 se evidencia que considera que Marcos 'los había abandonado'. No obstante, más tarde Marcos se recuperó y fue 'de ayuda' para Pablo en su ministerio.[13] ¿Por qué los había abandonado? Se han hecho una diversidad de conjeturas. ¿Acaso extrañaba, echando de menos a su madre, su espacioso hogar en Jerusalén, los sirvientes? ¿Estaba resentido porque el dúo 'Bernabé y Saulo' se había vuelto 'Pablo y Bernabé' (13, 46, etc.), ya que ahora Pablo estaba asumiendo el liderazgo y eclipsando al primo de Marcos? ¿Acaso como miembro de la iglesia judía conservadora de Jerusalén estaba en desacuerdo con la audaz política de Pablo de evangelización de gentiles? ¿Podría haber sido él quien, a su regreso a Jerusalén, provocara a los judaizantes a oponerse a Pablo (15.1 y siguientes)? ¿O sencillamente no le hacía gracia la empinada cuesta por el monte Tauro, conocida por estar infestada de bandoleros (ver 'Pablo en peligro de ladrones'[14])? No lo sabemos.

¿O fue porque Pablo estaba enfermo y Marcos pensaba que era imprudente que estuviera decidido a ir al norte y cruzar las montañas? Sabemos que cuando Pablo llegó a las ciudades de la meseta al sur de Galacia sufría de una enfermedad que lo debilitaba ('la primera vez que les prediqué el evangelio fue debido a una enfermedad'[15]). Esta condición parece haberlo desfigurado de alguna manera (a tal punto que tal vez los residentes lo hubieran tratado con desprecio),[16] y haberle afectado la vista, de modo que si hubiera sido posible le habrían dado sus propios ojos.[17] Sir William Ramsay sugirió que Pablo sufría de un 'tipo de malaria febril crónica' (que los antiguos griegos y romanos conocían y temían); que implicaba ataques muy penosos y agotadores, junto con dolores de cabeza punzantes 'como una barra al rojo vivo que se clava en la frente' (tal vez su 'aguijón en la carne'[18]); y que era esa fiebre la que requería el abandono del clima debilitante de la llanura costera baja, a pesar de la difícil trepada que eso implicaba, para llegar al tonificante fresco de la meseta taurina alrededor de 1200 metros sobre el nivel del mar.[19] Tal vez fue esta circunstancia lo que explica por qué los misioneros no se quedaron para evangelizar Perge, cosa que hicieron en el viaje de regreso.

De cualquier manera, y por el motivo que fuera, Marcos los dejó y Pablo y Bernabé continuaron sin él. **Siguieron su viaje desde Perge**

**hasta Antioquía de Pisidia**, más de 150 kilómetros al norte pasando por las montañas. Era una colonia romana, de cuyo acueducto del primer siglo algunos arcos siguen en pie. También era el 'centro militar y de gobierno de la mitad sur de la vasta provincia de Galacia.'[20] Aunque dependía políticamente de Galacia, en el idioma y geográficamente pertenecía a Frigia. **El sábado entraron en la sinagoga y se sentaron** (14). El servicio de la sinagoga seguramente comenzó con el recitado de la *shema* ('El Señor nuestro Dios es el único Señor. Ama al Señor tu Dios …') y algunas oraciones, seguidas de dos lecciones, una del Pentateuco y otra de los profetas, luego un sermón expositivo y finalmente una bendición. **Al terminar la lectura de la ley y los profetas** (la que, se ha sugerido sobre la base de las citas de Pablo, ese día pudo haber sido Deuteronomio 1 e Isaías 1), **los jefes de la sinagoga mandaron a decirles**, tal vez reconociendo por sus vestimentas que Pablo era un rabino: **'Hermanos, si tienen algún mensaje de aliento para el pueblo, hablen'** (15).

Ahora Lucas presenta su primer resumen completo de uno de los sermones de Pablo. Aunque están presentes algunos gentiles temerosos de Dios, es básicamente un mensaje dirigido a la audiencia judía. Más adelante Lucas presentará dos ejemplos de los sermones de Pablo a los gentiles, es decir, a los paganos de Listra y a los filósofos de Atenas. Pero ahora el ambiente es judío. El día es el sábado o día de reposo, la jurisdicción es la sinagoga, las lecciones son de la Ley y los Profetas, los oyentes son 'israelitas' (16), y el tema es cómo 'el Dios de este pueblo de Israel' (17) 'conforme a la promesa … ha provisto a Israel un salvador, que es Jesús' (23). Evidentemente Lucas está ansioso por demostrar que el mensaje de Pablo a los judíos era básicamente el mismo que el de Pedro; que Pablo no se había vuelto a los gentiles antes de haber ofrecido el evangelio a los judíos y de haber sido rechazado; y que, lejos de ser un innovador, Pablo estaba declarando solamente lo que Dios había prometido en las Escrituras y ahora había cumplido en Jesús.

## a. Introducción del sermón:
## La preparación del Antiguo Testamento | 13.16–25

[13.16]**Pablo se puso en pie, hizo una señal con la mano y dijo:**
"Escúchenme, israelitas, y ustedes, los gentiles temerosos

de Dios: [17]El Dios de este pueblo de Israel escogió a nuestros antepasados y engrandeció al pueblo mientras vivían como extranjeros en Egipto. Con gran poder los sacó de aquella tierra [18]y soportó su mal proceder en el desierto unos cuarenta años. [19]Luego de destruir siete naciones en Canaán, dio a su pueblo la tierra de ellas en herencia. [21]Todo esto duró unos cuatrocientos cincuenta años.

"Después de esto, Dios les asignó jueces hasta los días del profeta Samuel. [21]Entonces pidieron un rey, y Dios les dio a Saúl, hijo de Quis, de la tribu de Benjamín, que gobernó por cuarenta años. [22]Tras destituir a Saúl, les puso por rey a David, de quien dio este testimonio: 'He encontrado en David, hijo de Isaí, un hombre conforme a mi corazón; él realizará todo lo que yo quiero.'

[23]"De los descendientes de éste, conforme a la promesa, Dios ha provisto a Israel un salvador, que es Jesús. [24]Antes de la venida de Jesús, Juan predicó un bautismo de arrepentimiento a todo el pueblo de Israel. [25]Cuando estaba completando su carrera, Juan decía: '¿Quién suponen ustedes que soy? No soy aquél. Miren, después de mí viene uno a quien no soy digno ni siquiera de desatarle las sandalias.'"

En esta breve recapitulación de la historia de Israel desde los patriarcas a la monarquía, el énfasis de Pablo está en la iniciativa de gracia de Dios. Él es el sujeto de casi todos los verbos. Dios escogió **a nuestros antepasados** y **engrandeció al pueblo**, … y luego, **con gran poder los sacó de aquella tierra** (17). En el desierto **soportó su mal proceder** (18, es decir, 'aguantó su comportamiento', RVA, que se hace eco de Deuteronomio 1.31),[21] y en Canaán destruyó **siete naciones** y **dio a su pueblo la tierra de ellas** (19). **Todo esto duró unos cuatrocientos cincuenta años**, agrega Pablo haciendo una pausa para respirar. Es un número redondeado por supuesto, probablemente con la intención de incluir 400 años de exilio, cuarenta en el desierto y diez para la conquista de la tierra. Después que se instalaron, **Dios les asignó jueces** (20), **Dios les dio a Saúl** como su primer rey (21), y luego Dios **les puso por rey a David**, llamándolo '**un hombre conforme a mi corazón**' (22). Ahora, habiendo llegado a David, Pablo salta directamente hasta el Salvador Jesús prometido, un descendiente de David (23),[22] y menciona a Juan el Bautista como su precursor inmediato, quien desvió las miradas hacia Jesús (24–25). Ahora Pablo puede seguir el ejemplo de Juan el Bautista y dirigir la atención de sus oyentes al mismo Jesús.

## b. El nudo del sermón:
## La muerte y la resurrección de Jesús | 13.26–37

**13.26**"Hermanos, descendientes de Abraham, y ustedes, los gentiles temerosos de Dios: a nosotros se nos ha enviado este mensaje de salvación. **27**Los habitantes de Jerusalén y sus gobernantes no reconocieron a Jesús. Por tanto, al condenarlo, cumplieron las palabras de los profetas que se leen todos los sábados. **28**Aunque no encontraron ninguna causa digna de muerte, le pidieron a Pilato que lo mandara a ejecutar. **29**Después de llevar a cabo todas las cosas que estaban escritas acerca de él, lo bajaron del madero y lo sepultaron. **30**Pero Dios lo levantó de entre los muertos. **31**Durante muchos días lo vieron los que habían subido con él de Galilea a Jerusalén, y ellos son ahora sus testigos ante el pueblo.

**32**"Nosotros les anunciamos a ustedes las buenas nuevas respecto a la promesa hecha a nuestros antepasados. **33**Dios nos la ha cumplido plenamente a nosotros, los descendientes de ellos, al resucitar a Jesús. Como está escrito en el segundo salmo:

> 'Tú eres mi hijo;
> hoy mismo te he engendrado.'

**34**Dios lo resucitó para que no volviera jamás a la corrupción. Así se cumplieron estas palabras:

> 'Yo les daré las bendiciones
> santas y seguras prometidas a David.'

**35**Por eso dice en otro pasaje:

> 'No permitirás que el fin de tu santo
> sea la corrupción.'

**³⁶"Ciertamente David, después de servir a su propia generación conforme al propósito de Dios, murió, fue sepultado con sus antepasados, y su cuerpo sufrió la corrupción. ³⁷Pero aquel a quien Dios resucitó no sufrió la corrupción de su cuerpo."**

Pablo relata la historia de Jesús, tal como lo ha hecho con la historia de Israel. Al hacerlo, se concentra en los dos grandes hechos salvadores, su muerte y su resurrección, y demuestra que ambos fueron el cumplimiento de lo que Dios había predicho en las Escrituras. Admite que el pueblo y los gobernantes de Jerusalén **no reconocieron a Jesús**. Sin embargo, agrega que, **al condenarlo, cumplieron las palabras de los profetas** que conocían muy bien, ya que se leen todos los sábados en la sinagoga (27). Aunque no encontraron base suficiente para condenarlo, **le pidieron a Pilato que lo mandara a ejecutar** (28). Y al hacerlo —aunque no se daban cuenta de ello— nuevamente estaban cumpliendo **todas las cosas que estaban escritas acerca de él**, incluyendo el traslado de su cuerpo **del madero** (el lugar de una maldición divina) al sepulcro (29). Pero **Dios lo levantó de entre los muertos** (30), e hizo posible que lo vieran los que habían subido con él a Jerusalén (1.21–22), es decir, los apóstoles. Y ellos son ahora sus testigos (31). Pablo dice 'ellos' no 'nosotros', porque no era uno de los Doce que podían dar testimonio de lo que habían visto y oído durante su ministerio público. Pero ahora pasa del 'ellos' al 'nosotros', incluyéndose a sí mismo: **Nosotros les anunciamos a ustedes las buenas nuevas**, que en la resurrección (así como en la cruz) Dios ha cumplido lo que prometió a nuestros antepasados (32–33). Para corroborar esta afirmación Pablo sigue citando tres pasajes del Antiguo Testamento: el Salmo 2.7 acerca del Hijo de Dios, tal vez vinculándolo mentalmente con la promesa de Dios a David de que su descendiente, cuyo trono él afirmaría, sería su hijo;[23] Isaías 55.3, acerca de las **bendiciones santas y seguras prometidas a David** (34), que podían ser seguras, es decir, permanentes, sólo gracias a la resurrección del hijo de David; y el Salmo 16.10 sobre no permitir la corrupción del santo de Dios (35). David murió, fue sepultado, y sufrió corrupción (36), pero el hijo de David a quien Dios resucitó **no sufrió la corrupción de su cuerpo** (37). Todos estos pasajes pueden haber sido considerados mesiánicos en el judaísmo precristiano (en cada caso las evidencias no son claras);

los tres se relacionan con David de quien 'Dios ha provisto a Israel un salvador, que es Jesús' (23).

## c. Conclusión del sermón:
## La elección entre la vida y la muerte | 13.38–41

Habiendo vinculado las Escrituras con la historia, y mostrado cómo lo que Dios había predicho en las Escrituras lo había cumplido en la muerte y resurrección de Jesús, Pablo llega a su llamado:

> [13.38]"Por tanto, hermanos, sepan que por medio de Jesús se les anuncia a ustedes el perdón de los pecados. [39]Ustedes no pudieron ser justificados de esos pecados por la ley de Moisés, pero todo el que cree es justificado por medio de Jesús. [40]Tengan cuidado, no sea que les suceda lo que han dicho los profetas:

>> [41]'¡Miren, burlones!
>> ¡Asómbrense y desaparezcan!
>> Estoy por hacer en estos días una obra
>> que ustedes nunca creerán,
>> aunque alguien se la explique.'"

La elección es dura. Por un lado, la promesa del **perdón de los pecados** por medio del Jesús crucificado y resucitado (38). Pero por medio de él (repetido porque es el único mediador) **todo el que cree es justificado**, es decir, declarado justo delante de Dios. Por medio de **la ley de Moisés** no hay justificación para nadie, ya que todos infringimos la ley y la ley condena a quienes la infringen; no obstante, por medio de Jesús, hay justificación para todo el que cree (39). Debemos recordar que Pablo se dirige a los gálatas. Apenas unos meses más tarde escribirá su Carta a los Gálatas. Es sorprendente, entonces, que reúna aquí en la conclusión de su sermón cinco de las grandes palabras que serán la piedra fundamental del evangelio que presenta en su carta. Habiéndose referido a la muerte de Jesús en el madero (29),[24] sigue hablando sobre el pecado (38), la fe, la justificación, la ley (39) y la gracia (43). W. C. van Unnik se creyó autorizado para afirmar que 'Lucas no comprende la justificación por fe como el centro de la doctrina de Pablo.'[25] Pero yo creo que Lutero estaba más cerca de la verdad cuando escribió en su *Prefacio a Hechos de los apóstoles* (1533):

> Debemos observar que por medio de su libro San Lucas
> enseña la totalidad del cristianismo … que el verdadero
> y principal artículo de la doctrina cristiana es este: Todos
> debemos ser justificados únicamente por la fe en Jesucristo,
> sin ninguna contribución de la ley ni ayuda de nuestras obras.
> Esta doctrina es la principal intención del libro y el principal
> motivo que tuvo el autor para escribirlo.[26]

Por otra parte, frente a la oferta del perdón, Pablo presenta una solemne advertencia a quienes la rechazan. Recuerda a sus oyentes las denuncias de los profetas. En particular, cita a Habacuc (Habacuc 1.5), quien predijo el surgimiento de los babilonios como instrumentos del juicio divino sobre Israel (40–41).

Al repasar las tres partes del sermón de Pablo, no podemos dejar de observar su semejanza con el bosquejo del *kerygma* apostólico que aparece en 1 Corintios 15.3–4. Aquí, lo mismo que allá, encontramos los mismos cuatro hechos: Jesús murió, fue enterrado, resucitó, y fue visto —junto con la misma insistencia en que los dos hechos principales, su muerte y resurrección, ocurrieron 'conforme a las Escrituras'. La estructura también es prácticamente idéntica con la del sermón de Pedro el día de Pentecostés, en el que identificamos los hechos del evangelio (la cruz y la resurrección), los testigos del evangelio (los profetas del Antiguo Testamento y los apóstoles del Nuevo Testamento), las promesas del evangelio (la nueva vida de salvación en Cristo por medio del Espíritu) y las condiciones del evangelio (el arrepentimiento y la fe).

## d. Las consecuencias del sermón: Una reacción mixta | 13.42–52

La reacción inmediata fue extraordinariamente favorable:

> [13.42] Al salir ellos de la sinagoga, los invitaron a que el
> siguiente sábado les hablaran más de estas cosas.
> [43] Cuando se disolvió la asamblea, muchos judíos y
> prosélitos fieles acompañaron a Pablo y a Bernabé,
> los cuales en su conversación con ellos les instaron a
> perseverar en la gracia de Dios.

Habían logrado despertar el interés de la gente. Les 'rogaron' (RVR95) que les hablaran más. Tanto judíos como prosélitos rodearon a los misioneros, ansiosos de recibir más información incluso antes del siguiente sábado. Por lo menos algunos de ellos realmente creyeron y recibieron la gracia de Dios, porque Pablo y Bernabé **les instaron a perseverar en la gracia de Dios** (43b).

**El siguiente sábado casi toda la ciudad se congregó para oír la palabra del Señor** (44). El entusiasmo de Lucas tal vez lo llevó a cierta exageración inofensiva. Sin embargo no exagera la oposición. **Cuando los judíos vieron a las multitudes, se llenaron de celos**, o de 'celoso resentimiento' (NEB), porque los visitantes podían reunir una gran multitud como ellos nunca habían logrado reunir, **y contradecían con maldiciones lo que Pablo decía** (45).

**13.46 Pablo y Bernabé les contestaron valientemente:**
**"Era necesario que les anunciáramos la palabra de Dios primero a ustedes. Como la rechazan y no se consideran dignos de la vida eterna, ahora vamos a dirigirnos a los gentiles. 47 Así nos lo ha mandado el Señor:**

**'Te he puesto por luz para las naciones,**
**a fin de que lleves mi salvación**
**hasta los confines de la tierra.'"**

**48 Al oír esto, los gentiles se alegraron y celebraron la palabra del Señor; y creyeron todos los que estaban destinados a la vida eterna.**

Nos parece necesario hacer unos pocos comentarios sobre este texto. Pablo y Bernabé tenían claro que **era necesario** que el mensaje de Dios fuera anunciado **primero a ustedes** (es decir, a ustedes los judíos). Y este orden se mantendría, como escribió Pablo más adelante: 'los judíos en primer lugar, pero también los que no lo son' .[27] La misma prioridad continuó en los viajes misioneros de Pablo descritos en Hechos, incluso después de haber comenzado a evangelizar también a los gentiles.[28] Pero fue la oposición judía al evangelio lo que lo llevó a volverse a los gentiles y a encontrar la justificación de las Escrituras en Isaías 49.6 para esta decisión que hizo época ('luz para las naciones', expresión que citó libremente de la LXX). Lucas ya ha relatado cómo Simeón aplicó este versículo a Jesús[29] y pronto registrará a

Jesús aplicándolo a Pablo (Hechos 26.17–18). No es una contradicción, sin embargo, porque el siervo sufriente del Señor es el Mesías, que reúne en torno a sí una comunidad mesiánica para compartir en su ministerio a las naciones.

Quienes respondieron a la palabra y creyeron se describen como los que estaban **destinados a la vida eterna** (48). Algunos comentaristas, molestos por lo que consideran un énfasis extremado en la teoría de la predestinación en esa frase, han hecho diversos intentos de ablandarla. Pero el verbo griego *tassō* significa 'ordenar' (RVR95), a veces en el sentido de 'asignar cierta clasificación a alguien' (BAGD). F. F. Bruce, remitiéndose a las evidencias de los papiros, sugiere que podría significar 'inscribir' o 'matricular',[30] en cuyo caso sería una referencia al 'Libro de la Vida'.[31] Con seguridad, quienes han creído en Jesús y recibido vida eterna de él atribuyen el crédito a la gracia de Dios, no a méritos propios. Sin embargo, lo inverso no es así. Es significativo que en este mismo pasaje se considera que aquellos que rechazaron el evangelio lo hicieron deliberadamente porque **no se [consideraron] dignos de la vida eterna** (46).

Los avances posteriores en Antioquía de Pisidia siguieron el mismo patrón de aceptación y rechazo:

> **[13.49]La palabra del Señor se difundía por toda la región.**
> **[50]Pero los judíos incitaron a mujeres muy distinguidas y favorables al judaísmo, y a los hombres más prominentes de la ciudad, y provocaron una persecución contra Pablo y Bernabé. Por tanto, los expulsaron de la región.**
> **[51]Ellos, por su parte, se sacudieron el polvo de los pies en señal de protesta contra la ciudad, y se fueron a Iconio. [52]Y los discípulos quedaron llenos de alegría y del Espíritu Santo.**

Nada podía detener la expansión del evangelio del Señor; **toda la región** la oyó (49). Pero al mismo tiempo aumentaba la persecución. El propio Pablo la sufría. Esto se insinúa en el versículo 50 porque la expulsión de los misioneros probablemente fue violenta. Está confirmado, por la afirmación posterior de Pablo, que Timoteo sabía acerca de sus persecuciones y sufrimientos 'en Antioquía, Iconio y Listra'.[32] Por su parte, los misioneros **se sacudieron el polvo de los pies**, una protesta pública contra quienes rechazaban el evangelio, de acuerdo con la indicación de Jesús.[33] Pese a la oposición, los discípulos continuaron llenos de alegría y del Espíritu Santo, porque, como Pablo escribiría pronto a los gálatas, 'el fruto del Espíritu es ... gozo'.[34]

# 4. Pablo y Bernabé en Iconio | 14.1–7

Aproximadamente a 150 kilómetros al sureste de Antioquía de Pisidia, encabezando la amplia meseta entre las cordilleras del monte Tauro y el monte Sultán y bien regada por sus ríos, está situada la muy antigua ciudad de Iconio, que hoy es Konyo, la cuarta ciudad de Turquía en tamaño. Todavía era una ciudad griega cuando Pablo y Bernabé la visitaron, y era un centro de agricultura y comercio.

Aunque, **como de costumbre,** los misioneros Pablo y Bernabé ... **entraron** primero **en la sinagoga judía** es claro que su misión en Iconio no estaba dirigida solo a los judíos. Por el contrario, **hablaron de tal manera que creyó una multitud de judíos y de griegos** (1). Pero así como algunos judíos y gentiles estaban unidos en la fe, otros estaban unidos en la oposición. Porque **los judíos incrédulos** (literalmente 'que desobedecieron', ya que fe y obediencia van juntos como ocurre con la incredulidad y la desobediencia), **incitaron a los gentiles y les amargaron el ánimo contra los hermanos** (2) por medio de una inescrupulosa campaña de difamación.

**En todo caso,** sin intimidarse por esa propaganda, e incluso (como se da a entender) a causa de ella, **Pablo y Bernabé pasaron allí bastante tiempo,** revirtiendo el falso testimonio y mostrando otro, **hablando valientemente en el nombre del Señor,** o más precisamente, 'confiados en el Señor' (*epi*, RVR95), **quien confirmaba el mensaje de su gracia,** 'una noble definición del evangelio',[35] **haciendo señales y prodigios por medio de ellos** (3). Una vez más, observamos la estrecha relación entre palabras y señales, las últimas siempre confirmando a las primeras. Como comentó Calvino, 'Dios prácticamente nunca permite que [los milagros] estén desvinculados de su Palabra.' Su 'verdadera utilidad' consiste en 'la instauración del evangelio en su plena y genuina autoridad'.[36]

**La gente de la ciudad estaba dividida,** porque el evangelio une y a la vez divide; **unos estaban de parte de los judíos,** y creían en sus malvadas difamaciones, **y otros de parte de los apóstoles** (4), convencidos por la verdad de sus palabras y milagros. La atribución del título de apóstoles a Bernabé tanto como a Pablo, aquí y en el versículo 14, es desconcertante, hasta que recordamos que en el Nuevo Testamento se usa la palabra en dos sentidos. Por una parte, estaban los 'apóstoles de Cristo', designados personalmente por él como testigos de la resurrección, incluidos los Doce, Pablo y tal vez Jacobo (1.21; 10.41).[37] Por otra, estaban los 'apóstoles de las iglesias',[38] enviados por una o más iglesias en misiones particulares, como Epafrodito, apóstol o mensajero de la iglesia de Filipos.[39] Así también Pablo y Bernabé eran apóstoles de la iglesia de Antioquía de Siria, enviados por ella, mientras que Pablo era además apóstol de Cristo.

Las calumnias contra los misioneros terminaron en violencia planificada. **Hubo un complot tanto de los gentiles como de los judíos, apoyados por sus dirigentes,** o, 'de acuerdo con las autoridades' (DHH), no solamente **para maltratarlos** (*hybrizō* supone insultos y humillación), sino en realidad para **apedrearlos** (5). **Al darse cuenta de esto, huyeron a Listra y Derbe, ciudades de Licaonia** (6). Lucas está en lo cierto al ubicar esas dos pequeñas ciudades en Licaonia, una de las regiones en que se dividía la provincia romana de Galacia (Frigia y Pisidia eran otras). Pero ¿por qué las eligieron los misioneros para iniciar la evangelización? Ninguna de las dos ciudades tenía una gran población ni estaba ubicada sobre una importante ruta comercial, y los licaonios locales eran bastante ignorantes, incluso analfabetos. Ramsay describe a Listra como 'un lugar tranquilo pero atrasado'.[40] Tal vez eran refugios temporarios adonde **los apóstoles huyeron** (6 y 19–20). De cualquier manera, **siguieron anunciando las buenas nuevas** (7), porque nada podía acallarlos.

# 5. Pablo y Bernabé en Listra y Derbe | 14.8–20

Lucas se centra en lo que ocurrió en Listra, y no da ningún detalle de la misión en Derbe.

## a. La sanidad del lisiado | 14.8–10

[14.8]En Listra vivía un hombre lisiado de nacimiento, que no podía mover las piernas y nunca había caminado. Estaba sentado, [9]escuchando a Pablo, quien al reparar en él y ver que tenía fe para ser sanado, [10]le ordenó con voz fuerte:

—¡Ponte en pie y enderézate!

El hombre dio un salto y empezó a caminar.

Evidentemente Lucas ve la espectacular sanidad de este hombre como homóloga a la sanidad del lisiado congénito en Jerusalén (3.1ss), ya que varias expresiones son idénticas en los dos relatos (por ejemplo: **lisiado de nacimiento**). Solamente que en Jerusalén el agente de la sanidad fue Pedro; mientras que aquí lo es Pablo. También es diferente la reacción de la multitud.

## b. El intento de adorar a Pablo y Bernabé | 14.11–15a

**14.11** Al ver lo que Pablo había hecho, la gente comenzó a gritar en el idioma de Licaonia:

—¡Los dioses han tomado forma humana y han venido a visitarnos!

**12** A Bernabé lo llamaban Zeus, y a Pablo, Hermes, porque era el que dirigía la palabra. **13** El sacerdote de Zeus, el dios cuyo templo estaba a las afueras de la ciudad, llevó toros y guirnaldas a las puertas y, con toda la multitud, quería ofrecerles sacrificios.

**14** Al enterarse de esto los apóstoles Bernabé y Pablo, se rasgaron las vestiduras y se lanzaron por entre la multitud, gritando:

**15** —Señores, ¿por qué hacen esto? Nosotros también somos hombres mortales como ustedes.

La conducta supersticiosa y hasta fanática de la multitud es difícil de entender, pero algo del trasfondo local arroja luz sobre la situación. Alrededor de cincuenta años antes el poeta latino Ovidio había relatado en su Metamorfosis una antigua leyenda local. Júpiter, el dios supremo (Zeus para los griegos) y su hijo Mercurio (Hermes) habían visitado en una oportunidad la región montañosa de Frigia, disfrazados de hombres mortales. Sin darse a conocer buscaron hospitalidad pero fueron rechazados mil veces. Sin embargo, al final, les dieron alojamiento en una cabaña pequeña y techada de paja, junto a los pantanos. Allí vivía un matrimonio de campesinos ancianos llamados Filemón y Baucis, quienes los recibieron a pesar de su pobreza. Más tarde los dioses los recompensaron, pero destruyeron con una inundación las casas donde no los habían recibido. Es razonable suponer que los habitantes de

Listra conocían esta historia de sus vecinos y que, si los dioses visitaban su zona, estarían ansiosos por no correr la misma suerte que los poco hospitalarios vecinos de Frigia. Aparte de los indicios literarios de Ovidio, se han encontrado cerca de Listra dos inscripciones y un altar de piedra que indican que Zeus y Hermes eran adorados como los dioses patronos del lugar.[41]

Como era en **el idioma de Licaonia** que la gente comenzó a exclamar que los dioses habían regresado a visitarlos nuevamente, y nombraban a Bernabé como Zeus y a Pablo como Hermes, es comprensible que los misioneros no entendieran de entrada lo que estaba ocurriendo (11–12). Cayeron en la cuenta recién cuando el sacerdote de Zeus … **llevó toros y guirnaldas a las puertas**, con la intención de **ofrecerles sacrificios** (13). Ante esto **los apóstoles … se rasgaron las vestiduras**, para expresar su horror por la blasfemia de la gente, [42] y **se lanzaron por entre la multitud**, protestando por esa intención e insistiendo en que eran humanos como ellos (14–15).

## c. La predicación de Pablo | 14.15b–18[43]

> [14.15b]**Las buenas nuevas que les anunciamos es que dejen estas cosas sin valor y se vuelvan al Dios viviente, que hizo el cielo, la tierra, el mar y todo lo que hay en ellos. [16]En épocas pasadas él permitió que todas las naciones siguieran su propio camino. [17]Sin embargo, no ha dejado de dar testimonio de sí mismo haciendo el bien, dándoles lluvias del cielo y estaciones fructíferas, proporcionándoles comida y alegría de corazón.**
>
> [18]**A pesar de todo lo que dijeron, a duras penas evitaron que la multitud les ofreciera sacrificios.**

Aunque lo que Lucas transcribe es apenas un breve resumen del sermón de Pablo, tiene gran importancia por ser su único mensaje a paganos analfabetos que haya quedado registrado. Invita a compararlo con su sermón a judíos religiosos y educados en la sinagoga de Antioquía de Pisidia, que es el otro que Lucas registra durante el primer viaje misionero. No podemos menos que admirar la flexibilidad del enfoque evangelizador de Pablo. No dudo que dondequiera que iba su mensaje incluía las buenas nuevas de Jesucristo, que no cambian. Esto debe ser lo que Lucas quiere significar cuando dice que los misioneros predicaban 'la palabra de Dios',[44] el 'mensaje de salvación' (13.26), 'el mensaje de su gracia' (14.3) o **las buenas nuevas** (o 'el evangelio').[45] No obstante, aunque el nudo de su mensaje era invariable, Pablo variaba el enfoque y el acento. Cuando predicó a los judíos en Antioquía utilizó las Escrituras del Antiguo Testamento, la historia, las profecías y la ley. Pero con los paganos en Listra no puso el énfasis en las Escrituras que ellos no conocían, sino en el mundo natural que los rodeaba, que sí conocían y podían ver. Les rogó que se volvieran de la vanidad de la adoración a los ídolos al Dios vivo y verdadero. Habló de Dios como Creador del cielo, la tierra y el mar, y todo lo que hay en ellos (15). ¿Habrá señalado al cielo, al monte Tauro hacia el sur y al gran mar (Mediterráneo) más allá? Además, el que hizo todas las cosas no ha estado inactivo desde entonces. Aunque **en épocas pasadas él permitió que todas las naciones siguieran su propio camino** (16), en ningún momento y en ningún lugar **ha dejado de dar testimonio de sí mismo**. Por el contrario, ha dado constante testimonio de sí mismo **haciendo el bien** a toda la humanidad, incluyendo a los oyentes de Pablo. Les ha dado lluvia del cielo y estaciones fructíferas, proveyéndoles así comida en abundancia y llenando su corazón de alegría (17). Sobrecogidos por la majestuosidad de esta perspectiva, fue difícil contener a la multitud en su impulso de [**ofrecerles**] **sacrificios** (18).

Debemos aprender de la flexibilidad de Pablo. No tenemos libertad para editar o modificar la médula de las buenas nuevas de Jesucristo. Tampoco hay ninguna necesidad de hacerlo. Pero debemos comenzar donde está la gente, para encontrar un punto de contacto con ella. Para la mentalidad del mundo actual, tal vez sería la búsqueda universal de trascendencia, el hambre de amor y comunidad, la lucha por la libertad o el ansia de sentido personal. Sin embargo, dondequiera que comencemos debemos terminar con Jesucristo, quien es en sí mismo la buena nueva, y quien es el único que puede colmar todas las aspiraciones humanas.

### d. Pablo es apedreado | 14.19–20

[14.19]**En eso llegaron de Antioquía y de Iconio unos judíos que hicieron cambiar de parecer a la multitud. Apedrearon a Pablo y lo arrastraron fuera de la ciudad, creyendo que estaba muerto. [20]Pero cuando lo rodearon los discípulos,**

> **él se levantó y volvió a entrar en la ciudad. Al día siguiente, partió para Derbe en compañía de Bernabé.**

El apedreamiento que había sido planificado en Iconio (5) se llevó a cabo ahora en Listra. No fue una ejecución judicial, sino un linchamiento. Cuando le arrojaban las piedras, ¿habrá recordado Pablo a Esteban, e incluso repetido la oración de Esteban? Esta debe haber sido la ocasión a que más tarde se refirió diciendo 'una vez me apedrearon'.[46] Sin embargo, los enemigos del evangelio no lo mataron; solo **creyeron que estaba muerto** (19). Lucas no pretende que lo que ocurrió después fuera una resurrección. Los discípulos, habiendo seguido a los que arrastraron su cuerpo fuera de la ciudad, ahora **lo rodearon**, con la esperanza de poder ministrarle, seguramente orando por él, cuando de repente **se levantó**. Fue una vívida ilustración de otro pasaje que más tarde Pablo escribiría en 2 Corintios: 'derribados, pero no destruidos'[47] o 'derribados, pero no fuera de combate' (BLA). Pablo no sólo era resistente; también tenía coraje. **Volvió a entrar en la ciudad** que lo había rechazado, para pasar allí la noche (20a).

La mañana siguiente, escribe Lucas en su manera tan natural, Pablo y Bernabé partieron **para Derbe** (20b). Era una marcha de por lo menos noventa kilómetros. ¿Cómo podría soportarlo el castigado cuerpo de Pablo? 'Yo llevo en mi cuerpo las cicatrices de Jesús' escribiría pronto a los gálatas.[48] ¿Estaría pensando en las heridas producidas en Listra? 'En una ocasión vi el rastro de sangre de una liebre en la nieve', comentó el doctor H. Jowett; '[así] era el rastro de Pablo cruzando Europa'.[49] Claro que la compañía de Bernabé lo habrá animado. Pero cuando en una ocasión seguí su ruta de Listra a Derbe no pude evitar preguntarme si su espíritu no se habrá animado también gracias a las fantásticas cumbres nevadas de las montañas que lo rodeaban, a las cigüeñas blancas que anidan en los tejados de cada pueblo y al bello canto de las calandrias.

Uno queda sorprendido por la volubilidad de la multitud. Un día tratan de ofrecer sacrificios a Pablo y Bernabé como si fueran dioses, y poco después colaboran apedreando a Pablo como si fuera un delincuente. No obstante, Lucas ha registrado algo similar con la multitud de Jerusalén, cuando primero aclamó a viva voz a Jesús pero luego exigió su ejecución.[50] Como Jesús, Pablo no se conmovió. La firmeza de su carácter no se alteraba por la adulación ni por la oposición.

## 6. Pablo y Bernabé regresan a Antioquía de Siria | 14.21–28

[14.21]Después de anunciar las buenas nuevas en aquella ciudad y de hacer muchos discípulos, Pablo y Bernabé regresaron a Listra, a Iconio y a Antioquía, [22]fortaleciendo a los discípulos y animándolos a perseverar en la fe. 'Es necesario pasar por muchas dificultades para entrar en el reino de Dios', les decían. [23]En cada iglesia nombraron ancianos y, con oración y ayuno, los encomendaron al Señor en quien habían creído. [24]Atravesando Pisidia, llegaron a Panfilia, [25]y cuando terminaron de predicar la palabra en Perge, bajaron a Atalía.

[26]De Atalía navegaron a Antioquía, donde se los había encomendado a la gracia de Dios para la obra que ya habían realizado. [27]Cuando llegaron, reunieron a la iglesia e informaron de todo lo que Dios había hecho por medio de ellos, y de cómo había abierto la puerta de la fe a los gentiles. [28]Y se quedaron allí mucho tiempo con los discípulos.

Lo único que nos dice Lucas acerca de la misión en Derbe es que los misioneros anunciaron las buenas nuevas allí e hicieron muchos discípulos. Tal vez entre los convertidos se encontraba Gayo, de Derbe (20.4). Luego volvieron sobre sus pasos, volviendo a visitar, a pesar del peligro, las mismas tres ciudades de Galacia que habían evangelizado en su viaje de ida: Listra, Iconio y Antioquía de Pisidia (21). Era un ministerio de fortalecimiento (*epistērizontes*) y aliento (*parakalountes*). Ambos verbos eran términos prácticamente técnicos vinculados con la tarea de establecer y fortificar a los nuevos convertidos y a las iglesias que se formaban con ellos.[51] Pero el aliento no excluía la advertencia, porque tenemos que **pasar por muchas dificultades** dijeron los misioneros, **para entrar en el reino de Dios** (22). Fueron los sufrimientos de Pablo en 'Antioquía, Iconio y Listra' los que lo llevaron a afirmar más tarde que 'así mismo serán perseguidos todos los que quieran llevar una vida piadosa en Cristo Jesús.'[52]

Además de animar a los discípulos **a perseverar en la fe** (22), Pablo y Bernabé **nombraron ancianos** para las iglesias (23a), quienes continuarían enseñándoles. Luego, tal como los misioneros habían sido enviados de Antioquía con ayuno y oración, así, **con oración y ayuno … encomendaron al Señor** … a los ancianos de las iglesias de Galacia (23b).

Después de visitar nuevamente a las ciudades de Galacia en las que habían plantado iglesias, los misioneros iniciaron el regreso. Cruzaron el paso sobre los montes Tauro y descendieron a las ciénagas costeras de Panfilia (24). Esta vez no pasaron de largo a Perge, sino que [**predicaron**] **la palabra** allí y luego siguieron hacia Atalía (25), el puerto desde donde **navegaron a Antioquía,** habiendo completado la obra para la que habían sido encomendados a la gracia de Dios (26).

Al llegar, reunieron a la iglesia e informaron **de todo lo que Dios había hecho por medio de ellos,** literalmente 'con ellos', 'en conjunto con ellos, como sus instrumentos, sus agentes, sus colaboradores'.[53] En particular, informaron de la gran innovación, de cómo Dios **había abierto la puerta de la fe a los gentiles** (27). Si la traducción que hace el Texto Occidental del versículo 11.28 es correcta cuando dice 'cuando estuvimos reunidos' e indica que Lucas estaba presente en esa ocasión, entonces probablemente Lucas también habría estado presente en esta oportunidad escuchando el emocionante informe de los misioneros. Seguramente habían estado ausentes durante casi dos años. Ahora se quedaron allí mucho tiempo con los discípulos (28).

## 7. La política misionera de Pablo

Estas tres citas son de la elocuente pluma de Roland Allen: 'La primera y más llamativa diferencia entre su accionar (es decir, de Pablo) y el nuestro es que fundaba iglesias, mientras que nosotros fundamos misiones.' 'Nada puede alterar o disfrazar el hecho de que san Pablo dejaba tras su primera visita verdaderas iglesias.' Efectivamente, 'en poco menos de diez años Pablo estableció la iglesia en cuatro provincias del imperio: Galacia, Macedonia, Acaya y Asia. Antes del año 47 d.C. no había iglesias en esas provincias; en el año 57 d.C. Pablo podía hablar como si su trabajo allí estuviera cumplido'.[54] Allen fue misionero de la alta iglesia anglicana en la China entre 1895 y 1903; sus dos principales libros: *Missionary Methods: St. Paul's or ours?*

[Métodos misioneros: ¿Los del Pablo o los nuestros?] (1912) y *The Spontaneous Expansion of the Church and the Causes which Hinder it* [La expansión de la iglesia y los factores que la dificultan] (1927) siguen siendo leídos y discutidos hoy en día, y sus principios han sido notablemente confirmados en los últimos años en la misma China a la que el autor amó y sirvió.

La principal afirmación de Roland Allen es indiscutible, es decir, que en sus viajes misioneros Pablo dejó tras sí iglesias. Esto fue así desde el comienzo mismo. Después que él y Bernabé volvieron sobre sus pasos por Derbe, Listra, Iconio y Antioquía de Pisidia, **fortaleciendo** y **animando** a los convertidos, no fundaron una organización misionera; los dejaron y se volvieron a su lugar de origen. ¿Sobre qué bases, entonces, descansaba la política de autodeterminación de Pablo?

## a. Instrucción apostólica

Pablo instruyó a los miembros de la iglesia a **perseverar en la fe** (22) que habían recibido de él. En diferentes partes del Nuevo Testamento se usan una serie de expresiones similares para indicar que había un cuerpo reconocible de doctrinas, un conjunto de verdades centrales, que los apóstoles enseñaban. En este pasaje se lo llama **la fe**, en otras partes 'la tradición', 'el depósito', 'la enseñanza' o 'la verdad'. No cabe duda de que en su viaje de regreso los dos misioneros se lo habrán recordado a los gálatas. Podemos reconstruirlo hasta cierto punto partiendo de las cartas de los apóstoles. Habrá incluido las doctrinas sobre el Dios vivo, Creador de todas las cosas, de Jesucristo su Hijo, quien murió por nuestros pecados y resucitó según las Escrituras, que ahora reina y volverá, del Espíritu Santo que mora en el creyente y anima a la iglesia, de la salvación de Dios, de la nueva comunidad de Jesús y de los elevados patrones de santidad y amor que Dios espera de su pueblo, de los sufrimientos que son el camino a la gloria, y de la gran esperanza que tenemos en el cielo. Estas verdades, tal vez ya organizadas en una sencilla estructura que luego se convertiría en el Credo de los Apóstoles, eran las que Pablo dejaba tras sí y luego elaboraba en sus cartas,[55] junto con las Escrituras del Antiguo Testamento que ya poseían, y en el culto de adoración del Día del Señor se leerían en voz alta párrafos de ambas.

### b. Supervisión pastoral

Pablo y Bernabé también **nombraron ancianos … en cada iglesia** (23). Esta disposición funcionó desde el primer viaje misionero en adelante, y se hizo universal. Aunque no se establece ningún orden ministerial rígido en el Nuevo Testamento, se consideró indispensable para el bien de la iglesia algún tipo de supervisión pastoral (*episkopē*), sin duda adaptada a las necesidades locales. Observemos que era a la vez local y plural: local en cuanto que los ancianos eran escogidos de entre la congregación misma, no impuestos desde afuera; y plural en el sentido de que sencillamente se desconocía el esquema moderno con el que estamos familiarizados de 'un pastor, una iglesia'. En lugar de eso había un equipo pastoral que probablemente incluía (de acuerdo al tamaño de la congregación) ministros de tiempo completo y ministros de tiempo parcial, obreros voluntarios y otros pagos, presbíteros, diáconos y diaconisas. Pablo dejó por escrito, más adelante, las cualidades que requerían.[56] Estas eran mayormente cuestiones de integridad moral, pero también se consideraban esenciales la fidelidad a la enseñanza de los apóstoles y el don de enseñar.[57] De esa manera los pastores se ocuparían de las ovejas de Cristo alimentándolas, en otras palabras, las cuidarían enseñándoles.

Esa fue la doble y única provisión humana para esas jóvenes iglesias: por un lado un cuerpo de enseñanzas éticas y doctrinales, salvaguardado por el Antiguo Testamento y por las cartas de los apóstoles, y por otra, pastores para enseñar a la gente a partir de esas fuentes escritas y para cuidar de ella en el nombre del Señor. No obstante había una tercera provisión, pero divina.

### c. Fidelidad divina

Los principios de autodeterminación descansan en definitiva en la convicción de que la iglesia pertenece a Dios y que él es confiable para cuidar de su propio pueblo. De manera que antes de dejar las iglesias de Galacia, Pablo y Bernabé **los encomendaron** (tanto los miembros como los ancianos) **al Señor en quien habían creído** (23b), tal como anteriormente habían estimulado a los convertidos de Antioquía a 'perseverar en la gracia de Dios' (13.43).

Estas son las razones por las que Pablo creía que, con toda confianza, se podía dejar a las iglesias manejar sus propios asuntos. Contaban con los apóstoles para enseñarles (por medio de **la fe** [14.22] y las cartas), con pastores para cuidarlos, y con el Espíritu Santo para guiarlos, protegerlos y bendecirlos. Con esta triple provisión (enseñanza apostólica, supervisión pastoral y fidelidad divina) estarían a salvo.

Aunque Roland Allen no habló específicamente sobre este pasaje de Hechos, ni apeló al mismo, sin duda es significativo que haya desarrollado los mismos tres principios. Primero, 'san Pablo parece haber dejado sus recién fundadas iglesias con un sencillo sistema de enseñanza del evangelio, dos sacramentos, una tradición de los hechos principales de la muerte y la resurrección, y el Antiguo Testamento.'[58] Segundo, ordenó ancianos mediante una combinación de elección y designación.[59] Y tercero, confiaba en el Espíritu Santo y por eso 'no retrocedía ante los riesgos.'[60] 'Creía en el Espíritu Santo … como una Persona que moraba en los convertidos. En consecuencia, creía en los convertidos. Podía confiar en ellos. No confiaba en ellos por sus virtudes naturales o su capacidad intelectual, sino porque creía en el Espíritu Santo que moraba en ellos. Creía que Cristo era capaz de cuidar lo que se le había encomendado, y quería hacerlo.'[61] Por lo tanto Pablo debía 'retirarse de sus convertidos para dar lugar a Cristo.'[62]

Roland Allen vivió y trabajó en el apogeo del colonialismo, cuando los misioneros tendían a ser paternalistas. 'En todas partes,' escribió Allen en 1912, 'el cristianismo es una (planta) exótica … En todas partes nuestras misiones son dependientes … En todas partes vemos el mismo esquema … Queremos ver el cristianismo instalado en diferentes climas con vestimentas propias, desarrollando nuevas formas de gloria y belleza.'[63] El obispo Leslie Newbigin concuerda con él: los misioneros tienen que distinguir entre la *traditum* (lo que hemos recibido) y la *tradentum* (los puntos esenciales que *debemos* transmitir), sostuvo Newbigin. Roland Allen 'luchó contra todo aquello que pudiera confundirse con estos puntos esenciales, aquello que hace que las misiones parezcan una muestra de imperialismo occidental: el aparato de un ministerio profesional, las instituciones, los edificios de iglesia, las organizaciones eclesiales, las oficinas diocesanas; todo, desde los armonios hasta los funcionarios.'[64]

Por supuesto que Roland Allen no fue el primero en plantear estas cuestiones. A mediados del siglo pasado, amigos entre sí de ambos lados del atlántico, Henry Venn de Londres y Rufus Anderson de Boston, acariciaban la idea de la existencia de iglesias autóctonas.

En un memorando de 1851 Venn escribió del 'establecimiento de una iglesia nativa a cargo de pastores nativos, basados en un sistema autofinanciado, autónomo en su gobierno y en su expansión'. Especificó cuatro etapas en este desarrollo hasta que finalmente 'la misión habrá logrado su eutanasia'.[65] Anderson usó los mismos tres adjetivos precedidos de 'auto', pero en el orden opuesto, y vio el establecimiento de iglesias como el comienzo, no como la meta.

Sin embargo, el tema que presentan Venn, Anderson y Allen no es inmune a la crítica. Primero, no es suficientemente radical en relación con la identidad de la iglesia. Los tres principios que manejaban eran 'el autofinanciamiento, el autogobierno y la autoexpansión', pero la verdadera autonomía de una iglesia está más allá de las finanzas, la administración y la evangelización, hasta la totalidad de su expresión cultural propia, incluyendo su teología, su adoración y su estilo de vida. La indigenización, o autodeterminación local, debería llevar a la contextualización (identidad cultural). Segundo, no es lo suficientemente imaginativa en relación con los misioneros. Henry Venn pensaba que, una vez instalada la iglesia nacional, los misioneros deberían retirarse. Pero no. El pedido de moratoria, planteado en 1974 por John Gatu, el líder presbiteriano en Kenia, no pretendía significar que los misioneros fueran innecesarios, sino más bien que algunos misioneros dificultaban el crecimiento de las iglesias en la adquisición de independencia. No obstante, una vez que la iglesia ha establecido su propia identidad, entonces los misioneros serán bienvenidos como visitas, para trabajar bajo un liderazgo local, para ofrecer aptitudes especializadas y para confirmar la naturaleza internacional de la iglesia. En tercer lugar, la visión de Roland Allen no es lo suficientemente flexible en cuanto a las expectativas. La identidad autónoma de las iglesias se logra con diferentes ritmos en circunstancias diferentes. Tal vez Allen no reconoció lo suficiente la posición única de los judíos y los convertidos temerosos de Dios del momento de Pablo, quienes ya tenían un fuerte trasfondo del Antiguo Testamento en doctrina y ética. Joachim Jeremias escribió sobre el judaísmo como 'la primera gran religión misionera en hacer su aparición en el mundo mediterráneo' y del 'período sin paralelo de actividad misionera' que siguió. En consecuencia, los misioneros cristianos encontraron prosélitos y hombres temerosos de Dios en todas partes. 'El asombroso éxito de la misión del apóstol Pablo, quien en el espacio de diez años había establecido centros de fe cristiana en casi todo el mundo contemporáneo, dependió en parte de que en cada lugar había podido construir sobre terreno preparado por la misión judía.'[66] Es dudoso que después de apenas algunos meses Pablo pudiera haber nombrado líderes en una congregación compuesta únicamente por ex paganos y ex idólatras. En ese caso, con toda seguridad habría habido un período de transición de la misión a la iglesia en el que se enseñara y entrenara a los ancianos.

En conclusión, y volviendo al primer viaje misionero, su principal característica fue la percepción de los misioneros de la dirección divina. Era el Espíritu de Dios mismo, quien los había enviado, el que los llevaba de lugar en lugar y confería poder a sus predicaciones, de tal manera que hubiera convertidos y surgieran iglesias. La iglesia que **los había enviado los encomendó a la gracia de Dios** para su tarea (14.26), y a su regreso informaron **de todo lo que Dios había hecho por medio de ellos, y de cómo había abierto la puerta de la fe a los gentiles** (14.27). Es cierto que había hecho la obra 'con ellos' (literalmente), en cooperación o asociación con ellos, pero el propio Señor la había hecho, y los misioneros le daban el crédito. La gracia venía de él, la gloria debía volver también a él.

# El Concilio de Jerusalén
## Hechos 15.1—16.5

Hacía ya varios años desde que los gentiles habían sido atraídos a la fe en Cristo y habían sido recibidos en la iglesia por el bautismo. Comenzó con Cornelio el centurión de Cesarea, un hombre devoto y temeroso de Dios. No solamente llegó a oír las buenas noticias en circunstancias muy extraordinarias, a creer, a recibir al Espíritu y a ser bautizado, sino que los líderes de Jerusalén, una vez que les fueron presentados plenamente los hechos, en lugar de plantear objeciones, 'alabaron a Dios' (11.18). Luego se produjo el notable movimiento en Antioquía de Siria cuando misioneros que no se mencionan por nombre 'comenzaron a hablarles también a los de habla griega' (11.20), un gran número de los cuales creyeron. La iglesia de Jerusalén también se enteró de esto y mandó a Bernabé a investigar, quien 'vio las evidencias de la gracia de Dios' y se alegró (11.23). El tercer desarrollo que registra Lucas es el primer viaje misionero, durante el cual por primera vez una persona totalmente ajena creyó el mensaje (Sergio Paulo, gobernador de Chipre). Más adelante Pablo y Bernabé reaccionaron ante la incredulidad de los judíos con la valiente declaración 'ahora vamos a dirigirnos a los gentiles' (13.46). A partir de entonces, dondequiera que fuesen, tanto judíos como gentiles creyeron (por ej. 14.1), y al regresar a Antioquía de Siria los misioneros pudieron informar que 'Dios … había abierto la puerta de la fe a los gentiles' (14.27).

Todo esto se desarrolló bastante naturalmente. Después de la conversión de Cornelio y de los griegos en Antioquía los líderes de Jerusalén pudieron asegurarse de que Dios estaba con ellos. ¿Cómo habrían de reaccionar ahora ante la postura decididamente más audaz de Pablo? La misión a los gentiles iba adquiriendo impulso. Las pocas conversiones de gentiles se estaban transformando rápidamente en una avalancha. Los líderes judíos no tenían problema en que hubiera gentiles creyentes, como concepto general, porque muchos pasajes del Antiguo Testamento predecían su inclusión. Pero ahora se estaba gestando en sus mentes una cuestión en particular: ¿Qué medios consideraba Dios que debían usarse para incorporar a los gentiles a la iglesia? Hasta ese momento se había dado por sentado que serían incorporados a Israel por medio de la circuncisión, y que observando la ley serían reconocidos como miembros genuinos del pueblo del pacto con Dios. Ahora estaba ocurriendo algo muy distinto, sin embargo, algo que perturbaba e incluso alarmaba a muchos. Los conversos gentiles estaban siendo incorporados a la comunidad mediante el bautismo sin la circuncisión. Se estaban convirtiendo en cristianos sin hacerse judíos. Retenían su propia identidad e integridad como ciudadanos de otras naciones. Una cosa era que los líderes de Jerusalén aprobaran la conversión de los gentiles; pero ¿podían aprobar la conversión sin la circuncisión, la fe en Jesús sin las obras de la ley, y el reconocimiento del Mesías sin la inclusión en el judaísmo? ¿Tenían visión suficiente para entender el evangelio de Cristo no como un movimiento de reforma del judaísmo sino como buenas noticias para todo el mundo, y la iglesia de Cristo no como una secta judaica sino como la familia internacional de Dios? Estos eran los interrogantes revolucionarios que algunos se estaban planteando.

Con razón Haenchen pudo escribir: 'El capítulo 15 es el punto crítico, la cuestión central, la divisoria de las aguas del libro de Hechos, el episodio que redondea y justifica los desarrollos anteriores, y hace que los futuros resulten intrínsecamente posibles.'[1] Esto no es una exageración. Lucas llama la atención a la cuestión mediante discretos cambios de énfasis. En este capítulo Jerusalén sigue siendo el centro del interés, y Pedro hace su aparición final en el relato. Pero a partir de aquí Pedro desaparece y es remplazado por Pablo, a la vez que Jerusalén pasa a un segundo plano cuando Pablo prosigue su camino de Asia a Europa, y aparece Roma en el horizonte. La verdad es que nosotros mismos, desde nuestra perspectiva posterior sobre la historia de la iglesia, podemos ver la importancia crucial de este primer concilio ecuménico celebrado en Jerusalén. La decisión unánime adoptada liberó al evangelio de sus pañales para que pudiese convertirse en el mensaje de Dios para toda la humanidad, y le otorgó a la iglesia judaico-gentil una identidad consciente como el pueblo reconciliado de Dios, convirtiéndolo en 'un solo cuerpo' de Cristo. Y si bien todo el concilio lo declaró, Pablo sostenía que se trataba de una comprensión nueva de los propósitos de Dios que le fue concedida a él, el 'misterio' anteriormente oculto pero ahora revelado, a saber, que mediante la sola fe en Cristo los gentiles ocupan el mismo lugar que los judíos como 'beneficiarios de la misma herencia, miembros de un mismo cuerpo, y participantes igualmente' de su nueva y única comunidad.[2]

## La cuestión en juego | 15.1–4

La tranquilidad entre los cristianos en Antioquía de Siria se vio entorpecida por la llegada de un grupo al que posteriormente Pablo denominó como 'algunos que perturban'.[3] **Algunos que habían llegado de Judea a Antioquía** (1). Antes de pasar a considerar quiénes eran y lo que estaban enseñando, es necesario que comparta con mis lectores que apoyo el denominado punto de vista del 'sur de Galacia', a saber, que la carta de Pablo a los Gálatas les fue escrita a las iglesias del sur de Galacia: Antioquía de Pisidia, Iconio, Listra y Derbe. Él y Bernabé acababan de visitarlas en el curso de su primer viaje misionero. Este punto de vista también entiende que dictó la carta estando en el punto culminante de la crisis teológica antes de que se resolviera el Concilio de Jerusalén (porque en su carta no hace referencia al 'decreto apostólico'). Igualmente, este punto de vista entiende que probablemente estaba escribiendo la carta de camino a Jerusalén para asistir al concilio, viaje que sería el tercero que hacía a la ciudad, aunque no lo menciona en Gálatas porque todavía no se había llevado a cabo. Finalmente, que por consiguiente la situación que describe Lucas al comienzo de Hechos 15 es la misma a la que se refiere Pablo en Gálatas 2.11–16.[4]

Si lo anterior es correcto, entonces la afirmación de que **algunos … habían llegado de Judea a Antioquía** (1) se corresponde con '[llegaron] algunos de parte de Jacobo' a Antioquía.[5] No que Jacobo mismo los hubiese enviado, porque posteriormente negó haberlo hecho (24), sino que ellos se jactaban de haber sido mandados. Estaban intentando oponer a dos apóstoles entre sí, poniendo a Jacobo como su adalid, y presentando a Pablo como su opositor. Eran 'fariseos' (5) que se mantenían 'aferrados a la ley' (21.20). Y esto es lo que **se pusieron a enseñar a los hermanos: 'A menos que ustedes se circunciden, conforme a la tradición de Moisés, no pueden ser salvos'** (1). Y no era la circuncisión de los conversos gentiles lo único que exigían; fueron más allá. Los conversos gentiles, decían, también debían obedecer 'la ley de Moisés' (5). Dado que no podían aceptar como suficiente la conversión sin la circuncisión, se habían organizado para formar un grupo de presión, a los que con frecuencia llamamos 'judaizantes' o 'el partido de la circuncisión'. No se oponían a la misión a los gentiles, pero estaban decididos a exigir que se ubicaran bajo el paraguas de la iglesia judaica, y que los creyentes gentiles debían someterse no solo al bautismo en el nombre de Jesús, sino, como los prosélitos judíos, tanto a la circuncisión como a la obediencia a la ley. No es sorprendente, entonces, que esa enseñanza **provocó un altercado y un serio debate de Pablo y Bernabé con ellos** (2a).

Es preciso tener en claro lo que estaban diciendo, y cuál era el asunto que se estaba cuestionando. Estaban insistiendo, tal como en forma reveladora lo daba a conocer Lucas, en que sin la circuncisión los convertidos no podían **ser salvos**. Desde luego que la circuncisión fue la señal dada por Dios para el pacto [con los judíos], y no cabe duda de que los judaizantes insistían en esto; pero iban más lejos y querían exigirla como requisito para la salvación. Les estaban diciendo a los convertidos de entre los gentiles que la fe en Jesús no bastaba, que no era suficiente para la salvación: debían agregar a la fe la circuncisión, y a la circuncisión el cumplimiento de la ley. En otras palabras, debían dejar que Moisés completara lo que Jesús había comenzado, y permitir que la ley cumpliera el papel de complemento del evangelio. La cuestión era tremenda. Estaba en la balanza el medio de salvación. El evangelio estaba siendo motivo de disputa. Los fundamentos mismos de la fe cristiana estaban siendo minados.

El apóstol Pablo vio esto con gran claridad, y se sintió indignado. Su indignación aumentó cuando los judaizantes convencieron a alguien importante en la persona del apóstol Pedro, quien también estaba en Antioquía en esos momentos. Antes de llegar, como lo explica Pablo en Gálatas 2.11–14, Pedro 'solía comer con los gentiles'. Cierto es que no habían sido circuncidados, pero se habían convertido. Habían creído, habían recibido al Espíritu, y habían sido bautizados. De modo que Pedro, teniendo presente a Cornelio, no tuvo ningún problema en asociarse con ellos libremente, e incluso en comer con ellos, sin lugar a dudas incluida la cena del Señor, porque los reconocía como hermanos y hermanas en el Señor. Pero cuando llegó a Antioquía el partido de la circuncisión, persuadieron a Pedro a retraerse y 'a separarse de los gentiles'.

Lamentablemente, eso fue sólo el comienzo. Lo que ocurrió a continuación Pablo lo relata en Gálatas 2. El resto de los creyentes judíos siguieron el mal ejemplo de Pedro 'en su hipocresía' (porque Pablo sabía que Pedro estaba actuando por temor y no por convicción). Hasta Bernabé, a pesar de todo lo que había presenciado durante el primer viaje misionero, se desvió y 'se dejó arrastrar' por la corriente. Pablo estaba sumamente enojado, no por resentimiento personal o porque su posición estuviera perdiendo terreno, sino porque estaba preocupado por la verdad. Vio que Pedro y sus seguidores 'no actuaban rectamente, como [correspondía] a la integridad del evangelio'. De manera que 'le [echó] en cara [a Pedro] su comportamiento condenable', y lo reprendió en público por su incoherencia. Su comportamiento era un lamentable ejemplo en contra del evangelio. Por lo tanto le dijo: 'Nosotros ... [tú y yo, Pedro y Pablo, estamos de acuerdo en esto], sabiendo que el hombre no es justificado por las obras de la Ley, sino por la fe de Jesucristo, nosotros también hemos creído en Jesucristo, para ser justificados por la fe de Cristo y no por las obras de la Ley, por cuanto por las obras de la Ley nadie será justificado.'[6] ¿Cómo entonces, si sabemos esto y nosotros mismos lo hemos experimentado, podemos predicar un evangelio diferente a los gentiles? Más todavía, si Dios los ha aceptado a ellos por la fe, como nos ha aceptado a nosotros, ¿cómo interrumpir la comunión entre unos y otros? ¿Cómo nos atrevemos a rechazar a quienes Dios ha aceptado? La lógica de Pablo resultaba incontrovertible. Sin duda su valiente enfrentamiento con Pedro produjo el resultado deseado. Porque cuando Pedro llegó a Jerusalén para el concilio, había recuperado su equilibrio teológico y procedió a dar ante la asamblea un fiel testimonio del evangelio de la gracia y sus consecuencias para la comunidad gentil-judaica. Bernabé también había recuperado esa posición.

La cuestión puede aclararse mediante una serie de preguntas. ¿El pecador se salva por pura gracia de Dios en y a través del Cristo crucificado, cuando él o ella creen, es decir, acuden a Jesús en busca de refugio? ¿Ha hecho Jesucristo, mediante su muerte y resurrección, todo lo necesario para la salvación? ¿O es que nos salvamos en parte por la gracia de Cristo y en parte por nuestras obras y nuestro comportamiento religioso? ¿Es 'por la sola fe' (*sola fide*) la justificación, o por una mezcla de fe y obras, la gracia y la ley, Jesús y Moisés? ¿Forman los creyentes gentiles una secta del judaísmo, o miembros auténticos de una familia multinacional? No eran ciertas prácticas culturales judías las que estaban en la balanza, sino la verdad del evangelio y el futuro de la iglesia.

No nos sorprende, por lo tanto, la 'gran disensión y debate' (2, BA) que se produjo. Podemos estar agradecidos que la iglesia en Antioquía entendió cuál era el motivo de la irritación y adoptó medidas prácticas para asegurar que se resolviera la cuestión. Convocar a un concilio puede resultar tremendamente valioso, si su propósito es el de aclarar la doctrina, resolver alguna controversia y promover la paz. De modo que **se decidió que Pablo y Bernabé, y algunos otros creyentes, subieran a Jerusalén para tratar este asunto con los apóstoles y los ancianos** (2). Enviados por la iglesia, al pasar por Fenicia y Samaria contaron cómo se habían convertido los gentiles. Estas noticias llenaron de alegría a todos los creyentes (3). Al llegar a Jerusalén, fueron muy bien recibidos tanto por la iglesia como por los apóstoles y los ancianos, a quienes informaron de todo lo que Dios había hecho por medio de ellos (4).

## 2. El debate en Jerusalén | 15.5–21

Apenas la delegación de Antioquía había recibido una calurosa bienvenida de parte de la iglesia de Jerusalén, especialmente de parte de los apóstoles y los ancianos, se inició la controversia. **Entonces intervinieron algunos creyentes que pertenecían a la secta de los fariseos y afirmaron: —Es necesario circuncidar a los gentiles y exigirles que obedezcan la ley de Moisés** (5). Tenían una posición totalmente bíblica cuando valoraban la circuncisión y la ley como dones de Dios a Israel. Pero iban más lejos y los hacían obligatorios para todos, incluidos los gentiles. Tomemos nota de la frase **es necesario**, así como tomamos nota de la frase 'no pueden' en el versículo 1. La circuncisión y el cumplimiento de la ley, insistían, eran esenciales para la salvación. De manera que **los apóstoles y los ancianos se reunieron para examinar este asunto** (6), aunque había otros también. Lucas no ofrece detalles sobre la **larga discusión** (7a) que se dio, pero sintetiza los discursos decisivos que se pronunciaron sucesivamente por los tres apóstoles envueltos en la cuestión: el apóstol Pedro (7–11), el apóstol Pablo respaldado por Bernabé (12) y el apóstol Jacobo (13–21).

## a. Pedro | 15.7–11

La contribución de Pedro consistió en recordar a la asamblea del encuentro con Cornelio, en el cual él mismo había sido el principal factor humano, cosa que había ocurrido 'hace algún tiempo' (RVR95), probablemente unos diez años antes. Pedro atribuyó humildemente toda la iniciativa a Dios. Primero, dijo, **Dios me escogió de entre ustedes para que por mi boca los gentiles oyeran el mensaje del evangelio y creyeran** (7). La elección la había hecho Dios. Segundo, **Dios, que conoce el corazón humano** (el vocablo *kardiōgnostēs*, 'conocedor del corazón', ya había sido usado para Jesús en 1.24), **mostró que los aceptaba** (literalmente, 'les dio testimonio', RVR95, es decir, 'dio muestras de que los aprobaba', NEB) **dándoles el Espíritu Santo, lo mismo que a nosotros** (8). Esto demuestra que la afirmación anterior de Pedro de que 'en toda nación [Dios] ve con agrado (o acepta) a los que le temen y actúan con justicia' (10.35), significa que no hay barrera alguna para la conversión, sino que Dios **los aceptaba** en el sentido de admitirlos a su familia solo cuando les daba su Espíritu. Tercero, **sin hacer distinción alguna entre nosotros y ellos, [Dios] purificó sus corazones por la fe** (9), demostrando que es la pureza interior del corazón lo que hace posible la comunión, no la pureza exterior de la dieta y el ritual. Al mismo tiempo se trata de una purificación por la fe, no por las obras.

Esta triple obra de Dios (de elegir a Pedro, de dar el Espíritu, de purificar el corazón) llevaba a una conclusión ineludible. Al expresarla, Pedro se dirigió directamente a la oposición: **Entonces, ¿por qué tratan ahora de provocar a Dios** (es decir, ¿por qué lo provocan oponiéndose a lo que ha revelado claramente?) **poniendo sobre el cuello de esos discípulos un yugo que ni nosotros ni nuestros antepasados hemos podido soportar?** (10). Nosotros los judíos no hemos obtenido la salvación mediante la obediencia a la ley; de modo que ¿cómo podemos esperar que lo hagan los gentiles? ¡No puede ser! **Más bien, como ellos, creemos que somos salvos por la gracia de nuestro Señor Jesús** (11), concluye Pedro.

Vemos que al hacer esta afirmación final, Pedro está haciéndose eco, tal vez de modo inconsciente, de la afirmación del evangelio que le hizo Pablo en Antioquía, cuando lo reprendió públicamente. Juntos dejan bien en claro que la salvación es **por la gracia de nuestro Señor Jesús** y 'por la fe en Jesucristo'. La gracia y la fe no pueden ser separadas.

Pablo: 'Al reconocer que nadie es justificado … sino por la fe en Jesucristo, también nosotros hemos puesto nuestra fe en Cristo Jesús' (Gálatas 2.16).

Pedro: 'Como ellos, creemos que somos salvos por la gracia de nuestro Señor Jesús' (Hechos 15.11).

El tema central del testimonio de Pedro no fue solamente que los gentiles habían oído el evangelio, habían creído en Jesús, habían recibido el Espíritu y habían sido purificados por la fe, sino que en cada etapa Dios actuó **sin hacer distinción alguna entre nosotros y ellos** (9, ver también 10.15, 20, 29; 11.9, 12, 17). En el informe condensado que hace Lucas del discurso de Pedro se repite cuatro veces el tema de 'nosotros-ellos'. Dios les dio el Espíritu a ellos tanto como a nosotros (8) y no hizo distinción alguna entre ellos y nosotros (9). ¿Por qué entonces imponerles un yugo que nosotros no pudimos llevar? (10). Concluimos que somos salvos por gracia igual que ellos (11). Si pudieran los judaizantes entender que Dios no hace distinción entre judíos y gentiles, sino que salva a ambos por medio de la fe, ellos tampoco harían distinciones. La gracia y la fe nos nivelan; hacen posible la comunión fraternal.

## b. Pablo y Bernabé | 15.12

**Toda la asamblea guardó silencio**, evidentemente movidos por un profundo respeto, **para escuchar a Bernabé y a Pablo** (quizá la mención de Bernabé en primer lugar se debiera al hecho de que era mejor conocido que Pablo en Jerusalén), **que les contaron las señales y prodigios que Dios había hecho por medio de ellos entre los gentiles.** Anteriormente se decía que Dios obraba 'con' ellos (*meta* en 14.27 y 15.4, RVR95); ahora 'por medio de' ellos (*dia*) como sus agentes. Es posible que este resumen extremadamente breve se debiera al hecho de que los lectores de Lucas ya estaban plenamente familiarizados con los detalles del primer viaje misionero por haber leído ya Hechos 13—14. Y es probable que el énfasis en las señales y prodigios no tuviera como fin denigrar la predicación, sino más bien confirmarla y certificarla.

### c. Jacobo | 15.13–21

El Jacobo que habló a continuación fue 'Jacobo el Justo', como se lo conoció posteriormente debido a su reputación de virtuosa probidad, uno de los hermanos de Jesús, que probablemente llegó a creer en él al serle concedida una aparición posterior a la resurrección.[7] Más tarde habría de enfatizar, en su carta, que la fe que salva siempre produce buenas obras de amor y que la sabiduría celestial 'es ante todo pura, y además pacífica, bondadosa, dócil, llena de compasión y de buenos frutos, imparcial y sincera'.[8] Ahora ponía de manifiesto algo de esa sabiduría. Casi seguramente apóstol,[9] y ya reconocido como un (o incluso 'el') líder de la iglesia de Jerusalén (12.17),[10] fue el moderador de la asamblea. Esperó hasta que los misioneros, apóstoles principales, Pedro y Pablo completaran la presentación de su caso. Luego, **cuando terminaron, Jacobo tomó la palabra** (NEB, 'resumió'), dirigiéndose al auditorio: **Hermanos, escúchenme** (13), dijo. Entonces, refiriéndose a Pedro por su nombre hebreo (indicio de autenticidad) sintetizó su testimonio con estas palabras: **Simón** [literalmente, *Simeón*] **nos ha expuesto cómo Dios desde el principio tuvo a bien escoger de entre los gentiles un pueblo para honra de su nombre** (14).

Su exposición es considerablemente más significativa que lo que parece a primera vista, porque las expresiones **pueblo** (*laos*) y **para honra de su nombre** se aplican en el Antiguo Testamento a Israel. Jacobo estaba dando expresión a su creencia de que los cristianos gentiles pertenecían ahora a la verdadera Israel, llamados y elegidos por Dios para que pertenecieran a su solo y único pueblo para la gloria de su nombre. No hizo referencia al testimonio de Pablo y Bernabé, tal vez porque lo que se estaba juzgando era precisamente su política misionera. En cambio pasó de la presentación apostólica a la palabra profética: **Con esto concuerdan las palabras de los profetas** (15). Los concilios no tienen validez en la iglesia a menos que se pueda demostrar que sus conclusiones están en conformidad con las Escrituras. Para apoyar su declaración, Jacobo citó Amós 9.11–12 con estas palabras:

> [15.16]'Después de esto volveré
> y reedificaré la choza caída de David.
> Reedificaré sus ruinas, y la restauraré,
> [17]Para que busque al Señor el resto de la humanidad,
> todas las naciones que llevan mi nombre.
> [18]Así dice el Señor, que hace estas cosas'
> conocidas desde tiempos antiguos.

Tal como aparece, esta cita de Amós es una poderosa declaración sobre dos verdades relacionadas. Primero Dios promete restaurar la choza caída de David y reconstruir sus ruinas (lo que ojos cristianos ven como una profecía de la resurrección y exaltación de Cristo, la simiente de David, y el establecimiento de su pueblo) de modo que, en segundo término, un remanente gentil buscará al Señor. En otras palabras, a través del Cristo davídico los gentiles serán incluidos en su nueva comunidad.[11]

De esta manera Jacobo, a quien el partido de la circuncisión consideraba su líder, se declaró en completo acuerdo con Pedro, Pablo y Bernabé. La inclusión de los gentiles no fue un pensamiento divino de último momento, sino que fue anticipada por los profetas. Las Escrituras mismas confirmaban los hechos de la experiencia de los misioneros. Había 'acuerdo' entre lo que Dios había hecho por medio de los apóstoles y lo que había dicho por medio de sus profetas. Esta correspondencia entre las Escrituras y la experiencia, entre el testimonio de los profetas y los apóstoles, fue concluyente para Jacobo. Estaba listo para pronunciar su veredicto: **Por lo tanto, yo considero (19)**. El verbo griego *krinō* podía significar simplemente 'expresar una opinión'. Pero el contexto demanda algo más fuerte. 'Yo juzgo' (RVR95), por otra parte, es demasiado fuerte, como lo es la explicación que ofrece Kirsopp Lake de que 'se trata de la sentencia concreta de un juez, y el *ego* supone que actúa por una autoridad que es personal'.[12] De modo que necesitamos una palabra que sea más fuerte que 'opinión' y más débil que 'juzgo', tal vez 'convicción', ya que Jacobo estaba haciendo una propuesta firme, que de hecho los demás líderes apoyaron, de manera que la decisión fue unánime y la carta salió en nombre de 'los apóstoles y los ancianos, de común acuerdo con toda la iglesia' (22).

¿Cuál fue, entonces, la decisión? En general, fue **que debemos dejar de ponerles trabas** ('imponer restricciones fastidiosas', NEB) **a los gentiles que se convierten a Dios** (19). **Más bien debemos escribirles que se abstengan de lo contaminado por los ídolos, de la inmoralidad sexual, de la carne de animales estrangulados y de sangre** (20). Juntando estas dos propuestas, Jacobo estaba diciendo que debían aceptar y abrazar a los creyentes gentiles como hermanos y hermanas en Cristo, y no sobrecargarlos con la exigencia de que agreguen a su fe en Jesús ya sea la circuncisión o todo el código de prácticas judaicas. Al mismo tiempo, habiendo establecido el principio de que la salvación es por la sola gracia mediante la sola fe, sin obras, era necesario apelar a estos cristianos gentiles para que respetasen la conciencia de sus hermanos cristianos judíos absteniéndose de unas cuantas prácticas que podían ofenderlos. **En efecto,** siguió explicando Jacobo, **desde tiempos antiguos Moisés siempre ha tenido en cada ciudad quien lo predique y lo lea en las sinagogas todos los sábados** (21). En tales contextos, donde las enseñanzas de Moisés eran bien conocidas y altamente respetadas, los escrúpulos judíos eran una cuestión sensible y por caridad debían respetarse.

Con todo, cierto grado de incertidumbre rodea lo que a veces se denomina 'el cuadrilátero de Jerusalén', es decir, las cuatro abstenciones solicitadas. A primera vista, parecerían constituir una extraña mezcla de asuntos morales y ceremoniales, ya que la inmoralidad sexual corresponde a la primera categoría, y las carnes ofrecidas a los ídolos, **la carne de animales estrangulados** y la sangre a la segunda categoría. ¿Cómo pudo Jacobo combinarlas, como si fuesen de igual importancia? Además, la castidad sexual constituye un ingrediente elemental de la santidad cristiana: ¿por qué especificar lo que era obvio incluyéndolo en la lista? Agregado a esto, el versículo 20 plantea interrogantes textuales complejos, dado que lecturas griegas con variantes reflejan interpretaciones distintas. Se han propuesto dos soluciones principales, ambas tendientes a separar lo ético de lo ritual.

La primera consiste en considerar que las abstenciones pedidas son todas de carácter moral. Dado que la tercera cuestión (**la carne de animales estrangulados**) no puede convertirse en un asunto ético mediante ningún recurso de imaginación o ingeniosidad, la propuesta aconseja seguir el texto occidental y omitirla. De este modo nos quedan tres. **Lo contaminado por los ídolos** (20) o 'lo sacrificado a los ídolos' (29) se entiende como idolatría; la **sangre** se entiende como derramamiento de sangre, es decir, el asesinato; y la **inmoralidad sexual** retiene su significado moral. Estas tres (la idolatría, el asesinato y la inmoralidad) constituían a los ojos de los judíos las principales ofensas morales que los seres humanos pueden cometer. Parecería una solución perfecta, pero plantea más problemas que los que soluciona. (i) La garantía textual para descartar **la carne de animales estrangulados** es muy débil; (ii) la interpretación de la palabra **sangre** en un marco general con el significado de asesinato es muy forzada; (iii) los tres pecados son tan graves, que no hacía falta un decreto apostólico especial para prohibirlos; (iv) la elección de tres prohibiciones morales plantea el interrogante de si a los conversos gentiles se les permitía quebrantar el resto de los Diez Mandamientos, por ejemplo robar, dar falso testimonio y codiciar. Puede ser esta laguna lo que llevó a un escriba a agregar la regla de oro en su forma negativa, que se conserva en el texto occidental: 'y no hacer a otros lo que uno no quisiera que se le haga a uno mismo'.

La solución alternativa es la opuesta, a saber, considerar las cuatro abstenciones todas como de carácter ceremonial, es decir, como asuntos de pureza exterior. En este caso, la primera no es idolatría directa sino en el acto de comer carne ofrecida a los ídolos, a lo cual Pablo iba a referirse posteriormente en Romanos 14 y en 1 Corintios 8. **Sangre** no se refiere a su derramamiento, sino a comerla, lo cual estaba prohibido en Levítico, mientras que **la carne de animales estrangulados** tenía relación con 'animales muertos sin que se les derramara la sangre, cuya carne los judíos tenían prohibido comer (Levítico 17.13–14)'.[13] En lugar de estas dos, se esperaba que los creyentes gentiles comieran comida *kosher*, preparada de acuerdo con las reglas dietéticas judías. Esta solución deja solamente el cuarto ítem, la inmoralidad sexual, que aparece como la excepción moral en una lista de requisitos ceremoniales, de la misma manera que 'lo estrangulado' constituía la excepción ceremonial a la lista de requisitos morales. Una forma de encarar el problema consiste en omitir la palabra, y al parecer hubo por lo menos un manuscrito existente que lo hacía, manuscrito que Orígenes conoció en el siglo III. Pero las evidencias en cuanto a esto son extremadamente débiles. Es mejor interpretar el término *porneia* (término que abarca, de todos modos, 'toda clase de relación sexual ilegítima', BAGD) como una referencia en este caso a 'todas las uniones irregulares enumeradas en Levítico 18' (BJ, al pie), en particular a 'matrimonios encuadrados dentro de los grados de afinidad o de relación sanguínea prohibidos por la legislación de Levítico 18'.[14] Una cantidad de otros comentaristas está de acuerdo con esta interpretación.

Si esta reconstrucción es correcta, las cuatro abstenciones requeridas se relacionan con las leyes ceremoniales establecidas en Levítico 17—18, y tres de ellas tenían que ver con asuntos dietéticos que podían impedir que se realizaran comidas en común entre judíos y gentiles. Abstenerse sería una concesión cortés y temporal (aunque en algunas circunstancias 'necesaria', RVR95; 28) a la conciencia judía, hasta que la circuncisión fuese declarada innecesaria, y en consecuencia con la verdad del evangelio se estableciera el principio de igualdad. 'La abstinencia que aquí se recomienda ha de entenderse … no como un deber cristiano esencial, sino como una concesión a la conciencia de otros, es decir, a los conversos judíos, que todavía consideraban esa comida como ilegal y abominable a la vista de Dios'.[15]

## 3. La carta del concilio | 15.22–29

El concilio estuvo de acuerdo con la síntesis de Jacobo. La combinación de Escrituras proféticas y experiencia apostólica les pareció concluyente, como le había parecido a él. Además, la propuesta de Jacobo sobre la abstinencia de los creyentes gentiles en cuatro áreas culturales parecía ser una política sabia para promover la mutua tolerancia y comunión. **Entonces los apóstoles y los ancianos, de común acuerdo con toda la iglesia, decidieron escoger a algunos de ellos** (es decir, miembros de la iglesia de Jerusalén) **y enviarlos a Antioquía con Pablo y Bernabé. Escogieron a Judas, llamado Barsabás,** evidentemente un creyente en Cristo de lengua hebrea, de quien nada más se sabe, a menos que por casualidad fuera hermano de José, llamado Barsabás (1.23), **y a Silas** cuyo nombre latino era Silvanus, un cristiano helenista que a la vez era ciudadano romano (16.37) y que más adelante se asoció estrechamente tanto con Pablo[16] como con Pedro.[17] A estas dos personas Lucas las describe como hombres **que tenían buena reputación entre los hermanos** (22). Con todo, la iglesia no solo decidió elegir emisarios para enviar a la iglesia de Antioquía, de la que había recibido el pedido de arbitrar en esta controversia, sino también escribir una carta a las iglesias con miembros gentiles, con el fin de transmitir las decisiones. Una carta puede parecer algo impersonal; fue sabio mandar personas con ella que pudiesen explicar su origen, interpretar su significado y asegurar su aceptación.

Con justicia esta carta ha sido descrita como 'una obra maestra de tacto y delicadeza',[18] comienza de un modo marcadamente hermanable: **Con ellos** (es decir, Judas Barsabás y Silas) **mandaron la siguiente carta:**

**15.23Los apóstoles y los ancianos,**
**a nuestros hermanos gentiles en Antioquía, Siria y**
**Cilicia:**
**Saludos.**

Lamentablemente el texto de la NVI encubre el hecho de que el texto griego dice 'Los apóstoles y los ancianos, sus hermanos, a los hermanos gentiles en Antioquía, Siria y Cilicia'. Toda vez que hermanos se comunican con otros hermanos, hay buenas razones para esperar encontrar un espíritu conciliatorio. Este era el caso en las presentes circunstancias. El texto de la carta fue como sigue:

**15.24Nos hemos enterado de que algunos de los nuestros,**
**sin nuestra autorización, los han inquietado a ustedes,**
**alarmándoles con lo que les han dicho. 25Así que de**
**común acuerdo hemos decidido escoger a algunos**
**hombres y enviarlos a ustedes con nuestros queridos**
**hermanos Pablo y Bernabé, 26quienes han arriesgado**
**su vida por el nombre de nuestro Señor Jesucristo.**
**27Por tanto, les enviamos a Judas y a Silas para que**
**les confirmen personalmente lo que les escribimos.**
**28Nos pareció bien al Espíritu Santo y a nosotros no**
**imponerles a ustedes ninguna carga aparte de los**
**siguientes requisitos: 29abstenerse de lo sacrificado a los**
**ídolos, de sangre, de la carne de animales estrangulados**
**y de la inmoralidad sexual. Bien harán ustedes si evitan**
**estas cosas.**

**Con nuestros mejores deseos.**

La iglesia de Jerusalén y sus líderes abordaron tres cuestiones importantes en su carta. Primero, se disociaron del partido de la circuncisión y por consiguiente, por una deducción directa, del requisito de la circuncisión. Esos hombres eran **de los nuestros** pero **sin nuestra autorización** ('a los cuales no dimos orden', RVR95). Más aun, el mensaje no autorizado había **inquietado** a sus oyentes (24, el verbo es *tarassō*, perturbar, intranquilizar o producirles confusión, interesantemente la misma palabra que Pablo usa en relación con ellos en Gálatas 1.7 y 5.10). Segundo, dejaron perfectamente aclarado que los hombres que ahora habían **decidido escoger ... y enviarlos ...** (25), a saber, **a Judas, llamado Barsabás, y a Silas,** sí tenían su plena aprobación y apoyo. No solamente entregarían la carta, sino también habían sido comisionados para que **les confirmen personalmente** lo que ella contenía (27). Tercero, enunciaron su unánime decisión (tomada por **el Espíritu Santo y ... nosotros**) de **no imponerles ... ninguna carga** a los conversos gentiles (y menos la circuncisión), **aparte de los siguientes requisitos** (28), a saber, las cuatro abstenciones mencionadas (que ya hemos considerado). La conclusión de la carta, que expresa más una recomendación que un mandato, era: **Bien harán ustedes si evitan estas cosas** (29).

# 4. Después del concilio | 15.30—16.5

Después de compartir con sus lectores el texto de la carta, Lucas pasa a documentar su recepción por las iglesias principalmente gentiles, primero Antioquía de Siria (15.30–35), luego en Siria y en Cilicia (15.36–40), y finalmente en Galacia (16.1–5).

## a. Antioquía recibe la carta | 15.30–35

Antioquía se mencionaba en el encabezamiento de la carta como su primer recipiente, porque fue allí donde se había desatado inicialmente la controversia y fue de allí de donde había procedido el pedido de ayuda.

> **15.30**Una vez despedidos, ellos bajaron a Antioquía, donde reunieron a la congregación y entregaron la carta.
> **31**Los creyentes la leyeron y se alegraron por su mensaje alentador. **32**Judas y Silas, que también eran profetas,

> hablaron extensamente para animarlos y fortalecerlos.
> [33]Después de pasar algún tiempo allí, los hermanos los
> despidieron en paz, para que regresaran a quienes los
> habían enviado. [35]Pablo y Bernabé permanecieron en
> Antioquía, enseñando y anunciando la palabra del Señor
> en compañía de muchos otros.

La reunión de la iglesia en Antioquía debe haberles recordado una reunión similar algún tiempo antes (14.27). Pablo y Bernabé estuvieron presentes en ambas ocasiones. En aquel caso había sido para escuchar un informe del primer viaje misionero con sus maravillosas noticias acerca de la conversión de los gentiles; ahora era para recibir la carta de Jerusalén con sus noticias igualmente maravillosas de que los gentiles que habían creído en Jesús debían ser aceptados como cristianos, sin la necesidad de hacerse judíos al mismo tiempo. Poco sorprende que, al oír el contenido de la carta, **los creyentes ... se alegraron por su mensaje alentador** (31). **Judas y Silas,** ahora identificados como **profetas,** se quedaron por algún tiempo **para animarlos y fortalecerlos** (32). Luego regresaron a Jerusalén y **los hermanos los despidieron en paz** (33). La aseveración del versículo 34 de que 'Silas decidió quedarse' (NVI al pie, ver RVR95) es obviamente una acotación. Los mejores manuscritos la omiten. Quizás fue agregada para explicar cómo es que en el versículo 40 Silas aparece en Antioquía, pero por otro lado contradice la clara afirmación del versículo 33 de que tanto él como Judas se fueron. **Pablo y Bernabé permanecieron,** sin embargo, **enseñando y anunciando** (literalmente, 'evangelizando') **la palabra del Señor en compañía de muchos otros** (35).

## b. Siria y Cilicia reciben la carta | 15.36–41

La provincia de Siria (a la que pertenecía Antioquía) y Cilicia (en la que estaba situada Tarso) había sido la escena de algunos de los primeros esfuerzos evangelísticos de Pablo (9.30).[19] Evidentemente tenía algunas iglesias gentiles, porque se las menciona específicamente en el encabezamiento de la carta de Jerusalén (23). Pero antes de que Lucas decida narrar cómo les llegó la carta, se ve obligado en su honestidad a relatar la triste historia de la forma en que Pablo y Bernabé llegaron a separarse.

15.36 Algún tiempo después, Pablo le dijo a Bernabé:
'Volvamos a visitar a los creyentes en todas las ciudades
en donde hemos anunciado la palabra del Señor, y
veamos cómo están.' 37 Resulta que Bernabé quería
llevar con ellos a Juan Marcos, 38 pero a Pablo no le
pareció prudente llevarlo, porque los había abandonado
en Panfilia y no había seguido con ellos en el trabajo.
39 Se produjo entre ellos un conflicto tan serio que
acabaron por separarse. Bernabé se llevó a Marcos y se
embarcó rumbo a Chipre, 40 mientras que Pablo escogió
a Silas. Después de que los hermanos lo encomendaron
a la gracia del Señor, Pablo partió 41 y viajó por Siria y
Cilicia, consolidando a las iglesias.

Observamos que fue **algún tiempo después** (tal vez cuando el invierno dio paso a la primavera, y viajar se hacía factible) que Pablo le hizo la propuesta a Bernabé de que volvieran a visitar a los gálatas convertidos para ver cómo estaban (36). Bernabé estuvo de acuerdo, pero quería llevar a su primo Juan Marcos con ellos, tal vez para proporcionarle una nueva oportunidad (37). Pablo sostuvo que no era prudente, porque consideró seriamente la deserción de Marcos y su falta de perseverancia (38). El desacuerdo entre ellos fue tan marcado que se separaron. Bernabé se llevó a Marcos y navegó a su tierra natal, Chipre (39), en tanto que Pablo eligió a Silas, cuyo reciente ministerio en Antioquía evidentemente lo había impresionado, y en la iglesia los **encomendaron a la gracia del Señor** (40), tal como lo fueron Pablo y Bernabé para su viaje misionero (14.26). Por cierto que Dios superó 'este triste desacuerdo',[20] ya que como resultado del mismo 'de un par se formaron dos', como comentó Bengel.[21] Pero este ejemplo de la providencia de Dios no debe usarse como excusa para disputas cristianas. Fue entonces cuando **Pablo viajó por Siria y Cilicia** (con Silas, como acabamos de ver), lo cual requería que atravesaran a pie el majestuoso y angosto desfiladero en los montes Tauro conocido como las 'Puertas de Cilicia', **consolidando** ('animando', RVR95) **a las iglesias** (41), sin duda entregando la carta a la vez que enseñando y alentando.

## c. Galacia recibe la carta | 16.1–5

[16.1]Llegó Pablo a Derbe y después a Listra, donde se encontró con un discípulo llamado Timoteo, hijo de una mujer judía creyente, pero de padre griego. [2]Los hermanos en Listra y en Iconio hablaban bien de Timoteo, [3]así que Pablo decidió llevárselo. Por causa de los judíos que vivían en aquella región, lo circuncidó, pues todos sabían que su padre era griego. [4]Al pasar por las ciudades, entregaban los acuerdos tomados por los apóstoles y los ancianos de Jerusalén, para que los pusieran en práctica. [5]Y así las iglesias se fortalecían en la fe y crecían en número día tras día.

Listra y Derbe eran las últimas ciudades de Galacia visitadas durante el primer viaje misionero. De modo que ahora, cuando Pablo se acercaba a ellas desde el este, Derbe y Listra fueron, naturalmente, las primeras en ser visitadas nuevamente. El acontecimiento más notable tuvo lugar en Listra. Allí vivían Timoteo (**un discípulo**) y su madre Eunice,[22] que era **judía**, pero se había hecho **creyente**. Presumiblemente tanto la madre como el hijo se habían convertido durante el viaje anterior de Pablo alrededor de cinco años antes.[23] El padre de Timoteo era **griego** (1), y dado que en el versículo 3 el verbo 'era' (*hypērjen*) está en el tiempo imperfecto, algunos comentaristas suponen que ya había muerto. Dado que Timoteo tenía una excelente reputación entre los cristianos tanto en Iconio como en Listra (2), Pablo quería incorporarlo a su equipo misionero, no simplemente como compañero, sino como obrero, tal vez con el fin de remplazar a Marcos, así como Silas había remplazado a Bernabé. Su filiación greco-judaica le daría entrada en ambas comunidades. Pero, aunque seguramente fue criado por su madre en la fe judía, Timoteo no había sido circuncidado. De modo que Pablo lo circuncidó **por causa de** (LPD, 'en consideración a') **los judíos que vivían en aquella región,** y para hacer aceptable su ministerio ante ellos, **pues todos sabían que su padre era griego** (3) y habrían adivinado que no era circuncidado. Resulta maravilloso que, tan pronto después de la acalorada indignación de Pablo motivada por los judaizantes en Antioquía (15.1), y sus vehementes declaraciones contra la circuncisión en su Carta a los Gálatas,[24] ahora estuviera dispuesto a circuncidar a Timoteo. Algunos lo habrían condenado por inconherencia. Pero había en él una profunda convicción en pensamiento y en acción. Una vez que se estableció el principio de que la circuncisión no era necesaria para la salvación, estaba dispuesto a hacer concesiones en cuanto a política. Lo que era innecesario para Dios podía ser aconsejable para algunos seres humanos.

Es probable que Timoteo también haya sido 'ordenado' antes de partir de Listra. Por lo menos Pablo y los ancianos de la iglesia le impusieron las manos,[25] posiblemente para comisionarlo para su ministerio. Ahora, Pablo, Silas y Timoteo pasaban **por las ciudades,** y **entregaban los acuerdos** que contenía la carta, y en consecuencia **las iglesias se fortalecían en la fe y crecían en número día tras día** (igual que en 2.47).

Es destacable que en cada uno de estos tres párrafos que describen la recepción de la carta de Jerusalén, Lucas hace una afirmación similar acerca de la iglesia. En Antioquía Judas y Silas hablaron a los hermanos con el fin de 'fortalecerlos' (15.32). Luego Pablo y Silas anduvieron por Siria y Cilicia 'consolidando a las iglesias' (15.41), y cuando atravesaron Galacia y siguieron más allá, **las iglesias se fortalecían** (16.5). Los dos primeros verbos son ambos *epistērizō*, como en 14.22, donde vimos que es casi un término técnico para el establecimiento o la consolidación de individuos e iglesias cristianos; el tercero es un verbo similar *stereoō*, hacer fuerte o firme. Tan sabia y sana fue la decisión del Concilio de Jerusalén, incorporada en la carta, que dondequiera que llegaban las buenas noticias, las iglesias crecían en estabilidad y en firmeza.

## 5. Lecciones permanentes

Los estudiosos que leen Hechos 15 hoy se sienten tentados a desecharlo impacientemente como de interés puramente histórico. No hay ningún partido de la circuncisión en nuestros días que intente imponer ritos mosaicos a nadie, y sería ridículo esperar que algún grupo cristiano contemporáneo acepte las cuatro abstenciones apostólicas, aun cuando algunas de ellas (como la de comer comidas *kosher*) todavía podrían aplicarse a los cristianos que viven entre los judíos conservadores. De otro modo, todo el incidente aparece como algo remoto, incluso irrelevante. Sin embargo, contiene por lo menos dos lecciones de valor permanente. La primera se relaciona con la salvación, y la segunda con la comunión.

## a. La salvación:
## Una cuestión relacionada con la verdad cristiana

Los judaizantes entendían que la circuncisión era necesaria para la salvación (1). Había, por lo tanto, un peligro de que la iglesia se dividiera en facciones teológicas opuestas, con distintos apóstoles que enseñaban evangelios diferentes, y con la unidad de la iglesia destruida. Por cierto que el peligro era real. Los judaizantes sostenían que contaban con la autoridad de Jacobo y contradecían a Pablo. Pedro fue desviado de la verdad y tuvo que ser reprendido por Pablo. Los tres apóstoles parecían estar en desacuerdo, con Jacobo y Pablo en lados opuestos y Pedro oscilando entre ellos. La situación era crítica. De modo que Lucas se esforzó por describir que en el concilio Pedro habló primero, luego Pablo, luego Jacobo; que las Escrituras y la experiencia coincidían; y que los apóstoles (Pedro, Pablo y Jacobo), los ancianos y toda la iglesia arribaron a una decisión unánime (22, 28). De este modo la unidad del evangelio preservó la unidad de la iglesia. A pesar de su rica diversidad en cuanto a su formulación y énfasis en el Nuevo Testamento, hay un solo evangelio apostólico. Tenemos que oponernos a los teólogos modernos que colocan a los escritores del Nuevo Testamento en desacuerdo entre sí, y que hablan de la posición paulina, petrina y joanina como si fueran evangelios incompatibles. Incluso Pablo y Jacobo, que se reconciliaron en el concilio, también pueden ser reconciliados en sus cartas. Enseñaron el mismo camino hacia la salvación.

Más aun, el evangelio de los apóstoles de Cristo es el evangelio de la libre gracia de Dios, de su inmerecido amor por los pecadores manifestado en la muerte de su Hijo en nuestro lugar. Más todavía, se trata del evangelio de la gracia suficiente de Dios. No puede ser considerada como un complemento de alguna otra cosa (por ej. el judaísmo) o como si debiera ser complementada por alguna otra cosa (por ej. la circuncisión), sin que sea socavada. Y sin embargo este fue precisamente el error de los judaizantes. Para ellos la fe en Jesús no era suficiente; había que agregar la circuncisión y las obras de la ley. Hoy en día hay personas que tratan de agregar las obras de un modo diferente, tal vez la filantropía o las observancias religiosas, o una ceremonia o experiencia en particular. En cada caso se trata de un evangelio de 'Jesús y …', que le resta al carácter suficiente de su obra. Es preciso que nos hagamos eco de Pedro: Nosotros 'como ellos, creemos que somos salvos por la gracia de nuestro Señor Jesús' (11). Ellos y nosotros, judíos y gentiles, somos salvos de la misma manera, por medio del solo y único evangelio apostólico de la gracia de Dios.

## b. La comunión: Un asunto de amor cristiano

Una cosa era proteger al evangelio de la corrupción; otra era preservar a la iglesia de la fragmentación. Pablo estaba decididamente resuelto a evitar que se comprometiera 'la integridad del evangelio'.[26] Se opuso a los judaizantes, reprendió públicamente a Pedro, y escribió un apasionado llamado a los gálatas.[27] Al mismo tiempo, ansiaba mantener la solidaridad judeo-gentil en un solo cuerpo de Cristo. ¿Cómo podía, entonces, mantener unida la iglesia sin comprometer el evangelio, o defender la integridad del evangelio sin sacrificar la unidad de la iglesia? Su respuesta pone de manifiesto la grandeza de su mente y su corazón. Una vez que el principio teológico estuvo firmemente establecido, que la salvación es por la sola gracia, y que la circuncisión no era un requisito sino algo neutral, Pablo estaba dispuesto a adaptar su política en cuestiones prácticas. Hizo dos concesiones notables, ambas por la misma razón conciliatoria. Primero, aceptó las cuatro abstenciones culturales propuestas por los líderes judíos a los conversos gentiles, porque Moisés era ampliamente leído y predicado, y esta restricción gentil aliviaría la conciencia de los judíos y facilitaría la confraternidad social judeo-gentil. Segundo, circuncidó a Timoteo (¡aun cuando acababa de fulminar a los defensores de la circuncisión!), por consideración hacia los judíos que se sentirían ofendidos si no lo hacía circuncidar.

Algunos comentaristas se han asombrado por la aparente discrepancia entre Pablo el inflexible, que se opuso a la circuncisión, y Pablo el flexible que circuncidó a Timoteo, a tal punto que los han pronunciado irreconciliables. Esta es la principal razón por la que F. C. Baur escribió: 'El Pablo de Hechos es manifiestamente una persona distinta del Pablo de las Epístolas'.[28] Pero en realidad la discrepancia se encuentra dentro del relato de Hechos mismo. Además, las concesiones de Pablo en Hechos 15—16 son concordantes con la enseñanza conciliatoria de sus cartas, en las cuales urgía a los creyentes con conciencia 'fuerte' (o disciplinada) a no violentar la conciencia de los 'débiles' (o excesivamente escrupulosos). Una conciencia fuerte nos permite libertad de comportamiento, pero deberíamos limitar nuestra libertad por amor a los débiles.[29] Además, aunque era libre, Pablo estaba dispuesto a hacerse esclavo de otros. Para los que estaban bajo la ley estaba preparado para hacerse como uno que estaba sujeto a la ley, con el fin de ganar a los que estaban bajo la ley.[30] ¿Acaso no fue eso lo que estaba haciendo cuando circuncidó a Timoteo, como también cuando algunos años más tarde aceptó la propuesta de Jacobo en Jerusalén, de que aceptara ciertos ritos judaicos de purificación (21.17–26)?

Podemos decir, entonces, que el Concilio de Jerusalén logró una doble victoria: una victoria de la verdad al confirmar el evangelio de la gracia, y un triunfo de amor al preservar la comunión mediante concesiones sensatas en beneficio de los escrúpulos de conciencia judaicos. Como lo expresó Lutero, Pablo era fuerte en cuanto a la fe, y blando en cuanto al amor. Por lo tanto, 'en cuanto concierne a la fe deberíamos ser invencibles, y más duros, si se pudiera, que el diamante; pero en lo que concierne a la caridad, deberíamos ser blandos, y más flexibles que la caña o la hoja que es sacudida por el viento, y dispuestos a ceder en todo.'[31] O como dijo cierta vez John Newton durante una reunión de la Eclectic Society en 1799, 'Pablo era una caña en lo no esencial, una columna de hierro en lo esencial.'[32]

# La misión en Macedonia
## Hechos 16.6—17.15

El rasgo más destacado de la segunda expedición misionera de Pablo, que Lucas narra en estos capítulos, es que durante ella la buena semilla del evangelio fue sembrada por primera vez en suelo europeo. Desde luego que en esos tiempos no había una línea de frontera entre 'Asia' y 'Europa', y que los misioneros que navegaban por la parte norte del mar Egeo solo tenían presente que estaban yendo de una provincia a otra, no de un continente a otro, por cuanto ambas márgenes del Egeo pertenecían al imperio romano. No obstante, estoy de acuerdo con Campbell Morgan cuando escribió: 'Esta invasión de Europa no estaba en la mente de Pablo, pero es evidente que estaba en la mente del Espíritu.'[1] Con el beneficio de la mirada retrospectiva, sabiendo que Europa fue el primer continente cristiano y era hasta tiempos relativamente recientes la base principal para la expansión misionera hacia el resto del mundo, podemos ver cuán trascendental resultó ser ese paso. Fue de Europa que en su debido momento el evangelio se extendió como un abanico hacia los grandes continentes de África, Asia, América del Norte, América Latina y Oceanía, y de este modo llegó hasta los confines de la tierra.

Lo que Pablo y sus compañeros sí sabían que estaban haciendo durante el segundo viaje misionero era establecer nuevas iglesias en tres provincias romanas, en las que no habían penetrado durante el primer viaje. En el primer viaje se habían concentrado exclusivamente en Chipre y Galacia; en el segundo llegaron hasta Macedonia y Acaya, las provincias al norte y al sur de Grecia, respectivamente; apenas tocaron la provincia de Asia cuando visitaron Éfeso y prometieron que regresarían durante el próximo viaje. Más todavía, en cada caso los misioneros incluyeron la ciudad capital en su itinerario: Tesaló-nica, capital de Macedonia; Corinto, capital de Acaya; y Éfeso, capital de Asia. Agregado a esto, a cada una de las iglesias en estas capitales Pablo habría de escribirles posteriormente, a saber, sus cartas a los tesalonicenses, a los corintios y a los efesios. En este capítulo centramos la atención en su misión a Macedonia, que incluyó visitas a tres ciudades macedónicas principales: Filipos, Tesalónica y Berea.

¿Cómo fue, entonces, que los misioneros alcanzaron Europa? Pablo había iniciado el viaje desde Antioquía de Siria, una vez más encomendado por la iglesia a la gracia de Dios, no principalmente con el fin de iniciar iglesias nuevas, sino para alimentar y fortalecer las que había fundado varios años antes, durante su primera expedición. El verbo traducido 'visitar' en 15.36 (*episkeptomai*) está ligado a *episkopē*, supervisión pastoral, y se usa para visitar a los enfermos[2] y para cuidar a las viudas y los huérfanos.[3] Pablo era más que un pionero de la misión; le interesaba ver que las iglesias y los creyentes crecieran y adquirieran madurez. De modo que él y sus acompañantes dedicaron tiempo, primero en Derbe y Listra, y luego en Iconio y en Antioquía de Pisidia, con este fin. Esto es lo que probablemente quería decir Lucas con **la región de Frigia y Galacia**, o sea 'la región frigia de la provincia de Galacia'.[4] Resulta muy instructivo ver la forma en que Dios los guió en sus próximos movimientos.

> **[16]6Atravesaron la región de Frigia y Galacia, ya que el Espíritu Santo les había impedido que predicaran la palabra en la provincia de Asia. [7]Cuando llegaron cerca de Misia, intentaron pasar a Bitinia, pero el Espíritu de Jesús no se lo permitió. [8]Entonces, pasando de largo por Misia, bajaron a Troas. [9]Durante la noche Pablo tuvo una visión en la que un hombre de Macedonia, puesto de pie, le rogaba: 'Pasa a Macedonia y ayúdanos.' [10]Después de que Pablo tuvo la visión, en seguida nos preparamos para partir hacia Macedonia, convencidos de que Dios nos había llamado a anunciar el evangelio a los macedonios.**

Antioquía de Pisidia, el centro de la región frigia, también estaba muy cerca de la frontera de la provincia de Asia. Era natural, por consiguiente, que los ojos de los misioneros se volvieran hacia el sudoeste a la Via Sebaste que llevaba a Colosas (a unos 240 kilómetros) y de allí a la costa en Éfeso (casi otros tantos kilómetros más). De hecho, parecen haber viajado algún trecho por este camino, pero de algún modo no claramente definido se vieron impedidos por el Espíritu Santo de [predicar] **la palabra en la provincia de Asia** (6). Con la ruta hacia el sudoeste bloqueada, giraron hacia el norte, **pasando de largo por Misia**, que no era una región administrativa romana sino el antiguo nombre de buena parte del territorio noroccidental de Asia Menor. Desde allí intentaron seguir hacia el norte y llegar a Bitinia, la provincia situada en la costa sur del mar Negro, que incluía ciudades como Nicea y Nicomedia. Pero nuevamente, de algún modo que Lucas no explica, **el Espíritu de Jesús no se lo permitió** (7). Se ha conjeturado, por el hecho de que más adelante Pedro escribió a la dispersión cristiana en esas zonas, incluidas Asia y Bitinia,[5] que a Pablo se le impidió evangelizar allí con el fin de dejar el lugar a Pedro. Pero cómo hizo esta tarea preventiva el Espíritu Santo en estas dos ocasiones es algo que solo podemos conjeturar. Pudo haber sido dándole al grupo misionero una fuerte impresión interior, o por medio de alguna circunstancia exterior tal como una enfermedad, la oposición de parte de los judíos o una prohibición legal, o mediante el pronunciamiento de un profeta cristiano, tal vez el propio Silas (15.32). De cualquier manera, habiendo llegado desde el este, y habiendo encontrado bloqueadas las rutas hacia el oeste y hacia el norte, la única dirección que quedaba abierta era hacia el noroeste. De modo que modificaron el plan, **pasando de largo por Misia,** lo cual podría querer decir que la 'descuidaron', en el sentido de que no se detuvieron a evangelizar allí,[6] o que la 'bordearon' (NEB), porque no había ningún camino principal a través de su territorio hacia la costa.[7] Cualquiera haya sido la ruta que siguieron, llegaron al puerto egeo de **Troas** (8), cerca del Helesponto, que nosotros llamamos Dardanelos. Habían llegado muy lejos, desde el extremo sudeste al extremo noroeste de Asia Menor, siguiendo una ruta extrañamente tortuosa. Deben haberse sentido bastante perplejos, preguntándose cuál era el plan y el propósito de Dios, porque hasta ese momento la guía con que contaban había resultado casi enteramente negativa. Entonces recibieron dirección positiva.

Una noche en Troas Pablo tuvo un sueño o una visión en la que vio **un hombre de Macedonia, puesto de pie, [que] le rogaba,** en una posición suplicante, tal vez llamándolo, y oyó que le decía, '**Pasa**

**a Macedonia** [del otro lado del mar Egeo] **y ayúdanos'** (9). William Barclay hizo la improbable sugerencia de que el hombre en el sueño era Alejandro Magno, en parte porque 'el distrito estaba saturado de recuerdos de Alejandro' y en parte porque el propósito de Alejandro había sido 'casar el este con el oeste' y de este modo hacer un solo mundo, en tanto que la visión de Pablo era la de hacer 'un solo mundo para Cristo'.[8] William Ramsay sostenía que el macedonio era Lucas, a quien Pablo acababa de conocer en Troas, posiblemente al consultarlo como médico. Es posible que Lucas haya tenido alguna conexión personal con Filipos, y seguramente estaba en Troas en esos momentos, porque en el versículo que sigue (10) comienza con la primera de las secciones en primera persona plural con la que, silenciosa pero a la vez deliberadamente, hace que se note su presencia en el lugar. La identificación del macedonio con Lucas es conjetural, sin embargo, y Ramsay admitía que algunos la considerarían 'fantasías de un soñador'.[9]

Lo que sí sabemos es que a la mañana siguiente Pablo contó su visión a sus compañeros, que juntos consideraron su significado y lo que ella suponía, y llegaron a la conclusión de que Dios los había llamado a predicar el evangelio a los macedonios. De manera que **en seguida nos preparamos para partir hacia Macedonia** (10). A. T. Pierson, en su *The Acts of the Holy Spirit* [Los Hechos del Espíritu Santo] llamó la atención a lo que denominó 'la doble guía del apóstol y sus compañeros', a saber, 'por un lado *prohibición y restricción*, y por el otro *permiso y compulsión*. Tienen prohibido un rumbo, pero reciben invitación en otro; en un sentido el Espíritu dice 'no vayan'; en el otro les dice 'vengan'. Pierson pasó a ofrecer algunos ejemplos posteriores de la historia de las misiones de este tipo de 'guía doble': Livingston intentó ir a la China, pero Dios lo mandó al África en cambio. Antes de él, Carey planeaba ir a la Polinesia en los mares del sur, pero Dios lo guió a la India. Judson fue a la India, pero luego fue encaminado hacia Birmania. También nosotros, en nuestros días, concluye Pierson, 'tenemos que confiar en él para ser guiados y regocijarnos igualmente con las restricciones y la compulsiones'.[10]

De hecho, ciertos principios importantes de guía divina se ejemplifican en la experiencia de Pablo y sus compañeros. Dios los guió mediante una combinación de factores, a lo largo de un período de tiempo, que terminó cuando juntos consideraron el significado.

Primero se dio la doble prohibición, que de algún modo les impidió entrar tanto en Asia como en Bitinia, y los encaminó a Troas, cuyo puerto miraba hacia el oeste, hacia Macedonia. A esto siguió la visión nocturna que clamaba a Pablo pidiendo ayuda. Estas circunstancias sirvieron de base para su consideración, cuando se preguntaban a sí mismos y unos a otros, qué indicaban estas cosas. Luego ataron cabos, lo negativo (el impedimento hacia Asia y Bitinia) y lo positivo (el llamado desde Macedonia), y llegaron a la conclusión de que por medio de estas diversas experiencias Dios los estaba llamando a pasar a Macedonia a 'ayudar', es decir, a predicar el evangelio allí. De esto podemos aprender que la guía que ofrece Dios no es solo negativa sino también positiva (que algunas puertas se cierran, otras se abren); que no es solo circunstancial, sino también racional (que tenemos que analizar nuestra situación); que no es solamente personal, sino también corporativa (se debe compartir la información con otros, a fin de que podamos meditar sobre ella y llegar a un criterio en común). El verbo *symbibazō* en el versículo 10, traducido **convencidos**, 'dando por cierto' (RVR95), 'persuadidos' (BJ), significa literalmente 'reunir', 'juntar en la mente de alguien' (GT), y por ello inferir algo a partir de una variedad de datos.

## 1. La misión en Filipos | 16.11–40

**16.11Zarpando de Troas, navegamos directamente a Samotracia, y al día siguiente a Neápolis. 12De allí fuimos a Filipos, que es una colonia romana y la ciudad principal de ese distrito de Macedonia. En esa ciudad nos quedamos varios días.**

Lucas 'tiene la típica inclinación griega por el mar', escribió William Ramsay,[11] porque, como ahora se ha unido al grupo misionero y viaja con ellos, ofrece algunos detalles del viaje a través del Egeo. Menciona **Samotracia**, una isla rocosa cuya cumbre alcanza los 1500 metros, donde probablemente se detuvieron para pasar la noche, y **Neápolis**, el moderno puerto de Caballa, donde desembarcaron **al día siguiente** (11). Deben haber tenido vientos favorables como para completar el trayecto de unos 240 kilómetros en apenas dos días, dado que les llevó cinco días al regresar (20.6). Desde Neápolis tenían que caminar dieciséis kilómetros hasta **Filipos** por la Via Egnatia, que atravesaba la península griega desde el Egeo hasta el Adriático. Las enormes piedras de la calzada todavía pueden verse, aunque gastadas por el tránsito de siglos.

Filipos recibió su nombre en honor a Felipe de Macedonia en el siglo IV a.C. Después de ser una colonia griega por cerca de dos siglos, pasó a formar parte del imperio romano, y hacia fines del primer siglo a.C. fue convertida en **una colonia romana** y poblada por numerosos veteranos. Lucas sabe, también, que la provincia de Macedonia había sido dividida en cuatro distritos, y llama a Filipos **la ciudad principal de ese distrito de Macedonia.** Otros eruditos traducen 'una ciudad principal del distrito de Macedonia', mientras otros más sugieren una enmienda posible del texto, el que entonces dice 'una ciudad del primer distrito de Macedonia'.[12] Cualquiera sea la correcta, Lucas expresa orgullo por la que probablemente era su propia ciudad. En esta ciudad el grupo misionero se quedó **varios días** (12), posiblemente varias semanas. Durante este período deben haberse producido muchas conversiones. Pero Lucas elige sólo tres para mencionar, no, al parecer, porque fueran particularmente notables en sí mismas, sino porque demuestran cómo Dios derriba las barreras divisorias y es capaz de unir en Cristo a gente de muy diferentes clases.

### a. Una mujer comerciante llamada Lidia | 16.13–15

<sup>16.13</sup>El sábado salimos a las afueras de la ciudad, y fuimos
  por la orilla del río, donde esperábamos encontrar
  un lugar de oración. Nos sentamos y nos pusimos
  a conversar con las mujeres que se habían reunido.
  <sup>14</sup>Una de ellas, que se llamaba Lidia, adoraba a Dios.
  Era de la ciudad de Tiatira y vendía telas de púrpura.
  Mientras escuchaba, el Señor le abrió el corazón para
  que respondiera al mensaje de Pablo. <sup>15</sup>Cuando fue
  bautizada con su familia, nos hizo la siguiente invitación:
  'Si ustedes me consideran creyente en el Señor, vengan a
  hospedarse en mi casa.' Y nos persuadió.

Al parecer no había ninguna sinagoga en Filipos, pero sí había **un lugar de oración** (algo que los misioneros esperaban encontrar), que estaba ubicado a algo más de un kilómetro y medio en **las afuera de**

**la ciudad**, fuera de la puerta. Quizás era un lugar cerrado de algún tipo, o simplemente un sitio al aire libre. Se encontraba cerca del río Gangites, cuya proximidad lo haría útil para las abluciones ceremoniales. Dado que Lucas agrega que la congregación estaba formada por mujeres, se supone generalmente que esto explica por qué no había sinagoga allí: se requería un quórum de diez hombres antes de que se pudiera constituir una sinagoga. De todos modos, Pablo y sus amigos se reunieron con las mujeres para la adoración **el sábado**, y se sentaron a conversar, a la espera de ser invitados a hablar (13).

Una de las mujeres, **que se llamaba Lidia**, era de Tiatira, lugar que se encontraba en el valle del Hermo, del otro lado del Egeo, dentro de la provincia de Asia. Teniendo en cuenta que esa región fue anteriormente el antiguo reino de Lidia, es posible que 'Lidia' no haya sido su nombre personal sino su nombre comercial; tal vez era conocida como 'la dama oriunda de Lidia'. Tiatira había sido famosa desde siglos antes por sus tinturas, y presumiblemente era la agente macedónica de algún manufacturero de Tiatira. Era, también, **creyente en el Señor,** que creía y se comportaba como judía sin haberse hecho judía. Al escuchar el mensaje de Pablo, **el Señor le abrió el corazón para que respondiera al mensaje** (14). Es decir, le abrió los ojos espirituales para ver y creer en el Jesús a quien Pablo proclamaba. Notamos que, si bien el mensaje era de Pablo, la iniciativa salvífica era de Dios. La predicación de Pablo no fue efectiva en sí misma; fue el Señor quien obró por medio de ella. Además, la obra del Señor no se hizo efectiva por sí misma; eligió obrar a través de la predicación de Pablo. Siempre es así.

Poco después de su conversión Lidia **fue bautizada con su familia** (*oikos*). Este es el segundo bautismo de familias que registra Lucas.[13] Es probable que la familia incluyera al personal de servicio. El que también haya incluido a sus hijos (suponiendo que era viuda) es una cuestión discutible, aunque vale la pena mencionar que *oikos* se usa a veces para una familia con hijos.[14] Luego Lidia invitó a Pablo y sus acompañantes a su casa (que probablemente se convirtió en el lugar de reunión de los cristianos), porque cuando se abre el corazón, también se abre la casa. Si la consideraban **creyente en el Señor**, les dijo, seguramente no habría inconveniente en que los invitara. Fue muy convincente, de hecho actuó 'con mucha insistencia' (15, TLA), los 'obligó' (RVR95). Esto ha llevado a que se echaran a rodar diversos rumores, por ejemplo, que esta mujer de Lidia era Evodia o Síntique[15] o el 'fiel compañero'[16] de Pablo, e incluso que, como tal, ella y Pablo se habían casado. Pero estos rumores no son más que especulaciones sin verdadero fundamento.

## b. Una joven esclava anónima | 16.16–18

[16.16]Una vez, cuando íbamos al lugar de oración, nos salió al encuentro una joven esclava que tenía un espíritu de adivinación. Con sus poderes ganaba mucho dinero para sus amos. [17]Nos seguía a Pablo y a nosotros, gritando:

—Estos hombres son siervos del Dios Altísimo, y les anuncian a ustedes el camino de salvación.

[18]Así continuó durante muchos días. Por fin Pablo se molestó tanto que se volvió y reprendió al espíritu:

—¡En el nombre de Jesucristo, te ordeno que salgas de ella! Y en aquel mismo momento el espíritu la dejó.

En otra oportunidad, cuando Pablo y sus amigos se dirigían **al lugar de oración** un sábado, les **salió al encuentro una joven esclava**, y se interpuso en su camino. Lucas nos informa dos cosas acerca de ella. Primero, **tenía un espíritu de adivinación** y podía predecir el futuro, o literalmente, 'tenía el espíritu de un pitón' o 'un espíritu pitón'. Se trata de una referencia a la serpiente de la mitología clásica que cuidaba el templo de Apolo y el oráculo de Delfos en el monte Parnaso. Se creía que Apolo estaba encarnado en la serpiente y que inspiraba a las 'pitonisas', sus devotas femeninas, las que poseían clarividencia, aunque otras personas pensaban que eran ventrílocuas. Lucas no se ocupa de estas supersticiones, aunque sí considera que la joven esclava estaba poseída por un espíritu maligno. En segundo lugar nos dice que como esclava era explotada por sus amos, para los que ganaba mucho dinero mediante la adivinación (16). Mientras Pablo y sus compañeros seguían caminando, la joven los seguía gritando: **Estos hombres son siervos del Dios Altísimo** (término para el ser supremo, que los judíos aplicaban a Yahvéh y los griegos a Zeus), **y les anuncian a ustedes el camino de salvación** (17). Por cuanto la salvación era tema popular de conversación en esos días, aun cuando significaba cosas diferentes para diferentes personas, no resulta nada extraño que la joven haya recibido a los misioneros como predicadores del **camino** de salvación. Tampoco es extraño que el espíritu maligno hubiera gritado al reconocer a los mensajeros de Dios, porque Lucas ya había documentado cosas así durante el ministerio público de Jesús.[17] ¿Pero por qué habría de dedicarse a la evangelización un demonio? Quizás el motivo ulterior fuera desacreditar el evangelio, asociándolo en la mente popular con el ocultismo.

Los agudos gritos de la joven continuaron **durante muchos días** hasta que **por fin Pablo** decidió tomar medidas. **Se molestó tanto**, dice Lucas, lo cual sin duda significa que estaba profundamente 'perturbado' (BAGD). El verbo *diaponeomai* podría traducirse 'fastidiado' (NBE), pero no se justifica decir que Pablo experimentó 'un estallido de irritación' (JBP) o que 'perdió la calma' (JB). Es mejor entender que se sintió 'apesadumbrado' (AV), incluso 'indignado' (CI), debido a la condición en que se encontraba la joven, a la vez que acongojado por esta clase de publicidad inapropiada e indeseable. Su aflicción lo llevó a volverse y ordenar al espíritu maligno que en el nombre de Jesucristo saliera de ella, lo cual ocurrió de inmediato (18). Aun cuando Lucas no se refiere explícitamente a su conversión o su bautismo, el hecho de que su liberación aconteció entre la conversión de Lidia y la del carcelero lleva al lector a inferir que también ella se hizo miembro de la iglesia de Filipos.

### c. El carcelero romano | 16.19–40

Sin embargo, la liberación de la joven esclava resultó ser demasiado para sus dueños, quienes **se dieron cuenta de que**, si el espíritu maligno había salido de ella (*exēlthen*), **se les había esfumado** (o también, 'había salido', *exēlthen*) **la esperanza de ganar dinero.** La repetición del verbo seguramente es deliberada. Como comenta F. F. Bruce: 'Cuando Pablo exorcizó al espíritu que la poseía, exorcizó al mismo tiempo la fuente de ingresos de sus amos.'[18] Su furia tuvo algunas consecuencias sumamente desagradables para los misioneros, especialmente para Pablo y Silas.

> [16.19]**Cuando los amos de la joven se dieron cuenta de que se les había esfumado la esperanza de ganar dinero, echaron mano a Pablo y a Silas y los arrastraron a la plaza, ante las autoridades. [20]Los presentaron ante los magistrados y dijeron:**

—Estos hombres son judíos, y están alborotando a nuestra ciudad, ²¹enseñando costumbres que a los romanos se nos prohíbe admitir o practicar.

²²Entonces la multitud se amotinó contra Pablo y Silas, y los magistrados mandaron que les arrancaran la ropa y los azotaran. ²³Después de darles muchos golpes, los echaron en la cárcel, y ordenaron al carcelero que los custodiara con la mayor seguridad. ²⁴Al recibir tal orden, éste los metió en el calabozo interior y les sujetó los pies en el cepo.

²⁵ A eso de la medianoche, Pablo y Silas se pusieron a orar y a cantar himnos a Dios, y los otros presos los escuchaban. ²⁶De repente se produjo un terremoto tan fuerte que la cárcel se estremeció hasta sus cimientos. Al instante se abrieron todas las puertas y a los presos se les soltaron las cadenas. ²⁷El carcelero despertó y, al ver las puertas de la cárcel de par en par, sacó la espada y estuvo a punto de matarse, porque pensaba que los presos se habían escapado. Pero Pablo le gritó:

²⁸—¡No te hagas ningún daño! ¡Todos estamos aquí!

²⁹El carcelero pidió luz, entró precipitadamente y se echó temblando a los pies de Pablo y de Silas. ³⁰Luego los sacó y les preguntó:

—Señores, ¿qué tengo que hacer para ser salvo?

³¹—Cree en el Señor Jesús; así tú y tu familia serán salvos —le contestaron.

³²Luego les expusieron la palabra de Dios a él y a todos los demás que estaban en su casa. ³³A esas horas de la noche, el carcelero se los llevó y les lavó las heridas; en seguida fueron bautizados él y toda su familia. ³⁴El carcelero los llevó a su casa, les sirvió comida y se alegró mucho junto con toda su familia por haber creído en Dios.

³⁵Al amanecer, los magistrados mandaron a unos guardias al carcelero con esta orden: 'Suelta a esos hombres.' ³⁶El carcelero, entonces, le informó a Pablo:

—Los magistrados han ordenado que los suelte. Así que pueden irse. Vayan en paz.

[37]Pero Pablo respondió a los guardias:

—¿Cómo? A nosotros, que somos ciudadanos romanos, que nos han azotado públicamente y sin proceso alguno, y nos han echado en la cárcel, ¿ahora quieren expulsarnos a escondidas? ¡Nada de eso! Que vengan ellos personalmente a escoltarnos hasta la salida.

[38]Los guardias comunicaron la respuesta a los magistrados. Éstos se asustaron cuando oyeron que Pablo y Silas eran ciudadanos romanos, [39]así que fueron a presentarles sus disculpas. Los escoltaron desde la cárcel, pidiéndoles que se fueran de la ciudad. [40]Al salir de la cárcel, Pablo y Silas se dirigieron a la casa de Lidia, donde se vieron con los hermanos y los animaron. Después se fueron.

El relato que hace Lucas de lo que ocurrió en Filipos refleja correctamente la situación en una colonia romana. Los amos de la esclava arrastraron a Pablo y a Silas al ágora, que no solamente era la **plaza** sino el centro de la actividad pública de la ciudad (19). Luego los presentaron ante los *stratēgoi*, es decir, los dos *pretores* que actuaban como **magistrados** en las colonias romanas. La acusación era que **estos hombres son judíos** que **están alborotando a nuestra ciudad, enseñando costumbres que a los romanos se nos prohíbe admitir o practicar.** La acusación de que ocasionaban disturbios y pretendían introducir una religión extraña era seria. 'En un sentido formal, el ciudadano romano no debía practicar ningún culto extraño que no hubiera recibido la aprobación pública del estado, pero comúnmente podía hacerlo siempre que su culto no representara una ofensa para las leyes y los usos de la vida romana, es decir, siempre que no comprendiera crímenes políticos o sociales' (20–21).[19] Los amos de la esclava actuaron hábilmente. No solo ocultaron la verdadera razón por la que estaban airados, que era de orden económico, sino que a la vez presentaron su acusación legal contra los misioneros 'en términos que apelaban al antisemitismo latente del pueblo (**estos hombres son judíos**) y a su orgullo racial (**a** [nosotros] **los romanos...**)' y de este modo 'encendieron las llamas de la intolerancia.'[20]

Entonces la muchedumbre **se amotinó contra Pablo y Silas,** y los pretores mandaron a los lictores que los desnudaran y los azotaran públicamente (22). Fue un azotamiento severo, tal vez el primero de tres que Pablo mencionó tiempo después,[21] tras lo cual **los echaron en la cárcel**, con instrucciones al carcelero para que los hiciera vigilar rigurosamente (23). Por consiguiente **los metió en el calabozo interior y les sujetó los pies en el cepo** (24). Resulta maravilloso que con semejante dolor, con las espaldas laceradas y los miembros doloridos, Pablo y Silas, **a eso de la medianoche ... se [pusieran] a orar y a cantar himnos a Dios.** De su boca no salían gemidos sino canciones. En lugar de blasfemar contra los hombres, bendecían a Dios. Con razón **los otros presos los escuchaban** (25).

Súbitamente, los cimientos de la prisión se sacudieron por **un terremoto tan fuerte** que **se abrieron todas las puertas** de la cárcel, las cadenas de los **presos se les soltaron** (26), y el carcelero **despertó.** Al ver abiertas las puertas de la cárcel, e imaginando que los internos habían escapado, estaba a punto de suicidarse (27), porque se lo habría tenido por responsable, cuando Pablo le gritó que no se dañara porque los presos estaban todos allí (28). Haenchen se refiere a todo este episodio como 'un nido de improbabilidades',[22] y por cierto que así ha de aparecer a quienes lo analizan con presuposiciones escépticas. Pero el ojo de la fe, que cree en un Dios soberano y lleno de gracia, ve allí posibilidades, porque el Señor encamina todas las cosas para bien, en este caso la conversión del carcelero y la liberación de los misioneros. Convencido de su pecado, el carcelero **se echó temblando a los pies de Pablo y de Silas** y les preguntó qué debía hacer para ser salvo (29–30). Tal vez oyó a la joven esclava cuando gritaba acerca del 'camino de salvación'; o tal vez sólo expresaba el anhelo de su corazón. En cualquier caso, los misioneros le dieron una respuesta directa, que debía confiar personalmente en el Señor Jesús y que sería salvo, con su familia (31), y **luego les expusieron la palabra de Dios a él y a todos los demás que estaban en su casa,** abriéndoles más plenamente el camino a la salvación (32). El carcelero no sólo creyó, sino que se arrepintió también. Y como demostración de su penitencia, allí mismo sin demora **les lavó las heridas,** e inmediatamente después **fueron bautizados él y toda su familia,** tal vez en un pozo o una fuente en el patio de la prisión, o tal vez valiéndose del mismo lebrillo que había usado para lavarles las heridas (33). Así, como lo señaló Crisóstomo, el lavamiento fue recíproco: 'él los lavó y fue lavado; a ellos (es decir, los misioneros encarcelados) les lavó las heridas, y él mismo fue lavado de sus pecados.'[23] A continuación la familia ya bautizada recibió a Pablo y a Silas en su casa, así como Lidia lo había hecho antes, **y les sirvió comida**. Y esta fiesta de celebración no fue sino una expresión externa de la alegría interior que experimentó **toda su familia por haber creído en Dios** (34).

Temprano a la mañana siguiente, los pretores mandaron a los lictores a la cárcel con orden de soltar a Pablo y a Silas (35), y el carcelero transmitió el mensaje a los prisioneros. Sin duda las autoridades pensaban que un azotamiento público y una noche en la cárcel constituían un castigo suficiente, y alentaban la esperanza de que los prisioneros hubieran aprendido la lección y se irían en silencio. Pero Pablo reaccionó de otro modo. Hizo valer para sí mismo y para Silas sus derechos como ciudadanos romanos. A lo mejor lo habían hecho antes en el ágora, y no se los escuchó o no se les creyó. Pero ahora resultaba que se había cometido una grave injusticia con ellos. Porque 'de conformidad con el texto de la *lex Julia* ..., el ciudadano romano no será azotado ni atado por un magistrado *adversus provocationem* o por ninguna otra persona en ninguna circunstancia,'[24] y menos sin haber sido juzgado o sin haber sido condenado. Bastaba que el ciudadano dijera *civis romanus sum* y quedaba inmune al castigo; severos castigos se prescribían para los que violaran estos privilegios ciudadanos. De modo que Pablo les respondió a los oficiales: **nos han azotado públicamente y sin proceso alguno, y nos han echado en la cárcel, ¿ahora quieren expulsarnos a escondidas?** o 'sacarnos de contrabando privadamente' (NEB). **¡Nada de eso! Que vengan ellos personalmente a escoltarnos hasta la salida** (37). "Pablo parece haber sido responsable", escribe A. N. Triton, "de la primera 'sentada' que se registra. Se negó a moverse hasta que las autoridades acudieron y se disculparon... Quería obligar a las autoridades a reconocer y a cumplir la tarea señalada por Dios. Esto pudo haber sido muy importante para la libertad de la iglesia que dejaba tras de sí."[25]

Cuando los lictores volvieron con su informe, los pretores **se asustaron** (30), acudieron a la prisión a disculparse, y **los escoltaron desde la cárcel**, tal como habían exigido, si bien al mismo tiempo (con el fin de asegurar el orden público) terminaron **pidiéndoles que se fueran de la ciudad** (39). Pablo y Silas así lo hicieron, habiendo primero vuelto **a la casa de Lidia**, con el objeto de encontrarse con los miembros de la iglesia, alentarlos y despedirse de ellos. **Después se**

**fueron** (40), aunque sin Lucas (20.5), satisfechos de que habían sido vindicados y que su misión quedaba libre de ilegalidad.

## d. El poder unificador del evangelio

Sería muy difícil imaginar un grupo más desparejo que el constituido por la mujer comerciante, la joven esclava y el carcelero. Racialmente, socialmente y sicológicamente se encontraban en la antípoda. No obstante, estas tres personas fueron transformadas por el mismo evangelio y fueron recibidas en la misma iglesia.

Tomemos primeramente sus diferentes orígenes *nacionales*. Filipos era una ciudad cosmopolita, ya que había sido griega antes de ser romana, y además se encontraba próxima a la gran Via Egnatia en dirección este-oeste. Lidia era asiática, tal vez no en nuestro sentido de la palabra, sino en el sentido de que procedía de Asia Menor. En Filipos se la consideraba inmigrante, no nativa del lugar. La joven esclava era, presumiblemente, griega y residente. Pudo haber sido extranjera, ya que los esclavos eran importados desde todas partes, pero no hay nada en el relato que lo indique. Es probable que el carcelero fuera como la mayoría de los carceleros en esa época un soldado retirado o veterano del ejército, y, como todos los oficiales en la administración legal de una colonia romana, era romano él mismo. Cada uno de estos tres se había criado en una cultura diferente. Cierto es que estaban unidos políticamente por el imperio romano, pero ahora en Jesucristo descubrieron una unidad más profunda todavía.

O tomemos los diferentes fondos *sociales*. Es posible que Lidia haya sido una mujer acaudalada, que había adquirido el dinero en el negocio de las telas. Por cierto que tenía una casa lo suficientemente grande como para acomodar a los cuatro misioneros además de su propia familia (15). La joven esclava, en cambio, procedía del otro extremo del espectro social. No era posible hundirse más bajo en la estimación pública que la de ser una esclava femenina. Nada le pertenecía, ni siquiera su propia persona. No tenía posesiones, ni derechos, ni libertad, ni vida propia. Hasta el dinero que ganaba adivinando la suerte iba a los bolsillos de sus amos. Luego, el carcelero estaba socialmente a mitad de camino entre las dos mujeres. Si bien tenía una posición de responsabilidad en la cárcel local, seguía siendo un oficial subordinado al servicio del gobierno. Se podría decir que pertenecía a la respetable clase media. No obstante, estas tres personas fueron miembros fundadores de la iglesia de Filipos, admitidos a ella en los mismos términos, sin distinción alguna. Un jefe de familia judía agradecía a Dios en su plegaria de cada mañana porque no lo había hecho gentil, mujer ni esclavo. Pero aquí tenemos representantes de estas tres categorías despreciadas, ahora redimidas y unidas en Cristo. Porque, como les había escrito recientemente Pablo a los gálatas: 'Ya no hay judío ni griego, esclavo ni libre, hombre ni mujer, sino que todos ustedes son uno solo en Cristo Jesús.'[26]

Tercero, consideremos sus *necesidades personales* diferentes. Se podría decir que Lidia tenía una necesidad intelectual. Por lo menos lo que Lucas menciona de ella es que, mientras seguía escuchando (14, literalmente), el Señor le abrió el corazón (es decir, la mente), para que atendiera lo que Pablo estaba diciendo, así como había abierto la mente de sus discípulos para que entendieran las Escrituras.[27] Quizá haya sido una mujer oriental desilusionada, que luego se sintió atraída por el judaísmo. Pero aun así no estaba satisfecha. La joven esclava, por su parte, tenía una necesidad sicológica. Por cierto, tenía un espíritu maligno que debía ser exorcizado, pero, entonces como ahora, al estar poseída las consecuencias sicológicas pueden ser terribles. Había perdido su identidad, su individualidad como ser humano. Si como esclava pertenecía socialmente a sus amos, sicológicamente pertenecía al espíritu que la controlaba. Estaba sometida a una doble esclavitud. Pero al encontrar a Cristo (porque creo que Lucas quiere que entendamos que se convirtió además de ser liberada), se encontró a sí misma. Volvió a ser una persona integrada. En cuanto al carcelero, podríamos decir que su necesidad era moral. Por lo menos, sabemos que hasta cierto punto su conciencia fue alertada, dado que de inmediato preguntó cómo ser salvo. Las necesidades de los seres humanos no cambian mucho con el correr de los años, pero Jesucristo puede solucionarlas y satisfacer nuestras aspiraciones.

Es maravilloso observar en Filipos tanto la atracción universal del evangelio (que pudo alcanzar a una diversidad tan amplia de personas) y su efecto unificador (que pudo unirlos en la familia de Dios). Desde luego que el evangelio también divide, porque en cada comunidad algunos lo rechazan, pero a la vez une a quienes lo aceptan. Es emocionante ver que Lucas termina su relato sobre Filipos con una referencia a **los hermanos** (40). La acaudalada mujer comerciante, la explotada joven esclava y el rudo carcelero romano habían sido vinculados mediante una relación hermanable entre sí y el resto de los miembros de la iglesia. Es cierto que experimentaron algunas tensiones, y en su carta posterior a los filipenses Pablo tuvo que exhortarlos a mantenerse 'firmes en un mismo propósito', y a ser de 'un mismo parecer, un mismo amor, unidos en alma y pensamiento'.[28] No obstante, todos ellos formaban parte de una misma confraternidad en Cristo. También nosotros, que vivimos en una era de desintegración social, debemos poner de manifiesto el poder unificador del evangelio.

## 2. La misión en Tesalónica | 17.1–9

A pesar de 'las aflicciones e insultos que antes [sufrieron] en Filipos', Pablo y Silas recibieron fuerzas de parte de Dios para predicar el evangelio en Tesalónica. Eso es lo que escribieron en su primera carta a los Tesalonicenses.[29] Calvino hizo referencia al 'invencible valor mental e infatigable persistencia para llevar la cruz' que evidenciaba Pablo.[30] Entre Filipos y Tesalónica siguiendo la Via Egnatia, siempre en dirección sur-occidental, había unos 160 kilómetros. Atravesaron **Anfípolis y Apolonia** (1a), sin detenerse en ninguno de estos lugares, excepto quizás para pasar la noche, porque su destino era **Tesalónica**, capital de la provincia de Macedonia. Esta era una ciudad portuaria, situada en la cabecera del golfo termaico. Comandaba el comercio por mar a través del Egeo y por tierra a lo largo de la Via Egnatia, de este a oeste, y era una floreciente ciudad comercial, orgullosa de haber sido declarada libre en el año 42 a.C. También aquí **había una sinagoga de los judíos** (1b). De modo que Pablo, siguiendo **su costumbre** (incluso después de haber decidido '[dirigirse] a los gentiles', 13.46), **entró en la sinagoga** primeramente, donde durante **tres sábados seguidos** predicó el evangelio (2a).

Si bien Pablo y sus amigos tienen que haber pasado varios meses en Tesalónica, como queda claro por sus dos cartas a los cristianos de ese lugar, y aunque la mayoría de los conversos deben de haber sido gentiles, hasta paganos idólatras,[31] Lucas se concentra en la misión a los judíos, que duró apenas tres semanas, y nos informa sobre la manera en que el apóstol desarrolló su argumentación.

Primero, Pablo **discutió con ellos** (o sea con los judíos) y **basándose en las Escrituras, les explicaba y demostraba que era necesario que**

**el Mesías padeciera y resucitara** (2b–3a). Esta era la apología cristiana corriente para razonar con el pueblo judío. El precedente para ello lo estableció Jesús, como lo ha documentado el propio Lucas. Durante su ministerio público no dejó de predecir que el Hijo del hombre debía sufrir, morir y ser resucitado.[32] Luego, después de su resurrección, primero reprochó a los discípulos de Emaús por su lentitud para creer en el testimonio profético, que entonces él mismo trazó para ellos a través de 'todas las Escrituras', de que el Cristo tenía que sufrir antes de ingresar en su gloria.[33] Y en segundo lugar, Jesús volvió a enfatizar la enseñanza del Antiguo Testamento y su ministerio inicial sobre que el Cristo debía sufrir y levantarse.[34] Por consiguiente, esto se convirtió en la médula del *kērygma* apostólico, que Pedro dio a conocer el día de pentecostés (2.22ss) y que Pablo sintetizó posteriormente (13.26ss).[35] Pocas dudas puede haber de que en la sinagoga de Tesalónica las Escrituras a las que apeló Pablo fueran las que ya había citado en sus primeros sermones, especialmente los Salmos 2.1–7; 16.8–11; 110.1; 118.22; Isaías 52—53, y quizás también Deuteronomio 21.22–23.

Segundo, Pablo se dedicó a anunciarles al **Mesías** (3b). Vale decir, contaba la historia de Jesús de Nazaret: su nacimiento, su vida y su ministerio, su muerte y resurrección, su exaltación y el don del Espíritu, su reinado presente y su futuro regreso, su ofrecimiento de salvación y su advertencia en cuanto al juicio. No cabe duda que Pablo ofrecía a sus oyentes un pormenorizado relato de la carrera salvífica de Jesús de comienzo a fin.

Tercero, identificaba al Jesús de la historia con el Cristo de las Escrituras, declarando con valentía: '**Este Jesús que les anuncio es el Mesías**' (3b). Se trataba de un típico uso *pesher* o 'esto es aquello' del Antiguo Testamento, como el de Pedro en el día de pentecostés (2.16). Vale la pena tomar nota de que el verbo griego que se traduce **demostraba**, cerca del comienzo del versículo 3, es *paratithēmi*. Por cuanto literalmente significa 'colocar al lado', puede referirse al argumento de Pablo al 'colocar el cumplimiento al lado de las predicciones'.[36] De todas formas, la identificación de la historia con las Escrituras, de Jesús con el Cristo, resultaba esencial para la apologética de Pablo. Permanece como una parte indispensable del testimonio cristiano en nuestros días, cuando algunos teólogos intentan introducir una cuña entre el Jesús histórico de los evangelios y un Cristo místico de la teología y la experiencia cristianas.

Lucas pasa a describir la respuesta dividida que recibió el ministerio de Pablo. Por una parte, dado que su evangelio se predicaba 'no solo con palabras sino también con poder',[37] muchos creyeron. Por ejemplo, **algunos de los judíos se convencieron**, por efecto de la cuidadosa argumentación de Pablo, **y se unieron a Pablo y a Silas,** tal vez apartándose de la sinagoga para hacerse miembros de la iglesia cristiana doméstica, **como también lo hicieron un buen número de mujeres prominentes y muchos griegos que adoraban a Dios** (4). Dado que la expresión 'griegos que adoraban a Dios' parecería tautológica (ya que todos los que 'adoraban a Dios' eran gentiles), es posible que Lucas se esté refiriendo a dos grupos (los griegos, y los que adoraban a Dios) y no uno, como lo indica el texto occidental y sostenía William Ramsay.[38] En este caso los conversos provenían de cuatro secciones de la comunidad: judíos, griegos, personas que adoraban a Dios, y mujeres prominentes. Entre los nuevos conversos estaban Aristarco y Segundo, quienes más tarde fueron compañeros de viaje de Pablo, e incluso, en el caso de Aristarco, su compañero de prisión (20.4; 27.2).[39]

Por otra parte, **los judíos** incrédulos estaban **llenos de envidia,** de modo que **reclutaron a unos maleantes callejeros, con los que armaron una turba y empezaron a alborotar la ciudad. Asaltaron la casa de Jasón en busca de Pablo y Silas,** por cuanto Jasón era quien los hospedaba o alojaba (ver el v. 7), **con el fin de procesarlos públicamente** (5; 'sacarlos al pueblo', RVR95,). El término 'públicamente' o más exactamente 'pueblo' (RVR95) traduce aquí *dēmos*, término que podría referirse a 'la asamblea del pueblo' (JB) o consejo de ciudadanos, una institución de la cual Tesalónica como ciudad libre estaba orgullosa. **Pero como no los encontraron** (es decir, a los misioneros a los que estaban buscando), en cambio **arrastraron a Jasón y a algunos otros hermanos ante las autoridades de la ciudad** (*politarcas*) **(6a).** El acierto de Lucas al llamar a los magistrados de la ciudad 'politarcas' se ha confirmado mediante una cantidad de inscripciones macedónicas contemporáneas. A partir 'de cinco inscripciones que se refieren a Tesalónica, se deduce que un cuerpo de cinco politarcas gobernaba la ciudad durante el primer siglo d.C.'[40] La acusación contra Pablo y Silas era muy seria: **'¡Estos que han trastornado el mundo entero** [*oikoumenē*, el mundo habitado y conocido, en la práctica el imperio romano] **han venido también acá (6b), y Jasón los ha recibido en su** casa! Todos ellos actúan en contra de los decretos del emperador, afirmando que hay otro rey, uno que se llama Jesús.' (7) Al oír esto, la multitud y las autoridades de la ciudad se alborotaron (8). La acusación contra los misioneros fue que 'alborotan el mundo' (6, RVR95). Esto no significa  que la expresión **han trastornado el mundo entero** tuviera un sentido literal, sino que estaban ocasionado una revuelta social radical. El verbo *anastatoō* tiene connotaciones revolucionarias, como se usa en 21.38 acerca de un terrorista egipcio que 'provocó una rebelión'. En particular, a Pablo y Silas se lo acusó de alta traición. Es difícil exagerar el peligro al que los expuso esto, porque 'la mera sugerencia de traición contra los emperadores con frecuencia resultaba fatal para el acusado.'[41] Así como Jesús fue acusado de sedición ante Pilato, de que subvertía a la nación sosteniendo que era 'Cristo, un rey',[42] también las enseñanzas de Pablo acerca del reino de Dios (14.22) y acerca de la parusía de Cristo (término oficial para una visita imperial, y un tema que, según sabemos por las cartas a los tesalonicenses, el apóstol había destacado cuando estuvo con ellos) fueron tergiversadas. Dado que a veces se llamaba *basileus* ('rey')[43] al emperador, como también *kaiser* ('emperador'), era de esperar que la atribución de *basileus* a Jesús (7) se considerara una ofensa equivalente a traición. La ambigüedad de la enseñanza cristiana en esta área se mantiene. Por un lado, como pueblo cristiano, somos llamados a ser ciudadanos responsables y respetuosos de la ley, no revolucionarios. Por otro lado, la realeza de Jesús tiene supuestos políticos inevitables ya que, como súbditos leales a él, tenemos que negarnos a otorgarle a cualquier gobernante o ideología el lugar supremo y la obediencia total que le corresponden solamente a él.

La alarma de los politarcas los llevó a [exigir] **fianza a Jasón y a los demás para dejarlos en libertad** (9). Por detrás de la acción de los magistrados probablemente había algo más que la simple liberación de los acusados mediante una fianza. La expresión de Lucas se refiere 'al ofrecimiento y la promesa de seguridad, en procedimientos civiles y criminales.'[44] Así, obtuvieron de ellos un compromiso de que Pablo y Silas saldrían de la ciudad y no volverían, con la advertencia de severas penas si se quebrantaba el acuerdo. Probablemente fue esta prohibición legal lo que Pablo consideró en el sentido de que Satanás le impedía volver a Tesalónica;[45] sin duda 'este ingenioso ardid puso un abismo infranqueable entre Pablo y los tesalonicenses.'[46]

## 3. La misión en Berea | 17.10–15

**Tan pronto como se hizo de noche, los hermanos enviaron a Pablo y a Silas a Berea,** sacándolos de Tesalónica a cubierto de la oscuridad, con el fin de asegurar que no hubiera más disturbios públicos. **Al llegar,** siguiendo un viaje de unos 80 kilómetros en dirección sudoeste, aunque ya no por la Via Egnatia, los misioneros **se dirigieron** primeramente **a la sinagoga de los judíos** (10) con el objeto de compartir con sus miembros las buenas noticias de Jesús. **Éstos eran de sentimientos más nobles** (con más 'apertura mental', JB, BAGD) **que los de Tesalónica,** es decir, los judíos de Tesalónica, **de modo que recibieron el mensaje con toda avidez y todos los días examinaban las Escrituras,** reuniéndose con Pablo para un diálogo diario y no simplemente un encuentro semanal el sábado, **para ver si era verdad lo que se les anunciaba** (11). Obviamente Lucas admira su entusiasmo por la predicación de Pablo, a la vez que su diligencia y su apertura desprejuiciada para estudiar las Escrituras. Combinaban receptividad con investigación crítica. El verbo para 'examinar' (*anakrinō*) se usa en investigaciones judiciales, como cuando Herodes examinó a Jesús,[47] el sanedrín a Pedro y a Juan (4.9), y Félix a Pablo (24.8). Supone integridad y ausencia de parcialidad. Sin duda los bereanos son un ejemplo a imitar, por su actitud de estudiar las Escrituras con imparcialidad y esmero.

Sin embargo, el hecho de que los de Berea prestaran atención y estudiaran no arrojó como resultado la unánime aceptación del evangelio. Como en Tesalónica, hubo una división. **Muchos de los judíos creyeron, y también un buen número de griegos, incluso mujeres distinguidas y no pocos hombres** (12), entre los que probablemente se encontraba Sópater hijo de Pirro (aun cuando no se lo menciona sino en 20.4). Al mismo tiempo, **cuando los judíos de Tesalónica se enteraron de que también en Berea estaba Pablo predicando la palabra de Dios, fueron allá para agitar y alborotar a las multitudes** (13). En esta ocasión **los hermanos** no esperaron ni se arriesgaron a enfrentar otro brote de furor público, sino que **en seguida ... enviaron a Pablo hasta la costa,** en tanto que Silas y Timoteo se quedaron [momentáneamente] **en Berea** (14). **Los que acompañaban a Pablo lo llevaron hasta Atenas,** presumiblemente por mar, un viaje de más de 300 millas náuticas, y **luego regresaron con instrucciones de que Silas y Timoteo se reunieran con él tan pronto como les fuera posible** (15).

## 4. Algunas reflexiones finales

Lucas hace la crónica de la misión tanto a Tesalónica como a Berea con sorprendente brevedad. Un aspecto importante de ellas, al que parecería querer llamar la atención de sus lectores, es la actitud hacia las Escrituras adoptada tanto por el expositor como por los oyentes, como lo evidencian los verbos de que se vale. En Tesalónica Pablo discutía, explicaba, demostraba, anunciaba y convencía, en tanto que en Berea los judíos recibieron con avidez el mensaje y examinaban diligentemente las Escrituras. En el curso de la evangelización de los judíos era inevitable que los textos del Antiguo Testamento fueran tanto la fuente de estudio como el tribunal de apelación. Lo que impresiona es que ni el orador ni los oyentes usaran las Escrituras en forma superficial, simplemente buscando textos probatorios. Por su parte, Pablo discutía con base en las Escrituras, y los de Berea las examinaban para ver si sus argumentos eran convincentes. Además, podemos estar seguros de que Pablo apreciaba y alentaba esta reacción inteligente. Pablo creía en la doctrina (su mensaje tenía contenido teológico), pero no en el adoctrinamiento (la instrucción tiránica exigiendo aceptación acrítica). Como escribió Bengel acerca del versículo 11, 'una característica de la verdadera religión es que admite que sea examinada, y que sus demandas sean materia de decisión.'[48] De manera que los argumentos de Pablo y los estudios de sus oyentes iban de la mano. No dudo que al mismo tiempo cubría todo con oración, pidiendo al Espíritu Santo de la verdad que abriera su boca para explicar, y la mente de sus oyentes para que comprendieran las buenas noticias de la salvación en Cristo.

# 13

# Pablo en Atenas
## Hechos 17.16–34

Hay algo cautivante en cuanto a Pablo en Atenas, el gran apóstol cristiano en medio de las glorias de la antigua Grecia. Desde luego que tuvo información sobre Atenas desde que era adolescente. Todo el mundo estaba enterado sobre Atenas, que había sido la principal ciudad-estado griega desde el siglo v a.C. Incluso después de su incorporación al imperio romano, retuvo una arrogante independencia intelectual además de constituirse en ciudad libre. Se jactaba de su rica tradición filosófica, heredada de Sócrates, Platón y Aristóteles, de su literatura y su arte, y de sus notables logros en la causa de la libertad humana. Aun cuando en los días de Pablo 'vivía de su extraordinario pasado,'[1] y era una ciudad comparativamente pequeña según los criterios modernos, todavía tenía una reputación sin rivales como la metrópolis intelectual del imperio.

Ahora, por primera vez Pablo visitaba Atenas, la ciudad de la que tanto había oído hablar, y a la que llegó por mar desde el norte. Sus amigos, que lo habían escoltado para ofrecerle seguridad cuando salió de Berea, ya se habían ido. Con ellos había enviado el mensaje de que Silas y Timoteo se reunieran con él tan pronto como fuera posible (17.15). Tenía esperanzas de volver a Macedonia, porque fue a Macedonia que había sido llamado (16.10). Mientras tanto, a la espera de su llegada, se encontró solo en la capital cultural del mundo. ¿Cuál fue su reacción? ¿Cuál debería ser la reacción de un cristiano que visita o que vive en una ciudad que está dominada por una ideología o una religión no cristiana, una ciudad que puede ser estéticamente magnífica y culturalmente sofisticada, pero moralmente decadente y espiritualmente engañada o muerta? La reacción de Pablo tuvo cuatro partes. Lucas nos informa sobre lo que vio, lo que sintió, lo que hizo y lo que dijo.

# 1. Lo que vio Pablo

**Mientras Pablo los esperaba en Atenas**, es decir, a Silas y a Timoteo, **le dolió en el alma ver que la ciudad estaba llena de ídolos** (16) o 'entregada a la idolatría' (RVR95). Podría haber andado por Atenas como turista, como probablemente hubiéramos hecho nosotros, con el fin de ver las cosas de interés que ofrecía la ciudad. Podría haberse decidido, ahora que por fin tenía la oportunidad, a recorrer sus espectáculos uno por uno. Porque los edificios y monumentos de Atenas no tenían rival. La acrópolis, antigua ciudadela de Atenas, que estaba lo suficientemente elevada como para ser vista desde varios kilómetros a la redonda, ha sido descrita como 'una composición de arquitectura y escultura dedicada a la gloria nacional y a la adoración de los dioses'.[2] Hasta nuestros días, aunque ya parcialmente en ruinas, el Partenón ofrece un esplendor único. Pablo también podría haberse detenido en el ágora, con sus muchos pórticos pintados por artistas famosos, con el objeto de escuchar los debates de sus estadistas y filósofos de aquel entonces, porque Atenas era muy conocida por su democracia. Y Pablo no era inculto. En términos nuestros podríamos decir que era graduado de las universidades de Tarso y de Jerusalén, y que Dios lo había dotado de un gran intelecto. Podría haberse sentido fascinado con el esplendor de la arquitectura, la historia y la sabiduría de la ciudad.

Pero no fue ninguna de estas cosas lo que le llamó la atención. Lo que vio no fue ni la belleza ni el brillo de la ciudad, sino su idolatría. El adjetivo que emplea Lucas (*kateidōlos*) no aparece en ninguna otra parte del Nuevo Testamento, y no ha sido encontrado en ninguna otra pieza literaria griega. Aunque la mayoría de las versiones lo vierten como **llena de ídolos**, parece trasmitir que la ciudad estaba 'bajo' ellos. Podríamos decir que estaba 'sofocada por ídolos' o 'inundada' de ellos. Alternativamente, ya que con frecuencia los vocablos con *kata* expresan un crecimiento exuberante, lo que vio Pablo fue 'un verdadero bosque de ídolos'.[3] Como dijo luego, los atenienses eran **sumamente religiosos** (22). Jenofonte se refirió a Atenas como 'un solo gran altar, un solo gran sacrificio'.[4] En consecuencia, 'había más dioses en Atenas que en el resto del país, y el satírico romano no exagera cuando dice que allí era más fácil encontrar un dios que un hombre'.[5] Había innumerables templos, santuarios, estatuas y altares. En el Partenón se levantaba una enorme estatua de oro y marfil dedicada a Atenea, 'cuya resplandeciente cúspide en forma de punta de lanza era visible a 65 kilómetros de distancia'.[6] En otras partes había imágenes de Apolo, el patrono de la ciudad, de Júpiter, Venus, Mercurio, Baco, Neptuno, Diana y Esculapio. Todo el panteón griego estaba allí, todos los dioses del Olimpo. Y eran hermosos. No sólo los había de piedra y bronce, sino de oro, plata, marfil y mármol, y habían sido elegantemente modelados por los mejores escultores griegos. No hay razón para suponer que Pablo no vio su belleza. Pero la belleza no lo impresionaba si esta no honraba a Dios el Padre y al Señor Jesucristo. En cambio, se sintió angustiado por el uso idolátrico que hacían los atenienses de la creatividad artística dada por Dios. Esto es lo que vio Pablo: una ciudad sumergida en sus ídolos.

## 2. Lo que sintió Pablo

**Le dolió en el alma** (16). El verbo griego *paroxynō*, del que se deriva 'paroxismo', tenía originalmente asociaciones médicas y se usaba para accesos o ataques epilépticos. También significa 'estimular', especialmente 'irritar, provocar, despertar ira' (GT). La única otra vez que aparece en el Nuevo Testamento es en la primera carta de Pablo a la iglesia de Corinto, donde describe el amor como aquello que no 'se enoja fácilmente'.[7] ¿Será que en este caso Pablo no practicó en Atenas lo que predicó en Corinto? ¿Será que la idolatría de la ciudad despertó en él un enojo pecaminoso? ¿Es justo decir que se sintió 'irritado' (según la traducción de Moffatt), y hasta 'indignado' (BJ); 'enardecido', (RVR95)? No, creo que no. Para empezar, el verbo está en el tiempo imperfecto, que expresa no una súbita pérdida de paciencia sino más bien una reacción continua y controlada ante lo que vio. Además, estaba solo. Nadie fue testigo de su paroxismo. De modo que esta debe de haber sido la palabra que él mismo utilizó cuando posteriormente describió sus sentimientos a Lucas; evidentemente no estaba avergonzado por lo que sintió.

La clave para interpretar la naturaleza de las emociones de Pablo está en que *paroxynō* es el verbo que se usa regularmente en la LXX para el Santo de Israel, y en particular (tal es la coherencia de las Escrituras) para describir su reacción ante la idolatría. Así, cuando los israelitas hicieron el becerro de oro en el monte Sinaí, cuando posteriormente fueron culpables de crasa idolatría e inmoralidad en relación con el Baal de Peor, y cuando el reino del norte hizo otro becerro para adorarlo en Samaria, 'provocaron' a ira al Señor Dios. Israel, dijo, es 'un pueblo rebelde ... que en mi propia cara constantemente me provoca'.[8] De modo que Pablo fue provocado por la idolatría, y provocado a ira, a dolor e indignación, tal como Dios mismo, y por la misma razón, a saber, por el honor y la gloria de su nombre. A veces las Escrituras llaman a esta emoción 'celos'. Por ejemplo, está escrito que Yahvéh, 'es muy celoso. Su nombre es Dios celoso'.[9] Ahora bien, los celos son expresiones de resentimiento entre rivales, y el que sean buenos o malos depende de si el rival tiene algún derecho a estar allí. Estar celoso de alguien que amenaza superarnos en belleza, cerebro o deportes es pecaminoso, porque no podemos pretender el monopolio del talento en esas áreas. Si, por otra parte, un tercero interfiere nuestro matrimonio, los celos de la persona que está siendo desplazada son justos, porque el intruso no tiene ningún derecho a ocupar ese lugar. Es igual con Dios, quien dice: 'Yo soy el Señor; ¡ese es mi nombre! No entrego a otros mi gloria, ni mi alabanza a los ídolos.'[10] El Creador y Redentor tiene derecho a nuestra exclusiva alianza, y se vuelve 'celoso' si la transferimos a algún otro o a alguna otra cosa. Más todavía, el pueblo de Dios, que ama el nombre de Dios, debería compartir su 'celo' por ese amor. Por ejemplo, en momentos de apostasía nacional Elías dijo que había sentido 'un vivo celo por Jehová, Dios de los ejércitos',[11] tan angustiado estaba de que el honor de Dios estuviese siendo profanado. De modo semejante, Pablo dijo a los corintios claudicantes: 'el celo que siento por ustedes proviene de Dios';[12] anhelaba que ellos se mantuviesen leales a Jesús, con quien los había desposado.

El dolor o 'paroxismo' que experimentó Pablo en Atenas no se debió a mal humor, ni a pena por la ignorancia de los atenienses, ni siquiera a temor por la salvación eterna de ellos. Mas bien se debió a su aborrecimiento de la idolatría, que despertó en él profundas manifestaciones de celo por el nombre de Dios, al ver seres humanos tan pervertidos que estaban dando a los ídolos el honor y la gloria que corresponden al solo y único Dios vivo y verdadero. 'Todo su ser sintió repulsión a la vista de una ciudad entregada a la idolatría' (JB).

Este dolor y horror interior, que movió a Pablo a compartir las buenas noticias con los idólatras de Atenas, también debería movernos a nosotros de modo semejante. Los incentivos son importantes en todas las esferas. Como seres humanos racionales, no sólo precisamos saber lo que deberíamos estar haciendo, sino por qué deberíamos estar haciéndolo. Y la motivación para la misión es importante hoy, cuando el estudio comparativo de las religiones ha llevado a muchos a negar el carácter único y definitivo de Jesucristo y a rechazar el concepto de la evangelización y la conversión de las personas. ¿Cómo, entonces, ante la creciente oposición a ella, pueden los cristianos justificar la continuidad de la evangelización mundial? La respuesta más común consiste en señalar la gran comisión, y por cierto que el acto de obedecerla proporciona un gran estímulo. La compasión es superior a la obediencia, sin embargo, o sea el amor por la gente que no conoce a Jesucristo, y que en consecuencia está alienada, desorientada, y por cierto perdida. Pero el mayor incentivo de todos es el celo o ardor por la gloria de Jesucristo. Dios lo ha elevado al lugar supremo de honor, con el fin de que toda rodilla y toda lengua reconozcan su señorío. Por consiguiente, cuando se le niega su legítimo lugar en la vida de la gente deberíamos sentirnos heridos, celosos por su nombre. Como lo expresó Henry Martyn en la Persia musulmana a comienzos del siglo XIX, 'yo no podría tolerar la existencia si Jesús no fuera glorificado; sería el infierno para mí, si él fuera siempre ... deshonrado.'[13]

## 3. Lo que hizo Pablo

**Así que (*men oun*; 'por eso', DHH) discutía en la sinagoga con los judíos y con los griegos que adoraban a Dios, y a diario hablaba en la plaza con los que se encontraban por allí (17). Algunos filósofos epicúreos y estoicos entablaron conversación con él (18a).** La reacción de Pablo ante la idolatría de la ciudad no fue negativa solamente (horror y congoja) sino también positiva y constructiva (testimonio). No se limitó a alzar las manos con desesperación, o a llorar con impotencia, o a maldecir y jurar contra los atenienses. Claro que no, compartió con ellos las buenas noticias acerca de Jesús. Procuró, mediante la proclamación del evangelio, convencerlos a que se volvieran de los ídolos al Dios vivo y así darle a él y a su Hijo la gloria debida a su nombre. La agitación de su espíritu con justa indignación lo llevó a hablar y dar testimonio. Tomemos nota de los tres grupos con los que nos dice Lucas que habló. Primero, siguiendo su práctica acostumbrada, fue a la sinagoga el sábado y 'discutió' o 'razonó' (NIV), 'dialogaba' (CI) allí tanto con judíos como con gentiles temerosos de Dios. Al igual que en Tesalónica, habrá delineado en Atenas al Cristo de las Escrituras, habrá proclamado al Jesús de la historia, e identificado a los dos como el Salvador de los pecadores enviado desde el cielo. En segundo lugar, entró al ágora, que actualmente ha sido totalmente excavada y restaurada, y que servía tanto de mercado como de centro de la actividad pública, y discutió **con los que se encontraban por allí**, ya no el sábado sino **a diario**. Al parecer adoptó expresamente el famoso método socrático del diálogo, con preguntas y respuestas; era, de hecho, una especie de Sócrates cristiano, si bien con un mejor evangelio que el que jamás conoció Sócrates.

Tercero, algunos filósofos epicúreos y estoicos comenzaron a discutir con él, y él con ellos. Estos eran sistemas de la época, aunque rivales. Los epicúreos, o 'filósofos del huerto', sistema fundado por Epicuro (quien murió en el año 270 a.C.), consideraban que los dioses eran tan remotos que no se interesaban, ni influían, en los asuntos humanos. El mundo se debía a la casualidad, a una confluencia azarosa de átomos, y no habría ninguna existencia después de la muerte, como tampoco un juicio. De modo que los seres humanos harían bien en buscar el placer, especialmente el sereno disfrute de una vida alejada del dolor, de la pasión y el temor. Los estoicos, o 'filósofos del pórtico' (la *stoa* o columna pintada próxima al ágora donde enseñaban), sistema fundado por Zenón (quien murió en el año 265 a.C.), reconocían a un dios supremo pero de un modo panteísta, confundiéndolo con el 'alma del mundo'. El mundo dependía del destino, y los seres humanos deben cumplir su deber, resignarse a vivir en armonía con la naturaleza y la razón, por doloroso que pudiera resultar esto, y desarrollar su propia autosuficiencia. Simplificando, podemos decir que caracterizaba a los epicúreos el énfasis en la casualidad, el escapismo y el disfrute del placer, y a los estoicos el énfasis en el fatalismo, la sumisión y la paciencia ante el dolor. En el discurso posterior de Pablo en el areópago reconocemos ecos del enfrentamiento entre el evangelio y estas filosofías, cuando el apóstol se refiere a la solícita preocupación de un Creador personal, a la dignidad de los seres humanos como sus hijos, a la certidumbre del juicio y al llamado al arrepentimiento.

No podemos menos que admirar la habilidad de Pablo para hablar con igual facilidad a gente religiosa en la sinagoga, a gente encontrada por casualidad en la plaza de la ciudad, y a filósofos altamente sofisticados tanto en el ágora como cuando se encontraban en el consejo. Hoy lo que más se acerca a la sinagoga es la iglesia, el lugar donde se reúne la gente religiosa. Sigue habiendo un lugar importante para compartir el evangelio con la gente de iglesia, 'temerosos de Dios' al margen de las iglesias, que tal vez asisten a algún culto ocasionalmente. El equivalente del ágora ha de variar en diferentes partes del mundo. Podría ser un parque, una plaza de la ciudad o esquina de alguna calle, un centro comercial (*shopping center*) o un mercado, un bar o un café, una discoteca o cafetería estudiantil, cualquier lugar donde se junta la gente cuando tiene algún tiempo libre. Hacen falta evangelistas con el don necesario para hacer amistades y charlar sobre el evangelio en contextos informales como los mencionados. En cuanto al areópago, no tiene ningún equivalente preciso en el mundo contemporáneo. Quizás lo más aproximado sea la universidad, donde se encuentran muchos de los integrantes de la élite intelectual del país. Ni la evangelización que ofrece la iglesia ni la evangelización callejera sería adecuada para estos casos. En cambio, deberíamos desarrollar un tipo de evangelización en grupos, en los que pueda haber discusión libre; también, grupos de 'Agnósticos Anónimos' en los que no haya restricción alguna, y conferencias de evangelización con un fuerte contenido apologético. Hacen falta con urgencia más pensadores cristianos dispuestos a dedicar su capacidad intelectual a Cristo, no solamente como conferenciantes, sino también como escritores, periodistas, dramaturgos y radiodifusores, como guionistas de televisión o como productores, y personalidades como artistas y actores que se valgan de una diversidad de formas artísticas con las cuales comunicar el evangelio. Todos estos pueden enfrentarse con las filosofías e ideologías contemporáneas no cristianas de un modo que se hagan escuchar por hombres y mujeres modernos que piensan, y de esta manera por lo menos lograr que se escuche el evangelio debido a la forma razonable en que se lo presenta. Cristo llama a los seres humanos a moderar su intelecto, pero no a anularlo.

## 4. Lo que dijo Pablo

El diálogo evangelizador que Pablo mantuvo con judíos, con griegos que adoraban a Dios, con filósofos, y con otras personas en encuentros casuales, bien pudo haber continuado por muchos días. Esto condujo a una de las oportunidades más grandes de todo su ministerio, o sea a la presentación del evangelio al mundialmente famoso consejo supremo de Atenas, el areópago. ¿Cómo ocurrió esto? Los filósofos epicúreos y estoicos reaccionaron de dos maneras ante el mensaje de Pablo. Algunos lo insultaron. **Unos decían: '¿Qué querrá decir este charlatán?'** (18b). 'Charlatán' es traducción de *spermologos*, que según Ramsay es 'una palabra característica de la jerga ateniense'.[14] Su significado literal es 'recogedor de semillas', y se usaba para diversas aves que se alimentaban con semillas o con carroña, la corneja, por ejemplo, en la comedia *Los pájaros* de Aristófanes. De allí la versión que sugiere 'gorrión macho'.[15] De aves pasó a aplicarse a seres humanos, vagabundos o mendigos que viven de restos de alimentos que levantan de la calle. Luego, en tercer lugar, se usó para describir a los maestros que, al no tener ideas originales en la cabeza, inescrupulosamente plagiaban a otros, levantando migajas de conocimientos de aquí y de allá, celosos 'buscadores de lo de segunda mano o de menor valor',[16] hasta que su sistema no es más que una bolsa de ideas y dichos de otros. Por ello este 'plagiador ignorante',[17] este **charlatán**, 'palabrero' (RVR95), 'bufón' (BC), 'este loro' (JB), 'cotorra intelectual'.[18]

**Otros** (entre los filósofos) **comentaban: 'Parece que es predicador de dioses extranjeros.'** Esa había sido una de las acusaciones contra Sócrates 450 años antes. **Decían esto**, comenta Lucas, **porque Pablo les anunciaba las buenas nuevas de Jesús y de la resurrección** (18c). La palabra para **dioses** aquí es *daimonia*, que no siempre significaba 'demonios', sino que podía usarse para 'dioses menores', en este caso 'divinidades extranjeras' (BJ). Es posible que los filósofos, al comprender que la esencia del mensaje de Pablo era *ton Jēsoun kai tēn anastasin* (**de Jesús y de la resurrección**) pensaron que estaba presentando en Atenas un par de divinidades nuevas, un dios masculino llamado 'Jesús' y su consorte femenina 'Anastasis'. Crisóstomo fue el primero en hacer esta sugerencia,[19] y una cantidad de comentaristas lo han seguido. F. F. Bruce va más allá y escribe: 'En los oídos de algunos de los que frecuentaban el ágora estas dos palabras sonaban como si denotaran los poderes personificados y deificados de sanidad (*iasis*) y restauración.[20] Es interesante, como me lo señaló el doctor Conrad Gempf, que los dos discursos de Pablo registrados por Lucas en Hechos dirigidos a los paganos parecen haber sido ocasionados por un malentendido: '¡Los atenienses imaginan dos dioses nuevos, en tanto que los de Listra piensan que están viendo dos dioses antiguos! ¿Podría ser que Lucas estaba advirtiendo a sus lectores sobre modos en que entienden equivocadamente [el mensaje] los paganos?'

Cualquiera haya sido el motivo de los filósofos, **lo llevaron a una reunión del Areópago.**

**—¿Se puede saber qué nueva enseñanza es esta que usted presenta? —le preguntaron (19). Porque nos viene usted con ideas que nos suenan extrañas, y queremos saber qué significan (20). Es que todos los atenienses y los extranjeros que vivían allí se pasaban el tiempo sin hacer otra cosa más que escuchar y comentar las últimas novedades (21).**

La palabra 'areópago' significa literalmente 'el monte (*pagos*) de Ares (el equivalente griego de Marte), por ello 'monte de Marte'. Estaba situado un poco hacia el noroeste de la acrópolis, y anteriormente había sido el lugar donde se reunía el más venerable tribunal judicial de la antigua Grecia. Por esta razón el nombre se transfirió con el tiempo al lugar del tribunal. Para los días de Pablo, aunque a veces se ventilaban casos allí, este tribunal contaba con poderes legales disminuidos. Sus miembros eran más bien guardianes de la religión, la moral y la educación de la ciudad, y normalmente se reunía en el 'pórtico real' del ágora. Nos encontramos ante dos interrogantes. Primero, ¿Pablo fue llevado al monte, ante el tribunal/consejo, o ante ambos? Se ofrecen diversas respuestas, pero con seguridad que las expresiones utilizadas, en el sentido de que **se puso en medio** (22) y más tarde **salió de la reunión** (33), hacen referencia más bien a personas que a un lugar. Parece casi seguro, entonces, que se dirigió al venerable senado, y no tiene mayor importancia dónde se llevó a cabo el encuentro.

Segundo, ¿fue el discurso de Pablo en el areópago una defensa o un sermón? Algunos estudiosos, especialmente aquellos que consideran que su discurso fue una presentación inadecuada del evangelio (dado que al parecer la cruz no fue lo central en el mismo), procuran proteger la reputación de Pablo y argumentan que se estaba defendiendo, no predicando a Cristo. Por cierto que es una posibilidad, por cuanto el tribunal todavía tenía algunas funciones judiciales. En particular, tenía jurisdicción en lo religioso en la ciudad y, dado que se acusaba a Pablo de estar introduciendo dioses nuevos (18), tenía que tomar conocimiento y adoptar un criterio. De modo que la afirmación en el versículo 19 de que **se lo llevaron** podría traducirse 'lo tomaron' (RVR95) en el sentido de que lo arrestaron. Pero la argumentación en contra de esta propuesta es fuerte. El 'contexto está desprovisto de vestigios de proceso judicial'.[21] Al parecer no hubo ninguna acusación legal, ni fiscal, ni juez, ni veredicto, como tampoco sentencia. Al mismo tiempo, aun cuando Pablo no fue sometido a interrogación formal alguna, se le pidió que explicara lo que enseñaba. Por consiguiente se puede considerar que la situación era 'una averiguación informal hecha por la comisión educativa', que lo consideró con 'una ligera indulgencia desdeñosa',[22] de tal modo que 'podía concedérsele libertad para predicar en la ciudad o ser censurado y silenciado'.[23] En consecuencia, Pablo informó al tribunal lo que creía y enseñaba, pero al hacerlo hizo una declaración enteramente personal del evangelio. Como ya hemos visto, Pedro y Juan estuvieron ante el sanedrín, y como hemos de ver nuevamente en escenarios judiciales en Jerusalén y Cesarea, los apóstoles al parecer no podían defenderse sin al mismo tiempo predicar a Cristo. En lo que hace a Pablo en Atenas, se requería una medida inusual de coraje para hablar como lo hizo, porque sería difícil imaginar un auditorio menos receptivo o más desdeñoso.

**Pablo se puso en medio del Areópago y tomó la palabra:**

**—¡Ciudadanos atenienses! Observo que ustedes son sumamente religiosos en todo lo que hacen (22). Al pasar y fijarme en sus lugares sagrados, encontré incluso un altar con esta inscripción: a un dios desconocido. Pues bien, eso que ustedes adoran como algo desconocido es lo que yo les anuncio (23).** El apóstol adoptó como su texto, o más bien como su punto de contacto con ellos, el altar anónimo que había visto. Se han encontrado en la literatura antigua referencias a altares semejantes, dedicados a un dios desconocido. Pausanias, por ejemplo, quien viajó extensamente en el año 175 d.C. aproximadamente, y escribió en su *Viaje por Grecia* su asombrado relato sobre la gloria, la historia y la mitología de ese país, comenzó su itinerario en Atenas. Desembarcando en la rocosa península llamada El Pireo, unos ocho kilómetros al sudoeste de la ciudad, encontró cerca del puerto una cantidad de templos, juntamente con 'altares de dioses llamados Desconocidos'.[24] Habiendo visto un altar así, Pablo hizo su observación inicial cortés acerca de la religiosidad ateniense. No comienza todavía a rebatir la necia idolatría ateniense. En cambio opta por referirse a la ignorancia que ellos mismos reconocían. ¿Cómo, entonces, hemos de interpretar su afirmación de que eso que ellos adoraban **como algo desconocido** era precisamente lo que él estaba a punto de anunciarles? ¿Estaba reconociendo de este modo la autenticidad de su culto pagano, y en consecuencia deberíamos nosotros considerar con igual caridad el culto de otras religiones no cristianas? Por ejemplo, ¿se justifica que Raymond Panikkar, en *The Unknown Christ of Hinduism* [El Cristo desconocido del hinduismo], escriba: 'Siguiendo las pisadas de san Pablo, creemos que no solo podemos hablar del dios desconocido de los griegos sino también del Cristo oculto del hinduismo'?[25] ¿Se justifica que el mismo autor llegue a la conclusión de que 'el hindú bueno y fiel es salvo por Cristo y no por el hinduismo, que es por el sacramento del hinduismo, por el mensaje de moralidad y de la vida buena, por el *mystērion* que le llega a través del hinduismo, que Cristo salva normalmente al hindú'?[26]

Por cierto que no; esta reconstrucción popular no puede sostenerse. Desde luego que estamos de acuerdo en que hay un solo Dios. También es cierto que los conversos, que se vuelven a Cristo desde un sistema religioso no cristiano, generalmente no piensan que han transferido su culto de adoración de un dios a otro Dios, sino que ahora han comenzado a adorar en verdad al Dios que anteriormente trataban de adorar en ignorancia, en su error o de un modo distorsionado. Pero N. B. Stonehouse tiene razón cuando dice que lo que Pablo eligió para su comentario fue el abierto reconocimiento de ignorancia por parte de los atenienses, y que es la ignorancia lo que destaca, no el culto.[27] Más todavía, Pablo se atrevió a afirmar que estaba esclareciendo su ignorancia (¡un judío que pretendía enseñar a esos atenienses ignorantes!), valiéndose del *egō* de la autoridad apostólica, e insistiendo de ese modo en que la revelación especial tiene que controlar y corregir todo lo que la revelación general parecería dar a conocer. A continuación pasó a proclamar al Dios vivo y verdadero de cinco maneras, y de este modo a exponer los errores, más todavía los horrores, de la idolatría.

Primero, Dios es el creador del universo: **El Dios que hizo el mundo y todo lo que hay en él es Señor del cielo y de la tierra. No vive en templos construidos por hombres** (24). Esta perspectiva del mundo es muy diferente tanto del énfasis epicúreo en una combinación casual de átomos como del panteísmo virtual de los estoicos. En cambio, Dios es tanto el Creador personal de todo lo que existe y el Señor personal de todo lo creado. Es absurdo, por lo tanto, suponer que aquel que lo hizo todo, y que todo lo supervisa, viva en santuarios construidos por seres humanos. Cualquier intento de limitar o localizar al Dios creador, de aprisionarlo dentro de los límites de edificios, estructuras o conceptos hechos por hombres, resulta ridículo.

Segundo, Dios es quien sustenta la vida: **[no] se deja servir por manos humanas, como si necesitara de algo. Por el contrario, él es quien da a todos la vida, el aliento y todas las cosas** (25). Dios sigue sosteniendo la vida que ha creado y dado a sus criaturas humanas. Resulta absurdo, por lo tanto, suponer que quien sostiene la vida haya de necesitar él mismo ser sustentado, que siendo quien provee a nuestras necesidades haya de necesitar él mismo nuestro sostén. Cualquier intento de domar o domesticar a Dios, de reducirlo al nivel de una mascota que dependa de nosotros para su protección y subsistencia, es una ridícula inversión de los papeles. Nosotros dependemos de Dios; él no depende de nosotros.

Tercero, Dios es quien gobierna sobre todas las naciones: **de un solo hombre** (con seguridad que el Texto Occidental 'de una sola sangre' es erróneo; se tiene en vista a Adán como el único progenitor de la raza humana) **hizo todas las naciones para que habitaran toda la tierra; y determinó los períodos de su historia y las fronteras de sus territorios** (26). **Esto lo hizo Dios para que todos lo busquen y, aunque sea a tientas, lo encuentren. En verdad, él no está lejos de ninguno de nosotros** (27), **'puesto que en él vivimos, nos movemos y existimos'** (28a). Algunos comentaristas piensan que aquí la referencia de Pablo a **períodos** y **fronteras** (26) tiene que ver con la preparación por parte de Dios del planeta tierra para ser nuestra habitación humana, y a su provisión de ciclos estacionales, cosas que Pablo ya había mencionado en Listra (14.17). Los **períodos** y **fronteras** de las naciones, sin embargo, parecen ser más específicos, y referirse más bien a 'las épocas de su historia y los límites de su territorio' (NEB). Así, aunque no se puede hacer responsable a Dios por la tiranía o la agresión de naciones individuales, tanto la historia y la geografía de cada nación están finalmente bajo su control. Más todavía, el propósito de Dios en cuanto a esto ha sido que los seres humanos hechos por él a su propia imagen **para que todos lo busquen y, aunque sea a tientas,** o 'palpando' (RVR95), expresión que 'denota los tanteos y la desorientación de una persona ciega,'[28] **lo encuentren.** Con todo, esta esperanza queda incumplida debido al pecado humano, como el resto de las Escrituras deja en claro. El pecado aliena a las personas de Dios, incluso cuando, presintiendo lo antinatural de su alienación, lo buscan a tientas. Sería absurdo, sin embargo, culpar a Dios por esta alineación, o considerar que se mantiene distante, desinteresado y que evita que se lo conozca. Porque **no está lejos de ninguno de nosotros.** Somos nosotros los que estamos lejos de él. Si no fuese por el pecado que nos separa de él, estaría fácilmente accesible a nosotros. Porque **'en él vivimos, nos movemos y existimos',** cita del poeta del siglo VI a.C. Epiménides de Cnosos, en Creta.

Cuarto, Dios es el Padre de los seres humanos: **Como algunos de sus propios poetas griegos han dicho: 'De él somos descendientes.' (28b) Por tanto, siendo descendientes de Dios, no debemos pensar que la divinidad sea como el oro, la plata o la piedra: escultura hecha como resultado del ingenio y de la destreza del ser humano (29).** Esta segunda cita corresponde a Arato, autor estoico del siglo III, que venía de Cilicia, la ciudad nativa de Pablo, aun cuando es posible que estuviera haciendo eco a un poema anterior del filósofo estoico Cleantes. Es notable que Pablo haya citado a dos poetas paganos.[29] Este precedente nos muestra que podemos hacer lo propio, e indica que es posible encontrar destellos de verdad, percepciones de la revelación general, en autores no cristianos. Al mismo tiempo es preciso que ejerzamos precaución, porque al sostener: **De él somos descendientes,** Arato se refería a Zeus, y decididamente Zeus no es idéntico al Dios vivo y verdadero. ¿Es cierto que todos los seres humanos son descendientes (*genos*) de Dios? Sí, es cierto. Si bien en términos de la redención Dios es el Padre solamente de aquellos que están en Cristo, y somos hijos suyos solamente por adopción y por gracia, sin embargo, en términos de la creación Dios es el Padre de toda la humanidad, y todos son sus descendientes, sus criaturas, que reciben vida de él. Más aun, dado que somos descendientes suyos, y que nuestro ser deriva de él y depende de él, es absurdo pensar que él **sea como el oro, la plata o la piedra**, elementos que no tienen vida en sí mismos y que deben su ser a la imaginación y el arte humanos. Pablo cita a sus propios poetas con el objeto de poner de manifiesto la falta de coherencia de esos mismos oyentes.

Estos son argumentos poderosos. Toda idolatría, sea antigua o moderna, primitiva o sofisticada, es inexcusable, tanto si las imágenes son de metal o mentales, objetos materiales de culto o conceptos indignos instalados en la mente. Esto es así porque la idolatría es el intento de localizar a Dios, reduciéndolo a los límites que le imponemos nosotros, mientras que él es el Creador del universo; o de domesticar a Dios, haciéndolo dependiente de nosotros, domándolo y reduciéndolo, aun cuando él es el sustentador de la vida humana; o de alienar a Dios, culpándolo de mantenerse distante y en silencio, a pesar de que es el Gobernador de las naciones, y que no está lejos de ninguno de nosotros; o de destronar a Dios, rebajándolo al nivel de alguna imagen de nuestra propia factura o artesanía, cuando él es nuestro Padre de quien derivamos la existencia. Resumiendo, toda idolatría intenta minimizar la brecha entre el Creador y sus criaturas, con el fin de tenerlo bajo control. Más que esto, llega a invertir las respectivas posiciones de Dios y nosotros, de modo que, en lugar de que humildemente reconozcamos que Dios nos ha creado y nos gobierna, nosotros pretendemos imaginar que podemos crear y gobernar a Dios. No hay lógica en la idolatría; es la expresión descabellada y perversa de nuestra rebelión humana contra Dios. Esto nos conduce al último punto de la disertación de Pablo.

En quinto lugar, Dios es el Juez del mundo: **Pues bien, Dios pasó por alto aquellos tiempos de tal ignorancia, pero ahora manda a todos, en todas partes, que se arrepientan** (30). **Él ha fijado un día en que juzgará al mundo con justicia, por medio del hombre que ha designado. De ellos ha dado pruebas a todos al levantarlo de entre los muertos** (31). Al final de su discurso Pablo vuelve al tema con el cual empezó: la ignorancia humana. Por la inscripción en su altar los atenienses han admitido que son ignorantes en cuanto a Dios, y Pablo les da pruebas de esa ignorancia. Ahora afirma que esa ignorancia es culposa. Porque Dios 'no ha dejado de dar testimonio de sí mismo' (14.17). Todo lo contrario, se ha revelado a sí mismo a través del orden natural, mientras que los seres humanos, 'con su maldad obstruyen la verdad'.[30] **Dios pasó por alto aquellos tiempos de tal ignorancia.** No es que no la notara, ni que la toleró como algo excusable, sino que en su paciente misericordia no tomó medidas contra ella como se merecía.[31] **Pero ahora manda a todos, en todas partes, que se arrepientan.** ¿Por qué? Por la certidumbre del juicio venidero. Pablo informa a sus oyentes sobre tres hechos inmutables en relación con esto. Primero, será universal: [Dios] **ha fijado un día en que juzgará al mundo.** Los vivos y los muertos, los encumbrados como los humildes, estarán todos incluidos; nadie podrá escapar. Segundo, será justo: **juzgará ... con justicia.** Todo secreto saldrá a la luz. No habrá posibilidad alguna de que la justicia se desvíe. Tercero, será definitivo, porque el día ya ha sido establecido y el Juez ha sido designado. Y si bien ese día todavía no se ha anunciado, ya se dio a conocer la identidad del Juez (10.42). Dios ha encargado el juicio a su Hijo,[32] y **de ello ha dado pruebas** públicamente **a todos al levantarlo de entre los muertos.** Mediante la resurrección Jesús fue vindicado, y fue declarado tanto Señor como Juez. Además, este juez divino es también el hombre. Todas las naciones fueron creadas a partir del primer Adán; por medio del último Adán todas las naciones serán juzgadas.

Esta mención de la resurrección, que había hecho que los filósofos pidieran oír más (18), fue suficiente ahora para dar por terminada la reunión en forma abrupta. **Cuando oyeron de la resurrección, unos se burlaron,** hasta se 'echaron a reír' (CI), tal vez los epicúreos, **pero otros,** quizás los estoicos, **le dijeron,** con sinceridad o no: **Queremos que usted nos hable en otra ocasión sobre este tema** (32). **En ese momento Pablo salió de la reunión** (33), porque se había levantado la sesión. No obstante, **algunas personas se unieron a Pablo y creyeron. Entre ellos estaba Dionisio, miembro del Areópago,** a quien posteriormente Eusebio identificó (aunque con pruebas insuficientes) como el primer obispo cristiano y mártir de Atenas, **también una mujer llamada Damaris, y otros más** (34). Todos estos seguramente respondieron al llamado al arrepentimiento, y 'se convirtieron a Dios dejando los ídolos para servir al Dios vivo y verdadero'.[33]

Al reflexionar sobre la disertación de Pablo ante el areópago, tenemos que ocuparnos de dos críticas a la misma; primero, que no fue un discurso auténtico, y segundo, que no era un discurso adecuado.

En el curso de la primera mitad del siglo xx Martin Dibelius llegó a la conclusión de que la intención de Lucas fue que el discurso sirviera de ejemplo del tipo de predicación que él consideraba apropiado para presentar ante paganos; considera que fue compuesto por Lucas y no por Pablo, que se trata de una disertación 'helenística' acerca del conocimiento de Dios, y que no es cristiana sino cuando llega a la conclusión.[34] Algunos años más tarde, Hans Conzelmann escribió así: 'En mi opinión el discurso es la creación libre del autor (es decir, Lucas), porque no muestra los pensamientos y las ideas específicas de Pablo.'[35] En 1955, no obstante, el erudito sueco Bertil Gärtner respondió concluyentemente a Dibelius en un ensayo titulado *The Areopagus Speech and Natural Revelation* [El discurso del areópago y la revelación natural]. Su tesis fue (i) que el fondo del discurso se ha de encontrar más bien en el pensamiento hebreo antes que en el pensamiento griego, y especialmente en el Antiguo Testamento; (ii) que tiene paralelos en la predicación apologética del judaísmo helenístico; y (iii) que es genuinamente paulino en el sentido de que sus rasgos principales reflejan el pensamiento de Pablo en sus cartas,[36] si bien desde luego Lucas lo ha abreviado y le ha dado su actual forma literaria. De modo que no resulta difícil sostener con buena conciencia que la voz que oímos en el discurso en el areópago es la voz del auténtico Pablo. Tampoco es difícil encontrar en el Antiguo Testamento pasajes que anticipan los temas principales del sermón: Dios como Creador del cielo y de la tierra, en cuyas manos está el aliento de todos los seres vivientes, el que no vive en templos hechos por hombres, que rige la historia de las naciones, que no se ha de asemejar a imágenes talladas o esculpidas que ni hablan ni tienen vida, y quien advierte acerca del juicio y llama al arrepentimiento.

La segunda crítica se relaciona con el problema de determinar si la disertación era adecuada como un sermón para la presentación del evangelio. Ramsay popularizó en su momento la noción de que Pablo 'estaba desalentado y tal vez desilusionado por su experiencia en Atenas', por cuanto los resultados fueron insignificantes. De modo que 'cuando fue de Atenas a Corinto, ya no habló en el estilo filosófico', sino que "se propuso 'más bien, estando entre ustedes, no saber de cosa alguna, excepto de Jesucristo, y de este crucificado' (1 Corintios 2.2)".[37] Esta es una teoría injustificada, sin embargo, sobre la que pienso que Stonehouse tenía razón cuando la calificó de 'totalmente insostenible'.[38]

Primero, no hay indicio alguno en el relato de Lucas de que se sintiera descontento con la actuación de Pablo en Atenas, sea que consideremos su disertación en el areópago como una defensa o un sermón, o ambas cosas. Por el contrario, Lucas registra tres discursos de Pablo en los Hechos como muestras, respectivamente, de su proclamación a los judíos y a griegos temerosos de Dios (Antioquía de Pisidia, capítulo 13), a paganos iletrados (Listra, capítulo 14) y ahora a filósofos cultos (Atenas, capítulo 17). Segundo, no es acertado catalogar la visita de Pablo a Atenas como un fracaso. Aparte de los dos conversos mencionados, dice Lucas que hubo **otros más** (34). Coincido en que 'resulta de lo más arriesgado intentar una explicación racional a partir del número de convertidos sobre el acierto del mensaje'.[39] Tercero, yo creo que Pablo sí predicó sobre la cruz en Atenas. Lucas nos ofrece un breve extracto de su discurso, cuya lectura no lleva más de dos minutos. Con seguridad que Pablo habrá ampliado este bosquejo, y su conclusión (30–31) tiene que haber incluido al Cristo crucificado. Porque, ¿cómo podía proclamar la resurrección sin mencionar la muerte que la precedió? ¿Y cómo podía llamar al arrepentimiento sin mencionar la fe en Cristo que siempre lo acompaña? Cuarto, a lo que renunció Pablo en Corinto no fue a la doctrina bíblica de Dios como Creador, Señor y Juez, sino a la sabiduría del mundo y a la retórica de los griegos. Su firme decisión de no predicar sino a Jesucristo y a éste crucificado fue adoptada en razón de los desafíos de la orgullosa Corinto, no por un supuesto fracaso del apóstol en Atenas. Agregado a esto, como lo demuestra Lucas en su relato, Pablo no cambió su táctica en Corinto, sino que continuó predicando, argumentando y persuadiendo (18.4–5).

## 5. De qué manera nos desafía Pablo

La disertación ante el areópago revela lo completo y abarcador del mensaje de Pablo. Proclamó a Dios en su plenitud como Creador, Sustentador, Gobernador, Padre y Juez. Abarcó la totalidad de la naturaleza y de la historia. Pasó revista al tiempo transcurrido desde la creación hasta su consumación. Puso de relieve la majestuosidad de Dios, no sólo como el principio y el fin de todas las cosas, sino como aquel a quien debemos nuestro ser y a quien tendremos que dar cuentas. Sostuvo que los seres humanos ya saben estas cosas por la revelación natural o general, y que su ignorancia y su idolatría son, por consiguiente, inexcusables. De ese modo, les hizo un llamado con gran solemnidad a que se arrepintieran, antes de que fuera demasiado tarde.

Ahora bien, todo esto es parte del evangelio. O por lo menos es el fondo indispensable para el evangelio, sin el cual no se puede predicar el evangelio en forma efectiva. Muchas personas rechazan nuestro evangelio en la actualidad, no porque consideren que sea falso, sino porque lo consideran trivial. La gente busca una cosmovisión que le dé sentido a toda su experiencia. Aprendemos por Pablo que no podemos predicar el evangelio de Jesús sin la doctrina de Dios, o la cruz sin la creación, o la salvación sin el juicio. El mundo de nuestros días necesita un evangelio más grande, el evangelio pleno de las Escrituras, lo que posteriormente Pablo llamaría en Éfeso 'todo el propósito de Dios' (20.27).

No es sólo el carácter integral del mensaje de Pablo en Atenas lo que impresiona, sino también la profundidad y el poder de su motivación. ¿Por qué es que, a pesar de las grandes necesidades y oportunidades de nuestros días, la iglesia está adormecida, y que tantos cristianos están sordos y mudos: sordos a la comisión entregada por Cristo, y sin voz para dar testimonio? Creo que la razón principal es que no hablamos como Pablo porque no sentimos lo que él sentía. Nunca hemos experimentado la indignación que experimentó Pablo. El celo divino no se ha manifestado dentro de nosotros. Oramos constantemente 'santificado sea tu nombre', pero parecería que no lo decimos de corazón, o que nos importe poco que el nombre de Dios sea profanado.

¿Por qué será esto? Creo que si no hablamos como Pablo (porque no sentimos lo que él sentía), es porque no vemos lo que veía Pablo. Ese fue el orden: él vio, sintió, y habló. Todo comenzó con sus ojos. Cuando Pablo caminaba por Atenas, no se limitó simplemente a tomar nota de los ídolos sino a observarlos. El verbo griego empleado tres veces (16, 22, 23) es *theōreō* o *anatheōreō* y significa 'observar' o 'considerar'. Anduvo mirando y mirando, pensando y pensando, hasta que el fuego de la santa indignación se avivó en su interior porque vio a hombres y mujeres, creados por Dios a la imagen de Dios, dando a los ídolos el homenaje que se le debía solamente al Creador.

Los ídolos no están limitados a las sociedades primitivas; hay muchos ídolos sofisticados en la actualidad. Un ídolo es un dios sustituto. Cualquier persona o cosa que ocupa el lugar que debería ocupar Dios es un ídolo. La avaricia es idolatría.[40] Las ideologías pueden ser idolatrías.[41] También pueden serlo la fama, las riquezas y el poder, el sexo, la comida, el alcohol y otras drogas, los padres, los esposos, los hijos y los amigos, el trabajo, la recreación, la televisión y las posesiones, incluso la iglesia, la religión y el servicio cristiano. Los ídolos siempre parecen particularmente dominantes en las ciudades. Jesús lloró por la impenitente ciudad de Jerusalén. A Pablo lo apenó profundamente la idolátrica ciudad de Atenas. ¿Alguna vez nos han provocado esa reacción las idolátricas ciudades del mundo contemporáneo?

# 14

# Corinto y Éfeso
# Hechos 18.1—19.41

'El surgimiento de la civilización urbana', escribió el profesor Harvey Cox en *The Secular City* [La ciudad secular], es una de las 'características de nuestra era'.[1] 'La urbanización', prosigue, 'constituye un cambio fundamental en la forma en que los hombres viven juntos', cuando pasan de la tribu a la ciudad y a la tecnópolis. La experiencia urbana incluye un grupo de elementos como las comunicaciones y la movilidad, la desintegración de la religión tradicional, la impersonalidad y el anonimato, la planificación humana, el control y la burocracia. En las zonas superpobladas de las grandes ciudades de nuestros días tendríamos que agregar el abandono económico, las desventajas raciales, el desempleo, las viviendas pobres y la educación deficiente, el crimen, la violencia, la desintegración de la familia, y las tensiones entre la policía y la comunidad.

En 1850 había solamente cuatro 'ciudades de tipo mundial' de más de un millón de habitantes; en 1980 había 225, y para el año 2000 unas 500. O consideremos las llamadas 'megalópolis' o 'mega ciudades' de más de diez millones de personas. En 1950 sólo Londres y Nueva York reunían esa condición. Pero ya para el año 2000 d.C. se esperaban veintitrés ciudades de ese tamaño, con la ciudad de México a la cabeza con unos treinta millones de habitantes, seguida por San Pablo y Tokio con casi veinticinco millones. La mayoría de estas mega ciudades estará en el tercer mundo; en Europa y los Estados Unidos de Norteamérica habrá sólo cuatro. Ya dos quintas partes de los habitantes del mundo viven en ciudades; al finalizar el siglo xx la relación probablemente alcanzará a la mitad.[2]

Este proceso de urbanización constituye un gran desafío para la iglesia cristiana. Por una parte, hacen falta con urgencia planificadores y arquitectos cristianos, como también políticos vinculados a los gobiernos locales, especialistas en urbanismo y en desarrollo, y trabajadores sociales comunitarios cristianos, dispuestos a trabajar por la justicia, la paz, la libertad y la belleza en la ciudad. Por otra parte, es preciso que haya creyentes dispuestos a trasladarse a las grandes ciudades para experimentar las angustias y las presiones que afrontan los que viven allí, con el fin de ganar a sus moradores para Cristo. Un cristianismo cuyos adherentes viven en zonas privilegiadas en las afueras y viajan a la ciudad para asistir al culto no es una buena muestra del compromiso de quien pretende encarnar a Cristo.

Parece haber sido una actitud deliberada de Pablo la de trasladarse expresamente de un centro urbano estratégico al siguiente. Es probable que lo que lo atraía hacia las ciudades fuera el hecho de que en ellas había sinagogas judías, poblaciones grandes y líderes influyentes. De modo que en su primera expedición misionera visitó Salamina y Pafos en Chipre, y Antioquía, Iconio, Listra y Derbe en Galacia; en su segundo viaje evangelizó Filipos, Tesalónica y Berea en Macedonia, y Atenas y Corinto en Acaya; mientras que durante la mayor parte de su tercer viaje se concentró en Éfeso. La verdad es que Lucas describe expresamente la forma en que se difundió el evangelio 'mediante el gradual establecimiento de centros de difusión o fuentes de influencia en ciertos puntos estratégicos a través de la mayor parte del imperio'.[3]

Cierto es que algunas de las ciudades que Pabló visitó eran pequeñas e insignificantes, pero esto no se podía decir en cuanto a Atenas, Corinto y Éfeso. Se ha calculado que Atenas pudo haber tenido menos de 10.000 habitantes, pero que Éfeso tenía medio millón, y que Corinto en su momento culminante tenía casi tres cuartos de millón. Las tres eran ciudades principales del imperio romano, situadas alrededor de las márgenes del mar Egeo, y Corinto y Éfeso eran además capitales provinciales. Tal vez podría caracterizárselas de la siguiente manera.

Atenas era el centro *intelectual* del mundo antiguo, como vimos en el último capítulo, la ciudad donde Sócrates, Platón, Aristóteles, Epicuro y Zenón habían expuesto sus respectivas filosofías. Era, también, el lugar donde surgió la democracia, y de las tres universidades famosas de la antigüedad (Alejandría, Tarso y Atenas), la más distinguida fue Atenas. Si bien ya había perdido su brillo original, los estudiantes más brillantes todavía acudían a ella desde todas partes del imperio. Para la gente joven de la clase ilustrada del mundo ejercía un magnetismo casi irresistible.

Corinto era por sobre todo un gran centro *comercial*, un emporio de fama mundial. Situada cerca del istmo que une la Grecia de tierra firme a la península del Peloponeso, comandaba las rutas mercantiles en todas las direcciones, no sólo de sur a norte por tierra sino también de este a oeste por mar. Porque antes de que se cortara el canal de Corinto a lo largo de unos cinco kilómetros y medio a través del istmo, había una *diolkos* o grada por la que las naves de carga y pequeños barcos podían ser arrastrados, ahorrando de este modo más de trescientos kilómetros de navegación peligrosa que bordeaba el extremo sur de la península. Corinto se jactaba de tener dos puertos, Lequeo en el golfo de Corinto hacia el oeste, y Cencrea en el golfo sarónico hacia el este. Así 'por medio de sus dos puertos Corinto dominaba el istmo, con un pie firme en cada mar', lo cual llevó a Horacio a llamarla *bimaris* o 'de dos mares'.[4] De modo que Corinto era una ciudad de marinos, de mercantes marítimos, y no es de sorprender que Poseidón, el dios griego del mar, al que los romanos llamaban Neptuno, fuese adorado allí. F. W. Farrar imaginó sus mercados abarrotados de productos internacionales: 'bálsamo de Arabia, papiro de Egipto, dátiles de Fenicia, marfil de Libia, alfombras de Babilonia, pelo de cabras de Cilicia, lana de Licaonia, esclavos de Frigia'.[5] Pablo habrá comprendido su importancia estratégica. Si el comercio podía irradiarse en todas las direcciones desde Corinto, también podía hacerlo el evangelio.

Éfeso también era afamada por su comercio. Barclay la llama 'el mercado de Asia Menor'.[6] También tenía importancia política, como capital de la provincia romana de Asia. Pero en particular Éfeso era uno de los principales centros *religiosos* del mundo grecorromano. Allí floreció el culto imperial, y en una época la ciudad se jactaba de tener nada menos que tres templos dedicados al culto al emperador. Por sobre todo, Éfeso tenía fama como 'guardiana del templo de la gran Artemisa' (19.35). En la mitología clásica, Artemisa (a la que los romanos llamaban Diana) era una virgen cazadora, pero en Éfeso se había convertido de algún modo en una diosa asiática de la fertilidad. Éfeso custodiaba con un inmenso orgullo tanto su grotesca imagen de muchos senos (probablemente había sido originalmente un meteorito) y el magnífico templo que la albergaba. Esta estructura tenía más de cien columnas jónicas, cada una de ellas de algo más de dieciocho metros de altura, que sostenían un techo de mármol blanco. Por tener cuatro veces el tamaño del Partenón en Atenas, y estar adornado con muchas hermosas pinturas y esculturas, se lo consideraba una de las siete maravillas del mundo. Agregado a esto, bajo el patronazgo de Diana, habían florecido toda clase de prácticas supersticiosas y secretas. Y las palabras y fórmulas mágicas, que se vendían a los crédulos, se conocían como 'cartas efesias'.

Aquí tenemos, entonces, tres ciudades principales del mundo grecorromano, todas ellas en algún grado centros del conocimiento, y de actividad comercial y religiosa. Lucas entendía su importancia en relación con la difusión del evangelio. Habiendo descrito al apóstol Pablo entre los filósofos de Atenas (17.16ss), pasa ahora a describir sus visitas a Corinto (18.1ss) y a Éfeso (18.18ss y 19.1ss). Estas visitas siguieron un esquema similar, a saber, la evangelización de los judíos, su oposición al evangelio, el expreso vuelco del apóstol hacia los gentiles, y la reiterada justificación de su dramática decisión. Este es el tema de Lucas que está en la base de los capítulos 18 y 19.

Primero, en ambas ciudades Pablo comenzó con un serio y sostenido intento de 'persuadir' a sus oyentes judíos en la sinagoga de que Jesús era el Cristo (18.4–5; 19.8).

Segundo, en ambas ciudades Pablo respondió al rechazo judío del evangelio retirándose de la sinagoga y volviéndose a la evangelización de los gentiles, adoptando como base la casa de Ticio Justo en Corinto, y la escuela de Tirano en Éfeso (18.6–7; 19.9).

Tercero, en ambas ciudades el osado paso que dio Pablo fue vindicado por el hecho de que muchas personas escucharon y creyeron el evangelio (18.8; 19.10).

Cuarto, en ambas ciudades Jesús confirmó su palabra y alentó a su apóstol: en Corinto mediante una visión nocturna y en Éfeso mediante milagros extraordinarios (18.9–10; 11–12).

Quinto, en ambas ciudades las autoridades romanas anularon la oposición y declararon la legitimidad del evangelio: en Corinto por medio del gobernador Galión y en Éfeso por medio del secretario del concejo municipal (18.12ss; 19.35ss).

# 1. Pablo en Corinto | 18.1–18a

**Después de esto** (es decir, a continuación de su discurso en el areópago y sus consecuencias), **Pablo se marchó de Atenas y se fue a Corinto** (1). Fue sobre este viaje (como vimos al final del capítulo anterior), cuando se preparaba para su misión en Corinto, que posteriormente Pablo escribió: 'Me propuse más bien, estando entre ustedes, no saber de cosa alguna, excepto de Jesucristo, y de este, crucificado. Es más, me presenté ante ustedes con tanta debilidad que temblaba de miedo.'[7] Es preciso que nos adentremos más profundamente en las causas del temor de Pablo y las razones que lo llevaron a esa decisión. ¿Qué había en Corinto que provocó su alarma y dio lugar a su decisión de predicar solamente de Cristo y su cruz?

Seguramente fue el orgullo y la inmoralidad de los corintios lo que intimidó a Pablo, ya que la cruz entra en conflicto directo con ambos. Para comenzar, los corintios eran un pueblo orgulloso. Su arrogancia intelectual aparece en la correspondencia que Pablo mantuvo con ellos. También sentían orgullo por su ciudad, que Julio César había reedificado bellamente en el año 46 a.C. Se jactaban de su riqueza y de su cultura, de los mundialmente famosos juegos ístmicos que celebraba año por medio, y de su prestigio político como capital de la provincia de Acaya, prestigio que superaba incluso al de Atenas. Pero la cruz socava toda arrogancia humana. Ella insiste en que nosotros los pecadores no tenemos absolutamente nada con lo cual comprar nuestra salvación ni contribuir a ella. ¡Podemos entender que no muchos corintios sabios, influyentes o de las clases altas respondieran al evangelio![8]

Segundo, todos asociaban a Corinto con la inmoralidad. Detrás de la ciudad, casi seiscientos metros sobre el nivel del mar, se elevaba el rocoso promontorio llamado el Acrocorinto. En su cúspide plana se encontraba el templo de Afrodita o Venus, la diosa del amor. Mil esclavas femeninas la servían y recorrían las calles de la ciudad de noche como prostitutas. La promiscuidad sexual de Corinto era proverbial, de tal modo que *korinthiazomai* significaba practicar la inmoralidad, y *korinthiastēs* era sinónimo de ramera. Corinto era 'la Feria de la Vanidad del imperio romano.'[9] Pero el evangelio de Cristo crucificado llamaba a los corintios al arrepentimiento y a la santidad, y les advertía que los sexualmente inmorales no heredarían el reino de Dios.[10]

Es de estos modos que la cruz de Cristo, con su llamado a la humillación y a la negación de uno mismo, es una piedra de tropiezo para los arrogantes y los pecaminosos. De allí la 'debilidad' de Pablo 'que temblaba de miedo' y la decisión que debió adoptar en Corinto de 'no saber de cosa alguna, excepto de Jesucristo, y de este, crucificado'.[11]

## a. Pablo se hospeda con Aquila y Priscila | 18.2–6

**Allí, en Corinto, se encontró con un judío llamado Aquila, natural del Ponto, y con su esposa Priscila. Hacía poco habían llegado de Italia, porque Claudio había mandado que todos los judíos fueran expulsados de Roma** (2a). Este matrimonio, al que más tarde Pablo describió como sus 'compañeros de trabajo en Cristo Jesús', quienes habían 'arriesgado' su vida por él,[12] ejemplificaban un grado extraordinario de movilidad. Nacido en el Ponto en la ribera sur del Mar Negro, Aquila había emigrado a Italia. No se nos dice por qué, como tampoco si su traslado fue antes o después de su casamiento con Priscila. Juntos salieron de Roma rumbo a Corinto, y debido a un edicto imperial. Suetonio hizo referencia a este hecho en su *Vida de Claudio* (25.4): 'Como los judíos promovían constantes disturbios por instigación de Crestus (*impulsore Chresto*), los expulsó de Roma.' A los expulsados los llamó 'judíos', pero 'Crestus' parecería significar Cristo (seguramente la pronunciación de 'Cristus' y 'Crestus' habrán sido muy semejantes), en cuyo caso los judíos eran cristianos y los disturbios en la comunidad judía habían sido ocasionados por el evangelio. Podemos pensar, entonces, Aquila y Priscila ya eran creyentes antes de llegar a Corinto. Más adelante volvieron a mudarse, esta vez de Corinto a Éfeso en compañía de Pablo, y la iglesia, o una porción de ella, se reunía en su casa (18.18–19, 26).[13]

A continuación Pablo **fue a verlos** (2b), **y, como hacía tiendas de campaña al igual que ellos, se quedó para que trabajaran juntos** (3). Compartían el mismo oficio además de la misma fe. ¿Cuál era ese oficio? Casi todas las versiones traducen *skēnopoios* como 'fabricante de tiendas de campaña', ya que *skēnē* o *skēnos* significa tienda de campaña. Sin embargo, algunos comentaristas prefieren 'talabartero', o 'sillero', 'dado que las tiendas de campaña de la antigüedad generalmente se hacían de cuero.'[14] Otra posibilidad es 'tejedor', y cuando menos resulta plausible (aunque no hay pruebas) que Pablo fabricara una tosca tela con pelo de cabras de su Cilicia nativa. Llamada en latín *cilicium*, se usaba para cortinas, alfombras y ropa, como también para tiendas de campaña. Lo que sabemos con seguridad es que trabajaba con las manos. Más todavía, a los rabinos se les exigía que aprendieran un oficio, y se alentaba a todo joven que hiciera lo mismo. Cierto es que Pablo insistió varias veces en el derecho de los maestros cristianos a ser sostenidos por sus alumnos.[15] Pero él mismo renunció voluntariamente a este derecho, en parte para no ser 'carga' para las iglesias[16] y en parte para evitar la acusación de tener motivos ulteriores y de predicar el evangelio sin costo económico.[17] Los ministerios que se llevan a cabo con personas que se autosostienen se han hecho justificadamente populares en nuestros días. Es un concepto que se relaciona con mensajeros transculturales del evangelio, que se sostienen con su propia actividad profesional o sus conocimientos empresariales, a la vez que se ocupan de la actividad misionera. El doctor J. Christy Wilson ha escrito sobre el tema en su libro *Today's Tentmakers*[18] [Fabricantes contemporáneos de tiendas de campaña]. El principio del autosostén es el mismo, y expresa el deseo de no constituir una carga para las iglesias, pero la motivación principal es diferente, a saber, que esta podría ser la única manera en que los cristianos puedan entrar en aquellos países que no otorgan visas a los así llamados 'misioneros'.

Mientras Pablo trabajaba en su oficio los días hábiles, **todos los sábados discutía en la sinagoga, tratando de persuadir** (tiempo imperfecto que expresa su persistencia) **a judíos y a griegos**, estos últimos 'temerosos de Dios' que concurrían al culto en la sinagoga (4). Sin embargo, **cuando Silas y Timoteo llegaron de Macedonia**, después de estar en Berea (17.14) y de visitar Tesalónica,[19] llevaban consigo no sólo las buenas noticias de la fe y el amor de los tesalonicenses,[20] sino también una donación.[21] Como resultado de esto, Pablo pudo interrumpir la confección de tiendas de campaña. En su lugar, ahora **se dedicó exclusivamente a la predicación, testificándoles a los judíos que Jesús era el Mesías** (5), o 'que el Cristo era Jesús' (BJ). En cualquier caso, se trataba de la identidad del Jesús histórico y el Cristo esperado, que era lo que importaba. Pero esta misión tropezó con una tenaz resistencia, lo cual llevó a Pablo a repetir el drástico paso que había dado en Antioquía de Pisidia (13.46, 51) y volverse hacia los gentiles.

Esta vez expresó su decisión mediante un gesto y una afirmación dramáticos: **Pero cuando los judíos se opusieron a Pablo y lo insultaron, éste se sacudió la ropa en señal de protesta** (de modo que 'ni una pizca de polvo de la sinagoga se adhiriese a' ellos)[22] **y les dijo,** haciendo eco a Ezequiel,[23] **'¡Caiga la sangre de ustedes sobre su propia cabeza! Estoy libre de responsabilidad. De ahora en adelante me dirigiré a los gentiles.'** (6).

## b. Pablo se vuelve a los gentiles | 18.7–11

La siguiente afirmación de Lucas, de que **entonces Pablo salió de la sinagoga y se fue a la casa de un tal Ticio Justo, que adoraba a Dios** (7), es algo más que una nota geográfica. Significa, más bien, que el escenario de sus tareas de evangelización cambió de la sinagoga pública a una casa particular, y que de este modo la gente que sería evangelizada pasó a ser de origen gentil más que judío. Sabemos que la casa pertenecía a un tal Ticio Justo, y que era uno de los temerosos de Dios, pero es pura especulación que su otro nombre era Gayo, y más aun el Gayo que se menciona en Romanos 16.23 y en 1 Corintios 1.14. Resulta sorprendente que el primer converso de la misión gentil haya sido **Crispo, el jefe de la sinagoga,** que estaba a cargo de los servicios de culto, y que **creyó en el Señor con toda su familia** (8a), y además lo siguieron **muchos de los corintios**, presumiblemente gentiles, que oyeron a Pablo, y también creyeron y fueron bautizados (8b).

La audaz decisión de Pablo de trasladarse de la sinagoga a una casa particular, de la evangelización de los judíos a la de los gentiles, fue rápidamente vindicada por Dios, no solo mediante la conversión y el bautismo de **muchos** (8), sino también mediante la visión de Jesús (9–10) y mediante la actitud de las autoridades romanas (12ss). **Una noche el Señor le dijo a Pablo en una visión** (9a). **El Señor** (8), según el uso característico de Lucas, significa 'el Señor Jesús'. No obstante, 'el mensaje está envuelto en el lenguaje utilizado por Dios mismo en el Antiguo Testamento cuando se dirige a sus siervos'.[24] Tanto la prohibición **no tengas miedo** y la promesa **estoy contigo** eran dirigidas en forma regular por Yahvéh a su pueblo. Ahora Jesús le dijo las mismas cosas a Pablo: **'No tengas miedo; sigue hablando y no te calles** (9b), **pues estoy contigo. Aunque te ataquen, no voy a dejar que nadie te** haga daño, porque tengo mucha gente en esta ciudad.' (10) Tenía que seguir testificando, fortificado por la presencia y la protección de Cristo, y por la seguridad de que Cristo tenía en Corinto **mucha gente** (*laos*, el término para Israel en el Antiguo Testamento, ahora ampliado para incluir a los gentiles). Esta expresión nos lleva a la declaración del Buen Pastor, quien tenía 'otras ovejas que no [eran] de este redil' (Israel), es decir gentiles.[25] Aún no habían creído en él, pero lo harían, porque ya según su propósito pertenecían a él. Para un evangelista esta convicción es el mayor de todos los estímulos. Fortalecido por el Señor, **Pablo se quedó allí un año y medio, enseñando entre el pueblo la palabra de Dios** (11). Porque el mensaje de Dios es el medio divinamente señalado por el cual la gente llega a depositar su confianza en Cristo y de esta manera a identificarse como perteneciente a él.

### c. Pablo es reivindicado por la ley romana | 18.12–18a

En algún momento durante estos dieciocho meses, volvió a hacerse presente la oposición judía al evangelio, que ya antes había llevado a Pablo a volverse hacia los gentiles (6): **los judíos a una atacaron a Pablo y lo condujeron al tribunal** (12b), la *bēma*, que era 'una plataforma grande y elevada que se encontraba en el ágora … frente a la residencia del procónsul y servía de foro donde juzgaba los casos'.[26] Estaba en consonancia con la promesa de Cristo de que nadie lo dañaría (10) y que los judíos lo llevarían al tribunal **mientras Galión era gobernador de Acaya** (12a, muy probablemente en 51–52 d.C.), porque Galión resultó ser amigo de la justicia y la verdad. Era hermano menor de Séneca, el filósofo estoico y tutor del joven Nerón; Séneca hablaba con aprobación de la tolerante bondad de su hermano. Incidentalmente, Lucas tenía razón cuando llamó procónsul a Galión, porque "en esa época Acaya era una provincia 'senatorial' del imperio romano, y por consiguiente era gobernada por un procónsul, a diferencia de una provincia 'imperial', que era gobernada por un legado".[27] El estado legal de la provincia no había cambiado antes del año 44 d.C.

¿De qué ofensa acusaban los judíos a Pablo? **Este hombre —denunciaron ellos— anda persuadiendo a la gente a adorar a Dios de una manera que va en contra de nuestra ley** (13). ¿Pero cuál ley se suponía que estaba contraviniendo? Galión entendió que se referían a lo que él llamaba **su propia ley** (15), o sea, la de ellos, pero ellos sabían, como también él, que los debates acerca de la ley judía estaban más allá de su jurisdicción. De modo que seguramente estaban tratando de dar a entender que la enseñanza de Pablo iba en contra de la ley romana, porque no era una expresión auténtica del judaísmo. El judaísmo era una *religio licita*, una religión autorizada. Pero la enseñanza de Pablo era 'algo nuevo y anti judaico … ; era, insistían ellos, una *religio illicita*, y que por esa razón debía ser prohibida por la ley romana'.[28]

El procónsul no le dio al acusado la oportunidad de responder ante esta acusación, porque se negó a escucharla él mismo. **Pablo ya iba a hablar cuando Galión les dijo: —Si ustedes los judíos estuvieran entablando una demanda sobre algún delito o algún crimen grave** [es decir, una ofensa obvia contra la ley romana], **sería razonable que los escuchara (14). Pero como se trata de cuestiones de palabras, de nombres y de su propia ley, arréglense entre ustedes. No quiero ser juez de tales cosas (15).** Habiendo decidido no escuchar el caso de los judíos, Galión **mandó que los expulsaran del tribunal (16).** A continuación se dio un desagradable ejemplo de gestión en manos de una muchedumbre. Aunque no hay seguridad sobre a quién se refiere la palabra 'todos' en el versículo 17, parecería tratarse de la multitud de gentiles que observaban la escena los que 'iniciando un brote de antisemitismo siempre latente en el mundo grecorromano,'[29] **se abalanzaron todos sobre Sóstenes,** quien evidentemente había remplazado a Crispo como **jefe de la sinagoga,**[30] **y lo golpearon delante del tribunal (17a).** El agregado de Lucas de que **Galión no le dio ninguna importancia al asunto (17b)** no significa que se mostrara indiferente a la justicia, sino que consideró conveniente pasar por alto este acto de violencia.

La negativa de Galión a tomar en serio el caso judío contra Pablo o a dictar sentencia resultó inmensamente importante para el futuro del evangelio. En efecto, dio un veredicto favorable sobre la fe cristiana y de esta manera estableció un precedente significativo. Ya no se podía acusar al evangelio de ser ilegal, porque su libertad como *religio licita* estaba asegurada por decisión imperial. El comentario final de Lucas es lógico: **Pablo permaneció en Corinto algún tiempo más (18a),** no ya como consecuencia de su visión de Jesús, sino debido a la decisión judicial de Galión. Jesús mantuvo la promesa de protegerlo; el medio principal de protección iba a ser la ley romana.

## 2. Pablo en tránsito | 1.18b–28

A continuación Lucas acompaña a Pablo de Corinto a Éfeso, Cesarea, Jerusalén, Antioquía y nuevamente por Galacia a Éfeso otra vez. Su relato es muy condensado, ya sea porque la información con la que contaba era limitada (él mismo estaba todavía en Filipos) o porque su propósito era lograr que Pablo fuera de Acaya a Asia (donde anteriormente el Espíritu le había prohibido que predicara, 16.6), y trasladar el relato desde sus dos años en Corinto a sus tres años en Éfeso, sin ocuparse mayormente de los meses de viaje entre un lugar y otro.

### a. Pablo visita Éfeso, Jerusalén y Antioquía | 18.18–23

Algún tiempo después de que Galión tomara conocimiento de la acusación judía contra el apóstol, Pablo **se despidió de los hermanos y emprendió el viaje rumbo a Siria** (18a), presumiblemente con la intención de volver a Antioquía de Siria con el propósito de informar a la iglesia que lo había encomendado (13.1ss; 14.26ss; 15.35ss). Fue **acompañado de Priscila y Aquila**, que bien pudieron haber financiado su viaje. Lucas agrega ahora el interesante detalle de que **en Cencreas**, el puerto oriental de Corinto, **antes de embarcarse, se hizo rapar la cabeza a causa de un voto que había hecho** (18b). Los comentaristas se han sentido perplejos por la falta de claridad con respecto a quién hizo este voto, en qué consistió, cuándo fue hecho y por qué. En cuanto a la persona de que se trata, si bien la gramática permite que sea Aquila, el contexto hace pensar que fue Pablo. La referencia al cabello sugiere casi con seguridad que se trataba de un voto nazareo,[31] que comprendía la abstinencia en cuanto a beber vino y a cortarse el cabello por un período de tiempo, al final del cual se cortaba el pelo y luego se lo quemaba, juntamente con la realización de otros sacrificios, como símbolo de ofrenda de sí mismo a Dios. Si el voto se cumplía estando ausente de Jerusalén, el cabello todavía podía llevarse allí para ser quemado. Estos votos se hacían 'ya sea por agradecimiento por bendiciones pasadas (tales como la protección que tuvo en Corinto) o como parte de una petición de futuras bendiciones (tales como protección para el próximo viaje)'.[32] Una vez que Pablo se vio libre de la necesidad de verse justificado por la ley, su conciencia estaba libre para participar en prácticas que, al ser ceremoniales o culturales, pertenecían a las 'cuestiones indiferentes', tal vez en esta ocasión con el fin de lograr la conciliación con los líderes cristianos de raza judía a quienes iba a ver en Jerusalén (ver 21.23ss, en relación con su futura visita).

**Al llegar a Éfeso, Pablo se separó de sus acompañantes y entró en la sinagoga, donde se puso a discutir con los judíos** (19). Su misión resultó tanto más aceptable entre los judíos de Éfeso que entre los de Corinto (¿tendría algo que ver esto con la cabeza rapada?), y querían que se quedara. **Le pidieron que se quedara más tiempo con ellos. [Pero] Él no accedió** (20), y agregó (según el Texto Occidental), 'a toda costa tengo que guardar la próxima fiesta en Jerusalén', lo cual según Ramsay 'se puede confiadamente entender como la pascua'.[33] Cualquiera haya sido la urgencia de Pablo, **al despedirse les prometió** regresar, diciendo: 'Ya volveré, si Dios quiere'. Y zarpó de Éfeso (21).

**Cuando desembarcó en Cesarea,** el puerto principal de Palestina, **subió a Jerusalén a saludar a la iglesia y luego bajó a Antioquía** (22). Es casi seguro que la iglesia que fue a saludar al desembarcar no era la de Cesarea, sino la de Jerusalén, a unos cien kilómetros tierra adentro, porque 'los términos subir y bajar se usan con tanta frecuencia para el viaje hacia y desde Jerusalén como para establecer este uso'.[34]

**Después de pasar algún tiempo allí** (o sea en Antioquía), probablemente desde los comienzos del verano del año 52 d.C. hasta los comienzos de la primavera de 53, y sin duda habiendo ofrecido a la iglesia del lugar un informe completo de su segunda expedición misionera, **Pablo se fue** e inició lo que se convirtió en su tercer y último viaje. Probablemente salió en dirección al norte primeramente, luego hacia el oeste pasando por las Puertas de Cilicia, subiendo por la cadena del Tauro, **a visitar una por una las congregaciones de Galacia y Frigia, animando a todos los discípulos** (23). Esto significa que volvió a visitar a las iglesias de Antioquía de Pisidia, Iconio, Listra y Derbe, que había fundado durante su primer viaje misionero (capítulos 13—14), consolidadas durante su segundo viaje (16.6).

## b. Apolos visita Éfeso | 18.24–28

Por aquel entonces, aproximadamente durante el año transcurrido desde el momento en que Pablo salió de Corinto, **llegó a Éfeso un judío llamado Apolos, natural de Alejandría** (24a). Lucas sigue relatando tres hechos interesantes acerca de él. Primero, **era un hombre ilustrado** (aunque *logios* podía significar 'elocuente', como en RVR95), **y convincente en el uso de las Escrituras** (24b). Alejandría tenía una enorme población judía en esa época. Fue allí que se había preparado la LXX unos doscientos años antes de Cristo, y allí donde vivió y trabajó el gran erudito Filón, contemporáneo de Jesús, luchando por reconciliar la religión hebrea con la filosofía griega mediante la interpretación alegórica del Antiguo Testamento. ¿Interpretaba también Apolos el Antiguo Testamento en forma alegórica? Tal vez Lutero haya tenido razón al ser el primero en proponer a Apolos como el autor de la *Epístola a los Hebreos*. En segundo lugar, **había sido instruido en el camino del Señor** (es decir, el Señor Jesús). También hablaba con gran fervor ('el fervor que da el Espíritu', como en Romanos 12.11, probablemente en el sentido de 'espiritualmente ferviente'), integrando de esa manera la erudición y el entusiasmo. Además, **enseñaba con la mayor exactitud acerca de Jesús.** Por lo tanto, aunque judío, era un maestro cristiano (25a). Tercero, sin embargo, **conocía sólo el bautismo de Juan** (25b), de quien Lucas sabía que había sido el precursor del Mesías[35] y había pertenecido a la ley y los profetas, y no al reino.[36] Dado que Apolos difícilmente pudo haber conocido el bautismo de Juan sin haber conocido su enseñanza al mismo tiempo, seguramente sabía acerca del testimonio de Juan sobre Jesús como el Mesías. ¿Pero cuánto más pudo haber conocido? De cualquier manera, cuando **comenzó a hablar valientemente en la sinagoga,** y lo oyeron **Priscila y Aquila,** reconocieron que su comprensión era defectuosa, por lo cual lo invitaron a su casa, y **le explicaron con mayor precisión el camino de Dios** (26), literalmente 'más exactamente' (BJ), 'con más exactitud' (RVR95), la forma comparativa del adverbio *akribōs* que se usa en el versículo anterior.

No es posible saber cuáles eran las verdades cristianas que Apolos conocía cuando enseñaba **con la mayor exactitud** y cuáles tuvieron que explicarle **con mayor precisión.** Por un lado, Lucas difícilmente podría haberlo descrito como **instruido en el camino del Señor** si en esa etapa todavía era ignorante en cuanto a la muerte y resurrección de Jesús. Por otro lado, si su conocimiento estaba limitado al bautismo y la enseñanza de Juan, su comprensión de estos hechos habría sido mínimo, y con seguridad que también habría tenido que enterarse de la misión de Jesús, de su exaltación y del don del Espíritu. Aspectos tales como estos debieron enseñarles Priscila y Aquila. El ministerio de ellos fue oportuno y discreto. Como destaca el profesor Bruce, '¡Cuánto mejor es ayudar en privado a un predicador cuyo ministerio es defectuoso que corregirlo o denunciarlo públicamente!'.[37]

Luego, **como Apolos quería pasar a Acaya, los hermanos lo animaron**, porque ahora estaba mejor preparado para encarar un ministerio más amplio, **y les escribieron a los discípulos de allá para que lo recibieran. Cuando llegó, ayudó mucho a quienes por la gracia habían creído (27), pues refutaba vigorosamente en público a los judíos, demostrando por las Escrituras que Jesús es el Mesías (28).** Por cierto, en 1 Corintios 1—4 Pablo mismo escribió elogiosamente sobre el ministerio de Apolos en Corinto y lo reconoció generosamente como un compañero en la misión para Dios. 'Yo sembré, Apolos regó, pero Dios ha dado el crecimiento.'[38]

# 3. Pablo en Éfeso | 19.1–41

**Mientras Apolos estaba en Corinto, Pablo recorrió las regiones del interior** (o 'atravesando los distritos montañosos', CI) **y llegó a Éfeso (1)**, cumpliendo su promesa de volver si Dios se lo permitía (18.21). Fue, por lo tanto, durante el año de ausencia de Pablo de Éfeso que Apolos llegó, ministró y volvió a partir.

## a. Pablo y los seguidores de Juan el Bautista | 19.1b–7

Al llegar a Éfeso Pablo **encontró a algunos discípulos**. Por lo menos, eso es lo que sostenían ser. En realidad, sin embargo, eran discípulos de Juan el Bautista, y estaban menos informados que Apolos. Lucas registra el diálogo que se desarrolló entre ellos (2–4) y lo que siguió después (5–7).

| | |
|---|---|
| **La primera pregunta de Pablo:** | —¿Recibieron ustedes el Espíritu Santo cuando creyeron? |
| **La respuesta de ellos:** | —No, ni siquiera hemos oído hablar del Espíritu Santo. |
| **La segunda pregunta de Pablo:** | —Entonces, ¿qué bautismo recibieron? |

<table>
<tr><td align="right">La respuesta de ellos:</td><td>—El bautismo de Juan.</td></tr>
<tr><td align="right">El comentario<br>de Pablo:</td><td>—El bautismo de Juan no era más que un bautismo de arrepentimiento. Él le decía al pueblo que creyera en el que venía después de él, es decir, en Jesús.</td></tr>
</table>

**[19.5] Al oír esto, fueron bautizados en el nombre del Señor Jesús. [6] Cuando Pablo les impuso las manos, el Espíritu Santo vino sobre ellos, y empezaron a hablar en lenguas y a profetizar. [7] Eran en total unos doce hombres.**

Este incidente se ha convertido en un texto para demostrar en algunos círculos pentecostales y carismáticos, especialmente cuando se sigue la desacertada e injustificada traducción de RVR09 del versículo 2, o sea, '¿Habéis recibido el Espíritu Santo después que creísteis?'. A partir de esta interpretación se sostiene a veces que la iniciación cristiana tiene dos etapas, comenzando con fe y conversión, y siguiendo posteriormente con la recepción del Espíritu Santo. Pero no es posible considerar que esos doce discípulos ofrezcan una norma para una iniciación en dos etapas. Por el contrario, como ha escrito Michael Green, está 'claro que estos discípulos no eran en ningún sentido cristianos,'[39] por cuanto aun no habían creído en Jesús, en tanto que mediante el ministerio de Pablo llegaron a creer y luego fueron bautizados con agua y con el Espíritu en forma más o menos simultánea.

Cuando se encontró con ellos primeramente, dio por sentado que eran creyentes, pero notó que no daban muestras en su presentación y su comportamiento de que el Espíritu Santo habitara en ellos. De modo que les hizo las dos preguntas fundamentales, sobre si habían recibido el Espíritu Santo cuando creyeron, y en qué nombre fueron bautizados. La primera pregunta vinculaba al Espíritu con la fe, y la segunda con el bautismo. Es decir, sus preguntas presuponían que quienes han creído han recibido el Espíritu,[40] y que los que han sido bautizados han recibido el Espíritu, porque no se puede separar la señal (el agua) de lo que el agua significaba (el Espíritu). Dio por sentado que los creyentes bautizados reciben el Espíritu, como también enseñaba Pedro (2.38–39). Las dos preguntas suponían que haber creído y haber sido bautizados y no haber recibido el Espíritu constituía una extraordinaria anomalía.

Consideremos ahora las respuestas que recibió Pablo ante sus preguntas. Como respuesta a la primera de ellas, dijeron: **ni siquiera hemos oídos hablar del Espíritu Santo**. Esto no puede querer decir que jamás habían oído acerca del Espíritu, porque se hace referencia a él muchas veces en el Antiguo Testamento, y Juan el bautista habló del Mesías como el que bautizaría a la gente con el Espíritu. Más bien, debe significar que, aunque habían oído la profecía de Juan, no sabían si se había cumplido. No tenían conocimiento del pentecostés. En respuesta a la segunda pregunta de Pablo, explicaron que habían recibido el bautismo de Juan, no el bautismo cristiano. En una palabra, todavía vivían en el Antiguo Testamento, el que culminaba con Juan el bautista. No entendían que había comenzado con Jesús una era nueva, ni que los que creen en él y son bautizados en él reciben la bendición distintiva de la era nueva, porque el Espíritu mora en ellos.

Una vez que comprendieron esto por medio de la instrucción dada por Pablo, depositaron su confianza en Jesús, de cuya venida había hablado su maestro Juan el Bautista. Entonces fueron bautizados en el nombre de Cristo, y Pablo les impuso las manos (dando su *imprimatur* apostólico a lo que estaba ocurriendo, como lo habían hecho Pedro y Juan en Samaria). El Espíritu Santo vino sobre ellos, y hablaron en lenguas y profetizaron. En otras palabras, experimentaron un pentecostés. Más bien, los alcanzó el pentecostés. Y mejor aun, fueron envueltos por él, a medida que las promesas prometidas por su intermedio se fueron haciendo suyas.

Por lo que hace a la experiencia cristiana, la norma, por lo tanto, contiene un conjunto de cuatro cosas: arrepentimiento, fe en Jesús, bautismo en agua y el don del Espíritu. Si bien el orden que se percibe puede variar un poco, las cuatro cosas van juntas y son universales como iniciación cristiana. La imposición de manos apostólica, sin embargo, junto con el hablar en lenguas y el profetizar, tuvieron carácter especial para Éfeso, como lo fue también para Samaria, con el propósito de demostrar visible y públicamente que ciertos grupos particulares estaban siendo incorporados a Cristo por el Espíritu; el Nuevo Testamento no los hace universales.

## b. Sinagoga y salón de conferencias | 19.8–10

El esquema del ministerio de Pablo en Éfeso fue similar al de Corinto. Primero, **Pablo entró en la sinagoga**, donde ya era conocido (8), y habló allí con toda valentía durante tres meses. Discutía (RVR95, 'discutiendo y persuadiendo') acerca del reino de Dios, tratando de convencerlos (8). Discutir a partir de la Escrituras del Antiguo Testamento es lo mismo que argumentar que Jesús es el Cristo, ya que es Jesús el Cristo quien inauguró el reino (ver 28.31). Pero algunos se negaron obstinadamente a creer, y ante la congregación hablaban mal del Camino, como vuelve a llamarse el discipulado cristiano,[41] ya que 'el cristianismo era para los discípulos el camino de todos los caminos ... en el cual andar'.[42] Como resultado directo de esta obstinada oposición en la sinagoga, Pablo se alejó de ellos. Además formó un grupo aparte con los discípulos; y a diario debatía (*dialegomenos*; RVR95 'discutía') en la escuela de Tirano (9). De hecho este nuevo acercamiento a los gentiles en forma de evangelización dialogada continuó por espacio de dos años, de modo que todos los judíos y los griegos que vivían en la provincia de Asia llegaron a escuchar la palabra del Señor (10). Resulta un tanto decepcionante que Lucas no nos diga nada sobre Tirano. Se supone que era un filósofo o educador de algún tipo, que daba clases durante las horas más bien frescas de la mañana, pero estaba dispuesto a alquilar su aula o sala de clase (*scholē*) al evangelista cristiano durante el calor del día. Teniendo en cuenta que *tyrannos* significa déspota o tirano, '¡... uno se pregunta si este era el nombre que le dieron sus padres o el nombre que le dieron sus alumnos!'.[43] Lo que está claro es que las exposiciones cristianas diarias de Pablo durante dos años condujeron a la evangelización de toda la provincia.

### c. Algunos encontronazos de poder | 19.11–20

En Corinto, Cristo alentó a su apóstol y apoyó su enseñanza mediante una visión nocturna; en Éfeso, con señales y maravillas mediante las cuales se demostró el poder de Cristo sobre la enfermedad, la posesión demoníaca y la magia. Dios hacía milagros extraordinarios por medio de Pablo (11), a tal grado que a los enfermos les llevaban pañuelos y delantales que habían tocado el cuerpo de Pablo, y quedaban sanos de sus enfermedades, y los espíritus malignos salían de ellos (12). Seguramente se refiere a 'los trapos que usaba para atarse alrededor de la cabeza y los delantales para atarse alrededor de la cintura' mientras trabajaba en la fabricación de tiendas de campaña[44]. A los comentaristas liberales los inquietan estos versículos y tienden a desecharlos como elementos de leyenda. Por lo menos cuatro puntos pueden sostenerse desde el punto de vista opuesto. Primero, Lucas mismo no se limita a describir estos hechos como meros **milagros**, *dynameis*, demostraciones de poder divino; agrega el adjetivo *tychousas*, que se traduce diversamente 'especiales' (AV), 'no comunes' (BJ) 'singulares' (RVR09), 'notables' (JB) y **extraordinarios**. No los considera típicos, ni siquiera como milagros. Segundo, tampoco los considera mágicos, porque los ubica aparte de las prácticas mágicas que los creyentes efesios habrían de confesar y declarar pronto como malignos (18–19). Tercero, la actitud más sabia frente a los milagros de los pañuelos para el sudor de la frente no es la de los escépticos que los declaran espurios, ni la de los imitadores, que tratan de copiarlos (como esos tele-evangelistas que ofrecen mandar a los enfermos pañuelos que ellos han bendecido) sino más bien la de los estudiosos de la Biblia que recuerdan que Pablo consideraba sus milagros como sus credenciales apostólicas[45] y que Jesús mismo obró con actitud condescendiente para con la tímida fe de una mujer, sanándola cuando ella tocó el borde de su manto.[46] Cuarto, como en los Evangelios así también en Hechos, se distingue la posesión demoníaca de la enfermedad, y por consiguiente el exorcismo de la curación.

La mención del exorcismo lleva a Lucas a hablar de unos exorcistas judíos, que intentaron aprovechar el poder que creían que era inherente al nombre de Jesús, con consecuencias desastrosas: **Algunos judíos que andaban expulsando espíritus malignos intentaron invocar sobre los endemoniados el nombre del Señor Jesús. Decían: '¡En el nombre de Jesús, a quien Pablo predica, les ordeno que salgan!' (13) Esto lo hacían siete hijos de un tal Esceva, que era uno de los jefes de los sacerdotes judíos (14),** queriendo decir, probablemente, que pertenecía a una familia sumo-sacerdotal. **Un día el espíritu maligno les replicó: 'Conozco a Jesús, y sé quién es Pablo, pero ustedes ¿quiénes son?' (15) Y abalanzándose sobre ellos, el hombre que tenía el espíritu maligno los dominó a todos. Los maltrató con tanta violencia que huyeron de la casa desnudos y heridos (16).** Por cierto que hay poder (poder salvador y sanador) en el nombre de Jesús, como Lucas se ha esforzado en ilustrar (por ej. 3.6, 16; 4.10–12). Pero su eficacia no es mecánica, como tampoco pueden usarlo las personas a su antojo. No obstante, a pesar del mal uso del Nombre, el incidente tuvo un efecto saludable. **Cuando se enteraron los judíos y los griegos que vivían en Éfeso, el temor se apoderó de todos ellos** ('todos quedaban espantados', NBE; 'aterrados', NEB), y **el nombre del Señor Jesús era glorificado** (17).

El enfrentamiento de poder entre Jesús y el reino de Satanás no se había completado. Después de la curación y el exorcismo venía la liberación de las prácticas ocultistas. **Muchos de los que habían creído llegaban ahora y confesaban públicamente sus prácticas malvadas** (18). **Un buen número de los que practicaban la hechicería juntaron sus libros en un montón y los quemaron delante de todos. Cuando calcularon el precio de aquellos libros, resultó un total de cincuenta mil monedas de plata** (19), moneda que representaba el jornal de alrededor de un día de trabajo. Ya hemos visto que Éfeso era famosa por sus 'cartas efesias' (*grammata*), que eran 'encantamientos escritos, amuletos y talismanes'.[47] El que, en lugar de convertir en dinero el valor de sus encantamientos mágicos mediante su venta, estos nuevos creyentes estuvieran dispuestos a echarlos en la hoguera, era señal del carácter genuino de su conversión. El ejemplo de ellos llevó, además, a nuevas conversiones, porque **así la palabra del Señor crecía y se difundía con poder arrollador** (20).

## d. Los planes futuros de Pablo | 19.21–22

**Después de todos estos sucesos,** después de la evangelización en la sinagoga y en la sala de conferencias y los encontronazos de poder, pero antes del disturbio en el teatro, **Pablo tomó la determinación de ir a Jerusalén, pasando** primero **por Macedonia y Acaya** (21a). A esta altura Lucas no explica la razón de esta ruta tortuosa, pero sabemos que tenía la intención de recoger entre los cristianos del sur y el norte de Grecia la ofrenda para sus hermanas y hermanos de Judea sumidos en la pobreza.[48] Sus ojos no estaban puestos en Jerusalén, sin embargo. **Decía: 'Después de estar allí, tengo que visitar Roma'** (21b), y más lejos todavía, soñaba con España,[49] 'la avanzada más occidental de la civilización romana en Europa'.[50] Su visión no tenía límites. Como ha comentado acertadamente Bengel, 'ningún Alejandro, ningún César, ningún otro héroe, se aproxima a la grandeza de este *pequeño* (un juego de palabras basado en su nombre *Paulos*, 'pequeño') benjamita'.[51] Mientras tanto, **envió a Macedonia a dos de sus ayudantes, Timoteo y Erasto, mientras él se quedaba, por algún**

tiempo en la provincia de Asia (22), en realidad en la propia Éfeso, 'porque se me ha presentado una gran oportunidad para un trabajo eficaz', y muchos le hacían oposición.[52] Tanto la oportunidad como la oposición requerían su presencia en Éfeso.

## e. El tumulto en la ciudad | 19.23–41

Lucas ofrece a sus lectores un relato gráfico del disturbio que instigó Demetrio el platero y que el secretario del concejo municipal desbarató hábilmente. Tal vez obtuvo información de Aristarco y/o de Gayo, quienes se vieron envueltos en el disturbio (29) y que más adelante fueron compañeros de viaje de Pablo y Lucas (20.4–6). Las presuposiciones de Haenchen lo llevan a encontrar 'una constante maraña de dificultades'[53] en esta historia. Elabora seis de ellas. Pero Howard Marshall tiene razón cuando dice que el caso que plantea Haenchen 'desaparece con el escrutinio'. Ofrece una explicación adecuada para cada uno de los supuestos problemas.[54] El relato de Lucas se divide en tres secciones relacionadas con el origen, el curso y el desenlace del tumulto.

Primero, su origen. Era inevitable que tarde o temprano la autoridad real de Jesús fuese desafiada por el perverso dominio que ejercía Diana.

> [19.23]Por aquellos días se produjo un gran disturbio a
> propósito del Camino. [24]Un platero llamado Demetrio,
> que hacía figuras en plata del templo de Artemisa,
> proporcionaba a los artesanos no poca ganancia. [25]Los
> reunió con otros obreros del ramo, y les dijo:
> —Compañeros, ustedes saben que obtenemos buenos
> ingresos de este oficio. [26]Les consta además que el tal
> Pablo ha logrado persuadir a mucha gente, no sólo en
> Éfeso sino en casi toda la provincia de Asia. Él sostiene
> que no son dioses los que se hacen con las manos.
> [27]Ahora bien, no sólo hay el peligro de que se desprestigie
> nuestro oficio, sino también de que el templo de la gran
> diosa Artemisa sea menospreciado, y que la diosa misma,
> a quien adoran toda la provincia de Asia y el mundo
> entero, sea despojada de su divina majestad.

Lucas declara que el disturbio surgió **a propósito del Camino** (NEB, 'el movimiento cristiano'). En la raíz su causa no era doctrinal ni ética, sino económica. Demetrio, a quien Ramsay llamó 'probablemente secretario del gremio (es decir de los plateros) por ese año',[55] llamó la atención de los artesanos propios y otros obreros del ramo al éxito de Pablo de convencer a la gente de **que no son dioses los que se hacen con las manos.** En consecuencia, las ventas de las **figuras en plata del templo de Artemisa** (ya sea modelos del templo en miniatura o estatuillas de la diosa) estaban mermando y esto amenazaba su estilo de vida acomodado. No es que Demetrio haya apelado directamente a su codicia, sin embargo. Era lo suficientemente astuto como para destacar tres motivos más respetables de preocupación, a saber, los peligros de que su oficio perdiera su buen nombre, el templo su prestigio, y la diosa Artemisa su divina majestad (27). Así, 'los intereses creados fueron disimulados como patriotismo; y en este caso también bajo el manto del celo religioso'.[56]

Demetrio resultó ser un diestro instigador de la masa del pueblo, porque la reacción de los artesanos fue inmediata.

[19.28] **Al oír esto, se enfurecieron y comenzaron a gritar:**
**—¡Grande es Artemisa de los efesios!**

[29]**En seguida toda la ciudad se alborotó. La turba en masa se precipitó en el teatro, arrastrando a Gayo y a Aristarco, compañeros de viaje de Pablo, que eran de Macedonia.** [30]**Pablo quiso presentarse ante la multitud, pero los discípulos no se lo permitieron.** [31]**Incluso algunas autoridades de la provincia, que eran amigos de Pablo, le enviaron un recado, rogándole que no se arriesgara a entrar en el teatro.**

[32]**Había confusión en la asamblea. Cada uno gritaba una cosa distinta, y la mayoría ni siquiera sabía para qué se habían reunido.** [33]**Los judíos empujaron a un tal Alejandro hacia adelante, y algunos de entre la multitud lo sacaron para que tomara la palabra. Él agitó la mano para pedir silencio y presentar su defensa ante el pueblo.** [34]**Pero cuando se dieron cuenta de que era judío, todos se pusieron a gritar al unísono como por dos horas:**
**—¡Grande es Artemisa de los efesios!**

'Las ruinas más notables en toda el Asia Menor …, Éfeso se yergue digna y sola en su muerte', escribió H. V. Morton.[57] El sitio excavado es magnífico; es fácil imaginar el disturbio. Según el texto de Beza del versículo 28, los enfurecidos artesanos salieron 'corriendo hacia la calle' antes de comenzar a gritar el nombre de Diana. Probablemente se trataba de la vía Arcadia, la avenida principal de Éfeso, de once metros de ancho, pavimentada con mármol y bordeada de columnas, que conducía del puerto al teatro. El teatro, todavía en un excelente estado de conservación, ubicado al pie del monte Pión y de cerca de 150 metros de diámetro, tenía capacidad para 25.000 personas por lo menos. A este lugar la multitud arrastró a Gayo y a Aristarco. Y aquí Pablo (demasiado confiado, tal vez, en la inmunidad que creía que le daba su ciudadanía romana) no pudo llegar, por los ruegos tanto de sus discípulos como de ciertas **autoridades de la provincia** que eran amigos del apóstol (31). Acertadamente Lucas los considera 'asiarcas'. Se trataba de ciudadanos de jerarquía, miembros prominentes del consejo provincial de Asia, especialmente 'sus presidentes y tal vez sus ex presidentes anuales', y/o los diputados de la ciudad que cumplían funciones en él, y/o 'los administradores de los diversos templos del culto imperial, que estaban supeditados a los sumos sacerdotes designados por el consejo provincial'.[58] Pablo tuvo la fortuna de contar con la amistad y el asesoramiento de algunos de ellos. A esa altura ya reinaba el desconcierto en el teatro. Algunos gritaban una cosa, y otros otra, pero la mayoría no tenía idea del motivo que los había reunido. Una distracción ocurrió cuando algunos judíos trataron de presentar a su portavoz, sin duda con el fin de disociar a los judíos de los cristianos, pero la multitud, que no habría entendido la pretendida distinción, los hicieron callar y por dos horas reanudaron el griterío invocando el nombre de Diana. Esta sección comienza y termina, por cierto, con los gritos histéricos: **¡Grande es Artemisa de los efesios!** (28, 34). Haenchen tiene razón cuando comenta que 'en último análisis lo único que puede hacer el paganismo contra Pablo es gritar hasta quedar ronco'.[59]

**19.35**El secretario del concejo municipal logró calmar a la
multitud y dijo:
—Ciudadanos de Éfeso, ¿acaso no sabe todo el mundo
que la ciudad de Éfeso es guardiana del templo de la gran

Artemisa y de su estatua bajada del cielo? [36]Ya que estos hechos son innegables, es preciso que ustedes se calmen y no hagan nada precipitadamente. [37]Ustedes han traído a estos hombres, aunque ellos no han cometido ningún sacrilegio ni han blasfemado contra nuestra diosa. [38]Así que si Demetrio y sus compañeros de oficio tienen alguna queja contra alguien, para eso hay tribunales y gobernadores. Vayan y presenten allí sus acusaciones unos contra otros. [39]Si tienen alguna otra demanda, que se resuelva en legítima asamblea. [40]Tal y como están las cosas, con los sucesos de hoy corremos el riesgo de que nos acusen de causar disturbios. ¿Qué razón podríamos dar de este alboroto, si no hay ninguna?

[41]Dicho esto, despidió la asamblea.

A continuación Lucas describe la forma en que el frenesí de la muchedumbre fue calmado por **el secretario del concejo municipal** (*grammateus*, 35), que era 'el jefe electo del ejecutivo de la ciudad'[60] o 'el asistente administrativo principal de los magistrados, elegido anualmente; él tenía un equipo de oficinistas permanentes, responsables de la documentación de la ciudad'.[61]

Evidentemente el secretario del concejo municipal era un hombre de mucha inteligencia y gran habilidad en el control de las multitudes. Destacó cuatro puntos. Primero, todo el mundo sabe que Éfeso es la guardiana del templo de Artemisa y de su imagen. Por cuanto esto es indiscutible, nadie lo negaría, y el culto de Artemisa no corre ningún peligro (35–36). Segundo, **estos hombres** (Gayo y Aristarco) no son culpables de ningún sacrilegio (de cometer un robo en el templo) ni de blasfemia (denigrar a la diosa). Son inocentes (37). Tercero, Demetrio y sus colegas conocen los procedimientos legales establecidos. Si tienen algún problema privado, tendrían que presentar su caso en las sesiones proconsulares. Si, por otra parte, su caso resultara ser más serio y más público, deberían llevarlo ante una **legítima asamblea**, el término legal correcto para las reuniones oficiales normales (tres veces por mes) del *dēmos* o consejo de la ciudad (38–39). Como comenta el doctor Sherwin-White, Lucas 'está muy bien informado sobre los puntos más precisos de las instituciones municipales en Éfeso en el primero y el segundo siglo d.C.'.[62] Cuarto, los ciudadanos de Éfeso están ellos mismos en peligro de ser acusados de un desorden civil. Si ocurriera esto, no tendrían cómo justificarse. Cada uno de estos argumentos era convincente; los cuatro juntos resultaban decisivos. Cuando el secretario municipal 'despidió la asamblea', se fueron a sus casas con el ánimo muy apaciguado.

El propósito de Lucas al relatar este incidente era claramente apologético o político. Quería mostrar que Roma no tenía nada contra el cristianismo en general ni contra Pablo en particular. En Corinto el procónsul Galión se había negado a escuchar la acusación de los judíos. En Éfeso el secretario municipal dio a entender que la oposición era puramente emocional y que los cristianos, al ser inocentes, no tenían nada que temer de los procedimientos legales debidamente constituidos. De modo que la imparcialidad de Galión, la amistad de los asiarcas y el sereno razonamiento del secretario de la ciudad se combinaron para asegurar la libertad del evangelio para seguir su curso victorioso.

# 4. La estrategia de Pablo para la evangelización urbana

Pese a las obvias diferencias culturales entre las ciudades del primer siglo en el imperio romano y los grandes complejos urbanos de nuestros días, también hay semejanzas. De Pablo podemos aprender importantes lecciones en Corinto y en Éfeso acerca de dónde, cómo y cuándo llevar a cabo la evangelización urbana.

## a. Los lugares que eligió

Cierto es que tanto en Corinto como en Éfeso Pablo comenzó en la sinagoga; esa era su costumbre. Pero cuando los judíos rechazaban el evangelio, se apartaba de la sinagoga y se trasladaba en cambio a un edificio neutral. En Corinto escogió una casa particular, la casa de Ticio Justo, mientras que en Éfeso alquiló una sala de conferencias perteneciente a Tirano. Y podemos decir que la mayor parte de su ministerio de evangelización en ambas ciudades se llevó a cabo en estos ámbitos no religiosos.

En nuestros días todavía tenemos que evangelizar a los religiosos. El equivalente de la sinagoga en nuestra cultura es la iglesia. Es aquí donde se leen las Escrituras, se ofrece oración, se reúnen los 'temerosos de Dios', gente en la periferia que se siente atraída pero que no se compromete. A ellos hay que proclamarles el evangelio. Pero no debemos limitar nuestra misión a los religiosos a costa de los irreligiosos. Si la gente religiosa puede ser alcanzada en edificios religiosos, la gente con mentalidad secular tiene que ser alcanzada en edificios seculares. Tal vez el equivalente al uso paulino de la casa de Ticio Justo es la evangelización en las casas, y el equivalente de su uso de la sala de Tirano sea la evangelización mediante clases o conferencias. La gente acepta ir a una casa, escuchar una charla informal y participar en una discusión libre, cuando quizás no se acercaría a la puerta de una iglesia. Y también hay un lugar importante para las conferencias cristianas apologéticas o expositivas en el colegio o universidad local o en algún otro lugar público neutral.

## b. La presentación razonada que hacía Pablo

Lucas se vale de varios verbos para describir la predicación de Pablo. Pero dos de ellos se destacan en estos capítulos. Cada uno de ellos aparece cuatro veces, casi igualmente repartidos entre su ministerio en Corinto y en Éfeso. Se trata de los verbos 'razonar' o 'discutir' (*dialegomai*) y 'persuadir' (*peithō*). En Corinto **todos los sábados *discutía* en la sinagoga, tratando de *persuadir* a judíos y a griegos** (18.4, cursivas añadidas). En consecuencia, los judíos se quejaron ante Galión de que Pablo andaba *persuadiendo a la gente* (18.13, cursivas añadidas). En Éfeso Pablo habló osadamente en la sinagoga durante tres meses, y *discutía* [literalmente, 'discutiendo y persuadiendo'] **acerca del reino de Dios, tratando de convencerlos** (19.8, cursivas añadidas), y luego de apartarse de la sinagoga **a diario** *debatía* [RVR95, '*discutiendo* cada día'] en la escuela de Tirano (19.9, cursivas añadidas). Así, tanto en el contexto religioso de la sinagoga como en el contexto secular de la escuela, Pablo combinaba argumentación con persuasión. Como resultado, Demetrio pudo quejarse de que **el tal Pablo ha logrado** *persuadir* **a mucha gente** (19.26, cursivas añadidas). Martin Hengel conjetura que las cartas de Pablo (especialmente Romanos y partes de 1 y 2 Corintios) 'contienen breves síntesis de sus conferencias y ... la muy reducida quintaesencia de lo que Pablo enseñó' durante esos años en el aula de la escuela de Tirano.[63]

Este vocabulario demuestra que la presentación del evangelio que hacía Pablo era seria, bien razonada y persuasiva. Estaba convencido de que el evangelio era la verdad, y en consecuencia no tenía miedo de cautivar la mente de sus oyentes. No se limitaba a proclamar su mensaje como algo que se podía aceptar o desechar; por el contrario, se valía de argumentos para apoyar y demostrar la verdad de lo que decía. Procuraba convencer con el fin de convertir, y de hecho, como lo deja en claro Lucas, muchos fueron persuadidos. Lucas indica, más todavía, que este fue el método de Pablo incluso en Corinto. Lo que dejó de lado en Corinto[64] fue la sabiduría del mundo, no la sabiduría de Dios, y la retórica de los griegos, no el uso de argumentos. Desde luego que los argumentos no sirven como sustitutos de la obra del Espíritu Santo. Pero es que la confianza en el Espíritu Santo tampoco desplaza el lugar de la argumentación. Nunca debemos oponerlos como si fueran alternativas. Por supuesto que no, el Espíritu Santo es el Espíritu de la verdad, y es el Espíritu el que acerca a las personas a la fe en Jesús, no a pesar de las evidencias, sino debido a ellas, cuando abre la mente de las personas para que le presten atención.

## c. Los prolongados períodos de permanencia

Lucas se ocupa de ofrecernos los detalles. En Corinto Pablo comenzó predicando en la sinagoga todos los sábados, posiblemente durante varias semanas o varios meses, y luego pasó a la casa de Ticio Justo y **se quedó allí un año y medio, enseñando … la palabra de Dios** (18.11). Luego, **permaneció en Corinto algún tiempo más** (18.18), de modo que probablemente estuvo en la ciudad alrededor de dos años en total. En Éfeso comenzó con tres meses en la sinagoga y luego expuso el evangelio durante dos años en la escuela de Tirano (19.8, 10). Como también se quedó **por algún tiempo en la provincia de Asia** (19.22), se entiende que más tarde pudiera referirse a su ministerio en Éfeso como un período de 'tres años' (20.31). De modo que pasó dos años en Corinto y tres años en Éfeso, y en ambos casos, su enseñanza fue completa y sistemática.

Su uso de la escuela de Tirano fue particularmente notable. El texto recibido dice que expuso la palabra allí en forma diaria durante dos años, pero el texto de Beza agrega que lo hizo 'desde la quinta hora hasta la décima' (19.9, RSV en el margen), o sea, desde las 11 de la mañana hasta las 4 de la tarde (así en BJ). El doctor Bruce Metzger piensa que este agregado 'puede representar información acertada, conservada en la tradición oral antes de ser incorporada en el texto de ciertos manuscritos'.[65] Según Ramsay, 'la vida pública en las ciudades jónicas terminaba sistemáticamente a la quinta hora',[66] es decir, a las 11 de la mañana, luego de haber comenzado a la salida del sol y de haber continuado durante la frescura de las primeras horas de la mañana. ¡Pero a las 11 la ciudad dejaba de trabajar, no para un refrigerio a media mañana, sino para una prolongada siesta! Según Lake y Cadbury, 'a la 1 de la tarde probablemente había más gente profundamente dormida que a la 1 de la mañana'.[67] Pero Pablo no dormía durante el día. Hasta las 11 de la mañana trabajaba en la fabricación de tiendas de campaña mientras Tirano daba sus clases. A las 11, Tirano se iba a descansar, 'la escuela quedaba libre',[68] y Pablo cambiaba el trabajo en cuero por tareas intelectuales, continuando durante cinco horas, y deteniéndose a las 4 de la tarde, cuando se reanudaba el trabajo en la ciudad. Suponiendo que el apóstol apartaba un día de los siete para el culto de adoración y para descansar, pudo haber ofrecido conferencias diarias de cinco horas seis días a la semana durante dos años, lo cual hace 3.120 horas de argumentación evangélica. No sorprende que Lucas prosiga así: **todos los judíos y los griegos que vivían en la provincia de Asia llegaron a escuchar la palabra del Señor** (19.10). Porque todos los caminos de Asia convergían en Éfeso, y todos los habitantes de Asia visitaban Éfeso de tanto en tanto, para comprar o vender, para visitar algún pariente, frecuentar los baños públicos, asistir a los juegos en el estadio, presenciar una obra dramática en el teatro, o adorar a la diosa de la ciudad. Y mientras estaban en Éfeso, se enteraban de este orador cristiano llamado Pablo, que hablaba y contestaba preguntas durante cinco horas diarias, a mediodía. Muchos entraban, escuchaban y se convertían. Luego volvían a sus ciudades y aldeas como creyentes renacidos. De este modo el evangelio seguramente se extendió hasta el valle del Lico y a sus principales ciudades, Colosas, Laodicea y Hierápolis, lugares que Epafras había visitado, aunque no Pablo,[69] y tal vez a las restantes cinco de las siete iglesias de Apocalipsis 2 y 3, a saber, Esmirna, Pérgamo, Tiatira, Sardis y Filadelfia. Esta es una estrategia excelente para las grandes capitales y ciudades universitarias del mundo. Si se da a conocer el evangelio en forma razonada, sistemática y completa en el centro de la ciudad, los visitantes lo oirán, lo abrazarán y se lo llevarán de vuelta a sus lugares de residencia.

Cuando comparamos buena parte de la evangelización contemporánea con la de Pablo, la liviandad de la actual surge de inmediato. Nuestra evangelización tiende a ser demasiado eclesiástica (se invita a la gente a la iglesia), mientras que Pablo también llevaba el evangelio hacia el mundo no religioso; demasiado emocional (apelando a las decisiones sin una adecuada base de entendimiento), mientras que Pablo enseñaba, argumentaba y trataba de persuadir; y demasiado superficial la nuestra (encuentros breves y expectativa de resultados rápidos), mientras que Pablo se quedó en Corinto y en Éfeso durante cinco años en total, sembrando fielmente la simiente del evangelio y levantando la cosecha a su debido tiempo.

# 15

# Más acerca de Éfeso
## Hechos 20.1—21.17

Lucas relata a partir de ahora la partida de Pablo de Éfeso (20.1) después de haber pasado casi tres años allí durante su tercera expedición misionera, para después viajar de un sitio a otro hasta llegar a Jerusalén (21.17). Cierto es que Lucas nos ha dejado saber que Pablo tenía la intención de visitar Jerusalén para después llegar a Roma (19.21). Sin embargo, lo que en este momento llena su mente es Jerusalén.

En efecto, es difícil resistirse a la conclusión de que Lucas ve un paralelo entre el viaje de Jesús a Jerusalén, tema prominente en su primer escrito, y el viaje de Pablo a Jerusalén que describe en el segundo. Por supuesto, la semejanza está lejos de ser precisa, y la misión de Jesús fue única; sin embargo, la correspondencia entre los dos viajes parece demasiado cercana para ser pura coincidencia. (i) Al igual que Jesús, Pablo viajó a Jerusalén con un grupo de discípulos (20.4ss).[1] (ii) Al igual que Jesús, se le oponían judíos hostiles que complotaban para quitarle la vida (20.3, 19).[2] (iii) Al igual que Jesús, Pablo recibió tres predicciones sucesivas acerca de su pasión o sufrimientos (20.22–23; 21.4, 11)[3] incluyendo el ser entregado a los gentiles (21.11).[4] (iv) Al igual que Jesús, Pablo declaró estar dispuesto a entregar su vida (20.24; 21.13).[5] Al igual que Jesús, estuvo decidido a completar su misión y no ser desviado de ella (20.24; 21.13).[6] (vi) Al igual que Jesús, expresó su total entrega a la voluntad de Dios (21.14).[7] Aunque algunos de estos detalles no deben ser enfatizados, seguramente que Lucas quería que sus lectores vieran a Pablo siguiendo los pasos de su Maestro cuando 'se hizo el firme propósito de ir a Jerusalén'.[8]

**Cuando cesó el alboroto** (1) y el orden público se hubo restablecido en la ciudad de Éfeso, **Pablo mandó llamar a los discípulos** (¿permanecía oculto?) **y, después de animarlos, se despidió.** Yo imagino que el aliento que recibieron debió ser similar a la exhortación que más tarde dio a los pastores de Mileto (20.17ss). Los habrá alentado a permanecer fieles a Cristo a pesar de la persecución y a vivir 'de una manera digna del llamamiento que han recibido' en tanto pueblo de Dios nuevo y santo.[9] Luego, **salió rumbo a Macedonia** con el propósito de encontrarse con Timoteo y Erasto, a quienes había enviado antes (19.22). Ya sea que haya ido por mar o por alguna ruta terrestre, debía viajar hacia el norte, y es posible que su primera parada importante haya sido Troas. Aquí esperaba 'predicar el evangelio de Cristo', y descubrió que 'el Señor [le] había abierto las puertas' en ese lugar.[10] Lamentablemente, no pudo aprovechar esta oportunidad. La razón era que había esperado encontrarse con Tito en Troas, a quien había enviado antes en una misión importante de reconocimiento en Corinto. Pero Tito no estaba allí para recibirlo, y así, porque '[se] sentía intranquilo', en lugar de quedarse en Troas para evangelizar, se '[fue] a Macedonia'.[11] Fue más tarde, probablemente en Filipos, que el tan ansiado encuentro con Tito tuvo lugar, y la ansiedad se transformó en gozo.[12] Las buenas noticias que le trajo Tito, junto con otra información, impulsó a Pablo a escribir lo que conocemos como su segunda carta a los corintios (aunque de hecho fue la cuarta).

## 1. Pablo en las regiones norte y sur de Grecia | 20.2–6

Pablo ahora **recorrió aquellas regiones** (2a). Probablemente pasó varios meses volviendo a visitar las iglesias macedónicas que había fundado en su segundo viaje misionero, a saber, Filipos, Tesalónica y Berea. Lucas caracteriza su ministerio hacia ellas como **alentando a los creyentes en muchas ocasiones**. La palabra que emplea es *paraklēsis* (el sustantivo de la misma familia que *parakaleō* en el versículo 1), y tiene una extensa variedad de significados desde apelar, rogar, exhortar, alentar, e incluso consolar. Es un ministerio vital para establecer discípulos cristianos, y la acción que se ejercita es, literalmente, 'emplear muchas palabras'. Nada alienta y fortalece al pueblo de Dios como la Palabra de Dios. Es probable que fuera también durante este período que Pablo viajó más hacia el oeste que en ocasiones anteriores, a lo largo de la Vía Egnatia, hasta llegar a Iliria, sobre la costa norte del Adriático, en Macedonia.[13]

Después de estos viajes por Macedonia, Pablo **por fin llegó a Grecia** (2b), o como se conocía la región de Acaya, a *Hellas*. Aquí, casi seguramente en Corinto, **se quedó tres meses** (3a). Habían pasado muchas cosas en su relación con la iglesia de Corinto desde la primera visita relatada por Lucas. Les había escrito cuatro cartas, y hasta los había visitado en el ínterin (la visita causante de 'tristeza', según 2 Corintios 2.1, que Lucas no menciona). El apóstol seguramente conversó mucho con los líderes de la iglesia tanto sobre doctrina como sobre ética. También sabemos que concluyó los arreglos para la contribución de los corintios a la colecta destinada a las iglesias de Judea.[14] Sumado a esto, fue durante esta visita a Corinto que Pablo escribió su manifiesto más importante sobre fe y vida cristianas, o sea su Carta a los Romanos. En Romanos 15 explica que 'habiendo comenzado en Jerusalén ... hasta la región de Iliria' había 'completado la proclamación del evangelio de Cristo por todas partes' y ya no tenía dónde más hacerlo. Esta es la razón por la cual esperaba pronto visitar Roma e ir a España.[15]

Los tres meses que pasó Pablo en Corinto fueron probablemente durante el invierno, mientras esperaba que llegara el clima primaveral que permitiera la navegación en alta mar. Su propósito era ir 'rumbo a Siria', lo mismo que había hecho en su primera visita (18.18). Sin embargo, cuando estaba a punto de embarcar escuchó que **los judíos tramaban un atentado contra él** (3). Ramsay imagina de esta forma la situación: 'La intención de Pablo habrá sido tomar un barco de peregrinos que transportaba judíos de Acaya y de Asia para la pascua ... Con judíos hostiles mezclados en el pasaje, les hubiera sido muy fácil hallar la oportunidad de matar a Pablo'[16] y arrojar su cuerpo por la borda. De modo que Pablo cambió de planes a último momento y **decidió regresar por Macedonia**. El texto de Beza agrega que 'el Espíritu le dijo que hiciera así'. Al mismo tiempo fue su propia decisión: las dos cosas no son incompatibles.

En este punto Lucas interrumpe su relato con el objeto de decirnos quiénes eran los compañeros de viaje de Pablo. Es interesante observar que Pablo rara vez viajaba solo, y que, cuando estaba solo, manifestaba su anhelo de compañía humana, como sucedió en Atenas[17] y durante su encarcelamiento final en Roma.[18] Que Pablo favorecía el trabajo en equipo se ve claramente en sus viajes misioneros. En su primer viaje lo acompañaron Bernabé y Juan Marcos (hasta que este último los abandonó), en su segundo viaje lo acompañaron Silas y Timoteo, luego Lucas, y ahora, al final de su tercer viaje, Lucas brinda a sus lectores la lista de los amigos de Pablo. Esta vez **lo acompañaron Sópater hijo de Pirro, de Berea** (tal vez el *Sosípater* que en Romanos 16.21 se menciona como uno de los 'parientes' de Pablo); **Aristarco** (19.29; 27.2) **y Segundo, de Tesalónica; Gayo, de Derbe** (que podría haber sido el mismo que se menciona en 19.29. Una lectura de este versículo consigna solo a Aristarco como macedonio, no a Gayo); **Timoteo; y por último, Tíquico y Trófimo, de la provincia de Asia** (4). Trófimo era de Éfeso;[19] tal vez Tíquico también.[20] En la mayoría de los casos Lucas proporciona la procedencia de estos hombres además del nombre, con el objeto tanto de identificarlos con claridad como quizás para indicar que representaban las diferentes regiones que participaban en la colecta. Así, Macedonia estaba representada por Sópater (Berea), Aristarco y Segundo (Tesalónica) y quizás el propio Lucas (Filipos); Galacia por Gayo (Derbe) y Timoteo (Listra); y Asia por Tíquico y Trófimo (Éfeso). Faltaría Acaya, que podría estar representada por el propio Pablo, o por Tito,[21] quien de acuerdo a las conjeturas de Ramsay era pariente de Lucas.[22] Eso significa que los acompañantes de Pablo eran al menos nueve hombres.

Lucas no menciona la ofrenda en conexión con ellos, si bien lo debe haber tenido en su mente. Lo que debería quedar en la nuestra, al reflexionar en los compañeros de Pablo, es el triple testimonio que representan. El primero es el del crecimiento, la unidad y aun (podría decirse) la 'catolicidad' de la iglesia. Ya hay líderes del interior y de la costa de Asia Menor, de ambos lados del mar Egeo, y de las regiones del norte y del sur de Grecia, que saben que pertenecen a la misma iglesia y que en consecuencia cooperan para la misma causa. En segundo lugar, son un testimonio del fruto de las expediciones misioneras de Pablo, ya que Derbe y Listra fueron evangelizadas durante el primer viaje, Berea y Tesalónica durante el segundo y Éfeso durante el tercero. Todos estos hombres deben de haber sido fruto de la misión. Pero luego se convirtieron en agentes de la misión. Y en tercer lugar, son una evidencia de la conciencia misionera de las jóvenes comunidades cristianas, quienes ya estaban entregando a algunos de sus mejores líderes locales para salir a trabajar y dar testimonio más amplio de la iglesia de Cristo.

Leyendo entre líneas en el comprimido relato de Lucas, pareciera que Pablo y su grupo de asociados partieron de Corinto juntos y llegaron juntos a Filipos. Quizás haya sido aquí, y no antes, que Lucas se unió a la partida (ya que el anterior relato en primera persona lo dejó allí, 16.12, y el siguiente relato en primera persona, comienza en 20.5). Aquí también parece ser que el grupo se dividió en dos. **Éstos, al menos uno siete u ocho de ellos, se adelantaron y nos esperaron en Troas** (5). **Pero nosotros** (¿solamente Pablo y Lucas?) **zarpamos de Filipos**, es decir desde Neápolis, su puerto (16.11), **después de la fiesta de los Panes sin levadura** (6a). Es poco probable que esta sea una nota puramente cronológica. Tampoco está diciendo Lucas que habiéndose frustrado en su deseo de celebrar la pascua en Jerusalén, Pablo la celebró en Filipos. ¿Estamos seguros que continuó observando las fiestas judías, aun cuando por alguna razón especial se propusiera llegar a Jerusalén a tiempo para la pascua? (20.16). Prefiero la explicación del profesor Howard Marshall: 'Es probable que se proponía celebrar la pascua cristiana, es decir, la pascua de resurrección con la iglesia de Filipos (1 Corintios 5.7s)'.[23] De todos modos, no fue hasta después de la fiesta que partieron de Filipos, y entonces **a los cinco días se reunieron con los otros en Troas**. Seguramente encontraron fuertes vientos de proa, porque su viaje en la dirección opuesta les había llevado antes apenas dos días (16.11). Una vez llegados a Troas, se quedaron **siete días** (6).

## 2. Una semana en Troas | 20.7–12

Lucas registra un único incidente durante esta semana en Troas, a saber, la dramática caída, muerte y resucitación del joven llamado Eutico, cuando se quedó dormido. Por haber transcurrido en el contexto de un servicio de adoración, sin embargo, el episodio nos instruye en el área de la adoración cristiana de los primeros años de la iglesia.

### a. La muerte y resucitación de Eutico

**El primer día de la semana nos reunimos para partir el pan** (7a). Según cómo interpretemos ese **primer día** entenderemos que Lucas seguía la forma judía de considerar el día (desde una puesta de sol a la siguiente) o la romana (desde la medianoche a la siguiente medianoche). A raíz de que los traductores de la NEB optaron por la primera forma, la expresión inicial quedó interpretada por ellos como 'el sábado por la noche'. Y por cierto que el texto de Beza calcula de manera judía el 19.9 cuando dice 'desde la quinta hora hasta la décima' (11 de la mañana a 4 de la tarde), tomando el comienzo del día a las seis de la mañana. Pero aquí Lucas sigue la manera romana de calcular, puesto que **el amanecer** que menciona el versículo 11 ya es el día siguiente en el versículo 7. El profesor Bruce tiene razón por lo tanto, al decir que la referencia de Lucas al **primer día de la semana**, es decir, el domingo, 'es la evidencia explícita más temprana que tenemos para la práctica de reunir a todos para adorar en ese día'.[24] Es más, el propósito de la reunión era **partir el pan**, que Lucas entendía como la comunión o cena del Señor en el contexto de una comida comunitaria, como en el aposento alto en Jerusalén.[25] A esto se suma el hecho de que, **como iba a salir al día siguiente, Pablo estuvo hablando a los creyentes, y prolongó su discurso hasta la medianoche** (7b).

Lucas estaba él mismo presente en esta ocasión (**nos reunimos**, 7, **donde estábamos reunidos**, 8), de modo que pudo dar varios detalles como testigo ocular, lo cual nos ayuda a visualizar la escena. En primer lugar, era una reunión o servicio vespertino, puesto que si la predicación de Pablo terminó a la medianoche, es poco probable que hubiera empezado a mediodía. Seguramente comenzó cerca de la puesta del sol, cuando la congregación se reunía para adorar, al término de sus labores del día. La reunión se llevaba a cabo en una casa particular, en la planta alta (8), más precisamente en el tercer piso (9). Además, **en el cuarto del piso superior donde** [estaban] **reunidos había muchas lámparas** (8) de modo que la atmósfera se puso pesada y densa por el aceite, aun para **Eutico, que estaba sentado en una ventana** (9a), o 'en el borde de la ventana', BJ) la cual, por carecer de vidrios, le daba un poco de aire fresco para respirar. Un cuarto detalle es que aunque a Eutico se lo llama **joven** (*neanias*) en el versículo 9, en el 12 dice un 'muchacho' (NBE), ya que el término griego *pais* normalmente cubre las edades entre 8 y 14 años. En quinto lugar, Lucas no intenta atribuir culpa alguna a Eutico por haberse dormido durante el sermón del apóstol. La impresión que nos deja es que tuvo una prolongada lucha con su somnolencia. Por lo pronto, **comenzó a dormirse**, o mejor, a amodorrarse, y **mientras Pablo alargaba su discurso. Cuando se quedó profundamente dormido** ('le fue venciendo el sueño', BP) se produjo el accidente: **se cayó desde el tercer piso y lo recogieron muerto** (9b). Decir que 'lo dieron por muerto' (como en NEB), sugiriendo que podría no haber estado realmente muerto, es decididamente un error. Lucas lo declara muerto; siendo médico podía garantizarlo.

Uno puede imaginar la confusión que sobrevino cuando todos trataban de llegar abajo. **Pablo** mismo suspendió su sermón y **bajó**. Luego, y seguramente siguiendo el precedente sentado por Elías con el hijo de la viuda de Sarepta,[26] y por Eliseo con el hijo de la sulamita,[27] **se echó sobre el joven y lo abrazó. '¡No se alarmen! —les dijo—. ¡Está vivo!'** (10). Esta no era una afirmación en el sentido de que estaba vivo a pesar de su accidentada caída, sino de que como resultado del abrazo de Pablo, había vuelto a vivir. **Luego** [Pablo] **volvió a subir, partió el pan y comió**, compartiendo así tanto la cena del Señor como la cena comunitaria, que evidentemente no había sido servida hasta ese momento. Pablo reanudó su sermón, y **siguió hablando hasta el amanecer, y entonces se fue** (11). Mientras tanto, **al joven se lo llevaron** (sus parientes y amigos, podemos suponer) **vivo a su casa, para gran consuelo de todos** (12).

## b. Algunos principios de la adoración cristiana

¿Qué podemos aprender acerca de la adoración cristiana de aquel servicio vespertino de aquel domingo en Troas, hace tantos siglos? Debemos ser prudentes al contestar este interrogante, puesto que el relato de Lucas es descriptivo, y no pretende establecer una norma. No tenemos, por lo tanto, derecho a esclavizarnos ya sea en copiar lo que ocurrió (por ejemplo, reuniones en una casa, y aun en un tercer piso, encuentros al anochecer, usar lámparas de aceite para la iluminación, y estar obligados a escuchar un sermón desmedidamente largo), como tampoco omitir en nuestro culto lo que no se menciona (por ejemplo, oraciones, salmos, himnos y lectura de la Palabra). Sin embargo, pareciera haber aquí algunos de los principios de la adoración pública, confirmados por enseñanza bíblica en otras partes, que son aplicables hoy.

En primer lugar, los discípulos se reunieron en el día del Señor para celebrar la cena del Señor. Al menos el versículo 7 suena como una descripción de una práctica normal y regular de la iglesia en Troas. Y las evidencias muestran que la eucaristía, como una celebración de gratitud hacia el ahora Señor resucitado después de su muerte, pronto se convirtió en el servicio principal del domingo, en el contexto de un *agapē*, esto es, una 'fiesta de amor' o comida de confraternidad.

En segundo lugar, además de la cena hubo un sermón, en realidad, un sermón muy largo, ya que su primera parte duró desde la puesta del sol hasta la medianoche (7) y su segunda parte desde la media noche hasta el amanecer (11). No significa que debemos imaginarnos la predicación de Pablo como un puro monólogo, ya que Lucas usa el término *dialegomai* dos veces (7, 9), lo que supone argumentación, tal vez en la forma de preguntas y respuestas. El otro término que usa es *homileō* (11), que LPD traduce por 'hablando mucho tiempo'; y BA como 'conversó largamente'. Había un clima más libre y amplio que un sermón formal. Pero al menos el apóstol tomaba su responsabilidad de brindar enseñanza con toda seriedad. Es lo que nosotros deberíamos hacer. 'No hay ninguna insinuación de que Pablo tomara el incidente ocurrido como una advertencia en contra de sermones demasiado largos.'[28] Y puesto que no tenemos hoy en día apóstoles comparables a Pablo para darnos instrucción, es preciso escuchar las enseñanzas de los apóstoles de Cristo tal como nos han llegado en el Nuevo Testamento. Desde los primeros días las iglesias locales comenzaron a hacer sus propias colecciones de las memorias y cartas de los apóstoles, y obedecían el precepto de leerlas junto con la ley y los profetas, en sus asambleas públicas.[29]

Por último, de ese modo la palabra y el sacramento o la ordenanza se combinaban en el ministerio brindado a la iglesia de Troas, y la iglesia universal lo ha continuado haciendo desde entonces. Porque Dios habla a su pueblo por medio de su Palabra, tanto cuando se la lee y comenta desde las Escrituras, como cuando se la dramatiza en las dos ordenanzas, el bautismo y la cena del Señor. Tal vez decir 'palabra y sacramento' no sea la mejor ni la más acertada forma de expresarlo, aun cuando sea la más común. Porque estrictamente hablando el sacramento es en sí mismo una palabra, 'una palabra visible', decía San Agustín. Lo que más edifica a la iglesia es el ministerio de la Palabra de Dios que nos llega por medio de las Escrituras y, en las ordenanzas o sacramentos, la Palabra audible y visible, predicada y dramatizada.

## 3. Un viaje costero hacia Mileto | 20.13–16

El breve párrafo que sigue en el relato de Lucas (cuatro versículos en nuestra Biblia), es un relato sorprendente del viaje de Pablo desde Troas (donde habló a la iglesia local) hasta Mileto (en donde se dirigió a los pastores de la iglesia de Éfeso). Nos dice que Pablo **tenía prisa** (16); nos da la impresión de que Lucas también. Menciona cuatro puertos en la costa y de las islas donde pararon Pablo y sus acompañantes (Asón, Mitilene, Quío y Samos), después de partir de Troas y antes de llegar a Mileto. Las secciones en primera persona plural que comenzaron en el versículo 5 continúan, por lo cual inferimos que Lucas estaba tomando datos en su propio registro de viaje. Evidentemente el barco zarpaba cada día y echaba anclas cada noche. 'La razón,' según explica Ramsay, 'está en el viento.' Durante la época estival en el Egeo el viento sopla 'generalmente desde el norte, comenzando a una hora muy temprana de la mañana'. Luego, 'al caer la tarde se detiene' y 'con la puesta del sol comienza una calma chicha.'[30]

Al partir de Troas, escribe Lucas, **nos embarcamos anticipadamente y zarpamos para Asón,** un puerto en tierra firme en Asia, a unos 30 km al sur de Troas, **donde íbamos a recoger a Pablo. Así se había planeado, ya que él iba a hacer esa parte del viaje por tierra** (13), o 'a pie', (BP), o por 'el camino' (NEB). Lucas comparte dos datos con nosotros, sin dar explicación. En primer lugar, Pablo mandó a sus acompañantes antes de partir él mismo. ¿Postergó su partida de Troas con el objeto de asegurarse primero de que Eutico no sólo estaba vivo sino bien de salud? Es una posibilidad. En segundo lugar, Pablo hizo arreglos para que sus amigos viajaran a Asón por mar y luego ir él mismo por tierra. El viaje a lo largo del camino costero habría sido más rápido que un viaje por mar rodeando el cabo. Pero ¿por qué quería estar solo? ¿Era porque se trataba del verdadero comienzo de su viaje a Jerusalén? Sabemos que estaba ansioso tanto por verse libre de los incrédulos en Judea como de que las ofrendas fueran aceptables a los creyentes en Jerusalén, porque pidió a los cristianos de Roma que se unieran a él para rogar precisamente por estas cosas.[31]

**Cuando se encontró con nosotros en Asón,** según lo acordado previamente, **lo tomamos a bordo y fuimos a Mitilene** (14), que era la ciudad principal de la isla de Lesbos, situada sobre su costa sudeste. **Desde allí zarpamos al día siguiente y llegamos frente a Quío** (15a), esto es, anclaron en un puerto de tierra firme opuesto a la isla de Quío. **Al otro día cruzamos en dirección a Samos,** una isla al oeste de Éfeso, y 'después de hacer escala en Trogilión' (BJ, que sigue el texto de Beza), un promontorio a la entrada del golfo, **un día después llegamos a Mileto** (15b), el puerto más importante en la boca del río Meandro. **Pablo había decidido pasar de largo a Éfeso,** cosa que en efecto ya había hecho al seguir a Mileto; tenía la intención de **no demorarse en la provincia de Asia,** ya que una rápida visita era a su juicio imposible, **porque tenía prisa por llegar a Jerusalén para el día de pentecostés, si fuera posible** (16).

# 4. Pablo habla a los ancianos de Éfeso | 20.17–38

**Desde Mileto, Pablo mandó llamar a los ancianos de la iglesia de Éfeso** (17). Calculando en línea recta, Éfeso estaba solamente a unos 45 km al norte de Mileto, pero el camino sinuoso era más largo. Debió llevarle unos tres días a un mensajero viajar a Éfeso y regresar con los ancianos a Mileto. Pero **llegaron** (18a).

## a. Algunos comentarios en el inicio

Antes de que estemos listos para estudiar el texto del mensaje de Pablo a los ancianos de Éfeso es necesario hacer algunos comentarios. En primer lugar, este es el único mensaje en los Hechos dirigido a una audiencia cristiana. Todos los demás son sermones evangelísticos, ya sea predicados a judíos (2.14ss; 3.12ss; 13.16ss) o a gentiles (10.34ss; 14.14ss; 17.22ss) o defensas legales, hechas ya sea ante el sanedrín en los primeros días de la iglesia (4.8ss; 5.29ss; 7.1ss) o los cinco alegatos ante las autoridades judías y romanas, que vienen al final del libro (22–26).

En segundo lugar, los líderes a quienes se dirige son llamados **ancianos** (17), 'obispos' (28a) que deben 'pastorear' (28b), y es evidente que todos estos términos denotan a las mismas personas. 'Pastores' es el término genérico que señala su papel. En nuestros días, donde hay tanta confusión acerca de la naturaleza y el propósito del ministerio pastoral, y muchos interrogantes acerca de si los clérigos son principalmente trabajadores sociales, psicoterapeutas, educadores, facilitadores o administradores, es importante rehabilitar el noble término de 'pastor', quienes son los que pastorean a las ovejas de Cristo, llamados a cuidar, alimentar y protegerlas. Esta responsabilidad pastoral que se tiene sobre la congregación local parece haber sido compartida tanto por los diáconos (aunque en un papel de apoyo)[32] como por aquellos a quienes se llama ya sea *presbiteroi* (ancianos), término tomado de la sinagoga judía, o *episkopoi* (sobreveedores), palabra tomada del contexto griego. A menudo, y acertadamente, se hace referencia a ellos como los 'presbítero-obispos' con el objeto de señalar que durante el período apostólico los dos títulos se referían al mismo oficio. En aquellos días solamente había 'obispos y diáconos'.[33] Las iglesias ordenadas episcopalmente consideran un orden tripartito (obispos, presbíteros y diáconos), aunque no basan su argumento sobre la palabra *episkopoi*, sino en personas como Timoteo y Tito, quienes, aun sin ser llamados 'obispos' tenían sin embargo el papel de velar y su jurisdicción abarcaba varias iglesias, con la autoridad para seleccionar y ordenar a sus presbítero-obispos y diáconos.

En tercer lugar, es evidente que la iglesia de Éfeso tenía un equipo de presbítero-obispos (*presbyteroi* en el versículo 17 y *episkopoi* en el versículo 28, ambos en plural). De igual modo, Pablo nombró ancianos en cada una de las iglesias de Galacia (14.23), como hemos visto, y luego dio instrucciones a Tito de que hiciera lo mismo en Creta.[34] No hay ninguna justificación bíblica ni para un 'director de orquesta' (un pastor único que toca todos los instrumentos), ni para una estructura jerárquica o piramidal en la iglesia local (con un solo pastor instalado en la cima de la pirámide). Ni siquiera queda claro si cada uno de los ancianos estaba a cargo de una única iglesia casera. Es mejor pensar de ellos en función de un equipo, algunos para supervisar iglesias caseras, pero otros con ministerios especializados de acuerdo a sus dones, y entre todos compartiendo el cuidado pastoral del rebaño de Cristo. Hoy necesitamos recuperar el concepto de un equipo pastoral en la iglesia.

En cuarto lugar, Lucas mismo estaba presente y escuchó el mensaje (ver el pasaje en primera persona plural de 21.1). Quizás William Neil esté en lo cierto al sugerir que 'es posible que Lucas haya tomado notas en esos momentos'.[35] Por cierto que el mensaje tiene un auténtico aroma paulino. Lo que ha llamado la atención de muchos estudiosos es la correspondencia, tanto en vocabulario como en contenido, entre ese discurso y las cartas de Pablo. Temas que toca en sus cartas y también en su discurso, son la gracia de Dios (24, 32), el reino de Dios (25), el propósito (*boulē*) de Dios (27), la sangre redentora de Cristo (28), el arrepentimiento y la fe (21), la iglesia de Dios y su edificación (28, 32), lo inevitable del sufrimiento (23–24), el peligro de los falsos maestros (29–30), la necesidad de la vigilancia (28, 31), la carrera por delante (24) y nuestra herencia final (32).

## b. El mensaje en el discurso de Pablo

Puede ser de ayuda dividir el discurso de Pablo en tres porciones, cada una relativa al pasado, al futuro y al presente.

### (i) Su ministerio en Éfeso | 20.18b–21

> [20.18]'Ustedes saben cómo me porté todo el tiempo que estuve con ustedes, desde el primer día que vine a la provincia de Asia. [19]He servido al Señor con toda humildad y con lágrimas, a pesar de haber sido sometido a duras pruebas por las maquinaciones de los judíos. [20]Ustedes saben que no he vacilado en predicarles nada que les fuera de provecho, sino que les he enseñado públicamente y en las casas. [21]A judíos y a griegos les he instado a convertirse a Dios y a creer en nuestro Señor Jesús.'

**Ustedes saben cómo me porté**, dice Pablo (18b). Nuevamente, **Ustedes saben** (20), aunque esta es una cláusula reiterada en castellano, que no está presente en el griego. Más adelante, una vez más, 'ustedes mismos saben' (34). Este énfasis repetido en el conocimiento que tienen de él nos recuerda 1 Tesalonicenses 2, donde escribe 'Hermanos, bien saben' (1), … 'saben también' (2), … 'Como saben' (5), … 'Recordarán, hermanos' (9), … 'ustedes me son testigos' (10), … 'Saben también' (11). En Tesalónica habían lanzado una feroz campaña en contra de Pablo. Como habían tenido que sacarlo fuera de la ciudad por la noche y no había regresado, sus críticos lo acusaban de insinceridad. Algo similar parece haber ocurrido en Éfeso durante el año que transcurrió aproximadamente desde su partida de la ciudad. De modo que se veía en la necesidad de defender sus motivaciones y así, en Tesalónica como en Éfeso, lo hizo recordándoles acerca de su visita. Ellos sabían cómo había vivido durante todo el tiempo que estuvo con ellos, desde el comienzo hasta el fin. Apeló a su memoria, respecto a cuatro aspectos de su ministerio: su humildad (quizás en el sentido de sus humillaciones), sus lágrimas, las pruebas por las que había pasado debido a **las maquinaciones de los judíos** (19), y la fidelidad que tuvo en su tarea de predicación y enseñanza, tanto en público como en privado, en las que se concentró en la necesidad, tanto por parte de los judíos como de los gentiles, de arrepentirse y de creer en el Señor Jesús.

## (ii) Sus sufrimientos futuros | 20.22–27

**20.22'Y ahora tengan en cuenta que voy a Jerusalén obligado por el Espíritu, sin saber lo que allí me espera. 23Lo único que sé es que en todas las ciudades el Espíritu Santo me asegura que me esperan prisiones y sufrimientos. 24Sin embargo, considero que mi vida carece de valor para mí mismo, con tal de que termine mi carrera y lleve a cabo el servicio que me ha encomendado el Señor Jesús, que es el de dar testimonio del evangelio de la gracia de Dios. 25'Escuchen, yo sé que ninguno de ustedes, entre quienes he andado predicando el reino de Dios, volverá a verme. 26Por tanto hoy les declaro que soy inocente de la sangre de todos, 27porque sin vacilar les he proclamado todo el propósito de Dios.'**

En esta sección Pablo remplaza el 'ustedes saben' del parágrafo anterior por **sé** (23, 25, 29). Es porque se ha vuelto del pasado que ellos conocían, al futuro que el Espíritu Santo le estaba enseñando y que ahora comparte con ellos. El mismo Espíritu Santo que le hace una advertencia en cada ciudad (tal vez por medio de algún profeta) acerca de prisiones y sufrimientos (23), lo impulsa, sin embargo, a seguir viajando a Jerusalén (22). Es que su primera preocupación no es sobrevivir a toda costa, sino más bien que pueda terminar la carrera y completar la tarea encomendada por Cristo, de ser testigo de las buenas nuevas de la gracia de Dios (24). Y Pablo también sabe algo más. Su mirada profética vislumbra más allá de Jerusalén y de los sufrimientos que le esperan allí: ve las visitas misioneras a Roma y a España con las que él todavía sueña.[36] Es quizás por esta razón que sabe que ninguno de ellos volverá a verlo nuevamente (25). Este hecho agrega una conmovedora nota final a la ocasión. Hace una solemne declaración de que como atalaya, lo mismo que Ezequiel[37], es inocente de la sangre de todo hombre (26). Su conciencia está limpia. No ha retrocedido ante el deber de proclamarles la totalidad del propósito salvífico de Dios (27). Por lo tanto no se lo puede hacer responsable si alguien se pierde.

## (iii) Su exhortación a los ancianos | 20.28–35

Habiendo mirado hacia atrás, hacia su ministerio en Éfeso (que ellos conocen), y hacia sus futuros sufrimientos y su separación de ellos (que él sabe), Pablo les hace ahora su último encargo. El pasado y el futuro conformarán juntos su ministerio actual. Esencialmente, apela a que estén atentos: **Tengan cuidado** (28) … **estén alerta** (31).

> [20.28]"Tengan cuidado de sí mismos y de todo el rebaño sobre el cual el Espíritu Santo los ha puesto como obispos para pastorear la iglesia de Dios, que él adquirió con su propia sangre. [29]Sé que después de mi partida entrarán en medio de ustedes lobos feroces que procurarán acabar con el rebaño. [30]Aun de entre ustedes mismos se levantarán algunos que enseñarán falsedades para arrastrar a los discípulos que los sigan. [31]Así que estén alerta. Recuerden que día y noche, durante tres años, no he dejado de amonestar con lágrimas a cada uno en particular.
>
> [32]'Ahora los encomiendo a Dios y al mensaje de su gracia, mensaje que tiene poder para edificarlos y darles herencia entre todos los santificados. [33]No he codiciado ni la plata ni el oro ni la ropa de nadie. [34]Ustedes mismos saben bien que estas manos se han ocupado de mis propias necesidades y de las de mis compañeros. [35]Con mi ejemplo les he mostrado que es preciso trabajar duro para ayudar a los necesitados, recordando las palabras del Señor Jesús: 'Hay más dicha en dar que en recibir.'"

Notamos que los pastores efesios deben, en primer lugar, estar alerta respecto de sí mismos y luego entonces cuidar el rebaño sobre el cual el Espíritu Santo los ha hecho responsables. Esto es así porque no podrán ocuparse adecuadamente de otros si descuidan el cuidado y el cultivo de sí mismos. Han de ser pastores de la iglesia de Dios:

*poimainō* significa en general 'cuidar' del rebaño y en particular, 'guiar al rebaño hasta hallar pastura, y así alimentarlo'. Esta es la principal responsabilidad de los pastores. '¿Acaso los pastores no deben cuidar al rebaño?'[38] Es más, los pastores van a ser más diligentes en su ministerio si recuerdan que su rebaño es **la iglesia de Dios, que él adquirió con su propia sangre** (28b). El sorprendente concepto de un Dios que tiene sangre y la derrama, si bien Ignacio y Tertuliano, Padres de la iglesia, hablaron de esto, pareciera haber inclinado a varios escribas a hablar de 'la iglesia del Señor', refiriéndose al Señor Jesús. Pero esta expresión no ocurre en ninguna parte del Nuevo Testamento, mientras que **la iglesia de Dios** es una expresión paulina que ocurre regularmente. Por lo tanto se la debe retener. Entonces, el resto de la oración debiera traducirse 'que él adquirió con la sangre del suyo Propio' (o sea, de su Hijo).[39] 'Este significado de *idios* (propio), está bien confirmado en los papiros', dice F. F. Bruce, donde 'se usa como término que califica cariñosamente las relaciones más próximas'.[40]

La segunda necesidad para estar alerta son los lobos, esto es, los falsos maestros, quienes, como Pablo lo sabe bien, entrarán después de su partida a devastar el rebaño de Cristo (29). Algunos se levantarán aun desde la propia iglesia. Al distorsionar la fe inducirán a las personas a apartarse de ella y a seguirlos (30). De modo que los pastores efesios debían estar en guardia, como se lo advirtió constantemente Pablo mientras estaba con ellos (31). Nos basta con leer ambas cartas a Timoteo y la carta a Éfeso en Apocalipsis 2.1ss para saber que lo que Pablo predijo, sucedió. Quizás de haber sido los pastores más vigilantes no habría ocurrido.

Después de haber exhortado a los ancianos efesios de ser vigilantes tanto respecto a las ovejas como a los lobos, el apóstol procede a encomendarlos a Dios y a la palabra de su gracia (32). Y luego, como para reforzar su pedido y su recomendación, les recuerda nuevamente el ejemplo que les ha dado. Lo mismo que Samuel en su discurso de despedida,[41] Pablo declara que no ha codiciado ni el dinero ni la ropa de nadie (33). En lugar de eso se ha mantenido a sí mismo y a sus compañeros. Uno puede imaginar bien su gesto al referirse a **estas manos** (34). Y con su duro trabajo manual ejemplificó el hasta entonces desconocido dicho de Jesús: '**Hay más dicha en dar que en recibir**' (35).

## La despedida | 20.36–38

> [20.36]Después de decir esto, Pablo se puso de rodillas con todos ellos y oró. [37]Todos lloraban inconsolablemente mientras lo abrazaban y lo besaban. [38]Lo que más los entristecía era su declaración de que ellos no volverían a verlo. Luego lo acompañaron hasta el barco.

## d. Los ideales del ministerio pastoral

Al desarrollar la metáfora pastoral, es interesante observar que Pablo describió su propio ministerio de enseñanza (**obispo para pastorear**), les advirtió acerca de los falsos maestros (**lobos**) y afirmó el valor de los miembros de la iglesia (**rebaño** de Dios).

### (i) El ejemplo del apóstol (el pastor)

Varias veces les recordó su ejemplo a los ancianos. Había habido un grado de meticulosidad acerca de esto que dejaba al apóstol con la conciencia limpia. En primer lugar, había sido meticuloso en su enseñanza. Les había enseñado acerca de la gracia y el reino de Dios (24–25) y de la necesidad de arrepentimiento y de fe (21). No se había echado atrás en declararles tanto lo que era para su beneficio (20) como del plan completo de salvación de Dios (27). En segundo lugar, había sido meticuloso en lo que abarcó. Le preocupaba tanto alcanzar la totalidad de la población de Éfeso como lo estaba de enseñar el plan completo de Dios. ¡Quería enseñar de todo a todos! Por eso su ministerio abarcaba a judíos y gentiles, a residentes y visitantes. Tercero, era meticuloso en su metodología. Enseñaba tanto en público (en la sinagoga y en el salón de conferencias) como en privado (en las casas), y lo hacía tanto de día como de noche (20, 31). Era infatigable. En términos modernos, la triple meticulosidad de Pablo era un buen ejemplo de 'evangelismo a fondo'. Compartía toda la verdad posible con todas las personas posibles, en todas las maneras posibles. Enseñó la totalidad del evangelio a toda la ciudad, con la totalidad de sus fuerzas. Su ejemplo pastoral debió haber sido una inspiración inagotable para los pastores efesios.

## (ii) El surgimiento de falsos maestros (los lobos)

En el antiguo Cercano Oriente los lobos eran los mayores enemigos de las ovejas. Atacaban solitariamente o en jaurías, y constituían una amenaza permanente. Las ovejas estaban indefensas frente a ellos. Los pastores no podían permitirse descanso mientras vigilaban. Tampoco los pastores cristianos. Jesús mismo advirtió acerca de falsos profetas; 'vienen … disfrazados de ovejas pero por dentro son lobos feroces', dijo.[42]

De modo que los pastores del rebaño de Cristo tienen una doble tarea: alimentar a las ovejas (enseñándoles la verdad) y protegerlas de los lobos (advirtiéndoles del error). Como se lo expresó Pablo a Tito, los ancianos deben 'apegarse a la palabra fiel' de acuerdo a la enseñanza apostólica, para poder 'exhortar a otros con la sana doctrina y refutar a los que se opongan'[43]. Este énfasis no es muy popular ahora. Con frecuencia se nos dice que seamos positivos en nuestra predicación, y nunca negativos. Pero aquellos que dicen esto, o bien no han leído el Nuevo Testamento o, habiéndolo leído, no están de acuerdo con él. Porque el Señor Jesús y sus apóstoles refutaban ellos mismos el error y nos urgen a que hagamos lo mismo. Uno se pregunta si es el descuido de esta obligación la causa mayor de la actual confusión teológica. Si, cuando aparecen falsas doctrinas los líderes cristianos se sientan a perder el tiempo y no hacen nada, o dan media vuelta y escapan, ganarán para sí el terrible epíteto de 'asalariados', a quienes nada les importa el rebaño de Cristo.[44] Y entonces también se dirá de los creyentes, como se dijo del pueblo de Israel, que 'se han dispersado: ¡por falta pastor! Por eso están a la merced de las fieras salvajes'.[45]

## (iii) El valor de las personas (las ovejas)

Implícita en el versículo 28 está la verdad de que el cuidado pastoral de la iglesia le pertenece en última instancia a Dios. Es más, cada una de las tres personas de la Trinidad tiene una parte en este cuidado. Para empezar, la iglesia es **la iglesia de Dios**. Luego, ya sea que leamos que él la redimió **con su propia sangre** o 'que él adquirió con la sangre del suyo Propio', está claro que el precio de la compra es la sangre de Cristo. Y por sobre esta iglesia, que le pertenece a Dios y ha sido comprada por Cristo, **el Espíritu Santo [pone] obispos** como cuidadores. De modo que el cuidado también es de él, de lo contrario no podría encomendarlo a otros. La espléndida declaración trinitaria de que el cuidado pastoral de la iglesia le pertenece a Dios (Padre, Hijo y Espíritu Santo) debería tener un profundo efecto en los pastores. Debería hacernos sentir humildes recordar que la iglesia no es nuestra, sino de Dios. Y debería inspirarnos a ser fieles a ella. Porque las ovejas no son en absoluto las criaturas limpias y entrañables que parecen ser. En efecto, son sucias, padecen pestes desagradables, y necesitan ser sumergidas regularmente en baños con fuertes componentes químicos para librarlas de los piojos, las pulgas y los gusanos. Son, asimismo, poco inteligentes, díscolas y obstinadas. ¡No quiero aplicar la metáfora demasiado estrictamente y caracterizar al pueblo de Dios como sucio, piojoso y estúpido! Pero algunas personas son una carga muy pesada para sus pastores (y viceversa). Sus pastores solamente perseverarán en atenderlas si recuerdan cuán valiosas son a los ojos de Dios. Son el rebaño de Dios Padre, comprado con la preciosa sangre de Cristo, y cuidado por pastores designados por Dios Espíritu Santo. Si las tres personas de la Trinidad están así consagradas al bienestar de las personas, ¿no deberíamos estarlo también nosotros?

La obra maestra de Richard Baxter titulada *The Reformed Pastor* (1656) [El pastor reformado], es una exposición de Hechos 20.28. Escribió así:

> Pues entonces, escuchemos esos argumentos de Cristo cuando sintamos que nos estamos volviendo indiferentes y descuidados: '¿Morí yo por ellos, y ustedes no han de cuidarlos? ¿Fueron dignos de mi sangre, y ustedes no los hallan dignos de su atención? ¿Bajé del cielo para buscar y salvar aquello que estaba perdido, y no irán ustedes a la próxima puerta, calle o pueblo a buscarlos? ¿Cómo se compara la tarea y la condescendencia de ustedes con las mías? Yo me humillé para hacer esto, pero para ustedes es un honor que se los emplee de este modo. Hice tanto por su salvación, y estuve dispuesto a hacer de ustedes mis colaboradores, ¿y ahora se rehúsan a hacer lo poco que pongo en sus manos?'[46].

# 5. Camino a Jerusalén | 21.1–17

Tener que decir adiós a los ancianos de Éfeso fue una escena emotiva, en especial porque ellos y Pablo sabían que no volverían a verse otra vez. El grupo de Pablo tuvo que desprenderse de ellos con un gran esfuerzo. Y ahora comenzaban la última etapa de este viaje a Jerusalén, en el que Lucas llevaba nuevamente su diario. Menciona tres o cuatro paradas (Cos, Rodas y Pátara), seguidas de tres desembarcos (Tiro, Tolemaida y Cesarea).

## a. De Mileto a Tiro | 21.1–6

**Después de separarnos de ellos, zarpamos y navegamos** (con discreción, Lucas vuelve a poner en evidencia su presencia) **directamente a Cos** (1a), una isla pequeña al sur de Mileto. **Al día siguiente fuimos a Rodas,** una isla más grande hacia el sudeste, cuya ciudad del mismo nombre estaba asentada en el extremo noreste, **y de allí a Pátara** (1b), hacia el este de Rodas. El texto de Beza agrega 'y Mira' un poco más hacia el este. Tanto Mira como Pátara están en el promontorio más al sur del territorio de Asia Menor. Debido a que 'el puerto de Mira pareciera haber sido el puerto más grande para el tráfico marítimo hacia las costas de Siria y Egipto', escribió Ramsay, 'se puede inferir … con cierta certeza que el barco en el que viajaba Pablo se detuvo allí.'[47] Después, **encontramos un barco que iba para Fenicia,** sobre la costa palestina, de modo que luego de trasbordar **subimos a bordo y zarpamos** (2). El viaje los llevaba ahora hacia el sureste, en medio del mar Mediterráneo. Se trataba de un viaje de unos 600 km de Mira a Tiro. **Después de avistar Chipre y de pasar al sur de la isla, navegamos hacia Siria.**

**Llegamos a Tiro, donde el barco tenía que descargar** (3). La búsqueda de cristianos en la ciudad fue exitosa. **Allí encontramos a los discípulos y nos quedamos con ellos siete días,** ya sea porque descargar (y tal vez volver a cargar) llevaba ese tiempo, o porque su barco se detenía allí y tenían que esperar otro. Durante esa semana los discípulos, **por medio del Espíritu, exhortaron a Pablo a que no subiera a Jerusalén** (4). **Pero al cabo de algunos días, partimos y continuamos nuestro viaje** (5a). Volveré a mencionar más adelante las aparentes señales contradictorias que llegaban del Espíritu Santo acerca del viaje de Pablo a Jerusalén. **Todos los discípulos, incluso las mujeres y los niños, nos acompañaron hasta las afueras de la ciudad, y allí en la playa nos arrodillamos y oramos (5).** Tiene que haber sido otra partida llena de emociones. **Luego de despedirnos, subimos a bordo y ellos regresaron a sus hogares (6).**

## b. Desde Tiro a Jerusalén | 21.7–17

**Nosotros continuamos nuestro viaje en barco desde Tiro y arribamos a Tolemaida,** llamada Acre desde de la Edad Media, unos 40 km al sur de Tiro, **donde saludamos a los hermanos y nos quedamos con ellos un día (7). Al día siguiente salimos y llegamos a Cesarea,** una ciudad magnífica edificada por Herodes el Grande para ser usada como puerto de Jerusalén, **y nos hospedamos en casa de Felipe el evangelista** (así llamado para distinguirlo de Felipe el apóstol), **que era uno de los siete.** Fue aquí, en Cesarea, donde Felipe se había establecido unos veinte años antes (8.40). Desde entonces su familia había crecido: **tenía cuatro hijas solteras que profetizaban (9).** Lucas no nos dice exactamente cuánto tiempo permanecieron él y sus acompañantes, pero seguramente tenían mucho que conversar con Felipe y sus hijas. Quizás fue en esta ocasión que Felipe reveló los hechos relacionados con él y Esteban, que luego fueron incorporados en Hechos 6–8. Durante su estadía tuvo lugar otra profecía de gran interés.

**Llevábamos allí varios días, cuando bajó de Judea un profeta llamado Ágabo (10;** presumiblemente el que aparece en 11.27ss; 10). **Éste vino a vernos,** y copió la práctica teatral de algunos profetas del Antiguo Testamento, como Ahías, quien rompió en doce pedazos su manto nuevo[48], como Isaías, quien anduvo desnudo y descalzo por tres años[49], y como Ezequiel, quien dibujó la ciudad de Jerusalén y le declaró sitio.[50] Ágabo tomó **el cinturón de Pablo, se ató con él de pies y manos (11a).** No se trataba de un cinto corto de cuero: 'Poder atarse de manos y pies con un cinturón así hubiera sido una hazaña acrobática'.[51] Debió de haber sido más bien un trozo largo de tela que usaban como cinto. Entonces Ágabo dijo: **Así dice el Espíritu Santo: 'De esta manera atarán los judíos de Jerusalén al dueño de este cinturón, y lo entregarán en manos de los gentiles' (11b).** Esta es la segunda profecía que pareciera ser incompatible con lo que el Espíritu Santo le dijo originalmente a Pablo (me ocuparé de este problema al final del capítulo). **Al oír esto** (la profecía de Ágabo), continúa diciendo Lucas, **nosotros y los de aquel lugar le rogamos a Pablo que no subiera a Jerusalén** (12). Esta vez el apóstol se expresó con claridad al rechazar sus ruegos: **¿Por qué lloran? ¡Me parten el alma!** ('¿Por qué tratan de debilitar mi decisión?', NEB). **Por el nombre del Señor Jesús estoy dispuesto no sólo a ser atado sino también a morir en Jerusalén** (13). Sus palabras son casi idénticas a las de Pedro: 'Señor, estoy dispuesto a ir contigo tanto a la cárcel como a la muerte'.[52] La diferencia está en que en aquella ocasión Pedro flaqueó y lo negó (aunque al final de su vida sufrió y murió por Cristo), mientras que Pablo fue fiel a su palabra. **Como no se dejaba convencer, desistimos exclamando** (no con débil resignación sino como una oración positiva): **¡Que se haga la voluntad del Señor!** (14).

**Después de esto, acabamos los preparativos**, que podría significar ya sea 'preparar el equipaje' (NEB) o 'preparar los caballos',[53] **y subimos a Jerusalén** (15). Puesto que la distancia entre Cesarea y Jerusalén era de unos 100 km, el viaje llevaría unos dos días, como dice el texto de Beza, y harían falta caballos. **Algunos de los discípulos de Cesarea nos acompañaron y nos llevaron a la casa de Mnasón**, que estaba en Jerusalén, **donde íbamos a alojarnos. Éste era de Chipre, y uno de los primeros discípulos** (16), probablemente 'un miembro fundador de la iglesia de Jerusalén'.[54] **Cuando llegamos a Jerusalén, los creyentes nos recibieron calurosamente** (17).

### c. La guía del Espíritu

Así, por fin, después de muchas semanas de viajes y de suspenso, y a pesar de las lóbregas advertencias, Pablo llegó a destino. ¿Pero tenía razón de hacer a un lado a sus amigos que le imploraban abandonar su plan? ¿Y qué de esos mensajes del Espíritu Santo por medio de profetas? ¿Hemos de culpar a Pablo por su obstinación o admirarlo por su inconmovible decisión?

A primera vista, las sugerencias del Espíritu parecen haber estado en conflicto entre sí. En Mileto Pablo les dijo a los ancianos de Éfeso que iba camino a Jerusalén, **obligado por el Espíritu**, a pesar de las **prisiones y sufrimientos** que el mismo Espíritu le advertía que iba a tener (20.22–23). En Tiro, sin embargo, los discípulos exhortaron a Pablo (el tiempo imperfecto de *elegon* implica 'vez tras vez', JBP) a que no fuera a Jerusalén (21.4), mientras que en Cesarea Ágabo comienza su profecía con la fórmula **así dice el Espíritu Santo** (21.11). Pero Pablo hizo oídos sordos a ambos mensajes. Rehusando ser disuadido (21.14), continuó su viaje (21.5).

¿Cómo podemos resolver este problema? No será concluyendo que el Espíritu Santo se contradecía a sí mismo, diciéndole a Pablo que siguiera adelante en el capítulo 20 y dando una contraorden a sus instrucciones en el capítulo 21. Lucas tiene una doctrina demasiado elevada del Espíritu Santo como para mostrarlo cambiando de opinión. Aun si 20.22 debiera más bien interpretarse como la compulsión de su propio espíritu, y no la del Espíritu Santo, Pablo todavía parece ir en contra de la voz del Espíritu Santo en el capítulo 21.

Creo que debemos comenzar por afirmar que Lucas creía que Pablo actuaba de manera correcta al ir a Jerusalén. Probablemente atribuye al Espíritu Santo tanto la decisión de 19.21 como la compulsión de 20.22, puesto que ambas fueron *(en) tō pneumati*, **por el Espíritu**. Además, ya hemos sugerido que Lucas ve el viaje de Pablo a Jerusalén como la del discípulo que sigue los pasos de su Maestro. Entonces ¿qué hemos de pensar de los versículos 21.4 y 11? Algunos han sugerido que las referencias al Espíritu significan que quienes hablaban *pretendían* ser inspirados, sin necesariamente estarlo. Pero entonces tendríamos que interpretar otras referencias al Espíritu de la misma manera ambigua. La mejor solución es hacer una diferencia entre una predicción y una prohibición. Por cierto que Ágabo únicamente predijo que Pablo sería atado y entregado a los gentiles (21.11); los ruegos que le hicieron a Pablo después de eso no se le atribuyen al Espíritu y pudieron haber sido deducciones humanas falibles (o más bien equivocadas) de la profecía. Puesto que si Pablo hubiera hecho caso de los ruegos de sus amigos, la profecía de Ágabo no se hubiera cumplido. Es más difícil comprender el versículo 21.4 de esta forma, ya que se dice que las exhortaciones eran hechas **por medio del Espíritu**. Quizás la expresión de Lucas sea una forma condensada de decir que la advertencia era divina, mientras que la exhortación era humana. Después de todo, la palabra del Espíritu combinaba la orden de ir junto con la advertencia de las consecuencias que seguirían (20.22–23).

De modo que Lucas tiene el propósito de que admiremos a Pablo por su coraje y perseverancia. Lo mismo que Jesús antes que él, afirmó su rostro para ir hacia Jerusalén, y (nuevamente lo mismo que Jesús) las predicciones divinas de sufrimiento no lo detuvieron.

Lo que le dio ánimo a Pablo durante su viaje fue el compañerismo cristiano que él y sus acompañantes recibieron en cada puerto. En Tiro encontraron discípulos y se quedaron con ellos siete días. En Tolemaida saludaron a sus hermanas y hermanos y pararon con ellos por un día (7). En Cesarea fueron hospedados en la casa de Felipe el evangelista, y se quedaron allí **varios días** (8, 10). Los discípulos de Cesarea acompañaron entonces personalmente a Pablo y su grupo a Jerusalén, donde pararían con Mnasón, el chipriota convertido en los primeros años de la iglesia (16), y al llegar a Jerusalén los hermanos y hermanas [los] **recibieron calurosamente** (17). Sería una exageración llamar a esto 'la entrada triunfal' de Pablo a Jerusalén. Pero al menos este recibimiento cálido lo fortaleció para soportar los gritos de la multitud unos pocos días después: '¡Que lo maten!' (36).

# IV

## En camino a Roma
Hechos 21.18—28.31

# 16

# El arresto de Pablo y su autodefensa
## Hechos 21.18—23.35

Hasta ahora Lucas ha pintado a su héroe en la ofensiva, tomando audaces iniciativas bajo la guía del Espíritu Santo para evangelizar la mayor parte de Asia Menor y de Grecia. Pero cuando Pablo llegó a Jerusalén, el curso de las cosas cambió abruptamente. Lo arrestaron, lo encadenaron y lo llevaron a juicio. Se encontró entonces a la defensiva. A continuación de sus tres épicos viajes misioneros, Lucas describe los cinco juicios que debió afrontar. El primero fue ante una muchedumbre de judíos en la esquina noroeste del templo (22.1ss), el segundo ante el consejo supremo de Jerusalén (23.1ss), el tercero y el cuarto en Cesarea, ante Félix y Festo, que se sucedieron como procuradores de Judea (24.1ss; 25.1ss), y el último ante el rey Herodes Agripa II (26.1ss).

Estos cinco juicios, incluyendo en cada caso la defensa que hizo Pablo, junto con las circunstancias de su arresto (21.18ss), ocupan seis capítulos en nuestras Biblias, es decir unos 200 versículos. ¿Por qué consideró Lucas que era necesario entrar en tantos detalles? Por supuesto, el material estaba a su disposición ya que estuvo presente en todo momento. Llegó a Jerusalén con Pablo (21.15) y la siguiente sección en primera persona plural (27.1ss) muestra que zarpó junto a Pablo hacia Roma. Durante los dos años en que Pablo estuvo bajo custodia en Cesarea, Lucas estaba en libertad y es natural inferir que permaneció en Palestina recogiendo información para su obra en dos volúmenes, entrevistando personalmente a algunos de los actores principales.

Pero Lucas tenía una razón mejor para brindar un relato comparativamente más completo de los juicios de Pablo que la mera circunstancia de tener material de primera fuente a su disposición. Debemos recordar que Lucas era más que un historiador; era también teólogo. Uno de los temas más importantes que viene desarrollando es el de las relaciones entre judíos y gentiles en la comunidad mesiánica. Ha mostrado cómo Pablo, llamado y encomendado a ser el apóstol de los gentiles, a esta altura y en otras tres oportunidades solemnes (Antioquia de Pisidia, Corinto y Éfeso) había abandonado la sinagoga y había cambiado la evangelización de los judíos por la evangelización de los gentiles (13.46; 18.6 y 19.8–9). No es accidental que el relato de Lucas comience en Jerusalén y termine en Roma.

En Hechos 21—23, el punto al que ahora hemos arribado, Lucas describe, por lo tanto, la reacción al evangelio de dos comunidades: la de los judíos que se mostraban cada vez más hostiles a él, y la de los romanos, que comúnmente se mostraban amistosos. Los dos temas de la oposición judía y la justicia romana se entretejen en el relato de Lucas, con el apóstol cristiano atrapado entre ellas, víctima de unos y beneficiario de los otros.

## a. La oposición judía

La oposición judía había sido evidente desde el principio. Lucas no da muestra alguna de antisemitismo; simplemente registra los hechos. De modo que documenta la manera en que el sanedrín empezó por encarcelar a Pedro y a Juan, luego a la totalidad de los apóstoles, prohibiéndoles con amenazas predicar o enseñar en el nombre de Jesús (4.1—5.42). Sin embargo, también hace notar la cautela, sabiduría y equidad de Gamaliel (5.34ss). Luego vino el martirio de Esteban (7.54ss) y la persecución judía de la iglesia en Jerusalén (8.1ss), al igual que de Saulo de Tarso, quien en otros tiempos había sido perseguidor de la iglesia (9.23ss). Esta oposición siguió produciéndose durante los viajes misioneros posteriores.[1] En Jerusalén, sin embargo, lo que antes habían sido explosiones esporádicas se convirtió en una determinación implacable por librarse de él para siempre. Comenzaron con un intento de lincharlo (21.27ss). Continuaron con una demanda histérica para que se lo matara (22.22–23), hasta concluir con el complot secreto bajo juramento por parte de más de cuarenta hombres para matarlo (23.12ss). El comentario de Lucas de que una vez que arrastraron a Pablo fuera del templo inmediatamente se cerraron las puertas (21.30), es con toda seguridad más que un enunciado fáctico. Las puertas que le daban un portazo parecían simbolizar el rechazo definitivo que los judíos hacían al evangelio. La decisión de Pablo de volverse a los gentiles estaba justificada.

Lucas también pareciera establecer deliberadamente un paralelo entre los sufrimientos ('la pasión') de Cristo y los sufrimientos de Pablo, su apóstol. Vimos en el último capítulo la semejanza entre los respectivos viajes de los mismos a Jerusalén. Ahora Lucas vuelve a marcarla, aunque por supuesto los sufrimientos de Pablo no son redentores como los de Cristo. De todos modos, vemos que tanto Jesús como Pablo (1) fueron rechazados por su propia gente, arrestados sin causa y encarcelados; (2) fueron injustamente acusados y expresamente presentados en forma errónea por testigos falsos; (3) recibieron una bofetada en el tribunal (23.2); (4) fueron las desventuradas víctimas de confabulaciones secretas de los judíos (23.12ss); (5) escucharon la aterradora gritería de la frenética muchedumbre gritando ¡Que lo maten! (21.36; ver 22.22); y (6) fueron sometidos a cinco juicios: Jesús, por Anás, el sanedrín, el rey Herodes Antipas, y dos veces por Pilato; Pablo por la multitud, el sanedrín, el rey Herodes Antipas II y por los dos procuradores, Félix y Festo.

## b. La justicia romana

El segundo tema que aborda Lucas es la justicia romana. Presenta insistentemente a las autoridades romanas como amistosas con respecto al evangelio, y no como sus enemigas. No solamente porque el primer gentil convertido fue Cornelio, un centurión romano, o porque el primer convertido de los viajes misioneros de Pablo fue Sergio Paulo, el procurador romano de Chipre (13.12). Es más bien porque cada vez que se les presentaba la oportunidad, las autoridades romanas defendían a los misioneros. Por ejemplo, en Filipos los magistrados hasta pidieron disculpas a Pablo y Silas por haberlos castigado y puesto en la cárcel siendo ellos ciudadanos romanos, e incluso hasta vinieron personalmente a la cárcel a escoltarlos hacia la salida (16.35ss); en Corinto, Galión, procónsul de Acaya, ni siquiera quiso escuchar a los judíos contra Pablo y cerró el caso (18.12ss); y en Éfeso el secretario del concejo declaró inocentes a los líderes cristianos, amonestó a la multitud por provocar un desorden público, y mandó que se retiraran (19.35ss). Ahora, en Jerusalén y en Cesarea, Claudio Lisias, el comandante de la ciudad, tomó a Pablo bajo su protección.

Dos veces lo protegió de que lo lincharan, poniéndolo bajo su custodia (21.33ss, 22.24); lo eximió rápidamente de ser interrogado bajo tortura al descubrir que era ciudadano romano (22.25ss); y lo protegió del complot para asesinarlo, transfiriéndolo a la jurisdicción del procurador de Cesarea (23.23ss).

Esta protección que la justicia romana otorgaba a Pablo es aun más evidente en los juicios que se le siguieron. Aunque había sido acusado por los judíos, fue juzgado y exonerado por los romanos. Lo mismo ocurrió en el caso de Jesús. Lucas encuentra aquí un tercer paralelo. Lo que se esfuerza por demostrar es que, aunque los judíos presentaban acusaciones contra Jesús y contra su apóstol Pablo, los romanos no encontraban falta alguna en ellos. En el caso de Jesús, Lucas registra la triple afirmación de Pilato de que, en su opinión, Jesús era inocente. Al sumo sacerdote y a la multitud les dijo: 'No encuentro que este hombre sea culpable de nada.'[2] A la gente, y después de haber sido Jesús juzgado por Herodes, Pilato les dijo: '… lo he interrogado delante de ustedes sin encontrar que sea culpable de lo que ustedes lo acusan. Y es claro que tampoco Herodes …'.[3] Y cuando la multitud siguió gritando '¡Crucifícale!', Pilato les habló por tercera vez y les dijo: 'Pero ¿qué crimen ha cometido este hombre? No encuentro que él sea culpable de nada que merezca la pena de muerte.'[4]

El paralelo con el caso de Pablo es notable. Lucas no dice que la justicia romana fuera perfecta (puesto que menciona la disposición de Félix a aceptar soborno, 24.26), pero a la vez afirma que Pablo no había quebrantado la ley. No sólo Pablo había declarado su propia inocencia ('No he cometido ninguna falta, ni contra la ley de los judíos ni contra el templo ni contra el emperador', 25.8) sino que los jueces le daban la razón. Claudio Lisias, en su carta a Félix, afirmaba que 'no había contra él cargo alguno que mereciera la muerte o la cárcel' (23.29). El procurador Festo le dijo al rey Agripa: 'He llegado a la conclusión de que él no ha hecho nada que merezca la muerte' (25.25). Y el rey Agripa, al terminar la serie de juicios, resumió todo en estas palabras: 'Este hombre no ha hecho nada que merezca la muerte ni la cárcel … Se podría poner en libertad a este hombre si no hubiese apelado al emperador' (26.31–32).

Así, tres veces en el caso de Jesús y tres veces en el caso de Pablo, los acusados fueron declarados inocentes en un tribunal oficial. William Ramsay puso bien en evidencia este hecho en *St. Paul*

*The Traveller and the Roman Citizen* [San Pablo, el viajero y el ciudadano romano] (1895): 'No cabe la menor duda de que, de acuerdo a nuestra hipótesis, el espacio que se le concede al encarcelamiento de Pablo y a los sucesivos interrogatorios, se destaca como la parte más importante del libro en la estimación del autor.'[5] Ramsay continúa argumentando que, cuando finalmente Pablo estuvo frente al emperador, se lo absolvió como lo indican las epístolas pastorales, y que el juicio, por 'la decisión formal de la suprema corte del imperio … fue realmente un pronunciamiento sobre libertad religiosa, y es allí donde radica su inmensa importancia.'[6] Concluye diciendo que Lucas pensaba escribir un tercer volumen documentando el juicio en Roma, el sobreseimiento, los trabajos misioneros reanudados, y finalmente el arresto, encarcelamiento y muerte, bajo Nerón. Ramsay creía que Lucas escribía durante el reinado de Domiciano, 'cuando a los cristianos se los trataba como personas que estaban fuera de la ley o eran activistas y bandidos, y cuando simplemente confesar su fe era considerado un delito'. En tal situación, 'el libro de los Hechos no debe considerarse como una apología del cristianismo; era una apelación a la verdad histórica contra la política inmoral y ruin del emperador reinante.'[7]

Sea que podamos o no aceptar todos los detalles de la reconstrucción de Ramsay (incluyendo la fecha que atribuye a Hechos y la intención de Lucas de escribir una continuación), seguramente podemos estar de acuerdo en el objetivo. En forma deliberada se propone demostrar la inocencia a ojos de la justicia romana tanto de Jesús (Evangelio de Lucas) como de Pablo (en Hechos), y llamar la atención sobre el precedente que el resultado de sus juicios ha establecido para la legalidad de la fe cristiana. El propósito de Lucas ha demostrado a la iglesia de todos los tiempos y lugares subsiguientes, qué conducta seguir bajo un régimen de persecución. La iglesia cristiana debe ser capaz de demostrar que las acusaciones de crímenes contra el estado y contra la humanidad (que a menudo se alegaba en los primeros siglos) carecen de base; que es inocente del cargo de ofensas contra la ley; y que sus miembros son ciudadanos conscientes de su deber, es decir, obedientes al Estado en tanto sus conciencias lo permitan. Que la libertad de profesar, practicar y propagar el evangelio, en cuanto corresponda a la iglesia, debe ser preservada, y que la única ofensa de la que pueden ser culpables los cristianos será la piedra de tropiezo de la cruz.

# 1. Pablo se encuentra con Jacobo y acepta su propuesta | 21.18–26

Ya hemos notado que cuando Pablo y sus amigos llegaron a Jerusalén, recibieron una bienvenida genuinamente cálida (17). Ahora, no obstante, Lucas se ocupa de explicarnos la tensión que subyacía a esta acogida. **Al día siguiente**, es decir, sin demorarse, **Pablo fue con nosotros** (los que venían acompañándolo desde Corinto, incluido Lucas) **a ver a Jacobo**. Jacobo era todavía el líder reconocido de la iglesia de Jerusalén y de la comunidad judeocristiana más amplia, especialmente ahora que los apóstoles Pedro y Juan habían partido a otras regiones. No es que Jacobo estuviera solo cuando recibió a Pablo y sus amigos, ya que **todos los ancianos estaban presentes** (18). Puesto que los judíos cristianos sumaban ahora 'muchos miles' (20, DHH), sin duda se necesitaban muchos ancianos para pastorearlos. 'Pablo los saludó' (19a, DHH).

Al describir a Pablo y Jacobo frente a frente, Lucas presenta a sus lectores una situación difícil, entretejida tanto con riesgos como con posibilidades. Esto porque Jacobo y Pablo eran líderes representativos de dos formas de cristianismo, la judía y la gentil. Este no era por supuesto su primer encuentro. Era por lo menos el cuarto. Pablo había visitado a Jacobo durante su primera estada en Jerusalén, años antes,[8] y nuevamente cuando volvió a ir después de catorce años.[9] Entonces ambos habían sido figuras prominentes en el Concilio de Jerusalén (15.12ss). Durante los años trascurridos, sin embargo, los movimientos por ellos liderados habían crecido considerablemente bajo la buena guía de Dios. Es más, ahora que se volvían a saludar, cada uno de ellos estaba flanqueado por algunos de los frutos de sus respectivas misiones, Pablo por sus compañeros de las iglesias gentiles, y Jacobo por los ancianos de la iglesia de Jerusalén. Algunas personas estaban indudablemente afirmando que las posiciones doctrinales de Jacobo y de Pablo eran incompatibles, como ya lo habían hecho en el Concilio de Jerusalén (15.1–2), Pablo al enseñar la salvación por gracia y Jacobo la salvación por obras. De allí la desazón de Lutero años después, que lo llevó a descartar la carta de Santiago [Jacobo], como 'la epístola de paja', no porque no quisiera incluirla en el canon, sino porque sentía que no debía figurar entre los 'principales' libros que afirmaban la salvación por la sola fe sin ambigüedad alguna. De modo que cuando Pablo y Jacobo estuvieron cara a cara podría haber habido un doloroso enfrentamiento. Pero ambos apóstoles estaban con ánimo conciliatorio.

Tomemos primero a Jacobo. Cuando **Pablo les relató detalladamente lo que Dios había hecho entre los gentiles por medio de su ministerio** (19, es decir, no lo que *Pablo* había hecho con la ayuda de Dios), Jacobo y los ancianos no sólo lo oyeron sino que también **alabaron a Dios** (20a). No se oyó ningún murmullo de desaprobación. Como sucedió en el caso de la conversión de Cornelio (11.18), en la evangelización de los griegos en Antioquía (11.22–23), y en el primer viaje misionero (14.27; 15.12), la evidencia de la gracia de Dios hacia los gentiles resultaba indiscutible, y la única respuesta apropiada era la adoración. La gozosa alabanza de Jacobo y los ancianos no fue ni siquiera mezquina; fue espontánea y genuina.

Pero Pablo también estaba ansioso por mostrarse conciliatorio hacia la comunidad judeocristiana, y lo manifestó de dos maneras. La primera, que por alguna razón Lucas no mencionó hasta más tarde, en 24.17, era la presentación a la iglesia judía de la ofrenda enviada por las iglesias gentiles de Occidente. Me parece más probable que Pablo haya hecho esto al comienzo de su visita a Jacobo. Quizás eso explique parcialmente la cálida recepción del versículo 17. Por cierto que la colecta era de mucha importancia para Pablo. No sólo se había preocupado por ella durante varios años, sino que hasta había postergado su visita a Roma y a España para poder entregarla personalmente en Jerusalén (19.21).[10] La ofrenda era en sí mima importante y una expresión cariñosa de responsabilidad por los pobres.[11] 'El amor al dinero es la raíz de toda clase de males'[12] pero el uso del dinero puede ser una muestra tangible de amor. La principal importancia de la ofrenda, sin embargo, radicaba en su simbolismo. Ejemplificaba la solidaridad de los creyentes gentiles con sus hermanos y hermanas en el cuerpo de Cristo. Es por eso que habían viajado desde Corinto representantes de las iglesias gentiles con el objeto de participar en la presentación de sus obsequios, y estaban ahora al lado de Pablo. Además, la ofrenda era un humilde reconocimiento de una mutua deuda de gratitud. Es verdad que las iglesias gentiles estaban complacidas por estar en condiciones de darles algo 'de buena voluntad', por amor, pero también —escribió Pablo— 'si los gentiles han participado de las bendiciones espirituales de los judíos, están en deuda con ellos para servirles con las bendiciones materiales'.[13] Era seguramente por la naturaleza simbólica de la ofrenda que Pablo se preocupaba tanto por ella. Estaba ansioso de que no se interpretara equivocadamente como un paternalismo mal entendido o como una tentativa de comprar favores, o que su aceptación fuera mal interpretada como una suerte de capitulación de los cristianos judíos a la posición pro-gentil de Pablo. Esta es la razón por la cual les pedía a los cristianos de Roma que oraran con él 'para que los hermanos de Jerusalén reciban bien la ayuda que les llevo'.[14] Quería expresarles su comunión en Cristo mediante el regalo; pero ¿devolverían el gesto los cristianos judíos aceptándolo?

Lucas se concentra, sin embargo, en el segundo ejemplo del espíritu conciliatorio de Pablo, a saber, la manera positiva en que respondió a la propuesta que le hizo Jacobo. Esta surgió por la existencia tanto de creyentes judíos (20) como gentiles (25). La cuestión era cómo lograr que vivieran en armonía, especialmente por los escrúpulos que tenían algunos judíos cristianos respecto de la observancia de la ley. Jacobo y los ancianos **le dijeron a Pablo: 'Ya ves, hermano** [un conmovedor, por lo espontáneo, reconocimiento de su unidad en la familia de Dios], **cuántos miles de judíos han creído, y todos ellos siguen aferrados a la ley** (20; 'son celosos partidarios de la Ley', BJ). **Han oído decir** [en realidad, equivocadamente] **que tú enseñas que se aparten de Moisés todos los judíos que viven entre los gentiles. Les recomiendas que no circunciden a sus hijos ni vivan según nuestras costumbres (21).'** Entonces, ¿cuál era exactamente la preocupación de Jacobo? En primer lugar, no se trataba del camino de la salvación (Jacobo y Pablo estaban de acuerdo que era por Cristo, no mediante la ley), sino del camino del discipulado. En segundo lugar, no era la manera en que Pablo instruía a los convertidos gentiles (aunque sí les había enseñado que la circuncisión era innecesaria,[15] y Jacobo y el Concilio de Jerusalén habían dicho lo mismo), sino acerca de lo que les estaba enseñando a **los judíos que viven entre los gentiles** (21). En tercer lugar, no era acerca de la ley moral (Pablo y Jacobo estaban de acuerdo en que el pueblo de Dios debía vivir una vida santa en obediencia a los mandamientos de Dios),[16] sino acerca de las

**costumbres** judías (21). En una palabra, ¿debían los judíos creyentes continuar observando las prácticas culturales judías? El rumor era que Pablo les enseñaba que no.

Por lo tanto, **¿qué vamos a hacer?** Jacobo le preguntó a Pablo. Los cristianos judíos celosos de la ley **sin duda se van a enterar de que has llegado** (22). **Por eso, será mejor que sigas nuestro consejo. Hay aquí entre nosotros cuatro hombres que tienen que cumplir un voto** (23). **Llévatelos, toma parte en sus ritos de purificación y paga los gastos que corresponden al voto de rasurarse la cabeza. Así todos sabrán que no son ciertos esos informes acerca de ti, sino que tú también vives en obediencia a la ley** (24) o 'andas ordenadamente, guardando la Ley' (RVR95). La referencia a los cristianos judíos que iban a afeitarse la cabeza significa que habían hecho un voto nazareo.[17] La propuesta de Jacobo en relación con ellos era doble. En primer lugar, Pablo debería [tomar] **parte en sus ritos de purificación.** Los comentaristas no están de acuerdo sobre lo que Jacobo tenía en mente. Quizás quería que Pablo se identificara con los cuatro, ya sea al cumplirse el período de treinta días del voto, o en algún rito especial de purificación necesario porque se habían hecho impuros durante ese período. O puede ser que Pablo pasara por una ceremonia propia de siete días de purificación porque los judíos consideraran que durante su ausencia tan larga de Jerusalén se hubiera vuelto levíticamente impuro.[18] En segundo lugar, Jacobo propuso que Pablo [pagara] **los gastos** de aquellos, quizás bastante elevados.

Habiéndose referido a los escrúpulos de los cristianos judíos (22–24), Jacobo señala ahora la responsabilidad de los cristianos gentiles. **En cuanto a los creyentes gentiles,** dijo, la controversia ya se había arreglado algunos años antes en el Concilio de Jerusalén, como Pablo lo sabía muy bien, porque **ya les hemos comunicado por escrito nuestra decisión de que se abstengan de lo sacrificado a los ídolos, de sangre, de la carne de animales estrangulados y de la inmoralidad sexual** (25; ver 15.20, 29); cuatro prácticas culturales, como sostuve en el capítulo 11.

Pablo estuvo de acuerdo con la propuesta de Jacobo y comenzó a cumplir con ella lo antes posible. **Al día siguiente Pablo se llevó a los hombres y se purificó con ellos. Luego entró en el templo para dar aviso de la fecha en que vencería el plazo de la purificación y se haría la ofrenda por cada uno de ellos** (26).

Podemos dar gracias a Dios por la generosidad de espíritu demostrada por Jacobo y por Pablo. Ya estaban de acuerdo en lo doctrinal (que la salvación era por gracia, por la fe en Cristo) y en lo ético (que los cristianos debían obedecer la ley moral). La cuestión que subsistía entre ellos tenía que ver con lo cultural, lo ceremonial y la tradición. La solución a la que arribaron no fue un arreglo en el sentido de sacrificar un principio doctrinal o moral, sino una concesión en el área de la práctica. Ya hemos visto el espíritu conciliador de Pablo al aceptar los decretos y al haber circuncidado a Timoteo. Ahora, con ese mismo espíritu tolerante, estaba dispuesto a aceptar los rituales de purificación con el fin de pacificar los ánimos de los judíos. Parecería que Jacobo fue demasiado lejos al esperar que Pablo decidiera [vivir] **en obediencia a la ley** (24) en todas las cosas y para toda ocasión, si es que fue eso lo que había querido decirle. Pero Pablo estaba dispuesto a hacerlo en ocasiones especiales; en aras de la evangelización[19] o, como en este caso, por amor a la solidaridad judeo-gentil. A juzgar por sus convicciones, las prácticas culturales pertenecían a cuestiones opcionales, de las cuales él había sido liberado. Como lo expresa muy bien F. F. Bruce, 'un espíritu verdaderamente emancipado como el de Pablo no está atado a su propia emancipación'.[20] Pero Jacobo manifestó tener un espíritu igualmente dulce y una mente generosa al alabar a Dios por la misión a los gentiles, aceptando la ofrenda de las iglesias gentiles. No se trataba de un *quid pro quo* (o sea una recompensa), casi una ganga, como algunos comentaristas lo han pintado ('Los reconoceremos, aceptando la ofrenda de gentiles, si ustedes nos reconocen al aceptar las observancias judías'). Fue más bien un sobrellevarse con actitud cristiana y con mutua sensibilidad. El prejuicio tenaz y la violencia fanática de los judíos incrédulos, que Lucas describe a continuación, salta a la vista en desagradable contraste.

## 2. Pablo atacado y arrestado | 21.27–36

### a. Pablo es atacado por los judíos | 21.27–32

[21.27]Cuando estaban a punto de cumplirse los siete días, unos judíos de la provincia de Asia vieron a Pablo en el templo. Alborotaron a toda la multitud y le echaron mano, [28]gritando: '¡Israelitas! ¡Ayúdennos! Éste es el individuo que anda por todas partes enseñando a toda la gente contra nuestro pueblo, nuestra ley y este lugar. Además, hasta ha metido a unos griegos en el templo, y ha profanado este lugar santo.'

[29]Ya antes habían visto en la ciudad a Trófimo el efesio en compañía de Pablo, y suponían que Pablo lo había metido en el templo.

[30]Toda la ciudad se alborotó. La gente se precipitó en masa, agarró a Pablo y lo sacó del templo a rastras, e inmediatamente se cerraron las puertas. [31]Estaban por matarlo, cuando se le informó al comandante del batallón romano que toda la ciudad de Jerusalén estaba amotinada. [32]En seguida tomó algunos centuriones con sus tropas, y bajó corriendo hacia la multitud. Al ver al comandante y a sus soldados, los amotinados dejaron de golpear a Pablo.

Fue a raíz de la purificación ritual de siete días, y cerca de su terminación, que Pablo estaba en el templo. Fue reconocido por algunos judíos de Asia proconsular, quizás de Éfeso mismo. Parecen haber reconocido a Trófimo, que también era de Éfeso (29). Provocaron hasta el frenesí a la muchedumbre que estaba adorando, usando dos acusaciones. La primera de ellas era un malentendido, pues describían a Pablo como enseñando a todos y en todas partes **contra nuestro pueblo, nuestra ley y este lugar** (28a). '¡Resulta irónico  que este haya sido el cargo contra Pablo en un momento en que él mismo estaba cumpliendo el rito de la purificación precisamente para no profanar el templo!', comenta con justicia Howard Marshall.[21] El cargo era similar al que esgrimieron contra Esteban, quien fue acusado por falsos testigos de que 'no deja de hablar contra este santo lugar y contra de la ley' (6.13). Pero los judíos interpretaron erróneamente tanto a Esteban como a Pablo, de la misma manera que interpretaron mal a Jesús. Jesús habló de sí mismo como el cumplimiento de la ley, el pueblo y el templo, y Esteban y Pablo hicieron lo mismo. No obstante, no lo dijeron para denigrarlos, sino para revelar su verdadera gloria.

La segunda acusación, de que Pablo había introducido griegos en el templo y de ese modo lo había profanado (28b), era falsa. No era una mentira deliberada, agrega Lucas caritativamente, sino más bien una suposición de su parte. Habían visto a Trófimo (de quien sabían que era gentil) junto con Pablo en la ciudad, y habían llegado a la conclusión apresurada de que Pablo lo había introducido en el patio interior del templo, que estaba prohibido a los gentiles. A los gentiles solo se les permitía ingresar al patio exterior, es decir el patio de los gentiles. Más allá, e impidiendo el acceso al atrio de Israel, había 'un muro de piedra que servía de separación' de unos catorce metros de altura, 'con una inscripción que prohibía a todo extranjero ingresar allí bajo pena de muerte'. Esta es la descripción que hace Josefo, y agrega que esta inscripción se repetía en muchas partes, tanto en griego como en latín, a igual distancia una de la otra.[22] F. F. Bruce agrega que "dos de esas inscripciones, ambas en griego, fueron encontradas, una en 1871 y otra en 1935, y cuyo texto dice lo siguiente: 'Ningún extranjero puede traspasar la barricada que rodea el templo y su interior. Cualquiera que sea descubierto haciéndolo se hará responsable de su propia muerte.'"[23] Tito (general romano y luego emperador) les recordó a los judíos que los romanos les habían dado 'permiso para matar a quienes la propasaran (es decir, la barricada), aunque fuera romano'.[24] Sin duda que Pablo estaría pensando en este muro cuando escribió acerca del 'muro de la enemistad' entre judíos y gentiles.[25]

La combinación de estas dos acusaciones, una de ellas una media verdad y la otra una falsedad, fue suficiente para que la gente **se** [precipitara] **en masa** (30). Procedieron a prender a Pablo y lo llevaron a rastras al patio interno, intentando matarlo. Afortunadamente, los soldados del batallón romano, siempre atentos a deshacer cualquier desorden público en Jerusalén, vieron lo que estaba ocurriendo y rescataron a Pablo a tiempo. Sus batallones estaban radicados en la fortaleza Antonia, que Herodes el Grande había edificado en la esquina noroeste de la zona del templo. El batallón consistía por lo general de mil hombres. A cargo estaba un *chiliarchos*, lo que puede traducirse por 'tribuno militar', **comandante del batallón romano** o 'comandante de la compañía' (RVR95). A esta altura ya sabemos que era Claudio Lisias (23.26). Al escuchar que en la ciudad se había desatado un tumulto, se apresuró a ir personalmente con algunos centuriones y soldados, y de inmediato los amotinados desistieron de apalear a Pablo.

### b. Pablo arrestado por los romanos | 21.33-36

²¹·³³El comandante se abrió paso, lo arrestó y ordenó que lo sujetaran con dos cadenas. Luego preguntó quién era y qué había hecho. ³⁴Entre la multitud cada uno gritaba una cosa distinta. Como el comandante no pudo averiguar la verdad a causa del alboroto, mandó que condujeran a Pablo al cuartel. ³⁵Cuando Pablo llegó a las gradas, los soldados tuvieron que llevárselo en vilo debido a la violencia de la turba. ³⁶El pueblo en masa iba detrás gritando: '¡Que lo maten!'

Es interesante observar que el mismo verbo *epilambanomai* se usa tanto para la turba que 'agarró' a Pablo (30) como para el comandante que lo **arrestó** (33), aunque tenían objetivos opuestos. La turba tenía la intención de matarlo, el tribuno militar de tomarlo bajo custodia. Es un ejemplo llamativo del propósito de Lucas de contrarrestar la hostilidad judía con la justicia romana. Como el comandante no lograba descubrir quién era el prisionero y qué falta había cometido debido al tumulto, ordenó que se lo llevaran, o más bien (debido a la violencia del gentío) lo llevaran **en vilo** hacia las barracas. Mientras tanto, la gente gritaba '**¡Que lo maten!**', las mismas palabras que casi treinta años antes otra muchedumbre había gritado frente a otro prisionero.[26]

## 3. Pablo se defiende ante la multitud | 21.37—22.22

²¹·³⁷Cuando los soldados estaban a punto de meterlo en el cuartel, Pablo le preguntó al comandante:

—¿Me permite decirle algo?

—¿Hablas griego? —replicó el comandante—.

³⁸¿No eres el egipcio que hace algún tiempo provocó una rebelión y llevó al desierto a cuatro mil guerrilleros?

³⁹—No, yo soy judío, natural de Tarso, una ciudad muy importante de Cilicia —le respondió Pablo—. Por favor, permítame hablarle al pueblo.

⁴⁰Con el permiso del comandante, Pablo se puso de pie en las gradas e hizo una señal con la mano a la

multitud. Cuando todos guardaron silencio, les dijo
en arameo:

²²·¹'Padres y hermanos, escuchen ahora mi defensa.'

²Al oír que les hablaba en arameo, guardaron más
silencio.

Pablo continuó: ³"Yo soy judío, nacido en Tarso de
Cilicia, pero criado en esta ciudad. Bajo la tutela de
Gamaliel recibí instrucción cabal en la ley de nuestros
antepasados, y fui tan celoso de Dios como cualquiera
de ustedes lo es hoy día. ⁴Perseguí a muerte a los
seguidores de este Camino, arrestando y echando
en la cárcel a hombres y mujeres por igual, ⁵y así lo
pueden atestiguar el sumo sacerdote y todo el Consejo
de ancianos. Incluso obtuve de parte de ellos cartas de
extradición para nuestros hermanos judíos en Damasco,
y fui allá con el fin de traer presos a Jerusalén a los que
encontrara, para que fueran castigados.

⁶"Sucedió que a eso del mediodía, cuando me
acercaba a Damasco, una intensa luz del cielo
relampagueó de repente a mi alrededor. ⁷Caí al suelo
y oí una voz que me decía: 'Saulo, Saulo, ¿por qué me
persigues?' ⁸'¿Quién eres, Señor?', pregunté. 'Yo soy Jesús
de Nazaret, a quien tú persigues', me contestó él. ⁹Los
que me acompañaban vieron la luz, pero no percibieron
la voz del que me hablaba. ¹⁰'¿Qué debo hacer, Señor?'
le pregunté. 'Levántate —dijo el Señor—, y entra en
Damasco. Allí se te dirá todo lo que se ha dispuesto que
hagas.' ¹¹Mis compañeros me llevaron de la mano hasta
Damasco porque el resplandor de aquella luz me había
dejado ciego.

¹²"Vino a verme un tal Ananías, hombre devoto que
observaba la ley y a quien respetaban mucho los judíos
que allí vivían. ¹³Se puso a mi lado y me dijo: 'Hermano
Saulo, ¡recibe la vista!' Y en aquel mismo instante
recobré la vista y pude verlo. ¹⁴Luego dijo: 'El Dios de
nuestros antepasados te ha escogido para que conozcas
su voluntad, y para que veas al Justo y oigas las palabras
de su boca. ¹⁵Tú le serás testigo ante toda persona de lo

que has visto y oído. [16]Y ahora, ¿qué esperas? Levántate, bautízate y lávate de tus pecados, invocando su nombre.'

[17]"Cuando volví a Jerusalén, mientras oraba en el templo tuve una visión [18]y vi al Señor que me hablaba: '¡Date prisa! Sal inmediatamente de Jerusalén, porque no aceptarán tu testimonio acerca de mí.' [19]"Señor —le respondí—, ellos saben que yo andaba de sinagoga en sinagoga encarcelando y azotando a los que creen en ti; [20]y cuando se derramaba la sangre de tu testigo Esteban, ahí estaba yo, dando mi aprobación y cuidando la ropa de quienes lo mataban.' [21]Pero el Señor me replicó: 'Vete; yo te enviaré lejos, a los gentiles.'"

[22] La multitud estuvo escuchando a Pablo hasta que pronunció estas palabras. Entonces levantaron la voz y gritaron: '¡Bórralo de la tierra! ¡Ese tipo no merece vivir!'.

Claudio Lisias, como soldado romano honesto y tolerante, se compara favorablemente con la prejuiciada multitud judía. Estos habían dado por sentado, sin ocuparse de constatar si era así, que Pablo había llevado a Trófimo hasta el patio interno del templo; Claudio Lisias había dado por sentado que Pablo era un terrorista **egipcio**, pero inmediatamente cambió de parecer cuando conoció los hechos. El revolucionario a quien se refería Claudio fue descrito por Josefo como 'un falso profeta egipcio' quien, unos tres años antes, había reunido 30.000 hombres (¡Josefo solía exagerar!), los llevó hasta el monte de los Olivos, y les prometió que cuando las paredes de Jerusalén cayeran al suelo bajo su mandato, podrían irrumpir en la ciudad y derrotar a los romanos. Pero el procurador Félix y sus tropas intervinieron y los *sikarioi* ('hombres con dagas', o fanáticos asesinos nacionalistas), terminaron muertos, capturados, o huyeron.[27] El egipcio había desaparecido, y ahora el comandante pensó que estaba nuevamente en actividad. Pero Pablo lo instruyó acerca de su identidad. Habló con orgullo como ciudadano de **Tarso**, que era 'la primera ciudad de Cilicia, no solo en riquezas materiales, sino en distinción intelectual, ya que era una de las grandes ciudades universitarias del mundo romano.'[28] Entonces pidió permiso para dirigirse a la multitud y le fue concedido.

Al hacer Pablo su valiente discurso de **defensa** (*apología*, 22.1) frente a la multitud hostil, desde los escalones de piedra que llevaban del templo hasta la fortaleza Antonia, demostró mucha sensibilidad y corrección. Su sensibilidad se advierte en su forma de dirigirse al auditorio como **padres y hermanos** y en su elección de la lengua aramea, lo cual fue suficiente para aquietarlos. Pero ¿fue lo que dijo apropiado para la ocasión? Esta era, evidentemente, la segunda vez que Lucas ofrecía a sus lectores un relato de la conversión de Pablo. Antes lo había hecho con sus propias palabras, pero esta vez (que era la tercera vez ante el rey Agripa) lo hace en palabras de Pablo. En cada caso el bosquejo es el mismo, pero el énfasis particular de cada testimonio está elegido para su contexto. A la turba de Jerusalén, cuyo airado reclamo era que había estado enseñando a todos en todas partes en contra de su pueblo, la ley y su templo (21.28), Pablo acentuó su lealtad personal a sus orígenes judíos y su fe.

En primer lugar, habló de su nacimiento y crianza judías, y de la enseñanza recibida de **Gamaliel** acerca de **la ley de nuestros antepasados** (ver 5.34), el maestro más eminente de su época y líder de la escuela de Hillel, en la que había sido discípulo. De modo que su estirpe judía era incontrovertible. Era un 'hebreo de hebreos'.[29] En segundo lugar, llamó su atención hacia el celo que él tenía por Dios, que era tan grande como el de ellos, puesto que había perseguido a los seguidores del Camino, tanto hombres como mujeres, hasta ponerlos en prisión y darles muerte. El sanedrín podía testificar de este hecho, puesto que fueron ellos los que proveyeron las órdenes de extradición para llevar consigo a Damasco.

En tercer lugar, Pablo narró las circunstancias de su conversión, que había sido debido a la acción divina y no, en absoluto, a una iniciativa suya; la persona que lo habló se había identificado como Jesús de Nazaret. En cuarto lugar, Pablo se refirió al ministerio de Ananías, a quien en forma deliberada caracterizó como **hombre devoto que observaba la ley y a quien respetaban mucho los judíos que allí vivían**, en Damasco (12). Fue él quien restauró la visión de Pablo, el que le dijo que **el Dios de nuestros antepasados** lo había elegido para que conociera su voluntad: **para que veas al Justo y oigas las palabras de su boca** (14; 'oigas la voz de su boca', RVR95); y para que fuera su testigo. Fue Ananías, además, quien lo bautizó. Por último, Pablo se refirió a la visión que tuvo lugar en el mismísimo templo que se suponía había mancillado, y donde el Señor (no se menciona a Jesús por su nombre) le dijo que se fuera de inmediato de Jerusalén, a pesar de sus reparos y objeciones. 'Vete, le dijo el Señor, **yo te enviaré lejos, a los gentiles.'** En griego, *exapostelō se*, que es casi como decir, 'Yo haré de ti un apóstol', en verdad, el apóstol a los gentiles (21; 26.17).[30]

En este punto Pablo fue interrumpido por la multitud, que volvió a alzar la voz y a reclamar su muerte (22). Es importante comprender por qué. En su opinión estaba bien hacer proselitismo (convertir gentiles al judaísmo); pero evangelizar (hacer que los gentiles se convirtieran en cristianos sin hacerse primero judíos) era una abominación. Era casi como decir que judíos y gentiles eran iguales, puesto que ambos necesitaban acudir a Dios por medio de Cristo, y en los mismos términos.

Al recordar la defensa de Pablo, quizás podemos decir que hizo dos importantes afirmaciones. La primera, que él mismo era un judío leal, no sólo por nacimiento y educación sino que seguía siéndolo. Es verdad que ahora era un testigo allí donde antes había sido un perseguidor. Pero el Dios de sus padres era todavía su Dios. No había roto con la fe de sus ancestros, y menos aun, se había vuelto un apóstata; estaba directamente en continuidad con ella. Jesús de Nazaret era 'el Justo', en quien se habían cumplido las profecías. Y la segunda afirmación importante fue que esos aspectos de su fe que habían cambiado, especialmente su reconocimiento de Jesús y de su misión a los gentiles, no eran ideas excéntricas suyas. Le habían sido reveladas desde el cielo, una de ellas en Damasco y la otra en Jerusalén. Es más, nada menos que una intervención celestial podría haberlo transformado de una manera tan completa.

## 4. Pablo es protegido por la ley romana | 22.23–29

Dos veces más en esta breve sección la ley y la justicia romanas vienen en ayuda de Pablo. En primer lugar Claudio Lisias lo rescata nuevamente de ser linchado, y en segundo lugar, habiendo descubierto que tenía ciudadanía romana, de ser azotado.

<sup>22.23</sup>**Como seguían gritando, tirando sus mantos y arrojando polvo al aire, <sup>24</sup>el comandante ordenó que metieran a Pablo en el cuartel. Mandó que lo interrogaran a**

latigazos con el fin de averiguar por qué gritaban así contra él. [25]Cuando lo estaban sujetando con cadenas para azotarlo, Pablo le dijo al centurión que estaba allí:

—¿Permite la ley que ustedes azoten a un ciudadano romano antes de ser juzgado?

[26] Al oír esto, el centurión fue y avisó al comandante.

—¿Qué va a hacer usted? Resulta que ese hombre es ciudadano romano.

[27] El comandante se acercó a Pablo y le dijo:

—Dime, ¿eres ciudadano romano?

—Sí, lo soy.

[28]—A mí me costó una fortuna adquirir mi ciudadanía —le dijo el comandante.

—Pues yo la tengo de nacimiento —replicó Pablo.

[29]Los que iban a interrogarlo se retiraron en seguida. Al darse cuenta de que Pablo era ciudadano romano, el comandante mismo se asustó de haberlo encarcelado.

## a. Cómo se salvó de ser linchado | 22.23–24

La muchedumbre no quedó satisfecha con poder gritar y vociferar (22); comenzaron a agitar sus **mantos** y a arrojar **polvo al aire** (23). H. J. Cadbury sugiere que estos gestos podrían haber sido para expresar, no su hostilidad, sino su horror ante la blasfemia.[31] Sea como fuere, el comandante se adelantó a impedir cualquier tentativa de la muchedumbre de echar mano a Pablo y dio órdenes (por segunda vez) que lo llevaran al cuartel. Luego **mandó que lo interrogaran a latigazos** (24). Esta medida horrorosa era el modo generalmente aceptado para extraer información de los prisioneros. 'El látigo (del latín, *flagelum*) era un temible instrumento de tortura que consistía en correas de cuero, que terminaban en ásperos trozos de metal o de hueso, sujetados a un mango de madera. Si un hombre no terminaba muriendo por el severo castigo (desenlace frecuente), seguramente quedaba invalidado de por vida.'[32]

## b. Cómo se salvó de ser azotado | 22.25–29

Estaban preparando a Pablo para azotarlo cuando él hizo pública su ciudadanía romana. En Filipos, en una situación similar, no reveló que era ciudadano hasta después de haber sido golpeado, encarcelado y colocado en el cepo (16.37). Por alguna razón parece no haber querido tomar ventaja de su ciudadanía excepto en una situación extrema. El doctor Sherwin-White reconoce que 'la exacta situación legal de los ciudadanos romanos en una jurisdicción provincial no está bien documentada en ese período.'[33]

Tampoco está claro cuáles eran esos los privilegios, aunque hay acuerdo en que estaban eximidos de ser azotados, es decir, de ser torturados sin juicio previo. La ciudadanía podía ser obtenida por derecho propio (por aquellos que tenían cargos públicos de alta jerarquía) o por recompensa (para quienes hubieran brindado un importante servicio al imperio). Se trasmitía de padres a hijos (que era el caso de Pablo); también podía adquirirse mediante pago, no por un precio establecido, sino sobornando a algún oficial corrupto 'en la secretaría del estado o en la administración provincial'[34], como fue el caso de Claudio Lisias. En efecto, tal corrupción era común durante el reinado del emperador Claudio, lo cual puede explicar por qué el comandante había agregado el *nomen* Claudio, en honor al emperador, a su *cognomen* Lisias.

Aunque **al darse cuenta de que Pablo era ciudadano romano, el comandante mismo se asustó de haberlo encarcelado** (29), no parece haberlo liberado de sus cadenas. Al menos, aún seguía en cadenas al día siguiente y después.[35] ¿Cuál es la explicación de esto? 'Quizá se hayan de distinguir dos especies de cadenas: unas más pesadas y que por sí mismas constituían ya una pena; se las habrían quitado a Pablo; y las otras más ligeras, necesarias para la custodia de los presos.'[36]

# 5. Pablo ante el sanedrín | 22.30—23.11

Al día siguiente, como el comandante quería saber con certeza de qué acusaban los judíos a Pablo, lo desató y mandó que se reunieran los jefes de los sacerdotes y el Consejo en pleno. Luego llevó a Pablo para que compareciera ante ellos.

[23.1]Pablo se quedó mirando fijamente al Consejo y dijo:

—Hermanos, hasta hoy yo he actuado delante de Dios con toda buena conciencia.

[2]Ante esto, el sumo sacerdote Ananías ordenó a los que estaban cerca de Pablo que lo golpearan en la boca.

³ —¡Hipócrita, a usted también lo va a golpear Dios!
—reaccionó Pablo—. ¡Ahí está sentado para juzgarme
según la ley!, ¿y usted mismo viola la ley al mandar
que me golpeen?

⁴Los que estaban junto a Pablo le interpelaron:
—¿Cómo te atreves a insultar al sumo sacerdote
de Dios?

⁵—Hermanos, no me había dado cuenta de que
es el sumo sacerdote —respondió Pablo—; de hecho
está escrito: 'No hables mal del jefe de tu pueblo.'

⁶Pablo, sabiendo que unos de ellos eran saduceos
y los demás fariseos, exclamó en el Consejo:
—Hermanos, yo soy fariseo de pura cepa. Me
están juzgando porque he puesto mi esperanza en
la resurrección de los muertos.

⁷Apenas dijo esto, surgió un altercado entre los
fariseos y los saduceos, y la asamblea quedó dividida.
⁸(Los saduceos sostienen que no hay resurrección,
ni ángeles ni espíritus; los fariseos, en cambio,
reconocen todo esto.)

⁹Se produjo un gran alboroto, y algunos de los
maestros de la ley que eran fariseos se pusieron de pie
y protestaron. 'No encontramos ningún delito en este
hombre —dijeron—. ¿Acaso no podría haberle hablado
un espíritu o un ángel?'. ¹⁰Se tornó tan violento el
altercado que el comandante tuvo miedo de que hicieran
pedazos a Pablo. Así que ordenó a los soldados que
bajaran para sacarlo de allí por la fuerza y llevárselo
al cuartel.

¹¹A la noche siguiente el Señor se apareció a Pablo,
y le dijo: '¡Ánimo! Así como has dado testimonio de mí
en Jerusalén, es necesario que lo des también en Roma.'

El comandante se había propuesto saber con certeza de qué acusaban
los judíos a Pablo (22.30). Había hecho la prueba interrogando a la
muchedumbre, pero le habían dado diferentes respuestas (21.33–34).
Estaba a punto de usar la tortura, pero la ciudadanía romana de Pablo
le impidió hacerlo (22.24ss). De modo que ahora optó por un tercer

método: el juicio ante el sanedrín (22.30). El sumo sacerdote Ananías era un personaje por demás desagradable. Josefo lo describe como 'un gran acumulador de dinero'; hasta 'les quitaba por la fuerza los títulos que pertenecían a los sacerdotes.'[37]

Aunque el relato que Lucas hace de este juicio es breve, presenta al menos tres problemas más bien intrigantes, los dos primeros con respecto a Pablo y Ananías, y el tercero en relación con Pablo, los fariseos y los saduceos.

## a. Pablo y el sumo sacerdote Ananías | 23.1–5

En primer lugar, ¿por qué se enfureció tanto el **sumo sacerdote** ante el comentario inicial de Pablo, al punto de ordenar que lo **golpearan en la boca**? No pudo haber sido por una cuestión de orden, como que Pablo haya hablado antes de que se le dirigiera la palabra. No parece probable que su razón y su experiencia fueran insultadas porque cualquiera que afirmara haber vivido con la conciencia tranquila fuera, en su opinión, un mentiroso. Tampoco es imaginable que el sumo sacerdote se exasperara porque alguien hiciera un reclamo de inocencia. La explicación más probable es que Ananías entendió las palabras de Pablo como una afirmación de que si bien ahora era cristiano, todavía seguía siendo un buen judío. Había servido **con buena conciencia** a Dios durante toda su vida (tanto antes como después de su conversión), incluso **hasta hoy**. Esta fue, por cierto, la afirmación que Pablo hizo en 2 Timoteo 1.3. Al sumo sacerdote esto le pareció el colmo de la arrogancia, incluso una blasfemia.

En segundo lugar, ¿por qué fue tan dura la réplica de Pablo? Jerónimo parece haber sido el primer comentarista en llamar la atención a la diferente actitud entre Jesús y Pablo frente a los jueces. Jesús respondió con más calma cuando lo golpearon en el rostro.[38] Además, Pablo había escrito recientemente, de sí mismo y sus compañeros, 'si nos maldicen, bendecimos; si nos persiguen, lo soportamos.'[39] Podría ser que, en efecto, perdió la paciencia, ya que se puede decir que en alguna medida se disculpó, indicando que habría contestado de otra manera si hubiera sabido que estaba dirigiéndose al sumo sacerdote. Pero ¿cómo se explica que no haya reconocido al sumo sacerdote? Se han propuesto muchas explicaciones. En efecto, de acuerdo a Haenchen, la afirmación de Pablo 'es tan increíble que ha llevado a los teólogos a esfuerzos desesperados por explicarla.'[40] Algunos piensan que se trataba de una reunión informal del sanedrín y que, en consecuencia, Ananías no vestía su atuendo, ni presidía, de modo que podría no haber sido fácilmente identificado. Otros suponen que en el babel de voces dentro en el tribunal, Pablo fue incapaz de reconocer quién era el que había dado la orden para que lo golpearan. Una tercera explicación es que Pablo hablaba con sarcasmo, como si dijera, 'No me di cuenta de que un hombre como usted podía ser considerado el sumo sacerdote.'[41] Pero en mi opinión, la explicación más apropiada radica en la poca vista que se sabe que tenía Pablo.[42] En este caso la expresión 'pared blanqueada' (23.3, RVR95) bien podría no ser tanto una referencia a la hipocresía[43], como una brusca alusión a una figura vestida de blanco del otro lado del tribunal, y que Pablo no alcanzaba a percibir.

## b. Pablo, los fariseos y los saduceos | 23.6–10

Varias otras preguntas nos salen al paso cuando leemos esta parte del relato. ¿Se puede justificar a Pablo por haber enfrentado entre sí a fariseos y a saduceos? ¿Y era correcto que se llamara a sí mismo fariseo? No hay ninguna necesidad de atribuir a Pablo ni motivos espurios ni falsedades. Estaba sinceramente interesado en doctrina, y por cierto creía (como deberíamos creer nosotros) que la resurrección es fundamental para el cristianismo.[44] La posición de los saduceos contraria a creer en lo sobrenatural era incompatible con el evangelio. Como lo dijo el propio Jesús, la razón por la cual se equivocaban era porque desconocían la Palabra de Dios y el poder de Dios.[45] Pablo era fariseo no solamente en el sentido de su parentesco y educación (6); lo era en el sentido de que compartía con los fariseos la gran verdad y esperanza de la resurrección, por lo cual ahora estaba siendo sometido a juicio.

Después del alboroto que se produjo, algunos de los fariseos se pusieron de parte de Pablo y declararon que nada malo podían encontrar para acusarlo. Esto parece haber desatado una discusión mayor, tan violenta que por tercera vez el comandante tuvo que rescatarlo y hacerlo llevar bajo custodia a la fortaleza Antonia.

## c. Pablo y el Señor Jesús | 23.11

Después del enfrentamiento entre Pablo y Ananías, y de la acalorada discusión entre fariseos y saduceos, es un alivio leer que durante la noche siguiente el Señor Jesús acudió, se acercó a Pablo y habló con él. La violencia de los últimos dos días, y en especial la hostilidad de los judíos, debió plantearle preguntas acerca de su futuro. Parecía haber pocas perspectivas de poder salir de Jerusalén con vida, menos aun de viajar solo a Roma. De modo que en este momento de desaliento Jesús lo alentó con la expresa promesa de que, así como había testificado de él en Jerusalén, también debía dar testimonio de él en Roma. Sería difícil describir el sereno coraje que este respaldo debió haberle proporcionado a Pablo durante los tres juicios siguientes, los dos años de prisión y el azaroso viaje a Roma.

# 6. Pablo es rescatado
# de un complot judío | 23.12–35

[23.12]Muy de mañana los judíos tramaron una conspiración y juraron bajo maldición no comer ni beber hasta que lograran matar a Pablo. [13]Más de cuarenta hombres estaban implicados en esta conspiración. [14]Se presentaron ante los jefes de los sacerdotes y los ancianos, y les dijeron:

—Nosotros hemos jurado bajo maldición no comer nada hasta que logremos matar a Pablo. [15]Ahora, con el respaldo del Consejo, pídanle al comandante que haga comparecer al reo ante ustedes, con el pretexto de obtener información más precisa sobre su caso. Nosotros estaremos listos para matarlo en el camino.

[16]Pero cuando el hijo de la hermana de Pablo se enteró de esta emboscada, entró en el cuartel y avisó a Pablo. [17]Éste llamó entonces a uno de los centuriones y le pidió:

—Lleve a este joven al comandante, porque tiene algo que decirle.

[18]Así que el centurión lo llevó al comandante, y le dijo:

—El preso Pablo me llamó y me pidió que le trajera este joven, porque tiene algo que decirle.

[19]El comandante tomó de la mano al joven, lo llevó aparte y le preguntó:

—¿Qué quieres decirme?

[20]—Los judíos se han puesto de acuerdo para pedirle a usted que mañana lleve a Pablo ante el Consejo con el pretexto de obtener información más precisa acerca de él. [21]No se deje convencer, porque más de cuarenta de ellos lo esperan emboscados. Han jurado bajo maldición no comer ni beber hasta que hayan logrado matarlo. Ya están listos; sólo aguardan a que usted les conceda su petición.

[22]El comandante despidió al joven con esta advertencia:

—No le digas a nadie que me has informado de esto.

[23]Entonces el comandante llamó a dos de sus centuriones y les ordenó:

—Alisten un destacamento de doscientos soldados de infantería, setenta de caballería y doscientos lanceros para que vayan a Cesarea esta noche a las nueve. [24]Y preparen cabalgaduras para llevar a Pablo sano y salvo al gobernador Félix.

[25]Además, escribió una carta en estos términos:

[26]Claudio Lisias,
a su excelencia el gobernador Félix:
Saludos.

[27]Los judíos prendieron a este hombre y estaban a punto de matarlo, pero yo llegué con mis soldados y lo rescaté, porque me había enterado de que es ciudadano romano. [28]Yo quería saber de qué lo acusaban, así que lo llevé al Consejo judío. [29]Descubrí que lo acusaban de algunas cuestiones de su ley, pero no había contra él cargo alguno que mereciera la muerte o la cárcel. [30]Cuando me informaron que se tramaba una conspiración contra este hombre, decidí enviarlo a usted en seguida. También les ordené a sus acusadores que expongan delante de usted los cargos que tengan contra él.

[31]Así que los soldados, según se les había ordenado, tomaron a Pablo y lo llevaron de noche hasta Antípatris. [32]Al día siguiente dejaron que la caballería siguiera con él

mientras ellos volvían al cuartel. ³³Cuando la caballería llegó a Cesarea, le entregaron la carta al gobernador y le presentaron también a Pablo. ³⁴Félix leyó la carta y le preguntó de qué provincia era. Al enterarse de que Pablo era de Cilicia, ³⁵le dijo: 'Te daré audiencia cuando lleguen tus acusadores.' Y ordenó que lo dejaran bajo custodia en el palacio de Herodes.

## a. Se prepara el complot | 23.12–22

Los judíos de Asia se habían visto frustrados en su tentativa de linchar a Pablo, y el sanedrín no había sido capaz de condenarlo por alguna ofensa. Así que ahora un grupo de más de cuarenta judíos prepararon un plan para matarlo, comprometiéndose mediante juramento a no comer ni beber nada hasta lograrlo. Consiguieron que los principales sacerdotes persuadieran al sanedrín que pidiera al comandante que cooperara con ellos. Su plan era lograr que presentaran a Pablo nuevamente ante el tribunal, recorriendo angostas callejuelas donde fácilmente podían interceptarlo y matarlo. A esta altura parecía que todos estaban envueltos en la conspiración y que Pablo estaba en grave peligro.

Pero ni el más cuidadoso y astuto de los planes humanos puede triunfar si Dios se le opone. Ningún plan fraguado en contra de él puede salir airoso.[46] En esta ocasión, la intervención providencial de Dios comprometió a un sobrino de Pablo. Es frustrante leer estas referencias a la hermana de Pablo y su hijo, y no tener ninguna otra información acerca de ellos. ¿Eran creyentes? ¿Tenían algún contacto con líderes judíos que hiciera posible que el sobrino de Pablo supiera del complot sin despertar la sospecha de nadie? ¿Y cómo es posible que haya podido entrar tan fácilmente al cuartel,  no siendo más que un jovencito (por lo que deducimos del versículo 19)? Lucas no satisface nuestra curiosidad en ninguno de estos puntos. Lo que sí sabemos es que la noticia del complot pasó del sobrino de Pablo a Pablo, de allí al centurión, y del centurión al comandante, quien entonces escuchó el informe de labios del propio muchacho. Sin duda porque recordaba que Pablo era un ciudadano romano, el comandante decidió tomar una acción decidida e inmediata.

## b. Se frustra el plan | 23.23–35

El **destacamento de doscientos soldados de infantería, setenta de caballería y doscientos lanceros** suena por cierto como una precaución exagerada, ya que representa la mitad del batallón. ¿Eran necesarios cuatrocientos hombres y setenta caballos para garantizar la seguridad de un solo prisionero? Es esta pregunta la que ha llevado a los estudiosos a preguntarse si **lanceros** es la traducción correcta de *dexiolaboi*, que no aparece en ninguna otra parte de la Biblia ni en literatura griega de la época. Kirsopp y Lake han sugerido que significa 'caballos conducidos', lo que incluiría tanto animales de repuesto para el largo viaje nocturno de casi 60 km, como también caballos de carga.[47] Algunos comentarios más recientes han adoptado esta opinión.

El destino era Cesarea, la que por ser la capital provincial de Judea era donde tenía su residencia Félix, el gobernador. Este gobernó como procurador de Judea durante siete u ocho años, comenzando en el año 52 d.C. Le debía su nombramiento a su hermano Palas, que era un favorito en la corte, primero del emperador Claudio, y luego de Nerón. Félix había actuado con total brutalidad en los aplastamientos de rebeliones judías. Aunque era un liberto, parece no haber podido librarse de su mentalidad esclavista, al punto que Tácito escribió de él que 'ejercía el poder como un emperador con la mentalidad de un esclavo'.[48]

Uno se pregunta cómo pudo Lucas arreglarse para obtener esa carta oficial del tribuno Claudio Lisias al procurador, para dar a conocer el texto. No es imposible que haya sido leída en el tribunal, o que Félix haya divulgado el contenido a Pablo durante una de las ocasiones en que lo interrogó en privado (23.34; 24.24). Por otra parte, Lucas dice que Claudio Lisias **escribió una carta en estos términos** (25) o 'del tenor siguiente' (Sagrada Biblia Nacar Colunga), de modo que podría estar diciendo que sólo estaba dando lo esencial del contenido. Cualquiera sea el caso, al leer la carta no podemos menos que sonreír. El tribuno se expresaba correctamente al describir cómo lo había rescatado, dándole tratamiento especial por ser ciudadano romano, cómo lo había llevado ante el sanedrín, y cómo se había ocupado de conocer que los cargos en su contra eran sólo religiosos (acerca de 'Moisés y un tal Jesús', según el Texto Occidental del versículo 29), no civiles ni criminales. Además, cómo había frustrado un complot contra él enviándolo al gobernador, además de ordenar a los acusadores que presenten su caso ante el tribunal. Al mismo tiempo, Lisias de algún modo manipuló los hechos con el objeto de presentarse a sí mismo del modo más favorable, colocando el descubrimiento de que Pablo era ciudadano romano antes de su rescate y no después, poniendo así una cortina de silencio sobre su grave falta al encadenar y preparar para la tortura a un ciudadano romano. Nueve de los verbos más importantes de la carta están en primera persona singular. La carta era en cierto modo honesta, pero decididamente egocéntrica.

Después de ofrecer el texto de la carta, Lucas describe el traslado militar de Pablo desde Jerusalén a Cesarea, vía Antípatris, donde las tropas pasaron la noche, hasta llegar a Cesarea, donde tanto la carta como el prisionero fueron entregados a Félix. El gobernador leyó la carta, preguntó acerca de la provincia a la que pertenecía Pablo con el objeto de asegurarse de que correspondiera a su jurisdicción, y adoptó la determinación de escuchar por sí mismo el caso cuando llegaran los que acusaban a Pablo. Luego ordenó poner mientras tanto a Pablo bajo custodia en el palacio bastante suntuoso que Herodes el Grande había edificado para sí mismo, y que ahora era el *praetorium*, la residencia oficial del gobernador. Lucas no nos explica qué puede querer decir que pusieron a Pablo **bajo custodia**, pero podemos estar seguros de que, como ciudadano romano y sin enfrentar un cargo criminal, Pablo no experimentó mal trato.

En estos capítulos se ve claramente la gran capacidad de Lucas como historiador y teólogo, por no mencionar la inspiración del Espíritu Santo. Estaba en juego el futuro del evangelio, con fuerzas poderosas agrupándose a favor y en contra de él. De un lado estaban los perseguidores judíos, prejuiciados y violentos. Del otro lado los romanos, de mentalidad amplia y dispuestos a mantener en alto las normas de la ley, la justicia y el orden, de los que estaban orgullosos sus mejores líderes. Cuatro veces rescataron a Pablo de morir linchado o asesinado[49] poniéndolo bajo custodia hasta que se aclararan los cargos, y, de ser estos coherentes, al presentarlos ante el tribunal. Tres veces en el relato de Lucas, Pablo es declarado, o está a punto de ser declarado, inocente.

Entre estos dos poderes, uno religioso y el otro civil, uno hostil y el otro favorable, el de Jerusalén y el de Roma, Pablo se encontró atrapado, desarmado y vulnerable. Uno no puede menos que admirar su coraje, en especial cuando se puso de pie en las gradas de la fortaleza Antonia, enfrentando a la muchedumbre airada que acababa de maltratarlo brutalmente, sin otro poder que el Espíritu de Dios. Lucas parece querer presentarlo ante nosotros como un modelo de valor cristiano, de manera que, como escribió Crisóstomo al final de su quincuagésima y última homilía sobre Hechos, podamos 'emular a Pablo, e imitar esa alma noble y diamantina'.[50] La fuente de este coraje era su serena confianza en la verdad. Estaba consciente de que los romanos no tenían cargo alguno contra él. Estaba convencido de que los judíos tampoco tenían cargo alguno, porque su fe era la fe de sus ancestros, y porque el evangelio era el cumplimiento de la ley. Por encima de todo, sabía que su Señor y Salvador Jesucristo estaba con él y cumpliría su promesa de que él había de testificar algún día, de algún modo, en Roma.

# 17

# Pablo sometido a juicio
## Hechos 24.1—26.32

Jerusalén y Roma eran los centros de dos bloques de poder enormemente fuertes. La fe de Jerusalén retrocedía dos milenios, hasta Abraham. El poder de Roma se extendía casi ocho millones de kilómetros cuadrados en torno al Mar Mediterráneo. La fuerza de Jerusalén radicaba en su historia y su tradición, en tanto que la de Roma en sus conquistas y su organización. El poder combinado de Roma y Jerusalén resultaba sobrecogedor. Si a un disidente solitario como Pablo se le diese por oponerse a ellos, el resultado era inevitable. Sus posibilidades de sobrevivir se asemejarían a las de una mariposa frente a una apisonadora a vapor. Sería aplastado, completamente borrado de la faz de la tierra.

No obstante, podemos afirmar confiadamente que a Pablo jamás se le ocurrió un desenlace semejante. Él veía su situación desde una perspectiva enteramente diferente. No era un traidor, ni de la iglesia ni del estado, como para que entrara en conflicto con ellos, aunque sus acusadores trataban de encuadrarlo en ese marco. Los enemigos de Jesús habían adoptado la misma estrategia. En su propio tribunal lo habían acusado de amenazar con destruir el templo y de blasfemar,[1] en tanto que ante Pilato tenían que presentarlo como culpable de sedición: de subvertir el orden nacional, de oponerse a los impuestos del César y de sostener que él era rey.[2] Ahora los enemigos de Pablo presentaron acusaciones similares contra él, a saber, que había ofendido 'la ley de los judíos ... [al] templo' y '[al] emperador' (25.7–8).

Sin embargo, Pablo era tan inocente en cuanto a estos aspectos como lo había sido Jesús. No tenía objeción que hacer en cuanto a la posición que Dios había otorgado tanto a Roma como a Jerusalén. Por el contrario, como les había escrito a los cristianos en Roma, reconocía que la autoridad que se le había dado a Roma procedía de Dios[3] y que los privilegios que había recibido Israel también venían de Dios.[4] El evangelio no minaba la ley, fuese judía o romana, sino que más bien la 'confirmaba'.[5] Por cierto que los romanos podían interpretar erróneamente su ley como medio de salvación. En ese caso Pablo podía oponérseles, pero no era la cuestión en ese momento. Lo que Pablo sostenía, cuando estaba siendo juzgado, era que en principio el evangelio apoyaba tanto al gobierno del César (25.8–12) como daba cumplimiento a la esperanza de Israel (26.6ss). Su defensa ante los jueces consistía en presentarse como un ciudadano leal de Roma y un hijo leal de Israel.

El hilo que recorre estos capítulos es la doble negativa de Pablo en cuanto a que fuera traidor, y su doble insistencia en que era leal. Hasta ahora se ha defendido ante una multitud judía (21.40ss) y el sanedrín (23.1ss). Ahora va a presentarse a juicio ante el procurador Félix (24.1ss), el procurador Festo (25.1ss), y el rey Agripa II (25.23ss). En cada uno de estos cinco juicios, en los que la acusación era de carácter político (sedición) en un momento, de carácter religioso (sacrilegio) en otro, el auditorio que lo juzgaba era en parte romano y en parte judaico. Así, cuando Pablo habló ante la multitud judía y el consejo judío, Claudio Lisias, el tribuno romano, estaba presente y escuchaba, mientras que cuando Pablo se encontró ante Félix y Festo, los representantes de Roma, eran los judíos los que obraban como fiscales. Luego, durante el quinto juicio, que resultaría ser el 'gran final', el rey Agripa II combinaba ambos poderes, por cuanto había sido designado por Roma además de ser una autoridad reconocida en lo relativo a asuntos judaicos.

# 1. Pablo ante Félix | 24.1–27

Al final del capítulo anterior, habiendo leído la carta que le mandó Claudio Lisias, Félix mandó a llamar de Jerusalén a los que acusaban a Pablo y mientras tanto lo mantuvo bajo custodia en Cesarea. **Cinco días después,** a contar probablemente desde la llegada de Pablo, **el sumo sacerdote Ananías bajó a Cesarea con algunos de los ancianos y un abogado llamado Tértulo.** Apenas se reunió el tribunal, [presentaron] **ante el gobernador las acusaciones contra Pablo** (1). El que hayan hecho sus acusaciones verbalmente o por escrito es algo que no se nos dice, pero una vez que el procurador los hubo recibido, cuando se hizo comparecer al acusado, Tértulo expuso su caso ante Félix (2a), o 'dio principio a la acusación' (BJ).

## a. La acusación de Tértulo | 24.2b–9

Como preparado y experimentado abogado profesional, Tértulo comenzó con lo que se llamaba un *captatio benevolentiae*, es decir, un intento de lograr la buena voluntad del juez. Tradicionalmente, era un discurso halagador hasta el punto de resultar hipócrita y frecuentemente incluía una promesa de ser breve, pero en esta ocasión se redujo a un grado de 'adulación casi nauseabundo'.[6] Porque Tértulo expresó gratitud por la **paz** que Félix había logrado y las **reformas** que había introducido, cuando en realidad había aplastado varias insurrecciones con tal atroz brutalidad que se ganó para sí el horror, no las gracias, de la población judía. He aquí las palabras de Tértulo:

—Excelentísimo Félix, bajo su mandato hemos disfrutado de un largo período de paz, y gracias a la previsión suya se han llevado a cabo reformas en pro de esta nación. En todas partes y en toda ocasión reconocemos esto con profunda gratitud. Pero a fin de no importunarlo más, le ruego que, con la bondad que lo caracteriza, nos escuche brevemente (2b–4).

Tértulo pasó a enumerar tres cargos contra Pablo. Primero: **Hemos descubierto que este hombre es una plaga** ('una calamidad', DHH) **que por todas partes anda provocando disturbios entre los judíos** (5a). Se trataba de una acusación muy seria debido a sus connotaciones políticas. Había muchos agitadores judíos en estos tiempos, pretendidos mesías que amenazaban esa **paz** que Tértulo le había atribuido a Félix.

En segundo lugar, continuó Tértulo, Pablo **es cabecilla de la secta de los nazarenos** (5b). La palabra *hairesis* significaba 'secta, partido, escuela' y se aplicaba tanto a los saduceos (5.17) como a los fariseos (15.5; 26.5), ambas tradiciones dentro del judaísmo. Es en este sentido que luego comenzó a usarse también para los cristianos. Todavía no había comenzado a significar 'herejía', si bien su uso en este capítulo (5, 14) y su reaparición en 28.22 'inclina' el significado 'hacia el de secta hereje' (BAGD).

La tercera acusación contra Pablo fue que **incluso trató de profanar el templo** (6), con referencia a la idea de que había introducido a Trófimo, el efesio, dentro del recinto prohibido (21.29). Se trataba de una acusación dañina y peligrosa, porque los romanos les habían dado a los judíos amplios poderes para ocuparse de las ofensas contra su templo. **Por eso lo prendimos**, dijo Tértulo, valiéndose de un eufemismo deshonesto para referirse al intento de los judíos de linchar a Pablo (21.30–31). La lectura del Texto Occidental agrega los versículos 6b–8a, que RVR95 incluye en el texto, pero que la NVI relega al pie de página: **y quisimos juzgarlo según nuestra ley. Pero el comandante Lisias intervino, y con mucha fuerza lo arrebató de nuestras manos y mandó que sus acusadores se presentaran ante usted.** El efecto de este agregado es el de completar la inversión de los hechos, atribuyendo la violencia a Lisias en lugar de aplicarla a la muchedumbre judía, así como atribuyeron a la multitud el ordenado arresto y no a Lisias.

Tértulo concluyó su acusación con una apelación directa a Félix: **Usted mismo, al interrogarlo, podrá cerciorarse de la verdad de todas las acusaciones que presentamos contra él** (8). Cuando hubo terminado, **los judíos corroboraron la acusación, afirmando que todo esto era cierto** (9).

## b. La defensa de Pablo | 24.10–21

Tan pronto como **el gobernador, con un gesto, le concedió la palabra** (10a), Pablo procedió a exponer su defensa. Él también comenzó con un *captatio benevolentiae*, si bien fue considerablemente más modesto y moderado que el de Tértulo: **Sé que desde hace muchos años usted ha sido juez de esta nación; así que de buena gana presento mi defensa** (10b). Luego procedió a refutar los alegatos del acusador uno por uno.

En primer lugar, enfáticamente no era un perturbador. **Usted puede comprobar fácilmente que no hace más de doce días que subí a Jerusalén para adorar** (11). **Mis acusadores no me encontraron discutiendo con nadie en el templo, ni promoviendo motines entre la gente en las sinagogas ni en ninguna otra parte de la ciudad** (12). **Tampoco pueden probarle a usted las cosas de que ahora me acusan** (13). En otras palabras, en los pocos días a su disposición no había tenido tiempo para fomentar una insurrección; tampoco había tenido ninguna intención de hacerlo, ya que había concurrido a Jerusalén como peregrino para adorar, no como un agitador para ocasionar un disturbio; y sus acusadores no podían proporcionar pruebas de que en el templo, en la sinagoga o en la ciudad hubiera ocasionado perturbación alguna, ni siquiera intervenido en alguna discusión.

Segundo, Pablo se ocupó de la acusación de que era 'cabecilla de la secta de los nazarenos'. Esto lo llevó a ocuparse de afirmar ciertas cosas y negar otras. Si bien era, por cierto, seguidor del **Camino**, no se trataba de una secta, como lo llamaban, por cuanto él, igual que ellos, adoraba al Dios de sus padres, y creía la enseñanza de las Escrituras.

> **²⁴·¹⁴Sin embargo, esto sí confieso: que adoro al Dios de nuestros antepasados siguiendo este Camino que mis acusadores llaman secta, pues estoy de acuerdo con todo lo que enseña la ley y creo lo que está escrito en los profetas. ¹⁵Tengo en Dios la misma esperanza que estos hombres profesan, de que habrá una resurrección de los justos y de los injustos. ¹⁶En todo esto procuro conservar siempre limpia mi conciencia delante de Dios y de los hombres.**

Aquí tenemos la confesión pública de fe que hizo Pablo (*homologō*, 14). Consistía en cuatro afirmaciones: (i) **adoro al Dios de nuestros antepasados**: (ii) **estoy de acuerdo con todo lo que enseña la ley y ... los profetas**; (iii) **tengo en Dios la misma esperanza que estos hombres profesan**; y (iv) **procuro** ['tanto como ellos', JB] **conservar siempre limpia mi conciencia**. El propósito de Pablo en esto no era simplemente el de hacer una declaración personal, sino insistir en que era algo que compartía con todo el pueblo de Dios. Adoraba al mismo Dios (al Dios de nuestros antepasados), creía las mismas verdades (la Ley y los Profetas), compartía la misma esperanza (la resurrección tanto de los justos como de los injustos) y ambicionaba lo mismo (mantener limpia su conciencia). No era un innovador, por lo tanto, sino que se mantenía leal a la fe ancestral. Tampoco era un sectario o un hereje desviado, porque se mantenía claramente dentro de la corriente judaica fundamental. Su adoración, su fe, su esperanza y su meta no eran diferentes de las de ellos. El **Camino** disfrutaba de una continuidad directa con el Antiguo Testamento, porque las Escrituras daban testimonio de Jesucristo como aquel en quien se habían cumplido las promesas de Dios.

La tercera acusación contra Pablo afirmaba que había profanado el templo (7). El apóstol lo negó rotundamente.

> [24.17]Después de una ausencia de varios años, volví a Jerusalén para traerle donativos a mi pueblo y presentar ofrendas. [18]En esto estaba, habiéndome ya purificado, cuando me encontraron en el templo. No me acompañaba ninguna multitud, ni estaba implicado en ningún disturbio. [19]Los que me vieron eran algunos judíos de la provincia de Asia, y son ellos los que deberían estar delante de usted para formular sus acusaciones, si es que tienen algo contra mí. [20]De otro modo, estos que están aquí deberían declarar qué delito hallaron en mí cuando comparecí ante el Consejo, [21]a no ser lo que exclamé en presencia de ellos: 'Es por la resurrección de los muertos por lo que hoy me encuentro procesado delante de ustedes.'

Lejos de profanar el templo, el propósito de Pablo al visitar Jerusalén era religioso (**para traerle donativos a mi pueblo y presentar ofrendas**, 17). Y su condición, cuando fue descubierto en el templo dando cumplimiento a esto, tenía el sentido de una purificación ceremonial (18). No había ninguna muchedumbre ni hubo disturbio alguno. Fueron ciertos judíos asiáticos los que se habían entremetido con él y ocasionado un alboroto (aunque Pablo dejó inconclusa la frase) precisamente cuando él se encontraba demostrando su amor por su nación y su respeto para con sus leyes. ¿Por qué no estaban estas personas ante el tribunal para presentar su acusación? (19). La ausencia de los mismos constituía una seria violación de la ley romana, la cual 'se oponía tenazmente a los acusadores que hacían abandono de sus acusaciones'.[7] Dado que esos judíos asiáticos no estaban presentes como testigos, los que estaban allí debían expresar a raíz de qué crímenes lo había condenado el sanedrín (20). El hecho es que los fariseos lo habían declarado inocente por no hallar ningún crimen en él (23.9); solamente los saduceos lo encontraban culpable, y esto debido a una creencia teológica relativa a la resurrección de los muertos (21).

## c. Félix suspende la sesión | 24.22–27

**Entonces Félix, que estaba bien informado del Camino** (tal vez por Drusila, su esposa judía), **suspendió la sesión.** Se encontraba ante un serio dilema. No podía condenar a Pablo, por cuanto Lisias el tribuno no había encontrado ninguna falta en él (23.29), como tampoco el sanedrín (23.9); y Tértulo no había podido justificar sus acusaciones. Por otra parte, Félix no quería soltar a Pablo, en parte porque esperaba que le ofreciera soborno (26) y en parte porque quería lograr el favor de los judíos (27). La única opción que le quedaba consistía en postergar el veredicto con el pretexto de que necesitaba contar con el consejo del tribuno: **Cuando venga el comandante Lisias, decidiré su caso** (22). Mientras tanto, Félix **le ordenó al centurión que mantuviera custodiado a Pablo, pero que le diera cierta libertad y permitiera que sus amigos lo atendieran** (23). Los romanos tenían diferentes grados de encarcelamiento. Por cuanto Pablo era ciudadano romano y no había sido condenado por ninguna ofensa, Félix dio instrucciones de que se le diera el trato denominado *custodia libera*, en la que, si bien nunca quedaba sin guardia, sus amigos podían visitarlo libremente. Podemos suponer que lo visitó Lucas, como también Felipe con sus cuatro hijas, ya que vivían en Cesarea (21.8–9), juntamente con otros que eran miembros de la iglesia local.

No hubo ninguna sesión pública por espacio de dos años (27). Sin embargo, durante ese lapso Félix llevó a cabo una especie de investigación privada. El Texto Occidental atribuye la iniciativa a su esposa Drusila, 'la que le pidió ver a Pablo y oír la palabra'. 'Por lo tanto, queriendo complacerla', Félix mandó llamar a Pablo.[8] Drusila era la hija menor de Herodes Agripa I, cuya oposición y muerte Lucas ya ha relatado (12.1–23). Ella era, por consiguiente, hermana del rey Agripa II y de Berenice, a quien Lucas nos va a presentar en los próximos capítulos (25.13, 23; 26.30). Drusila tenía fama de ser una deslumbrante y juvenil belleza, razón por la cual Félix, con la colaboración de un mago chipriota, la había seducido para sí alejándola de su esposo legítimo. Ella era, de hecho, su tercera mujer. La moral relajada de Félix y Drusila contribuye a explicar los asuntos sobre los que les habló Pablo.

> [24.24] Algunos días después llegó Félix con su esposa Drusila, que era judía. Mandó llamar a Pablo y lo escuchó hablar acerca de la fe en Cristo Jesús. [25] Al disertar Pablo sobre la justicia, el dominio propio y el juicio venidero, Félix tuvo miedo y le dijo: '¡Basta por ahora! Puedes retirarte. Cuando sea oportuno te mandaré llamar otra vez.' [26] Félix también esperaba que Pablo le ofreciera dinero; por eso mandaba llamarlo con frecuencia y conversaba con él.
>
> [27] Transcurridos dos años, Félix tuvo como sucesor a Porcio Festo, pero como Félix quería congraciarse con los judíos, dejó preso a Pablo.

En general, Pablo se centraba en **la fe en Cristo Jesús** (24). Como Drusila era judía, seguramente se habrá referido a la vida, muerte y resurrección de Jesús y habrá dado a conocer sus acostumbrados argumentos de que este Jesús de Nazaret era el Cristo de las Escrituras. Seguramente que también habrá presentado a Jesús no solamente como una figura de la historia y el cumplimiento de la profecía, sino también como el Salvador y Señor en el que tanto Félix como Drusila debían depositar su confianza. Sin embargo, Pablo nunca proclamaba las buenas nuevas en el vacío, sino siempre en un contexto concreto, en el contexto personal de sus oyentes. De modo que prosiguió hablando **sobre la justicia, el dominio propio y el juicio venidero** (25). La mayoría de los comentaristas relacionan la mención de **la justicia** con la conocida crueldad y opresión de las que era culpable Félix, y **el dominio propio** con la desenfrenada lujuria que lo había acercado y unido a Drusila, en tanto que **el juicio venidero** habría de ser la inevitable pena por la injusticia y la inmoralidad de ambos. Y es posible que todo esto sea correcto. Pero me parece posible que la *dikaiosynē* ('justicia') de la que hablaba Pablo era precisamente esa 'justicia de Dios' o divino acto de justificación de la que se ocupó en su Carta a los Romanos. En este caso los tres temas de conversación eran lo que a veces se denomina los 'tres tiempos de la salvación': cómo ser justificado o pronunciado justo por Dios, cómo vencer la tentación y adquirir el dominio propio, y cómo escapar del terrible juicio final de Dios. No sorprende que, cuando se presentaban insistentemente estos solemnes asuntos ante ellos, **Félix tuvo miedo** (25) ('se espantó',

RVR95; 'se asustó', DHH) y manifestó que había oído suficiente por el momento.

Durante los meses siguientes, sin embargo, Félix (pero ya, al parecer, sin Drusila) **mandaba llamarlo con frecuencia y conversaba con él** (26). Lucas dice explícitamente que esperaba obtener cohecho, una práctica tan común como ilegal. Ramsay incluso argumenta que, dados los cuantiosos gastos que Pablo tuvo que haber afrontado para cumplir los ritos de purificación (21.23), el prolongado juicio, la apelación al César y su alojamiento alquilado en Roma (28.30), sin mencionar las esperanzas que tenía Félix de lograr un soborno, el apóstol seguramente había heredado alguna propiedad perteneciente a la familia.[9] De cualquier manera, la codicia del gobernador (por la que también tenía fama) se vio despertada. Sería cínico suponer, que el único motivo que tenía Félix era retener a Pablo por el rescate. Pienso que sabía que Pablo tenía algo más precioso que el dinero, algo que el dinero no puede comprar. Si su conciencia fue despertada por la enseñanza de Pablo, entonces seguramente buscaba el perdón y la paz. Por cierto que la liberación de Félix de su pecado significaba más para Pablo que su propia liberación de la cárcel. Pero lamentablemente no hay ningún indicio de que Félix jamás haya capitulado ante Cristo y fuera redimido. Por el contrario, cuando Porcio Festo ascendió a la procuración, con el fin de ganarse el favor de los judíos Félix todavía **dejó preso a Pablo** (27), incluso más allá del período de dos años que era 'la duración máxima de una detención preventiva',[10] lo cual significa que 'no sólo codiciaba dinero, sino también la gloria'.[11]

## 2. Pablo ante Festo | 25.1–22

Según Josefo, Félix fue llamado a Roma con el fin de que explicara su salvaje acto de supresión de una disputa entre judíos y sirios sobre sus respectivos derechos civiles en Cesarea, y por la que hubiera sido severamente castigado a no ser porque su hermano Palas apeló a Nerón.[12] No es mucho lo que se conoce de Porcio Festo, quien lo remplazó, porque murió en el cargo apenas dos años después. Pero parece haber sido más justo y moderado que su predecesor y que sus sucesores.

El nuevo procurador no perdió tiempo en ponerse al tanto de los asuntos judíos, incluido el caso en contra de Pablo. Lucas lo presenta ante sus lectores como 'un trabajador activo y enérgico'[13] y sintetiza su participación en el caso: (a) rechazó el pedido de los judíos de que se les permitiera someter a juicio a Pablo en Jerusalén, (b) escuchó la defensa de Pablo y su apelación al César, y (c) consultó al rey Agripa II sobre lo que debía hacer a continuación.

## Festo rechaza el pedido de los judíos | 25.1–5

**25.1Tres días después de llegar a la provincia, Festo subió de Cesarea a Jerusalén. 2Entonces los jefes de los sacerdotes y los dirigentes de los judíos presentaron sus acusaciones contra Pablo. 3Insistentemente le pidieron a Festo que les hiciera el favor de trasladar a Pablo a Jerusalén. Lo cierto es que ellos estaban preparando una emboscada para matarlo en el camino. 4Festo respondió: 'Pablo está preso en Cesarea, y yo mismo partiré en breve para allá. 5Que vayan conmigo algunos de los dirigentes de ustedes y formulen allí sus acusaciones contra él, si es que ha hecho algo malo.'**

Aun cuando Festo tenía una personalidad más conciliadora que Félix, en su primera visita a Jerusalén adoptó una postura muy firme. A pesar de los urgentes pedidos de los líderes judíos de que Pablo fuese transferido a Jerusalén para ser juzgado allí, Festo se opuso. ¿Se habrán despertado sus sospechas de que tenían motivos ulteriores, incluso (como lo da a conocer Lucas) que estaban preparando una emboscada con el propósito de matarlo (3)? No lo sabemos. Lo que es evidente es que Festo estaba resuelto a que la justicia siguiera su curso. Los procedimientos romanos constaban de tres etapas. Primero, se debía formular los cargos y el procurador debía fundamentarlos. Segundo, debía hacerse 'un acto formal de acusación por la parte interesada'. Tercero, el caso debía ser oído por 'el que ostentaba el *imperium* en persona', en este caso el procurador.[14] De esta manera el acusado y los acusadores se encontraban cara a cara (15–16).

## b. Festo oye la defensa de Pablo y su apelación al César | 25.6–12

**25.6Después de pasar entre los judíos unos ocho o diez días, Festo bajó a Cesarea, y al día siguiente convocó al**

tribunal y mandó que le trajeran a Pablo. [7]Cuando éste se presentó, los judíos que habían bajado de Jerusalén lo rodearon, formulando contra él muchas acusaciones graves que no podían probar.

[8]Pablo se defendía:

—No he cometido ninguna falta, ni contra la ley de los judíos ni contra el templo ni contra el emperador.

[9]Pero Festo, queriendo congraciarse con los judíos, le preguntó:

—¿Estás dispuesto a subir a Jerusalén para ser juzgado allí ante mí?

[10]Pablo contestó:

—Ya estoy ante el tribunal del emperador, que es donde se me debe juzgar. No les he hecho ningún agravio a los judíos, como usted sabe muy bien. [11]Si soy culpable de haber hecho algo que merezca la muerte, no me niego a morir. Pero si no son ciertas las acusaciones que estos judíos formulan contra mí, nadie tiene el derecho de entregarme a ellos para complacerlos. ¡Apelo al emperador!

[12]Después de consultar con sus asesores, Festo declaró:

—Has apelado al emperador. ¡Al emperador irás!

Lucas no especifica cuáles eran las muchas y serias acusaciones (7), pero la defensa de Pablo indica que se lo acusaba de ofender de tres modos, a saber, contra la ley judaica, contra el templo y contra el emperador (8). Nuevamente se combinaban cargos religiosos y políticos, pero en esta ocasión se menciona por primera vez al emperador. Los disturbios que se alegaba que había provocado Pablo eran religiosos en su origen pero civiles en su carácter. Es por ello que el representante del César estaba obligado a tomar nota de ellos. Los judíos sabían que los gobernadores romanos 'no estaban dispuestos a condenar sobre la base de acusaciones puramente religiosas y por ello trataban de darle un sesgo político a la acusación religiosa'.[15] Y la prolongación del juicio se debía al hecho de que 'la acusación era política ... pero las pruebas eran teológicas'.[16]

Fue esta mención del César lo que determinó el curso del juicio de Pablo ante Festo. Por alguna razón que no resulta evidente, excepto el hecho de que quería hacerles un favor a los judíos, Festo le otorgó a Pablo la opción de ser juzgado ante él en Jerusalén (9). Al hacer este ofrecimiento estaba obrando dentro de lo que le estaba permitido. 'Nada le impedía usar al sanedrín, o a miembros del mismo, como su propio *concilium*. Esto era lo que Pablo temía.'[17] Pablo vio claramente que sólo lograría justicia a su favor por parte de los romanos, y no de los judíos. No había cometido ninguna ofensa contra los judíos, como Festo lo sabía perfectamente bien. Si hubiera sido culpable de una ofensa capital, Pablo estaba dispuesto a afrontar la condena. Pero si las acusaciones judías eran falsas, nadie, ni siquiera el procurador, tenía derecho a entregarlo a ellos. De modo que le quedaba una sola opción: **¡Apelo al emperador!** (11). Al parecer Festo no estaba preparado para esta situación. ¿Qué podía hacer ahora? No podía condenar y sentenciar a Pablo, por temor a obrar contra la justicia romana, como tampoco dejarlo en libertad, por temor a ofender a los judíos. De modo que, después de consultar a su *concilium*, sus asesores legales, comprendió que no tenía otra alternativa que permitir que la apelación del prisionero siguiera adelante. **Has apelado al emperador. ¡Al emperador irás!** (12).

Esta no era la *appellatio* de una época posterior, que era una apelación a un tribunal superior contra una sentencia pasada por un tribunal inferior, sino más bien el antiguo derecho del ciudadano romano a la *provocatio*, que lo protegía 'del castigo sumario, la ejecución o la tortura sin pruebas, de arrestos públicos o privados, y de juicios efectuados por magistrados fuera de Italia.'[18]

Si en su juicio ante Félix, Pablo había destacado la continuidad del **Camino** con el judaísmo, en su juicio ante Festo destacó más bien su lealtad al emperador. Se menciona ocho veces al César (o el emperador) en este capítulo, cinco veces como *Kaisar*, dos veces como *Sebastos* (21, 25), el equivalente griego de Augusto, y una vez como *ho Kyrios* (26), 'el Señor'. Pablo sabía que no había ofendido al César (8) y que se encontraba ante el tribunal del emperador (10). No era sino lógico que ejerciese su derecho de ciudadano al apelar al César (11, 12, 21).

## c. Festo pide consejo a Agripa | 25.13–22

[25.13]Pasados algunos días, el rey Agripa y Berenice llegaron a Cesarea para saludar a Festo. [14]Como se entretuvieron allí varios días, Festo le presentó al rey el caso de Pablo.

—Hay aquí un hombre —le dijo— que Félix dejó preso. [15]Cuando fui a Jerusalén, los jefes de los sacerdotes y los ancianos de los judíos presentaron acusaciones contra él y exigieron que se le condenara. [16]Les respondí que no es costumbre de los romanos entregar a ninguna persona sin antes concederle al acusado un careo con sus acusadores, y darle la oportunidad de defenderse de los cargos. [17]Cuando acudieron a mí, no dilaté el caso, sino que convoqué al tribunal el día siguiente y mandé traer a este hombre. [18]Al levantarse para hablar, sus acusadores no alegaron en su contra ninguno de los delitos que yo había supuesto. [19]Más bien, tenían contra él algunas cuestiones tocantes a su propia religión y sobre un tal Jesús, ya muerto, que Pablo sostiene que está vivo. [20]Yo no sabía cómo investigar tales cuestiones, así que le pregunté si estaba dispuesto a ir a Jerusalén para ser juzgado allí con respecto a esos cargos. [21]Pero como Pablo apeló para que se le reservara el fallo al emperador, ordené que quedara detenido hasta ser remitido a Roma.

[22]—A mí también me gustaría oír a ese hombre —le dijo Agripa a Festo.

—Pues mañana mismo lo oirá usted —le contestó Festo.

Herodes Agripa II era hijo del Herodes Agripa I de Hechos 12, y bisnieto de Herodes el Grande. Berenice era hermana suya, y los rumores abundaban en el sentido de que la relación entre ellos era incestuosa. Tenía diecisiete años de edad cuando murió su padre, y se lo consideraba demasiado joven para asumir el reinado de Judea, motivo por el cual volvió a ser gobernada por procuradores. En cambio, se le asignó un reino del norte, pequeño e insignificante, dentro de lo que es hoy el Líbano, y este territorio fue posteriormente ampliado por otros en Galilea. Aun así, tuvo influencia entre los judíos porque el emperador Claudio le había encomendado tanto el cuidado del templo como la designación del sumo sacerdote.[19] Él y Berenice fueron a Cesarea a saludar al nuevo procurador, y durante su estada Festo planteó la cuestión de Pablo, caso que había heredado de Félix. Le contó al rey las tres cosas que había hecho él mismo.

Primero, durante su visita a Jerusalén, había oído las quejas de los líderes judíos y su pedido de que fuese condenado, pero él había insistido en que de conformidad con la costumbre romana el acusado debía tener derecho a enfrentar a sus acusadores y defenderse de ellos (15–16). Segundo, cuando los líderes judíos acudieron a Cesarea, Festo convocó de inmediato al tribunal, sólo para descubrir que no se lo acusaba a Pablo de crímenes contra el estado, sino de ofensas religiosas, y de la afirmación de que un tal Jesús, ya muerto, ... [estaba] vivo (19). Tercero, dado que Festo no estaba en condiciones de juzgar asuntos religiosos como estos, le había preguntado a Pablo si estaba dispuesto a ser juzgado en Jerusalén, pero este había apelado al César, y Festo se lo había concedido (20–21).

Intrigado por la síntesis efectuada por Festo, Agripa dijo que le gustaría oír a Pablo personalmente, a lo que Festo accedió (22). Pablo había despertado su curiosidad, así como Jesús había despertado la curiosidad de su bisabuelo, Herodes Antipas.[20]

# 3. Pablo ante Agripa | 25.23—26.32

El juicio de Pablo ante Agripa es el más largo y el más complejo de los cinco. Lucas grafica la escena con detalles minuciosos, y el discurso de Pablo en su defensa es más prolijo en su estructura y lenguaje que sus otros discursos. Uno se pregunta si Lucas habría estado en la galería de las visitas. De otro modo Pablo (o alguna otra persona) tiene que haberle relatado todo posteriormente, aunque Lucas pudo haber tenido acceso a la documentación oficial sobre el caso.

**Al día siguiente Agripa y Berenice se presentaron con gran pompa** (23a). 'Seguramente vestirían sus mantos purpúreos como señal de su carácter real y la faja dorada de la corona en la frente. Con seguridad que Festo, para hacer honor a la ocasión, vestiría el manto escarlata que los gobernadores ostentaban en los actos oficiales.'[21] A continuación de ellos, cuando ingresaban **en la sala de la audiencia,**

con la pompa de la procesión, irían **oficiales de alto rango**, los tribunos militares que eran 'miembros del personal del procurador',[22] y **las personalidades más distinguidas de la ciudad.** Cuando se hubieron ubicado en sus lugares, **Festo mandó que le trajeran a Pablo** (23). Según la tradición, se trataba de un hombre pequeño y poco atractivo a primera vista, más bien calvo, cejudo, nariz aguileña, y zambo, pero 'lleno de gracia'.[23] Sin corona ni manto, sino esposado y tal vez con una simple túnica de prisionero, Pablo dominó al auditorio con su seguridad y su dignidad tranquila y semejante a la de Cristo.

### a. Festo presenta el caso | 25.24–27

[25.24]Dijo:

—Rey Agripa y todos los presentes: Aquí tienen a este hombre. Todo el pueblo judío me ha presentado una demanda contra él, tanto en Jerusalén como aquí en Cesarea, pidiendo a gritos su muerte. [25]He llegado a la conclusión de que él no ha hecho nada que merezca la muerte, pero como apeló al emperador, he decidido enviarlo a Roma. [26]El problema es que no tengo definido nada que escribir al soberano acerca de él. Por eso lo he hecho comparecer ante ustedes, y especialmente delante de usted, rey Agripa, para que como resultado de esta investigación tenga yo algunos datos para mi carta; [27]me parece absurdo enviar un preso sin especificar los cargos contra él.

El informe de Festo en cuanto a la situación fue una mezcla de verdad y error. Era cierto que la comunidad judía había peticionado dos veces la muerte de Pablo, y que Festo no lo había encontrado culpable de ninguna ofensa capital (24–25). No era cierto, en cambio, que Festo **no** [tenía] **definido nada que escribir al soberano** sobre Pablo (26) y que no podía **especificar los cargos contra él** (27). Lo cierto es que los cargos de los judíos, como hemos visto, eran concretos y específicos. Lo que le faltaba a Festo no eran cargos, sino pruebas para justificarlos. Al faltarle estas, tendría que haber tenido el coraje de declarar inocente a Pablo y liberarlo.

## b. Pablo hace su defensa | 26.1–23

**26.1Entonces Agripa le dijo a Pablo:**

**—Tienes permiso para defenderte.**

**Pablo hizo un ademán con la mano y comenzó así su defensa:**

**2—Rey Agripa, para mí es un privilegio presentarme hoy ante usted para defenderme de las acusaciones de los judíos, 3sobre todo porque usted está bien informado de todas las tradiciones y controversias de los judíos. Por eso le ruego que me escuche con paciencia.**

Se trataba de un momento dramático el que se dio cuando el santo y humilde apóstol de Jesucristo estuvo ante este representante de la mundana, ambiciosa, y moralmente corrupta familia de los Herodes, la que generación tras generación se había colocado en oposición a la verdad y la justicia. "Su fundador, Herodes el Grande", escribió R. B. Rackham, "había tratado de destruir al infante Jesús. Su hijo Antipas, tetrarca de Galilea, decapitó a Juan el Bautista, y se ganó de parte del Señor el título de 'zorra'. Su nieto, Agripa I, mató a espada a Jacobo hijo de Zebedeo. Ahora vemos a Pablo ante el hijo de Agripa."[24] Rackham también fue el primero (en 1901) en definir la defensa de Pablo ante Agripa como su *apologia pro vita sua*.[25] Pero Pablo no se sintió intimidado en absoluto. Porque habló con precisión al hacer referencia a la familiaridad de Agripa con **todas las tradiciones y controversias de los judíos** (3). Y la glosa de la versión revisada del Texto Occidental, si bien no forma parte del texto original de Lucas, seguramente está acertada cuando dice que Pablo se sentía 'confiado, y alentado por el Espíritu Santo'.[26]

Pablo relata su vida personal, llamando la atención a sus tres fases principales. Se representa a sí mismo (i) como el fariseo estricto, (ii) como el perseguidor fanático, y (iii) como el apóstol comisionado.

Primero, el apóstol describe *su crianza como fariseo* (4–8).

**26.4Todos los judíos saben cómo he vivido desde que era niño, desde mi edad temprana entre mi gente y también en Jerusalén. 5Ellos me conocen desde hace mucho tiempo y pueden atestiguar, si quieren, que viví como fariseo, de acuerdo con la secta más estricta de nuestra religión.**

> ⁶Y ahora me juzgan por la esperanza que tengo en la promesa que Dios hizo a nuestros antepasados. ⁷Ésta es la promesa que nuestras doce tribus esperan alcanzar rindiendo culto a Dios con diligencia día y noche. Es por esta esperanza, oh rey, por lo que me acusan los judíos. ⁸¿Por qué les parece a ustedes increíble que Dios resucite a los muertos?

Saulo tuvo que haber sido una figura familiar en Jerusalén cuando siendo joven se sentaba a los pies del rabino Gamaliel (22.3). Es posible que se haya ganado una reputación por su preparación académica, su sentido de la justicia y su celo religioso. Muchos judíos palestinos que vivían en esa época sabían cómo había vivido desde niño, primero en Tarso, luego en Jerusalén. Más todavía, lo habían conocido personalmente y podían dar testimonio por su propia experiencia de que Pablo había pertenecido al partido más estricto dentro del judaísmo, o sea el de los fariseos (4–5). Era, por consiguiente, una anomalía que ahora estuviera siendo juzgado por su esperanza en la promesa de Dios a los antepasados, que él y ellos compartían, es decir, que Dios había de mandar su Mesías (predicho y prefigurado en el Antiguo Testamento) para rescatar y redimir a su pueblo. Las doce tribus seguían anhelosamente expectantes en cuanto al cumplimiento de esa promesa. Pero él creía que ya había sido cumplida en Jesús, cuya resurrección constituía la prueba de su carácter mesiánico e, igualmente, la prenda de nuestra resurrección. ¿Por qué habría de pensar alguien que la resurrección era imposible? Los fariseos creían en ella. Y ahora Dios la había demostrado al levantar a Jesús de la tumba.

Segundo, Pablo describe *su fanática persecución de Cristo* (9–11).

> ²⁶·⁹Pues bien, yo mismo estaba convencido de que debía hacer todo lo posible por combatir el nombre de Jesús de Nazaret. ¹⁰Eso es precisamente lo que hice en Jerusalén. Con la autoridad de los jefes de los sacerdotes metí en la cárcel a muchos de los santos, y cuando los mataban, yo manifestaba mi aprobación. ¹¹Muchas veces anduve de sinagoga en sinagoga castigándolos para obligarlos a blasfemar. Mi obsesión contra ellos me llevaba al extremo de perseguirlos incluso en ciudades del extranjero.

Saulo el fariseo estaba convencido de que era su solemne responsabilidad oponerse al nombre y a las afirmaciones de Jesús de Nazaret, porque lo consideraba un impostor. Más aun, tenía el coraje que le daban sus convicciones. Comenzó su programa de persecución en Jerusalén. Provisto de la autorización de los jefes de los sacerdotes, no solo encarceló a muchos discípulos de Jesús, sino que, **cuando los mataban** ('cuando se les condenaba a muerte', BJ), emitía su voto en contra de ellos. Registraba las sinagogas en busca de cristianos con el fin de llevarlos para ser castigados, sin duda el castigo consistente en azotar.[27] Intentaba hacerlos blasfemar mediante la fuerza (la frase indica que no siempre lograba este objetivo), y en su **obsesión** ('enfurecido sobremanera', RVR95) los perseguía hasta **ciudades del extranjero.**

Tercero, Pablo describe *su conversión y su comisión como apóstol* (12–18).

> [26.12]En uno de esos viajes iba yo hacia Damasco con la
> autoridad y la comisión de los jefes de los sacerdotes.
> [13]A eso del mediodía, oh rey, mientras iba por el camino,
> vi una luz del cielo, más refulgente que el sol, que con
> su resplandor nos envolvió a mí y a mis acompañantes.
> [14]Todos caímos al suelo, y yo oí una voz que me decía
> en arameo: 'Saulo, Saulo, ¿por qué me persigues?
> ¿Qué sacas con darte cabezazos contra la pared?'
> [15]Entonces pregunté: '¿Quién eres, Señor?'
>      'Yo soy Jesús, a quien tú persigues —me contestó
> el Señor—. [16]Ahora, ponte en pie y escúchame. Me he
> aparecido a ti con el fin de designarte siervo y testigo
> de lo que has visto de mí y de lo que te voy a revelar.
> [17]Te libraré de tu propio pueblo y de los gentiles. Te envío
> a éstos [18]para que les abras los ojos y se conviertan de las
> tinieblas a la luz, y del poder de Satanás a Dios, a fin de
> que, por la fe en mí, reciban el perdón de los pecados y
> la herencia entre los santificados.'

Damasco era una de las 'ciudades del extranjero' hacia las que viajaba Pablo, equipado con una orden de extradición emitida por el sumo sacerdote. Antes de llegar a destino ocurrió la intervención divina. Una luz del cielo, más brillante que la del sol a mediodía, resplandeció alrededor de él y sus acompañantes. Juntos cayeron todos al suelo. Luego una voz, dirigida a Pablo en arameo, preguntó por qué lo estaba persiguiendo y, citando un conocido proverbio, declaró que debía de resultar penoso para él 'dar coces contra el aguijón' (RVR95). El doctor Longenecker ofrece referencias en las obras de Eurípides, Esquilo, Píndaro y Terencio, donde aparece este dicho como metáfora para una inútil 'oposición a la deidad'.[28]

A la pregunta de la voz anónima, **¿Por qué me persigues?** Saulo contestó con otra pregunta, **¿Quién eres, Señor?** Si bien el agregado de 'Señor' puede no significar necesariamente más que 'señor' (con minúscula), el hecho de que Pablo menciona la respuesta de Jesús con las palabras **me contestó el Señor**, de tal modo que los términos *kyrie* y *kyrios* aparecen juntos en el texto de Lucas, sugiere que efectivamente significaba más que el término común. Por cierto, cuando la voz celestial declaró, **Yo soy Jesús, a quien tú persigues**, por lo menos dos conceptos deben haberse registrado instantáneamente en la mente de Saulo. El primero es que el Jesús crucificado estaba vivo y por consiguiente había sido vindicado, y el segundo que el Jesús que se identificó a sí mismo tan íntimamente con los cristianos, al punto que perseguirlos a ellos equivalía a perseguirlo a él, indudablemente los consideraba como su propio pueblo en un sentido muy especial.

En el relato de Pablo a Agripa acerca de lo que aconteció en el camino a Damasco, sin embargo, lo que destacó no fue su conversión, sino el haber sido comisionado; no el haberse hecho discípulo de Jesús, sino su designación como apóstol. De modo que Pablo cita la primera orden que le dio Jesús: **Ahora, ponte en pie y escúchame** (16). Esto no puede querer decir que se lo reprendía por postrarse en tierra, porque al caer fue humillado y a la vez se humilló a sí mismo. Tampoco hay indicio alguno de que se considerara esa posición de postración inapropiada para un ser humano y un cristiano. Por cierto que no; el mandato a ponerse de pie fue una acción preliminar y necesaria antes de la orden de 'ir'; sirvió de prefacio para su comisión. Nos hace pensar en Ezequiel. Cuando vio 'el aspecto de la gloria del Señor' cayó 'rostro en tierra'.[29] Pero de inmediato Dios le dijo, 'Hijo de hombre, ponte en pie ... te voy a enviar a los israelitas ... tú les proclamarás mis palabras.'[30] En efecto, la comisión de Saulo como apóstol de Cristo fue deliberadamente armada para asemejarse al llamado de Isaías, de Ezequiel, de Jeremías y de otros para ser profetas

447

de Dios. En ambos casos se emplea el lenguaje del envío o mandato. Así como Dios mandó a sus profetas a anunciar su palabra a su pueblo, así también Cristo mandó a sus apóstoles a predicar y enseñar en su nombre, incluido aquí Pablo, que ahora era enviado a ser el apóstol a los gentiles (17).[31]

El modo en que Saulo fue comisionado por Cristo adoptó la forma de tres verbos, todos en la primera persona del singular en lenguaje directo, aunque en tiempo pasado, futuro y presente, respectivamente: **Me he aparecido a ti, te libraré, y te envío.** Primero, **Me he aparecido a ti con el fin de designarte siervo y testigo** (16a). El llamado general a ser **siervo** se limita para convertirse en un llamado especial a ser **testigo.** Lucas ya ha combinado las dos ideas de servicio y testimonio al referirse a los apóstoles originales que fueron testigos presenciales, y se valió de la misma palabra para 'siervo' (*hypēretēs*).[32] También en el ministerio de Pablo, al igual que en el de ellos, el énfasis recae en ser testigo presencial, porque había de ser testigo tanto de lo que había visto en cuanto a Jesús como de lo que Jesús iba a mostrarle posteriormente (16b). Segundo, **te libraré de tu propio pueblo y de los gentiles** (17). Una promesa semejante de 'librarlo' le fue hecha a Jeremías.[33] Esto no garantizaba la inmunidad ante el sufrimiento. Por el contrario, enfrentar el sufrimiento forma parte de la vocación de los profetas y los apóstoles (ver 9.16). Pero sí quería decir que el testimonio de los mismos no sería silenciado hasta que se cumpliera la obra que les fue señalada por Dios.

En tercer lugar, **te envío** (*egō apostellō se*). El *egō* enfático (primera persona singular), la forma personal *se* ('te') y el verbo *apostellō* ('envío') casi podría traducirse (como en 22.21) 'Yo mismo te designo apóstol'. Porque esta fue la comisión de Pablo para ser apóstol, especialmente para ser apóstol a los gentiles, algo que resulta comparable con la comisión de los Doce que fue renovada por el Señor resucitado el primer día de pascua en su palabra 'yo los envío a ustedes'.[34] ¿Y a qué era enviado Pablo? En esencia, **para que les [abriera] los ojos** (18a). Porque el mundo gentil incrédulo estaba ciego a la verdad de Dios en Jesucristo.[35] Sin embargo este acto de abrirles los ojos no significaba apertura intelectual solamente, sino la conversión: que **se conviertan de las tinieblas a la luz, y del poder de Satanás a Dios** (18b). Porque la conversión incluye una radical transferencia de las alianzas y por ende del entorno. Es tanto una liberación de las tinieblas que produce del poder satánico y una liberación hacia la esfera de la maravillosa luz y el poder de Dios.[36] En otras palabras, significa ingresar en el reino de Dios. Además, las bendiciones del reino son estas: que **por la fe en** [Cristo recibamos] **el perdón de los pecados y la herencia entre los santificados** (18c). La promesa del perdón formaba parte del evangelio apostólico desde el principio.[37] También lo era la pertenencia al pueblo mesiánico (2.40–41, 47). Porque la nueva vida en Cristo y la nueva comunidad de Cristo siempre van juntas. Lo que resultaba particularmente significativo en la comisión de Cristo a Pablo era que los gentiles habían de recibir una plena e igualitaria participación con los judíos en los privilegios de los santificados por la fe en Cristo, es decir, el pueblo santo de Dios.

De modo que la fórmula de la comisión fue: **Te envío.** Y el objetivo de la comisión de Pablo era abrir los ojos de los que estaban ciegos y convertir a la gente de las tinieblas a la luz y de Satanás a Dios. No que él mismo tuviera autoridad o poder para abrir los ojos o realizar la conversión. Estas cosas podían ser efectuadas solamente por Cristo por medio de su palabra y el Espíritu. Agregado a esto, el equipamiento esencial para su misión fue el hecho de que Cristo se le apareciera a él, para que pudiera ser un testigo presencial, y la seguridad con que contaba era que Cristo habría de rescatarlo de los enemigos del evangelio hasta que su misión y su ministerio se hubieran completado.

Ahora Pablo pasa de la comisión que le dio Cristo a su propia respuesta, y al describirla remplaza el relato por un discurso dirigido directamente a Agripa:

> [26.19]Así que, rey Agripa, no fui desobediente a esa visión celestial. [20]Al contrario, comenzando con los que estaban en Damasco, siguiendo con los que estaban en Jerusalén y en toda Judea, y luego con los gentiles, a todos les prediqué que se arrepintieran y se convirtieran a Dios, y que demostraran su arrepentimiento con sus buenas obras. [21]Sólo por eso los judíos me prendieron en el templo y trataron de matarme. [22]Pero Dios me ha ayudado hasta hoy, y así me mantengo firme, testificando a grandes y pequeños. No he dicho sino lo que los profetas y Moisés ya dijeron que sucedería: [23]que el Cristo padecería y que, siendo el primero en resucitar, proclamaría la luz a su propio pueblo y a los gentiles.

Pablo comienza su declaración con un doble negativo: **No fui desobediente**. ¿Cómo hubiera podido serlo? La visión provenía evidentemente del cielo, y fue sobrecogedora. Su fanática oposición fue vencida en un momento, y sus dudas secretas se resolvieron. Cristo se le había aparecido y lo había comisionado; su obediencia se correspondía en forma precisa con el encargo que había recibido. Primero en Damasco, luego en Jerusalén y en Judea, luego también a los gentiles, anunció las buenas noticias y llamó a la gente a **que se arrepintieran y se convirtieran a Dios, y que demostraran su arrepentimiento con sus buenas obras** (20). El vocablo referido a la conversión en el versículo 20 es *epistrefō* ('volverse', DHH), como en el versículo 18, aunque allí es transitivo (Pablo es designado para 'convertir' a la gente), en tanto que aquí es intransitivo, ya que es la gente la que es exhortada a efectuar la 'conversión' en respuesta a la predicación de Pablo. Estas expresiones no son contradictorias entre sí; se explican la una a la otra. Notamos también que Pablo tenía claro desde el principio que, si bien la salvación era por la fe (18), tenía que hacerse evidente mediante las buenas obras.

Fue la proclamación y las promesas hechas por Pablo a los gentiles (17, 20–21), indicando que podían recibir la nueva vida y unirse a la nueva comunidad directamente, sin la necesidad de hacerse primeramente judíos, lo que había despertado la oposición judaica. Lo habían apresado en los atrios del templo y habían intentado matarlo (21). Pero fue rescatado de sus manos, de conformidad con la promesa de Cristo (17), y la ayuda de Dios había continuado hasta ese mismo día. **Así me mantengo firme** (22a), exclamó (en forma semejante a como había de exclamar Martín Lutero a la dieta de Worms siglos después), dando testimonio (como Jesús le había indicado) **a grandes y pequeños** por igual, los que no son nada según 1 Corintios 1.26ss como también los dignatarios que se encontraban en el tribunal, no diciendo **sino lo que los profetas y Moisés ya dijeron que sucedería** (22b). Esta renovada afirmación de que Pablo no era un innovador, sino un fiel exponente de las Escrituras, también tuvo su paralelo en Lutero y los demás reformadores del siglo XVI. Fueron acusados por la Iglesia Católica Romana de enseñar cosas nuevas. Pero ellos lo negaron. 'No enseñamos nada nuevo', sostuvo Lutero, 'sino que repetimos y afirmamos cosas antiguas, que los apóstoles y todos los santos maestros han enseñado antes que nosotros.'[38] O, como había de decir Lancelot Andrews un siglo más tarde, 'somos renovadores, no innovadores'.[39]

¿Y qué dijeron Moisés y los profetas que había de ocurrir? Predijeron tres acontecimientos: **que el Cristo padecería**, que había de ser **el primero en resucitar**, y que como tal, en tercer lugar, **proclamaría la luz a su propio pueblo y a los gentiles** (23).[40] Más sencillamente todavía, Jesús el Cristo era el 'siervo sufriente' del Señor anunciado por Isaías, que había de sufrir y morir por nuestros pecados,[41] había de ser levantado, 'exaltado ... y muy enaltecido',[42] además de convertirse en una luz para los gentiles.[43] Es más, como el evangelio se centra en la expiación, la resurrección y la proclamación (por medio de sus testigos), la resurrección aparece como indispensable. Pablo no dejaba de referirse a ella en el curso de sus presentaciones en los tribunales, no con el fin de provocar discusiones entre los fariseos y los saduceos, y no solamente para demostrar que se mantenía fiel a la tradición judía, sino porque la resurrección de Jesús era el comienzo de la promesa de la nueva creación, y por ello estaba en el corazón mismo del evangelio.

## c. Los jueces reaccionan ante el prisionero | 26.24–32

En lugar de una ordenada síntesis para concluir el juicio, Lucas registra un altercado sumamente irregular entre los miembros del tribunal y el banquillo del acusado. El dramatismo del momento puede captarse mejor si se lo presenta en forma de diálogo:

> Festo a Pablo (el que al llegar **a este punto ... interrumpió la defensa de Pablo y gritó**): —¡Estás loco, Pablo! ... **El mucho estudio te ha hecho perder la cabeza** (24).

> Pablo a Festo (respondiéndole con gran compostura y dignidad): —**No estoy loco, excelentísimo Festo ... Lo que digo es cierto y sensato** (25). **El rey está familiarizado con estas cosas, y por eso hablo ante él con tanto atrevimiento. Estoy convencido de que nada de esto ignora, porque no sucedió en un rincón** (26), o 'en secreto' (BA); 'en un lugar oculto' (LPD).

> Pablo a Agripa (enfrentando con valentía al rey, del cual acababa de hablar a Festo en tercera persona): **Rey Agripa, ¿cree usted en los profetas? ¡A mí me consta que sí!** (27).

El tribunal se queda sin aliento. ¿Algún prisionero se ha atrevido jamás a dirigirse a su alteza real con semejante impertinencia? Agripa ha perdido los estribos. Demasiado aturdido como para responder directamente la pregunta de Pablo, y demasiado orgulloso como para permitir que Pablo condujera el diálogo, adopta una posición evasiva valiéndose de una expresión ambigua.

> Agripa a Pablo: '¿En tan poco tiempo piensas que puedes convencerme de ser cristiano?' (TLA) (28).

El tribunal vuelve a quedarse sin palabras. Fue una respuesta muy hábil, mediante la cual el rey volvió a tener el control. Hubo un murmullo en el auditorio en tanto la gente discutía sobre qué quería decir exactamente. Se lo tomó 'de diversas maneras, como una broma trivial, una expresión de amargo sarcasmo, de seria ironía; como una explosión de ira, o una expresión de sincera convicción'.[44] ¿Cómo respondería Pablo?

> Pablo a Agripa (sin ninguna duda sobre cómo le respondería a las palabras del rey, y resuelto a aprovecharlas para el evangelio): **—Sea por poco o por mucho…, le pido a Dios que no sólo usted, sino también todos los que me están escuchando hoy, lleguen a ser como yo, aunque sin estas cadenas** (29).

Con estas palabras Pablo levantó los brazos e hizo rechinar las cadenas que lo amarraban. Fue sincero, Pablo el prisionero. Realmente creía aquello de lo cual hablaba. Quería que todos fuesen como él, incluido el rey: que todos fuesen cristianos, aunque nadie encadenado. No se podía dejar de admirar su integridad. Había, además, un sentido de finalismo en esta manifestación suya, porque sus jueces no tenían nada más que decir. De modo que **se levantó el rey, y también el gobernador, Berenice y los que estaban sentados con ellos** (30). Al retirarse (es decir, al abandonar el tribunal) comenzaron a hablar **entre sí.**

> Los jueces unos a otros (perplejos, sin saber qué hacer):
> **—Este hombre no ha hecho nada que merezca la muerte
> ni la cárcel** (31).

Estaban todos de acuerdo en esto. El prisionero podía haber estado loco, pero por cierto que no era un criminal. En privado, el veredicto de 'inocente' fue unánime. Luego Agripa tuvo la última palabra, aun cuando lo que dijo no hizo sino aumentar el dilema del gobernador.

> Agripa a Festo: **—Se podría poner en libertad a este hombre
> si no hubiera apelado al emperador** (32).

Agripa tenía razón en teoría. Pero absolver a Pablo ahora equivaldría a saltear su apelación, y de ese modo invadir el territorio que le pertenecía al emperador. Ningún juez provincial se atrevería a obrar así.[45]

# Conclusión

Repasando estos tres últimos capítulos (24—26) y los tres juicios que registran, parecería que Lucas procura describir a Pablo de dos modos, primero (y negativamente) como el acusado, y luego, segundo (y positivamente) como un testigo.

## a. Pablo como acusado

Por detrás de los tres juicios, como hemos notado, yace el doble alegato de los judíos de que Pablo había hablado o actuado en contra de Moisés, por una parte, y contra el César por la otra. Pero Pablo negaba ambos cargos rotundamente (25.8).

Ante Félix, Pablo rechazó la acusación de sectarismo, y destacó la continuidad de su evangelio con las Escrituras del Antiguo Testamento. Servía al Dios de sus padres con buena conciencia.[46] Creía todo lo que estaba escrito en la ley y los profetas, y no enseñaba sino lo que estos enseñaban.[47] Atesoraba una firme esperanza en el cumplimiento de las promesas de Dios acerca del Mesías.[48] Su actitud hacia Moisés y los profetas era la continuidad, no la apostasía.

Ante Festo, Pablo negó el cargo de sedición. No había sido responsable de ninguna interrupción de la paz o del orden público. Tan seguro estaba de que no había hecho nada contra el César que consideró necesario apelar al César con el fin de defenderse (25.8, 11). Su actitud ante el César era la lealtad, no la anarquía.

No se presentaron nuevas acusaciones ante Agripa. Más bien, parecería que Pablo contestaba la pregunta implícita sobre por qué los judíos estaban tan ansiosos por deshacerse de él (25.24; 26.21). Esto tenía que ver con su ministerio a los gentiles, a los que sin embargo estaba ineludiblemente comprometido por obediencia a la visión y la voz de Jesús.

Los tres actos de defensa de Pablo fueron exitosos. Ni Félix, ni Festo, como tampoco Agripa, lo encontraron culpable. En cambio, cada uno de ellos aseveró que era inocente de los cargos que se le hacían.[49] Con todo, Pablo no se conformaba con esto. Fue más allá. Proclamó ante el tribunal su triple lealtad: a Moisés y los profetas, al César, y por sobre todo a Jesucristo, el que había tenido el encuentro con él en el camino a Damasco. Pablo era un fiel judío, un fiel romano y un fiel cristiano.

## b. Pablo como testigo

El propósito de Lucas al describir los tres escenarios judiciales no era simplemente apologético, sino evangelístico. Quería que sus lectores recordaran que Pablo había sido comisionado para ser **siervo y testigo** (26.16) de Cristo. Durante esos dos años de encarcelamiento, que habían interrumpido su carrera misionera, seguramente se sintió muy frustrado. Pero cuando se le presentaban oportunidades de dar testimonio, las aprovechaba con confianza y coraje. Los principales ejemplos que ofrece Lucas son la entrevista privada con Félix y los enfrentamientos públicos con Agripa. En ambos casos Pablo actuó con denuedo.

Félix ha sido descrito como 'uno de los peores funcionarios romanos'.[50] Ya se ha mencionado su crueldad, lujuria y avaricia. Al parecer no tenía ningún escrúpulo moral. Pero Pablo no le tenía miedo. Dado que le habló acerca de la justicia, el dominio propio y el juicio futuro, es razonable presumir que amonestó al gobernador por sus pecados, con tanto valor como Juan el Bautista amonestó a Herodes Antipas,[51] y que lo exhortó a arrepentirse y creer en Jesús.

En cuanto al juicio ante Agripa, a Pablo no lo amilanó la demostración de pompa y poder que marcó la ocasión, ni por la asamblea de personalidades notables en el tribunal. '¡Vean qué auditorio se ha reunido para Pablo!' exclamó Crisóstomo.[52] Pero Pablo no hizo ningún intento de congraciarse con las autoridades. Quería lograr la salvación del rey, no su favor. De modo que no se detuvo en el relato de su propia conversión; le interesaba también la conversión de Agripa. Tres veces, por lo tanto, Lucas hace que Pablo repita los elementos del evangelio en oídos del rey. Primero, sintetizó la comisión que le dio Cristo de llevar a las personas a disfrutar de su luz, su poder y su perdón, y a ingresar en la nueva comunidad (18). Segundo, describió su obediencia a la visión celestial en el sentido de predicar que la gente se arrepintiera, se volviera a Dios y realizara buenas obras (20). Tercero, detalló su incesante misión **hasta hoy**, la que consistía en dar testimonio de que, como lo habían predicho las Escrituras, Cristo murió, se levantó y proclamó el amanecer de una nueva era (23). Cada vez que Pablo repetía el evangelio en los tribunales, de hecho estaba predicando el mensaje a los miembros de los tribunales. Festo podía decir que estaba loco, como algunos habían dicho de Jesús,[53] pero Pablo sabía que estaba diciendo lo que era **cierto y sensato** (25; 'hablo palabras de verdad y de cordura', RVR95). Y cuando el apóstol por último se dirigió al rey directamente, tenía la seguridad de que no sólo creía en los profetas (27), sino que también estaba suficientemente familiarizado con los hechos acerca de Jesús (26) como para que se pudiera persuadirlo acerca de su verdad.

¡Demos gracias a Dios por el coraje de Pablo! Ni reyes ni reinas, ni gobernadores ni generales lo intimidaban. Jesús había advertido a sus discípulos que 'los [llevarían] ante reyes y gobernadores' a causa de su nombre, y les había prometido que en tales circunstancias él les daría 'elocuencia y sabiduría'.[54] Jesús también le había dicho a Ananías (quien presumiblemente había pasado la información) que Pablo era su 'instrumento escogido' para llevar su nombre 'a las naciones y a sus reyes como al pueblo de Israel' (9.15). Dichas predicciones se habían hecho realidad, y Pablo no había fallado.

## Una nota sobre los tres relatos de la conversión de Saulo

Resulta sorprendente que, dentro del alcance comparativamente limitado del relato de Hechos, Lucas haya incluido tres relatos sobre la conversión de Saulo: el primero como parte del desarrollo de su relato (9.1–19), el segundo en las palabras de Pablo a la multitud judía en Jerusalén (22.5–16), y el tercero, nuevamente en palabras de Pablo, ante Agripa (26.12–18). 'Lucas se vale de tales repeticiones', escribió Haenchen, 'solamente cuando considera que algo es extraordinariamente importante y quiere que quede grabado de modo inolvidable en el lector. Ese es el caso aquí.'[55] Si la repetición se explica por la importancia del asunto, sin embargo, ¿cómo hemos de explicar las variantes entre los tres relatos?

Por cierto que indican que Lucas no era un literalista que no podía hacer otra cosa: no vio necesidad de asegurar que cada uno de los relatos fuese una réplica precisa y al pie de la letra de los otros. Por el contrario, dado que cada vez que se relata el caso, el auditorio, y por consiguiente el propósito, son diferentes, esta circunstancia se refleja naturalmente en los detalles de la presentación. Nuestro estudio de la forma en que un autor (Lucas) relata la misma circunstancia de modo diferente nos ayudará a entender por qué los tres evangelistas sinópticos (Mateo, Marcos y Lucas) pudieron relatar de modo diferente sus historias. De esta manera la práctica de Lucas arroja luz sobre 'la crítica de la redacción', es decir, sobre la forma en que un redactor (editor) puede sentirse influido por el propósito teológico cuando escribe.

La trama de la historia de la conversión de Pablo es idéntica en los tres relatos. Los tres nos informan (i) que Saulo había lanzado una campaña de violenta persecución contra los seguidores de Jesús, y que el sumo sacerdote la había aprobado; (ii) que en el camino entre Jerusalén y Damasco una luz brillante procedente del cielo había fulgurado alrededor de Saulo y que él cayó al suelo; (iii) que la voz del Jesús resucitado le habló con la siguiente pregunta: **Saulo, Saulo, ¿por qué me persigues?**, que Saulo preguntó, **¿Quién eres, Señor?** y que Jesús contestó, **Yo soy Jesús, a quien tú persigues**; (iv) que a Saulo se le dijo **Ponte en pie**, y que recibió posteriormente una comisión, lo cual indicaba que había sido escogido y designado para ser testigo de Jesús entre los gentiles.

Pero algunas partes del relato varían bastante; cada una de ellas agrega detalles que las otras omiten. Me referiré a los tres relatos sucesivamente como A (9.1–19), B (22.5–16) y C (26.12–18). En cuanto al lugar de la conversión, A y B dicen '[cerca de] Damasco', C solamente 'por el camino'. En cuanto al momento, B y C dicen 'a eso del mediodía', mientras que A no ofrece ninguna referencia al momento. En relación con la luz, los tres relatos dicen que procedía **del cielo**, pero sólo C la describe como **más refulgente que el sol**. En relación con la voz, sólo C dice que habló en arameo y agrega el proverbio sobre dar coces contra el aguijón (RVR95). Sólo B registra la segunda pregunta de Saulo, '¿Qué debo hacer, Señor?'. Tanto A como B dicen que fue enceguecido, pero sólo A indica cómo fue sanado, en tanto que C no menciona ni la ceguera ni la curación. A y B se refieren al bautismo de Saulo, mientras que C no lo hace.

Estas variantes son todas relativamente triviales; sus diferentes detalles se complementan entre sí en lugar de contradecirse. Dos detalles adicionales, sin embargo, se consideran discrepancias por algunos comentaristas. La primera se relaciona con la experiencia de los acompañantes de Saulo. A dice que se quedaron mudos, pero C que cayeron al suelo. B dice que vieron la luz, pero A que no vieron a nadie. A dice que oyeron la voz, pero B que no oyeron (o no entendieron) la voz del que habló con Saulo. No obstante, no resulta difícil armonizar estas aparentes discrepancias. Presumiblemente los hombres cayeron al suelo con Saulo, y luego se levantaron junto con él. Por lo que hace a la visión y la voz, vieron la luz pero no a la persona de Jesús (como ocurrió con Saulo), y oyeron un ruido sin poder distinguir palabras.[56] Alternativamente, como sugirió Crisóstomo hace mucho tiempo, 'Oyeron la voz de Pablo, pero no vieron ninguna persona a la que él le respondiera.'[57]

La segunda supuesta discrepancia se relaciona con la comisión de Saulo y el papel de Ananías en cuanto a la misma. Solamente A relata la historia completa de Ananías, y dice que tuvo una visión de Jesús, que se le indicó que fuese a ver a Saulo, que hizo objeciones, que se le aseguró que Saulo era un instrumento elegido para presentar el nombre de Cristo ante los gentiles tanto como ante los judíos, y que iba a sufrir por dicho nombre; se le indicó que acudiera a la calle llamada Derecha, que impusiera las manos a Saulo y lo recibiera en la confraternidad de la fe. B omite toda la conversación entre Jesús y Ananías, pero dice que Ananías acudió a donde estaba Saulo, le restauró la vista y le comunicó la comisión que le impartía Cristo de ser testigo ante todos los hombres. C, por su parte, no hace mención alguna de Ananías, pero da la impresión de que Cristo comisionó a Saulo en el camino antes de llegar a Damasco, en tanto que las condiciones de la comisión son mucho más amplias, y parecerían incluir no solamente las palabras de Ananías sino también lo que Jesús le dijo a Pablo posteriormente en el templo cuando cayó en un trance (22.17ss). Evidentemente Lucas (o Pablo mismo) combina lo que Jesús dijo en el camino, a Ananías y por medio de Ananías, y posteriormente en Jerusalén. Si, como parece estar claro, su intención es reunir entre sí las diversas partes de la comisión de Cristo, y no especificar dónde o cuándo se dio cada parte, es preciso que le otorguemos ese grado de libertad y que no lo acusemos de inexactitud.

Finalmente, es comprensible que en su propio relato Lucas ofreciera un informe detallado del papel de Ananías, y que Pablo, al dirigirse a judíos hostiles en las gradas de la fortaleza Antonia, se ocupara de destacar que Ananías era un 'hombre devoto que observaba la ley y a quien respetaban mucho los judíos que allí vivían' (22.12). Pero al encontrarse frente a Agripa y Festo, Pablo omitió completamente a Ananías en su relato. Por una parte, Ananías sería un desconocido para ellos. Por otra, Pablo quería destacar la proximidad de su encuentro con Cristo. Este lo había comisionado de modo personal y directo, y él no había sido desobediente a esta visión celestial.

**18**

# ¡Por fin Roma!
# Hechos 27.1—28.31

Roma, la más grande y espléndida de las ciudades de la antigüedad, obraba como un imán para los pueblos dominados por ella. Porque Roma era la capital y el símbolo del imperio romano, cuya fundación se ha denominado 'el logro político jamás emprendido'.[1] Roma presidía magistralmente en todo el mundo conocido. En comparación con otros imperios, trataba a sus súbditos conquistados y a sus correspondientes religiones con tolerante benevolencia; logró integrar a romanos, griegos, judíos y 'bárbaros' en su vida social; protegió la cultura y la lengua griegas; inculcó el respeto al imperio de la ley; adquirió reputación por su administración eficiente y por las comunicaciones postales; y facilitó los viajes mediante su ambicioso sistema de caminos y puertos, patrullados por sus legiones y su marina, preservando de este modo para beneficio de todos su extendida *pax romana*. ¡No es de extrañar que la gente acudiera desde los lugares más remotos a ver la gran ciudad de la que emanaban dichas bendiciones! Sus edificios eran famosos: los tres circos y sus atrevidas carreras de carros, los palacios de los césares, las tumbas de los muertos ilustres, los templos (especialmente el Partenón erigido por Augusto), las basílicas, los teatros, los baños y los acueductos, y particularmente el activo foro, centro de la vida comercial, social, política y religiosa de la ciudad.

De modo que Pablo anhelaba visitar Roma. Cierto es que Séneca la había descrito como 'una letrina de iniquidad' y Juvenal como 'una sucia cloaca',[2] y Pablo mismo había descrito esta decadencia moral cerca del comienzo de su Carta a los Romanos.[3] Por eso tanto más urgentemente necesitaba el evangelio. Cierto es, también, que en el libro del Apocalipsis (o Revelación) Juan representó a Roma como un monstruo perseguidor y como 'madre de las prostitutas y de las abominables idolatrías de la tierra,[4] pero escribía por lo menos veinte años después del reinado de Domiciano; en la época de la visita de Pablo, Nerón todavía no había exhibido su horrible crueldad. Cierto es, una vez más, que Pablo era un 'hebreo de hebreos', que partió de Tarso a Jerusalén con el objeto de estudiar, pero, habiendo heredado la ciudadanía romana de su padre, seguramente desde niño soñó con visitar la ciudad por su cuenta.

No sabemos cómo ni cuándo llegó a Roma el evangelio y se inició una iglesia allí. Lucas nos ha informado que la multitud que se reunió en Jerusalén el día de pentecostés incluía 'algunos visitantes llegados de Roma' (2.10). Es posible que algunos de ellos se hayan convertido en ese momento y que hayan llevado el evangelio al volver a su ciudad. De cualquier forma, unos veinticinco años más tarde Pablo pudo dirigir a la iglesia en Roma su gran manifiesto sobre el evangelio, y cuando finalmente se acercaba a la ciudad, algunos miembros de la iglesia salieron a recibirlo (28.15). Si sólo fuese posible evangelizar Roma, seguramente pensó para sí, como también ampliar, consolidar y entusiasmar a su iglesia con la visión misionera, ¡en qué centro de irradiación del evangelio podría convertirse! 'Para los romanos la ciudad de Roma era el centro del mundo; desde el poste miliar de oro en el foro romano partían caminos en todas las direcciones a todas las partes del imperio.'[5]

De modo que en la Carta a los Romanos Pablo expresó sus ansias de visitar la ciudad y su iglesia. Cerca del comienzo de la carta les decía que estaba orando, y que ahora, por fin, se abriría el camino para que los visitara,[6] porque anhelaba verlos con el fin de que pudieran fortalecerlos y que tanto él como ellos pudieran alentarse mutuamente.[7] Por cierto que muchas veces había hecho planes para visitarlos con el fin de recoger una cosecha entre ellos, pero que hasta el momento había sido impedido de hacerlo.[8] Por ello ahora estaba ansioso por predicarles el evangelio en Roma.[9] Luego, hacia el final de su carta volvió al mismo tema. Su ambición consistía en predicar el evangelio donde Cristo no fuese conocido, con el objeto de no edificar sobre el fundamento puesto por algún otro. Esa era la razón que le había impedido ir antes.[10] Pero ahora que Grecia había sido evangelizada, no había ya lugar para él en esas regiones. Y dado que venía anhelando verlos desde muchos años antes, esperaba y hacía planes para visitarlos en camino a España.[11] Primero, tenía que ir a Jerusalén a entregar la colecta que había organizado. Pero una vez que hubiera cumplido ese compromiso, confiaba en que podría ir a visitarlos con la plena bendición de Cristo.[12] De modo que los alentaba a unirse a él en su lucha orando por él tanto para que su servicio al pueblo de Dios en Jerusalén fuese aceptable y que posteriormente la voluntad de Dios los alcanzase con gozo.[13] Lo que Pablo les escribió a los romanos era extremadamente personal: 'Pido en mis oraciones … tengo muchos deseos … me he propuesto … mi gran anhelo … tengo planes … espero … les ruego'. Había plena coherencia en lo que expresaba. Su esperanza, su anhelo y su ansiedad se convirtieron en un plan y luego en una oración, en la que les pedía que se unieran a él. Pensar en esa visita significaba tanto para él que seguramente lo compartió con Lucas y otros amigos. Roma dominaba su horizonte.

En efecto, Lucas parece organizar su material de manera deliberada, tanto en su Evangelio como en Hechos, con el fin de poner de manifiesto lo que Floyd V. Filson ha llamado 'el tema del viaje'. Dos quintas partes del Evangelio describen el viaje de Jesús de Galilea a Jerusalén,[14] y la tercera parte final de Hechos describe el viaje de Pablo de Jerusalén a Roma (19.21—28.31). De esta manera Lucas indica que Jerusalén y su templo no son indispensables para la iglesia. 'Se capturaría la perspectiva geográfica esencial de Lucas si se titulara a su Evangelio De Galilea a Jerusalén y al libro de Hechos De Jerusalén a Roma', por cuanto Jerusalén era la meta del ministerio de Jesús, mientras que Roma constituía la meta de Pablo.[15] Si bien los viajes de Jesús y de Pablo diferían entre sí en lo que hace a su dirección final, también se asemejaban en lo referente a su esquema, dado que ambos incluían una resuelta determinación, un arresto, una serie de juicios ante tribunales judíos y romanos, e incluso muerte y resurrección. Porque el descenso de Pablo a la oscuridad y el peligro de la tormenta representaba una especie de tumba, en tanto que su rescate del naufragio y su posterior viaje en época primaveral a Roma constituían una especie de resurrección. La 'mayor apología de Pablo' por parte de Lucas consistió en representarlo como 'tan conformado con la vida del Señor que hasta sus sufrimientos y su liberación son paralelos'.[16]

# 1. De Cesarea a Creta | 27.1–12

Muchos lectores de Hechos 27 han comentado sobre la precisión, la exactitud y lo vívido del relato. La explicación radica seguramente no en que Lucas haya copiado la descripción de primera mano de un viaje y un naufragio escrito por alguna otra persona (como han sugerido sin pruebas algunos entendidos liberales). Más bien, él mismo estuvo presente durante el viaje de Pablo de Jerusalén a Roma, como lo indica la sección cuarta y final en plural que va de 27.1 a 28.16, y se ocupó en escribir un diario de navegación sobre el itinerario del barco, del que posteriormente se valió. 'No existe en toda la literatura clásica otro registro tan detallado sobre el derrotero de un barco antiguo,' escribió Thomas Walker.[17]

El escritor que más ha hecho para vindicar la exactitud de Lucas en Hechos 27 es James Smith, de Jordanhill en Renfrewshire, Escocia, cuyo libro *The Voyage and Shipwreck of St Paul* [El viaje y naufragio de san Pablo] se publicó en 1848.[18] Smith era soldado por profesión, un experto timonel de yates con treinta años de experiencia, un eminente geólogo y geógrafo aficionado, y miembro de la Royal Society. Vivió sucesivamente en Gibraltar, Lisboa y Malta, y pasó el invierno de 1844–45 en Malta mientras investigaba el viaje de Pablo. Era un gran lector, se familiarizó con los esquemas atmosféricos del Mediterráneo, y se dedicó al estudio de la navegación y la marinería tanto en el mundo antiguo como en el moderno. Su conclusión general fue que Hechos 27 era obra de un testigo ocular que no obstante era un navegante inexperto, y no un marino profesional: 'Ningún marinero hubiese escrito en un estilo tan poco similar al de un marinero; ni hombre alguno que no fuese un marinero podría haber escrito un relato sobre un viaje por mar tan consistente en todas sus partes, a menos que fuese sobre la base de la observación directa.'[19]

**Cuando se decidió que navegáramos rumbo a Italia, entregaron a Pablo y a algunos otros presos a un centurión llamado Julio, que pertenecía al batallón imperial (1).**

Se supone (aunque no se dice específicamente) que levaron anclas en Cesarea, en razón de que fue allí que Pablo fue retenido en custodia durante dos años y donde fue juzgado por Félix, Festo y Agripa. ¿Quiénes eran los **otros presos** que estaban a bordo también? Ramsay sugiere que eran 'muy probablemente condenados a muerte, que iban a proporcionar la perpetua demanda que Roma hacía a las provincias de víctimas humanas que entretuviesen al populacho con su muerte en la arena.'[20]

No parece haber habido ningún barco disponible para transportar a los prisioneros directamente a Italia. En consecuencia, el viaje de Cesarea a Malta se llevó a cabo en dos etapas y en dos barcos, que procedían respectivamente de Adramitio (2) y Alejandría (6).

## a. Un barco de Adramitio | 27.2–5

[27.2]Subimos a bordo de un barco, con matrícula de Adramitio, que estaba a punto de zarpar hacia los puertos de la provincia de Asia, y nos hicimos a la mar. Nos acompañaba Aristarco, un macedonio de Tesalónica. [3]Al día siguiente hicimos escala en Sidón; y Julio, con mucha amabilidad, le permitió a Pablo visitar a sus amigos para que lo atendieran. [4]Desde Sidón zarpamos y navegamos al abrigo de Chipre, porque los vientos nos eran contrarios. Después de atravesar el mar frente a las costas de Cilicia y Panfilia, arribamos a Mira de Licia.

Adramitio estaba situada en la costa noreste del mar Egeo, no lejos de Troas hacia el sur. Este barco seguramente habrá sido una embarcación costera que volvía a su puerto de origen. ¿Pero por qué es que a Lucas y a Aristarco (que había viajado con Pablo a Jerusalén, 20.4) se les permitió acompañar a Pablo? Ramsay hace la plausible sugestión de que 'tienen que haber ido como sus esclavos.'[21] Esto pudo haber enaltecido la importancia de Pablo en la opinión del centurión y puede explicar en parte el respeto que se le tenía. Por otro lado, posteriormente Pablo se refirió a Aristarco como 'mi compañero de cárcel.'[22]

El primer puerto que tocaron fue Sidón. Seguramente era con fines comerciales para el barco, pero para Pablo fue una valiosa oportunidad por unas horas para confraternizar con amigos cristianos (3). Dado que los vientos dominantes seguramente procedían del oeste,[23] navegar **al abrigo de Chipre** significaba navegar al norte de ella (4). Esto también explica por qué navegaron a mar abierto y frente a las costas de Cilicia (donde estaba situada la ciudad de Tarso, de donde era oriundo Pablo) y de Panfilia (donde habían desembarcado en el primer viaje misionero), y llegaron a Mira (5), que es donde se trasladaron a otro barco. Según el Texto Occidental, hasta ese momento el viaje les había llevado quince días.

## b. Un barco de Alejandría | 27.6–12

[27.6]Allí el centurión encontró un barco de Alejandría que iba para Italia, y nos hizo subir a bordo. [7]Durante muchos días la navegación fue lenta, y a duras penas llegamos frente a Gnido. Como el viento nos era desfavorable para seguir el rumbo trazado, navegamos al amparo de Creta, frente a Salmona. [8]Seguimos con dificultad a lo largo de la costa y llegamos a un lugar llamado Buenos Puertos, cerca de la ciudad de Lasea.

[9]Se había perdido mucho tiempo, y era peligrosa la navegación por haber pasado ya la fiesta del ayuno. Así que Pablo les advirtió: [10]'Señores, veo que nuestro viaje va a ser desastroso y que va a causar mucho perjuicio tanto para el barco y su carga como para nuestras propias vidas.' [11]Pero el centurión, en vez de hacerle caso, siguió el consejo del timonel y del dueño del barco. [12]Como el puerto no era adecuado para invernar, la mayoría decidió que debíamos seguir adelante, con la esperanza de llegar a Fenice, puerto de Creta que da al suroeste y al noroeste, y pasar allí el invierno.

Es a esta altura que Julio el centurión (quien, a medida que se desenvuelve el relato, se va ganando nuestra admiración por su bondad y su sentido común) encontró lo que venía buscando, a saber, un barco que se dirigía a Italia. Llevaba un cargamento de granos (ver el versículo 38) y procedía de Alejandría, por cuanto Egipto era el principal granero de Roma. Navegando entre tierra firme y la isla de Rodas, pero muy lentamente debido a vientos contrarios, llegaron frente a Gnido, que se encuentra en el extremo sudoeste de Asia Menor. Pero allí, en lugar de seguir hacia el oeste cruzando la parte inferior del mar Egeo, el viento los obligó a dirigirse con rumbo casi directo al sur hacia Creta, y por cierto que un viento hacia el noroeste 'es precisamente el viento que podría haberse esperado en estos mares hacia fines del verano.'[24] Rodeando el cabo Salmona, navegaron muy cerca de la costa sur de

Creta hasta llegar a Buenos Puertos. Les resultó claro a todos que no podían seguir hasta completar el viaje a Italia; tendrían que invernar en alguna parte. Lo único que había que decidir era si se quedarían en Buenos Puertos o buscarían un puerto más adecuado siguiendo hacia el oeste. Las condiciones climáticas adversas habían ocasionado una seria demora. Ya el día de la expiación había pasado, el que según Ramsay correspondía a octubre 5 del año 59 d.C.[25] De modo que se encontraban en la época peligrosa para la navegación, que siempre debía finalizar a comienzos de noviembre. Pablo, que había tenido mucha experiencia en el Mar Mediterráneo, les advirtió que seguir navegando resultaría en pérdida de carga, del barco y de vidas (10). Pero el timonel y el propietario del barco no pensaban así, y el centurión estuvo de acuerdo con ellos (11) sobre la base de que Buenos Puertos no era un puerto suficientemente protegido como para pasar allí el invierno. De manera que decidieron seguir navegando cuarenta millas náuticas más hasta Fénix, si bien se discute si este puerto se ha de identificar con Lutro (que se abre hacia el este) o Fenice (que mira hacia el oeste). La traducción natural del final del versículo 12 es **que da al suroeste y al noroeste**, lo cual favorece a Fenice, aun cuando Smith prefería Lutro al traducir 'en la misma dirección que' los vientos del suroeste y el noroeste, es decir, ¡hacia el este![26]

## 2. Tormenta en el mar | 27.13–20

[27.13]Cuando comenzó a soplar un viento suave del sur,
creyeron que podían conseguir lo que querían, así que
levaron anclas y navegaron junto a la costa de Creta.
[14]Poco después se nos vino encima un viento huracanado,
llamado Nordeste, que venía desde la isla. [15]El barco
quedó atrapado por la tempestad y no podía hacerle
frente al viento, así que nos dejamos llevar a la deriva.
[16]Mientras pasábamos al abrigo de un islote llamado
Cauda, a duras penas pudimos sujetar el bote salvavidas.
[17]Después de subirlo a bordo, amarraron con sogas todo
el casco del barco para reforzarlo. Temiendo que fueran
a encallar en los bancos de arena de la Sirte, echaron
el ancla flotante y dejaron el barco a la deriva. [18]Al día
siguiente, dado que la tempestad seguía arremetiendo

465

con mucha fuerza contra nosotros, comenzaron a arrojar la carga por la borda. [19]Al tercer día, con sus propias manos arrojaron al mar los aparejos del barco. [20]Como pasaron muchos días sin que aparecieran ni el sol ni las estrellas, y la tempestad seguía arreciando, perdimos al fin toda esperanza de salvarnos.

La suave brisa del sur que se levantó los engañó y les hizo pensar que podían andar otras cuarenta millas (13). Pero **un viento huracanado** (*typhōnikos*, 'tifónico'), llamado **Nordeste** (originalmente '*Eurokylōn*, término híbrido compuesto de *Euros*, viento del este, y el latín *Aquilo*, viento del norte'),[27] bajó de las montañas de Creta (14), obligando al barco a correr viento en popa (15).[28]

El barco ya estaba en grave peligro, porque una vez alejado del socaire de Creta, no había otros puertos, sólo el mar abierto. Resulta fascinante leer las cinco medidas precautorias que adoptó luego en su intento desesperado de salvar su barco. Primero, aprovechando el escaso refugio que el islote Cauda (o Clauda) podía ofrecerles, apenas lograron halar a bordo el bote o lancha salvavidas (16). En realidad, Lucas escribe en primera persona del plural, porque colaboró dando una mano, aunque agrega que con gran dificultad, '¡probablemente recordando sus ampollas!'.[29] Segundo, 'atortoraron' el barco, ya sea pasando cables por debajo del casco para mantener sujetas las tablas, o amarrando su popa y su proa unidas por encima de la cubierta para impedir que el barco se partiera (17a).[30] Tercero, por temor a los bancos de arena de la Sirte, los que, aunque muchas millas al sur de la costa libia, eran temidos por todos los marineros del Mediterráneo, bajaron 'la vela mayor' (NEB) o, más probablemente, **el ancla flotante** para que actuara como freno mientras iban a la deriva (17b). Cuarto, al día siguiente, como el implacable batir de la tormenta continuaba, echaron al mar parte de la carga (18). Quinto, el tercer día de la tormenta, echaron por la borda tantas partes del aparejo y del equipamiento del barco de los que pudieran desprenderse (19). Luego, finalmente, después de muchos días (once más, para ser precisos) de furiosa tormenta, sin sol ni estrellas para guiarlos, y por supuesto que en esos tiempos sin compás ni sextante, al parecer la totalidad del pasaje del barco abandonó toda esperanza de salvarse (20). Pero fue durante esa crisis de desesperación que Pablo pasó al frente con una palabra de aliento.

# 3. Las tres intervenciones de Pablo | 27.21–38

Hasta aquí en Hechos, Lucas ha presentado a Pablo como el apóstol a los gentiles, el pionero de las tres expediciones misioneras, el prisionero, y el acusado. Ahora, sin embargo, lo presenta en una luz diferente. Ya no es el distinguido apóstol, sino un hombre común entre otros hombres, un cristiano solitario (aparte de Lucas y Aristarco) entre casi trescientos no cristianos, que eran soldados o prisioneros, o tal vez mercaderes o miembros de la tripulación. Con todo, se muestran con claridad los dones de liderazgo que le había dado Dios. 'Es bastante seguro', escribe William Barclay, 'que Pablo fuera el viajero más experimentado a bordo de ese barco.'[31] Incluso Haenchen, que burlonamente desecha el retrato que hace de él Lucas como 'tan sólo … un poderoso superhombre,'[32] acepta que Lucas no llama adecuadamente nuestra atención a los conocimientos de Pablo como un experimentado navegante. Cataloga las once travesías en el Mediterráneo *antes* de partir hacia Roma y calcula (¡si bien deja que nosotros hagamos la suma!) que Pablo había viajado por lo menos 3.500 millas por mar.[33] No obstante, era más que su madura experiencia en el mar lo que hacía que Pablo se destacara como líder abordo; era su inalterable y firme fe y carácter cristianos.

Pablo ya ha hablado una vez, cuando expresó su parecer acerca del lugar donde debía invernar el barco, pero su advertencia fue desoída (9–12). A continuación Lucas relata sus tres intervenciones posteriores, en cada una de las cuales ofrece una clara advertencia a la tripulación.

## a. El llamado a que mantuvieran la calma | 27.21–26

[27.21]Llevábamos ya mucho tiempo sin comer, así que Pablo se puso en medio de todos y dijo: "Señores, debían haber seguido mi consejo y no haber zarpado de Creta; así se habrían ahorrado este perjuicio y esta pérdida. [22]Pero ahora los exhorto a cobrar ánimo, porque ninguno de ustedes perderá la vida; sólo se perderá el barco.

²³Anoche se me apareció un ángel del Dios a quien pertenezco y a quien sirvo, ²⁴y me dijo: 'No tengas miedo, Pablo. Tienes que comparecer ante el emperador; y Dios te ha concedido la vida de todos los que navegan contigo.' ²⁵Así que ¡ánimo, señores! Confío en Dios que sucederá tal y como se me dijo. ²⁶Sin embargo, tenemos que encallar en alguna isla."

No estoy seguro de que tengamos que interpretar la expresión de Pablo de que debían haber seguido su consejo como una forma poco feliz de ganar tantos ante ellos (21). Después de todo, su posición minoritaria había sido la acertada. Tal vez respetarían más su punto de vista en el futuro. De cualquier manera, ahora tenía total confianza en cuanto a lo que tenía que decir. Dos veces los alienta a mantener la calma (22, 25). ¿Sobre qué base? La de que ninguno de ellos, dijo, sino solamente el barco, se perdería (22). ¿Cómo podía estar tan seguro? Porque la noche anterior un ángel de Dios a quien él pertenecía, y a quien servía, se había acercado a él (23), le había dicho que no debía temer, le había prometido que sin falta debía ser juzgado ante el César, y había agregado que Dios habría de darle (¿en respuesta a sus oraciones?) la vida de todos los que viajaban con él (24). Estas promesas divinas sirvieron como fundamento para el llamado de Pablo a que se mantuvieran en calma. Es que él creía en Dios, en su carácter y en su pacto, y estaba convencido que habría de cumplir sus promesas (25), aun cuando primeramente el barco tendría que encallar en alguna isla (26).

## b. El llamado a mantenerse unidos | 27.27–32

²⁷·²⁷Ya habíamos pasado catorce noches a la deriva por el mar Adriático, cuando a eso de la medianoche los marineros presintieron que se aproximaban a tierra. ²⁸Echaron la sonda y encontraron que el agua tenía unos treinta y siete metros de profundidad. Más adelante volvieron a echar la sonda y encontraron que tenía cerca de veintisiete metros de profundidad. ²⁹Temiendo que fuéramos a estrellarnos contra las rocas, echaron cuatro anclas por la popa y se pusieron a rogar que amaneciera.

> ³⁰En un intento por escapar del barco, los marineros
> comenzaron a bajar el bote salvavidas al mar, con el
> pretexto de que iban a echar algunas anclas desde la proa.
> ³¹Pero Pablo les advirtió al centurión y a los soldados:
> 'Si ésos no se quedan en el barco, no podrán salvarse
> ustedes.' ³²Así que los soldados cortaron las amarras
> del bote salvavidas y lo dejaron caer al agua.

Ya hacía quince días desde que el barco había sido arrastrado del refugio de Creta y había sido llevado a la deriva a través del Adriático (término que en el uso popular antiguo abarcaba toda la sección centro oriental del Mediterráneo). Pero en la catorceava noche, alrededor de la medianoche los marineros presintieron que estaban aproximándose a tierra (27), quizás porque podían oír que las olas arremetían contra la playa. Calculando la dirección y la velocidad del barco a la deriva (procedimiento inevitablemente impreciso), Smith llega a la conclusión de que 'un barco que partiera en las últimas horas de la tarde desde Clauda se encontraría, a la medianoche del día catorce, a menos de tres millas de la entrada a la bahía San Pablo', Malta.³⁴ De modo que los marineros bajaron las sondas, encontrando primero 120 brazas, luego 90 (28). Temiendo que hubiera rocas o arrecifes, dejaron caer cuatro anclas desde la popa, para asegurarse de que resistieran, e imploraron que llegara el amanecer (29). Fue en ese momento, nos dice Lucas, que los marineros hicieron un intento de escapar. Simulando que querían bajar más anclas, esta vez de la proa, largaron el bote salvavidas (30). Pero de algún modo Pablo supo lo que estaba ocurriendo, 'ya sea por sagacidad natural, por experiencia náutica o por revelación especial',³⁵ y dijo a Julio y a sus hombres: **Si ésos no se quedan en el barco, no podrán salvarse ustedes** (31). La promesa de Dios de darle la vida de toda la tripulación del barco claramente presuponía el que se mantuvieran juntos. De manera que los soldados soltaron al bote salvavidas y lo dejaron ir (32).

## c. El llamado a comer | 27.33–38

> ²⁷·³³Estaba a punto de amanecer cuando Pablo animó
> a todos a tomar alimento: 'Hoy hace ya catorce días
> que ustedes están con la vida en un hilo, y siguen

> sin probar bocado. ³⁴Les ruego que coman algo, pues
> lo necesitan para sobrevivir. Ninguno de ustedes perderá
> ni un solo cabello de la cabeza.' ³⁵Dicho esto, tomó pan y
> dio gracias a Dios delante de todos. Luego lo partió
> y comenzó a comer. ³⁶Todos se animaron y también
> comieron. ³⁷Éramos en total doscientas setenta y seis
> personas en el barco. ³⁸Una vez satisfechos, aligeraron
> el barco echando el trigo al mar.

El amanecer estaba a punto de irrumpir cuando Pablo hizo su tercera intervención, urgiendo a todos a comer porque no lo habían hecho por dos semanas, ya sea debido a que estaban **con la vida en un hilo** (33), o porque se sentían mal, o porque el suministro de alimentos se había empapado, o porque se había hecho imposible cocinar durante la tormenta. Pero ahora los alentaba a comer para sobrevivir, por cuanto, agregó, al parecer haciendo una alusión a la enseñanza de Jesús,³⁶ ninguno de ellos habría de perder ni un solo cabello (34). Tras esto les dio el ejemplo, dio gracias públicamente por la comida, y comenzó a comer. Dada la secuencia que adoptó, tomar pan, dar gracias, romperlo y comer, algunos lo han considerado como una eucaristía. Pero ni la ocasión ni el conjunto de soldados, marineros y prisioneros incrédulos resultaba apropiado para considerarlo así. De seguro que se trataba de una comida común, aun cuando la comida fue consagrada por la acción de gracias.³⁷ Como resultado, los demás de la tripulación del barco se **animaron** (es la misma palabra que en los versículos 22 y 25) y siguieron su ejemplo (36). Aquí Lucas menciona la cantidad de personas a bordo como 276 (37); ¿habrán sido, quizá, contados con el fin de organizar la distribución de los alimentos? Habiendo comido todo lo que querían, echaron al mar el resto de la carga de grano (38).

Aquí tenemos, entonces, aspectos del carácter de Pablo por los que se hace querer por nosotros como un cristiano integral, que combinaba espiritualidad con sano criterio, fe con obras. Creía que Dios habría de cumplir sus promesas y tuvo el coraje de dar gracias en presencia de una multitud de paganos endurecidos. Pero su confianza y santidad no le impidieron ver que el barco no debía correr riesgos ante la proximidad del invierno, o que a los soldados no se les debía permitir que escaparan, o que los hambrientos tripulantes y pasajeros necesitaban comer a fin de sobrevivir, o (posteriormente) que tenían que buscar leña para mantener vivo el fuego en la playa. ¡Qué hombre! Era hombre de Dios y de acción, un hombre sujeto al Espíritu y lleno de sentido común.

## 4. Naufragio en Malta | 27.39—28.10

### a. Salvados del mar | 27.39–44

**27.39**Cuando amaneció, no reconocieron la tierra, pero vieron una bahía que tenía playa, donde decidieron encallar el barco a como diera lugar. **40**Cortaron las anclas y las dejaron caer en el mar, desatando a la vez las amarras de los timones. Luego izaron a favor del viento la vela de proa y se dirigieron a la playa. **41**Pero el barco fue a dar en un banco de arena y encalló. La proa se encajó en el fondo y quedó varada, mientras la popa se hacía pedazos al embate de las olas.

**42**Los soldados pensaron matar a los presos para que ninguno escapara a nado. **43**Pero el centurión quería salvarle la vida a Pablo, y les impidió llevar a cabo el plan. Dio orden de que los que pudieran nadar saltaran primero por la borda para llegar a tierra, **44**y de que los demás salieran valiéndose de tablas o de restos del barco. De esta manera todos llegamos sanos y salvos a tierra.

Aun cuando la tripulación no reconocía la isla, ni siquiera cuando fue de día, más tarde descubrieron que se trataba de Malta (28.1). James Smith estaba convencido de que el lugar del naufragio fue el lugar tradicional conocido como Bahía de san Pablo, en la costa noreste de la isla. La combinación de rocas (29), que identificó como la punta rocosa baja de Koura, la **bahía que tenía playa** (39), y el **banco de arena** (41) o 'bajío' (NBE), literalmente 'lugar de dos mares', que en su opinión se trataba de la caleta con fondo barroso entre el islote de Salmonetta y tierra firme, lo llevaron a decir 'con qué perfección estos rasgos siguen distinguiendo la costa'.[38] Desde luego que durante los subsiguientes diecinueve siglos las bahías, las playas, los bancos de arena e incluso las rocas probablemente hayan cambiado sus formas; no obstante, no parece haber razón para cuestionar la identificación.

Los marineros **cortaron las anclas … desatando a la vez las amarras de los timones**, que en los barcos antiguos cumplían la función de los timones, **izaron a favor del viento la vela de proa y se dirigieron a la playa** (40). Pero el barco dio en arena o barro, probablemente sumergido, y en tanto la proa quedó inmóvil, las olas hicieron pedazos la popa (41). Cuando los soldados, actuando sin órdenes, pensaron matar a los prisioneros (42), sabiendo que según la ley romana si alguno escapaba ellos mismos serían responsables y serían castigados, el centurión los detuvo. Luego ordenó a los que sabían nadar que saltaran por la borda primero (43), mientras que los demás tendrían que valerse de tablas o pedazos del barco con los cuales ganar la playa. 'Así fue como resultó cierto', escribió J. B. Phillips, probablemente con el fin de expresar el cumplimiento del propósito y la promesa de Dios, 'que todos ganaron la playa sanos y salvos' (44).

### b. La fogata en la playa | 28.1–6

**28.1Una vez a salvo, nos enteramos de que la isla se llamaba Malta. 2Los isleños nos trataron con toda clase de atenciones. Encendieron una fogata y nos invitaron a acercarnos, porque estaba lloviendo y hacía frío. 3Sucedió que Pablo recogió un montón de leña y la estaba echando al fuego, cuando una víbora que huía del calor se le prendió en la mano. 4Al ver la serpiente colgada de la mano de Pablo, los isleños se pusieron a comentar entre sí: 'Sin duda este hombre es un asesino, pues aunque se salvó del mar, la justicia divina no va a consentir que siga con vida.' 5Pero Pablo sacudió la mano y la serpiente cayó en el fuego, y él no sufrió ningún daño. 6La gente esperaba que se hinchara o cayera muerto de repente, pero después de esperar un buen rato y de ver que nada extraño le sucedía, cambiaron de parecer y decían que era un dios.**

El sustantivo traducido **isleños** en los versículos 2 y 4 es *barbaroi*, pero la traducción de RVR09 como 'pueblo bárbaro' o 'bárbaros' es incorrecta. Los griegos usaban la palabra para todos los extranjeros que, en lugar del griego, hablaban su propia lengua nativa. La mención de **toda clase de atenciones** que les mostraron a los náufragos, iniciando una fogata en el frío y la lluvia del amanecer (2), indica que eran todo lo contrario de salvajes rústicos. Pablo hizo su parte al recoger **un montón de leña**, del que se escapó una serpiente, que huía del calor. Lucas no dice explícitamente que Pablo fue mordido, aunque tal vez las afirmaciones de que **se le prendió en la mano** (3) y que estaba **colgada de la mano** (4) tienen el propósito de sugerir esto. Por cierto que los isleños dieron por sentado que había sido mordido. En consecuencia llegaron a la conclusión de que era un asesino que, habiendo escapado de ahogarse, ahora era perseguido y a punto de ser envenado por la diosa *Dikē*, la personificación de la justicia y la venganza. Pero mientras esperaban, Pablo sacudió la serpiente en el fuego y no se hinchó ni cayó muerto. Es obvio que a Lucas lo divirtió el hecho de que de inmediato cambiaran de opinión y se refirieron a él como un dios. Tan cambiante es una multitud, que en Listra Pablo fue adorado primero y luego apedreado (14.11–19), mientras que en Malta primero se lo tildó de asesino, luego de dios. Pero la verdad no estaba en ninguno de los dos extremos. En lugar de ahogarse o de ser envenenado por la *Dikē*, Pablo fue protegido de ambos destinos por Jesús.[39]

### c. Las curaciones en la isla | 28.7–10

**[28.7]Cerca de allí había una finca que pertenecía a Publio, el funcionario principal de la isla. Éste nos recibió en su casa con amabilidad y nos hospedó durante tres días. [8]El padre de Publio estaba en cama, enfermo con fiebre y disentería. Pablo entró a verlo y, después de orar, le impuso las manos y lo sanó. [9]Como consecuencia de esto, los demás enfermos de la isla también acudían y eran sanados. [10]Nos colmaron de muchas atenciones y nos proveyeron de todo lo necesario para el viaje.**

Las tierras cerca de la playa pertenecían a un hombre llamado Publio a quien Lucas llama el *prōtos* de la isla, la persona más prominente o **funcionario principal**, 'hombre principal' (RVR95), 'principal magistrado' (NEB), o incluso 'gobernador' (BP). **Nos recibió en su casa**, dice Lucas, presumiblemente una selección de los náufragos, no el total de los 276 (¡!), y durante tres días los hospedó con gran prodigalidad (7). Estando en la casa, se enteraron de que el padre de Publio estaba postrado en cama y enfermo. Lucas describe su mal como **fiebre y disentería**, lo que el doctor Longenecker diagnostica tentativamente como 'fiebre de Malta', la que, agrega, 'era común en Malta, Gibraltar y otras partes del Mediterráneo'. Aparentemente, el microorganismo que la ocasiona fue identificado en 1887 y vinculado a la leche de las cabras de Malta. Si bien se ha desarrollado una vacuna, la fiebre dura, de promedio, cuatro meses y a veces persiste hasta dos o tres años.[40] No en el caso del padre de Publio, sin embargo, por cuanto mediante la oración y la imposición de manos por parte de Pablo fue curado en forma instantánea (8). Al propagarse la noticia, todos los enfermos de la isla **también acudían y eran sanados** (9). Aunque Lucas emplea aquí un verbo diferente (*therapeuō*), que se usaba para tratamientos médicos, y que él mismo seguramente usaba para su actividad como médico, en su texto no hay indicios de que quisiera que entendamos la curación del padre de Publio como milagrosa y las de los demás como debidas a tratamiento médico. Las curaciones sobrenaturales formaban parte del ministerio del apóstol,[41] y la gratitud de los isleños se expresó en el ofrecimiento de presentes y la provisión de lo necesario para el viaje (10).

## 5. La llegada a Roma | 28.11–16

[28.11] Al cabo de tres meses en la isla, zarpamos en un barco que había invernado allí. Era una nave de Alejandría que tenía por insignia a los dioses Dióscuros. [12] Hicimos escala en Siracusa, donde nos quedamos tres días. [13] Desde allí navegamos bordeando la costa y llegamos a Regio. Al día siguiente se levantó el viento del sur, y al segundo día llegamos a Poteoli. [14] Allí encontramos a algunos creyentes que nos invitaron a pasar una semana con ellos. Y por fin llegamos a Roma. [15] Los hermanos de Roma, habiéndose enterado de nuestra situación, salieron hasta el Foro de Apio y Tres Tabernas a recibirnos. Al verlos, Pablo dio gracias a Dios y cobró ánimo. [16] Cuando llegamos a Roma, a Pablo se le permitió tener su domicilio particular, con un soldado que lo custodiara.

Los náufragos pasaron los tres meses del invierno en la isla, quizás de mediados de noviembre hasta mediados de febrero. Para entonces la navegación habría comenzado nuevamente, y estaban listos para subir a bordo de su tercer barco, otro barco alejandrino (ver 27.6), el que había invernado en uno de los puertos seguros de Malta. Su mascarón tallado y pintado era una representación de los *Dioskouroi*, es decir, 'los Hermanos Gemelos' (BA) o 'los gemelos celestiales' (BP), o sea *Cástor y Pólux* (11; RVR95), que en la mitología grecorromana eran los hijos de Júpiter (Zeus), los dioses de la navegación y patronos de navegantes.

Lucas vuelve a valerse de su diario de navegación y detalla el resto del viaje a Roma, por mar y tierra, en cuatro etapas.

Primero, zarparon de Malta en dirección noreste a Siracusa, la capital de Sicilia, donde se quedaron tres días (12).

Segundo, siguieron más hacia el norte y anclaron en Regio en la base de la 'bota' de Italia (13a). La frase **bordeando la costa** probablemente significa que los vientos hicieron que fuese necesario seguir una dirección zigzagueante.

Tercero, al día siguiente siguieron navegando con el beneficio de un viento desde el sur, y progresaron a tal punto que al día siguiente habían andado aproximadamente doscientas millas hasta Poteoli, que se encuentra en el golfo de Nápoles (13). Allí se alojaron una semana con algunos hermanos y hermanas cristianos, posiblemente mientras Julio esperaba instrucciones finales con respecto a los prisioneros.

La cuarta etapa del viaje se hizo por tierra, no por mar. Después de unos cuantos kilómetros se habrán unido a la famosa vía Apia que iba directamente hacia el norte a Roma, y que Richard Longenecker ha llamado 'la carretera romana más antigua, más recta y más perfectamente trazada de todas'.[42] Los cristianos de Roma tenían noticias de su arribo, sin embargo, y una delegación partió para recibir a Pablo y su grupo. Algunos de ellos viajaron los cuarenta y cinco y más kilómetros hasta las Tres Tabernas, mientras que otros perseveraron unos quince kilómetros más hasta la ciudad mercantil llamada Foro de Apio. Siendo nombres de lugares romanos, la NVI tiene razón al denominarlas **Foro de Apio y Tres Tabernas.** Sin duda habrá sido una experiencia emocionante para Pablo conocer personalmente a los primeros residentes de la ciudad de sus sueños y a los primeros miembros de la iglesia a la que había dirigido su gran tratado teológico y ético. No sorprende que al verlos **dio gracias a Dios y cobró ánimo** (15b). Luego fue escoltado por ellos por la vía Apia, por la que habían venido. Al llegar, nos dice Lucas que a Pablo se le acordó *custodia militaris*, lo cual le permitió vivir en su propio alojamiento, mientras era vigilado por un soldado romano, al que estaba encadenado por la muñeca derecha (16). Sin embargo, el Texto Occidental inserta antes de esto que 'el centurión entregó a los prisioneros al *stratopedarch*',[43] que BAGD traduce 'comandante militar, comandante de un campamento'. Se ha discutido mucho acerca de la identidad de esta persona. Antiguamente se pensaba que el *stratoparchos* era el prefecto (comandante) de la guardia pretoriana (imperial), que era responsable de los prisioneros provinciales y que en ese entonces era Afranio Burro. Pero según Sherwin-White, 'la identificación más probable ... es ... con el oficial conocido como *princeps castrorum*, el administrador principal del *officium* de la guardia pretoriana', porque 'este oficial es la persona que más probablemente estuviese en el control ejecutivo de los prisioneros que esperaban ser juzgados en Roma ...'[44]

# 6. El evangelio para judíos y gentiles | 28.17–31

## a. Pablo se dirige a los judíos | 28.17–23

[28.17]Tres días más tarde, Pablo convocó a los dirigentes de los judíos. Cuando estuvieron reunidos, les dijo:

—A mí, hermanos, a pesar de no haber hecho nada contra mi pueblo ni contra las costumbres de nuestros antepasados, me arrestaron en Jerusalén y me entregaron a los romanos. [18]Éstos me interrogaron y quisieron soltarme por no ser yo culpable de ningún delito que mereciera la muerte. [19]Cuando los judíos se opusieron, me vi obligado a apelar al emperador, pero no porque tuviera alguna acusación que presentar contra mi nación. [20]Por este motivo he pedido verlos y hablar con ustedes. Precisamente por la esperanza de Israel estoy encadenado.

[21]—Nosotros no hemos recibido ninguna carta de Judea que tenga que ver contigo —le contestaron ellos—, ni ha llegado ninguno de los hermanos de allá con malos

informes o que haya hablado mal de ti. **²²Pero queremos oír tu punto de vista, porque lo único que sabemos es que en todas partes se habla en contra de esa secta.**

**²³Señalaron un día para reunirse con Pablo, y acudieron en mayor número a la casa donde estaba alojado. Desde la mañana hasta la tarde estuvo explicándoles y testificándoles acerca del reino de Dios y tratando de convencerlos respecto a Jesús, partiendo de la ley de Moisés y de los profetas.**

De conformidad con su principio de que el evangelio es el poder de Dios para salvación, 'de los judíos primeramente, pero también de los gentiles,'⁴⁵ hasta en la capital gentil del mundo Pablo se dirigió en primer lugar a los judíos. Tres días después de su arribo (no se dio más tiempo para reponerse de su arduo viaje) invitó a los líderes judíos a reunirse con él. Resaltó tres puntos. Primero, él mismo no había hecho nada en contra del pueblo judío ('nuestro pueblo' [BA], dijo) ni contra las costumbres ancestrales (**de nuestros antepasados**). Segundo, después de haber sido arrestado y entregado a los romanos (17), y de ser examinado por ellos, habían querido dejarlo en libertad porque no podían encontrar en él nada que mereciera la muerte (18). Tercero, fue porque los judíos se habían opuesto a su liberación que él se había sentido compelido a apelar al César, aunque no tenía nada en contra de su propio pueblo (19). Así entonces, Pablo no había hecho nada en contra de los judíos, los romanos no tenían nada en contra de él, y él no tenía nada (es decir, ninguna acusación) contra los judíos. Era con el fin de aclarar estos puntos que les había pedido que lo visitaran. Pablo era en todo sentido un judío leal; más todavía, era por la esperanza de Israel, la expectativa mesiánica de Israel cumplida en Jesús, que estaba en prisión (20).

En su respuesta, los líderes judíos declararon, sorprendentemente, que no les había llegado ninguna carta oficial de Judea y que ningún judío de visita había dicho nada malo acerca de él (21). Querían saber más acerca de sus puntos de vista, sin embargo, porque sabían que en todas partes se hablaba en contra de la **secta** de los nazarenos (22).

En el día señalado los judíos se reunieron en mayor número aun en el lugar donde se alojaba Pablo. Durante todo el día, de la mañana a la noche, Pablo se concentró en dos cosas. Primero, dio a conocer la explicación y el testimonio acerca del carácter y la llegada del reino de Dios (¿la habrá contrastado con la del César?), y segundo, trató de convencerlos en cuanto a Jesús, a partir de las Escrituras (23). Esto posiblemente signifique, como en ocasiones anteriores cuando se dirigía al pueblo judío, que Pablo argumentaba sobre la necesidad de identificar al Jesús histórico con el Cristo de la Biblia.

### b. Pablo se vuelve a los gentiles | 28.24–28

28.24Unos se convencieron por lo que él decía, pero otros se
negaron a creer. 25No pudieron ponerse de acuerdo entre
sí, y comenzaron a irse cuando Pablo añadió esta última
declaración: «Con razón el Espíritu Santo les habló a sus
antepasados por medio del profeta Isaías diciendo:
26"Ve a este pueblo y dile:
'Por mucho que oigan, no entenderán;
Por mucho que vean, no percibirán.'
27Porque el corazón de este pueblo se ha vuelto
insensible;
se les han embotado los oídos,
y se les han cerrado los ojos.
De lo contrario, verían con los ojos, oirían con los
oídos,
entenderían con el corazón y se convertirían, y yo los
sanaría."
28'Por tanto, quiero que sepan que esta salvación de
Dios se ha enviado a los gentiles, y ellos sí escucharán.»

La persuasiva exposición de Pablo que duró el día entero dividió a su auditorio, como tantas veces anteriormente. Algunos se convencieron por su razonamiento; otros 'seguían escépticos' (NBE) o, dado que parecería indicarse una intención deliberada, **se negaron a creer** (24). En otras palabras, estaban enfrentados entre ellos y comenzaron a retirarse, aunque sólo después del resumen efectuado por Pablo, cuya nota de solemne finalidad nadie puede dejar de reconocer. Con gran osadía les aplicó palabras que el Espíritu Santo les había hablado a sus antepasados en los días de Isaías,[46] y que Pablo había citado en relación con sus contemporáneos incrédulos,[47] como también lo había hecho Juan.[48] Esta cita traza una distinción entre oír y entender, ver y percibir (26), y procede a atribuir la falta de comprensión de la gente a sus corazones endurecidos, oídos sordos y ojos cerrados, porque de otro modo verían, escucharían, entenderían, se volverían y serían salvos (27). 'En este impresionante proceso', escribió J. A. Alexander, 'se distinguen con nitidez tres funciones expresamente o implícitamente descriptas: la función ministerial del profeta, la función judicial de Dios, y la función suicida del pueblo mismo.' En otras palabras, si nos preguntamos por qué la gente no entiende y en consecuencia no se vuelve a Dios, su incredulidad puede atribuirse (de hecho, lo hacen las Escrituras) a veces a la predicación del evangelista, a veces al juicio de Dios, y a veces a la obstinación de la gente. Alexander pasa a señalar que en los versículos de Isaías la primera de ellas es la más prominente, en Juan 12.40 la segunda, y en los pasajes de Mateo y de Marcos, como en Hechos 28, la tercera.[49] Si bien a nuestra mente le resulta difícil atribuir la misma intención a las tres funciones en forma simultánea, no obstante las tres son ciertas y han de sostenerse con igual tenacidad.

Debido al deliberado rechazo del evangelio por parte de los judíos, Pablo quiere que sepan que la salvación de Dios ha sido destinada a los gentiles, y que estos oirán con oídos abiertos, en tanto que los judíos han cerrado los suyos. Tres veces anteriormente, la terca oposición judía ha llevado a Pablo a volverse hacia los gentiles: en Antioquía de Pisidia (13.46), en Corinto (18.6), y en Éfeso (19.8–9). Ahora, por cuarta vez, en la ciudad capital del mundo, y de un modo todavía más decisivo, lo vuelve a hacer (28). El versículo 29 pertenece al Texto Occidental y expresa que luego los judíos se retiraron, 'discutiendo acaloradamente entre ellos'.[50]

## c. Pablo recibe gustosamente a todos los que lo visitan | 28.30–31

[28.30]Durante dos años completos permaneció Pablo en la casa que tenía alquilada, y recibía a todos los que iban a verlo. [31]Y predicaba el reino de Dios y enseñaba acerca del Señor Jesucristo sin impedimento y sin temor alguno.

En estos dos versículos finales de Hechos no hay mención de los judíos ni de los gentiles, como lo ha habido en los párrafos precedentes. La explicación más natural de esto es que el **todos** que alude a los que acudieron a ver a Pablo incluía tanto a judíos como a gentiles. Los terribles versículos de Isaías 6 no significaban que ningún judío se había convertido, ni que aquellos judíos que creyeron hayan sido rechazados. No obstante, el énfasis de la conclusión de Lucas recae sobre los gentiles que acudieron a ver a Pablo, quienes eran símbolos y precursores del vasto y hambriento mundo gentil que se hallaba afuera. 'Ellos sí escucharán' había predicho Pablo (28). Y por cierto que escucharon. Durante dos años completos acudían a él y lo escuchaban, mientras él permanecía en Roma, en su propia casa alquilada, o 'a su propia costa' (NBE). Es probable que haya reiniciado su actividad como fabricante de tiendas de campaña a fin de hacer frente a sus gastos. Pero cuando acudían visitantes a verlo, hacía a un lado su trabajo para ocuparse de la evangelización. ¿Y de qué les hablaba? Les hablaba acerca del **reino de Dios'** y **del Señor Jesucristo** (como en el versículo 23, especialmente la relación entre ellos. **Predicaba** acerca del primero y **enseñaba** acerca del segundo, dice Lucas. Esto parece querer decir que proclamaba las buenas noticias de la llegada del benévolo gobierno de Dios en la historia humana a través de Cristo y que ligaba esto con 'lo referente al Señor Jesucristo' (BJ). Es decir, que también enseñaba los hechos en relación con su nacimiento y su vida, sus palabras y obras, su muerte y su resurrección, su exaltación y el don del Espíritu. Era por medio de estos hechos salvíficos que se había hecho presente el reino de Dios. Es probable, con todo, que se haya exagerado la distinción entre 'predicación' y 'enseñanza', porque toda la predicación de Pablo tenía contenido doctrinal, en tanto que toda su enseñanza tenía propósitos evangelísticos.

Las palabras finales del libro son la expresión adverbial *meta pasēs parrēsias*, 'con toda valentía' (BJ), y el adverbio *akōlutōs*, 'sin estorbo alguno' (BJ). *Parrēsia* ha sido un término característico de Hechos ya desde el momento en que los Doce exhibieron valentía y oraron pidiendo tener más (4.13, 31). Además, Pablo les había pedido a los efesios que oraran para que su ministerio pudiera ostentar las mismas marcas.[51] *Parrēsia* denota un modo de hablar cándido (sin ocultamiento alguno de la verdad), claro (sin oscuridad en la expresión) y confiado (sin temor alguno de las consecuencias). **Sin temor alguno** o 'con toda valentía' significa que, aun cuando la custodia militar continuaba, no había prohibición alguna por parte de las autoridades que impidieran que Pablo se expresara. Aunque aún tenía sus manos atadas, su boca estaba libre para hablar de Jesucristo. Aunque estaba encadenado, la Palabra de Dios no lo estaba.[52] Unidos, los dos adverbios que usa Lucas describen la libertad de que disfrutaba el evangelio, sin limitaciones internas o externas. En consecuencia, podemos tener la seguridad de que se convirtieron muchos, incluido Onésimo, esclavo escapado.[53]

## Conclusión: La providencia de Dios

Muchos lectores de Hechos, que no tienen problema alguno con el capítulo 28 (el arribo y el ministerio de Pablo en Roma), tienen grandes dificultades con el capítulo 27 (el viaje por mar, la tormenta y el naufragio). ¿Por qué dedicó Lucas tanto de su precioso espacio a este relato gráfico, pero aparentemente nada edificante? Por cierto que su reputación como cronista preciso recibe realce debido al mismo, y su descripción de Pablo ante una situación crítica es de utilidad. Pero aun así el espacio dedicado a la narración no parece guardar proporción con su relativo valor.

Es esta impresión la que ha llevado a algunos estudiosos a buscar en este relato significados espirituales más profundos. Uno de ellos fue August van Ryn, que nació en los Países Bajos en 1890 pero se convirtió en un predicador y maestro norteamericano. En su *Acts of the Apostles: The Unfinished Work of Christ* [Hechos de los apóstoles: La obra inconclusa de Cristo][54] desarrolló una compleja alegoría. El barco es la iglesia visible, cuya historia ha sido un viaje desde 'su prístina perfección' en Jerusalén durante pentecostés, 'a través de muchos vientos contrarios y tormentas violentas' (persecución y falsa doctrina) hasta 'su naufragio moral y espiritual en Roma', es decir, en la Iglesia Católica Romana. Los que se encuentran a bordo constituyen una multitud mezclada. Algunos se parecen al centurión, que creía en el capitán y el propietario del barco (líderes eclesiásticos) 'más que en las cosas que decía Pablo', mientras que otros, incluso en medio de las tinieblas, la tormenta y el temor, escuchan la enseñanza de Pablo y se salvan. Estos también arrojan el trigo al mar, echando su pan sobre las aguas, es decir, desparramando simiente evangélica a diestra y siniestra. La tripulación lucha para ceñir el casco del barco (personas bien intencionadas que procuran mantener unida a la iglesia mediante proyectos de unificación). Pero no pueden impedir que naufrague, se haga pedazos y se disperse en mil fragmentos. Van Ryn admitió que es una alegoría forzada, pero agregó 'personalmente me gusta esta descripción'. Sin embargo, espero que a mis lectores no les guste. Las alegorizaciones que no se ajustan a un principio ponen en ridículo a las Escrituras, y ocasionan confusión en lugar de comprensión.

¿Cuál es, entonces, la lección principal que tenemos que aprender de Hechos 27—28? Se relaciona con la providencia de Dios, quien 'hace todas las cosas conforme al designio de su voluntad',[55] declara que 'de nada sirven ante el Señor [o 'contra', RVR95] la sabiduría, la inteligencia y el consejo',[56] y 'dispone todas las cosas para el bien de quienes lo aman'.[57] Esta actividad providencial de Dios se ve en estos capítulos de dos modos complementarios, primero llevando a Pablo a Roma, su anhelada meta, y segundo llevándolo como prisionero, su condición no deseada. Se trataba de una inesperada combinación de circunstancias: ¿qué había detrás de esto?

Primero, Lucas se propone que nos maravillemos con él ante la conducción de Pablo a Roma. No es tanto que Pablo hubiese dicho 'tengo que visitar Roma' (19.21), como que Jesús le había dicho 'es necesario que … des [testimonio] también en Roma' (23.11). Sin embargo, circunstancia tras circunstancia parecía calculada para hacer imposible que lo hiciera. Pablo había expresado su intención de proseguir directamente de Jerusalén a Roma.[58] En cambio, fue arrestado en Jerusalén, sometido a interminables juicios, encarcelado en Cesarea, amenazado con ser asesinado por los judíos, además de casi haberse ahogado en el Mediterráneo, casi ser muerto por los soldados y casi morir envenenado por una víbora. Cada incidente parecía pensado para impedir el destino planeado y prometido por Dios. Dado que Lucas se concentra en la tormenta, tenemos que tener presente que el mar, reminiscente del caos primitivo, era un símbolo de los poderes malignos que se oponían a Dios. No eran las fuerzas de la naturaleza (agua, viento y serpiente) ni maquinaciones de hombres (planes, intrigas y amenazas) las que se habían alineado contra Pablo, sino fuerzas demoníacas que obraban a través de ellas. Las Escrituras están llenas de ejemplos del diablo intentando frustrar el propósito salvífico de Dios a través de su pueblo y su Cristo. Intentó ahogar al pequeño Moisés por medio del faraón; por medio de Amán aniquilar a los judíos, por medio de Herodes el Grande destruir al niño Jesús en Belén, y por medio del sanedrín sofocar el testimonio apostólico y asfixiar a la iglesia apenas nacía. Y ahora por medio de la tormenta en el mar intentó impedir que Pablo llevara el evangelio a la capital del mundo.

Pero Dios obstaculizó su propósito. Lucas aumenta la emoción de su historia al dejarnos participar de su secreto, o sea que Jesús le había prometido a Pablo por adelantado que llegaría a Roma indefectiblemente (23.11). De modo que sabemos desde el principio que ineludiblemente iba a llegar allí. Pero a medida que avanza la narración y la tormenta se vuelve más violenta todavía, hasta que toda esperanza se desvanece, nos preguntamos cómo sería posible que fuese rescatado. ¿Llegará a destino realmente? ¡Claro que sí! ¡Y sí que llega! Porque fue rescatado por la intervención divina, cosa que Lucas deja claro mediante el repetido uso del vocabulario de la 'salvación'.[59]

De manera que por la providencia de Dios Pablo llegó a Roma salvo y sano. ¡Pero llegó como prisionero! La promesa de Cristo de que llegaría a testificar en Roma no había incluido esta información. ¿De qué manera resultaba esto compatible con la providencia de Dios? Me parece legítimo sostener que el apóstol, que fue llevado a Roma a testificar, vio ampliado, enriquecido y autenticado su testimonio por sus dos años de ser custodiado en la ciudad.

Primero, su testimonio se amplió, no sólo debido al constante flujo de gente que lo visitaba, sino especialmente debido a su testimonio sobre Cristo en presencia del César. Esto ha sido cuestionado, desde luego. Si bien 'hasta la época de Nerón', escribe Sherwin-White, 'los emperadores oían los casos que llegaban a su *cognitio*', en sus primeros años 'Nerón evitaba intervenir en los casos judiciales personalmente, y sólo aceptaba algún caso por razones especiales'. Normalmente delegaba los juicios sobre casos relacionados con penas capitales, aun cuando 'las sentencias eran confirmadas por él'.[60] ¿Era, entonces, el caso de Pablo una de las excepciones? Pienso que debieron considerar que sí lo era. Dejando lado la posibilidad de que la liberación de Pablo 'de la boca del león' fuese una referencia a su liberación por parte de Nerón,[61] el argumento más fuerte es la promesa de Jesús a Pablo en el barco, **tienes que comparecer ante el emperador** (27.24). Si su primera promesa a Pablo (sobre llegar a Roma) se cumplió, ¿sería probable que Lucas hubiera incluido su segunda promesa (sobre estar ante el César) a menos que supiera que esta también se había cumplido? Pienso que no. En este caso se nos permite imaginar que el prisionero que estuvo ante Félix, Festo y Agripa, también estuvo ante Nerón, y que en el tribunal más prestigioso del mundo, ante la persona más prestigiosa del mundo, Pablo proclamó a Cristo fielmente. Sí, Nerón en persona, ese excéntrico y a la vez sanguinario genio, escuchó el evangelio de labios del apóstol a los gentiles. Eso no habría sido posible si no hubiera sido un prisionero sometido a juicio.

Segundo, el testimonio de Pablo se enriqueció por los dos años de permanencia. Nos resulta difícil concebir cómo un activista nato como Pablo logró aguantar casi cinco años de comparativa inactividad (dos en la cárcel de Cesarea, dos bajo arresto domiciliario en Roma, y alrededor de seis meses en el viaje entre Cesarea y Roma). ¿Fueron años perdidos? ¿Se lo pasó mordisqueando el freno y escarbando el suelo como un caballo inquieto y rebelde? No, sus cartas desde la prisión exhalan una atmósfera de gozo, paz, paciencia y contentamiento, porque creía en la soberanía de Dios. Más todavía, por más que anhelara verse libre para servir a la iglesia de ese entonces como resultado de sus dos años de parcial encierro en Roma, Pablo legó a la posteridad en sus cuatro cartas desde la prisión un legado todavía más rico. Es probable que Pablo no haya sabido ni entendido esto. Pero nosotros sí.

Desde luego, Pablo no escribió la totalidad de sus cartas en la prisión. Les escribió a los gálatas en el ardor del debate teológico en camino al concilio a celebrarse en Jerusalén; escribió las dos cartas a los tesalonicenses a pocas semanas de cumplir su misión en la ciudad; y les escribió a los corintios y a los romanos en medio de un ministerio atareado. De modo que no necesitaba pasar un tiempo en la cárcel con el fin de escribir. Con todo, sostengo que en la providencia de Dios hay algo distintivo y especial en cuanto a sus cartas desde la prisión. No se trata solamente de que tuviera más tiempo para reflexionar y orar; se trata, también, de que la sustancia de esas cartas le debe algo a su experiencia en la prisión. Enfrentaba un juicio y una posible muerte, pero sabía que ya había resucitado con Cristo. Estaba a la esperaba del arbitrio del emperador, pero sabía que la autoridad suprema ante quien se inclinaba no era el Señor César, sino el Señor Cristo.

Luego, entonces, mientras el Espíritu Santo se valía del período bajo custodia para aclarar y reforzar esta verdad, las tres cartas principales escritas desde la cárcel (a los efesios, a los filipenses y a los colosenses) dan a conocer más poderosamente que en ninguna otra el señorío supremo, soberano, indiscutido y sin igual de Jesucristo. La persona y la obra de Cristo adquieren proporciones cósmicas, por cuanto Dios creó todas las cosas por medio de Cristo y ha reconciliado todas las cosas por medio de Cristo. La plenitud de la Deidad, que residía en Cristo, también había obrado por medio de él. Cristo es el agente de toda la obra de creación y de redención de Dios. Agregado a esto, habiéndose humillado hasta la cruz, Dios lo ha exaltado en forma suprema. Las tres cartas de la prisión lo afirman. Dios le ha dado el nombre o el rango por encima de todos.[62] Todas las cosas han sido puestas debajo de sus pies.[63] Es la voluntad de Dios que en todas las cosas él tenga la supremacía.[64] ¿Acaso no fue a través de su encierro que sus ojos fueron abiertos para ver la victoria de Cristo y la plenitud de vida, el poder y la libertad que le son dados a los que pertenecen a Cristo? La perspectiva de Pablo adquirió amplitud, su horizonte se extendió, su visión se aclaró y su testimonio fue enriquecido por su experiencia en la prisión.

Tercero, su ministerio recibió autenticación por sus sufrimientos. Nada demuestra la sinceridad de nuestras creencias como nuestra voluntad de sufrir por ellas. De modo que Pablo tuvo que sufrir, y que se viera que sufría, por el bien del evangelio que predicaba. No fue sólo que en el libro de Isaías el siervo que provee de luz a las naciones ha de sufrir, que las vocaciones de servicio y de sufrir están entrelazadas, que el testigo y el mártir son uno (*martys*), y que la semilla que se multiplica es la semilla que muere.[65] Es, también, que Pablo sufría por 'su' evangelio,[66] por cuanto el 'misterio' que le fue revelado era que judíos y gentiles formaban igualmente parte del cuerpo de Cristo. Es por ello que él podía escribir de 'lo que sufro por ustedes',[67] y que podía describirse a sí mismo como el prisionero de Cristo 'por el bien de ustedes los gentiles'.[68] El arresto, su prisión y sus juicios se debían todos a su incondicional adopción de la causa gentil. Fue debido a su testimonio ante los gentiles que los judíos se levantaron con tanta furia en su contra. Pablo pagó caro su lealtad al carácter libre y universal del evangelio. Pero sus llamados a las iglesias a vivir una vida digna del evangelio resultaban tanto más auténticos debido al hecho de que él mismo estaba preso por causa del evangelio.[69] Estaba dispuesto a morir por él; ellos debían vivir para hacerlo atractivo.

¿Fue liberado Pablo después de los **dos años completos** que Lucas menciona (30)? Está claro que así lo esperaba.[70] Y las epístolas pastorales proporcionan evidencias de que así esperaba, porque reinició sus viajes durante dos años más antes de volver a ser arrestado, sometido nuevamente a juicio, condenado y ejecutado en el año 64 d.C. Para entonces ya podía escribir que había peleado la buena batalla, completado su carrera y guardado la fe.[71] A continuación la siguiente generación debía calzar sus zapatos y continuar la obra. Así como el Evangelio según Lucas finalizaba con la perspectiva de una misión a las naciones,[72] igualmente Hechos termina con la perspectiva de una misión que partiera de Roma hacia el mundo. La descripción de Lucas sobre la predicación de Pablo **sin impedimento y sin temor alguno** (31) simboliza una puerta ampliamente abierta, a través de la que nosotros en nuestros días tenemos que pasar. Los 'Hechos de los Apóstoles' se cumplieron hace ya mucho tiempo. Pero los hechos de los seguidores de Jesús han de continuar hasta el fin del mundo, y sus palabras se darán a conocer hasta lo último de la tierra.

# Guía de Estudio

El propósito de esta guía de estudio es ayudarnos a llegar al corazón de lo que el autor escribió y aceptar el desafío de aplicar lo aprendido a nuestra propia vida. Se han diseñado las preguntas tanto para que se usen individualmente o en pequeños grupos que se reúnan por una hora o dos por semana, a estudiar, orar juntos y analizar el mensaje de Hechos.

Esta guía proporciona material para el prefacio, la introducción y dieciocho capítulos, con un total de diecinueve sesiones. Si se la emplea con un grupo que dispone de tiempo limitado, el líder deberá decidir antes cuáles preguntas son las más apropiadas para la discusión en grupo durante el encuentro, y cuáles deberían dejarse para que los miembros del grupo las elaboren por sí mismos o en grupos más pequeños en el transcurso de la semana.

Con el propósito de estar en condiciones de contribuir al grupo y aprender de los encuentros con el grupo, cada integrante debería leer la sección de Hechos que se ha de examinar en cada estudio, junto con las páginas correspondientes de este libro.

Es importante que estos estudios no se vuelvan un ejercicio meramente académico. Para evitar esto es conveniente dedicar tiempo a reflexionar y comentar de qué manera lo que vamos descubriendo se aplica en la práctica a la propia vida. Es apropiado empezar y terminar cada estudio con un período de adoración y oración: que el grupo pida al Espíritu Santo que les ayude a vivir lo que Lucas escribió y que les hable por medio de él.

## Prefacio e Introducción

▶ ¿Por qué es tan valioso el libro de Hechos (p. 7)?

▶ ¿Por qué es un error "leer el texto 'a la ligera' como si hubiera sido originalmente dirigido a nosotros en nuestro propio contexto" (pp. 10–11)? ¿Qué principios deberían gobernar la forma en que aplicamos la enseñanza de Hechos hoy?

## 1. Introducción a Lucas | 1.1–4

▶ ¿Por qué es innecesario ser escéptico en cuanto a la precisión histórica de Lucas (pp. 17ss)?

▶ Lucas escribe como historiador y también como diplomático. ¿Qué pruebas ofrece para demostrar a las autoridades romanas que no tienen nada que temer de los cristianos (pp. 22ss)?

▶ Algunos han sugerido que Hechos fue escrito para tapar las fisuras de una hostilidad fundamental entre Pedro y Pablo. ¿Por qué es insatisfactorio este punto de vista (pp. 24–26)? ¿De qué manera demuestra Lucas la unidad y armonía entre ellos?

▶ ¿Qué es la 'crítica de la redacción' (pp. 26ss)? ¿De qué manera nos ayuda a comprender el propósito que tenía Lucas al escribir Hechos (pp. 27ss)?

▶ ¿Por qué es erróneo insistir en que Lucas persigue intereses teológicos (es decir, el significado de un acontecimiento) a expensas de la confiabilidad histórica (es decir, cómo sucedieron realmente los acontecimientos) (pp. 26ss)?

▶ ¿Cuál es la preocupación teológica dominante de Lucas al escribir acerca de Jesús y la iglesia primitiva (p. 27)? ¿Cuáles son las 'tres verdades fundamentales' que sobresalen en relación con este tema tan importante? (pp. 27–28)?

▶ ¿Qué importancia tiene el hecho de que Lucas sea el único colaborador gentil del Nuevo Testamento (pp. 28–29)?

## 2. Introducción a Hechos | 1.1–5

▶ ¿Por qué son inadecuadas las expresiones 'Hechos de los  Apóstoles' o 'Hechos del Espíritu Santo' (pp. 30–31)?

▶ ¿Cómo logra Hechos 1.1–2 diferenciar o separar 'al cristianismo de todas las demás religiones' (p. 32)? ¿Qué implicancia tiene esto para usted?

▶ ¿Qué cosa es única acerca de los apóstoles (pp. 32–33)? ¿En qué sentido, si es que lo hay, podría haber 'apóstoles' hoy?

## I En Jerusalén [página 37]
Hechos 1.6—6.7

## 1 A la espera de Pentecostés [página 39]
Hechos 1.6–26

Este capítulo trata de los cuatro acontecimientos que protagonizaron los apóstoles entre Pascua y Pentecostés.

### 1. Los apóstoles recibieron la comisión | 1.6–8

▶ 'Los dos temas principales de la conversación de Jesús entre el momento de su resurrección y su ascensión fueron el reino de Dios y el Espíritu de Dios' (pp. 40–41). ¿De qué manera se vinculan estos dos temas?

▶ ¿Qué entendían los apóstoles por 'reino de Dios'? ¿En qué se habían equivocado (pp. 41ss)? ¿De qué manera estas mismas ideas equivocadas afectan su manera de pensar acerca del reino?

▶ ¿Qué diferencias hay entre el poder en el reino de Dios y el poder en los reinos humanos (pp. 41ss). ¿En qué sentido resulta esto pertinente esto para usted?

▶ ¿Cuáles son para usted las 'connotaciones políticas y sociales' del reino de Dios (pp. 41–42)?

> Cristo gobierna sobre una comunidad internacional
> en la que la raza, la nación, el rango y el sexo no constituyen
> barreras para la confraternización (p. 43).

▶ ¿Acerca de qué deben los apóstoles (¡como también nosotros!) 'estar dispuestos a quedar en la ignorancia' (p. 44)? ¿Por qué? ¿Qué información nos ofrece Jesús en su lugar?

▶ 'Antes de que pudiera venir el Espíritu, el Hijo debía partir' (p. 45). ¿Por qué?

### 2. Vieron a Jesús subir al cielo | 1.9–12

▶ Compare Hechos 1.9–12 con Lucas 24.50ss. ¿Se contradicen entre sí los relatos de Lucas sobre la ascensión (pp. 45–46)? ¿Cuáles son las principales discrepancias y qué fuerza tienen? ¿Qué tienen en común ambos relatos?

▶ ¿Realmente aconteció la ascensión? ¿Qué razones se dan para apoyar el punto de vista de que no ocurrió? ¿Qué razones podemos ofrecer para apoyar el punto de vista de que sí ocurrió en la forma en que la describe Lucas (pp. 47ss)?

▶ ¿Cuáles son las dos lecciones principales que nos enseña hoy la ascensión (pp. 50ss)?

> La curiosidad por el cielo y sus ocupantes, la especulación acerca de las profecías y su cumplimiento, la obsesión por 'la hora o el momento', son aberraciones que nos distraen de la misión que Dios nos ha dado (p. 52).

▶ ¿Qué dos errores opuestos cometieron los apóstoles (p. 53)? ¿Cuál tiende a cometer usted? ¿Qué puede hacer para prevenirse de esto?

## 3. Oraron para que viniera el Espíritu | 1.13–14

¿Qué nos informa Lucas acerca de la forma en que oraban (pp. 53ss)? ¿Hasta qué punto sus oraciones con otros creyentes reflejan estas prioridades?

## 4. Remplazaron a Judas por Matías como apóstol | 1.15–26

▶ Algunas personas sugieren que la acción de Judas al traicionar a Jesús puede excusarse sobre la base de que estaba predicha y por lo tanto de algún modo ordenada por anticipado. ¿Qué tiene de erróneo este punto de vista (p. 57ss)?

▶ Compare 1.18–19 con Mateo 27.3–5. ¿Tiene razón Hanson cuando dice sobre estos dos relatos que 'no pueden ser ciertos ambos' (p. 58)? ¿Cómo apoya su respuesta?

▶ ¿Por qué se decidió que Judas debía ser remplazado (pp. 59–60)? ¿Por qué no fueron remplazados los apóstoles (como Jacobo: ver 12.2) que sufrieron el martirio?

▶ ¿Qué condiciones menciona Pedro como necesarias para el apostolado (pp. 60ss)?

▶ ¿Por qué no echamos suertes cuando tomamos decisiones en la actualidad (p. 63)?

## 2 El día de Pentecostés [página 63]
### Hechos 2.1–47

▶ 'Hay por lo menos cuatro maneras en las que podemos pensar en el día de Pentecostés.' ¿Cuáles son (pp. 63–64)?

▶ ¿Qué significa 'avivamiento' (p. 64)? ¿Qué prioridad tiene en sus pensamientos y en su oración?

> Es preciso que seamos cautelosos, sin embargo, para no … relegar a la categoría de lo excepcional lo que Dios quiere que sea la experiencia normal de la iglesia (p. 64).

### 1. El relato de Lucas: El acontecimiento de Pentecostés | 2.1–13

▶ ¿Qué significación tiene el hecho de que los acontecimientos de este capítulo tuvieron lugar durante la celebración judía de Pentecostés (p. 65)?

▶ ¿Qué tres fenómenos acompañaron la llegada del Espíritu Santo (pp. 66ss)? ¿Qué significaban?

▶ El término 'glosolalia' viene del griego para 'hablar en lenguas'. ¿Qué entiende Lucas que no es la glosolalia (pp. 68ss)? ¿Por qué no? ¿Qué es lo que sí quiere expresar por 'glosolalia'?

▶ ¿Son iguales los fenómenos de la glosolalia en Hechos 2 a los de 1 Corintios 12 y 14 (pp. 70ss)? ¿Qué argumentos hay de ambos lados? ¿Por qué probablemente sea mejor interpretar otras referencias del Nuevo Testamento a la glosolalia en relación con Hechos 2, y no a la inversa?

▶ ¿Cómo entiende Lucas la significación de la glosolalia (p. 71)?

### 2. El sermón de Pedro: La explicación de Pentecostés | 2.14–41

▶ Hechos incluye diecinueve ejemplos significativos de lo que Jesús 'continuó … enseñando'. ¿Sobre qué base puede suponerse que los discursos no son informes al pie de la letra (pp. 72–73)? ¿Sobre qué bases han cuestionado algunos su confiabilidad como resúmenes de lo que se dijo (pp. 73–74)? ¿Cómo se puede responder a ellas?

▶ Pasando al discurso de Pedro, para explicar lo que está ocurriendo, Lucas hace referencia primeramente a predicciones en el Antiguo Testamento y luego a la historia sobre Jesús.

¿Qué significación tiene que el Espíritu sea derramado sobre todo el género humano (pp. 77–78) ¿Qué quiere decir que profetizarán aquí (p. 78)?

▶ ¿Cuáles son las seis etapas del relato sobre Jesús a las que Pedro llama la atención (pp. 79ss)?

▶ 'El uso que hace Pedro de las Escrituras probablemente nos parezca extraño' (p. 81). ¿Por qué? ¿Cómo se lo puede justificar?

> Nuestra lucha hoy es cómo ser fieles a este evangelio apostólico, y al mismo tiempo presentarlo de manera que haga eco en los hombres y las mujeres de nuestro tiempo (p. 85).

▶ "No es suficiente 'proclamar a Jesús'" (p. 87). ¿Por qué no? ¿Qué marco usa el autor que lo ayuda a mantenerse fiel al mensaje de los apóstoles (pp. 85ss)? ¿De qué forma podría servirle esto a usted también?

### 3. La vida de la iglesia: El efecto de Pentecostés | 2.42–47

▶ ¿Por qué es "incorrecto decir que el día de Pentecostés es 'el cumpleaños de la iglesia'" (p. 87)? ¿A qué dificultades podría conducir esto?

▶ ¿Cuáles son los tres hilos de evidencias que señalan la presencia y el poder del Espíritu en la iglesia primitiva (pp. 88ss)? ¿Cómo se ubica la iglesia a la que pertenece usted en este aspecto?

▶ ¿Por qué 'la plenitud del Espíritu no es incompatible con el uso del intelecto' (p. 88)? ¿Qué significa esto para usted?

▶ ¿Cómo funciona en la práctica la devoción a la enseñanza de los apóstoles para los cristianos de nuestros días (p. 88)?

▶ ¿Qué significa *koinōnia* (pp. 88–89)?

▶ ¿Hasta qué punto deberíamos imitar el ejemplo de la iglesia primitiva en cuanto a tener todas las cosas en común (pp. 89–90)? ¿Por qué?

▶ ¿Qué aspectos de la adoración de la iglesia primitiva describe Lucas (p. 91ss)? ¿Hasta qué punto refleja su experiencia del culto de adoración este equilibrio? ¿Por qué es así?

▶ Hechos 'se rige por un tema dominante, avasallador, que lo controla todo' (p. 93). ¿Cuál es dicho tema? ¿Hasta qué punto sería cierto esto en un informe sobre su propia vida?

▶ ¿Cuáles son las 'tres lecciones vitales acerca de la evangelización desde la iglesia local' a las que se refiere Lucas aquí (pp. 93–94)?

▶ 'No es necesario que esperemos, como tuvieron que hacer los 120, que venga el Espíritu' (p. 94). ¿Por qué no?

## 3  El estallido de la persecución [página 97]
### Hechos 3.1—4.31

▶ ¿Cómo fue que 'la existencia de la iglesia se vio amenazada' (p. 97)?

▶ ¿Qué paralelos hay entre Hechos 1—2 y Hechos 3—6 (pp. 97ss)?

### 1. Un lisiado congénito es sanado | 3.1–10

▶ ¿Qué hay de notable en la curación que describe Lucas aquí (pp. 99ss)?

### 2. El apóstol Pedro predica a la multitud | 3.11–26

▶ ¿Cuál es 'el rasgo más notable del segundo sermón de Pedro, como también del primero' (p. 102)?

▶ ¿Cuáles son tres de las bendiciones resultantes del arrepentimiento y la vuelta a Dios (pp. 103–104)?

▶ ¿Cómo demuestra Pedro la verdad de lo que está diciendo (p. 104)? ¿Qué podemos aprender de lo que dice?

> El diablo no puede soportar la exaltación
> de Jesucristo (p. 105).

### 3. El concilio somete a juicio a los apóstoles | 4.1–22

▶ ¿Qué sabemos acerca de los saduceos (p. 106)? ¿Por qué reaccionaron como lo hicieron ante Pedro?

▶ ¿Qué cosa preocupaba a los apóstoles (p. 107)? ¿Qué cosa le preocupa a usted?

> Notamos la facilidad con que Pedro pasa de la sanidad a la salvación … Ve la curación física de un hombre como una figura de la salvación que se ofrece a todos en Cristo (p. 108).

▶ ¿Qué fue lo que asombró al tribunal acerca de Pedro y de Juan (pp. 109)?

### 4. La iglesia ora | 4.23–31

▶ ¿Cómo respondió la iglesia ante las amenazas (pp. 111–112)?

▶ ¿Qué significación tenía que llamaran a Dios Señor soberano (p. 111)?

▶ ¿Qué nos enseña la forma en que oraban (pp. 111ss)?

### 5. Conclusión: Señales y prodigios

▶ ¿Cómo sintetiza el autor la enseñanza de John Wimber sobre señales y prodigios (pp. 113–114)?

▶ ¿Qué certidumbre ofrece el hecho de que las señales y prodigios constituyan 'el factor principal del crecimiento de la iglesia' (p. 115)?

▶ ¿Hasta qué punto deberíamos esperar que las señales y prodigios sean acontecimientos diarios hoy (pp. 114ss)?

▶ ¿Son iguales las señales y prodigios que se sostiene que ocurren hoy en día a los que se registran en el Nuevo Testamento (pp. 115–116)? ¿Por qué?

## 4 El contraataque satánico [página 117]
## Hechos 4.32—6.7

En esta sección, Lucas expone la triple estrategia de Satanás y muestra cómo puede ser derrotado.

### 1. Los creyentes gozan de vida en común | 4.32–37

▶ 'Lucas … quiere mostrar que la plenitud del Espíritu se manifiesta en hechos lo mismo que en palabras.' ¿Cómo logra esto (pp. 119ss.)?

▶ ¿En qué consistió el llamado 'experimento de Jerusalén' (pp. 120–121)? ¿Fue 'un error precipitado e imprudente'? ¿O se trata de 'un modelo obligatorio … que Dios quiere que todas las comunidades llenas del Espíritu imiten'?

► ¿Constituye 'buenas nuevas para los pobres' la forma en usted vive el evangelio del reino?

## 2. Ananías y Safira son castigados por su hipocresía | 5.1–11

►¿Por qué es tan importante este incidente (pp. 121ss.)? ¿Qué hicieron de mal Ananías y Safira? ¿Qué lecciones hay para que aprendamos nosotros?

## 3. Los apóstoles sanan a muchas personas | 5.12–16

►¿A qué resultados paradójicos condujeron los milagros descritos aquí (pp. 126–127)? ¿Qué es lo que ocasionan estas diferentes reacciones?

## 4. El sanedrín intensifica su oposición | 5.17–42

► ¿Bajo qué circunstancias es responsabilidad del cristiano desobedecer a la autoridad humana (pp. 130)? ¿Puede usted pensar en ejemplos a partir de su propia experiencia?

► ¿Qué verdades acerca de Dios enfatizan los apóstoles en los versículos 29–30 (p. 132).

► ¿Cómo reacciona usted a la discrepancia entre el relato que ofrece Lucas de Teudas y Judas el galileo y el que registra Josefo (pp. 131–132)?

► ¿Cuál es el 'principio de Gamaliel'? ¿Lo usa usted? ¿Hasta qué punto es acertado como indicador de si algo es o no de Dios (pp. 132–133)?

► ¿Cómo reaccionaron los apóstoles ante las críticas del consejo (p. 133)?

► 'Con frecuencia la iglesia es perseguida … Pero no necesitamos temer en cuanto a la supervivencia' (p. 134). ¿Por qué no?

## 5. Los siete son elegidos y comisionados | 6.1–7

► ¿Cuáles son los problemas que revela este incidente (p. 135)?

► ¿Cómo procuraron buscar una solución los apóstoles (pp. 136–137)? ¿Con cuánta frecuencia se adoptan decisiones como estas en su iglesia? ¿Por qué?

► ¿En qué consistía la esencia del ministerio de los apóstoles (p. 136)?

▶ 'En este incidente se ilustra un principio fundamental, que es de suma importancia para la iglesia de hoy' (p. 137). ¿Qué principio fundamental? ¿Por qué tiene tanta importancia en nuestros días?

▶ ¿Cuál fue el resultado de la reorganización descrita en estos versículos (pp. 139s)?

▶ 'Ya hemos visto, entonces, las tres tácticas que utilizó el diablo en su estrategia para destruir la iglesia' (p. 139). ¿Cuál utiliza hoy en la iglesia a la que pertenece usted? ¿Cómo se pueden desvirtuar sus planes?

## II Fundamentos para la misión mundial [página 141]
### Hechos 6.8—12.24

El Espíritu se ha hecho presente. Satanás ha contraatacado, pero ha sido vencido. Ahora viene la preparación del escenario para la expansión del cristianismo hacia el mundo gentil. Primero Lucas nos informa acerca de la obra realizada por Esteban y Felipe, y entonces sigue con las conversiones de Saulo y Cornelio.

## 5 Esteban el mártir [página 143]
### Hechos 6.8—7.60

### 1. Hechos | 6.8–12

▶ ¿Qué aprendemos de Esteban mediante estos versículos (p. 144)?

▶ ¿Qué métodos emplearon sus opositores contra él (p. 145)?

### 2. Esteban es acusado | 6.13–15

▶ ¿Por qué era tan seria la acusación contra Esteban (pp. 146ss)?

▶ ¿Qué significación tiene la observación de que el rostro de Esteban se parecía al de un ángel (p. 148)?

### 3. Esteban presenta su defensa | 7.1–53

▶ ¿Cuál es 'la naturaleza y el propósito del discurso de Esteban' (pp. 148–149)? ¿Por qué tiene importancia tener esto en cuenta?

▶ Esteban habla de cuatro personajes principales del Antiguo Testamento. ¿Por qué dice lo que dice acerca de cada uno de ellos (pp. 149ss)?

La lección que nos deja la experiencia de Moisés es la de que 'Dios está presente en todas partes' y que 'el lugar santo es dondequiera que esté Dios' (Crisóstomo, citado en la p. 158).

▶ ¿Qué dice Esteban en este pasaje que revela su respeto por la ley (pp. 160ss)? ¿De qué acusa a sus acusadores?

## 4. Esteban es apedreado | 7.54–60

▶¿Qué paralelos hay entre la muerte de Esteban y la muerte de Jesús?

## 5. Conclusión

▶¿Cómo y por qué enfatiza Lucas 'el papel vital que representó Esteban en el desarrollo de la misión cristiana mundial' (p. 164)?

# 6 Felipe el evangelista [página 167]
## Hechos 8.1–40

### 1. Persecución y proclamación | 8.1–4

▶ ¿Qué significación tienen las palabras que Lucas emplea para describir la proclamación de Cristo por parte de Felipe (p. 167)?

▶ ¿Qué 'triple cadena de causa y efecto' describe Lucas en estos versículos (pp. 168ss)? ¿Puede usted pensar en ejemplos modernos similares sobre la forma en que Dios frustra los planes de Satanás?

### 2. Felipe el evangelista y una ciudad samaritana | 8.5–25

▶ ¿Por qué fue la predicación del evangelio a los samaritanos por parte de Felipe un paso tan aventurado (pp. 171-172)? ¿Puede pensar en ejemplos modernos semejantes?

▶ ¿Cómo describe Lucas lo que ocurrió (pp. 172ss)?

▶ 'Algunos consideran estos milagros como propios de Felipe; otros piensan que señalan un patrón en la evangelización' (p. 172). ¿Qué piensa usted, y por qué?

▶ ¿Por qué era 'particularmente apropiado' que Juan fuese uno de los apóstoles enviados desde Jerusalén (pp. 174)?

▶ Pedro reprendió a Simón por tratar de comprar poder. ¿Qué es lo desalentador de la respuesta de Simón (p. 175)?

### 3. Felipe, los samaritanos, los apóstoles y el Espíritu Santo

▶ ¿ Por qué se considera al versículo 16 como 'tal vez la afirmación más extraordinaria en Hechos' (p. 175)?

▶ ¿Qué interrogante crucial plantea el relato de lo que les aconteció a los creyentes samaritanos (pp. 176ss)?

▶ ¿Ha de considerarse a la experiencia samaritana en dos etapas como la norma para la iniciación cristiana? El autor piensa que no por qué (pp. 178ss)?

▶ Una sugerencia es que la primera etapa, cuando los samaritanos 'creyeron a Felipe', no era de iniciación. ¿Por qué es que esta 'reconstrucción ingeniosa' no ha recibido aprobación general (pp. 179–180)?

▶ Otra sugerencia es que los samaritanos recibieron al Espíritu cuando creyeron y fueron bautizados por Felipe y que la imposición de las manos del apóstol cumplió un propósito diferente. ¿Por qué es que este punto de vista está expuesto a la crítica (p. 180)?

▶ Una tercera sugerencia es que los samaritanos representan un caso especial. ¿Qué indicios hay para esta posición (p. 181)? ¿Por qué, entonces, fue 'necesario que una delegación apostólica oficial escudriñara y confirmara el trabajo de Felipe' (p. 182)?

### 4. Felipe el evangelista y un líder etíope | 8.26–40

▶ ¿Por qué razón, como lo sugirió Calvino, 'la lectura de las Escrituras produce frutos en tan pocas personas hoy en día' (pp. 186–187)? ¿Hasta qué punto es cierto esto en cuanto a usted también?

### 5. Algunas lecciones sobre la evangelización

▶ Repasando el capítulo 8, ¿cuáles son las semejanzas y las diferencias entre la obra de Felipe entre los samaritanos y con el etíope (pp. 189–190)? ¿Qué cosas han de ser siempre flexibles y abiertas a cambios en nuestra evangelización en nuestros días? ¿Y qué cosas tienen que quedar invariablemente igual?

**7 La conversión de Saulo** [página 191]
Hechos 9.1–31

▶ En la experiencia de Saulo, ¿qué cosa fue única en su caso y qué cosas deben caracterizar la experiencia de todo cristiano (pp. 191–192)?

▶ ¿Qué tiene de inapropiado el punto de vista de que la conversión de Saulo se debió a un lavado de cerebro (pp. 192–193)?

### 1. Saulo: Su situación en Jerusalén antes de la conversión | 9.1–2

▶ Dados los detalles de estos versículos, ¿qué probabilidades había de que Saulo se hiciera cristiano (pp. 194–195)? ¿De cuál de todas las personas que usted conoce, diría que es el menos probable que se hiciera cristiana? ¿Qué tiene el caso de Saulo que puede alentarlo a usted?

### 2. Saulo y Jesús: La conversión en el camino a Damasco | 9.3–9; 22.3–11; 26.9–18

▶ ¿Qué indicios hay en estas descripciones de que la conversión de Saulo se debió enteramente a la gracia de Dios (pp. 196ss)?

▶ Pero 'es posible que atribuir la conversión de Saulo a la iniciativa de Dios sea fácilmente mal entendido, y requiere aclaración en dos sentidos' (p. 198) ¿Cómo?

▶ 'La gracia soberana es gracia progresiva y gracia benévola' (p. 200). ¿Puede ilustrar esto a partir de su propia experiencia?

### 3. Saulo y Ananías: Su recepción en la iglesia de Damasco | 9.10–25

▶ ¿Qué cambios se hicieron evidentes en la vida de Pablo (pp. 202–203)?

▶ Si usted hubiera sido Ananías, ¿cómo se habría sentido al tener que hacer el 'seguimiento de nuevos creyentes' en compañía de Saulo (p. 203)?

### 4. Saulo y Bernabé: Su presentación ante los apóstoles en Jerusalén | 9.26–31

▶ 'La verdadera conversión siempre da como resultado el ingreso en la iglesia' (p. 207). ¿Por qué fue tan importante el ministerio de Ananías y Bernabé? ¿Puede usted pensar en personas que se han acercado recientemente a su iglesia y necesitan recibir un ministerio similar?

▶ Lucas se concentra en el nuevo sentido de responsabilidad de Saulo hacia el mundo como una tercera preocupación en su vida (pp. 207ss). ¿Qué características de su testimonio menciona? ¿Qué lecciones arrojan dichas características para nosotros?

> Testificar es hablar de Cristo. Nuestra propia experiencia podrá ilustrar, pero no debe dominar nuestro testimonio (p. 207).

▶ 'La oposición del mundo no impidió la difusión del evangelio y el crecimiento de la iglesia' (p. 208). ¿Cuáles son las cinco cosas que caracterizan a la iglesia que crece?

### 5. Conclusión

▶ El relato de Lucas sobre la conversión de Saulo 'debería persuadirnos a esperar más de Dios, tanto en relación con los incrédulos como con los recientemente convertidos' (pp. 209). ¿Cómo se aplica esto a usted y a sus amigos y colegas no cristianos?

## 8 La conversión de Cornelio [página 211]
### Hechos 9.32—11.18

Dejando de lado a Pablo por un momento, Lucas se vuelve ahora a Pedro y su papel principal en la preparación de la escena para que el evangelio sea llevado a los gentiles tanto como a los judíos.

### 1. Pedro sana a Eneas y resucita a Tabita | 9.32–43

▶¿Qué cosa, en este pasaje, sugiere que la intención de Lucas es presentar a Pedro 'como un auténtico apóstol de Jesucristo' (p. 213)?

### 2. Cornelio manda llamar a Pedro | 10.1–8

▶ ¿Qué importancia tiene el hecho que Pedro se alojó con un curtidor (p. 215)?

▶ ¿Cuál era el grado de división entre judíos y gentiles en esa época (p. 216)? ¿Puede usted pensar en situaciones similares en el mundo hoy?

▶ 'El tema principal de este capítulo no es tanto la conversión de Cornelio como la conversión de Pedro' (p. 217). ¿Hay prejuicios similares que puede descubrir en usted mismo?

### 3. Pedro tiene una visión | 10.9–23

▶ 'Con qué perfección Dios pudo encuadrar su obra en Cornelio y en Pedro' (p. 219). ¿Qué ejemplos de 'coincidencia' divina ha experimentado usted recientemente?

### 4. Pedro predica en casa de Cornelio | 10.23b–48

> Pedro se negó tanto a ser tratado como un dios por Cornelio, como a tratar a Cornelio como si fuera un perro (p. 221).

▶ ¿Qué incluye Pedro en su disertación ante los amigos y la familia de Cornelio (pp. 221)?

▶ 'El acento está en que la nacionalidad gentil de Cornelio era aceptable y no había ninguna necesidad de que se hiciera judío, y no en que su propia justicia fuera adecuada al punto de que no necesitara hacerse cristiano' (pp. 221–222) ¿Por qué es tan importante esto?

▶ 'El don del Espíritu no era suficiente. También necesitaban maestros humanos' (p. 224). ¿En qué sentido tiene pertinencia para usted esta declaración?

### 5. Pedro justifica sus acciones | 11.1–18

▶ 'Hicieron falta cuatro golpes duros de revelación divina para superar sus prejuicios [los de Pedro] raciales y religiosos' (p. 227). ¿Cuáles fueron?

### 6. Lecciones para aprender

▶ 'Como Dios no hace diferencias en su nueva sociedad, nosotros no tenemos derecho de hacerlas tampoco' (pp. 229–230). ¿Hace alguna usted?

▶ ¿Qué es lo que 'reprende a aquellos cristianos que pasan por alto o desestiman [la] obra [del Espíritu Santo] hoy en día' (p. 230)?

▶ ¿Por qué es incorrecto decir que 'cualquiera, de cualquier nación o religión, que sea devoto y recto es justificado gracias a ello' (p. 232)?

▶ ¿Qué nos dice una comparación entre Saulo y Cornelio en cuanto al poder del evangelio (pp. 232–233)?

## 9 Expansión y oposición [página 235]
## Hechos 11.19—12.24

### 1. Expansión: La iglesia en Antioquía | 11.19–30

Lucas retoma el relato donde lo dejó en 8.1.

▶ ¿De qué maneras se expandió el evangelio en el área conquistada como resultado de la persecución en Jerusalén (pp. 236ss)?

▶ ¿Qué fue lo que hizo Bernabé en los versículos 22–24 (p. 239)? ¿Por qué?

▶ ¿Qué podemos aprender de lo que hizo Bernabé después (pp. 240–241)?

▶ ¿Qué ocurrió para demostrar que los nuevos cristianos de Antioquía eran realmente miembros de la familia de Dios (pp. 242ss)?

### 2. Oposición: La iglesia en Jerusalén | 12.1–25

Después de tremendos adelantos, ahora la iglesia enfrenta un gran retroceso.

▶ ¿Qué había detrás de las acciones de Herodes (p. 244)?

> La iglesia se dedicó a la oración, que es el único poder que poseen los desposeídos (p. 245).

▶ ¿Qué podemos aprender de la actitud de Pedro ante la prisión (pp. 245–246)?

▶ ¿Qué tiene de insatisfactorio el punto de vista de que "Pedro 'logró escapar por el soborno, la negligencia o un simple cambio de idea'" (p. 246)?

> ¡Es irónico que el grupo que estaba orando ferviente y persistentemente por la liberación de Pedro pudiera considerar loca a la persona que les informaba que sus oraciones habían sido respondidas! (p. 248).

▶ 'Los detalles dramáticos que incluye Lucas parecen destacar la intervención de Dios y la pasividad de Pedro' (p. 248). Busque los detalles a los que se refiere el autor.

▶ 'El capítulo se inicia con la muerte de Jacobo, Pedro en la cárcel y Herodes triunfante; cierra con Herodes muerto, Pedro libre y la Palabra de Dios triunfando' (p. 250). ¿Qué tiene que decirnos esto acerca de los procuran oprimir a la iglesia e impedir el progreso del evangelio?

## III. El apóstol a los gentiles [página 251]
Hechos 12.25—21.17

Lazos entre Hechos y las epístolas de Pablo

| Epístolas de Pablo | Pasajes de Hechos relacionados |
|---|---|
| Romanos | 18.2; 19.21; 23.11; 28.14–31 |
| 1 y 2 Corintios | 18.1—19.1 |
| Gálatas | 13.14—14.23; 15.36—16.6; 18.23 |
| Efesios | 18.19–20; 20.16–38 |
| Filipenses | 16.11–40; 20.1–6 |
| 1 y 2 Tesalonicenses | 17.1–15 |
| 1 y 2 Timoteo | 6.1; 17.14–16; 18.5; 19.22; 20.4 |

## 10 El primer viaje misionero [página 253]
Hechos 12.25—14.28

Lucas ha demostrado el poder del evangelio, a pesar de la oposición y la forma en que Dios ha preparado a la gente para lo que va a acontecer. Todo está listo ya para la expansión de la iglesia hasta 'los confines de la tierra'.

### 1. Bernabé y Saulo son enviados desde Antioquía | 12.25—13.3

▶ 'Tan importante fue ese momento …' (p. 254). ¿Cuál momento? ¿Por qué era tan importante?

▶ ¿A quiénes reveló su voluntad el Espíritu Santo (pp. 254–255)? ¿Por qué?

▶ ¿Qué fue lo que el Espíritu Santo reveló a la iglesia (p. 255)? ¿Qué importancia tiene esto para nosotros?

▶ ¿Cuál fue su respuesta al llamado de Dios (p. 255)?

▶ ¿En qué sentido es pertinente para nosotros el modo en que Bernabé y Saulo fueron comisionados (p. 256)?

## 2. Bernabé y Saulo en Chipre | 13.4–12

▶¿Qué fue lo que impresionó particularmente al gobernador Sergio Paulo (pp. 257ss)?

## 3. Pablo y Bernabé en Antioquía de Pisidia | 13.13–52

▶ ¿Cuál fue el carácter del revés que afectó a Pablo y a Bernabé en Perge (p. 260)?

▶ ¿Qué es lo que Lucas 'evidentemente … está ansioso por demostrar' (p. 261)?

▶ Pablo refiere la historia de Israel entre los patriarcas y la monarquía. ¿Cuál es su principal énfasis (pp. 262–263)?

▶ ¿Qué es lo que Pablo recalca en su relato de la muerte y resurrección de Jesús (pp. 264ss)?

▶ ¿Cuál es la principal diferencia que Pablo identifica entre el cristianismo y el judaísmo (pp. 265–266)?

▶ ¿Cómo contestaría usted a alguien que pretenda negar que Lucas comprendiese la doctrina de la justificación por la fe como algo central en el pensamiento de Pablo (pp. 265–266)?

▶ ¿Cuál es el efecto de la oposición judía a la predicación del evangelio (pp. 266ss)? ¿Qué efecto tiene en usted la oposición?

> Nada podía detener la expansión del evangelio del Señor … Pero al mismo tiempo aumentaba la persecución (p. 268).

## 4. Pablo y Bernabé en Iconio | 14.1–7

▶ ¿Cuál es el efecto de la predicación del evangelio (pp. 269–270)?

▶ ¿Por qué resulta 'desconcertante' la atribución del título de 'apóstol' a Bernabé (14.4, 14) (pp. 269–270)? ¿Cómo puede explicarse esto?

## 5. Pablo y Bernabé en Listra y Derbe | 14.8–20

▶ ¿Qué explicación tiene la reacción de la multitud (pp. 271–272)?

▶ ¿Por qué tiene tanta importancia lo que dice Pablo aquí (pp. 27–273)?

▶ ¿Cuál es la principal diferencia entre la predicación de Pablo a los judíos de Antioquía y la que dirigió a los paganos de Listra (p. 273)? ¿Cómo podemos 'aprender de la flexibilidad de Pablo'?

## 6. Pablo y Bernabé regresan a Antioquía de Siria | 14.21–28

▶¿En qué se concentraron Pablo y Bernabé durante su viaje de regreso (pp. 275–276)?

## 7. La política misionera de Pablo

En sus viajes misioneros Pablo dejó tras sí iglesias. El autor destaca los fundamentos de la instrucción apostólica, la supervisión pastoral y la fidelidad divina.

▶ La instrucción apostólica (p. 277). ¿Qué incluiría usted en 'un conjunto de verdades centrales'? ¿Por qué?

▶ La supervisión pastoral (p. 278). ¿Qué esquema de supervisión pastoral estableció Pablo? ¿En qué formas difiere este del 'esquema moderno con el que estamos familiarizados'?

▶ La fidelidad divina (pp. 278 y 279). ¿Por qué creía Pablo que, 'con toda confianza, se podía dejar a las iglesias manejar sus propios asuntos' (p. 279)?

▶ ¿Qué comunica la forma en que hacía las cosas Pablo a los misioneros de nuestros días (pp. 279ss)?

## 11 El Concilio de Jerusalén [página 285]
## Hechos 15.1—16.5

▶'Los líderes judíos no tenían problema en que hubiera gentiles creyentes, como concepto general' (pp. 283–284). ¿Por qué no? ¿Con qué *sí* tenían problemas?

## 1. La cuestión en juego | 15.1–4

▶ ¿De qué manera 'los fundamentos mismos de la fe cristiana estaban siendo minados' (p. 286)?

▶ ¿Por qué se opuso tan tenazmente Pablo a Pedro (pp. 286ss)?

## 2. El debate en Jerusalén | 15.5–21

Lucas sintetiza los tres discursos pronunciados por Pedro, Pablo y Bernabé, además de Jacobo.

▶ ¿A qué triple obra de Dios hace referencia Pedro (pp. 289–290)?

▶ ¿Qué contribución hicieron al debate Pablo y Bernabé
(pp. 290–291)?

▶ ¿Qué hay detrás de la afirmación de Jacobo de que Dios ha
tomado de entre los gentiles un pueblo para honra de su nombre
en el versículo 14? ¿Por qué cita al profeta Amós (pp. 291ss)?
¿En qué basa su conclusión?

▶ La propuesta de Jacobo incluye un pedido que los gentiles
se abstengan de cuatro cosas (p. 293ss). ¿Por qué estas cuatro?
¿Son cuestiones morales o ceremoniales?

### 3. La carta del concilio | 15.22–29

▶¿Cuáles son los tres puntos importantes que se tratan en la carta
(pp. 296–297)?

### 4. Después del concilio | 15.30—16.5

▶ ¿Qué fue lo que condujo a la separación de Pablo y Bernabé
(pp. 298 y 299)?

▶ En Galacia, Pablo circuncidó a Timoteo. ¿Cómo se lo puede
defender contra la acusación de no haber sido consecuente en
su actitud hacia la ley judía (p. 300)?

▶ ¿Qué les ocurrió a las iglesias como consecuencia de la decisión
del concilio de Jerusalén (p. 301)?

### Lecciones permanentes

▶ ¿Qué es lo que preserva la unidad de la iglesia (pp. 301ss)?

▶ ¿Cómo obró Pablo para 'mantener unida la iglesia sin
comprometer el evangelio' y 'defender la integridad del evangelio
sin sacrificar la unidad de la iglesia' (pp. 303–304)?

## 12 La misión en Macedonia [página 305]
### Hechos 16.6—17.15

Ahora Lucas pasa a describir la expansión del evangelio hacia
Europa.

▶ ¿Qué 'principios importantes de guía divina' se ven en 16.6–10
(pp. 308ss)?

1. La misión en Filipos | 16.11–40

► ¿Qué nos dice Lucas sobre la forma en que tanto Lidia, como la joven esclava y el carcelero romano alcanzaron la fe (pp. 311ss)? ¿Por qué tiene importancia esto?

► ¿Qué diferencias hay entre estos tres individuos (pp. 311ss)?

► 'Nosotros, que vivimos en una era de desintegración social, debemos poner de manifiesto el poder unificador del evangelio' (p. 320). ¿Cómo?

2. La misión en Tesalónica | 17.1–9; 1 Tesalonicenses 1—2

► ¿Cuál fue la estrategia de Pablo al presentar el evangelio a los judíos de Tesalónica (pp. 320ss)?

► ¿Cuál fue la respuesta al mensaje de Pablo (pp. 322–323)?

3. La misión en Berea | 17.10–15

► ¿De qué manera desplegaron un carácter más 'noble' los judíos de Berea (versículo 11) (p. 324)? ¿Cuál fue el resultado?

4. Algunas reflexiones finales

► Pablo 'creía en la doctrina … pero no en el adoctrinamiento' (p. 325). ¿Cuáles son las diferencias entre estas dos cosas?

## 13 Pablo en Atenas [página 327]
## Hechos 17.16–34

1. Lo que vio Pablo

► ¿Qué clase de lugar era Atenas (p. 327)?

► 'Lo que vio no fue ni la belleza ni el brillo de la ciudad, sino …' (p. 338). ¿Qué fue lo que notó Pablo particularmente?

2. Lo que sintió Pablo

► ¿Por qué reaccionó Pablo como lo hizo ante lo que vio (p. 329ss)? ¿Cómo reacciona usted ante expresiones modernas de lo mismo?

► ¿Cuál es el 'mayor incentivo de todos' para la evangelización mundial (p. 331)?

3. Lo que hizo Pablo

► ¿Cómo reaccionó Pablo (pp. 331ss)?

▶ ¿Qué tenían de distintivo las creencias de los epicúreos y los estoicos (p. 332)?

> Cristo llama a los seres humanos a moderar su intelecto, pero no a anularlo (p. 333).

▶ ¿Cuáles son los equivalentes modernos de los distintos grupos a los que habló Pablo en Atenas (p. 333)?

## 4. Lo que dijo Pablo

▶ ¿Qué hizo que Pablo fuese invitado a hablar en el Areópago (pp. 334–335)?

▶ ¿Fue una defensa o un sermón el discurso que pronunció Pablo (pp. 335ss)?

▶ ¿Al hablar como lo hizo en el versículo 23, estaba Pablo 'reconociendo … la autenticidad de el culto pagano' que profesaban (p. 337)?

▶ ¿Cuáles son las cinco verdades acerca de Dios que Pablo les presenta (pp. 337ss)?

▶ ¿Cuáles son los tres hechos acerca del juicio de Dios a los que se refiere Pablo (p. 341)?

▶ ¿Cómo se puede responder a quienes afirman que los relatos de Lucas sobre Pablo no son auténticos (pp. 341ss)?

▶ ¿Es una presentación adecuada del evangelio lo que Pablo dijo en Atenas (pp. 342–343)? ¿Por qué algunas personas suponen que Pablo estaba 'desalentado y tal vez desilusionado por su experiencia en Atenas'? ¿Es correcto este punto de vista?

## 5. De qué manera nos desafía Pablo

▶ 'Muchas personas rechazan nuestro evangelio en la actualidad, no porque consideren que sea falso, sino porque lo consideran trivial' (p. 344). ¿Qué podemos aprender de Pablo aquí?

▶ 'No hablamos como Pablo porque no sentimos lo que él sentía' (p. 344). ¿Por qué es esto?

## 14 Corinto y Éfeso [página 347]
### Hechos 18.1—19.41

▶ ¿Por qué se centró en las ciudades Pablo (pp. 348–349)? ¿Qué tenían de especial Atenas, Corinto y Éfeso?

▶ ¿Cuál era el 'esquema similar' de las visitas de Pablo a Corinto y Éfeso (p. 350)?

### 1. Pablo en Corinto | 18.1–18a

▶ ¿Por qué, como lo indica en 1 Corintios 2.2–3, tenía Pablo tanto temor en cuanto a su misión a Corinto y estaba tan preocupado por predicar sólo a Cristo y la cruz (pp. 351–352)?

▶ ¿Por qué trabajaba Pablo como fabricante de tiendas de campaña (p. 352–353)? ¿Qué aplicación tiene en nuestro tiempo la decisión de obrar de este modo?

▶ Después de encontrar resistencia por parte de los judíos, Pablo se volvió a los gentiles. ¿Qué sucedió que lo alentó a pensar que se trataba de una decisión acertada (pp. 354ss)?

▶ ¿Qué importancia tenía la actitud de Galión de negarse a tomar en serio el caso judío contra Pablo (p. 356)?

### 2. Pablo en tránsito | 18.18b–28

▶¿Sobre qué asuntos significativos relacionados con Apolo nos habla Lucas (p. 358)?

### 3. Pablo en Éfeso | 19.1–41

▶ 'No es posible considerar' que los discípulos con los que se encontró Pablo en Éfeso 'ofrezcan una norma para una iniciación en dos etapas' (p. 361). ¿Por qué no?

▶ ¿Cuáles son las cuatro cosas que son 'universales como iniciación' (p. 362)? ¿Qué cosas dependían de la situación en Éfeso? ¿Por qué?

▶ Algunos desestiman los 'milagros extraordinarios' (versículo 11) como 'elementos de leyenda' (pp. 363–364). ¿Qué se puede decir a modo de respuesta?

▶ ¿Qué otra cosa ocurrió que sirvió para favorecer la causa del evangelio (pp. 364–365)?

▶ ¿Cuáles fueron las razones que llevaron a Pablo a seguir una ruta indirecta hacia Jerusalén (p. 365)?

▶ ¿Cuál fue la causa principal del disturbio (pp. 366ss)? ¿Cómo lo disimuló Demetrio?

▶ ¿Por qué razón relata Lucas este incidente del modo que lo hace (p. 370)?

## 4. La estrategia de Pablo para la evangelización urbana

▶ ¿Qué podemos aprender sobre la evangelización urbana por la actividad de Pablo en Corinto y Éfeso (pp. 370ss)?

▶ ¿Cuál es el equivalente de la sinagoga en nuestra cultura (pp. 370–371)? 'La gente con mentalidad secular tiene que ser alcanzada en edificios seculares.' ¿Cómo se aplica esto a su propia situación?

▶ ¿Cuáles son los dos verbos que se destacan en estos capítulos como descriptivas de la predicación de Pablo? Pablo 'no se limitaba a proclamar su mensaje como algo que se podía aceptar o desechar' (pp. 371–372). ¿Por qué no? ¿Qué hacía en cambio?

> Los argumentos no sirven como sustitutos de la obra del Espíritu Santo. Pero es que la confianza en el Espíritu Santo tampoco desplaza el lugar de la argumentación (p. 372).

▶ ¿Qué tenía de 'particularmente notable' el uso que hace Pablo de la sala de conferencias de Tirano en Éfeso (p. 372)?

▶ 'Cuando comparamos buena parte de la evangelización contemporánea con la de Pablo …' (p. 374). ¿Qué notamos?

## 15. Más acerca de Éfeso [página 375]
### Hechos 20.1—21.17

▶ ¿Qué semejanzas hay entre el viaje de Pablo a Jerusalén y el que emprendió Jesús (p.375)?

## 1. Pablo en las regiones norte y sur de Grecia | 20.2–6

▶ ¿Cómo caracteriza Lucas el ministerio de Pablo en Macedonia (pp. 376ss)?

> Nada alienta y fortalece al pueblo de Dios como la Palabra de Dios (p. 376).

► ¿Por qué resulta 'interesante observar que Pablo rara vez viajaba solo' (p. 377)?

## 2. Una semana en Troas | 20.7–12

►¿Qué nos dice este incidente acerca del culto de los primitivos cristianos (pp. 381–382)?

## 3. Pablo habla a los ancianos de Éfeso | 20.17–38

► ¿Qué tiene de único este discurso (p. 384)?

► ¿Cuáles son los tres términos que usa Pablo al dirigirse a los líderes de la iglesia (pp. 384–385)? ¿Qué indica cada uno de ellos?
¿Qué importancia tiene el uso del plural por parte de Lucas para describirlos?

► ¿Puede identificar los temas de este discurso que reaparecen en las cartas de Pablo (pp. 385–386)?

► ¿Qué pruebas ofrece Pablo de su sinceridad en el pasado (pp. 386–387)? ¿Por qué tiene Pablo necesidad de hacer esto?

► ¿Qué es lo que tiene más importancia para Pablo que su supervivencia personal y su comodidad (p. 387)? ¿Por qué es esto? ¿Qué cosas son más importantes para usted que estas cosas?

► ¿Sobre qué cosas les advierte Pablo a los ancianos de Éfeso que estén alerta (pp. 388–389)? ¿Por qué? ¿Hasta qué punto está usted alerta a estas cosas también?

► ¿Qué resulta notable en el ejemplo de Pablo como 'pastor' (p. 390)?

► ¿Cuál es la 'doble tarea' que tienen los pastores del rebaño de Cristo (p. 391)?

► ¿Qué obligación descuidada sugiere el autor como 'la causa mayor de la actual confusión teológica' (p. 391)? ¿Por qué tiene esto tanta importancia?

► ¿Qué es lo que 'debería inspirarnos' a los líderes cristianos 'a ser fieles' (p. 392)?

## 4. Camino a Jerusalén | 21.1–17

► ¿En qué sentido es notable la profecía de Ágabo (pp. 394–395)?

▶ ¿Cómo reacciona Pablo a los ruegos de los que querían disuadirlo a ir a Jerusalén (p. 395)? ¿Qué revela esto en cuanto a sus prioridades?

▶ ¿Cuál es la solución a la aparente contradicción entre las incitaciones del Espíritu en 20.22–23 y 21.4, 11 (pp. 395–396)?

▶ ¿Qué le daba fuerzas a Pablo en su viaje (p. 397)? ¿De qué maneras recibe y ofrece usted este mismo recurso?

## IV. En camino a Roma [página 399]
Hechos 21.18—28.31

## 16 El arresto de Pablo y su autodefensa [página 401]
Hechos 21.18—23.35

▶ Al llegar Pablo a Jerusalén, toda su carrera y 'el curso de las cosas [cambiaron] abruptamente' (p. 401). ¿Cómo?

▶¿Por qué Lucas entra en tantos detalles en torno a los cinco juicios que tuvo que afrontar Pablo (pp. 401–402)?

▶¿Qué pruebas de la oposición judía ha registrado Lucas hasta aquí? ¿Qué paralelos hay entre los sufrimientos de Pablo y los de Jesús (pp. 402–403)?

▶¿Qué prueba de la reacción amistosa de los romanos al evangelio ofrece Lucas (pp. 403ss)? ¿Por qué lo hace?

### 1. Pablo se encuentra con Jacobo y acepta su propuesta | 21.18–26

▶ ¿Cuál era la tensión que subyacía a la bienvenida de Pablo por parte de los cristianos de Jerusalén (pp. 406ss)? ¿De qué forma se mostró Jacobo conciliador con relación a Pablo? ¿De qué forma se mostró Pablo conciliador con respecto a Jacobo?

▶ ¿Cuál era exactamente la preocupación de Jacobo (p. 408–409)?

### 2. Pablo atacado y arrestado | 21.27–36

▶ ¿Cuáles eran las dos acusaciones expresadas contra Pablo (pp. 411ss)?

▶ ¿Qué 'ejemplo llamativo' ofrece Lucas del contraste entre la hostilidad judía y la justicia romana (p. 413)?

**3. Pablo se defiende ante la multitud | 21.37—22.22**

▶ ¿Qué cosas son a la vez sensibles y correctas en el modo en que Pablo le habla a la multitud (pp. 416ss)?

▶ ¿Por qué fue que la multitud reanudó sus exigencias de que Pablo fuese sometido a la muerte (p. 417)?

▶ ¿Cuáles son los dos puntos principales que surgen de la defensa de Pablo (p. 417)?

**4. Pablo ante el sanedrín | 22.30—23.11**

▶ ¿Por qué estaba tan airado el sumo sacerdote por la observación inicial de Pablo (p. 421)?

▶ ¿Qué explicaciones se han dado por la aparente torpeza de la respuesta de Pablo (pp. 421–422)?

▶ ¿Qué cuestión distinguía a los saduceos de los fariseos (p. 422)?

▶ ¿Qué cosa sería 'difícil describir' (p. 423)?

**5. Pablo es rescatado de un complot judío | 23.12–35**

▶ 'Ni el más cuidadoso y astuto de los planes humanos puede triunfar si Dios se le opone' (p. 425). ¿Cómo se ilustra esto en el incidente mencionado? ¿Y en su propia experiencia?

▶ 'En estos capítulos se ve claramente la gran capacidad de Lucas como historiador y teólogo' (p. 427). ¿Cómo?

▶ ¿Cuál era el secreto del coraje de Pablo (p. 428)?

**17. Pablo sometido a juicio** [página 429]
**Hechos 24.1—26.32**

▶¿Cuál es 'el hilo que recorre estos capítulos' (p. 430)? ¿De qué maneras enfrentan hoy los cristianos circunstancias similares?

**1. Pablo ante Félix | 24.1–27**

▶ ¿Cuáles son las acusaciones que ofrece Tértulo contra Pablo (pp. 431–432)?

▶ ¿Cómo refuta Pablo estas acusaciones y niega la de que el cristianismo sea una secta hereje (pp. 432ss)?

▶ ¿Qué dilema debió enfrentar Félix (p. 435)?

▶ ¿Qué ocurrió en el curso de los dos años que siguieron (p. 435)? ¿Cuál fue la reacción de Félix ante el mensaje de Pablo? ¿Por qué?

Por cierto que la liberación de Félix de su pecado significaba más para Pablo que su propia liberación de la cárcel (p. 437).

## 2. Pablo ante Festo | 25.1–22

▶ Al hacer su defensa, ¿de qué sugiere Pablo que se lo acusaba (p. 439)? ¿Por qué apeló al César (p.440)?

▶ ¿Qué sabemos acerca de Agripa (pp. 441–442)?

## 3. Pablo ante Agripa | 25.23—26.32

▶ ¿De qué modo era 'el informe de Festo en cuanto a la situación … una mezcla de verdad y error' (p. 443)?

▶ ¿Qué hay de particularmente 'dramático' en la aparición de Pablo ante Agripa (p. 444)? ¿Cuáles son las 'tres fases principales' de su vida que Pablo describe (pp. 444ss)?

▶ ¿Qué significa dar coces contra el aguijón (versículo 14) (p. 447)?

▶ ¿Qué paralelos hay entre el llamado de Dios a sus profetas en el Antiguo Testamento y la comisión de Cristo a Pablo (pp. 447–448)?

▶ ¿Exactamente qué fue enviado a hacer Pablo (p. 449)? ¿Qué significa esto? ¿Por qué trataron de matarlo los judíos (pp. 450–451)?

▶ ¿Cómo reacciona el tribunal ante la defensa de Pablo (pp. 451ss)?

## Conclusión

▶ ¿Qué doble alegato yace detrás de los tres juicios (p. 453)? ¿Cómo respondió Pablo?

▶ ¿Qué caracteriza el uso que hace Pablo de las oportunidades para testificar (pp. 454–455)? ¿Qué caracteriza el uso que hace usted de oportunidades semejantes? ¿Hay alguna diferencia? En caso afirmativo, ¿por qué?

## Una nota sobre los tres relatos de la conversión de Saulo | Hechos 9.1–19; 22.6–16; 26.12–18

▶ ¿Cuáles son las dos discrepancias que se han sostenido en cuanto a los tres relatos que hace Pablo sobre su conversión (pp. 455ss)? ¿Cómo pueden ser resueltas?

**18. ¡Por fin Roma!** [página 459]
Hechos 27.1—28.31

▶ Leer Romanos 1.8–15; 15.20–32. ¿Por qué anhelaba Pablo visitar Roma (pp. 459ss)?

▶¿Cómo indica Lucas que 'Jerusalén y su templo no son indispensables para la iglesia' (p. 461)? ¿En qué equivalentes modernos de Jerusalén puede usted pensar?

▶¿De qué maneras es un paralelo el viaje de Pablo a Roma al de Jesús a Jerusalén (p. 461)?

### 3. Las tres intervenciones de Pablo | 27.21–38

▶ ¿Qué surge de la forma en que Pablo enfrentó la situación (p. 467)?

▶ ¿Sobre qué basó Pablo el llamado que hizo a sus compañeros de viaje para que mantuvieran la calma (pp. 467–468)?

▶ ¿Cómo emerge en este capítulo la combinación de 'espiritualidad con sano criterio' en Pablo (p. 470)?

### 4. Naufragio en Malta | 27.39—28.10

▶ ¿Por qué estaban tan decididos los soldados a matar a los prisioneros (p. 472)?

▶ A Pablo 'primero se lo tildó de asesino, luego de dios' (p. 473). ¿Por qué?

▶ ¿Qué hay de significativo en el modo en que el padre de Publio fue sanado (pp. 473–474)?

### 6. El evangelio para judíos y gentiles | 28.17–31

▶ ¿Qué principio continuó adoptando Pablo, incluso en Roma (p. 477)?

▶ ¿En qué se concentró Pablo durante sus discusiones con los judíos (pp. 477–478)?

▶ ¿A qué se puede atribuir la incredulidad ante la predicación (pp. 478–479)? ¿Cómo responde usted cuando le ocurre esto?

▶ ¿De qué les hablaba Pablo a quienes lo visitaban (p. 480)?

► ¿Qué importancia tienen las palabras finales del libro en el texto griego (mal ubicado al comienzo del versículo 31 en NIV y en FS; parcialmente también en DHH) (pp. 480 y 481)?

## 5. Conclusión: La providencia de Dios

► Algunos han pensado, en relación con el capítulo 27, que 'el espacio dedicado a la narración no parece guardar proporción con su relativo valor'. ¿Cuál es la mejor manera de resolver esta aparente dificultad (p. 481)?

► ¿En qué vemos la actividad providencial de Dios en estos capítulos (pp. 482–483)?

> Nada demuestra la sinceridad de nuestras creencias como nuestra voluntad de sufrir por ellas (p. 485).

► ¿Cuáles son las tres ventajas principales que tenía el que Pablo fuera un prisionero (pp. 483ss)? ¿Hay circunstancias aparentemente adversas en su propia vida que se ven de otro modo a la luz de la experiencia de Pablo?

# Bibliografía


**Alexander, J. A.** *A Commentary on the Acts of the Apostles,* 1857; Banner of Truth, 1963, tomos I y II publicados en un volumen.

**Barclay, William** *The Acts of the Apostles,* en *The Daily Study Bible,* St. Andrew Press, 1953; 2ª ed., 1955.

**Barrett, C. K.** *Luke the Historian in Recent Study,* Epworth, 1961.

**Baur, F. C.** *Paul, The Apostle of Jesus Christ, His Life and Works,* en 2 tomos, traducidos al inglés, 1836; Williams & Norgate, Londres, 1873-75.

**Bengel, Johann Albrecht** *Gnomon of the New Testament,* t. II, 1742; traducido al inglés por Andrew R. Fausset, T. & T. Clark, 6ª ed., 1866.

**Blaiklock, E. M.** *Cities of the New Testament,* Pickering & Inglis, 1965.

*The Acts of the Apostles: An Historical Commentary,* Tyndale, 1959.

**Bruce, F. F.** *The Acts of the Apostles: The Greek Text with Introduction and Commentary,* Tyndale, 1951.

*Commentary on the Book of the Acts: The English Text with Introduction, Exposition and Notes,* en *The New London Commentary on the New Testament,* Marshall, Morgan & Scott/Eerdmans, 1954.

*The Speeches in the Acts of the Apostles,* Tyndale, 1943. Mencionado en el texto como *Speeches,* 1.

'The Speeches in Acts - Thirty Years After',
en *Reconciliation and Hope: New Testament Essays
on Atonement and Eschatology*, ensayos en honor
a L. L. Morris, ed. Robert Banks, Paternoster Press,
1974. Mencionado en el texto como *Speeches*, 2.

**Cadbury, Henry**   *The Making of Luke-Acts*, Macmillan, 1927;
2ª edición, SPCK, 1958.

**Calvino, Juan**   *The Acts of the Apostles*, una exposición en 2 tomos:
t. I, capítulos 1-13 (original 1552; traducido al inglés,
1965); t. II, capítulos 14-28 (original 1554; traducido
al inglés 1966); ed. D. W. y T. F. Torrance, Oliver &
Boyd.

**Crisóstomo, Juan**   'The Homilies on the Acts of the Apostles',
predicadas en Constantinopla en 400 d.C.;
en *A Select Library of the Nicene and Post-Nicene
Fathers*, ed. Philip Schaff, t. XI, 1851, Eerdmans,
reimpreso, 1975.

**Coggan, Donald**   *Paul: Portrait of a Revolutionary*, Hodder &
Stoughton, 1984.

**Conybeare, W. J.
y J. S. Howson**   *The Life and Epistles of St Paul*, Longmans Green,
nueva edición, 1880.

**Conzelmann,
Hans**   *The Theology of St Luke*, Faber, 1960; traducción
inglesa de *Die Mitte der Zeit*, 1954.

**Dibelius, Martin**   *Studies in the Acts of the Apostles*, originalmente
escrito entre 1923 y su muerte en 1947, publicado
en 1951; traducido al inglés, SCM, 1956.

**Dunn, James D. G.**   *Baptism in the Holy Spirit*, SCM Press, 1970.

*Jesus and the Spirit: A Study of the Religious and
Charismatic Experience of Jesus and the First
Christians as Reflected in the New Testament*, SCM,
1975.

**Dupont,**
**Dom Jacques**
*The Salvation of the Gentiles: Essays on the Acts of the Apostles,* 1967; traducido al inglés por Paulist Press, 1979.

**Edersheim, Alfred**
*The Life and Times of Jesus the Messiah,* 2 tomos, Longmans, 1883.

*Sketches of Jewish Social Life in the Days of Christ,* Religious Tract Society, sin fecha.

**Farrar, F. W.**
*The Life and Work of St Paul,* Cassell, edición popular, 1891.

**Foakes-Jackson, F. J. y Lake, Kirsopp, eds.**
*The Beginnings of Christianity, Part I: The Acts of the Apostles,* 5 tomos, Macmillan: t. I, 1920; t. II, 1922; t. III, 1926; tt. IV y V, 1932; reimpresión de Baker, 1979.

**Gärtner, Bertil**
*The Areopagus Speech and Natural Revelation,* Upsala, 1955.

**Gasque, W. Ward**
'The Book of Acts and History', en *Unity and Diversity in New Testament Theology,* ensayos en honor a G. E. Ladd, ed. Robert A. Guelich, Eerdmans, 1978.

*A History of the Criticism of the Acts of the Apostles,* Mohr, Tubinga/Eerdmans, 1975.

**Gasque, W. Ward y Ralph P. Martin, eds.**
*Apostolic History and the Gospel: Biblical and Historical Essays,* Paternoster, 1970.

**Gomme, A. W.**
*A Historical Commentary on Thucydides,* en 5 tomos, t. I, 1945; t. II y III, 1956; t. IV, 1970 y t. V, 1981, por A. W. Gomme, A. Andrews y K. J. Dovey: Clarendon Press, Oxford.

**Green, Michael**
*Evangelism in the Early Church,* 1970; Highland, 1984.

*I Believe in the Holy Spirit,* Hodder & Stoughton, edición revisada, 1985.

*The Meaning of Salvation,* Hodder & Stoughton, 1965.

**Haenchen, Ernst** *The Acts of the Apostles: A Commentary,* 1956; 14ª edición alemana, 1965; traducido al inglés, Basil Blackwell, 1971.

**Hanson, R. P. C.** *The Acts,* 1967; Clarendon Press, Oxford, 1982.

**Harnack, Adolf** *The Acts of the Apostles,* traducido al inglés, Williams & Norgate, Londres, 1909.

*Luke the Physician,* 1906; traducido al inglés, William & Norgate, Londres, 1907.

**Hastings, James, ed.** *A Dictionary of the Bible,* 5 tomos, T. & T. Clark, 1898–1904.

**Hemer, Colin** *The Book of Acts in the Setting of Hellenistic History,* ed. Conrad H. Gempf: Mohr, Tubinga, 1989.

**Hengel, Martin** *Acts and the History of Earliest Christianity,* SCM, 1979.

**Hobart, W. K.** *The Medical Language of St Luke,* Dublin University Press, 1882; reimpreso por Baker, 1954.

**Horton, Stanley M.** *The Book of Acts: A Commentary,* Gospel Publishing House, Springfield, Missouri, 1981.

**Ireneo** *Against Heresies,* en *The Ante-Nicene Fathers,* t. I, ed. Alexander Roberts and James Donaldson, 1885; Eerdmans, 1981.

**James, M. R.** Traducción de *The Apocryphal New Testament,* Clarendon Press, 1 Oxford, 924; edición corregida, 1953.

**Josefo, Flavio** *The Antiquities of the Jews,* c. 93-94 d.C., traducido al inglés por William Whiston, 1737; en *Josephus: Complete Works,* Pickering & Inglis, 1981.

*The Wars of the Jews*, c. 78-79, traducido al inglés por William Whiston, 1737; en *Josephus: Complete Works*, Pickering & Inglis, 1981.

**Keck, Leander E. y J. Louis Martyn, eds.** *Studies in Luke-Acts*, Abingdon, 1966; SPCK, 1968; Fortress, 1980.

**Knowling, R. J.** 'The Acts of the Apostles', en *The Expositor's Greek Testament*, Hodder & Stoughton, 1900; 2ª ed., 1901.

**Lenski, R. C. H.** *The Interpretation of the Acts of the Apostles*, 1934; Augsburgo, 1961.

**Longenecker, Richard N.** 'The Acts of the Apostles: Introduction, Text and Exposition', en *The Expositor's Bible Commentary*, ed. Frank Gaebelein, t. IX, Regency Reference Library, Zondervan, 1981.

*Biblical Exegesis in the Apostolic Period*, Eerdmans, 1975.

**Marshall, I. Howard** 'The Acts of the Apostles: An Introduction and Commentary', en *Tyndale New Testament Commentaries*, nueva serie, IVP, 1980.

*Luke: Historian and Theologian*, Paternoster, 1970.

**Metzger, Bruce M.** *A Textual Commentary on the Greek New Testament*, United Bible Societies, edición corregida, 1975.

**Morgan, G. Campbell** *The Acts of the Apostles*, Fleming H. Revell, 1924; Pickering & Inglis, 1946.

**Morton, H. V.** *In the Steps of St Paul*, Richard Cowan, 1936.

**Neil, William** 'The Acts of the Apostles', en la *New Century Bible*, Oliphants/Marshall, Morgan & Scott, 1973.

**Pierson, A. T.** *The Acts of the Holy Spirit*, Marshall, Morgan & Scott, 1895.

**Rackham, R. B.** 'The Acts of the Apostles: An Exposition', en *Westminster Commentaries Series*, Methuen, 1901; 4ª ed., 1909.

**Ramsay, Sir William M.** *The Church in the Roman Empire before* AD *170*, Hodder & Stoughton, 1893.

*The Cities of St Paul: Their Influence on his Life and Thought*, Hodder & Stoughton, 1907.

*St Paul the Traveller and the Roman Citizen*, Hodder & Stoughton, 1895; 11ª ed., sin fecha.

**Ridderbos, H. N.** *The Speeches of Peter in the Acts of the Apostles*, Tyndale, 1962.

**Sherwin-White, A. N.** *Roman Society and Roman Law in the New Testament*, Oxford University Press, 1963; Baker, 1978.

**Smith, James** *The Voyage and Shipwreck of St Paul*, edición revisada y corregida por Walter E. Smith, 4ª ed., Longmans, 1880.

**Stanton, Graham N.** *Jesus of Nazareth in New Testament Preaching*, Cambridge University, 1974.

**Stonehouse, N. B.** *Paul before the Areopagus: and other New Testament Studies*, Tyndale Press, 1957.

**Stronstad, Roger** *The Charismatic Theology of St Luke*, Hendrickson, 1984.

**Torrey, C. C.** *The Composition and Date of Acts*, Harvard University Press, 1916.

**Vermes, Geza** *The Dead Sea Scrolls in English*, 1962; 2ª ed., Penguin, 1975.

**Walker, Thomas** *The Acts of the Apostles*, 1910; Moody, 1965.

**Williams, C. S. C.** 'A Commentary on the Acts of the Apostles', en *Black's New Testament Commentaries*, A. & C. Black, 1957; 2ª ed., 1964.

# Notas

### Prefacio

[1] Calvino, I, p. 20.

[2] *The Christian Warfare,* por Martin Lloyd-Jones (Banner of Truth, 1976), p. 274.

[3] Ramsay, *St Paul,* p. VIII.

[4] Ver Efesios 2.20.

[5] Ver *Baptism and Fullness* (IVP, segunda edición 1975), pp. 15–17. Roger Stronstad en su *The Charismatic Theology of St Luke* escribe sobre los que sostienen 'una dicotomía no bíblica entre los pasajes así llamados descriptivos y didácticos de las Escrituras' (p. 6), y parecería incluirme a mí entre ellos. ¡Pero yo me declaro inocente! No niego que los relatos históricos tengan un propósito didáctico, porque desde luego Lucas era tanto historiador como teólogo; más bien sostengo que el propósito didáctico de una narración no siempre resulta evidente por sí mismo y que, por lo tanto, con frecuencia hace falta contar con ayuda interpretativa basada en alguna otra parte de las Escrituras.

[6] 2 Timoteo 3.16.

[7] Romanos 15.4; 1 Corintios 10.11.

### Introducción

[1] Cadbury, pp. 8–11.

[2] Baur, I, p. 109.

[3] Harnack, *Luke,* pp. 121, 146.

[4] *Ibid.,* p. 112.

[5] Foakes-Jackson, II, pp. 491–492.

[6] Colosenses 4.14.

[7] Hobart, p. XXIX.

[8] *Ibid.,* p. XXXVI.

[9] Por ej. en *Luke the Physician.* Ver su conclusión en la p. 198.

[10] Barclay, p. XIV.

[11] *Ibid.,* por ej. Lucas 4.35; 9.38; 18.25.

[12] *Ibid.,* por ej. Hechos 3.7; 8.7; 9.33; 13.11; 14.8 y 28.8–9.

[13] Harnack, *Acts,* capítulo 2, especialmente pp. 71–87. Llega a esta conclusión: 'Las referencias y noticias geográficas y cronológicas en el libro [de Hechos] muestran la circunspección, el cuidado, la consistencia, y la confiabilidad del escritor' (p. 112). Para el conocimiento local específico de Pablo en cuanto a lugares, personas y circunstancias relacionadas con los viajes de Pablo (Hechos 13—28), ver Hemer, pp. 108–158.

[14] Cita tomada del erudito de Harvard C. C. Torrey, el que en su *The Composition and Date of Acts* (1916) desarrolló la interesante teoría (aunque no ha logrado convencer) de que 'los documentos más primitivos de esta comunidad judeo-cristiana se habrían escrito en arameo, la lengua vernácula', y que Lucas habría llevado a cabo 'una búsqueda especial de

documentos semíticos, como las fuentes primitivas y auténticas, con el fin de traducirlas al griego' (p. 5).

[15] Ramsay, *St Paul*, pp. 7–8.

[16] *Ibid.*, p. 4.

[17] Sherwin-White, p. 186.

[18] *Ibid.*, pp. 120–121.

[19] *Ibid.*, p. 189. Ver también el cúmulo de información en el capítulo 5 de la obra de Hemer, 'Evidence from Historical Details in Acts' (pp. 159–220).

[20] *The Four Gospels: A Study of Origins*, de B. H. Streeter, Macmillan, 1924, pp. 534–539.

[21] Lucas 23.4, 14, 22.

[22] Citado en *Religion in Communist Lands*, ene-feb de 1973, publicado por Keston College.

[23] Ver el artículo por A. J. Mattill titulado 'The Purpose of Acts: Schneckenburger reconsidered' en Gasque y Martin, pp. 108–122.

[24] *Ibid.*, p. 110.

[25] *Ibid.*, p. 111.

[26] La traducción (al inglés) de F. C. Baur, por el doctor Ward Gasque en su muy completa obra *A History of the Criticism of the Acts of the Apostles*, p. 326.

[27] Gálatas 2.11.

[28] *Die Mitte de Zeit* (1954), cuyo título en inglés es *The Theology of St. Luke* (1960).

[29] Marshall, *Luke*, pp. 18–19.

[30] *Ibid.*, p. 85.

[31] *Ibid.*, p. 93.

[32] Green, *The Meaning of Salvation*, pp. 125–131.

[33] Lucas 2.29–32.

[34] Colosenses 4.10ss. Para el énfasis de Lucas en la expansión mundial de la iglesia, ver especialmente *The Salvation of the Gentiles*, de Dupont.

[35] Lucas 24.19.

[36] Lucas 24.51.

[37] James, pp. 228–438.

[38] Bengel, p. 512.

[39] Pierson, p. 18.

[40] *Ibid.*, pp. 141–142.

[41] Mateo 28.20.

[42] Lucas 6.13; ver Juan 6.70.

[43] Marcos 3.14; Juan 15.27; ver Hechos 22.14–15.

[44] Lucas 1.2.

[45] Ver Lucas 24.41–43 y Juan 21.10ss.

[46] 1 Corintios 9.1; 15.8ss.

[47] 1 Corintios 15.7.

[48] Ver Lucas 4.18.

[49] Hechos se conocía en la iglesia primitiva en dos textos griegos, el 'alejandrino', especialmente en los grandes códices de los siglos IV y V (sinaítico, vaticano y alejandrino) y el 'occidental', especialmente en el códice de Beza del siglo V o VI (que se encuentra en la biblioteca de la Universidad de Cambridge), aunque su existencia ha sido rastreada hasta por lo menos el siglo II. Este último difiere del anterior por ser más largo (alrededor de 1.500 palabras más), por tener un estilo más pulido y un contenido más atractivo. Algunos eruditos piensan que Lucas mismo dio a conocer dos ediciones de Hechos, comenzando ya sea con un borrador inicial que posteriormente abrevió o con un borrador conciso que posteriormente amplió. Otros piensan que Lucas produjo un solo original, que fue deliberadamente corregido por un escribiente posterior (ya sea por expansión o por contracción). 'Con toda probabilidad', escribe C. K. Barrett, 'cada uno de ellos tiene algo que contribuir a nuestro conocimiento del texto de Lucas' (*Luke the Historian in*

*Recent Study*, p. 8). Para un análisis exhaustivo ver Metzger, pp. 259–272, Haenchen, pp. 50–60 y Hemer, pp. 193–201.

[50] Lucas 24.47.

[51] Juan 14.26.

[52] Juan 16.12ss.

[53] Lucas 24.49.

## 1. A la espera de pentecostés

[1] Lucas 3.21–22; 4.14, 18.

[2] Lucas 24.49.

[3] Longenecker, *Acts*, pp. 253ss.

[4] Por ej. Isaías 32.15ss; 35.6ss; 43.19ss; 44.3; Ezequiel 11.19; 36.26–27; 37.11ss; 39.29; Joel 2.28–29.

[5] Calvino, I, p. 29 [de la edición en inglés; ver la Bibliografía].

[6] En la exposición de estos versículos sigo lo que con justicia podría denominarse la perspectiva 'reformada', es decir la que entiende que los autores del Nuevo Testamento entendían las profecías del Antiguo Testamento relacionadas con la simiente de Abraham, la tierra prometida y el reino como algo cumplido en Cristo. Si bien Pablo en verdad predice un amplio vuelco judío hacia Cristo antes del fin (Romanos 11.25ss), no vincula este hecho con la tierra de la promesa. De hecho, el Nuevo Testamento no tiene ninguna promesa clara de un retorno judío a la tierra de Palestina. Reconozco plenamente que el punto de vista 'dispensacionalista' es diferente. El mismo sostiene que las promesas del Antiguo Testamento relacionadas con la ocupación judía de la tierra prometida se cumplirá (y se está cumpliendo) literalmente, y que en el Nuevo Testamento esto lo indican Marcos 13.28ss (el florecimiento de la higuera, que simboliza a Israel) y Lucas 21.24 (el aplastamiento de Jerusalén por los gentiles 'hasta que los tiempos de los gentiles se cumplan', lo cual denotaría que después de dicho período Jerusalén será reedificada). Según el punto de vista dispensacionalista, por consiguiente, estaba bien que los apóstoles preguntaran acerca de la restauración del reino a Israel, por cuanto vendrá el día en que le será plenamente restablecido (probablemente durante un reinado milenario literal de Cristo en la tierra). En este caso, aquello por lo cual Jesús los reprendió no fue su expectativa de un reino nacional, sino solamente su deseo de conocer 'los tiempos o las ocasiones', juntamente, quizá, con su consiguiente falta de preocupación por la misión mundial.

[7] Lucas 23.51; ver 2.25, 38.

[8] Lucas 24.21.

[9] *He Came down from Heaven*, por Charles Williams, 1938; Eerdmans, 1984, p. 82.

[10] Isaías 2.3 = Miqueas 4.2.

[11] Isaías 2.2–3.

[12] *The Missionary Nature of the Church*, por Johannes Blauw, 1962; Eerdmans, 1974, especialmente las pp. 34, 54, 66, 83–84.

[13] Apocalipsis 7.9.

[14] Lucas 19.11.

[15] Rackham, p. 7. Ver también *The Theology of St Luke*, por Conzelmann.

[16] Marcos 13.32.

[17] Deuteronomio 29.29.

[18] Mateo 28.20.

[19] *The Household of God*, por Lesslie Newbigin, SCM, 1953, p. 25.

[20] Mateo 24.14; ver Marcos 13.10.

[21] Lucas 24.50ss; Hechos 1.9ss.

[22] Haenchen, p. 145.

[23] Lucas 24.50ss.

[24] Lucas 24.50.

25 Conzelmann, p. 94.

26 Haenchen, p. 150.

27 Crisóstomo, Homilía II, p. 14 [de la edición en inglés; ver la Bibliografía].

28 Harnack, *Acts*, p. 241.

29 Neil, p. 66.

30 Juan 20.17.

31 1 Pedro 3.21–22.

32 Por ej. 1 Corintios 15.1–28; Efesios 1.18–23; Filipenses 2.9–11; 3.10, 20; Colosenses 3.1; ver 1 Timoteo 3.16.

33 Por ej. Hebreos 1.3; 4.14ss; 8.1; 9.11ss; 13.20.

34 Haenchen, p. 151. Como ejemplo de una descripción extravagante considere el lector el final de la *Epístola a los apóstoles*, que se ha fechado cerca del año 160 d.C.: 'Hubo truenos y rayos y un terremoto, y los cielos se abrieron, y apareció una nube brillante que lo transportó' (James, p. 503).

35 Lucas 1.26ss; 2.9–10, 13–15.

36 Lucas 22.43.

37 Lucas 24.4ss, 23.

38 Lucas 21.27.

39 Lucas 9.34.

40 Apocalipsis 1.7.

41 Lucas 9.26; ver 1 Tesalonicenses 4.14ss; 2 Tesalonicenses 1.7.

42 Lucas 17.23–24.

43 Lucas 24.53.

44 Lucas 22.12.

45 Calvino, I, p. 38 [en la edición en inglés; ver la Bibliografía].

46 Marshall, *Acts*, p. 64.

47 1 Corintios 15.6.

48 Lucas 6.14–16.

49 Lucas 6.14–15.

50 Lucas 8.2–3.

51 Lucas 24.10, 22.

52 Ver Mateo 28.8ss.

53 Ver Marcos 3.21, 31–34; Juan 7.5.

54 1 Corintios 15.7.

55 Por ej. Romanos 12.12 y Colosenses 4.2.

56 Calvino, I, p. 40 [en la edición en inglés; ver la Bibliografía].

57 Mateo 27.3–5.

58 Hanson, p. 60.

59 Mateo 27.5.

60 Edersheim, *Life and Times*, II, p. 575.

61 Mateo 27.6.

62 Alexander, I, p. 28.

63 Lucas 24.25–27, 32, 45–49.

64 Juan 15.25.

65 Juan 2.17.

66 Romanos 11.9–10; 15.3.

67 Longenecker, *Acts*, p. 264.

68 Lucas 22.28–30.

69 1 Corintios 9.1; 15.8–9.

70 Morgan, pp. 19–20.

71 Lucas 6.12–13; Hechos 1.2.

72 Hechos 15.8; ver 1 Samuel 16.7; Apocalipsis 2.23.

73 Por ej. Levítico 16.8; Números 26.55; Proverbios 16.33; Lucas 1.9.

74 Crisóstomo explicó el uso de las suertes diciendo que 'el Espíritu no había sido enviado todavía' (Homilía III, p. 19).

## 2. El día de pentecostés

1 El no entender ni distinguir entre estos cuatro significados del pentecostés explica, sospecho yo, las continuas tensiones entre los cristianos 'carismáticos' y los 'no carismáticos'. Por ejemplo, es cierto que Roger Stronstad tiene razón cuando destaca el aspecto 'vocacional' del don del Espíritu, o sea que 'unge' y 'prepara' para el cumplimiento de su ministerio. Esto resulta particularmente evidente en el caso de los apóstoles. Sin embargo, me parece

que Roger Stronstad exagera el caso cuando sostiene que, de conformidad con la teología de Lucas, el Espíritu no fue dado para la salvación, ni para la santificación, sino exclusivamente para el servicio (Stronstad, pp. 1, 12, 83).

[2] Deuteronomio 16.16.

[3] Éxodo 23.16

[4] Éxodo 34.22; Levítico 23.15ss; Números 28.26.

[5] Crisóstomo, Homilía IV, p. 25.

[6] Ezequiel 36.27.

[7] Jeremías 31.33.

[8] Ver Hebreos 12.18–19.

[9] Lucas 3.16.

[10] Debido al orden más bien extraño en el que Lucas ubica a las naciones, algunos estudiosos han sugerido que tal vez se valió de alguna antigua 'geografía astrológica' como la de Pablo de Alejandría, del siglo IV, quien tabulaba las naciones de conformidad con los doce signos del zodíaco. Para una evaluación equilibrada de esta teoría, ver el ensayo de Bruce Metzger en Gasque y Martin, pp. 123–133.

[11] Ver Juan 1.46; 7.52.

[12] Longenecker, *Acts*, p. 272. Ver también Mateo 26.73 y Lucas 22.59 para referencias al particular acento galileo.

[13] Haenchen, p. 178.

[14] Gálatas 5.23.

[15] Por ej., 'Muchos de los que estaban allí pensaron que reconocían palabras de alabanza a Dios en otros idiomas' (Dunn, *Jesus*, pp. 151–152).

[16] Neil, p. 71.

[17] Barclay, p. 15.

[18] 1 Corintios 14.2; ver los vv. 14–17, 28.

[19] Horton, p. 33, nota al pie 11.

[20] El debate continúa en torno a la experiencia contemporánea de si la glosolalia es, o a veces incluye, el hablar en idiomas reconocibles. Sostienen este punto de vista Morton T. Kelsey, por ejemplo, en *Speaking with Tongues* (1964; Epworth, 1965) y John L. Sherrill en *They Speak with other Tongues* (1964; Hodder, 1965). Por otro lado, dos investigaciones socio-lingüísticas objetivas y equilibradas han llegado a la conclusión de que no se han encontrado registros científicamente comprobados de glosolalia como idiomas extranjeros no aprendidos. Me refiero a *Tongues of Men and Angels* (MacMillan, 1972), de William J. Samarin, y a *The Psychology of Speaking in Tongues* (Hodder & Stoughton, y Harper & Row, 1972), de John P. Kildahl.

[21] *Call to Mission*, de Stephen C. Neill, Fortress, 1970, p. 12.

[22] Génesis 11.1–9; Apocalipsis 7.9.

[23] Cadbury, p. 184.

[24] *Thucydides*, traducido al inglés por Benjamín Jowett, Clarendon Press, Oxford, 1881, t. I, 1.22.

[25] Foakes-Jackson, V, p. 405.

[26] Foakes-Jackson, II, p. 13.

[27] Foakes-Jackson, V, p. 406.

[28] Bruce, *Speeches* (2), p. 54.

[29] Tucídides, *Ibid.*, I. 22.

[30] Gomme, I, p. 157. Ver también el capítulo 3 de Colin Hemer sobre 'Ancient Historiography' (pp. 63–100), y su apéndice sobre los discursos en Hechos (pp. 415–427). Conrad Gempf recalca en su Conclusión al libro de Hemer que 'contrariamente a la opinión moderna sobre el tema, los historiadores antiguos eran capaces de métodos y principios muy rigurosos y críticos' (p. 411).

[31] Gasque, *History*, pp. 226–228. Ver también Gasque, 'Book', pp. 58–63;

Longenecker, *Acts*, pp. 212–214 y 229–231; y A. W. Gomme, 'The Speeches in Thucydides', en su *Essays in Greek History and Literature* (Oxford, 1937, p. 166) y su *A Historical Commentary on Thucydides*, I, pp. 140–141, 157. Colin Hemer se refiere al 'devastador desenmascaramiento' por parte de Polibio de las fallas de Timeo como historiador, cuando dice que 'Timeo *claramente inventa discursos*'. Hemer concluye: 'Polibio estalla con indignación ante semejante procedimiento indefendible' (p. 75).

[32] Foakes-Jackson, V, p. 416.

[33] Ridderbos, p. 10.

[34] Bruce, *Speeches* (1), p. 27.

[35] Joel 2.32.

[36] R. N. Longenecker muestra (en *Exegesis*) que la interpretación 'pesher' era característica de la enseñanza de Jesús. 'El "esto es lo dicho" [RVR95] como tema del cumplimiento, que es distintiva de la exégesis *pesher*, surge repetidamente en las palabras de Jesús' (p. 70). Más aun, los apóstoles aprendieron este método de él, cuando eran dirigidos por el Espíritu. En consecuencia, 'la interpretación *pesher* es sumamente característica de su tratamiento de la Escritura' (p. 98). Ver también las pp. 38–45, 70–75 y 129–132.

[37] Citado por Lenski, p. 74.

[38] Jeremías 31.34: 'todos … me conocerán'; 1 Tesalonicenses 4.9: 'Dios mismo les ha enseñado'; 1 Juan 2.27: 'esa unción … les enseña todas las cosas'.

[39] Lenski, p. 75.

[40] Calvino, I, p. 59.

[41] Lucas 23.44–45.

[42] Lucas 21.11.

[43] Por ej. Isaías 13.9ss; 34.1ss; Ezequiel 32.7ss; Amós 8.9; Mateo 24.29; Lucas 21.25–26; Apocalipsis 6.12ss.

[44] Ver 2 Samuel 7.16; Salmo 89.3ss; 132.11–12.

[45] Por ej. Lucas 4.21; Juan 5.39–40; Lucas 24.27, 44ss.

[46] Por ej. Salmo 2.8; 16.10; 110.1.

[47] Dupont, p. 120.

[48] *Ibid.*, p. 109; y pp. 103–128, 136, 154–157. Ver también los comentarios de Longenecker en *Acts*, pp. 279–280, y en *Exegesis*, especialmente las pp. 85–103, 205–209.

[49] Marcos 12.35–37; Lucas 20.41–44.

[50] 1 Corintios 15.25; Hebreos 1.13.

[51] Alexander, I, p. 85.

[52] Como en Isaías 49.1, 12; 57.19; ver Efesios 2.13, 17.

[53] *The Apostolic Preaching and its Developments,* por C. H. Dodd, Hodder & Stoughton, 1936.

[54] *Ibid.,* pp. 38–45.

[55] Ver Gálatas 3.13.

[56] Ver 2 Corintios 12.12; Hebreos 2.1–4.

[57] 1 Juan 1.3.

[58] 2 Corintios 13.14.

[59] 2 Corintios 8.4; 9.13.

[60] Vermes, p. 103.

[61] Regla Comunitaria VI, *Ibid.*, p. 82.

[62] *Ibid.,* p. 30.

[63] Ver *Every Need Supplied: Mutual Aid and Christian Community in the Free Churches 1525–1675,* ed. Donald F. Durnbaugh, Temple University Press, Filadelfia, 1974.

[64] Deuteronomio 26.12.

[65] 1 Juan 3.17.

[66] Crisóstomo, Homilía VII, p. 47.

[67] Gálatas 5.22.

[68] *Pentecost and Missions,* por Harry Boer, Lutterworth, 1961.

[69] *Ibid.,* pp. 161–162.

## 3. El estallido de la persecución

[1] TLA, 2.7, 12; 3.10.

[2] Daniel 9.20–21; Hechos 10.2, 22.

[3] Josefo, *Guerras de los judíos*, v.5.3.

[4] Walker, p. 67.

[5] Lucas 8.54.

[6] Isaías 35.6.

[7] Juan 10.23.

[8] Ver Lucas 22.54–62.

[9] Alexander, I, p. 109.

[10] Por ej. Números 15.27ss, ver Lucas 23.34; 1 Corintios 2.8; 1 Timoteo 1.13.

[11] Apocalipsis 7.17; 21.4.

[12] Apocalipsis 3.5.

[13] Barclay, p. 32.

[14] Ver Isaías 43.25.

[15] Mateo 19.28.

[16] Romanos 8.19ss.

[17] 2 Pedro 3.13; Apocalipsis 21.5.

[18] Deuteronomio 18.15ss, ver Lucas 9.35.

[19] Por ej. 2 Samuel 7.12ss.

[20] Génesis 12.3; 22.18; 26.4.

[21] 'Del judío primeramente', por ej. Romanos 1.16; 2.9–10; 3.1–2.

[22] Neil, p. 88.

[23] Ver Lucas 3.2.

[24] Ver Juan 18.12ss.

[25] Lucas 20.1–2.

[26] Lucas 21.12ss.

[27] Lucas 20.17.

[28] Juan 7.15.

[29] Haenchen, p. 218.

[30] Lucas 9.54.

[31] Alexander, I, p. 172.

[32] Crisóstomo, Homilía XI, p. 73.

[33] Morgan, p. 91.

[34] John Wimber, a quien se hace referencia en el resto de este capítulo, tiene razón cuando nos advierte, tanto en *Power Evangelism* (Hodder & Stoughton, 1985; capítulo 5, '*Signs and Wonders and Worldviews*'), como en *Power Healing* (Hodder & Stoughton, 1986; pp. 28, 30) sobre 'la penetrante influencia de una cosmovisión occidental secularizada', no sea que nos veamos 'atrapados en la maraña del secularismo occidental'.

[35] *Power Evangelism*, p. 117.

[36] *Ibid.*, p. 117.

[37] Por ej. 1 Corintios 2.1–5; 1 Tesalonicenses 1.5.

[38] 2 Corintios 12.12.

## 4. El contraataque satánico

[1] Calvino, I, p. 130.

[2] Josefo, *Antigüedades*, xv.10.4.

[3] Por ej. Lucas 4.18; 6.20; 7.22.

[4] Bengel, p. 556.

[5] Bruce, *English*, p. 110.

[6] Josué 7.1.

[7] Tito 2.10.

[8] W. L. Knox, citado por Haenchen, p. 237.

[9] Por ej. Lucas 6.42; 12.1, 56; 13.15.

[10] Ver *ekklēsia* en 7.38. Y en la LXX ver, por ej. Josué 8.35.

[11] 1 Juan 1.7.

[12] Por ej. 1 Corintios 11.22, 30.

[13] Por ej. 1 Corintios 5.5; 1 Timoteo 1.20.

[14] Mateo 18.15–17.

[15] Longenecker, *Acts*, p. 316.

[16] Neil, p. 95.

[17] Haenchen, p. 244.

[18] Lucas 1.35; 9.34.

[19] Neil, pp. 96–97.

[20] Mateo 27.25.

[21] Por ej. Romanos 13.1–5; Tito 3.1; 1 Pedro 2.13–17.

[22] Ver Juan 15.26.

[23] Josefo, *Antigüedades*, xx.5.1.

24 Josefo, *Guerras*, II.8.1; ver también *Antigüedades*, XVIII.1.1.

25 Knowling, p. 158.

26 Neil, p. 99.

27 *Antigüedades*, XVII.10.4; ver también *Guerras*, II.4.1.

28 Alexander, I, p. 239.

29 Mateo 5.10–12; Lucas 6.22–23.

30 Tertuliano, *Apología*, capítulo 50.

31 Por ej. Éxodo 16.7; Números 14.27; 1 Corintios 10.10.

32 Por ej. Filipenses 2.14; 1 Pedro 4.9.

33 Por ej. Éxodo 22.22–24; Deuteronomio 10.18.

34 Ver 1 Timoteo 5.3–16.

35 2 Corintios 11.22; Filipenses 3.5.

36 *Acts*, p. 332. El doctor Longenecker ofrece un exhaustivo análisis sobre las opciones en pp. 326–329.

37 Por ej. Gálatas 3.28; Efesios 2.14–16; Colosenses 3.11.

38 Ver Romanos 16.1; Filipenses 1.1; 1 Timoteo 3.8, 12; 4.6.

39 Lenski, p. 246.

40 Ver Hechos 2.47; 4.4; 5.14; 6.1.

41 Efesios 6.11.

42 Ver Hechos 3.6, 16; 4.7, 10, 12, 18.

## 5. Esteban el mártir

1 Morgan, pp. 142–143.

2 Lucas 21.15; ver 12.12.

3 Marcos 14.58; ver 15.29; Mateo 26.61.

4 Juan 2.20.

5 Juan 2.21.

6 Mateo 12.6.

7 Mateo 5.17.

8 Éxodo 34.29–30.

9 Prefacio a *Androcles and the Lion* [Androcles y el león] por George Bernardo Shaw (1912); Constable, 1916, p. LXXXV.

10 Dibelius, pp. 167 y 169.

11 Neil, p. 107.

12 Salmos 27.4; ver Salmos 15, 42—43, 84, 122, 134, 147, 150.

13 Por ej. Jeremías 7.4.

14 Génesis 11.28.

15 Josué 24.2

16 Génesis 15.7; Josué 24.3; Nehemías 9.7.

17 Ver Génesis 15.13; Éxodo 12.40–41.

18 Génesis 26.1–5.

19 Génesis 46.1–4; ver 28.10–15.

20 Génesis 23.

21 Génesis 33.18–20.

22 Génesis 47.29–30; 49.29–33; 50.12–14.

23 Génesis 50.26; Josué 24.32.

24 Ver Génesis 12.1–3; 15.18–21; 22.15–18.

25 Deuteronomio 18.15.

26 Crisóstomo, Homilías XVI y XVII, pp. 100–112.

27 1 Reyes 8.27; ver 2 Crónicas 6.18.

28 2 Samuel 7.6; ver 1 Crónicas 17.5.

29 Por ejemplo, Éxodo 32.9; 33.3, 5; 34.9; Deuteronomio 9.6, 13; 10.16; 31.27; 2 Crónicas 30.8; Jeremías 17.23.

30 Por ejemplo Levítico 26.41; Deuteronomio 10.16; 30.6; Jeremías 6.10; 9.26; Ezequiel 44.7.

31 Ver Lucas 6.23; 11.49–51; 13.34.

32 Calvino, I, p. 212.

33 Salmo 110.1; ver Lucas 22.69; Hechos 2.34–35.

34 Daniel 7.13–14.

35 Bruce, *English*, p. 168.

36 Juan 18.31.

37 Deuteronomio 17.7.

38 Lucas 23.46.

39 Lucas 23.34.

40 Bengel, p. 584.

41 Bruce, *English*, p. 172.

## 6. Felipe el evangelista: 8.1–40

1 Hengel, p. 80.

[2] Barclay, p. 64.

[3] Neil, p. 119; *diaspeiro* es la palabra que se traduce por 'dispersión' tanto en el versículo 1 como en el 4.

[4] Green, *Evangelism*, p. 180; ver p. 208.

[5] Bengel, p. 585.

[6] Juan 4.9.

[7] Por ej. Lucas 9.52–56; 10.30–37; 17.11–19; ver Juan 4. La prohibición de Jesús de evangelizar en las ciudades samaritanas (Mateo 10.5) se limitó al período de su ministerio público; para este momento ya se había rescindido.

[8] Ver Juan 4.25.

[9] Haenchen, p. 303.

[10] Justino Mártir, *Apología*, I.26.

[11] Ireneo, *Contra las herejías*, 1.23.1–5. Para un resumen completo de las tradiciones y leyendas acerca de Simón el hechicero, ver la nota de R. P. Casey en Foakes-Jackson, v, pp. 151–163.

[12] Calvino, I, p. 233.

[13] Alexander, I, p. 329.

[14] Ver Santiago 2.19.

[15] Lucas 9.51–56.

[16] Marshall, *Acts*, p. 157.

[17] Bruce, *English*, p. 183.

[18] Ver Metzger, pp. 358–359.

[19] Cipriano, *Letters*, 73.9; en *Early Latin Theology*, traducido y editado por S. L. Greenslade, vol. v de *The Library of Christian Classics*, SCM, 1956.

[20] *The Teaching of the Catholic Church* de George D. Smith, Burns & Oates, 2ª ed., 1952, p. 816.

[21] *Fundamentals of Catholic Dogma*, de Ludwig Ott, Mercier Press, 6ª ed., 1963, p. 362.

[22] Rackham, p. 117.

[23] *Knowing the Doctrines of the Bible*, de Myer Pearlman, Gospel Publishing House, Springfield, Missouri, ed. revisada, 1981, p. 313.

[24] Morgan, p. 157.

[25] Dunn, *Baptism*, pp. 63–68.

[26] Calvino, I, p. 236. De manera similar, B. B. Warfield escribió que aquello que recibieron los samaritanos por medio del ministerio de Pedro y de Juan fueron 'los dones extraordinarios del Espíritu' (*Miracles Yesterday and Today*, 1918; [Eerdmans, 1965], p. 22).

[27] Romanos 8.9; ver Romanos 8.14–16; 1 Corintios 6.19; Gálatas 3.2, 14; 4.6.

[28] Alexander, I, p. 332.

[29] Dunn, *Baptism*, p. 58.

[30] *Ibid.*, p. 59.

[31] Calvino, I, p. 225.

[32] *Ibid.*, p. 235.

[33] *The Seal of the Spirit*, por G. W. H. Lampe, SPCK, 2ª ed., 1967, p. 70.

[34] *Ibid.*, pp. 69–70.

[35] *Keep in Step with the Spirit*, por J. I. Packer, IVP, 1984, p. 204.

[36] Green, *Creo en el Espíritu Santo*, Caribe, p. 168 de la edición en inglés.

[37] Calvino, I, p. 247.

[38] Marshall, *Acts*, p. 161.

[39] Isaías 53.7–8.

[40] Por ej. Marcos 10.45; 14.24ss.; Lucas 22.37.

[41] Crisóstomo, Homilía XIX, p. 126.

[42] Alexander, I, p. 350.

[43] Ver Hanson, pp. 107, 111.

[44] Metzger, pp. 360–361.

[45] Horton, p. 112.

[46] Bengel, p. 592.

[47] 1 Tesalonicenses 4.17.

[48] Morgan, p. 171.

[49] Ireneo, *Contra los herejes*, 3.12.8.


## 7. La conversión de Saulo


[1] Romanos 11.13.

[2] Ver Hechos 9.5; 22.14–15; 26.17–18, 20; Romanos 1.1, 5, 13; 11.13; 15.15–18;

Gálatas 1.15–16; 2.2, 7–8; Efesios 3.1–8; Colosenses 1.24–29. Para la analogía entre la conversión de Saulo y el llamado de los profetas del Antiguo Testamento, ver *Paul and the Salvation of Mankind* por Johannes Munck (versión inglesa, John Knox, Richmond, VA, 1959), pp. 24–30. De modo semejante, en su acertado énfasis en el llamado de Saulo, Krister Stendahl llega demasiado lejos cuando niega que también fue el momento de su conversión (*Paul among Jews and Gentiles*, Fortress, 1976; SCM, 1977), pp. 7–23.

[3] 1 Timoteo 1.16.

[4] *Battle for the mind*, por William Sargant, Heinemann, 1957; ed. revisada por Pan Books, 1959.

[5] *Ibid.*, p. 20.

[6] *Ibid.*, p. 106.

[7] *Ibid.*, p. 106.

[8] Ver *Conversions, Psychological and Spiritual*, por D. M. Lloyd-Jones, IVP, 1960; 'Dr. William Sargant's Writings on Conversion' por Gaius Davies, en *In the Service of Medicine*, CMF, vol. 22, n° 84, enero 1976; y *Psychology and Christianity: the View both Ways*, por Malcolm A. Jeeves, IVP, 1976), especialmente pp. 133–139.

[9] Publicado en Edimburgo, ed. revisada, 1769.

[10] *Ibid.*, p. 3.

[11] *Ibid.*, pp. 9–10.

[12] Calvino, I, p. 256.

[13] Bruce, *English*, p. 175, n° 8. Se refiere a Foakes-Jackson, IV, p. 88, donde Lake y Cadbury dicen que se usa 'particularmente para la mutilación por bestias salvajes, por ej. leones'.

[14] Williams, pp. 124–125.

[15] Alexander, I, p. 355.

[16] Calvino, I, pp. 256, 260.

[17] Walker, p. 207.

[18] Hechos 9.17, 27; ver 22.14–15; 26.16; 1 Corintios 9.1; 15.8.

[19] Gálatas 1.15–16.

[20] Filipenses 3.12.

[21] Génesis 1.3.

[22] 2 Corintios 4.6.

[23] 1 Timoteo 1.14.

[24] *Surprised by Joy*, por C. S. Lewis, Geoffrey Bles, 1955; reimpreso por Collins, 1986, pp. 169–183 [cita transcripta de *Sorprendido por la alegría*, Andrés Bello, 1994, pp. 192–206].

[25] Coggan, pp. 33–34.

[26] Rackham, p. 88.

[27] *Psicología Analítica*, por C. G. Jung (p. 257 de la edición en inglés, Routledge & Kegan Paul, 1928).

[28] Filipenses 3.6.

[29] Romanos 7.7ss.

[30] *Sorprendido por la alegría*, p. 203.

[31] Lucas 18.10, 12.

[32] Romanos 8.16.

[33] Lenski, p. 360.

[34] Romanos 8.15.

[35] Barclay, p. 74.

[36] Por ej. Efesios 3.3; Romanos 16.25; Gálatas 1.11–12.

[37] Gálatas 1.17.

[38] Gálatas 1.18.

[39] Por ej. Juan 15.26–27.

[40] Ver 2 Corintios 11.32–33.

[41] *El costo del discipulado*, por Dietrich Bonhoeffer (p. 100 de la edición en inglés, Macmillan, 1963, p. 100).

[42] Calvino, II, p. 273.

[43] Por ej. 2 Corintios 3.18.

## 8. La conversión de Cornelio

[1] Gálatas 2.1ss.

[2] 2 Corintios 12.12, BA.

[3] 1 Reyes 17.17–24; 2 Reyes 4.32–37.

[4] Marcos 2.11.

[5] Marcos 5.41, 'Niña, a ti te digo, ¡levántate!'.

[6] Calvino, I, p. 277.

[7] Knowling, p. 249. Ver Números 19.11–13; Strack y Billerbeck, *Kommentar zum Neuen Testament aus Talmud und Midrasch*, vol. 2, 1924, p. 695; y *Jewish Social Life*, p. 158, por Edersheim.

[8] Mateo 16.19.

[9] Ver el ensayo de Conrad Gempf 'The God-fearers' (Los temerosos de Dios), el Apéndice 2 de Hemer, pp. 444–447.

[10] Génesis 12.1–4.

[11] Salmo 2.7–8; 22.27–28; Isaías 2.1ss.; 42.6; 49.6; Joel 2.28ss.

[12] Edersheim, *Jewish Social Life*, pp. 25–29.

[13] Jonas 1.3.

[14] Mateo 16.22; Juan 13.8.

[15] Alexander, I, p. 398.

[16] Haenchen, p. 350.

[17] Ver Hechos 14.11ss; Apocalipsis 19.10; 22.8–9.

[18] Alexander, I, p. 403.

[19] Bruce, *English*, p. 222.

[20] Por ej. Levítico 19.15.

[21] 2 Crónicas 19.7.

[22] Bengel, p. 605.

[23] Lenski, p. 419.

[24] Haenchen, p. 351.

[25] Lucas 4.18.

[26] Lenski, p. 422.

[27] Stanton, p. 13. Contra la insistencia de Bultmann y otros en que la iglesia primitiva se preocupaba únicamente del Jesús resucitado y no del Jesús histórico, el profesor Stanton adopta lo que él llama la visión 'impopular' de que 'la iglesia primitiva estaba interesada en el pasado de Jesús' (p. 186), que su vida y carácter eran parte integrante de su predicación evangelística inicial (p. 30) y que 'la fe de la iglesia en la resurrección no oscurecía' estas cosas (p. 191).

[28] Deuteronomio 21.22–23; ver Gálatas 3.10–13; 1 Pedro 2.24.

[29] Ver Lucas 24.30, 41ss.; Juan 21.13; Hechos 1.4.

[30] Haenchen, p. 353.

[31] Alexander, I, p. 417.

[32] Crisóstomo, Homilía XXIV, p. 155.

[33] *Ibid.*, p. 157.

[34] *Ibid.*, p. 158.

[35] Metzger, pp. 382–384.

[36] Neil, pp. 141–142.

[37] Marcos 7.19.

[38] Rackham, p. 153.

[39] Barclay, pp. 91–92.

[40] Haenchen, p. 362.

[41] Bruce, *English*, p. 230.

[42] *Ibid.*, p. 236.

[43] Gálatas 2.11ss.

[44] Santiago 2.1ss.

[45] *Towards a Theology for Inter-Faith Dialogue* (Hacia una teología para el diálogo entre diferentes credos) (Anglican Consultative Council, 1984; segunda ed., 1986), pp. 24–25.

[46] Por ej. Levítico 2.2, 9, 16.

[47] Algunos señalan que Isaías 56.6ss. y Malaquías 1.10–11 enseñan que Dios aceptará los sacrificios de los gentiles. Pero en el primer texto los 'extranjeros' mencionados son aquellos que siguen a Jehová, aman su nombre y guardan su pacto, mientras que en el último texto Jehová rechaza las ofrendas de Israel y en lugar de ellas acepta las ofrendas de aquellas naciones entre las que su 'nombre es grande'.

[48] Alexander, I, p. 409.

[49] Calvino, I, 288.

[50] Romanos 1.16.

## 9. Expansión y oposición

[1] Romanos 1.16; 2.9–10; ver 3.29; 9.24; 10.12; 1 Corintios 1.24; 12.13; Colosenses 3.11.

[2] Bruce, *English*, p. 238.

[3] Metzger, p. 386.

[4] *Ibid.*, p. 388.

[5] Longenecker, *Acts*, pp. 400–401.

[6] Metzger, pp. 388–389.

[7] Josefo, *Guerras*, III.2.4.

[8] Barclay, p. 95.

[9] Ver *An Introduction to the Science of Missions*, por J. H. Bavinck, 1954, Presbyterian & Reformed Publishing Co., 1960, p. XVII.

[10] Gálatas 1.21ss.

[11] 2 Corintios 11.23ss.

[12] Filipenses 3.8.

[13] Bruce, *Greek*, p. 239; *English*, p. 243.

[14] Josefo, *Antigüedades*, XX.2.5; ver XX.5.2 y III.15.3.

[15] Ver 2 Corintios 8.3.

[16] Karl Marx: *Selected Writings*, ed. David McLellan, OUP, 1977, pp. 564–569.

[17] 2 Corintios 8—9.

[18] Romanos 15. 27.

[19] Lucas 23.7ss; Hechos 4.27.

[20] Marcos 10.38–39.

[21] Apocalipsis 1.9.

[22] Lucas 22.44.

[23] Ver Filipenses 1.19; Filemón 22.

[24] Juan 21.18–19.

[25] Crisóstomo, Homilía XXVI, p. 172.

[26] Neil, p. 149.

[27] Hanson, pp. 133–134.

[28] Colosenses 4.10.

[29] Marcos 14.15.

[30] Ver Mateo 18.10.

[31] Bruce, *Greek*, p. 247.

[32] Gálatas 2.11.

[33] Josefo, *Antigüedades*, XIX.8.2.

[34] 2 Macabeos 9.5ss (BJ).

[35] *The Bible and Modern Medicine*, por Rendle Short, Paternoster, 1955, pp. 66–68.

## 10. El primer viaje misionero

[1] Ver Metzger, pp. 398–400.

[2] Lucas 23.26.

[3] Marcos 15.21 y tal vez Romanos 16.13.

[4] Génesis 12.1.

[5] Gálatas 1.1.

[6] Por ej. Hechos 3.13; 5.40; 16.35–36.

[7] Por ej. Hechos 15.30, 33; 19.40.

[8] Ramsay, *St Paul*, p. 73.

[9] Isaías 5.20.

[10] Foakes-Jackson, IV, p. 147.

[11] Longenecker, *Acts*, p. 420.

[12] Bruce, *English*, p. 266.

[13] Colosenses 4.10; 2 Timoteo 4.11.

[14] 2 Corintios 11.26.

[15] Gálatas 4.13.

[16] Gálatas 4.14.

[17] Gálatas 4.15.

[18] 2 Corintios 12.7, RVR95.

[19] Ramsay, *St Paul*, pp. 92–97; ver *Church*, pp. 62–64.

[20] Ramsay, *Church*, p. 25.

[21] Ver Metzger, pp. 405–406.

[22] Ver Lucas 1.32, 69; 2.4; ver Romanos 1.3; 2 Timoteo 2.8.

[23] 2 Samuel 7.13–14.

[24] Ver Gálatas 3.10–13.

[25] Keck y Martyn, p. 26.

[26] Tomado de *Luther's Works*, vol. 35, ed. E. Theodore Bachman, ed. norteamericana: Muhlenberg Press, 1960, p. 363.

[27] Romanos 1.16, DHH; 2.9–10.

[28] Por ej. Hechos 14.1, 'como de costumbre'; 16.13; 17.2, 'como era

su costumbre'; 17.10, 17; 18.4, 19; 19.8; 28.17, 23.

29 Lucas 2.32.

30 Bruce, *English*, p. 283; ver *Greek*, p. 275.

31 Ver Lucas 10.20; Filipenses 4.3; Apocalipsis 13.8; 20.12–13; 21.27.

32 2 Timoteo 3.10–11.

33 Lucas 9.5; 10.11.

34 Gálatas 5.22.

35 Bengel, p. 639.

36 Calvino, II, p. 3.

37 1 Corintios 9.1; 15.7–9.

38 2 Corintios 8.23; Nueva Reina Valera 2000.

39 Filipenses 2.25.

40 Ramsay, *Cities*, p. 408.

41 Los detalles y las citas son aportados por Bruce (*Greek*, p. 281; *English*, pp. 291–292) y por Longenecker (*Acts*, p. 435).

42 Ver Marcos 14.63.

43 Como dice el relato, Pablo y Bernabé 'se lanzaron por entre la multitud, gritando ...' (14). De modo que Lucas podría estar atribuyendo el sermón a ambos. Con seguridad compartían la predicación del evangelio (1, 3, 7, 21, 24, 27). Pero por otra parte, el propósito de Lucas en estos capítulos es bosquejar el ministerio de Pablo, y especifica que en Listra es Pablo el que habla (9a), el que sana (9b–11a) y es apedreado (19).

44 Hechos 13.5, 7, 44, 46, 48–49.

45 Hechos 13.32; 14.7, 15, 21.

46 2 Corintios 11.25.

47 2 Corintios 4.9.

48 Gálatas 6.17.

49 Oído y citado por W. E. Sangster en *The Craft of the Sermon*, Epworth, 1954, p. 214.

50 Lucas 19.37–40; 23.23.

51 Por ej. Hechos 9.31; 15.32, 41; 18.23.

52 2 Timoteo 3.11–12.

53 Alexander, II, p. 68.

54 *Missionary Methods: St. Paul's or ours?*, por Roland Allen, 1912; 6ª ed., Eerdmans, 1962, pp. 83, 87, 3.

55 Ver Colosenses 4.16; 1 Tesalonicenses 5.27.

56 1 Timoteo 3 y Tito 1.

57 Tito 1.9; 1 Timoteo 3.2.

58 *Missionary Methods*, p. 90.

59 *Ibid.*, pp. 99–107.

60 *Ibid.*, p. 91.

61 *Ibid.*, p. 149.

62 *Ibid.*, p. 148.

63 *Ibid.*, pp. 141–142.

64 *The Finality of Christ*, por Lesslie Newbigin, SCM, 1969, p. 107.

65 *To Apply the Gospel: Selections from the Writings of Henry Venn*, ed. Max Warren, Eerdmans, 1971, p. 28.

66 *Jesus' Promise to the Nations*, de Joachim Jeremias, 1956; traducción al inglés, SCM, 1958, pp. 11 y 16.

## 11. El Concilio de Jerusalén

1 Haenchen, p. 461.

2 Efesios 3.2–6; ver Colosenses 1.26–27; Romanos 16.25—27.

3 Gálatas 1.7 (RVR95); 5.10.

4 Ver el capítulo 7 del trabajo de Colin Hemer, 'Galatia and the Galatians' (pp. 277–307). Su punto de vista 'comprende una síntesis de tres elementos: (1) el destino de la Epístola, al sur de Galacia; (2) la fecha temprana de la Epístola, anterior al Concilio de Jerusalén; (3) la identificación de las visitas a Jerusalén: Hechos 9 con Gálatas 1, Hechos 11 con Gálatas 2, y Hechos 15 posterior a la Epístola' (p. 278).

5 Gálatas 2.11–12.

[6] Gálatas 2.15–16, RVR95.

[7] Marcos 6.3; Hechos 1.14; 1 Corintios 15.7.

[8] Santiago 3.17.

[9] Gálatas 1.19.

[10] Gálatas 2.9; ver Hechos 21.18.

[11] La dificultad con la cita que Jacobo hace de Amós está en que el texto citado es casi exactamente el de la LXX, mientras que en el texto masorético (hebreo) la primera promesa se refiere a una Israel restaurada, y la segunda a la posesión de Edom y de todas las naciones por parte de Israel. El texto masorético todavía sería una cita apropiada para ser usada por Jacobo, entendiendo Edom como un ejemplo de las naciones a ser 'poseídas' o tomadas por la Israel verdadera. ¿Pero cuál era el texto que estaba citando Jacobo? Los críticos sostienen que, por tratarse del líder hebreo de la iglesia hebrea, nunca habría usado el texto griego de la LXX. Tal vez no. Por otra parte, 'como todos los galileos, [Jacobo] seguramente era bilingüe' (Neil, p. 173), y es probable que la sesión del concilio se llevara a cabo en griego. No obstante, si hablaba en arameo, es posible que usara un texto hebreo distinto del masorético, que quizás subyacía en la traducción de la LXX, y que, con una redacción casi idéntica a la LXX, pudo haber sido conocida en la comunidad de Qumrán.

[12] Foakes-Jackson, IV, p. 177.

[13] BAGD.

[14] Bruce, *English*, p. 315; menciona 1 Corintios 5.1 como ejemplo, donde *porneia* significa 'incesto'.

[15] Alexander, II, p. 84.

[16] Hechos 15.40; 2 Corintios 1.19; 1 Tesalonicenses 1.1; 2 Tesalonicenses 1.1.

[17] 1 Pedro 5.12.

[18] Rackham, p. 255.

[19] Gálatas 1.21, 23.

[20] Calvino, II, p. 60.

[21] Bengel, p. 654.

[22] 2 Timoteo 1.5, ver 2 Timoteo 3.15.

[23] 1 Corintios 4.17.

[24] Por ej. Gálatas 1.6–9; 3.1–5; 5.2–6.

[25] 1 Timoteo 4.14; 2 Timoteo 1.6.

[26] Gálatas 2.14.

[27] Por ej. Gálatas 1.6–9; 3.1–5; 5.2–6.

[28] Baur, *Paul*, I, p. 11. Ver también (en contrario) W. W. Gasque, 'Book', pp. 64–70.

[29] Por ej. Romanos 14 y 1 Corintios 8.

[30] 1 Corintios 9.19–20.

[31] *Commentary on the Epistle to the Galatians*, por Martín Lutero, basado en clases dictadas en 1531; James Clarke, 1953, p. 112.

[32] *The Thought of the Evangelical Leaders*, notas sobre las discusiones de la Eclectic Society, Londres, durante los años 1798–1814, ed. John H. Pratt, 1856; reimpreso por Banner of Truth Trust, 1978, p. 151.

## 12. La misión en Macedonia

[1] Morgan, p. 287.

[2] Mateo 25.36, 43.

[3] Santiago 1.27.

[4] Ramsay, *St Paul*, pp. 194, 196. Ver también *Church*, p. 93.

[5] 1 Pedro 1.1.

[6] Ramsay, *St Paul*, pp. 195, 197.

[7] Ver la nota de Paul Bowers sobre Hechos 16.8 titulada 'Paul's Route through Mysia' en *The Journal of Theological Studies*, vol. XXX, parte 2, 1979, pp. 507–511.

[8] Barclay, p. 132.

[9] Ramsay, *St Paul*, p. 204.

[10] Pierson, pp. 120–122.

536

[11] Ramsay, *St Paul*, p. 205.

[12] Ver la discusión completa en Metzger, pp. 444–446.

[13] Ver Hechos 10.33; 16.33; 18.8; 1 Corintios 1.16.

[14] Por ej. 1 Timoteo 3.4–5, 12; 5.4.

[15] Filipenses 4.2.

[16] Filipenses 4.3. [Para algunos esta frase sería de género femenino. N. del T.].

[17] Lucas 4.33–34, 41; 8.27–28.

[18] Bruce, *English*, p. 335.

[19] Sherwin-White, p. 79.

[20] Longenecker, *Acts*, p. 463.

[21] 2 Corintios 11. 23, 25.

[22] Haenchen, p. 501.

[23] Crisóstomo, Homilía XXXVI, p. 225.

[24] Sherwin-White, p. 71.

[25] *Whose World?*, por A. N. Triton, IVP, 1970, p. 48.

[26] Gálatas 3.28.

[27] Lucas 24.45.

[28] Filipenses 1.27; 2.2.

[29] 1 Tesalonicenses 2.2.

[30] Calvino, II, p. 91.

[31] 1 Tesalonicenses 1.9–10.

[32] Por ej. Lucas 9.22.

[33] Lucas 24.25–27.

[34] Lucas 24.44–46.

[35] Ver 1 Corintios 15.3–4.

[36] Bruce, *English*, p. 343.

[37] 1 Tesalonicenses 1.5.

[38] Ramsay, *St Paul*, p. 227.

[39] Colosenses 4.10.

[40] Longenecker, *Acts*, p. 469.

[41] Ramsay, *St Paul*, p. 229.

[42] Lucas 23.2.

[43] Por ej. Juan 19.12; 1 Pedro 2.13, 17.

[44] Sherwin-White, p. 95.

[45] 1 Tesalonicenses 2.18.

[46] Ramsay, *St Paul*, p. 231.

[47] Lucas 23.14–15.

[48] Bengel, p. 662.13.

## 13. Pablo en Atenas

[1] Haenchen, p. 517.

[2] Citado por Conybeare y Howson, p. 275.

[3] R. E. Wycherley; citado por Marshall, Acts, p. 283.

[4] Citado por Alexander, II, p. 145.

[5] Conybeare y Howson, p. 280.

[6] Blaiklock, *Acts*, p. 137.

[7] 1 Corintios 13.5.

[8] Isaías 65.2–3; ver Deuteronomio 9.7, 18, 22; Salmo 106.28–29; Oseas 8.5.

[9] Éxodo 34.14.

[10] Isaías 42.8.

[11] 1 Reyes 19.10 (RVR95).

[12] 2 Corintios 11.2ss.

[13] *Henry Martyn: Confessor of the faith*, por Constance E. Padwick, IVF, 1953, p. 146.

[14] Ramsay, *St Paul*, p. 242.

[15] Foakes-Jackson, IV, p. 211; JBP.

[16] Foakes-Jackson, IV, p. 211.

[17] Ramsay, *St Paul*, p. 241.

[18] Hanson, p. 176.

[19] Crisóstomo, Homilía XXXVIII, p. 233.

[20] Bruce, *English*, p. 351; *Greek*, p. 333.

[21] Alexander, II, p. 149.

[22] Gärtner, p. 65.

[23] Longenecker, *Acts*, p. 474.

[24] *Pausanias' Description of Greece*, en 6 tomos, de la Loeb Classical Library, ed. W. H. S. Jones, t. I, 1918, libro I.1.4.

[25] *The Unknown Christ of Hinduism*, por Raymond Panikkar, Darton, Longman & Todd, 1964, p. 137.

[26] *Ibid.*, p. 54.

27 Stonehouse, p. 19.

28 Williams, p. 204.

29 Pablo también citó a Menandro (1 Corintios 15.33) y nuevamente a Epiménides (Tito 1.12).

30 Romanos 1.18.

31 Ver Romanos 3.25.

32 Ver Juan 5.27.

33 1 Tesalonicenses 1.9.

34 Dibelius, 'Paul on the Areopagus', en *Studies*, pp. 26–77.

35 De la contribución de Conzelmann a Keck-Martyn, p. 218.

36 Por ej. Romanos 1.18ss.

37 Ramsay, *St Paul*, p. 252.

38 Stonehouse, p. 33.

39 *Ibid.*, p. 34.

40 Efesios 5.5.

41 Ver, por ejemplo, *Idols of our Time* por Bob Goudzwaard, 1981; IVP, 1984.

## 14. Corinto y Éfeso

1 *The Secular City*, por Harvey Cox, Macmillan, 1965, p. 1.

2 Ver *World Population Trends and Policies: 1987 Monitoring Report*, Publicaciones de las Naciones Unidas, 1988. (Las cifras actualizadas pueden consultarse en la Internet en el sitio de las Naciones Unidas, fuente de la cual también se tomaron las que aparecen en la edición en inglés [N. del E.]).

3 Alexander, II, p. XIII.

4 Ramsay en *Hastings ed., Dictionary of the Bible*.

5 Farrar, p. 315.

6 Barclay, p. 152.

7 1 Corintios 2.2–3.

8 1 Corintios 1.26ss.

9 Farrar, p. 315.

10 1 Corintios 6.9ss.

11 1 Corintios 2.2–3.

12 Romanos 16.3–4.

13 1 Corintios 16.9. Para otras referencias a Aquila y Priscila, ver Romanos 16.3 y 2 Timoteo 4.19.

14 *TDNT*, vol. VII, p. 393.

15 Por ej. Gálatas 6.6; 1 Corintios 9.4ss.

16 1 Tesalonicenses 2.9; 2 Tesalonicenses 3.8; 2 Corintios 12.13.

17 1 Corintios 9.15ss; 2 Corintios 11.7ss.

18 *Today's Tentmakers*, por J. Christy Wilson, Tyndale, Carol Stream, 1979.

19 1 Tesalonicenses 3.2.

20 1 Tesalonicenses 3.6.

21 Ver Filipenses 4.14ss y 2 Corintios 11.8–9.

22 Bruce, *English*, p. 371.

23 Ver Ezequiel 33.1ss.

24 Marshall, *Acts*, p. 296.

25 Juan 10.16.

26 Longednecker, *Acts*, p. 486.

27 Neil, p. 197.

28 Bruce, *English*, p. 374.

29 Longenecker, *Acts*, p. 486.

30 Ver también 1 Corintios 1.1.

31 Números 6.1ss.

32 Marshall, *Acts*, p. 300.

33 Ramsay, *St Paul*, p. 263.

34 *Ibid.*, p. 264.

35 Lucas 3.1ss.

36 Lucas 16.16.

37 Bruce, *English*, p. 382.

38 1 Corintios 3.6.

38 Green, *Creo en el Espíritu Santo*, p. 135 de la edición inglés.

40 Ver Gálatas 3.2.

41 Ver Hechos 9.2; 19.23; 22.4; 24.14, 22.

42 Williams, p. 122. Resulta interesante que el hinduismo, el budismo, el taoísmo, el judaísmo y el islam todos en diferentes grados usan la imagen del 'camino' o 'la senda'.

En la Biblia también se nos enfrenta con dos caminos entre los cuales elegir, generalmente entre la vida y la muerte (por ej. Deuteronomio 30.19ss; Salmo 1; Proverbios 2; Mateo 7.13–14). La comunidad de Qumrán también estaba familiarizada con esta alternativa. Pero las seis menciones de 'el camino' en Hechos son todas de carácter incondicional. El origen de este uso absoluto no se conoce. Puede venir de la exigencia de Jesús de ser el único camino al Padre (Juan 14.6; ver Hechos 4.12; 16.17) o puede constituir una declaración de que seguir a Cristo es en un sentido único un viaje aventurado.

[43] Bruce, *English*, p. 388, nota al pie 18.

[44] *Ibid.*, p. 389.

[45] Por ej. 2 Corintios 12.12; Romanos 15.19.

[46] Lucas 8.43–44.

[47] Alexander, II, p. 200.

[48] Ver Hechos 24.17; Romanos 15.25ss; 1 Corintios 16.1–8; 2 Corintios 8—9.

[49] Romanos 15.24, 28.

[50] Bruce, *English*, p. 394.

[51] Bengel, p. 681.

[52] 1 Corintios 16.8–9.

[53] Haenchen, p. 576.

[54] Marshall, *Acts*, pp. 315–317.

[55] *Hastings ed., Dictionary of the Bible*, p. 723.

[56] Neil, p. 207.

[57] Morton, p. 327.

[58] Sherwin-White, p. 90.

[59] Haenchen, p. 578.

[60] Sherwin-White, p. 83.

[61] *Ibid.*, p. 86.

[62] *Ibid.*, p. 87.

[63] Hengel, p. 11.

[64] Ver 1 Corintios 1 y 2.

[65] Metzger, p. 470.

[66] Ramsay, *St Paul*, p. 271.

[67] Foakes-Jackson, IV, p. 239.

[68] *Ibid.*

[69] Colosenses 1.7; 2.1; 4.12–13.

## 15. Más acerca de Éfeso

[1] Ver Lucas 10.38.

[2] Ver Lucas 6.7, 11; 11.53–54; 22.1–2.

[3] Ver Lucas 9.22, 44; 18.31–32.

[4] Ver Lucas 18.32.

[5] Ver Lucas 12.50; 22.19; 23.46.

[6] Ver Lucas 9.51.

[7] Ver Lucas 22.42.

[8] Ver Lucas 9.51.

[9] Efesios 4.1ss.

[10] 2 Corintios 2.12.

[11] 2 Corintios 2.13.

[12] 2 Corintios 7.5–16.

[13] Romanos 15.19.

[14] 1 Corintios 16.1–4; ver Hechos 24.17.

[15] Romanos 15.17–33; ver versículos 19, 23, 24, 28.

[16] Ramsay, *St. Paul*, p. 287.

[17] Hechos 17.15–16; ver 1 Tesalonicenses 3.1, 5.

[18] 2 Timoteo 4.9, 21.

[19] Hechos 21.29; ver 2 Timoteo 4.20.

[20] Ver Efesios 6.21–22; Colosenses 4.7–8; 2 Timoteo 4.12; Tito 3.12.

[21] 2 Corintios 8.16–24.

[22] Ramsay, *St Paul*, p. 390.

[23] Marshall, *Acts*, p. 325.

[24] Bruce, *English*, pp. 407–408; ver Marcos 16.2; Juan 20.19, 26; 1 Corintios 16.2; Apocalipsis 1.10.

[25] Lucas 22.20; 24.30–35; Hechos 2.42.

[26] 1 Reyes 17.19ss.

[27] 2 Reyes 4.32–33.

[28] Longenecker, *Acts*, p. 509.

[29] Por ej. Colosenses 4.16; 1 Tesalonicenses 5.27; Apocalipsis 1.3; 22.18–19.

[30] Ramsay, *St Paul*, p. 293.

[31] Romanos 15.30ss.

[32] 1 Timoteo 3.8ss.

[33] Filipenses 1.1.

[34] Tito 1.5.

[35] Neil, p. 213.

[36] Hechos 19.21; Romanos 15.23–29.

[37] Ezequiel 33.1ss.

[38] Ezequiel 34.2.

[39] Ver Romanos 8.32.

[40] Bruce, *English*, p. 416, nota al pie 59. El profesor Bruce cita a J. H. Moulton en su *Grammar of New Testament Greek*, Edimburgo, 1906, p. 90.

[41] 1 Samuel 12.1ss.

[42] Mateo 7.15.

[43] Tito 1.9.

[44] Juan 10.12ss.

[45] Ezequiel 34.5.

[46] *The Reformed Pastor*, por Richard Baxter, reimpreso por Epworth Press, 1939, pp. 121–122.

[47] Ramsay, *St Paul*, pp. 298–299.

[48] 1 Reyes 11.29ss.

[49] Isaías 20.3ss.

[50] Ezequiel 4.1ss.

[51] Haenchen, p. 601, nota al pie 5.

[52] Lucas 22.33.

[53] Ramsay, *St Paul*, pp. 301–302.

[54] Bruce, *English*, p. 426.

## 16. El arresto de Pablo y su autodefensa

[1] Por ej. Hechos 13.50; 14.2, 19; 17.4ss, 13; 18.6ss, 12ss; 19.8–9; 20.3, 19.

[2] Lucas 23.4.

[3] Lucas 23.14–15.

[4] Lucas 23.22.

[5] Ramsay, *St Paul*, p. 303.

[6] *Ibid.*, p. 308.

[7] *Ibid.*, p. 309.

[8] Gálatas 1.18–19.

[9] Gálatas 2.1, 9.

[10] Ver Romanos 15.23ss.

[11] Por ej. Hechos 11.27–30; 20.35; Gálatas 2.10; 2 Corintios 8.9ss.

[12] 1 Timoteo 6.10.

[13] Romanos 15.27.

[14] Romanos 15.31.

[15] Por ej. 1 Corintios 7.19; Gálatas 6.15.

[16] Por ej. Romanos 7.12; 8.4; Santiago 1.25; 2.8.

[17] Números 6.1ss; ver Hechos 18.18ss.

[18] Ver el análisis completo en Bruce, *English*, pp. 430–432; Haenchen, pp. 611–612; Marshall, *Acts*, p. 345; y Longenecker, *Acts*, p. 520.

[19] 1 Corintios 9.20.

[20] Bruce, *English*, p. 432, nota al pie 39.

[21] Marshall, *Acts*, p. 347.

[22] Josefo, *Antigüedades*, xv.11.5; *Guerras*, v.5.2.

[23] Bruce, *English*, p. 434.

[24] Josefo, *Guerras*, vi.2.4.

[25] Efesios 2.14.

[26] Lucas 23.18; ver Hechos 22.22.

[27] Josefo, *Antigüedades*, xx.8.6; *Guerras*, ii.13.5.

[28] Sherwin-White, p. 180.

[29] Filipenses 3.5, RVR95.

[30] Ver Gálatas 1.16; 2.7–8.

[31] Ver Cadbury, nota xxiv, 'Dust and garments' en Foakes-Jackson, v, pp. 269–277.

[32] Bruce, *English*, p. 445.

[33] Sherwin-White p. 57.

[34] *Ibid.*, p. 155.

[35] Hechos 22.30; 23.18; 24.27; 26.29.

[36] BJ, vers. 29, nota j.

[37] Josefo, *Antigüedades*, xx.9.2.

[38] Juan 18.22–23; ver 1 Pedro 2.23.

[39] 1 Corintios 4.12.

[40] Haenchen, p. 640.

[41] Calvino sigue a Agustín y cree que la explicación de Pablo era 'irónica'. Lo que quiso decir fue: 'Yo, hermanos, no reconozco nada sacerdotal en este hombre'; estaba negándole a Ananías el derecho de ser un sacerdote de Dios (Calvino, II, pp. 229–230).

[42] Por ej. Gálatas 4.13–16; 6.11.

[43] Por ej. Ezequiel 13.8ss; Mateo 23.27.

[44] Hechos 4.2; 17.18, 31; 24.21; 26.6ss; 28.20.

[45] Lucas 20.27ss.

[46] Isaías 54.17.

[47] Foakes-Jackson, IV, p. 293.

[48] Tácito, *Historias*, v.9, citado por Bruce, *English*, p. 462.

[49] Hechos 21.32–33; 22.23–24; 23.10; 23.23ss.

[50] Crisóstomo, Homilía LV, p. 328.

## 17. Pablo sometido a juicio

[1] Marcos 14.55–64; Lucas 22.66–71.

[2] Lucas 23.1–3.

[3] Romanos 13.1ss.

[4] Romanos 9.4–5.

[5] Romanos 3.31.

[6] Barclay, p. 184.

[7] Sherwin-White, p. 52.

[8] Metzger, p. 491.

[9] Ramsay, *St Paul*, pp. 310–313.

[10] BJ.

[11] Crisóstomo, Homilía LI, p. 304.

[12] Josefo, *Antigüedades*, XX.8.7,9; *Guerras*, II.13.7.

[13] Haenchen, p. 668.

[14] Sherwin-White, pp. 17, 48.

[15] *Ibid.*, p. 50.

[16] *Ibid.*, p. 51.

[17] *Ibid.*, p. 67.

[18] *Ibid.*, p. 58. Ver el análisis completo de 'The Citizenship of Paul' por Sherwin-White, pp. 57–70.

[19] Ver Josefo, *Antigüedades*, XX.9.4,7.

[20] Lucas 9.9; 23.8.

[21] Barclay, pp. 191–192.

[22] Bruce, *English*, p. 484.

[23] Tomado de *The Acts of Paul and Tecla*; ver James, p. 273.

[24] Rackham, p. 457.

[25] *Ibid.*, por ej. pp. 458, 462.

[26] Metzger, p. 494.

[27] Haenchen, p. 684.

[28] Longenecker, *Acts*, p. 552.

[29] Ezequiel 1.28b.

[30] Ezequiel 2.1, 3, 7.

[31] Para los profetas del Antiguo Testamento, ver por ej. Isaías 6.8–9; Jeremías 1.4, 7; 7.25; 14.14ss; 29.9, 19; Ezequiel 2.3; 3.4ss; Amós 7.14–15. Para los apóstoles del Nuevo Testamento ver Mateo 10.1–5, 16; Marcos 3.14; 6.7; Lucas 6.12–13; 9.1–2.

[32] Lucas 1.2.

[33] Jeremías 1.8.

[34] Juan 20.21.

[35] Ver 2 Corintios 4.4.

[36] Ver Colosenses 1.12–13; 1 Pedro 2.9.

[37] Lucas 24.47; Hechos 2.38; 3.19; 13.39.

[38] *Commentary on St Paul's Epistle to the Galatians* de Lutero, 1531; James Clarke, 1953, p. 53. Publicado en castellano con el título *Comentarios de Martín Lutero*, Vol. 2: Gálatas, CLIE, Terrassa, Barcelona.

[39] Lancelot Andrews, *Works*, vol. III, Oxford, 1843, p. 26.

[40] Ver Lucas 24.45–47.

[41] Isaías 53.4ss.

[42] Isaías 52.13; 53.12.

[43] Isaías 42.6; 49.6; ver 60.3.

[44] Alexander, II, p. 428.

[45] Sherwin-White, p. 65; ver Hemer, p. 132.

[46] Hechos 24.14, 16; ver 22.14; 23.1; ver 2 Timoteo 1.3.

[47] Hechos 24.14; ver 26.22–23, 27; 28.23; también 1 Corintios 15.3–4.

[48] Hechos 24.15; ver 23.6; 26.6–7; 28.20.

[49] Por ej. Hechos 24.22ss; 25.25; 26.31–32.

[50] Rackham, p. 306.

[51] Marcos 6.17ss; Lucas 3.19–20.

[52] Crisóstomo, Homilía LII, p. 308.

[53] Marcos 3.21; Juan 10.20.

[54] Lucas 21.12ss.

[55] Haenchen, p. 327.

[56] Ver Deuteronomio 4.12; Juan 12.28–30.

[57] Crisóstomo, Homilía XIX, p. 124.

## 18. ¡Por fin Roma!

[1] Artículo de S. Angus, 'Imperio romano', en *The International Standard Bible Encyclopaedia*, 1ª ed. 1915, ed. por James Orr.

[2] Citado por Farrar, p. 187.

[3] Romanos 1.21ss.

[4] Apocalipsis 13.1ss; 17.1ss.

[5] Del ensayo de Floyd V. Filson, 'The journey motif in Luke-Acts', en Gasque y Martin, p. 76.

[6] Romanos 1.10.

[7] Romanos 1.11–12.

[8] Romanos 1.13.

[9] Romanos 1.15.

[10] Romanos 15.20–22.

[11] Romanos 15.23–24.

[12] Romanos 15.25–29.

[13] Romanos 15.30–32.

[14] Lucas 9.51—19.44.

[15] Floyd V. Filson, en Gasque y Martin, p. 75.

[16] Rackham, pp. 477–478.

[17] Walker, p. 543.

[18] Citaré de la 4ª edición de 1880, revisada y corregida por Walter E. Smith, y publicada por Longmans.

[19] *Ibid.*, p. XLVI.

[20] Ramsay, *St Paul*, p. 314.

[21] *Ibid.*, p. 316.

[22] Colosenses 4.10.

[23] Smith, p. 68.

[24] *Ibid.*, p. 76.

[25] Ramsay, *St Paul*, p. 322.

[26] Smith, p. 88. Ver también Hemer, p. 139.

[27] Metzger, p. 497.

[28] Smith, p. 98.

[29] Bruce, *English*, p. 509.

[30] Ver la nota XXVIII de Cadbury en Foakes-Jackson, v, pp. 345–354.

[31] Barclay, p. 201.

[32] Haenchen, p. 716.

[33] *Ibid.*, pp. 702–703.

[34] Smith, p. 128.

[35] Alexander, II, p. 460.

[36] Lucas 21.18; ver Mateo 10.30.

[37] 1 Timoteo 4.3–5.

[38] Smith, p. 141.

[39] Lucas 10.19; ver Marcos 16.18.

[40] Longenecker, *Acts*, p. 565.

[41] Ver 2 Corintios 12.12.

[42] Longenecker, *Acts*, p. 568.

[43] Metzger, p. 501.

[44] Sherwin-White, p. 110.

[45] Romanos 1.16.

[46] Isaías 6.9–10.

[47] Mateo 13.14–15; Marcos 4.11–12.

[48] Juan 12.37ss.

[49] Alexander, II, p. 493.

[50] RVR95, versículo 29, nota *d*.

[51] Efesios 6.19–20.

[52] Ver 2 Timoteo 2.9.

[53] Filemón 10.

[54] *Acts of the Apostles: The Unfinished Work of Christ*, por August van Ryn, Loixeaux Brothers, N. York, 1961.

[55] Efesios 1.11.

[56] Proverbios 21.30; ver Isaías 8.10; 54.17.

[57] Romanos 8.28; ver Génesis 50.20.

[58] Romanos 15.25–29.

[59] Hechos 27.20, 31, 34, 43, 44; 28.1, 4.

[60] Sherwin-White, pp. 110–111.

[61] 2 Timoteo 4.17.

[62] Filipenses 2.9.

[63] Efesios 1.22.

[64] Colosenses 1.18.

[65] Juan 12.24.

[66] 2 Timoteo 2.8–9.

[67] Efesios 3.13; Colosenses 1.24.

[68] Efesios 3.1; ver Colosenses 4.3.

[69] Por ej. Efesios 4.1; 6.19–20.

[70] Filipenses 1.19–26; Filemón 22.

[71] 2 Timoteo 4.7.

[72] Lucas 24.47; ver Hechos 1.8.

**Editoriales de la Comunidad Internacional de Estudiantes Evangélicos (CIEE) apoyan esta publicación de Certeza Unida:**

Certeza Argentina, Bernardo de Irigoyen 654,
    (c1072aan) Ciudad Autónoma de Buenos Aires, Argentina.
    certeza@certezaargentina.com.ar

Ediciones Puma, Av. Arnaldo Márquez 855, Jesús María,
    Lima, Perú. Teléfono / Fax 4232772. puma@cenip.org,
    puma@infonegocio.net.pe

Editorial Lámpara, Calle Almirante Grau Nº 464, San Pedro,
    Casilla 8924, La Paz, Bolivia. coorlamp@entelnet.bo

Publicaciones Andamio, Alts Forns 68, Sótano 1, 08038, Barcelona,
    España. editorial@publicacionesandamio.com
    www.publicacionesandamio.com

**A la CIEE la componen los siguientes movimientos nacionales:**

Asociación Bíblica Universitaria Argentina (ABUA)
Comunidad Cristiana Universitaria, Bolivia (CCU)
Aliança Bíblica Universitária do Brasil (ABUB)
Grupo Bíblico Universitario de Chile (GBUCH)
Unidad Cristiana Universitaria, Colombia (UCU)
Estudiantes Cristianos Unidos, Costa Rica (ECU)
Grupo de Estudiantes y Profesionales Evangélicos Koinonía, Cuba
Comunidad de Estudiantes Cristianos del Ecuador (CECE)
Movimiento Universitario Cristiano, El Salvador (MUC)
Grupo Evangélico Universitario, Guatemala (GEU)
Comunidad Cristiana Universitaria de Honduras (CCUH)
Compañerismo Estudiantil Asociación Civil, México (COMPA)
Comunidad de Estudiantes Cristianos de Nicaragua (CECNIC)
Comunidad de Estudiantes Cristianos, Panamá (CEC)
Grupo Bíblico Universitario del Paraguay (GBUP)
Asociación de Grupos Evangélicos Universitarios del Perú (AGEUP)
Asociación Bíblica Universitaria de Puerto Rico (ABU)
Asociación Dominicana de Estudiantes Evangélicos (ADEE)
Comunidad Bíblica Universitaria del Uruguay (CBUU)
Movimiento Universitario Evangélico Venezolano (MUEVE)
**Oficina Regional de la ciee:** Camino del río 4553, Cortijo del río, Monterrey,
Nuevo León, (CP 64890) , México
cieeal@cieeal.org | secregional@cieeal.org | www.cieeal.org

www.ingramcontent.com/pod-product-compliance
Lightning Source LLC
LaVergne TN
LVHW011000200726
843509LV00011B/925